CSSCI来源集刊

现代中国文化与文学

34

MODERN CHINESE
CULTURE AND LITERATURE

李怡 毛迅 主编

四川大学文学与新闻学院
四川大学大文学研究学派培育项目
主办

巴蜀书社

图书在版编目(CIP)数据

现代中国文化与文学.34/李怡,毛迅主编.—成都:
巴蜀书社,2020.12
ISBN 978-7-5531-1416-3

Ⅰ.①现… Ⅱ.①李…②毛… Ⅲ.①中华文化-文化
研究-现代-丛刊②中国文学-现代文学-文学研究-丛刊
Ⅳ.①G122-55 ②I206.6-55

中国版本图书馆 CIP 数据核字(2020)第 233502 号

现代中国文化与文学(34)

李怡 毛迅 主编

责任编辑	李 蓓
出 版	巴蜀书社
	成都市槐树街 2 号 邮编 610031
	总编室电话:(028)86259397
网 址	www.bsbook.com
发 行	巴蜀书社
	发行科电话:(028)86259422 86259423
经 销	新华书店
印 刷	成都蜀通印务有限责任公司(028)64715762
照 排	成都完美科技有限责任公司
版 次	2020 年 12 月第 1 版
印 次	2020 年 12 月第 1 次印刷
成品尺寸	185mm×260mm
印 张	26.75
字 数	640 千
书 号	ISBN 978-7-5531-1416-3
定 价	65.00 元

目 录

新视界

“大文学”视野

文学档案

中韩现代跨界叙事研究专题

民国文学研究

共和国文学研究

港澳台文学研究

著述·综述

— Contents —

New Vision

The View of Great Literature

Literary Files

—— Contents ——

Special Topics on Cross Border Narrative Between China and South Korea

Literary Study of the Republic of China

Literary Study of the People's Republic of China

Literature Research of Hong Kong Macao and Taiwan

Writings · Summarization

城市与科幻的双向赋予：科幻文学的成都书写①

邱　硕

缘起：科幻文学与城市的关联

自古文学与城市就存在密切的关系。近20年来，随着中国城市的急速发展，学界深入讨论了二者的关系，“文学城市”（也称“文学中的城市”）成为其中的研究热点。陈平原、王德威等人主编的“都市想象与文化记忆丛书”就集中了众多学者对于“文学北京”、“文学香港”、“文学西安”、“文学开封”的研究②。与以往采用“文学表现城市形态”的反映论研究模式不同，“文学城市”研究重视文学中的“想象”要素，关注“城市所造成于人的城市知识，带来的对城市的不同叙述，以印证于某一阶段、某一地域的精神诉求”③。这样，“文学城市”研究将文学与社会公共领域联系起来，跨进了城市思想文化研究领域。然而，在“文学城市”的研究对象中，科幻文学作品基本是缺位的。

文学把握城市的方式很多，在诸种文学类型中，受现实制约最小的是科幻文学，它热爱书写城市，通过特殊的想象来观照城市。科幻文学中有很多架空城市，比如扎米亚金《我们》中被绿色大墙包围的玻璃之城“大一统王国”，克拉克《城市与群星》中人类的最后避难所迪阿斯巴城，叶永烈《小灵通漫游未来》中科技高度发达的乌托邦之城“未来市”。作家们通过这些作品对未来城市背景下人类的意志和行为进行了天马行空的想象。还有很多中国科幻作品基于真实城市的特质来构建叙事，比如《北京折叠》切中

① 本文系教育部人文社会科学研究青年基金项目“新媒体时代的城市形象与民间叙事：以成都为个案的民俗学考察”（17YJC850009）的研究成果。

② 参见北京大学出版社于2005年至2015年间出版的“都市想象与文化记忆丛书”。

③ 张鸿声：《“文学中的城市”与“城市想象”研究》，《文学评论》2007年第1期。

北京人口超负荷、阶层分化的现状，《傀儡城之荆轲刺秦》隐射沈阳、长春等东北工业城市的艰难转型，《丽江的鱼儿们》则借用了丽江古城“蓝天”、“偶遇”、“文艺”等旅游标签。每座城市具有独特的形态、功能、气质，赋予科幻文学的资源各有差异，现实的城市元素通过映射、变形、夸张等手段参与到科幻叙事中，这类创作更具有现实主义风格和针对性的批判力量，也让科幻这个西方舶来的文学类型与中国本土社会更好地结合起来。对这类科幻城市书写进行探究，能够极大地补充和丰富“文学城市”研究。

一些城市理论研究者关注到了科幻文学与城市的关系。美国的城市理论家们认识到科幻小说采取文学的形式来反映城市经验和设计未来的事实，于是通过科幻小说来了解人们对城市的看法，从而进行城市规划并建构城市理论①。中国城市理论研究者也看到了在协调、更新想象中的城市与作为既成事实的城市的关系上，科幻文学具有的特殊位置②。目前这类研究提供了科幻文学对城市的文化批判维度，却无关文学本位。从文学的角度应该讨论的是：作为社会事实的城市能够为科幻文学提供哪些资源，后者又通过哪些艺术手段将前者缝合到创作中，在这个过程中作为事实的城市为何、如何发生了虚构变形，这种书写又产生了什么样的影响呢？

在“文学城市”地图上，“文学成都”是能够与“文学北京”、“文学香港”等并列的一个类型，目前的研究已揭示了“悠闲”、“安逸”、“堕落”等成都想象的建构过程、原因及意义③，但对与成都社会发生了密切联系的科幻文学的研究却付之阙如。在以城市为书写对象和背景的中国科幻作品中，成都占有一席之地。在开启成都与科幻文学结合之旅的《石笋行》开篇，中国科幻文学大家童恩正便热情地歌颂了成都厚重的历史和诗意的文化：“成都，古老而又富于文化传统的成都！在它两千多年的历史中，留下了多少名胜古迹，记下了多少诗人的吟咏。”④ 正是在成都鲜明而独特的城市文化和精神气质吸引下，一代又一代科幻作家陆续投身成都书写。目前，科幻文学的成都书写已覆盖了历史考古、时间旅行、末日灾难、新技术、乌托邦等广泛的题材领域。

科幻成都书写的兴盛还与中国科幻文学的产业生态有关。“四川是中国地理上的洼地，却是中国科幻的高地”，首届中国科幻银河奖得主吴显奎的这句话广为人知。“中国科幻高地”四川，实质上指向四川的中心——成都。在人才队伍上，成都先后拥有以童恩正、刘兴诗、谢云宁、七月等为代表的优秀科幻作家群，又靠中国最具影响力的科幻

---

① ［美］卡尔·阿伯特：《赛博朋克城市：科幻小说与城市理论》，陈美译，《上海文化》2017年第8期。

② 罗小茗：《切割的城市：当代中国科幻的城市想象》，《城市》2019年第3期。

③ 参见笔者对“文学成都”的研究综述。邱硕：《成都形象：表述与变迁》，中国社会科学出版社2019年版，第24–26页。

④ 童恩正：《石笋行》，童恩正《古泪今痕》，贵州大学出版社2010年版，第78页。

杂志《科幻世界》吸引了一大批外地作家关注成都。近几年，成都对创意文化产业的重视更促进了成都科幻书写的增长。资本和技术主宰城市的时代还未消逝，创意又成为城市经济增长的重要因素，2017 年成都正式宣布打造“科幻之都”，开始实施一系列推动科幻创意产业发展的措施。在此背景下，2019 年第五届中国（成都）国际科幻大会以“100 年后的成都”为题，向全球征集到众多关于成都的科幻作品。

作家们将成都独特的自然与人文风貌融入科幻作品之中，架起了事实成都与科幻成都之间的联系，一方面表现出对“文学成都”主流书写的继承，一方面也体现出科幻文学城市书写的超越性特征。希望本文对科幻文学成都书写的研究能推动“文学城市”的科幻研究、科幻文学的城市研究。

一、重述城市：历史考古的科幻解释模式

作为社会事实的成都为各种科幻题材提供了丰富的资源，帮助科幻作家们建立了多元的想象模式和表达方法，其中最具特色的是历史考古科幻类型，该类型叙事以成都的历史文化、考古知识为对象或背景。这类创作得益于成都深厚的巴蜀文化积淀，也与早期科幻作家的学养和见识脱不开关系。中国科幻文学界所谓的“四大金刚”中有两位在成都，童恩正是考古学家、历史学家，刘兴诗是地质学家、史前考古学家。前者最早明确提出科幻民族化，并身体力行创作西南地区历史考古科幻作品①，后者也认为“科幻小说不仅是加‘will be’的‘未来式’，也可以返回过去，加‘ed’的‘过去式’”②。

现实世界的许多现象本身就神秘无解，人们可以给出多元化的思考和阐释。就成都的历史文化、考古知识来说，存在三种基本的解释模式：神话、科学、科幻。以下以内容相近的《石笋行》、《五块石传奇》来讨论三者之间的关系以及科幻解释模式的特点。成都在不同的历史时期存在过石笋、石镜、五担石、天涯石、五块石、支矶石等巨石。古代传说认为这些石头是“沈犀”、“墓表”、“仙坛”、“海眼”等，此乃神话解释模式。自民国以来，众多历史学者对此多有研究，多认为此乃古蜀人信仰之遗迹③。童恩正对此亦有研究，认为其与蜀族“石棺葬俗有关”④。这些历史学研究构成了科学主义的学术

---

① 詹玲：《民族传统与科学现代的融合——论 20 世纪后 20 年中国神话、历史科幻题材创作》，《南方文坛》2017 年第 4 期。

② 刘兴诗：《科幻“雇佣兵”》，侯大伟、杨枫主编《追梦人：四川科幻口述史》，四川人民出版社 2017 年版，第 121 页。

③ 参见邹礼洪对历史学界大石崇拜研究的综述。邹礼洪：《古蜀先民大石崇拜现象的再认识》，《西华大学学报》（哲学社会科学版）2004 年第 2 期。

④ 童恩正：《古代的巴蜀》，重庆出版社 1998 年版，第 60 页。

解释模式。而童恩正的《石笋行》幻想“石笋”是宇宙高级智慧生物留在地球上的自动观测站，谢云宁的《五块石传奇》致敬《石笋行》，假设五块石是外星人埋藏通信器的工具。

《石笋行》、《五块石传奇》的科幻解释模式在文学本质上与神话解释模式相通，并对后者多有继承。王卫英在考察了西方诸多科幻定义后，认同科幻与神话的同质关系：“科幻小说作为现代人类构筑的文学神话，是基于科学发展背景之上的绚丽幻想。”① 童恩正、谢云宁继承了古代神话对成都地景的文学性解释，并在叙事中特意嵌入蜀地神话的情节和象征，使科幻浸染神话的因子而深度本土化。《石笋行》中讲述了若干有关石笋的神话，《五块石传奇》把外星船长与蚕丛设定为同一人，根据蜀地的治水神话设计了银河系暗物质“疏浚者”。

科幻解释模式对科学解释模式也有借用和生发。小说的虚构与学术作品的实证似乎是两种异质对立的手法，但它们在《石笋行》和《五块石传奇》中却巧妙地统一了，科学解释模式中的论证思维和论述方式被借来进行文学叙事。《石笋行》把主人公设定为一个考古学家，他先对石笋做了一番真实文献的考述，接着用类似考古笔记的形式来记录考古发现和发掘，最后向同行讲述观察和化验等研究过程来揭晓石笋的谜底。《石笋行》整体上具有科学论证式的行文风格，但又尽量剥离了学术叙事繁复而枯燥的特质，富有一种客观可信的力量。《五块石传奇》同样把主人公设定为一个考古学家，在文献分梳、考古发掘描绘和学术讲述方面与《石笋行》异曲同工。

作为一篇怀念童恩正的小说《雾中山传奇》，刘兴诗深刻实践了童恩正开创的历史考古科幻叙事：用科幻来阐释成都开化寺、邛都夷石棺墓、南方丝绸之路，叙事中嵌入神话，并不时流露学术论述的笔法②。王晋康、杨国庆的《血祭》也同样如此，用科幻来展现成都平原和川北山地之间族群迁徙之一种可能性，围绕金沙太阳神鸟和三星堆金杖的悬疑叙事与基因科学阐述时相交替③。在对成都历史、考古进行的神话、科学解释体系之外，这些作品为科幻文学表述成都找到了用武之地，科幻解释模式对神话解释模式的继承和发展使得作品深深楔入成都文化的肌体，而对科学解释模式的借用让作品中的成都具有更真实的历史细节。

利用成都历史文化的科幻作品中还有以“时间旅行”为题材的。时间旅行题材的科幻作品很多，宝树的《成都往事》在时间元素的配置上更为丰富，也更有地方意趣。男主人公杜宇凭永生胶囊进行顺时光之旅，女主人公朱利靠受损的溯时手环进行不稳定的

---

① 王卫英：《科幻小说与中国传统文化》，《小说评论》2008 年第 4 期。

② 刘兴诗：《雾中山传奇》，《科幻世界》1991 年第 2 期。

③ 王晋康、杨国庆：《血祭》，四川文艺出版社 2012 年版。

逆时光之旅。他们分别在7个时间节点相遇，尽管时间跳跃，但空间却都限定于成都一地。作者明确表达过该作品是为成都张目：“成都这座魔性的城市连接了非华夏的远古，从秦汉三国到明清的中国大历史以及科幻时代的未来，故事中永生的是人，但想表达的是一座城市在历史废墟上的不断重生。”① 错配的时间与稳定的空间相搭配的设定凸显了该目的，并隐隐与现实中成都的另一城市名片“爱情之都”相呼应。男女主人公第一次相遇于古蜀杜宇王朝，小说重新演绎了《蜀王本纪》、《华阳国志》中杜宇、朱利的爱情神话，男主人公选定杜宇这一人物意象，奠定了全篇“杜宇声声不忍闻”的爱情悲剧底色。第二次相遇在开明王朝末年，同样借用了《华阳国志》里开明王与山精的爱情传说。第四次相遇被设定在五代十国的后蜀，这一时代最为后人津津乐道的是后主孟昶为花蕊夫人在成都城遍植芙蓉花的爱情故事。作者笔下，这次男女主人公免于风波浩劫，相爱相守3年，与成都在该时段的浪漫形象相辅相成。而第三次相遇的公元前319年和第五次相遇的公元1646年，都是成都城市史上的乱世，作品借以衬托两人匆匆别离之苦。宝树在之前写作《时间外史》时已经显示出倒置时间方向的处理方法，但《成都往事》的特色和突破在于将双向时间装置与成都城市史相缀合，既孕育出更富有地方色彩和人文风情的时间旅行作品，又为成都历史文化吹入一缕科幻表述的新风。

二、灾难与新技术：当代城市文化激活科幻

灾难是科幻文学最钟爱的主题之一，七月的《群星》是第一部以成都城市为主要背景的长篇科幻小说，一举将成都推上了面临毁灭之灾的故事舞台，成都当代的城市文化对小说构建灾难叙事起到了全面的、关键的作用。

“成都是一座来了就不想走的城市”，这一说法深入人心。七月笔下的成都正是这样一座繁华热闹、软红十丈的城市。这一城市定位让该作品充满了真实感和感染力，也使作品的道德悖论更具张力：旨在研究外星构造体、揭开地球育婴室真相的“群星工程”，其中央基地位于成都——毁灭成都，就能保护人类文明免遭毁灭；保护成都，则把人类文明置于毁灭的可能中。该定位也决定了全书一个关键的情节转折，即肩负摧毁任务的角色茶桓最后反水：“想到这个城市里自己熟悉的人，门卫大爷、买豆浆的阿姨、门口烤串的小夫妻……茶桓胃里一阵痉挛。他现在心中唯一的念头就是抹掉自己跟萤火的所有关系。”②

---

① 宝树留言，《科幻世界》杂志官方微博，2019年3月28日，https://weibo.com/1660282297/HmZ6mrNy6?type=comment#_rnd1581135447801。

② 七月：《群星》，人民文学出版社2019年版，第314页。

成都的城市肌理支撑了灾难叙事的众多重要情节。成都拥有全世界最大的单体建筑——环球中心，这一事实是故事选择成都作为背景的关键原因。故事中的群星工程基地需要一个非常隐秘的地方，环球中心因其史无前例的建筑工程量可以掩盖地下基地而被选中，成为汪海成“萤火”组织必须摧毁的目标，也带来了成都被摧毁的危险。作品设置了一位谙熟成都的本地情报员郭远来推动追查“萤火”袭击成都的这条线索，在他的导引下，一系列城市空间接连推进情节：四川大学物理学院高能物理国家重点实验室的现实存在揭开了“萤火”团队的冰山一角；鱼龙混杂的九眼桥酒吧区隐藏了“萤火”头目汪海成的行踪；老旧的玉林片区是帮助“萤火”的偷车贼藏身的好场所；闹市区中空阔的武侯祠适宜用来做构造体“造父”激活实验的场地，而近旁繁华的洗面桥横街又适合发生一场争夺“造父”的混战……

另外，成都特殊的军事地位、犯罪生态、群体性格也被糅进了故事情节的构造中，层层推动灾难的逼近。成都在中国军事工业和情报战线中的重要地位使故事的地点设置更加合理。成都紧邻藏区而日产越野车盗窃量高的社会生态成为了郭远发现“造父”实验的线索。作品中，洗面桥横街的渣土车车祸发生后，路边佛教用品店的老板娘和客人冲出观看并阻拦旁人往车上爬。作者评论道：“成都人有两个特点，一个是爱凑热闹不怕事儿惹大，一个是爱管闲事不怕事儿上身。”① 其实，看热闹、管闲事不独是成都人的特点，但成都社会舆论常常讲述成都人这两种行为来自嘲和自警，作者乃依势借用。

相比《群星》着眼于成都整个城市，慕明《假手于人》和贾煜《芙蓉花开》将目光集中到成都的某个文化事项。这两篇小说属于赛博新技术类型。在该类型的科幻作品中，由新技术支持的机器与人的身体相混合产生“赛博格”（Cyborg），往往含有反传统和未来主义观念②。然而，这两篇作品却将赛博新技术与成都传统的非物质文化遗产相结合，试图通过调整二者的关系来重新诠释“传承”的意义。慕明和贾煜分别选择的是有胎竹编和川剧这两项国家级非物质文化遗产，它们贡献了可与新技术结合的触点。在非遗研究中，“身体”被视作非物质文化遗产的“第一物质性”③ 和“第一非物质性”④，就是说，身体兼具器官实体和活态操演的特性，一切非遗必须通过身体来表现。而在科幻文学中，各种赛博格是自然人的身体在经过新技术机械构造后的结果，改造后的“身体”具有各种各样的操演能力。那么，非遗的“身体”与新技术的“身体”便可在操演技能

① 七月：《群星》，人民文学出版社 2019 年版，第 194 页。

② 吴岩：《在电脑网络中生存——科幻小说中的“电脑网络与虚拟现实”题材》，《知识就是力量》1997 年第 10 期。

③ 向云驹：《论非物质文化遗产的身体性——关于非物质文化遗产的若干哲学问题之三》，《中央民族大学学报》2010 年第 4 期。

④ 李菲：《隐匿的身体：非物质文化遗产知识反思》，民族出版社 2017 年版，第 182 页。

的层面被打通。有胎竹编一切系于身体之“手”，《假手于人》设计了技艺传承者老唐坚持竹编手作的一条线索，又设计了神经科学家小关用数学建模的方式模仿老唐双手的另一线索。尽管川剧是一项综合性表演艺术，但身体之“嗓”是技艺关键，《芙蓉花开》讲述了川剧传人陈秋林在声带受伤后移植人造声带，继续传承川剧艺术的故事。

两位作家对非遗项目进行了非常深入的考察，在新技术赛博格的刻画中细致而深刻地展现了成都的“地方性”。《假手于人》描写老唐划丝、推、提、压、捻、收口等手法，口述附胎编织的经验体会，皆非常地道。作品借小关之口说出新技术的难点在于用大脑模拟手对柔性的触觉，一语道破竹编手艺的技术核心。《芙蓉花开》虚构了一种叫“五蕴皆空”的川剧技法，将现实川剧的五腔、五行、五法融会贯通。两部作品对于新技术能否传承传统技艺都持乐观主义态度，成都的地方文化无疑提升了新技术赛博格的技术性和艺术性。

三、乌托邦想象：科幻文学表述后现代城市

“在未来城市，技术对人的裹挟是如此的全方位，以至于已经没有人愿意跟周围的人聊天了，即便偶尔说上几句也尽是客套和敷衍。面对面的交流，不仅内容干瘪，而且欲望枯竭，大家只愿意跟无比贴心的人工智能聊天。”① 这是很多科幻作品对未来城市的想象，但以成都为蓝本的乌托邦未来城市却呈现了截然不同的景象。“100 年后的成都”全球科幻作品征集活动征集到了大量乌托邦题材的科幻文学作品，活动一等奖杨晚晴的《影像志：味之城，或城之味》（下简称“《影像志》”）、二等奖贾煜的《芙蓉花开》都通过乌托邦成都的想象表达了他们对未来人类文明的美好愿望。

乌托邦城市首先要解决城市空间形态的设定。《影像志》构建的乌托邦社会由光伏电站、维护单元、数据中心三角构成文明的基本形态，在这种形态下有云端的数字城市，也有以物质形态存在的现实城市。在作品中，成都是一个少有的在经历“奇点”技术变革和价值观重建后，还能既保留“前奇点时代”城市格局、建筑，又被“后奇点时代”高科技设备所覆盖，同时交织着丛林和农场的城市。其中，玉林西街是成都最大的广义人类聚居区，保持着百年前的样貌。相比而言，《芙蓉花开》的故事核心在于非遗的新技术传承，城市只是背景，乌托邦气质稍弱，但也自成体系。同杨晚晴一样，贾煜也将成都设计为既有建筑和植物海洋并存的形态，更若合符节的是，她也设计了同样保持百年风貌的人类聚居区“堰城区”。这显示了科幻作家对科技与自然结合、传统与现代并

① 施畅：《隔离与混杂：西方科幻电影中的未来城市空间》，《中国文艺评论》2018 年第 4 期。

存的成都的共同判断和期待。

在大众心目中，成都是“一座舌尖上的城市”，《影像志》把美食之都的成都形象与人类的本质勾连起来，构建了一个以味觉真实体验为最高宗旨的乌托邦。作品中，具有始祖意识的仿生人路明哲靠“嗅觉—味觉—有机物循环反馈系统”来体验成都，在百年老店中痛快享用“鲜红晶亮的肥肠粉，金黄焦酥的锅盔”。不同于其他在分子工厂里合成的食材，该店的食材是真正的自然物。店主人吴思远拒绝把自己上传到数据中心，甘心做一个能与真实食物互动的半机械人。无独有偶，《芙蓉花开》同样设定了感官真实的原则，尽管拥有高度发达的科技，但人们还是对原生态制作的“老妈兔头”趋之若鹜，即使是在太空中表演川剧，也需通过声腔和肢体语言达到人与人的交流。

与现实的社会共识一样，休闲和包容也是两个作品中乌托邦成都的特点。《影像志》中，在成都意兴盎然的龙门阵、街头巷尾的麻将声、色味俱全的佳肴背后，路明哲看到了生活“愉悦与闲适”的本质。拟人型机器人 HR1172XX 能够自由选择在农场里做活，并且与自然人、仿生人、半机械人无界线地交往，不禁发出感叹：“成都一直是一座包容的城市，在这里被组装出来，是我的幸运。”①《芙蓉花开》将成都设定为“亚洲艺术中心”、“自由艺术第一城”，男主人公感慨道：“成都生活休闲的性质适合艺术家生存；作为国际化大都市，成都市民的包容性比任何城市的市民都强。”②

不论是提倡科技与自然结合、传统与现代并存，还是追求感官真实体验，抑或是对休闲、包容的礼赞，《影像志》、《芙蓉花开》的乌托邦世界观、价值观与提倡自然、感性的后现代主义主张是一致的，而当下人们对成都特质的判断天衣无缝地映照了这套后现代价值体系。后现代主义批判了理性至上主义、旧形而上学，主张人的自由生活，强调人性的感性、欲望、本能等多面性，提倡日常生活审美化③，在城市设计的层面，就是提倡城市整体生态，追求城市的健康价值、人类与环境的协调和交流价值、生命形式的多元化和环境公正价值④。成都自 21 世纪初开始的城市建设和形象叙事深受后现代思潮的影响，自古以来追求感官享受的、休闲的负面城市形象被一举扭转为正面的城市形象，而自然生态的城市环境、传统与现代并存的城市文化、和谐包容的城市精神都受到积极的称赞和宣扬⑤。《影像志》、《芙蓉花开》无疑处于这一价值观体系和叙事脉络中，

① 杨晚晴：《影像志：味之城，或城之味》，电子稿，第 6 页，待刊。

② 贾煜：《芙蓉花开》，电子稿，第 15 页，待刊。

③ 张世英：《“后现代主义”对“现代性”的批判与超越》，《北京大学学报》（哲学社会科学版）2007 年第 1 期。

④ 张楠：《城市故事论——一种后现代城市设计的建构性思维》，《城市发展研究》2004 年第 5 期。

⑤ 邱硕：《成都都市风俗形象叙事的变迁与现代转换》，《楚雄师范学院学报》2019 年第 1 期。

通过现实成都的乌托邦化，思考了未来城市的样式和本质：贯彻了后现代理念的城市才是真正有价值的城市。“乌托邦一直是当代中国科幻的薄弱环节，在整个世界的理想社会想象都较为贫瘠的时刻就更是如此”①，成都科幻乌托邦庶几能为中国科幻的乌托邦想象提供一些参考。

四、科幻未来主义与科幻现实主义：城市批判的失与得

根据吴岩对科幻现实主义和科幻未来主义的分类，前者“强调对科学所导致的社会发展现实进行审视与批判，匡正现实是它的重要作用”，后者“是以后人类主义为基础的一种创作态度，这种态度是希望通过科技去超越现实，用未来召唤创作，拥抱新的愿景”②。那么，科幻成都书写基本上属于科幻未来主义，不是意在批判现实，而是抱着后人类主义的态度，经过科技之用超越现实，将成都推演为过去、当下或未来的乐土，即一个普泛意义的乌托邦。

然而，作为事实的成都仍然具有现代性城市的普遍特征——过度城市化摧毁传统文化、城市生态脆弱、社会空间迅速商品化、城乡二元对立和区隔等等，但科幻成都的书写对此仅有一些零星的反映和批判。比如《群星》描写一次停电，“只是停电而已，整个城市不知不觉从全国最佳旅游城市变成了一个火药桶，现代都市的脆弱是超乎想象的”③，轻微批判了现代城市因过度依赖科技而带来的脆弱性；《时空迷阵》对成都周边古镇伪造历史的过度商业化进行了批评，“成都周围已有数不清类似的小镇了，它们几乎是千篇一律，有些还故作深沉，拉拢不知从何而来的历史故事，牵强为小镇垫点文化底蕴，小镇便成了古镇”④；《芙蓉花开》设计了以青城山为中心的原生态“堰城区”和龙泉山以东的新兴聚居区“幻城区”，以此来肯定当前成都市“西控”、“东进”的城市规划……有的城市批判甚至因想象偏差而力度不足。骆灵左《成都魍事》之《章灵寺僧》写到成都地铁、地下商业街建设落后于京沪时，角色高海石说：“成都人比较懒，反正还不是急需的东西，就懒得去弄。”⑤ 懒惰这种对成都人性格的负面评价，来自于自古至今

---

① 李广益：《2018 年的中国科幻小说》，《南方文坛》2019 年第 4 期。

② 吴岩：《科幻现实主义和科幻未来主义将长期并存》，中国科普作家协会微信公众号，2018 年 12 月 25 日，www. chinawriter. com. cn/n1/2018/1225/c404080-30487222. html。

③ 七月：《群星》，人民文学出版社 2019 年版，第 145 页。

④ 贾煜：《时空迷阵》，江苏凤凰文艺出版社 2018 年版，第 218 页。

⑤ 骆灵左：《成都魍事》，今何在、潘海天主编《九州幻想 · 立春》，万卷出版公司 2009 年版，第 76 页。

长期累积的刻板印象①，而都市人群的性格造成现代都市建设的落后，则是简单归因的结果。

总体来看，这些城市批判并非作品旨趣所在，篇幅占比也不大，成都仿佛是科幻现实主义的化外之地。2009 年，《成都魍事》在《九州幻想》杂志刊登，引起该杂志推出“看不见城市”和“城市毁灭”两个系列专栏，许多作品将南京、杭州、柳州等城市想象为身负高速城市化、阶级等级、科技变异等现代性城市原罪的异托邦或恶托邦，最终走向毁灭。但《成都魍事》的 3 篇故事只是醉心于编织一系列城市奇幻故事，让想象的快感驰骋于成都富有烟火气的市井空间。在《群星》中，承受现代房地产畸形发展罪责的是珠海，而成都只用负担令人牵挂的、被拯救的命运。这与其他表述成都的文学类型也形成了反差。一些当代小说将成都描画为堕入物欲横流、靡费堕落的形象，作为当下消费主义中国的缩影②，体现出一定的批判现实主义色彩。然而，科幻作品中的成都虽然仍是充满口腹之欲的休闲之都，却没有表现出消极的物质主义倾向。

人们似乎被成都过于绚烂的后现代性光芒照耀，而有意无意地忽略了其同样存在的现代性特征及缺陷，导致科幻现实主义中成都的整体缺位。然而，如果从另一个角度看，科幻未来主义的成都因为熔铸了作家们对一个美好城市现状和未来的判断和愿望，树立了一个乌托邦标杆，从而在事实上具备了批判现代性城市的力量。

结语

科幻文学的城市书写并不是对城市现状作如实描写和对未来做科学预言，它是一种综合科幻作家对城市的切身经验和人们对城市的既有观念、经过科学幻想加工的城市表述。我们一旦把科幻文学的成都书写放入“文学成都”的脉络中，就会发现前者对后者在城市的认知和表述方面的诸多继承，既有事实成都的呈现，又存在人们在把握成都时的共同想象和刻板印象。当然，因为科幻文学的科学想象特质，科幻文学的成都书写也对“文学成都”有所拓展和创新，即经过对科技应用下的城市发展状态的审视，将成都呈现为一个超越现实存在的、更加具有后人类景观和思想的意义空间。这提示我们，科幻文学的城市书写能够为“文学城市”研究开启极为广阔和丰富的论域。

科幻文学的成都书写也昭示了科幻文学城市书写的诸多潜能和方法。目前科幻成都书写涉及的题材领域，是基于成都特有的文化资源和作家的创作灵感，如最有特色的历

---

① 邱硕：《成都形象：表述与变迁》，中国社会科学出版社 2019 年版，第 213 页。

② 陈太怡：《想象、城市与城市小说——三部小说对于成都的想象》，《成都大学学报》（社会科学版）2006 年第 1 期。

史考古题材，依托成都深厚的历史文化传统，仍是未来可资续用的增长点。而有一些题材类型尚未涉及，这固然与现有创作还不够丰富有关，但也和成都的城市特质有关。比如赛博朋克城市通常以纽约、伦敦、东京等全球性超大型城市为神经中心和信息枢纽，在世界和国家格局中地位居后的成都较难获得这类题材的青睐。再比如，因为后现代主义的影响，成都目前在乌托邦题材方面风头正劲，而反乌托邦题材就还不见踪影。由此可知，每个城市都有自身的特色资源可与科幻创作对接，关键在于作家如何取舍和开掘。

从科幻文学的成都书写中，我们也可以看到，现实主义和“（伪）现实主义”手法的同时运用有助于读者从身体经验上体认到一个层次丰富、色彩斑斓的陌生城市。作家对于城市的知识和体验越丰富深刻，他们笔下的城市细节就越真实，给读者的审美震撼也就越大。比如《石笋行》、《五块石传奇》、《成都往事》，历史事物和事件的准确描述给人带来与信史相逢的惊喜；又如《假手于人》对成都冬天手生冻疮那种又痒又疼的感受的传递，对冬日空气中混合锅盔、卤菜和辣味的气息的捕捉，都莫不令人如若亲临其境。这些作品的魅力还在于一种煞有介事的非虚构感，这来源于把虚幻的想象形象化地落实到成都，即李广益所说的“‘写幻如实’的（伪）现实主义手法”①。比如《石笋行》虚构了从青川出土的佚书《汉流星行事占验》，《成都魍事》编造了民国成都市民用军事设施以及抗战后勤档案，两部伪文献所载文言皆讲究时代语法，很有真实感。再比如，《群星》结尾高潮处对构造体激波喷射吞噬锦城湖和环球中心的感官刻画，极具冲击力。“（伪）现实主义”写法使城市事物具备了完全不可能但又真实可感的状态。

作为文化体系的成都从文学内部给科幻创作提供丰富的资源，作为社会实体的成都又从外部现实世界给予科幻事业在政治、经济上的巨大支持，而科幻文学通过作品创作观照成都，双向回应文学内部的美学需求和外部现实打造“科幻之都”的召唤，内外互照，善莫大焉。

（作者单位：教育部人文社会科学重点研究基地四川大学中国俗文化研究所）

① 李广益：《从科幻现实主义到科技现实主义》，《长篇小说选刊》搜狐号，2018 年 12 月 13 日，http：//www. sohu. com/a/281651812_742553。

晚清科幻小说的器物之变与国民性变革的发生①

王亚惠　王鹏程

晚清是历经变革和断裂的年代。随着各种新式西方思潮及器物涌入，新旧之间的矛盾冲突不断激化，晚清文人无不陷入焦虑彷徨中。如何面对已然被抛弃的历史，又如何面对充满变数的未来，成为一个未解的、不断被提出和屡次被试验的话题。熊月之认为晚清西学在中国的传播方式主要有两方面："一为实物示范型。自鸣钟、望远镜、西洋大炮、西洋建筑的传入，多属此类。二为语言文字介绍型。天文学、地理学、数学、医学的输入，多属此类。"② 作为"实物示范型"的代表，电灯、时钟等器物的出现和引入，极大促进了晚清现代化进程，将文明、时间等名词衍生出无尽含义。晚清之前的灰暗灯光、模糊时间，让国民只能被迫停留在传统、封建且落后的意识中；晚清科幻小说则凭借对高科技的想象，对启蒙和进步等主题的书写，对电灯、时钟等器物的琐碎描述，隐秘表达了晚清文人改造旧国民，改革晚清黑暗现状，进而塑造光明"乌托邦"世界的殷切希望。

一、"灯"之变与国民之变

晚清之前，人们惯用的照明用具是蜡烛及油灯③。而且，对普通人家来说，蜡烛及油灯是奢侈品，唯有皇宫贵族才有任意、无限度享用的自由。德龄作为慈禧太后的第一

① 本文系2016年国家社会科学基金西部项目"现代文学中的'国民性'书写研究"（16XZW019）的研究成果。

② 熊月之：《西学东渐与晚清社会》，中国人民大学出版社2011年版，第63页。

③ 熊月之对灯的历史进程、变化历程有过颇为细致的梳理。详见熊月之：《照明与文化：从油灯、蜡烛到电灯》，《社会科学》2003年第3期。

女侍官，在清宫侍奉太后两年之久，在她的记忆中，“禁城里的宫殿是又古又别致——院子小而游廊宽。房间很黑暗，也没有电灯，都是用的蜡烛。在屋子里不能望到天，除非走到院子里去。所以早晨醒来时因为太阳还未出来，睡眼蒙眬中就认为是阴天了”①。从使用角度来看，蜡烛作为照明工具，为处于黑暗中的人们带来了光亮；同时，蜡烛亦具有审美效用，明灭之间的变化和摇摆常使人产生诗意抑或伤感之意。但随着西方文明的涌入，晚清时期，煤气灯、电灯逐渐代替了蜡烛、油灯，夜晚不再被黑暗全然笼罩，“夜市燃灯”一度成为盛景。胡祥翰曾撰文详细记载“灯”之变化：“沪上先有煤气灯，俗称自来火，或竟呼其为地火……电灯则始于光绪八年，创办者为西人德里……至电灯俗有‘赛月亮’之称，盖公共租界初用五百枝烛光之瓷罩电灯，大过足球，去地三丈余，较今日为高，而白光四射，宛如满月故也。”② 煤气灯、电灯的出现代表了人们对西方文明的渴求和重视，它们以稳定而持久的亮度，成为一道靓丽风景线；它们也以黑暗中的光亮，打破了传统社会白昼与黑夜截然分割的处境，破除了对黑暗中鬼怪、未知事物的惶恐，黑暗终于不再被当成不可言、不敢言之物，开始拥有了自己正当的名称和名义。

煤气灯、电灯的出现，是晚清逐渐走向现代化的标志之一，它打破了晚清国民长时间被迫恪守在黑暗的历史处境。这种从黑暗向光明的过渡，不仅让混沌不清的视觉重获清明，而且在潜意识中，一点点地改变着中国人得过且过的国民劣根性。正如明恩溥所说，“中国人的房屋在夜间几乎总是光线暗淡的……在煤油传入之后很久，大部分地区仍在继续使用豆油、棉籽油和花生油来照明，这纯粹是保守的惯性使然，因为他们认为，能够看清一切的巨大便利与几乎什么都看不清的状况比起来，并没有什么太大的区别”③。这自然与晚清贫穷、落后的社会现状相关，但更重要的是，晚清国民对此并无主动反抗的意愿，他们不仅不反抗，甚至自愿陷入类似“混沌”的状态。晚清文人所大力反对和批判的，就是此种对精确性的缺乏、不在意，甚至全然将之遗忘的国民性格。无论是其后鲁迅在《阿Q正传》、胡适在《差不多先生传》中写就的凡事不计较、稀里糊涂过活的人物形象，抑或是20世纪30年代文学界兴起的“反差不多”运动，50年代提出的反对差不多思想、改造自我的运动和热潮，都直指国民“差不多”的劣根性。辜鸿铭虽以“中国人缺乏精确性是因为中国人过着一种心灵的生活”④，找到了一条貌似合理且有说服力的理由，但仍然无法否认，以精神需求排斥现代物质进步，缺乏精确时间的

---

① 德龄：《清宫三年》，顾秋心译，江苏教育出版社2006年版，第79页。

② 胡祥翰：《上海小志》，上海古籍出版社1989年版，第6页。

③ ［美］明恩溥：《中国人的气质》，刘文飞、刘晓旸译，北京理工大学出版社2010年版，第95页。

④ 孙强：《晚清至五四国民性话语》，中国社会科学出版社2014年版，第117页。

概念，缺少现代文明意识和生活方式的习惯，仍是晚清步入文明世界、走向现代化的重要阻碍因素。

另一方面，煤气灯、电灯常作为文明的象征物而出现。晚清科幻小说对灯的描述比比皆是。有的只是简单地作为故事背景，如“阿卷也觉得疑惑，到得东明栈时，送凤美到房间里，开了电气灯，叫丫头们送上茶来”①；也有的将此作为现代生活的图景，如“某晚，该宅之厅事中，灯光灿烂，乐声悠扬。红男绿女，杂立厅中殆满，盖夜会也”②。但无论是哪一种情况，它们都同属西方文明的谱系，以极大的刺激感染和影响着当时的写作方式和生活方式；在另外一个向度上，煤气灯、电灯的大规模出现和书写也指称着国民的诸种可能性。《秘密室》采用晚清流行的“催眠术”作为故事发生及进展的关键因素。“我”的曾伯祖因被别人施以催眠术，从道光六年昏睡至今，已有 84 年之久。待曾伯祖被“我”唤醒后，他对做火的洋灯、做光的瓦斯甚为惊奇，竟将之视为一场奇梦。煤气灯、电灯在被惊奇、惊叹，被作为神奇之物的同时，也是现代性的产物，是另一种生活方式的体现。当“所有类型的社会秩序的轨道”③ 都被迫抛离和置换，主体面临的一切都充满了隔离感和生疏感，这不可避免地形成一种莫大挑战，国民身处于这样的挑战中，要么顺应“故事主线”，要么只能被排除在外。这也就可以理解，112 岁的曾伯祖，何以在醒后两三天之后，气息就逐渐衰弱迟钝，不久便去世了。曾伯祖显然是老旧国民的代表，他的昏睡也好，惯于黑暗也罢，都已然无可唤醒，亦无法再救了，他就这样被排除在外，无法参与到现代文明进程的“故事主线”之中。于此，要改造旧国民，就必然意味着要顺应“故事主线”，接受黑暗中的灯光，接受日夜不息的现代生活秩序。

《新法螺先生谭》在这一层面上的隐喻更深刻。东海觉我不再单纯描述洋灯、电灯之外貌，与世人见其之神奇，而是结合光学知识，赋予其无限大的能量。在这部小说中，新法螺先生被一分为二，切割为身体和灵魂两部分，灵魂成为“不可思议之发光原动力，其光力之比例，与太阳若一万与一，与月若百万万与一……灵魂之身，四面射出最强之光线，使全世界大放光明”④。光线、光源皆属于晚清“新名词大爆炸”期间出现的新名词，这些新名词背后隐藏的是新思想和新观念，是对新中国、新国民全新的认知。在东海觉我笔下，理想国民的建设路径，必然是要从“愚暗不明”逐渐向“光明洁净”的气质过渡。光、热、力“不仅代表了中国对西洋科技、民性的总结看法，也是其踏向现代

① 我佛山人衍义：《电术奇谈》，东莞方庆周译述，中亚书局中华帝国元年版，第 41 页。
② 于润琦：《清末民初小说书系　科学卷》，中国文联出版公司 1997 年版，第 140 页。
③ ［英］安东尼·吉登斯：《现代性的后果》，田禾译，译林出版社 2011 年版，第 4 页。
④ 于润琦：《清末民初小说书系　科学卷》，中国文联出版公司 1997 年版，第 3–4 页。

之门的必要物质与精神条件”①。其可谓是新法螺先生改造国民的核心要素，即是说，只有在光线最强烈的日夕时分，国民精神才会有“炯炯”的可能。然而，以“光、热、力”三者汇聚起来的强大光源，仍无法唤醒沉于睡眠和黑暗中的国民，“未睡之国民，亦在销金帐中，抱其金莲尘瘦，玉体横陈之夫人，切切私语，而置刺眼之光明于不顾”②。由此可见国民之惰性以及“中毒”之深，改造国民之艰难也便明晰可见了。小说结尾，作为改造者和启蒙者的新法螺先生只能“暂避其锋，潜踪归里”③，这样一种无言乃至无奈的失败，是深刻有力的，也是带有预见性质的。鲁迅的“铁屋子”意象，便是对此的呼应、延续以及深刻注脚。显然，晚清闪耀的灯光仍无法彻底改变黑暗社会及国民思想灵魂的黑暗。

除晚清科幻小说对煤气灯、电灯的刻画描述外，外在社会环境也不可忽略。晚清一度兴起各种新兴学科，光学、电学便是其中的重要类别。晚清的一些科普杂志（如《格致汇编》、《格致新报》），不仅刊登《论电》、《论光》等文章，而且分别辟“互相问答”和“答问”栏目，解答平民的一些疑惑，其中就包含诸多关于煤气灯、电灯的问题，如“自作发电器……不能通信，也不能发电光，何故”④、“询问西国洋灯制造之理”⑤ 等。诚如所言，“光学一事，其事似微而用实大，可以补造化之缺陷”⑥，晚清对光源、光线、光束、光强等物理学意义上的光的多维度探讨，便逐渐过渡到文学、社会学、政治学的意义上。作为“文明”外在表征的煤气灯和电灯，表面上是对西方技术革新和创新的借鉴和学习，实则是对国民的探讨和重塑，这是“以现代文明之药，医治中国的病”⑦，这也是以“文明之物”来治愈“封建国民之身”的努力和尝试。总之，晚清闪耀的煤气灯和电灯，“不仅象征洋场的繁盛，也几乎与现代化氛围互为指涉，成为代表城市文化的文明符码”⑧。其改变的不单纯是外在视觉，更是一种内在秩序。它让原本持久且不可更改的黑暗，有了被照耀的可能。如果说西方的中古狂欢节、中国古代的元宵点灯，是在等级森严、秩序井然的时空中，安插一个舒缓日常紧张生活的可能，从而“纵容人们逾越各种风教俗成的、法律明定的界域，颠覆一切日常生活的规律——从日夜之差、城乡之

① 吴岩：《贾宝玉坐潜水艇——中国早期科幻研究精选》，福建少年儿童出版社 2006 年版，第 102 页。

② 于润琦：《清末民初小说书系　科学卷》，中国文联出版公司 1997 年版，第 5 页。

③ 于润琦：《清末民初小说书系　科学卷》，中国文联出版公司 1997 年版，第 20 页。

④ 熊月之：《西学东渐与晚清社会》，中国人民大学出版社 2011 年版，第 347 页。

⑤ 熊月之：《西学东渐与晚清社会》，中国人民大学出版社 2011 年版，第 358 页。

⑥ 熊月之：《晚清新学书目提要》，上海书店出版社 2014 年版，第 594 页。

⑦ 杨联芬：《晚清至五四：中国文学现代性的发生》，北京大学出版社 2003 年版，第 80 页。

⑧ 吕文翠：《汉上倾城——上海文学与文化的转异》，台湾城邦文化出版社 2009 年版，第 522 页。

隔、男女之防、雅俗之分到贵贱之别”①，那么，晚清的彻夜燃点街灯，既挑战了封建社会的法制、礼典和规则，更宣告了一种与之迥异的社会秩序和规则。它用电灯照耀的方式，拂去了黑暗之下模糊的空间，让全新的生活方式、作息方式成为可能。夜晚空间终于不再是封闭的，难以进入的，而变成敞开的，人们可以进入且自由活动的空间。空间视域的扩大和改变，不仅重塑着晚清国民性格，更在幽微中揭示出国民性格变化的深义。

二、“时间”之变与国民之变

晚清时期的政治、文化改革，多伴随着对时间的改革，时间可以称为权利的象征和隐喻。清代及之前的以圣人纪元、以君主纪元、以事纪元的方式都相继被废除，康有为更是明确反对任何以“人”或“事”为纪年的纪元方式。整个晚清历法变革都饱受争议，处于众声喧哗的语境中。晚清和任何一个时代相类似，都是“通过改正朔来彰显自己的正统地位……改正朔是一种以历法为基础的充满象征意味的政治活动”②。实际来看，无论是在大统旧法和西洋新法之间的摇摆，还是日常习惯上从阴历到阳历的转变，都代表着晚清知识分子及平民百姓对变革旧中国和旧国民的希望，对重建新中国和新国民的殷切期待。若干年后，胡风发出的“时间开始了”的呐喊，亦是以重新计时的方式，来召唤和希冀全新的中国和国民。

清代紫禁城中便有自鸣钟，利玛窦曾将自鸣钟作为外交礼物进贡给万历皇帝。而后在清末，各大店铺和洋行便专供销售西洋钟表。时间不再是模糊估算的心理时间，而变成切切实实可以计量的客观时间。晚清科幻小说中常能看到对时间精确的客观表达，《乌托邦游记》中，“飞空艇”轮船章程中有一条便是“飞空艇定于七点钟早膳，十二点午膳，七点钟晚膳。各搭客听当中大自鸣钟为准，如迟到膳食者，不能另行添补”③。同时，小说中时时会猝不及防地出现有关时间的叙述，有的还充当转化叙述视角的作用，比如“我坐了一歇，只听得那大自鸣钟，铛的一声，正是一点钟”④，叙述立马转入另外一个全新的世界。《月球殖民地小说》也处处描绘时间，比如“这时刻刚到十一点钟，

① 陈熙远：《中国夜未眠——明清时期的元宵、夜禁和狂欢》，《“中央研究院”历史语言研究所集刊》2006 年第 4 期。

② 吴岩、李帆：《从“改正朔”到“改用西历”——西学东渐下国人传统观念变化的一个审视角度》，《西南民族大学学报》（人文社会科学版）2011 年第 5 期。

③ 于润琦：《清末民初小说书系　科学卷》，中国文联出版公司 1997 年版，第 78 页。

④ 于润琦：《清末民初小说书系　科学卷》，中国文联出版公司 1997 年版，第 83 页。

电灯灿烂"①、"走了三十多个钟头，那船才停到口岸"②，时间在文本的叙述进程中充当着关键作用。晚清科幻小说对时间很是关注，但要注意的是，时间不仅仅是在文学意义上被关注，更多是因为其背后所被赋予的社会意义，阿英将之称为"社会的阴影"，并认为"把握了这社会的阴影，是更易于了解晚清小说"③。1898 年，谭嗣同、熊希龄等晚清文人创办延年会，规定会员每天 6 点钟起床，10 点钟睡觉，且对读书、做事、拜客等时间有着严格规定，旨在最大限度地节省时间、利用时间。虽然他们"对于浪费时间的自觉反省，并不是一开始就如西方人一样站在国民性高度，而是以一种传统的批判方式，矛头直指官僚阶层堕落颓靡的生活作风"④。但不可忽略的是，将时间量化的尝试，珍惜时间的提议和践行，不仅加速着现代化的进程，而且也使晚清国民不守时、不珍惜时间的陋习得到某种程度的缓解。晚清科幻小说对时间的精确书写也有此义。

在《新法螺先生谭》中，东海觉我以观者的角度描述了"余"眼中的一个奇异之物——"记时器"：

> 此器周约五尺许，有三针，针长八寸，但闻窣窣摆声，而三针无一稍动者。余曰："此器有秒针乎？"翁曰："此长者秒针也。"余曰："秒针胡不动？此针适已坏乎？"翁曰："否，否。秒针固非能一看即见其动者。"余曰："何谓也？"翁曰："君尚不知乎？是何年岁之大，而智识之幼稚也。余语君，一日当分为二十四时，每一时六十分，每一分六十秒。"余曰："然。"翁曰："每一秒一千二百九十六万微。"余曰："翁误矣，每一秒六十微耳。"翁曰："否，余未闻有以六十微为一秒者，余之记时器，固以一千二百九十六万微为一秒也。"⑤

余与翁之间有关"记时器"冗长细微的对话，既是长者解疑答惑的过程，又是在不断加深对时间的认知（由日至时，至分，至秒，至微）。但其后，作者以叙述者直接插入讲述的方式，全然否定了这一计时规则，并直言此种计时方式"是黄种老人之记时器"⑥。这两者之间的对比是意味深长的。计时之快慢，既代表了文明程度的高低，更是现代化程度的表征。老旧中国比之西方各国，其差异甚为明显，正所谓"朝菌晦朔，蟋

---

① 董文成、李勤学：《中国近代珍稀本小说　肆》，春风文艺出版社 1997 年版，第 399 页。

② 董文成、李勤学：《中国近代珍稀本小说　肆》，春风文艺出版社 1997 年版，第 458 页。

③ 阿英：《晚清科幻小说》，江苏凤凰文艺出版社 2017 年版，第 57 页。

④ 湛晓白：《时间的社会文化史——近代中国时间制度与观念变迁研究》，社会科学文献出版社 2013 年版，第 268 页。

⑤ 于润琦：《清末民初小说书系　科学卷》，中国文联出版公司 1997 年版，第 7 页。

⑥ 于润琦：《清末民初小说书系　科学卷》，中国文联出版公司 1997 年版，第 8 页。

蛄春秋，世间物我之不齐”① 也。梁启超曾在 1901 年发表《过渡时代论》一文，称“中国自数千年以来，皆停顿时代也”②。这亦从侧面表达出晚清计时之慢，甚至停顿的现象。也正由于此，晚清已远远落后于西方国家，晚清国民也已垂垂老矣，不及西方国民青春活力之态。而且，晚清之停顿原因，也有赖于晚清国民对“理想的过去”的不断怀念。对大多数晚清国民来说，尊崇的仍然是复古史观、循环史观，信仰的仍然是循环的时间观，这便导致时间的倒化、历史的停滞不前。机械钟则与之全然相反，它以 24 小时制的计时规则，确立起了先进的、走向光明未来的线性时间观。

湛晓白认为国民性改造话语对晚清的时间流变产生了重要影响，具体来说：“近代国民性改造话语的直接影响和对工业文明的向往，是中国近代时间价值观发生嬗变的两个根本原因。知识分子一方面对国人缺乏时间观念加以批评和反省，一方面则围绕‘时间经济’重新塑造了一套工业时代的新时间观念。”③ 但反过来，时钟的出现、阳历的大规模推行、西洋新法的采纳等等一系列有关时间的变化，也极大地影响了晚清国民性格。它们之间是相互影响、相互生成的关系。机械钟的出现，以及随之而来的计时方式的统一，让“各地区的时间协调统一起来。技术时代全球整体划一的步伐正是从时间的统一开始迈出的”④。传统的日出而作、日落而息的生活和工作方式，变成了严格的星期制、标准时制等井然有序的工业化生产模式。这就将人们织就在同一时空之网中，晚清文人及平民在这样的客观生活环境中，接受了商业社会和群体社会的规约，并潜移默化地改变了他们粗糙、模糊、不细致的习性。于此，晚清文人以器物之变来改造国民劣根的设想得以部分实现，时间重新安排和制约了国民生活。《新法螺先生谭》中新法螺先生在一哭一笑中，就已经浪费了 48 点钟，荒谬之至。同样，晚清科幻小说中出现的飞空艇、飞行船等想象物，也是为了最大限度地利用和节省时间，这暗合了西方工业文明对简捷、效率等的需求。时间变成了珍稀之物，稀释掉原本所附属的自然、情感等意蕴，而纯然成为现代工业化、机械化生产得以完成的手段之一。

在安东尼·吉登斯看来，机械钟的出现改变了人们的时空观念，使时间和空间得以相互分离，并为“虚化”时间提供统一尺度。时—空分离不仅构成了现代性形成机制，也对现代国民的形成提供了外在约束和内在规约。如果说晚明国势的衰弱是因为朝殿的沦落，“严肃的殿堂不再严肃，神圣的场合不再神圣，应排队不排队，应安静不安静，帝

---

① 于润琦：《清末民初小说书系　科学卷》，中国文联出版公司 1997 年版，第 8 页。

② 谢冕：《1898：百年忧患》，山东教育出版社 1998 年版，第 5 页。

③ 湛晓白：《时间的社会文化史——近代中国时间制度与观念变迁研究》，社会科学文献出版社 2013 年版，第 297–298 页。

④ 吴国盛：《时间的观念》，商务印书馆 2019 年版，第 110 页。

国最具神圣性的空间——朝殿，就此沦落了。这个神圣空间的沦落，同神圣时间（朝会）的失序，几乎是同步出现，交织在一起的，而此正呈现出晚明朝政衰微的一面”①。那么，晚清国势衰弱也与朝廷及普通老百姓的时空失序有很大关系。在这样的基础上去了解自鸣钟、时辰表等在清末的大量引入，就会明白它们在规范时空秩序方面的重要意义。它们也让晚清国民得以确立起时空坐标，养成惜时、守时的国民性格。比如晚清科幻小说中常常出现的精准时间报时，其作用不仅在于文本意义，而且在于社会意义；其目的不仅是对时间的关注，更是对时间的重新审视。在被机械钟重新划分的时空里，晚清国民的文明、科学之路拥有了更多的可能性。

三、“黑暗”之变与国民之变

整个晚清都笼罩在一层“黑暗”的阴影之下，对“黑暗”的驱逐甚或恐惧，持续在每个人的内心深处。在清朝末代皇帝溥仪的回忆中，整个紫禁城都回荡着黑暗的鬼气。“每当夕阳西下，禁城进入了暮色苍茫之中，进宫办事的人全都走净了的时候，静悄悄的禁城中央——乾清宫那里便传来一种凄厉的呼声：‘搭闩，下钱粮，灯火小——心——’随着后尾的余音，禁城各个角落里此起彼伏地响起了值班太监死阴活气的回声。这是康熙皇帝给太监们规定的例行公事，以保持警惕性。这种例行公事，把紫禁城里弄得充满了鬼气。这时我不再、不敢走出屋子，觉得故事里的鬼怪都聚到我的窗户外面来了。”②晚清文人黄遵宪彻夜失眠，整个晚清被他描摹得昏暗、沉闷。他吟道：“沉阴噎噎何多日，残月晖晖尚几星。斗室苍茫吾独立，万家酣睡几人醒。”③ 鲁迅在《新中国文学大系·小说二集·导言》中，引用狂飙社宣言，形象生动地描述了整个20世纪中国的黑暗境况：“黑沉沉的夜，一切都熟睡了，死一般的，没有一点声音，一件动作，阒寂无聊的长夜呵！这样的，几百年几百年的时期过去了，而晨光没有来，黑夜没有止息。”④ 如若去翻阅相关书籍，就会发现对“黑暗”的触及是极为繁多的。它既是借指国民劣根性及其之下的愚昧封建的社会大环境，更是一种绝妙的隐喻——是与“黑暗”社会的割裂，是对“光明”新社会的希冀。如马泰·卡林内斯库所言，这种“把最近的过去说成是‘黑暗的’，同时设想着‘光明’的未来必至无疑（即使这个未来是先前某个黄金时代的

① 邱仲麟：《点名与签到——明代京官朝参、公座文化的探索》，《新史学》1998年第6期。

② 爱新觉罗·溥仪：《我的前半生》，东方出版社1999年版，第78–79页。

③ 谢冕：《1898：百年忧患》，山东教育出版社1998年版，第80页。

④ 谢冕：《1898：百年忧患》，山东教育出版社1998年版，第256页。

复活），这涉及一种革命的思想方式”①。于此，晚清科幻小说对黑暗的书写的背后，实则隐藏着更深层次的国家、国民的变革需求。晚清科幻小说虽常常涉及对未来的畅想和期许，各种新兴世界、新型工具层出不穷，实则隐藏着一个潜在背景，那就是以毁灭世界末日作为前提，新世界背后总是带着黑暗旧世界的影子。

小说《黑暗世界》以华乐和华乐夫人的对话展开了关于黑暗世界末日的讨论。在光明与黑暗的对峙之下，世界似乎全然掉落到黑暗中。黑暗世界不受约束，自然是无事不能做的。黑暗世界“置法律于不顾”，多发生“奸盗谋命之事”，总之，“盖居此黑暗世界，而吾人之破坏性质乃发现。贫苦之人，向日本嫉富若仇；而富家佣奴，亦大都嫉其主人”②。处于此种黑暗世界中，国民劣根性得到了集中爆发，难怪华乐夫人为此感到“股栗”。整个世界混乱不堪，人人无家可归，终于全然“陷入撒哈拉沙漠者数百千里”③。这一毁灭是彻底而决绝的。《世界末日记》更是直指末日，此末日情境是“地上已无复新生继出之人类”④，“我等不得不死”⑤，末日即意味着重生，如此便可生生不息；犹如古人寻找桃花源作为精神所栖之处一样，世界末日毁灭之余，人们亦在寻找一个新的乌托邦世界。晚清科幻小说家执着于对此黑暗末日世界的书写，其目的正是想让晚清国民看清之，破坏之。换言之，只有认识到黑暗末日世界的本质，并用尽全力将其摧毁，才能有“窃望上天仍与吾人以日光”⑥ 的机会。黑暗是亟须破除的弊病，以“日光”隐喻的光明则是希望之所在。鲁迅曾有与此相似的表述：“沉沦黑狱，耳窒目朦，夔以相欺，日颂至德，斯固造物所乐，而人类所羞者矣。然人类者，有希望进步之生物也，故其一部分，略得光明，犹不知魇，发大希望，思斥吸力，胜空气，冷然神行，无有障碍。”⑦ 对晚清国民来说，如何突破“黑狱”，使耳得以听，目得以见，是必须要习得的一门必修课。

《月球殖民地》不仅是关于殖民的故事，开拓了空间叙事的新维度，更是有关“黑夜”的叙述，只是它的关注点不在黑夜本身，而在黑夜中的具体元素——月球。无论是龙孟华对月亮的向往之情，酒后长叹“月亮阿！月亮！我们祖国偌大的地方，竟没有几个人像你一般模样，照得我心事出来的。可惜你离我太远，可惜我身无两翼，不能从这

---

① ［美］马泰·卡林内斯库：《现代性的五副面孔》，顾爱彬、李瑞华译，商务印书馆 2002 年版，第 27 页。

② 于润琦：《清末民初小说书系　科学卷》，中国文联出版公司 1997 年版，第 103 页。

③ 于润琦：《清末民初小说书系　科学卷》，中国文联出版公司 1997 年版，第 106 页。

④ 于润琦：《清末民初小说书系　科学卷》，中国文联出版公司 1997 年版，第 230 页。

⑤ 于润琦：《清末民初小说书系　科学卷》，中国文联出版公司 1997 年版，第 233 页。

⑥ 于润琦：《清末民初小说书系　科学卷》，中国文联出版公司 1997 年版，第 100 页。

⑦ 陈平原、夏晓虹：《二十世纪中国小说理论资料（1897 年—1916 年）》，北京大学出版社 1997 年版，第 50 页。

肮脏的世界，飞到你清清白白的世界里去”①，抑或是月里飞行，到月中游学，“仿佛自己身子已经跟到月中，见得许多的学校里面，真正是人才济济，如山如海的一般，便是本地球的中西大哲学家、大科学家，也在那面游学呢”②，月球变成被“惊羡”之物，它身上承载着现代性体验和想象的核心。而且，应当注意的是，月亮意象在此发生巨大转变，它不再是古代诗词中游子思乡、闺阁怨念、仕途失意等的代名词，它身上所附着的诗意审美情趣，被全然稀释。月球变成政治的单义代名词。当灯光与月光互相辉映，整个夜晚似乎都被点亮。这样，作为黑夜中光亮代表词的月球，实则是西方科学技术和精神文明的容纳地；龙孟华之子龙必大与月球人的友谊，则代表着作者在龙必大身上所寄予的变革新国民的殷切希望和重任。

总体来说，晚清科幻小说涉及的器物之变，其根底还是有关黑暗的重新认知。整个晚清社会都在积极学习和引进西方的先进技术，用煤气灯和电灯来照亮黑夜，用机械钟来“改变白天黑夜分别计时的传统，使一昼夜均等24小时的计时制得以推行”③，以改变黑暗的现实处境；但同时，又悖论地隶属于社会黑暗中，黑暗指向的是政治统治上的蒙昧、现实环境的苦不堪言，是一种不健全的社会体系。它剥夺了人们幸福生活的权力，人们无自由、无权利，迫切需要对之进行变革，以建立起一个崭新而美好的未来。在晚清文人这里，黑暗被作为“想象的共同体”的指称物，早已排除掉类似“暮夜诗”的哲学审美内蕴，变为具有政治寓意的象征之物，对黑暗的驱逐，实质上也是对“旧”器物（如蜡烛、沙漏等）的驱逐。而伴随着对西方“新”器物（如电灯、机械钟等）的发现和应用，电灯让黑夜充满光亮，打破了“夜禁”、“巡夜”等制度，让不合法、非正常的生活秩序回归正常；机械钟则让黑夜、白天的简单分割变成了日夜连续的时间，时间开始有了指向性，循环的时间观也由此走向指称光明未来的线性时间观。晚清国民就处在这样漫无边际的黑暗中，国民劣根性得到最全面的爆发，爆发之外，也隐喻着改造国民性的谱系框架。国民改造之旅也如同“光明中国的幻觉”般迅速消失，留下的唯有“无边的暗夜”。因此，晚清社会的双重悖论不仅体现在既身处黑暗又竭力逃离黑暗的困窘环境中，更表现在晚清国民一方面因袭着黑暗的且无法完全摆脱的历史枷锁，另一方面却妄想凭借简单引进西方器物的方式，来改变中国亘古的封建传统文化遗留。这样的尝试不能说不对，但对黑暗的破除显然不够彻底，也谈不上深刻，只是浮光掠影地粗浅涉及而已。

---

① 董文成、李勤学：《中国近代珍稀本小说　肆》，春风文艺出版社1997年版，第307页。
② 董文成、李勤学：《中国近代珍稀本小说　肆》，春风文艺出版社1997年版，第537页。
③ 吴国盛：《时间的观念》，商务印书馆2019年版，第109页。

四、结语："被驱逐"的黑暗与国民的可能性

晚清陆续经历了从蜡烛、油灯等自然光源到煤气灯、电灯等新型照明用具，从圭表、沙漏等依靠自然规律的计时方式到机械钟、时钟等纯机械的精准计时方式的转变，这些器物之变背后隐射的是国民之变。与此相对应，晚清科幻小说屡屡出现以电灯和钟表为代表的西方器物，它们构成了科幻体裁的主要元素。从外在形式而言，它们改变了模糊的时空叙述体系，一切都变得精细无比，讲究时间的紧凑和效率；从内在而言，电灯照亮了黑暗，钟表则让日夜由分割变成连续，黑夜及黑暗之地不再属于禁区，人们对此不再讳莫如深。电灯照亮一切，也照亮和改变了晚清国民得过且过的性格，看清了一切封建陋习和黑暗现实；它更是彻底改变了古代严苛的夜禁、宵禁制度，传统社会"日入而息"的秩序遭到瓦解，黑夜不再与罪恶、鬼怪挂钩，"夜聚晓散"也不再是"反常与非法的行为"①，夜晚出行成为再正常不过的事情，甚至到凌晨睡觉也不为过，并以之为时髦之事。机械钟则让晚清国民开始有了统一时间，西方工业化的标准计时方式让人们处于必须如此的时间链条中，晚清国民急于且疲于奔跑，以缩短与西方先进文明国度及国民之间的距离。

然而，深受传统文化影响的晚清国民，虽竭力追求西方先进的器物、知识和文明，仍遗憾于对自然时间感的丧失和黑暗模糊诗意审美状态的缺失，无法全然摆脱传统的因袭，这就使他们陷入摇摆之中，夹杂着彷徨、怀疑和矛盾的多重情绪。简言之，晚清国民既惊奇于钟表的精巧和准时，又秉承着儒家学说将其鄙夷；既受益于煤油灯和电灯所带来的便利，又将电与对雷殛的恐怖联系在一起；既在现实层面上直面并消解黑暗，又在隐喻层面上对黑暗进行"驱逐"。他们对外来西方器物所持的态度始终是矛盾的，认为其"既有器物奇巧的新异体验，也有人心败坏的道德忧虑"②，这就使得晚清科幻小说家们对西方器物的描写也罢，对"国民性"的书写也好，始终充满着含混的暧昧性，晚清社会对黑暗的驱逐终究是不彻底的，对光明中国的书写也是充满疑惑的。以《月球殖民地》对"月球"的想象为例，它与《新中国未来记》、《新纪元》、《电世界》等晚清科幻小说一起，都站在"未来"的叙述线索上，对"未来"的"光明中国"进行想象。这一想象依然有着晚清科幻小说的固有弊端：多重技术上的创新，对内在革新缺乏关照；多重外在西方先进器物，对内在国民性的发展及改变缺乏挖掘；多重对黑暗现实的揭露，

---

① 葛兆光：《严昏晓之节——古代中国关于白天与夜晚观念的思想史分析》，《台大历史学报》2003年第32期。

② 王洁群：《晚清小说中的器物形象》，湘潭大学出版社2009年版，第79页。

对黑暗之端倪由来缺乏分析，对光明的呼吁也有简化之嫌。如此，“月球”既是新世界，又带有末世意味；奔向“月球”的国民，既是在奔向自由、民主和现代，又裹挟着传统的深重因袭。

十余年之后，鲁迅写下：“今天晚上，很好的月光。”① 同样是有关月亮、有关黑夜的叙述，其叙述维度、社会空间、文化内涵以及所包含的对国民性格的塑造和反思，都发生了重大改变。在这样停滞且专制的密闭空间中，“国民性”叙述维度终于从外在器物层面拉向人性心灵层面，从“相信自己是用玻璃做的，并因此得出结论：自己轻脆易碎，不能接触任何坚硬的物体，应该静止不动等等”的固有、狭隘、充满各式标准的国民观念中跳脱出来，变为比喻和拟称中的“睡梦中想象自己是用玻璃制成的”②。国民与月球之间不再隔着长长距离，不再是追逐与被追逐的简单关系，月球成为内在于人的器物，两者之间得以相互阐发和无限扩充。如此，西方器物对国民的影响和重塑就不再像晚清科幻小说的叙述般，仅为外在附加物，而让充满悖论和张力的国民性格成为可能。

（作者单位：西北大学文学院）

---

① 鲁迅：《鲁迅全集》（第1卷），人民文学出版社1981年版，第422页。

② ［法］米歇尔·福柯：《疯癫与文明》，刘北成、杨远婴译，生活·读书·新知三联书店2012年版，第92页。

20世纪戏曲生态嬗变的路径抉择
——启蒙立场、移风易俗与现代化①

吴 民

戏曲现代化，是20世纪戏曲生态沿革的核心主旋律。然而何为现代化，如何现代化，长期以来，各方解释并不明晰，甚至常常出现互相矛盾、互相攻击的混乱局面。在此基础上，否定和怀疑现代化的观点也层出不穷。由于前者的混乱，后者的否定和怀疑往往也显得更加混乱。在一片混乱的争吵声中，付出的惨痛代价就是戏曲艺术生态的不断弱化和边缘化。事实上，戏曲艺术不是一个最小的分析单元，因此戏曲现代化本身就存在问题。正确的做法是，首先将戏曲艺术进一步拆分到最小单元，并厘清戏曲艺术内部的相互联系和作用，在此基础上再谈现代化的问题，才更为合理和自洽。而对戏曲艺术的进一步拆分和厘定，就不得不借助戏曲生态学的分析方法。而一旦引入戏曲生态学对戏曲艺术的分层理论，结合20世纪初期戏曲艺术发展的路径选择，才能顿悟当初的文化艺术抉择者的合理性。其中，启蒙立场的代表陈独秀，民间立场的代表易俗社，都是在明确并充分尊重戏曲生态体系的基础上，对戏曲艺术进行符合时代和人民需求的有限现代化改造。而鲁迅先生，更是有效联系了启蒙立场与民间立场，同情地理解了戏曲生态发展的启蒙与移风易俗的抉择。与此形成鲜明对照的是，当下关于戏曲现代化的讨论，却不断面临泛化概念内涵与外延，弱化、虚化艺术本体的本质规定的问题。21世纪已经走过了近20年，戏曲艺术生态嬗变的路径抉择能否更加合理，或许从100年前，便能找到答案。

20世纪是中国戏曲生态格局变易最为剧烈的百年，也是戏曲审美由古及今的重要嬗

① 本文为2018年度国家社科基金艺术学项目戏曲"生态学论纲——20世纪中国戏曲生态格局变易及美学体系嬗变关系研究"（18CB167）的阶段性成果。

变时期。明清雅化文人趣味、城市表演与色艺崇拜、乡土民俗与社火狂热渐次退潮，取而代之的是启蒙者的新思想，再是新思想在戏曲生态的不自洽，最后又归于都市消闲与乡土闹热、风情、奇趣。中华人民共和国成立之后，改革与甄别，依然伴随着戏曲生态与审美的两翼，螺旋交替发展。而戏曲生态本体格局内部的体系规律，却依旧被忽视，终至 20 世纪末戏曲生态的困境与审美内涵急剧萎缩。而从戏曲生态的角度重新关照过去一个世纪的戏曲命运，将会得出一个更切合中国戏曲与民族文化客观现实的新结论。

一、陈独秀《论戏曲》与现代化的启蒙立场

20 世纪初，伴随着“五四”新文化运动，一批启蒙者开始关注文化上的改良与启蒙，戏曲艺术纳入改良视域。其中陈独秀《论戏曲》提纲挈领道：“戏曲虽为有益，然现演者之中，亦有不尽善处”，“不善者宜改弦而更张之”。他指出：一、宜多编有益风化之戏；二、采用新法；三、不可演神仙鬼怪之戏；四、不可演淫戏；五、除富贵功名之俗套。虽然这些论点后来一再被肯定甚至被认为是真理，但也有学者冷静指出，这种脱离戏曲生态实际而去妄议并强加改良的做法，其实并无裨益①。陈独秀现代化的启蒙立场，反映了启蒙者理想的戏曲生态变革模式。这种变革一方面对戏曲生态的母体层面尊重不足，比如粗暴对待所谓“神仙鬼怪”戏和“淫”戏，忽略了一些民间母体文化深层的素朴信仰和风情因子。又比如过于强调所谓“风化”和教育意义，忽略了艺术的情感性和趣味性。启蒙立场的现代化，从本质上架空了戏曲生态体系，是在对戏曲艺术生态嬗变规律把握不足的情况下提出的。这种路径在 20 世纪的戏曲生态沿革中不断遭遇挑战。然而，在启蒙者全盘否定传统戏的大背景下，陈独秀的《论戏曲》可以说是对中国戏曲生态体系最善意的同情与理解。虽然陈独秀的声音在当初并未受到重视，但这种声音就像一个火种，在以后百余年的现代化道路中，不断提醒变革者——要对戏曲生态体系持起码的同情与理解。

（一）被全盘否定的戏曲生态母体文化和民间趣味

一直以来，戏曲艺术都是中国都市和乡土极为迷恋的艺术形式。自明清以来，雅化的文人趣味、乡土的民俗狂热、都市的精致追求（表演与色艺）共同构成戏曲生态多维格局互为依存的自洽体系。乡土的母体文化滋养、文人的思想文化供给、都市的艺术发展方向，与戏曲的母体文化生态、外部生态要素、艺术本体生态几乎互为吻合，共同推

---

① 傅谨：《陈独秀“论戏曲”与二十世纪中国戏曲之命运》，《文艺研究》1997 年第 5 期。

进戏曲生态格局与审美体系螺旋上升。然而，无论是母体文化，还是文人旨趣，抑或都市兴趣，一切要素都是在“寓教于乐、潜移默化”的和谐状态下，经过漫长的时间累积、叠加而形成的。

可以说，戏曲生态的母体文化中闹热、风情、奇趣的民间审美趣味；戏曲生态本体层面对歌舞演故事的迷恋，对歌舞传情的执着；戏曲外部生态层面对艺术精致化的要求，在启蒙者这里，遭到了相对简单粗暴的对待。

这种简单粗暴，首先来自戏曲改良者的否定。

在《新青年》杂志上，傅斯年说中国旧戏在艺术上还很原始，简直是“各种把戏的集合品”，是“下等把戏的遗传”、“百衲体”①。钱玄同说：“如其中国有真戏，这真戏自然是西洋派的，决不是那‘脸谱’派的戏。要不把那扮不像人的人，说不像话的话全数扫除，尽情推翻，真戏怎样能推行呢?”②

然而，这也正是清末民初启蒙者的一贯思维。比如梁启超办《新小说》，著《论小说与群治之关系》，极言小说之重要，甚至声称“欲新一国之民，不可不先新一国之小说。故欲新道德，必新小说；欲新宗教，必新小说；欲新政治，必新小说；欲新风俗，必新小说；欲新学艺，必新小说；乃至欲新人心，欲新人格，必新小说”③。这些社会改良者为了达到社会改良的目的，终于将原本并不熟悉，甚至不屑的戏曲拿来充当工具，大言特言改革。

> 我青年之同胞，赤手掣鲸，空拳射虎，事终不成，而热血徒冷，则曷不如一决藩篱，遁而隶属诸梨园菊部之籍，得日与优孟、秦青、韩娥、驹之俦为伍，上之则为王郎之悲歌斫地，次之则继柳敬亭之评话惊人，要反足以发舒民族主义，而一吐胸中之块垒，此其奏效之捷，必有过于劳心焦思，孜孜以作《革命军》、《驳康书》、《黄帝魂》、《落花梦》、《自由血》者，殆千万倍④。

可见，启蒙者最不同意的，第一是附着于戏曲艺术的母体文化。然而，戏曲生态的母体文化圈层，是戏曲生态获得长足动力的基本源头。戏曲的母体文化是戏曲生态体系诸多层面中最难变易的层面。简单否定或抛弃母体文化，对戏曲生态的破坏意义远远大于对戏曲生态的建构意义。启蒙者第二否定的是戏曲生态的民间趣味，认为戏曲必须要

---

① 《新青年》第5卷第1号。
② 《新青年》第5卷第1号。
③ 《新小说》创刊号，1902年。
④ 陈佩忍：《论戏剧之有益》，《二十世纪大舞台》1904年第1期。

能够发挥"战斗性"，忽略了戏曲艺术潜移默化、寓教于乐的基本特性。

近年来，重新评价启蒙者的现代化立场，成为越来越多学者的共识。

（二）启蒙者陈独秀《论戏曲》——对戏曲生态的有限尊重和变革

戏曲在这个时期所受到的众多批评中，相对善意的是陈独秀以"三爱"为笔名写的《论戏曲》一文①。陈独秀的核心观点有五条：一，宜多编有益风化之戏；二，采用新法；三，不可演神仙鬼怪之戏；四，不可演淫戏；五，除富贵功名之俗套。而此核心观点的前提，则是戏曲可以像正统文学一样"载道"，若加以改良，仍然是"有益"的。这与传统戏曲生态格局中，将戏曲或作为小道末技，或作为无聊消遣，甚而只是声色之欢、耳目之娱很是不同。而这种认识，显然与传统戏曲生态格局的内部认知是大相径庭的。因此，以这种"有益"为前提的改良方法或许也是颇为值得商榷的。

在陈独秀等以社会功能为先的改良者而言，真正的好作品已经不再是传统戏曲生态格局中占据文化与艺术最高本体意义的优质作品，"《西厢》、《金瓶梅》，非幽期密约，亵淫秽稽之事"，因此必须演出"复取西国近日可惊、可愕、可歌、可泣之事，如波兰分裂之惨状、犹太遗民之流离、美国独立之慷慨、法国改革之剧烈以及大彼得之微行、梅特涅之压制、意大利之三杰、毕士麦之联邦，一一详其历史，摹其神情，务使须眉活现，千载如生"②。

然而毫无疑问，这些都是远超戏曲生态涵盖范围的，也是传统戏曲艺术审美难以企及的。

陈独秀最否定的神仙鬼怪，很多并非是善恶不分、迷信落后的剧目，而是带有鲜明抵抗特色的，惊天地、泣鬼神的大悲剧。比如被王国维誉为能够立于世界悲剧之林的《窦娥冤》，事实上就是鬼神戏。而所谓"淫戏"，许多根本就是闹热、风情、奇趣而深刻感人的爱情佳作。

陈独秀提倡戏曲的社会功能。他没有看到，传统戏曲生态格局也不是不讲社会功能。戏曲诞生近千年来，有关戏曲无益甚至有伤"风化"的指责，比比皆是③。然而，在传统戏曲生态格局体系中，恰恰是那些所谓的"有伤风化"，承载了戏曲艺术的"闹热、风情、奇趣"，以及为当局者所不能容忍的"人性"与"至情"。而陈独秀主张"有益风

① 该文最早发表于《俗话报》1904年第11期，署名三爱，次年以文言在《新小说》第2卷第2期重新发表，并被收入《晚清文学丛钞·小说戏曲研究卷》。本文所引系被录入《晚清文学丛钞》之后者。后文引用不再注出。

② 箸夫：《论开智普及之法首以改良戏剧为先》，《芝罘报》1905年第7期。

③ 如宋代陈淳《上傅寺丞论淫戏书》记载了宋代民间戏曲演出状况，是最早的可靠文献；明代祝允明《猥谈》中关于戏文的记载是对戏曲有伤风化的最早记录。

化”，是否是从另一个方面否定戏曲生态的本体，而仅仅截取其作为工具载体“传声筒”的意义呢？

> 顾我国民，非无优美之思想，与刺激之神经也。万族疮痍，国亡胡虏，而六朝金粉，春满江山，覆巢倾卵之中，笺传《燕子》；焚屋沈舟之际，唱出《春灯》；世固有一事不问，一书不读，而鞭丝帽影，日夕驰逐于歌衫舞袖之场，以为祖国之俱乐部者。事虽民族之污点乎？而利用之机，抑未始不在此。又见豆棚柘社间矣。春秋报赛，演剧媚神，此本不可以为善良之风俗，然而父老杂坐，乡里剧谈，某也贤，某也不肖，一一如数家珍，秋风五丈，悲蜀相之陨星；十二金牌，痛岳王之流血，其感化何一不受之于优伶社会哉？世有持运动社会、鼓动风潮之大方针者乎，盍一留意于是①？

正是从这个意义上而言，戏曲需要改良，然而，改良的路径却偏离了戏曲生态体系的本质，并越走越远。

（三）改良者对戏曲生态的偏离及全盘西化

而所谓改良，则是要摒弃传统戏曲生态要素，甚而摒弃传统戏曲审美要素。这种改良，如何得“良”呢？虽然当时也有人激烈抨击中国旧文学艺术，认为“中国小说之范围，大都不出诲怪、诲淫、诲盗三项之外；故所演戏曲亦不出此三项”②。然而，如《西厢》、《牡丹亭》，其“淫”到底该如何解读；作为舞台表演艺术之戏剧的附带价值，又该如何评价。如果不回到戏曲生态格局的体系当中，是很难做出公允评价的。当然，即便在20世纪初，戏曲改良舞台之无由与混乱，也并不是没有被看到。“今海上诸梨园，亦稍稍知改良戏曲矣。然仅在上海之一部分，而所演新剧，又为诸剧中之一部分，即此一部分中，去其词曲鄙劣者十之三，去其宗旨乖谬者十之三，去其所引证事实与时局无涉者十之三，则夫异日所获之实亦仅矣。”③“新戏萌芽初茁，即遭蹂躏，目下已如腐草败叶，不堪过问。”④ 而在戏曲生态格局内部，由于思想上的混乱和都市的消闲文化需要，为了招揽观众，这时候甚至放弃了清末以来的精致表演，而朝着与改良者期望南辕北辙的方向发展：

---

① 柳亚子：《二十世纪大舞台发刊词》，《二十世纪大舞台》1904年第1期。

② 定一语，原载《新小说》，引自新小说社刊《小说丛话》1906年第2期。

③ 王钟麒（署名天生）：《剧场之教育》，《月月小说》，1908年第2卷第1期。

④ 欧阳予倩：《予之戏剧改良观》，《新青年》第5卷第4号。

这时期上海的京剧，虽然在传统的继承方面未失规模，但已趋向于连台本戏的排演，或取材历史，或就旧有章回小说逐段敷演，为了加强戏剧性，至有超出原有故事情节而另作安排者，且花样翻新，专以机关布景及色情歌舞相号召。这情况，虽然和当时上海的特殊环境有关，但京剧艺术未免每况愈下……①

而在此种情势下，又滋生出新的论点：中国传统的戏曲是落后的，需要从内容到形式上都以西方马首是瞻。

这种以西化为“现代化”之全部的观点，荼毒甚为深远。

“日本报中屡诋诮中国之演剧界，以为极幼稚蠢俗……如云，‘中国剧界演战争也，尚用旧日古法，以一人对一人，刀枪对战，其战争犹若儿戏，不能养成人民近世战争之观念’。(按义和团之起，不知兵法，纯学剧场之格式，致酿庚子伏尸百万，一败涂地之祸。演战争之不变新法，其贻祸之昭昭已若此。)”② 此外，对于内容上的“大团圆”，蒋观云也认为“中国之演剧也，有喜剧，无悲剧。每有男女相慕悦一折，其博人之喝彩多在此，是尤可谓卑陋恶俗也。……夫剧界多悲剧，故能为社会造福，社会所以有庆剧也；剧界多喜剧，故能为社会种孽，社会所以有惨剧也”③。此外，则是禁止一切与西方写实相悖的“非科学”的剧目，尤其是鬼戏和妓女戏。50 年代初国家政务院颁布的禁演剧目表中，第一次将数十部以鬼魂与神灵为主体和以因果报应为主题的剧目定为禁戏，与以前历届政府只将涉及道德与性禁忌的戏剧作品列为禁戏的惯例具有明显的区别④。而其实，此前，对于鬼神戏也不乏相对公允的评价。如李桐轩道：

鬼神，吾不谓其无有也。古人神道设教，足以助法律所不及，以其人犹有醇朴之风焉。今人心浇漓，往往假之以作奸犯科，得其收效者盖寡矣⑤。

而事实上，李良材（李桐轩）的《甄别旧戏草》就是 20 世纪初与戏曲生态体系契合度相对较好的改良宣言。由于李桐轩本身就熟谙戏曲三昧，因而虽然也立足改良之主

① 周贻白：《中国戏曲发展史纲要》，上海古籍出版社 1979 年版，第 437 页。

② 蒋观云：《中国之演剧界》，《新民丛报》1904 年第 17 期。

③ 蒋观云：《中国之演剧界》，《新民丛报》1904 年第 17 期。

④ 如 1980 年 6 月 6 日《文化部关于制止上演禁戏的通知》所述，文化部在 1950 年到 1952 年间曾经明令禁止上演 26 个戏曲剧目，原因都是因为“宣扬迷信”，至 60 年代中期有更多“鬼戏”被禁，余风至今尚存。参见吴民：《政治禁演与民间风情的悖谬——建国初期“坏戏”艺术趣味重估》，《戏剧》（中央戏剧学院学报）2015 年第 3 期。

⑤ 李良材：《甄别旧戏草》，原载 1913 年《易俗杂志》，单行本 1917 年由陕西易俗社出版。

旨，提倡“移风易俗”，然其落脚点，则较多在戏曲生态本体范畴之内，因而取得了启蒙者鲁迅先生的肯定，并被鲁迅先生誉为“古调独弹”。这是颇值得玩味的。而同为启蒙者的陈独秀和鲁迅，二者之间的思想差异，又不得不说，集中于对乡土文化的认识。鲁迅先生对于乡土文化生态的眷恋是持续而贯穿于他的艺术生命的，这或许也是作为政治家和作为艺术家的启蒙思想家，对于文化生态的不同认知造成的。

二、李桐轩《甄别旧戏草》与现代化的移风易俗

如果启蒙者的现代化立场，更大意义上是一种文化者对戏曲艺术生态的架空想象，便既偏离了戏曲生态文化体系，更偏离了艺术本体实践。启蒙者的现代化路径，在20世纪的戏曲生态沿革中，一再遭遇挑战，正是因为启蒙者现代化对戏曲生态体系的偏离。不过，当初的启蒙者中，还有一批人，处于戏曲生态的文化圈层和本体实践圈层的中央，他们把现代化的理念化为了实践。与全盘否定戏曲生态体系的启蒙者不同，他们比陈独秀走得更远，取得了现代化与戏曲生态体系自洽之间的平衡。正是在这个意义上，鲁迅先生盛赞之，誉之“古调独弹”。

（一）被鲁迅先生赞为“古调独弹”的易俗社

鲁迅先生一向不大喜欢京剧和梅兰芳，但是有一类戏曲，却少有地得到了鲁迅先生强烈的偏爱甚至激赏，那就是易俗社的改良戏曲。1924年暑期，鲁迅先生等十几位学者应西北大学邀请来陕讲学，其间适逢西安易俗社成立12周年，先生在该社看戏5场，“对其办社宗旨、训练方法、管理制度、舞台演出，颇为赞赏，除向该社捐赠部分讲学金外，还亲题‘古调独弹’匾额以志庆贺”①。据易俗社藏资料记载：

> 鲁迅1924年夏来西安，原是应邀讲学，勾留的时间也不长，并不是千里迢迢来看秦腔，但是他忙里偷闲，五次到易俗社观剧。《易俗社七十周年大事纪》载，鲁迅所观剧目有《双锦衣》前后本、《大孝传》全本、《人月园》全本和折子戏，时间分别是当年7月16日、17日、18日、26日和8月2日，邀请并做陪的有孙仁玉、范紫东、高培支、吕南仲等人。鲁迅题赠“古调独弹”是在8月2日。那天晚上，陕西省长刘镇华为到西安讲学的鲁迅先生一行饯行，在易俗社设宴，招待演出②。

① 曲象艳：《鲁迅“古调独弹”匾真伪小考》，《陕西档案》2000年第4期。
② 秦力：《“古调独弹”溯源》，《金秋》2012年第11期。

以鲁迅的脾气，本不愿充当刘镇华的座上宾，只因与易俗社交好，才出席并题赠。另据孙伏园《鲁迅与易俗社》记载，“先生在西安有个观点：取之于陕，用之于陕，因此捐助了易俗社五十元”①。据鲁迅先生日记记载：

（七月）十六日……晚易俗社邀观剧，演《双锦衣》前本。

十七日……夜观《双锦衣》后本。

十八日……夜往易俗社观演《大孝传》全本。月甚朗。

二十六日……晚王捷三邀赴易俗社观演《人月圆》。

（八月）三日……午后收暑期学校薪水并川资泉二百，即托陈定漠君寄北京五十，又捐易俗社亦五十②。

鲁迅可谓不顾旅途疲劳，不避盛夏酷热，连续观剧，兴趣不减。7 月 18 日，一个“月甚朗”表明其心境是极好的。到了 7 月 26 日，虽日记上注明一个“热”字，却又“晚王捷三邀赴易俗社，观演《人月圆》”。离开西安前夕，鲁迅先生得到讲学费与交通费共计 200 大洋，便立即把其中的 50 元寄给北京的老母亲，另捐 50 元给易俗社。他那句“又捐易俗社亦五十”的“亦”字透露出的亲切感是颇可玩味的。

实际上，早在鲁迅先生在教育部时，就看过不少易俗社剧本，且有很高的评价。1920 年教育部通俗教育研究会奖给易俗社的金色褒状，就与鲁迅在教育部任职时重视戏剧改革有关。那时由于鲁迅先生在社教司工作，也常与文艺戏曲界接触，全国各地编演什么新的好剧本，鲁迅先生总是要派人去看戏，交通不便，派人有困难，就要求剧团把剧本送教育部审阅，以便在全国各地推广。据易俗社七十年编记事（1912. 8—1982. 8）载：1920 年 11 月 15 日，根据陕西省教育厅转教育部通俗教育研究会函，本社送上新编剧本 85 种，《易俗社最近办理状况》一册，《陕西易俗社章程》一册，由教育厅转送教育部；1921 年 1 月 8 日，陕西省教育厅转发教育部训令道，据通俗教育研究会称，该社新编剧本如《桃花三月》、《易俗社》、《博浪椎》、《王国树》、《小姑贤》、《将相和》、《张连卖布》等各种寓意取材各有所取，尚不失改良戏剧之本旨……该社成立多年，成绩丰富。褒状中指出：“戏剧一道所以指导风俗，促进文明，于社会教育关系至巨。欲收感化之效，宜尽提倡之方。兹有陕西易俗社编制各种戏剧，风行已久，成绩丰富，业经呈请教育部核准，特行发给金色褒状，以资奖励。此状。中华民国九年十二月十八日。”

---

① 参见《人民日报》1962 年 8 月 14 日

② 鲁迅：《鲁迅全集》（第 15 卷），人民文学出版社 2005 年版，第 523 页。

综上，不难看出，易俗社对于乡土母体文化以及戏曲传统仪式与教化的尊重。对于现代启蒙与教育的重视，是易俗社成功的关键，也是鲁迅先生倾心于该剧社的重要原因。

（二）《甄别旧戏草》与戏曲生态体系的适应与自洽

如果说陈独秀等改良者并没有进入戏曲生态内部，那么李桐轩的《甄别旧戏草》则在一定程度上尊重并保留了戏曲生态体系的整体和自洽。尤其是其对于“淫”与“风情”、“鬼神”与“迷信”的区分，对“诙谐”、“武打”等戏曲审美本体要素的坚持，造就了民国戏曲生态的独特景象，被鲁迅先生誉为“古调独弹”。

1913年，李桐轩写出推动戏剧改革的论著《甄别旧戏草》，1917年出版发行。书中列举大量事实，将当时的戏曲分为三大类：“可去之戏分六类：一曰诲淫；二曰无理；三曰怪异；四曰无意识；六曰历史不实。（例证158种）可改之戏分三类：一曰善本流传失真者；二曰落常套者；三曰意本可取而抽象者。（例证43种）可取之戏大致分为四类：一曰激发天良；二曰灌输知识；三曰武打之可取者；四曰诙谐之可取者。（例证130种）”其目的在序言里表达得很清楚：“由是言之，戏曲之改良，俱以膏粱易藜藿，此外固无多事也。拟人亦有言曰：‘推其陈，出其新，病乃不存。陈之不推，新将焉出？’不揣固陋，特甄别旧戏以贡献社会，以就正于教育大家。”为什么能够得出这个结论呢？

> 我国人知书者百只一二，戏则自士君子，下逮皂隶、愚氓、巷间妇孺，无不知也。善者可以感发人之善心，恶者可以惩创人之逸志。是为普及教育之，天然机关，已为世界所公认。故曲本之作，不可不慎慎之。如何？当以影响于人心为断。吾得准是以甄别旧戏，分之为可去者，可改者，可取者。可去之戏，分六类：一曰诲淫，二曰无理，三曰怪异，四曰无意识，五曰不可为训，六曰历史不实①。

在《甄别旧戏草》中，李先生通过阐释新剧与旧戏不同的艺术特征及社会效用，论证了旧戏改良的必要性。他认为，新剧需一洗旧戏之陋习，务求“传神写真”、“感人易入”，可谓戏剧改良之“极轨”。然而，新剧普及需要观众有一定的文化水平，“必学有程度而后可”，在当时文盲充斥、民智痼蔽的社会历史环境下，“安得如许有程度之人遍满伶界，为全国人民一新其知识哉”？由于旧戏的普及性及在普通百姓中的影响力，故为达到思想宣传、文化传播的目的，又不得不用旧戏。他认为，旧戏虽有“不合人世之真相”的瑕疵，然而，为了“补不善传神者之阙”，除了用说白外，又借用长须、涂面、舞蹈、歌唱以及丝竹鼓铙等，来“促人注意”，“动人视听”，凡此数端，“借前人几经研

---

① 李良材：《甄别旧戏草》，原载1913年《易俗杂志》，单行本1917年由陕西易俗社出版。

究而得之"，即学无程度之童子亦堪可"规矩准绳"。因而，为了谋求社会教育之普及，必须采取旧戏，于是得出旧戏乃为"普及教育之天然机关"的结论。

然何为"诲淫"？

> 国风贞淫、正变，所以兼收者，有美有刺也。戏曲虽有戏戒，恒在末场。而贱伶每节取中场男女相悦之词，且极意形容，以迎合斯世下流社会。恶乎，知所惩戒哉。风俗之靡，为国家忧，与其因戒，以生弊，不如尽去之为得也。其蓝本如：《金瓶梅》本戒多妻，然编为戏曲，则意不可见，而但见其淫。《肉蒲团》等，俱不可用①。

可见，没有情感的"非风情化的"肉欲则为"淫"。此外，"浅陋之夫其所臆造，齐东野人或信之，而不知乃事之所必无者也。以之反训，则人民智识愈蔽；人民智识蔽，则国家无进步之希望矣。此为无理。鬼神吾不谓其有无也。古人神通设教，足以助法律所不及，以其人犹有醇朴之风焉。今人心渐漓，往往假之以作奸犯科，得收其效者，盖寡矣。义和拳之祸，世谓由戏产出，实非妄评。故务民之义者，宁勿语之为得。此为怪异。凡书史所载者，皆传奇也。是故奇则传，不奇则不传。不遇顽父嚚母，虽大舜之孝，亦无得而称。况小说戏曲？尤以传奇为义者哉！日用寻常之事，编为戏曲，故不害道，究亦无益，作无益则害有益。故不如其已。此为无意识。可与人共由之，谓道：以道率人而莫之，应谓非。率者之咎可也，若陈义过高，不可仰企，或放诞风流，逾越礼法而传为佳话，是贤智之过，与愚不肖等何取乎？此为不可为训。"最后，还有与历史不符者，也应该被禁止。

不难看出，由于李桐轩先生本身就是一位戏曲作家，具有丰富的戏曲实践经验，他提出的观点切合当时戏曲生态实际，因此在审美价值上，保留了戏曲本体的美学特色。比如对于诙谐、动作戏的肯定，其实质就是对传统戏曲生态的"闹热、风情、奇趣"的尊重。

综上，李桐轩在其《甄别旧戏草》中，提出戏剧的"谋社会教育"作用，并把新旧戏作了比较，提出了改革剧本等问题，对传统剧目要"逐目甄别改编上演"，以符合时代需要。这就代表了易俗社艺术发展、剧目创作的目的和指导思想。易俗社编辑部聚集了一批具有民主思想和道德素养的文人学士，先后编写出大量提倡科学民主、宣扬爱国主义，揭露官场腐败和社会黑暗，抨击吸食鸦片、缠足、赌博、买卖婚姻、迷信鬼神等

---

① 李良材：《甄别旧戏草》，原载 1913 年《易俗杂志》，单行本 1917 年由陕西易俗社出版。

当时社会恶习的剧目。既有李桐轩的《一字狱》，孙仁玉的《三回头》、《柜中缘》，高培之的《夺锦楼》，范紫东的《软玉屏》、《翰墨缘》、《三滴血》，李约祉的《庚娘传》、《韩宝英》，吕南仲的《双锦衣》，封至模的《还我河山》等古典剧目，又有高培之的《鸦片战记》，范紫东的《关中书院》、《颐和园》，封至模的《香妃恨》等近代剧目，还有高培之的《人月园》，孙仁玉的《大婚姻谈》以及《白先生看病》、《算卦骗人》、《金手表》等现代时装剧目，更有孙仁玉的《巴里西烧瓷》，王辅丞根据莎士比亚的《威尼斯商人》编写的《一磅肉》，范紫东根据俄《托尔斯泰传》改编的《托尔斯泰》，李仪祉根据西班牙民间故事编写的《卢彩英救夫记》等外国题材剧目。这些剧目，都反映了新思想、新风尚、新文化、新生活，同时，也开辟了秦腔表演清装戏、时装戏、外国戏的先河。

由于与戏曲生态体系实现了接驳和自洽，易俗社的戏，很多都成为秦腔的传统剧目，代表了20世纪秦腔艺术的最高水平。易俗社是20世纪戏曲生态嬗变的最佳范本之一。

三、启蒙者鲁迅先生的生态体系戏曲观

20世纪中国文化与文学的集大成者——鲁迅先生，为我们留下的思想宝库中也包括对戏曲生态的认知。鲁迅先生的戏曲观，是在对戏曲生态体系的极大认知和理解基础上，建构而成的。因此，可以说，鲁迅先生为我们保留了戏曲生态嬗变路径选择的唯一正解。而这一点，长期以来，并不为学界重视。

（一）鲁迅戏曲观的乡土情怀与母体文化眷恋

鲁迅先生对绍兴的乡土文化是极为眷恋的，这种眷恋体现为对民间母体文化中的正义、温情、恩怨分明等素朴因子的无限怀念和礼赞。这种眷恋是构成鲁迅戏曲观的重要文化要素。正是在这种眷恋的关怀下，鲁迅先生对家乡绍兴一带的目连戏、鬼神戏、社火戏与祭祀剧都寄寓着饱满的同情与理解。而在“五四”新文化运动的背景下，这种同情的理解是十分卓尔不群的。在新文化干将的思想中，这些戏曲往往是愚昧、落后的代名词。胡适就以进化论的观点，认为戏曲的唱功、武打、脸谱等都是进化史上的“遗形物”，认为“这种‘遗形物’不扫除干净，中国戏剧永远没有完全革新的希望”①。傅斯年列举了戏曲舞台艺术的“显著缺点”：“就技术而论，中国旧戏，实在毫无美学之价

① 胡适：《文学进化与戏剧改良》，陈金淦编《胡适研究资料》，十月文艺出版社1989年版。

值”；“美术的戏剧，戏剧的美学，在中国现在，尚且是没有产生”①。目连、鬼神、社火等演出恰恰就是高度脸谱化的，以武打、特技、烟火等形式取胜的演出形式。不过，这些演出真的毫无思想价值和美学价值吗？鲁迅先生并不这么认为。他指出：

> 不过一到做“大戏”或“目连戏”的时候，我们便能在看客的嘴里听到“女吊”的称呼。也叫作“吊神”。横死的鬼魂而得到“神”的尊号的，我还没有发现过第二位，则其受民众之爱戴也可想②。

此外，还有一种鬼，人民之于鬼物，“惟独与他最为稔熟，也最为亲密，平时也常常可以遇见他”，这就是“一顶白纸的高帽子”和拿着“破芭蕉扇”的无常③。与其说是熟稔，不如说是爱戴。人民对无常鬼，确实是颇多好感的。在鲁迅看来，衡量戏曲艺术的价值以及戏曲人物或题材的内涵，最主要的一点便在于“民众之爱戴”。民众爱戴的便是滋养一方水土和人文的乡土母体文化以及承载于这种文化之上的民间好恶和习俗。民间的这种朴素好恶会带有低俗或愚昧的因子，因此无法用以评估艺术吗？不会。因为这种民间的喜爱已经充分艺术化为一种带有丰富趣味和严肃意义的仪式。这种仪式贯穿中国传统人文社会的乡土层面，是教育性的，也是准宗教性与精神性的。任何愚昧、落后、无意义的东西在本质上都是与这种民间仪式相抵触的。鲁迅先生说：

> 凡做戏，总带着一点社戏性，供着神位，是看戏的主体，人们去看，不过叨光。但“大戏”或“目连戏”所邀请的看客，范围可较广了，自然请神，而又请鬼，尤其是横死的怨鬼。所以仪式就更紧张，更严肃。一请怨鬼，仪式就格外紧张严肃，我觉得这道理是很有趣的④。

但是，虽说民间仪式性的演艺出发点是仪式性的娱神与乐人，不过在民间接受的过程中，往往也可能夹杂封建社会小农意识的某些偏狭的思想因子，如所谓“讨替代”。然而，即便如此，民间的偏狭在鲁迅看来，也远远不及剥削阶级的诡计，不过是一种消极的抵抗罢了，其本质是无甚么害处的。因为“被压迫者即使没有报复的毒心，也决无

---

① 傅斯年：《戏剧改良各面观》，胡适选编《中国新文学大系·建设理论集》，上海文艺出版社 1980 版。

② 鲁迅：《女吊》，《鲁迅全集》（第 6 卷），人民文学出版社 2005 年版，第 637 页。

③ 鲁迅：《无常》，《鲁迅全集》（第 2 卷），人民文学出版社 2005 年版，第 277 页。

④ 鲁迅：《女吊》，《鲁迅全集》（第 6 卷），人民文学出版社 2005 年版，第 638 页。

被报复的恐惧，只有明明暗暗，吸血吃肉的凶手或其帮闲们，这才赠人以‘犯而勿校’或‘勿念旧恶’的格言，——我到今年，也愈加看透了这些人面东西的秘密”①。与此相应，被压迫者往往是最富同情与温情的。因此，当女吊唱“奴奴本身杨家女，呵呀，苦呀，天哪！……”时②，是极具感染力和共鸣性的。这种共鸣基于这样一个基本的共同认识：

> 在无意中，看得住这“荫在薄雾的里面的目的地”的道路很明白：求婚，结婚，养孩子，死亡。但这自然是专就我的故乡而言，若是“模范县”里的人民，那当然又作别论。他们——敝同乡“下等人”——的许多，活着，苦着，被流言，被反噬，因了积久的经验，知道阳间维持“公理”的只有一个会，而且这会的本身就是“遥遥茫茫”，于是乎似不得不发生对于阴间的神往③。

民间的教化和训诫就在这神往中，在对阳世恶的同仇敌忾中、对世间悲苦的悲悯呜咽中形成了乡土母体文化的艺术基因，浇灌着中国民间戏曲艺术的血脉。不认识到这一点，就很难理解戏曲审美的基本局式，也就可能堕入胡适、傅斯年的错误理解上去。遗憾的是，时至今日，对中国戏曲生态的乡土母体文化层面的体认还是远远不够的，由此造成两方面的不良后果。一方面是对民间的趣味和诉求持鄙薄和压制态度，更罔论保护与发展；二是片面追求经济效益，将民间训诫和仪式变为恶搞和玩乐，大打假民间、假民俗之牌，放任真正的民间乡土文化断层，流失。中国戏曲生态重构必须从母体文化层的培育起步，努力建构新时代的民间母体文化体系，否则，必然是缘木求鱼。对于民间母体文化，鲁迅先生也说：“最好是去看戏。但看普通的戏也不行，必须看‘大戏’或者‘目连戏’。目连戏的热闹，张岱在《陶庵梦忆》上也曾夸张过，说是要连演两三天。在我幼小时候可已经不然了，也如大戏一样，始于黄昏，到次日的天明便完结。这都是敬神禳灾的演剧，全本里一定有一个恶人，次日的将近天明便是这恶人的收场的时候，‘恶贯满盈’，阎王出票来勾摄了，于是乎这活的活无常便在戏台上出现。”④ 这种母体文化经过戏曲的演绎，是十分具有人情味的。这种人情在于无常鬼，因为他“生人走阴，就是原是人，梦中却入冥去当差的，所以很有些人情”。对于普通观众，他爽直，爱发议论，有人情——要寻真实的朋友，倒还是他妥当。也就是说，人们可以借助一方戏曲舞

① 鲁迅：《女吊》，《鲁迅全集》（第6卷），人民文学出版社2005年版，第642页。
② 鲁迅：《女吊》，《鲁迅全集》（第6卷），人民文学出版社2005年版，第641页。
③ 鲁迅：《无常》，《鲁迅全集》（第2卷），人民文学出版社2005年版，第278页。
④ 鲁迅：《无常》，《鲁迅全集》（第2卷），人民文学出版社2005年版，第280页。

台（其实也是一个公共的文化场域），找寻内心的寄托、慰藉，相依相偎。这种文化场域甚而能成为母体文化关照下芸芸众生的一方心灵港湾。无怪乎鲁迅先生会感慨：“真的，一直到现在，我实在再没有吃到那夜似的好豆，——也不再看到那夜似的好戏了。”① 这种人情味作为母体文化的重要基因，过去很长时间内一直被顽固地拉入“人民性”②、“人性”③ 这一类颇具政治意味和拔高意味的名词之中。近年，也有一些研究有意无意地切入了母体文化的范畴。如：“作为母体文化的绍兴戏与鲁迅存在着互动关系。一方面，丰富多彩的绍兴戏对鲁迅的思想与艺术进行了最初的启蒙与滋养，不仅使鲁迅从中承传着越文化精神，而且使他接受了社会人生的教育，对黑暗的社会现实和底层悲苦的人生状况有了初步的认知和理解，还使鲁迅受到了戏剧教育，积累了戏剧知识，培养了戏剧审美的经验与情趣，奠定了鲁迅赏戏论剧、指导戏剧创作的基础，同时还对他的创作产生了深刻的影响。另一方面，鲁迅对绍兴戏十分钟爱和关心，既高度评价了它的艺术成就，形成了引领人们走进绍兴、了解绍兴戏、把握绍兴文化的强大内驱力与裹挟力，又对绍兴戏存在的不足给予了诚恳的批评，饱含着对保存和发掘这一家乡文化资源的真挚期待。”④ “显然，这里虽然出现了母体文化字眼，但缺乏理论的自觉，仍然是在地方文化与艺术的圈子中打转。”⑤

（二）鲁迅戏曲观的现代意识与启蒙主义色彩

与对乡土戏曲的同情的理解不同，鲁迅先生对京戏的态度是很不一样的。早在 60 年代就有学者提出“《社戏》这一篇里写出他看戏的两种经验，前部四分之一是說看京戏的不愉快，后部四分之三是說看地方戏的愉快”，还說“对于京戏是仁者見仁，智者見智，难得一致，而鲁迅是不喜欢京戏的”⑥。而在 90 年代，就有学者注意到这种不同态度背后的深意：

> “五四”新文化运动以来，我国思想文化界对戏曲的否定与肯定的论争，一直没有停止过。有一种流行说法，认为鲁迅是否定戏曲的，并且据此非难鲁迅对民族文化

---

① 鲁迅：《社戏》，《鲁迅全集》（第 1 卷），人民文学出版社 2005 年版，第 597 页。

② 王志蔚：《鲁迅戏曲思想的人民性及其启示》，《戏曲研究》2006 年第 3 期。

③ 华金余：《论鲁迅的戏曲批评：从“人学”视角进行解读》，《沈阳大学学报》2010 年第 1 期；《“人学”思想：鲁迅戏曲批评的基点》，《山西师大学报（社会科学版）》2010 年第 6 期。

④ 刘家思、周桂华：《论鲁迅与绍兴戏的互动关系》，《绍兴文理学院学报（哲学社会科学）》2005 年第 6 期。

⑤ 参见孙淑芳：《鲁迅的艺术个性与绍兴地方戏》，《上海鲁迅研究》2014 年第 1 期。卓光平、唐丽：《“弗失固有之血脉”——论鲁迅对民间戏曲的继承观》，《四川戏剧》2008 年第 2 期。

⑥ 王尔龄：《鲁迅与戏曲》，《上海戏剧》1961 年第 10 期。

的态度。这是一种误解。事实上，正是伟大的鲁迅在旧戏曲与新文化之间架起了一座桥梁，为实现戏曲领域内旧文化向无产阶级新文化转变作出了历史性的贡献①。

这座桥梁，就是在尊敬母体文化的基础上，不断走向现代，实现启蒙价值。鲁迅先生的启蒙，是基于一个朴素的愿望，即人民的“辛苦麻木”，因此，其取材多采自“病态社会的不幸的人群”中，以“揭出病苦，引起疗救的注意”②。因此，他对母体文化中的民间疾苦与诉求给予了同情的理解，对社戏等乡土戏剧给予了朴素的理解。然而，“鲁迅对京剧何以不相容”③？“五四”时期，以胡适、刘半农、傅斯年、钱玄同等为代表，一方面提倡戏剧表现人生，反映现实生活，另一方面批判京剧，指出京剧中的“团圆迷信”不能“引人到彻底的觉悟，使人从根本上进行思量和反省”④。把京剧中的脸谱、唱功、台步、武打、锣鼓等悉数视为应抛弃的“遗形物”，甚至不承认京剧是戏，认为它只是“玩把戏”的“百纳体”，“毫无美学价值”⑤。其实，在传统文化走向现代化的进程中，有一个问题常常被人提起：戏曲走向何处？“五四”新文化运动中，旧戏受到了猛烈的冲击。但直到鲁迅所处的30年代，旧戏并没有受到根本触动，还走向了国际舞台。对此，“鲁迅先生通过对梅兰芳的评价，揭示了都市京剧的问题所在”⑥。至于用京剧表现现代生活，鲁迅认为根本不可能。根据鲁迅的挚友郁达夫回忆：“在上海，我有一次谈到了茅盾、田汉诸君想改良京剧，他（鲁迅）根本就不赞成，并很幽默地说，以京剧来救国，那就是‘我们救国啊啊啊’了，这行吗？”⑦ 如果说，乡土戏曲是基于母体文化与民众风俗喜恶的朴素启蒙（或曰民间教化与准宗教训诫），都市京剧因为完全堕入“乐人”甚至“娱俗”，从本质上而言，是反现代、反启蒙的。启蒙和现代都不可能是凭空进行的，需要一个文化基底，那就是乡土母体文化，同时要避免走向反训诫、反启蒙的俗乐。

都市京剧的反启蒙、非现代主要体现在以下两个方面：

一是过度注意外在的美感，缺乏思想内容和精神蕴含。鲁迅先生的文字是颇值得玩

---

① 张新元：《简论鲁迅与中国戏曲》，《鲁迅研究月刊》1991年第12期。

② 鲁迅：《我怎么做起小说来》，《鲁迅全集》第四卷，人民文学出版社2005年版，第526页。

③ 力蒙主编《中国戏曲史·绍兴戏》，学苑出版社2000年版，第131页。

④ 胡适：《文学进化观念与戏剧改良》，《中国新文学大系·建设论卷》，上海文艺出版社1980年版，第382–383页

⑤ 傅斯年：《戏剧改良各面观》，《中国新文学大系·建设论卷》，上海文艺出版社1980年版，第363页。

⑥ 张新元：《中国戏曲发展道路的哲人思考——鲁迅三十年代论梅兰芳》，《四川戏剧》1995年第1期。

⑦ 郁达夫：《郁达夫文集》，人民文学出版社1982年版，第97页。

味的，往往不能从表面字义上理解。如其《论照相之类》第三节“无题之类”可以说是专门调侃京剧的。鲁迅写道：“我在先只读过《红楼梦》，没有看见‘黛玉葬花’的照相的时候，是万料不到黛玉的眼睛如此之凸，嘴唇如此之厚的，本以为她应该是一副瘦削的痨病脸，现在才知道她有些福相，也像一个麻姑。然而只要一看那些继起的模仿者们的拟天女照相，都像小孩子穿了新衣服，拘束得怪可怜的苦相，也就会立刻悟出梅兰芳君之所以永久亡故了。其眼睛和嘴唇，盖出于不得已，即此以证明中国人实有审美的眼睛……”这里貌似鲁迅先生过于刻薄，其实不然，鲁迅并非审美有问题，真的认为梅博士扮演的林黛玉不美，而是认为他的美过于刻意。利用京剧勾脸让眼睛更凸出（这在很多京剧旦角扮相中均可见，并非凸便不美，反而更美），利用京剧粉妆使嘴唇更厚（因为京剧舞台的扮相要求具有鲜明的轮廓，为的是防止后排的人完全看不清），这便是民国都市戏曲的常态和基本艺术处理方式。“鲁迅反感的不是梅博士的‘丑陋’，恰恰是梅博士为了追求（单一地追求）美而构成的都市京剧艺术。不仅《黛玉葬花》、《天女散花》、《贵妃醉酒》这些梅博士最拿手的剧目，其实都是只有美感（这种美感，对于单纯的京剧审美而言是至关重要的），缺乏内容（内容恰恰不是京剧艺术追求的，但是却是启蒙所必须的。”①

二是过于雅，切断了与民间母体文化的联系。鲁迅在晚年又写了《略论梅兰芳及其它》，对京剧艺术进行了理论探讨。文章议论的中心是关于京剧的雅俗问题。鲁迅认为，京剧是由俗变雅的典型，雅是雅了，但多数人看不懂，不要看，还觉得自己不配看。鲁迅这种人民本位的艺术观，建筑在他对整个社会历史的考察上。他认为“士大夫常将《竹枝词》改为文言，将‘小家碧玉’作为姨太太，但一沾着他们的手，这东西也就跟着他们灭亡”。而鲁迅心目中的京剧，正是这样的“竹枝词”或“小家碧玉”。待到化为“天女”高贵了，却从此死板板，“矜持得可怜”。因此，他断言人民大众是不会喜欢京剧的。

（三）鲁迅戏曲观的本体批判与理性思辨光芒

研究鲁迅的戏曲观到底有没有必要，这个问题多年来一直困扰着学界。其实，只要认真梳理鲁迅先生对戏曲本体的批判及其理性思辨光芒，就会知道，鲁迅先生确实是一个戏曲的知音者。因此，对其戏曲观，无论怎么仔细的梳理都不为过。不唯如此，今天的中国戏曲艺术，尤其需要从鲁迅先生的戏曲观中，找寻到可以为今天所用的有价值的成分。限于篇幅，本文仅对鲁迅关于梅兰芳戏曲艺术本体的批评进行梳理，以管窥鲁迅戏曲观的本体性构成。

---

① 参见邹元江关于梅兰芳的相关研究成果。

1. 戏曲艺术的文化之辨

在《论照相之类》（见《坟》）一文中，鲁迅对“男人扮女人”这种中国特有的艺术现象很反感，并从文化心理上予以批判，旨在抨击传统文化所造就的某种太监化的病态人格，体现了鲁迅“改造国民性”的基本思想。时隔9年之后，1933年，鲁迅又作了《最艺术的国家》一文（见《伪自由书》），仍坚持他的观点，并且重复《论照相之类》一文的话说：“我们中国的最伟大最永久，而且最普遍的‘艺术’是男人扮女人。这艺术的可贵，是在于两面光，或谓之‘中庸’！男人看见‘扮女人’，女人看见‘男人扮’，表面上是中性，骨子里当然还是男的。”但是，这篇文章却只字未提梅兰芳，鲁迅只是以“男旦”这一现象为注脚，阐发其“反中庸”的一贯思想，揭示这个“最艺术的国家，最中庸的民族”的劣根性。而在《厦门通信》中，鲁迅进一步阐述了中国戏曲的文化之辨：

> 前几天的夜里，忽然听到梅兰芳“艺员”的歌声，自然是留在留声机里的，像粗糙而钝的针尖一般，刺得我耳膜很不舒服。于是我就想到我的杂感，大约也刺得佩服梅“艺员”的正人君子们不大舒服罢，所以要我不再做①。

这是鲁迅在厦门大学任教时写给许广平的一封信的内容。通过这段文字，也参考其他有关资料，可知鲁迅是不太喜欢京戏的，尤其不欣赏梅兰芳的戏。“艺员”一词是借用捧梅的人士的称呼，加了引号，多少带有嘲讽的味道。但这里鲁迅主要是针对他的论敌——一班捧梅的“正人君子”的，捎带一枪而及于梅兰芳了。其实，在鲁迅看来，戏曲的文化蕴涵是比其艺术外观和形式更为重要的因子，因此，人的理解和尊重、人群的启蒙和教化就显得十分重要。前者是后者的基础，无法跨越前者而直接到后者，因此，乡土母体文化首先实现的是对人的理解和尊重，在此基础上，吸收现代文化，始可达到人群与民族的启蒙和现代化。

2. 戏曲艺术的时代之辨

戏曲艺术要在特定的时代生存，必须不断与外部各种因素发生联系。这种联系有可能催生戏曲艺术生态的新兴因子，也有可能影响甚至阻断戏曲艺术的艺术脉络。鲁迅在《宣传与做戏》（见《二心集》）中说：

> 杨小楼做《单刀赴会》，梅兰芳《黛玉葬花》，只有在戏台上的时候是关云长，

① 鲁迅：《鲁迅全集》（第3卷），人民文学出版社2005年版，第388页。

是林黛玉，下台就成了普通人……①

鲁迅在这里借以讽刺当局惯于作虚假宣传，自欺欺人，愚弄民众，举杨小楼、梅兰芳为例而已，实与梅无涉。在《看萧和“看萧的人们”记》（见《南腔北调集》）中，他说“也还有一点梅兰芳博士和别的名人的问答，但在这里，略之”。该文记述英国作家萧伯纳访华时，上海各界人士举办欢迎会的情形，仅此而已。“博士”云者出自鲁迅笔下，未必有多少敬意。《“京派”与“海派”》（见《花边文学》）提及“梅兰芳博士，戏中之真正京派也，而其本贯，则为吴下”。此处援梅兰芳为例，以论证所谓“京派”、“海派”并非由艺人的籍贯来划分。在《略论梅兰芳及其他（上、下）》（见《花边文学》）中，上篇是鲁迅评论梅兰芳的最完整、最有针对性，也最重要的文章。该文大家都熟悉，故不多引。鲁迅在此提出了一个十分重要的命题：京剧要如何改？如何才能保持京剧的生命力？——是要一味地雅，还是要雅俗共赏？是要变成脱离现实的象牙塔里的玩意儿，还是要让它更加活泼有生气？

中国的士大夫惯于将一切都变成趣味，变成清玩，一旦“罩上玻璃罩，做起紫檀架子来”，往往会促其灭亡。鲁迅不客气地批评了梅兰芳和造梅、捧梅的一班士大夫的这一倾向，并且叹惜梅兰芳“竟没想到从玻璃罩里跳出”。该文还举出谭鑫培和老十三旦来，说“老十三旦七十岁了，一登台，满座还是喝彩。为什么呢？就因为他没有被士大夫据为己有，罩进玻璃罩”。值得一提的是，曾被鲁迅“骂”过的“四条汉子”之一的田汉，也曾说“京戏走上‘内廷供奉’的道路之后，脱离民众”，与鲁迅的观点惊人的一致。这不是偶然吧？鲁迅还断言：“梅兰芳的游日，游美，其实已不是光的发扬，而是光在中国的收敛。”这话就未免有些武断了。迄今，梅派艺术的光芒不但没有“收敛”，反而还“发扬”了，当然，也是因为梅兰芳并没真的被玻璃罩罩住。

在《文艺与政治的歧途》（见《集外集》）中，鲁迅说：“书上的人物大概比实物好一点，《红楼梦》里的人物，像贾宝玉林黛玉这些人物，都是我有异样的同情；后来，考究一些当时的事实，到北京后，看看梅兰芳姜妙香扮的贾宝玉林黛玉，觉得并不怎么高明。”这是鲁迅 1927 年在上海暨南大学所做的演讲。在此，鲁迅仍然坚持他个人对梅兰芳《黛玉葬花》的看法。在《两地书·四二》中，他调侃道：“我真想不到天下何其浅薄者之多。他们面目倒漂亮的，而语言无味，夜间还要玩留声机，什么梅兰芳之类。”这也是鲁迅在厦门大学时写给许广平的信，可参见上引《厦门通信》一文。鲁迅看不惯他周围的那些浅薄无聊的人，便连他们听梅兰芳的戏也反感，态度一以贯之。鲁迅在

① 鲁迅：《鲁迅全集》（第 4 卷），人民文学出版社 2005 年版，第 345 页。

《致姚克》（见《书信·1934年3月》）一文中写道：

先生见过玻璃版印之李毅士教授之《长恨歌画意》没有？今似已三版，然其中之人物屋宇器物，实乃广东饭馆与“梅郎”之流耳①。

此处借用了当时报纸上流行的对梅兰芳的称呼，也是鲁迅一贯的戏谑笔调，见诸生前未公开发表的私人书信之中，似亦无可厚非。总之，戏曲在尊重母体文化，实现对人的尊重和理解以及在接受启蒙和现代文化，实现对人群和民族的教化的基础上，还要不断同戏曲生态以外的生态要素发生联系，在联系过程中，必须保持艺术本体的独立性和品格，不能沦为玩物、工具，从而堕入歧途。

余论　20世纪戏曲生态学的发展与期待

20世纪是中国戏曲理论研究发展的最重要的历史时期。从王国维、吴梅以降，戏曲作为一门学问，进入近现代学人的研究视域。与此同时，20世纪上半叶关于戏曲的社会价值及其改良成为开启20世纪戏曲生态研究的先河。上述两条脉络，成为学界几乎约定俗成的20世纪戏曲发展史的主要线索。这种理论关注思维在中华人民共和国成立之后得以延续，一方面学界继续关注戏曲作为文学或曲学而远离舞台的纯学术研究；另一方面则是以生存发展和社会政治文化适应为前提的改革和创新研究。如果说前者代表了理论建构的努力，后者无疑则证实了不同时期对戏曲生态的关注。然而，这两条基本路径并不是没有受到质疑和重新审视。尤其是随着近年来戏曲史料发掘力度的加大，大量民国报刊、笔记、小说使20世纪前半期的戏曲生态状况得以更全面地还原；戏曲口述史、戏曲剧种的调研、戏曲艺术大典的编纂，对中华人民共和国成立后的戏曲艺术生态的真实状况也做了大量补充。而在此之前，一些学者已经开始考虑“戏史辨”，即重写中国戏剧史的问题。所谓重写，其实质则是要从戏曲美学的角度出发，以戏曲生态沿革为线索，重新认识和研究戏曲艺术。陈多先生的“场上之曲”，洛地先生的“说破、虚假、团圆”，胡忌、董每勘等人“戏史辨”的发起，提供了戏曲理论研究的新思路。那就是从戏曲生态和美学格局的互动关系入手，重新将戏曲艺术作为活态的文化演艺、场上之曲来进行研究。现在看来，这种思路已经悄然进入新时代学者的研究范式之中。然而这种悄然进入并未成为意识自觉，更多地仍然是被新的史料发现所牵引，缺乏自觉的理论架

① 鲁迅：《鲁迅全集》（第13卷），人民文学出版社2005年版，第48页。

构和学术规划。因此，理论上似有必要单提“戏曲生态学”这一理论命题。所谓“戏曲生态学”，也必然不再只是戏曲生存状态、环境、发展可能等名词的简单叠加，而是要从理论上规定这一新的学科方向的科学构成。一方面，从戏曲外部生态、戏曲本体生态、戏曲母体文化生态、戏曲衍生生态等不同层面加以把握；另一方面，则要把戏曲生态嬗变和戏曲美学格局的变易联系起来进行关照，指明二者之间的互动关系，从而构筑新的戏曲史论与美学研究范式。前海学派之“田野考察”、“口述史”、“史料整理”等研究方法越来越成为学者们选择的研究路径。这种对“生态”的关照也鲜明地体现在“戏曲艺术”的学术研究上。与此同时，对于古老的“戏曲文化”、“戏曲图腾”，另类的“戏曲题材”、“都市研究”，甚而包括“坏戏”、“妓女鬼神”、“祭祀宗教”、“调情风情”等以前较少关注或者不屑关注的艺术生态层面都予以了更多关注。尤其是民国报刊笔记的大量挖掘，诸如“北洋画报”、“上海鳞爪记”这样叙述详尽的史料，真实还原了戏曲艺术生态的多样性和层次的丰富性。以往的文学、曲学、思想主题研究似乎完全无力涵盖如此丰富的研究对象。然而，这些材料如何整合，对它们进行研究的意义何在，一直都会困扰学界，困扰艺术界。戏曲艺术的理论研究到底能否指导艺术实践，或者说从何种层面指导艺术实践，众说纷纭，莫衷一是。而在这些声音中，我们总是不难发现一些时代的强音。叶长海先生对“中国戏剧学”的架构，不再简单地以西方戏剧理论为马首是瞻，而是努力构建中国戏剧理论和美学体系；邹元江先生对“梅兰芳体系”的质疑，其实质不是对梅兰芳的质疑，而是努力还原一个真实的梅兰芳背后的戏曲艺术生态体系；前海诸先生对田野考察和母体文化的重视，对民间小戏与戏曲美学格局变易的把握，对非遗保护与传统的呵护，其实质，也是在戏曲生态或者说戏曲原生态和戏曲本体的意义上把握戏曲理论研究。这些研究的最终目的，就是为了在实际应用的层面，为构筑新的中国戏曲艺术生态体系提供理论参考。

戏曲生态格局变易与美学风格嬗变关系研究，乃是基于母体文化生态（儒、释、道三教合一；农耕、宗族文化背景下的家与国、民与士；民间草根至乡土、士的变易与都市化精英阶层演进；基于母体文化下的艺术精神，诸如乐天、团圆、同情的理解，生命到场，敬畏与表达，歌舞传统等；以及由此进一步衍生的诗乐与民调、雅俗之辨等等）及其次生艺术形态（民间歌舞、演艺、说唱、民俗艺术活动、祭祀与宗教观演、节庆诸如秋神报赛、灯火等等）之上的戏曲本体生态体系在外部生态圈层制约（政治、经济、文化、社会变革等）与衍生机制（创新、改良、新编、新剧种、新形态等）之间的游移与互动。戏曲本体艺术生态代表的即是戏曲审美观演的基本体系，也是戏曲美学体系。需要指出的是，外部生态圈层的制约既包括主动积极层面，又包括消极被动层面。戏曲艺术本体生态主动接受的外部影响因子，会促进戏曲美学体系的完善（如明传奇与文人士大夫的推动、清代的花雅之争、京剧表演艺术的崛起等）；被动则反之，如行政干预下的非艺术化表达等。甚至连陈独秀当年的《论戏曲》，后来也被认为扭曲了20世纪戏曲生态和美学体系的演进，更毋论绵延一个世纪的关于现代化的讨论与探索。衍体生态机制也是如此，基于母体文化土壤，本于戏曲本体生态与美学体系，就会带有戏曲艺术的基本基因，这种衍体生态才值得保留，也必然会欣欣向荣，如20世纪的越剧、黄梅戏；而人为干预，盲目创新，甚至削足适履、阉割戏曲的做法，都是会收到教训的。简而言之，戏曲生态是一个整体系统，在此整体关照下，再去重新考量戏曲发展与美学建构的双重关系与互动，可以更好地廓清20世纪的戏曲生态变易迷局，可以更好地梳理20世纪戏曲美学体系演进的走向和未来发展的可能。

（作者单位：四川大学文学与新闻学院）

鲁迅的通信与中国近现代邮政①

张　杰

翻开鲁迅的日记，扑面而来的就是他对各种来信和寄信的记录。对这些书信，当时的收信者和寄信方都不太可能想到要将它们完全保存下来，但假设我们今天还能看到这全部的文字，一定会慨叹鲁迅在书信上所用的精力实在太多了，而且也会惊奇他为何舍得花费那么多的时间，去给友人、编辑、文学青年、陌生的求助者等各式人等一一回信。虽然其实鲁迅也曾不断地抱怨：“我在此也静不下，琐事太多，心绪很乱，即写回信，每星期须费去两天。”② 相比起其惜墨如金的日记，鲁迅在书信中的表达相当丰富。或许正是因为书信耗去太多精力，并直接表明了他对人物和诸事的态度，鲁迅已无暇在日记中对自己做过多的阐释。

一、两地书：邮政代办所

根据鲁迅日记记载，1926 年 8 月 26 日，鲁迅与许广平一同南下，火车自北京发车是当日下午四时二十五分，七时半到达天津，耗时近三个小时；27 日，中午一点从天津东站（即今天津站）再乘火车，次日午后两点半到达南京浦口站，晚十一点又在下关站出发；29 日晨七时，二人抵达上海。放在今天，这段旅程可在不到五个小时的时间内通过

① 本文系海南省哲学社会科学规划一般项目“‘一带一路’视域中的西方‘移动性’理论批评研究”［HNSK（YB）18-33］、国家社会科学基金项目“当代西方批评中的‘移动性’理论与实践研究”（18XZW004）的研究成果。

② 《261121 致韦素园》，《鲁迅全集》（第 11 卷），人民文学出版社 1991 年版，第 503 页。

京沪高铁完成，而鲁迅则是通过平津铁路+津浦铁路+“京沪铁路”① 这三段分旅程完成的，其间又曾在天津、南京分别住宿，因此耗时较长，共计60多个小时。

其后两天，鲁迅稍事休息，当时在上海的郑振铎、刘大白、夏丏尊、陈望道、茅盾、叶圣陶等人纷纷前来拜访。9月1日下午，鲁迅与许广平分开，夜十二时登轮船，2日晨七时轮船开启，直至4日下午一时抵达厦门。鲁迅的这次南下之旅遂暂告一段落，从此开始厦门四个半月的教书生活。

鲁迅在9月4日晚上的书信中对许广平描述道，厦门大学地处偏僻，离市面约有10里，所以适合静养。但他同时发现了该校区的缺陷，那就是生活问题不易解决，吃、住、语言都是问题，普通的东西也不好买，听差或厨子之类的工人不会做事也不肯做事，而他最在意的邮政速度与工作时间更是给鲁迅带来明显的不便。要知道，即使在旅途中，他的书信往来也很少断绝，比如一到天津即给齐寿山、许羡苏寄明信片，在南京寄给许羡苏、许寿裳，到沪后他又单给许羡苏寄了两次。

他发现，厦门大学里的这个邮政代办所可谓“懒极”，星期六下午及星期日都不办事，这样即使有信到达，他也没办法可想。许广平曾在11月17日给鲁迅寄赠一枚专为其刻制的“金星石”印章及一件亲手编织的毛背心，鲁迅在27日收到包裹通知书，但是当日是周六，等鲁迅从邮政代办处拿到收据，下午取已经来不及，且午后他同林语堂还坐汽船赴集美学校做了一次30分钟的演讲；代办处周日同样不上班，所以鲁迅只能等到29日即周一才能取到这件饱含爱心和暖意的礼物。但鲁迅其实已经等不及收到包裹后再给许广平回信，于是在28日午间即写信说明其间原委，29日上午发信，午后取包裹，之后的第三天即12月2日夜半，他又给许广平写下一封长信。信中内容大概有这么几点：本学期末他当离开厦大，奔赴广大，“一则换换空气，二则看看风景，三则……”；许广平宜从事教书，并应每日匀出三四点钟来看书，还要多看外国书，因此应学习外语，比如日文；包裹收到，背心穿在身上很暖，为了这枚新印章，他已专门写信给上海，购买新的印泥；厦门生活不便，食堂包菜尤其难吃；对当时做文章的青年表示失望，认为他们“多是挂新招牌的利己主义者”；专为许广平寄《语丝》、《北新》、《莽原》等刊物，供她阅读（《两地书　八五》）。

然后，我们会看到，12月3日下午，他给许广平再写一信。据他自己说，不过是闲谈，没有什么要事，但实际上信里面既表达了他自己的困惑，即到底是该教书与创作并行，抑或只能二者择其一，又对许广平说明自己今日手指有些抖，他在反思是否吸烟太

---

① 沪宁铁路于1908年4月1日全线通车。该线路于1928—1937年、1945—1949年间，曾被称为“京沪铁路”，因为当时国民政府完成北伐后，以南京为中国首都，故名“京沪铁路”，并开行数趟“蓝钢快车”。

多，并向许表达反思与矫正之意。

有意思的是，这两封信的投递与许广平收到后的反应。第一封写完在2日夜半，鲁迅竟然即刻走出屋门，投递到邮政代办所门外的邮筒中。第二封因完成在3日下午，乃代办所的工作时间，鲁迅遂将其投递在代办所门内的邮筒中。因为他疑心，代办所新来的伙计满脸呆气，门外的邮筒他不见得会及时查看。许广平7日午间收到第一封，马上回信，但因为她所在的广州女子师范学校正因经费问题而停课，校内事务纷乱复杂，她在教育厅组织开会前一小时匆匆写完回信，寄出。继而，会议结束后她返校，收到鲁迅3日发的第二封。她自然是高兴之极，但是随即对鲁迅下了“命令”：“以后不准自己将信‘半夜放在邮筒’中。因为瞎马会夜半临深池的，十分危险，令人捏一把汗，很不好。”①

这自然是出于安全考虑，虽然其实从鲁迅住所到邮政代办处的距离加起来大约不过80步。当然，许广平也有自己的理由，那就是夜间投递的所外信上午到，第二日下午投递的所内信下午到，伙计虽呆，收发邮件可并没有耽误。

两个人就这样，相互计算着自己或对方何时发信、何时收到信，一般都是迅速给对方回信，同时也在不断地抱怨着邮政的各种奇葩之处。尤其是两人初分离的第一个月，对信件是否快速投递更是念念在兹。如许广平9月18日信中写：“五日来信十日晚到，十三信片十八到，计需六天。如我寄之信不失，则你于十二，十四，十八，二二，二四，应陆续接得我信。”② 这种记账式的推算可谓细心之至。鲁迅回复中说诸信均已收到，而且他是每日去邮政代办所看一回，自然是期望信件遗失能降低到最低程度。

鲁迅对书信的重视几乎无人可及。查其日记，会发现对很多人的书信，他都会记录其寄付时间与到达时间，比如就在收到广平包裹的11月29日，他同时还写下“得静农信，十七日发”，30日的来信更多：“下午得淑卿信，廿三日发。得钦文信，同日发。得有麟信，廿二日发。又得仲芸信，同日发。得漱园信，廿三日发。得矛尘信，廿六日发。得三弟信，廿七日发。夜雨。”③ 鲁迅对收发信件的日期如此不厌其详地记录，可推测原因之一是他在推算邮局的工作效率。闽粤靠海，当时的邮政只能倚靠海运。鲁迅发现，闽粤间往来的船虽有很多，但是邮递信件的业务却可能被一家公司包办了，每周两次投递，大概在周三、周五。鲁迅猜测包办者是太古公司④。

---

① 《两地书　九二》，《鲁迅全集》（第11卷），人民文学出版社1991年版，第238页。

② 《两地书　四五》，《鲁迅全集》（第11卷），人民文学出版社1991年版，第124页。

③ 《鲁迅全集》（第十四卷），人民文学出版社1991年版，第625页。

④ 《两地书　六二》，《鲁迅全集》（第11卷），人民文学出版社1991年版，第176页。

二、太古公司：客邮与航运

鲁迅的猜测基本是正确的。太古公司本为英商，前身为约翰·施怀雅父子公司（John Swire & Sons Co.），1861 年该公司开始通过代理人与中国进行贸易，1866 年与 R. S. Butterfield 合作，在上海成立太古洋行，两年后合作者退出。此后，太古在中国广设分支，广州、宁波、南京、厦门、汉口、九江、天津、安东、大连、香港等地均通航设埠。据《中国改革大辞典》、《经纪人手册》等资料所记，太古公司最初主要经营中国的棉织品进口和茶叶出口贸易。1867 年组织中国航业公司，从沪港航线到长江航线，再至中国沿海航线，乃至中国到海外各国的航线，其船只和吨位曾居在华外国轮船公司之首。1904 年在津门设天津驳船公司，经营大沽、塘沽与天津之间的浮船拖驳事业，附设船舶修理厂。后又与怡和洋行合资组成西江商业航运公司，成为广东西江航运业中最大的轮船公司。如此，太古公司几乎垄断了中国沿海、长江和珠江地区的航运，成为在华航运业中实力最强的航运企业①。

所以，我们就可理解，鲁迅自上海到厦门，从厦门经香港赴广州，均乘坐太古公司轮船，前一次所坐之船名为“新宁”，后一次为“苏州”。1927 年 1 月，他刚到广州，11 日即写信给许寿裳，邀他来中山大学做预科教授，并为其提供交通建议。在 29 日、31 日的两封信中，鲁迅均建议许乘坐太古船，“‘苏州’，‘新宁’，‘四川’等凡以 S 起首者最好。听说‘苏州’尤佳”②。而鲁迅本人择取的正是“苏州”船，且预定的是船上的“唐餐楼”（胜于官舱），这种船舱供应中餐，二人间，大致相当于二等舱，价格为 25 元。鲁迅赴广途中，舱友在香港下船，所以他有很长一段时间独处，非常舒适。至于许寿裳是否采纳此种交通建议，暂无从可考，但当时他正处流离彷徨之境，因女师大风潮而离开北京，再到天津、上海、嘉兴、杭州等地一路探索，后在故乡短暂休养期间收到鲁迅此信，顿感“虽寥寥数语，意思却是很恳切周到”③。很快，2 月 19 日，许寿裳就抵达广州，次日鲁迅从香港返回后即将他接入校内，让他与自己、许广平三人同住中大大钟楼，后又一起在校外合租白云楼。许寿裳一直精心保存这两封来信，并收入其《挚友的怀念——许寿裳忆鲁迅》。

---

① 袁宝华主编：《中国改革大辞典》（下），海南出版社 1992 年版，第 1243 页；冯精志编著：《经纪人手册》，中国经济出版社 1993 年版，第 433-434 页；张仲礼等：《太古集团在旧中国》，上海人民出版社 1991 年版，第 88 页。关于太古轮船公司成立的时间，也有诸多不一致的说法，一说 1872 年。

② 《270129 270131 致许寿裳》，《鲁迅全集》（第 11 卷），人民文学出版社 1991 年版，第 529 页。

③ 许寿裳：《挚友的怀念——许寿裳忆鲁迅》，河北教育出版社 2000 年版，第 114 页。

查《鲁迅全集》、《鲁迅散文全集》、《鲁迅书信》及单独出版的《两地书》等各种资料，对鲁迅此处提到的“太古”均无一例外地注解为：“太古兴记轮船公司，英商太古洋行在中国经营的航运垄断组织。一九二〇年和一九二四年，该公司曾两次与北洋政府邮政当局签立合约，承包寄往厦门、广州、香港直至马尼刺、英国等处的邮件。”① 而《鲁迅研究资料》中则将“太古”注解为“指英国殖民者侵略中国航权的垄断组织——太古洋行在广州所设立的太古兴记轮船公司”，并附注“此信由潘德延同志注释”②。鲁迅在1927年8月2日致江绍原信中再次提到太古，此时他已在广州工作、生活近7个月，正计划离粤赴沪，交通工具依然首选太古轮船。事实的确如此，1927年9月27日，鲁迅与许广平乘太古公司“山东”船，经香港、汕头，10月3日午后抵达上海，历时约6天。

依据现可查资料，太古兴记轮船公司（Taikoo Chinese Navigation Company）的确是太古集团创办的一个内部企业。20世纪二三十年代，中国人民的民族情绪日益高涨，由此促发一系列的争回航权运动。在这种局势下，太古意欲保持其在长江航运及贸易中的优势地位，就采取了双管齐下的方式，一是它一贯采用的狂跌运价、建造新船，二是招募部分中国股东建立一个新公司，使之成为一个中英合资企业，由此降低中国人的抵制情绪。这就是太古兴记轮船公司。据《太古集团在旧中国》一书所载，该公司于1930年3月在香港注册，最初由太古的买办和雇员所控，“并通过太古洋行在太古轮船公司已经建有分支机构的港口指定太古轮船公司为兴记的代理人”③。《中国改革大辞典》亦明确记载：“太古洋行为英国资本垄断中国航运业的机构。……1930年又成立太古兴记轮船公司，进一步侵占长江上游内河航运事业。此外，还代理保险业务，经营船厂、糖厂和油漆厂等。新中国成立以后，该行在中国各地的业务先后结束。”④ 与之类似，《智库之宝》考证，太古兴记轮船公司于1930年在香港注册，直至1948年，太古都是兴记的代理人⑤。再对照前之所述，鲁迅三次乘坐太古，时间分别在1926年9月1日、1927年1月17日及1927年9月27日。也就是说，根据这些日期来看，太古兴记轮船公司在鲁迅

① 《两地书　六二》，《鲁迅全集》（第11卷），人民文学出版社1991年版，第178页。同书第536页注释2：“太古　指太古兴记轮船公司，旧中国由英国资本操纵的航运垄断组织。”该注释在2005年版《鲁迅全集》第12卷（书信1927—1933，第18页）中保留，亦可见《鲁迅散文全集》（长江文艺出版社2005年版）第319页。

② 鲁迅研究资料编辑部编：《鲁迅研究资料3》，文物出版社1979年版，第17页，注释第17。

③ 张仲礼、陈曾年、姚欣荣：《太古集团在旧中国》，上海人民出版社1991年版，第143页。根据现存档案，1941年时太古轮船公司对兴记的经营仍然保持着代理权。而且，直到1948年，还可以看见兴记仍然保持着原有的名称，太古亦继续为它的代理人。

④ 袁宝华主编：《中国改革大辞典》（下），海南出版社1992年版，第1243页。

⑤ 王泠一、钱铮、李莹编著：《智库之宝：张仲礼》，上海社科院出版社2008年版，第130页。

于厦门时期、广州时期均尚未成立，而《鲁迅全集》等资料的注解却认为是该轮船公司传递了鲁、许之两地书。显然，这一注释是值得商榷的。

不过，太古洋行的确参与了中国的邮政业务。1876 年，赫德曾借《中英烟台条约》向总理衙门提出总税务司兴办送信管局和银局的要求，理由是为了解决西方人与其本国之间的通信。经李鸿章同意，自 1878 年起，赫德指派德璀琳在天津、北京、烟台、牛庄、上海海关等处试办邮政，开办“海关书信馆”，而为其免费代运邮件的即为上海轮船招商局和英国太古轮船公司①。代运邮件限于通商口岸，投递信件者亦多为外籍在华人士，或海关之间邮件互寄。赫德马上发现，这种海关邮政不能收发中国人的邮件，因此获利甚少。为抢占中国内地庞大的邮政市场，赫德又先后令吴焕、德璀琳分别成立“华洋书信馆”（1878）、海关拨驷达局（1880），尤其是后者，更欲独揽华洋邮件。至 1896 年，该局已先后在国内 24 处设立邮局，北京、天津、上海、厦门、广州等地自在其中②。郑观应在七八十年代就一直关注邮政问题，他注意到其间存在巨大的利润，“近日英、法、美复于上海设局经理，其事自常年用费外，所入之款岁有赢余。可知邮政一端，其利甚宏，其效甚速，轻而易举，无耗费之虞；远而可通，无濡滞之虑。所谓上下均利，而无所不利者也”③。

据查，太古创始人约翰·施怀雅本人早年曾游历美国，并一度持有美国阿肯色州的邮政专营权，“掘金无数”④，而邮政恰恰是怡和并未重点关注的商业缺口——太古、怡和虽同为英商，彼此间却存在激烈的竞争，二者且与旗昌、宝顺洋行在长江运输线上展开过长达 30 年的竞争与合作关系。19 世纪 70 年代，怡和洋行投资吴淞道路公司，在未经清政府允准下悄悄修建中国第一条铁路线即吴淞铁路⑤；而太古洋行这般涉入中国邮政事业，当可理解为两家洋行在投资上的选择差异。我们可以看到，在铁路修建问题上，清政府表现出较长时间的拒绝、犹豫、抵制，这种抵制的姿态是比较坚决的，甚至不惜将其收购并拆除，怡和由此获得巨额赔偿。西方人不理解中国何以不接受这种先进的“教育”⑥，而很多开眼的国人也认为未修铁路是清政府经济落后与军事被动的主要阻碍，

---

① 周远廉、龚书铎主编：《中国通史 19》第 11 卷（近代前编 1840—1919 上），上海人民出版社 2015 年版，第 532 页。

② 周远廉、龚书铎主编：《中国通史 19》第 11 卷（近代前编 1840—1919 上），上海人民出版社 2015 年版，第 534 页。

③ 郑观应：《盛世危言》（下），曹冈主编，内蒙古人民出版社 2005 年版，第 269 页。

④ 邵建：《一个上海香山人的人际交往——郑观应社会关系网研究》，上海辞书出版社 2014 年版，第 134 页，注释 7。

⑤ 陆锦章：《从吴淞铁路到淞沪铁路》，《铁道知识》1994 年第 4 期。

⑥ 张杰：《火车的文化政治学》，中国社会科学出版社 2018 年版，第 88 页。

直到甲午之痛，清朝统治者终于意识到铁路作为国家基础设施的根本性，以及其牵一发而动全身的引领性。相比之下，在邮政业务的开展方面，西方受到的阻力就少了太多，推行的速度也快了很多，前述清政府聘赫德就职于总税务司可作为证明。

可以看到，太古最初的定位是进出口洋行，主要从事中西商品贸易活动，但随着其在炼糖厂、轮船公司、造船厂、保险业务等多方面业务的拓展延伸，至19世纪末20世纪初，太古已从单纯的进出口洋行，发展为“一个以航运为中心、多种经营的资本集团”①。在这种良好的发展态势下，它就会“根据每个下属企业的日常业务和特点，进行更大规模的工业、商业投资，以达到扩大经营范围、垄断市场、独享暴利的目的”②。由此，通过投资铁路、邮政等交通事业，怡和、太古等洋行渗透至中国社会商品生产与流通的各个领域。如今，太古早已是一个高度多元化的环球集团，其旗下核心业务依然多设于亚太区，尤其是中国香港和中国大陆。

三、邮政官局：邮政一端重同铁路

邮政系统在中国古已有之。最早的有击鼓传声法，靠声、光等符号传递重要信息，后来逐渐出现专门传递军事、官方情报的军邮和驿站。一般来说，古代多以车马传送要件，靠驿站传送公文，尤其是驿站乃政府设立，分布广泛。元代时甚至将驿站开辟到欧、亚两洲。明代永乐年间又出现了民信局，主要承担民间邮件的传送。

进入19世纪后，中西之间因为瓷器、丝绸、茶叶、鸦片等贸易方面的往来日益频繁，多国洋行因此都在当时清廷唯一许可的广州设立驻点或会所。在这种情况下，保持与本国的通信、获取最新的贸易信息就使得邮政业务愈发重要。1834年，首位英国驻华商务总监律劳卑在广州英商馆设“英国邮局”，这是西方帝国在中国开办的第一个“客邮”局。1842年，随着中英《南京条约》允开上海、福州、厦门、宁波、广州五口通商，在香港成立的“英国邮局”随之在各通商口岸都设立了“香港邮政分局”。1850年，英国驻广州领事馆更是宣布正式开办“英国邮局”，直属伦敦英国邮政总局管辖（1860年拨归香港英国邮局管理）。法、美、日、德、俄等国自是竞相效尤，“客邮”大量涌现。它们行使其本国的邮政章程，按照各自的邮资标准，贴用西方流通的邮票，盖印用其本国文字所写的中国地名邮戳，为其本国人投递邮件提供便利，且不须接受中国海关

① 《学术研究的新视野：列强洋行在旧中国》，王泠一、钱铮、李莹编著《智库之宝：张仲礼》，上海社科院出版社2008年版，第137页。

② 《学术研究的新视野：列强洋行在旧中国》，王泠一、钱铮、李莹编著《智库之宝：张仲礼》，上海社科院出版社2008年版，第143页。

检查。

从国际公法来看，未经他国之允许，在别国境内设置邮局，且仍沿用其本国的邮政规定，乃是一种公然的侵犯主权行为。有美国公使对此表达得颇为坦然，“各国曾在中国设置客邮，大要为政治原因，或为其对于中国之将来计划起见，以巩固其在中国之地位，或因嫉妒他国在华地位”①。但是，这种比较露骨的表述并未刺激清政府像抵制铁路一样去抵制客邮。这大概可从以下几个方面来解释，一则邮政事务在中国自古即存，它能“布德音、集众议、达下情”②，其存在之必要性、紧迫性不容置疑；二则西人增加邮政一事看似对“天朝”利益无索取，且最初多聚集于通商口岸或租界地区，清政府缺乏干预的心力和能力；同样重要的还有，即使在西人纷纷设立客邮的同时，大清驿站仍然承担着部分传送西人文件资料的任务③，西人强行设置邮政机构之举似乎不足以控制中国政治。后来，清政府甚至曾委托赫德为首的总税务司长期承办邮政，表面上看是将邮政委之以西人，且赫德的确为西方资本主义谋取了不少利益，但从客观发展来看，此乃中国海关试办邮政的发端，国内的邮政系统得以初步建立。

不过，面对“客邮”、民信局、驿站、私人帮带、轮船代运等各种邮寄方式长期共存的状态，清政府还是希望逐渐加以克服的。甲午战争后的第二年，清政府又设立了专门的邮政机构即总邮政司，招募外国人员参与；在赫德治下，大清邮政官局逐渐将活跃的各地民信局纳入官局管辖，并要求逐步裁撤驿站，这期间赫德以海关总税务司兼任总邮政司。1906 年，清政府推行新政期间又成立邮传部，意欲甩脱西人对中国邮政权的操纵。1911 年，邮传部终于正式接管邮政。也即是说，清政府在统治的最后十余年内，邮政自主权逐渐增强，基本收回并掌握了对全国邮政事务的管理权。郑观应数十年前所期待的“使中国亦仿照西法，遍设书信馆，虽万里如在一堂”④ 也在一定程度上得以实现。中国传统邮政的现代化历程因此就与中西贸易、战争、外交有了密不可分的关系。

与邮政相比，铁路在中国毕竟是完全新兴的、异质的舶来产物。晚清政府曾经长期坚持认为，铁路是危险的、异质的、能导致政权覆亡的技术，担忧铁路“害我田庐，妨

---

① 交通、铁道部交通史编纂委员会：《交通史邮政编》（第 4 册），交通、铁道部交通史编纂委员会 1930 年版，第 1339 页。

② 郑观应：《易言 · 论邮政》，夏东元编《郑观应集》（上），上海人民出版社 1982 年版，第 97 页。

③ 1858 年 6 月 26 日，因英法联军攻陷天津，清政府与英、法分别签订《天津条约》。中英《天津条约》第四款规定：“大英钦差大臣并各随员等，皆可任便往来；收发文件行装囊箱，不得有人擅行启拆；由沿海无论何处皆可送文，专差同大清驿站差使，一律保安照料。”

④ 郑观应：《易言 · 论邮政》，夏东元编《郑观应集》（上），上海人民出版社 1982 年版，第 97 页。

碍我风水”，改变国家地貌和时空关系；担心铁路会导致从事水运行业的人们失业，尤其是在刚刚镇压太平天国运动之后，担心匪徒会乘机煽动，作梗生端……诸如此类①。所以清政府才会一再拒绝西方要在中国修建铁路的要求，并为之而不惜代价，将怡和洋行投资兴建的吴淞铁路以巨资购回，再将其拆除，这种被强加的民族耻辱感表现得尤为强烈。而郑观应之所以能在《论邮政》一文中提出这样大胆的主张，当与他曾经受聘于太古轮船公司并担任其第一任买办（1873—1882）有重要的关系。任期结束后，他即应李鸿章之聘，先后出任上海轮船招商局帮办、总办。而如前所述，自1878年起，在有轮船通航的口岸及可通航的季节，负责免费代运邮件的正是上海轮船招商局与太古轮船公司。

铁路、邮政均重视提升速度与节省时间。不过，铁路的速度清政府可以暂时不要求，但信息的传送速度清政府却不可能无视，尤其在战争中，保证信件的畅通在很大程度上是可以决定胜负的②。同样是认识到交通乃国家之动脉网络，但清政府更担忧西方帝国可借铁路在内陆地区长驱直入，快速运送军队，以致即使后来逐渐修通了一些铁路线，但很长时间内都拒绝将铁路修至北京；与之相对，国家却始终需要保持信息传递，因为“不有邮政以联之，则跬步之间无殊千里，偶有睽阻，声息不通”③，正所谓“日汲汲然筹饷练兵，而不知隐患之所伏，即在无见无闻之内也”④。

张之洞发现，“泰西各国视邮政一端重同铁路”⑤。经甲午重挫，中国的实业已然发生巨大的转折，铁路、邮政作为交通事业之重要项目，终于在国家的名义下大张旗鼓地开办。由此，邮政就由最初多在沿海地区通过航运传递，转为可在更广大的内陆地区交付铁路完成。而且，邮政事业“取资甚微获利甚巨，日盛一日”，与铁路投资甚巨以致不得已仰赖外债相比，确有不可多得之优势。

1903年，海关总税务司要求商部将铁路运送邮件一事明文载入铁路章程。因此，同年10月14日，商部奏定的《铁路简明章程》明确规定：“铁路邮政，相辅而行，凡承办铁路，应代寄中国邮政书信包件……”⑥ 10月25日，即正式颁布《铁路待递邮政章

---

① 张杰：《火车的文化政治学》，中国社会科学出版社2018年版，第33–34页。

② 邮电史编辑室：《中国近代邮电史》，人民邮电出版社1984年版，第8、9、17页。洪仁玕在《资政新篇》中提倡设置书信馆和邮亭。太平天国起义最终失败，与其在战争中交通与通信均被清军切断，信息不通有直接关系。

③ 郑观应：《盛世危言》（下），曹冈主编，内蒙古人民出版社2005年版，第322页。

④ 郑观应：《盛世危言》（下），曹冈主编，内蒙古人民出版社2005年版，第317页。

⑤ 刘东主编：《近代名人文库精萃　李鸿章　胡林翼　张之洞》，太白文艺出版社2012年版，第179页。

⑥ 执之：《我国最早的“铁邮合同”》，《中国邮政》1990年第3期，第45页。

程》，其中规定“铁路只允中国官局运送邮件，其民局及别国官局邮件概不准行运送”。排除民局，乃为确立官局的统一性、权威性，减少民信局对官方邮政利益的分夺；而将别国民局亦排除在外，意将削弱西方“客邮”对中国内陆市场的入侵。

厦门大学校园内专设一个邮政代办所，而其信件包裹既仍依赖太古，那就足以证明至20世纪20年代末，以太古为代表的轮船公司代运及西人设立的客邮机构并没有伴随中华民国之成立而销声匿迹。据不完全统计，“到1918年止，各国在华‘客邮’机构已达三百四十余处”①。虽然1922年太平洋会议通过了撤销在华“客邮”的议案，但这些机构不太可能在短时间内被彻底裁撤，在某些地区还会或多或少地以各种形式残存。

中华人民共和国成立初期，为解决国际通邮问题，天津邮政局请香港邮政局协助转递华北与江南未解放区的邮件，而解决方式正是利用太古、怡和轮船公司往返津、港间的轮船载运邮件。后来，发往欧、美、非等国家的邮件一度都是由这两大公司的轮船运至香港邮局转发②。怡和因此也参与了中国的邮政事务，但太古显然已经在这项事务中渗透了70余年。

四、移动：琐事之累

1900年6月3日，鲁迅在日记中写道：“晴。下午发金陵函，由邮政局寄，只取邮资二十文。”周作人为其注释：“以前托民局寄信，先付一百文，收信人再付给一百文，那时邮政成立，国内邮费二分。即制钱二十文。”③ 也就是说，相比民信局，清政府开设的邮政官局将资费降低了90%，普通民众的确享受到了极大的便利与优惠④。

前进至1930年10月30日，周作人给俞平伯信中写道：“此次西行遂有城乡之隔，寄信且须贴四分钱，今趁尚可贴一分时赶寄此信。”⑤ 这似显匆忙的一句却于不经意间道

---

① 周远廉、龚书铎主编：《中国通史19》第11卷（近代前编1840—1919上），上海人民出版社2015年版，第529页。

② 谢孜学：《新中国初期对外通邮与英商太古、怡和轮船公司》，《集邮博览》2005年第9期，第30-32页。有意思的是，1949年12月26日，邮电部邮政总局通知，关于寄台港、琼崖（即海南岛）的商民函件，华北区各局可发由天津转发香港轮船运转。也即是说，中国大陆寄往海南岛的邮件亦须经香港周转。

③ 徐昭武编著：《寻求别样的人们：鲁迅在南京》，凤凰文艺出版社2016年版，第222页。

④ 1901年，广州邮政局在广州的报纸上登载广告：“邮政之设，实所以利国利民。本局故陆续添设分局于城厢内外河南等处，以应诸色人等寄信件之便。兹将分局处所并寄费列后，俾众周知，此布。寄香港、澳门及中国有邮政处所信件寄费列左，每重一钱八分七五内，二十文；各件挂号收钱五十文，收取回据收钱五十文，寄书籍新闻纸等与外国信件寄费，可向本局与分局探问，另有邮政章程发售。”中国海关博物馆广州分馆编：《粤海关史话》，中国海关出版社2013年版，第115页。

⑤ 周作人：《周作人散文集》（第四集），中国广播电视出版社1992年版，第12页。

出当时的同城邮费竟然仅为"一分"。30 年的时间，官邮资费竟然未涨，可见邮资之便宜乃民国时期文人书信异常频繁的重要原因之一①。据不完全统计，鲁迅书信约有 5000 余封，数量庞大。如以每封二分计，鲁迅在邮寄费上总共花了百元左右，这个花销显然并不算多。当然，鲁迅经常邮寄的还有明信片、书、杂志及其他物品，这些邮费恐怕今人无法估算。

不过，或许也正是因为邮费实在不算贵吧，鲁迅发现每一处的邮局都有其奇葩或不能为人所理解之处。比如，在厦门大学这个地理位置极偏僻的邮政代办所，送快信的速度要慢于普通邮件，因为普通邮件直接放在玻璃柜内，来者一眼即可看到，而对包裹、挂号信和快信，工作人员是要先逐张写通知票的，随后将其放在邮局的玻璃柜内。收信者看到通知后，再拿个人印章去取信件，这实际上大大延长了这些特殊邮件的传递时间。因此，鲁迅甚至劝朋友给他寄信时无须使用这些特殊方式。到广州后，鲁迅去邮局的次数更加频繁了，当时的广州文艺书籍稀缺，他租店设立了"北新书屋"（1927 年 3 月 15 日至 8 月份），每隔一段时间就会有未名社、北新书局寄来的一批批新出版的书籍，卖得相当火爆。与厦门的经历迥异，鲁迅叮嘱台静农，寄书以挂号为稳，因为"此地邮政，似颇腐败也"②。这大概是因为国民党政府在此期间开始对邮件大加审查，导致诸多丢失或延误。在上海，鲁迅继续亲赴邮局，有一次他去给曹靖华寄纸，工作人员将作为外包装的纸撕得粉碎，只剩一堆散纸，导致他没办法再邮寄。这种种不愉快的经历似乎都一直支撑着鲁迅对邮局的印象，也因此在其日记或书信中占据了不小的篇幅。

既如此，鲁迅为何还舍得在书信上耗费大量的时间？他曾对孙伏园这样说过："我交际太少，能够使我和社会相通的，多靠着这类白纸上的黑字，所以于我实在是不为无益的东西。"③ 虽然从其日记来看，鲁迅在现实中的交际活动绝不可谓"太少"，但他的确是更喜欢书信而非面对面的交流方式。

英国社会学家约翰·厄里（John Urry）认为，当代社会新的亲密关系正在出现，因为通讯变得愈发便捷，且逐渐摆脱了地方性。一个人可以在某段时间集中居住于某地，却不受这种地方性的局限，"距离间的摩擦"（friction of distance）在不同程度上被克服了。厄里提出，现代社会从根本上而言是移动的，"移动性转向"（the mobility turn）应当成为一种新的研究范式。他的移动性概念所指极为宽泛，包括人因工作、娱乐等原因而进行的身体旅行（corporeal travel），物品的物理性移动、礼物的发送与接收（physical movement of objects），印刷与视觉媒介让人所产生的想象旅行（imaginative travel）；跨越

① 参见罗执廷：《民国邮政与中国现代文学》，《励耘学刊》2018 年第 1 辑，第 121 页。
② 《270409 致孙伏园》，《鲁迅全集》（第 11 卷），人民文学出版社 1991 年版，第 539 页。
③ 《230612 致孙伏园》，《鲁迅全集》（第 11 卷），人民文学出版社 1991 年版，第 416 页。

地理与社会距离所进行的虚拟旅行（virtual travel），以及人与人之间通过留言、短信、信件、电报、电话、传真与移动电话而进行的社交式旅行（communicative travel）①。显然，在厄里等人看来，“通讯本身就是旅行”②，所以虽然鲁迅在某段时间可能会因交通条件而很少外出，但实际上他始终保持了充分的移动性。

众所周知，自日本回国后，鲁迅不断变换生存地域，先后是浙江、北京、厦门、广州、上海；其职业也随之变化，由在教育部任职而在高校兼课，到专职工作于厦大、中大，再到全心写作。这其中，除了学校氛围保守、与校长或同事关系不和等原因，不断变换地域和职业的另一个重要原因却是琐事太多，教务繁忙，以致无法专心著译。用他自己的说法，“在北京固无费，尚有生活”，但因卷入学生风潮而被迫南下；在厦门却“有费而失了生活”③，有钱却无处消费，学校办事散漫，同事挤轧，美丽的大海对他来说只如死海，所以不到一个月他就对许广平说盼着离开；到广州，待遇还算不错，生活便利，有广平、寿裳左右相伴，当也舒爽快意了一阵，但文化氛围弱，政治空气恶劣，仍然不适合创作，他因此还是要离开。而到了上海，他继续面临讲课邀约、讲座、编辑文稿、照顾孩子等琐碎事务。他一生都想摆脱琐事而不得，甚至在上海的最初几年，他在书信中还时不时地向友人表达自己可能会离开上海的念头。

他最终没有离开上海，但书信和社交活动却愈发多了。在某种程度上可以说，鲁迅的一生就是移动的一生。他不仅在物理意义上实现了空间的诸多跨越，而且赶上了中国邮政现代化的转折点。大量的书信足以证明，他是一个移动性极强的人，一个懂得并擅于利用现代通信技术的人——他在日记中将诸多笔墨都用于记录自己的通信经历，而如果今日无信无会面，他就会写“无事”（比如1928年1月30日），但这种记录却是极少的——在此意义上，鲁迅同样是现代文人的典型代表。

（作者单位：海南师范大学文学院）

① Urry，John. Mobilities. Cambridge：Polity，2007. 47.

② Urry，John. Mobilities. Cambridge：Polity，2007. 158.

③《261004致孙伏园》，《鲁迅全集》（第11卷），人民文学出版社1991年版，第485页。而在《鲁迅全集》（第11卷）2005年版中，鲁迅在致许广平书信（260926）中早就表达了此意：“我想，一个人要生活必需有生活费，人生劳务，大抵为此。但是有生活而无‘费’，固然痛苦；在此地则似乎有‘费’而没有了生活，更使人没有趣味了。我也许敷衍不到一年。”但1991年版该书信中并无此段。

鲁迅的红楼话语嬗变及其梅兰芳批判的生成

吕仕伟

自文化的现代转型之后，红楼人物以其形象的经典性引发了多场现代文学事件。单就鲁迅视野范围内，红楼文化便表现出多维的话语形式：从《红楼梦》宝黛爱情的文学形象塑造，再流变为民国社会的才子佳人意识，从与梁实秋关于林妹妹的爱情阶级论争，再到梅兰芳的昆曲红楼戏改编，红楼人物成为民国文学事件发生的重要话语资源。鲁迅是民国社会少有的红楼文化研究者、观察者、批判者，鲁迅的红楼话语以学术与思想的互动方式展开，尤其与梅兰芳红楼戏的社会流行关系甚大。因此，本文试图以鲁迅红楼话语的多维嬗变为出发点，在艺术认同与媒介变迁中重新探析鲁迅批判梅兰芳的根源，以期对鲁迅与梅兰芳的学术公案进行学理重认。

一

鲁迅的红楼话语主要表现为学术研究与社会批判两个方面。于学术研究层面来说，鲁迅是民国社会重要的红学研究者，鲁迅洞穿了《红楼梦》的社会悲剧本质，尤其对红楼人物有着独到的文化阐释。而于思想层面来说，鲁迅亦是民国红楼文化传播的批判者：鲁迅通过小说《红楼梦》对社会历史真相做出有效体认，以阶级论立场洞见中国社会阶层的固化与分离；鲁迅尤其辨析了民国《红楼梦》的社会传播状况，时时警惕阅读活动中产生的才子佳人意识。可以说，学术研究与社会观察互动是鲁迅红楼话语最显著的特征。

1925年鲁迅发表了《论睁了眼看》，即通过对小说《红楼梦》的人物剖析，发掘出《红楼梦》直陈悲剧真相的文化价值。鲁迅以较大的篇幅阐发了他对《红楼梦》的总体评价，尤其以“悲剧”立论，在现实世界、作者创作、读者体验的阅读关系辨认中，以文化批评方式阐发了《红楼梦》的社会现实意义。鲁迅认为“《红楼梦》中的小悲剧，是社会上常有的事，作者又是比较的敢于实写的，而那结果也并不坏”①。绝非从单一的文本欣赏立论，鲁迅呈现了其以社会本体观照《红楼梦》的阅读方式，国民性与《红楼梦》的关联成为鲁迅红楼话语的思想基点。

在鲁迅看来，《红楼梦》中人们的终局“早在册子里一一注定”，“读者即小有不安，也终于奈何不得”，曹雪芹的书写传递出正视社会的勇气，而这正是“我们中国人最所缺乏的”②。学术与思想互动是鲁迅红楼话语发生的主要模式，尤其在读者、作者、社会的几方面综合考量中，鲁迅以文学书写发掘人生本质，以文学人物关系体察社会真相，小说《红楼梦》的思想性在此被最大限度地阐发出来。

在《望勿“纠正”》中，鲁迅更重点关注林黛玉、薛宝钗在后世小说中的形象流变情况，以其丰赡的小说史知识，发现了陶乐勤对《花月痕》的不当纠正之处。一方面，鲁迅在其《中国小说史略》中有着这样的见解，认为清代的狭邪小说是泛滥的《红楼梦》续作式人情小说的反拨，因道光之后的社会风尚再“不适于《红楼梦》笔意，故遂一变，即由叙男女杂沓之狭邪以发泄之”，而如《花月痕》这样的狭邪小说在内容上表现为“特以谈钗黛而生厌，因改求佳人于倡优，知大观园者已多，则别辟情场于北里而已”③。而另一方面，在杂文写作中，鲁迅注意到在民国《花月痕》新印本中，陶乐勤将“钗黛直是个子虚乌有，算不得什么……”一句中的“直”纠正为“真”④。实际上，陶乐勤如此纠正，不仅改变了小说的本身意味，更偏离了钗黛形象流变的小说史传统。鲁迅以《望勿“纠正”》传递了这样的知识校勘关切：“印刷书本是美事，但若自己于意义不甚了然时，不可便以为是错的，而奋然‘加以纠正’，不如‘过而存之’或者倒是并不错。”⑤ 知识的校勘关系着对文学形象的理解，“纠正”尤其需要审慎。鲁迅以一字之谬剖析红楼人物在后世小说中的流变状况，将精细的字句校勘与小说史学理辨认相融合。《望勿“纠正”》传递出鲁迅深切的文化责任感。

鲁迅到上海后，学习了不少马列主义的书，马克思列宁主义思想成为中晚年鲁迅的思想生发武器。在鲁迅看来，马列主义是“最明快的哲学”，很多纠缠不清的问题，用马克思主义的观点一看就明白了，鲁迅时时以马克思列宁主义“煮自己的肉”⑥，马列主

① 鲁迅：《论睁了眼看》，《鲁迅全集》（第1卷），人民文学出版社2005年版，第253页。
② 鲁迅：《论睁了眼看》，《鲁迅全集》（第1卷），人民文学出版社2005年版，第253页。
③ 鲁迅：《中国小说史略》，《鲁迅全集》（第9卷），人民文学出版社2005年版，第271页。
④ 鲁迅：《望勿“纠正”》，《鲁迅全集》（第1卷），人民文学出版社2005年版，第431页。
⑤ 鲁迅：《望勿“纠正”》，《鲁迅全集》（第1卷），人民文学出版社2005年版，432页。
⑥ 上海教育出版社编：《回忆鲁迅资料辑录》，上海教育出版社1980年版，第251页。

义赋予了鲁迅思想逻辑上的明快性和锋利性①。正是因此，鲁迅深感“文艺催促社会进化使它渐渐分离，文艺虽使社会分裂，但是社会这样才进步起来”②。马列主义阶级论立场下的文学阅读使鲁迅看到社会中阶级分离对立的一面，阶级对立的人生真相使得鲁迅对小说做出了更加深刻的社会参与理解。

鲁迅尤其以马列主义阶级论立场来看待《红楼梦》。在鲁迅的世界里，小说绝非文本欣赏艺术，因而，面对梁实秋所谓“文学就是表现这最基本的人性的艺术”的人性论，鲁迅以战士姿态做出了回应。梁实秋以恋爱为名反对阶级论，如其所言：“无产阶级的生活的苦痛固然值得描写，但是这苦痛如其真是深刻的必定不是属于一阶级的，人生现象有许多方面都是超阶级的，例如，恋爱（我说的是恋爱的本身，不是恋爱的方式）的表现，可有阶级的分别吗?”③ 在阶级论思想因子的触发下，鲁迅声辩道：“贾府上的焦大，也不爱林妹妹的。”④ 鲁迅对梁实秋的恋爱发问做出了红楼人物阶级分析的回应，鲁迅以真切的小说人物关系阐发其思想见解，阶级论立场的红楼人物论成为鲁迅红楼话语最鲜明的底色。

鲁迅的红楼话语还表现在对读者意识、文学消费意识的甄别上。从读者意识的生成来说，鲁迅曾在《看书琐记》中谈及文学之普遍性与读者之个人性的关系。在鲁迅看来，文学形象不会是永久的，文学会因“读者的社会体验而生变化”⑤。而对于《红楼梦》阅读来说，宝黛爱情最易滋生读者的才子佳人意识。如鲁迅在《汉文学史纲要》中所言：“中国人看小说，不能用赏鉴的态度去欣赏它，却自已钻入书中，硬去充一个其中的脚色。所以青年看《红楼梦》，便以宝玉，黛玉自居。”⑥ 将小说角色与自我意识等价是民国读者意识生成的最显著表现，而才子佳人小说最为流行的上海滩则成为鲁迅重点关注的文学消费场域。

20 世纪 30 年代的鲁迅寓居于商业气息浓厚的上海，上海文化与物质的交融氛围尤其使鲁迅以社会经济视野观察国民性的幽暗之处，红楼文化在上海滩的传播成为鲁迅文化考量的重要视点。文学介入生活，文学消费产业的兴起主要通过读者意识建构文学消

---

① 吕仕伟:《鲁迅的“九一八”话语及其战时理性的生成》,《中南民族大学学报》（社会科学版）2019 年第 5 期。

② 鲁迅:《文艺与政治的歧途》,《鲁迅全集》（第 7 卷），人民文学出版社 2005 年版，第 116 页。

③ 梁实秋:《文学是有阶级的吗?》,《新月》1929 年第 2 卷。

④ 鲁迅:《“硬译”与文学的阶级性》,《鲁迅全集》（第 4 卷），人民文学出版社 2005 年版，第 208 页。

⑤ 鲁迅:《看书琐记》,《鲁迅全集》（第 5 卷），人民文学出版社 2005 年版，第 560 页。

⑥ 鲁迅:《中国小说的历史的变迁》,《鲁迅全集》（第 9 卷），人民文学出版社 2005 年版，第 348 页。

费意识，此中，宝黛爱情作为经典的中国爱情范式，成为上海文化产业建构才子佳人意识的重要话语资源。鲁迅对《红楼梦》阅读引发的文学消费异常敏感。鲁迅在《上海文艺之一瞥》中便谈及《红楼梦》与上海才子佳人文化产业之间的关系："才子原是多愁多病，要闻鸡伤心，见月多病的。一到上海，又遇见了婊子。去嫖的时候，可以叫十个二十个的年青姑娘聚集在一处，样子很有些像《红楼梦》，于是他就觉得自己好像贾宝玉；自己是才子，那么婊子当然是佳人，于是才子佳人的书就产生了。"① 鲁迅关注小说文化与区域文化之间的互动关系，以文学人物形象直指社会本相，寥寥数笔勾勒出文学形象在社会传播过程中的思想症候；鲁迅借助于耳熟能详的红楼话语，将国民意识通过文学形象戏拟出来，热讽冷嘲间便完成了思想与学术的有效互动。

二

红楼文化不仅表现为小说形态，红楼文化更在京剧大师梅兰芳手里获得了新的艺术生命。在中华民国前两个十年，梅兰芳等人的红楼戏剧改编促成了民国红楼文化的传播浪潮，红楼戏剧改编亦成为鲁迅红楼话语发生的重要文化场域。

梅兰芳红楼戏起步于民国初期。正如梅兰芳所说："从民国四年到民国五年的九月，我都搭在双庆社，一面排演了各种形式的新戏，一面又演出了好几出昆曲戏，可以说是我在业务上一个最紧张的时期。"② 此一阶段，梅兰芳排演了《黛玉葬花》、《千金一笑》、《俊袭人》等红楼戏，《黛玉葬花》尤其叫座，红楼古装新戏以其扮相新颖、剧目新鲜一度成为流行热潮。

值得注意的是，梅兰芳的新编红楼戏与易卜生等西方戏剧名家在中国共时兴起，而此间，红楼戏的火热使得"五四"文化大将胡适也拜倒在梅兰芳脚下，这一点鲁迅看在眼里，也是鲁迅批判梅兰芳的间接话语原因。鲁迅、胡适等精英知识分子各有所好，对中西戏剧的不同理解与偏好构成了20世纪初期戏剧阐发的多维面貌。在中西戏剧观念的交锋中，梅兰芳与鲁迅的纠葛初现端倪。

鲁迅在《奔流》校记中透露了对胡适戏剧转向的不满。鲁迅在阅读青木正儿文章时注意到其对胡适译介易卜生的评价：青木正儿认为胡适的《新青年》易卜生专号是文学革命期间的奇兵，更认为使胡适的易卜生宣传成为奇兵的原因在于当时昆曲在北京的突然盛行。事实上，当时北京昆曲盛行的代表正是梅兰芳的红楼古装戏。然而青木正儿只

① 鲁迅：《上海文艺之一瞥》，《鲁迅全集》（第4卷），人民文学出版社2005年版，第298–299页。

② 梅兰芳：《梅兰芳全集》（第4卷），中国戏剧出版社2016年版，第276页。

知其一，不知其二，正是因此，鲁迅对青木正儿对胡适做出的评价有所保留。在鲁迅看来，青木正儿只知胡适的易卜生戏剧宣传，并不知胡适后来转而偏好梅兰芳戏曲。

一方面，鲁迅认可胡适在文学革命期间宣传易卜生戏剧的实绩。在鲁迅看来，大家选出 Ibsen 的目的“在于要建设西洋式的新剧，要高扬戏剧到真的文学底地位，要以白话来兴散文剧要以易卜生的戏剧实例来刺戟天下读书人的直感”①。时时意在思想革命的鲁迅更认为易卜生的戏剧思想是中国社会亟须的，“因为 Ibsen 敢于攻击社会，敢于独战多数”。鲁迅尤其认为，胡适那时对易卜生的介绍颇有以孤军而被包围于旧垒中之感，虽然“觉到悲凉，然而意气是壮盛的”②。这是鲁迅欣赏胡适译介易卜生的一面。

另一方面，鲁迅认为新戏剧的介绍没有持续下去，胡适显然妥协于旧戏剧了。对于“五四”期间的戏剧改良论争，鲁迅评价道：“那时的此后虽然颇有些纸面上的纷争，但不久也就沉寂，戏剧还是那样旧，旧垒还是那样坚。”③ 鲁迅将矛头指向了胡适的妥协，如其所说：“再后几年，则恰如 Ibsen 名成身退，向大众伸出和睦的手来一样，先前欣赏那汲 Ibsen 之流的剧本《终身大事》的英年，也多拜倒于《天女散花》、《黛玉葬花》的台下了。”④ 宣扬易卜生的年代亦是梅兰芳红楼戏盛行的年代，梅兰芳在新文化运动中受到“五四”文学领袖的强烈批判，但胡适在后期却成为梅兰芳戏曲的宣传者之一。鲁迅深受进化论影响。在鲁迅看来，从西方新戏剧的中国宣传到梅兰芳戏曲的西方介绍，胡适的戏剧观念显然在妥协、后退。鲁迅在言语间揶揄胡适的梅兰芳转向也显露出他对梅兰芳红楼戏的轻视。

上述鲁迅、胡适、梅兰芳的关系只是间接呈现了鲁迅对红楼新戏的轻视，而鲁迅之所以轻视梅兰芳红楼戏却未可知。然而值得注意的是，鲁迅与梅兰芳对红楼文化的认知差异巨大。正如鲁迅所说：“《红楼梦》是中国许多人所知道，至少，是知道这名目的书。谁是作者和续者姑且勿论，单是命意，就因读者的眼光而有种种：经学家看见《易》，道学家看见淫，才子看见缠绵，革命家看见排满，流言家看见宫闱秘事……”⑤ 鲁迅与梅兰芳在《红楼梦》中看到了不同的人生主题，更做出了不同的艺术价值认同。梅兰芳与鲁迅对红楼文化的接受差异是二人产生裂隙的重要原因，在此，有必要理清鲁迅、梅兰芳二人对红楼文化的迥异认同。

鲁迅欣赏《红楼梦》的原因在于《红楼梦》是实写的悲剧。鲁迅说“像《水浒》

---

① 鲁迅：《奔流编校后记》，《鲁迅全集》（第7卷），人民文学出版社 2005 年版，第 171 页。
② 鲁迅：《奔流编校后记》，《鲁迅全集》（第7卷），人民文学出版社 2005 年版，第 171 页。
③ 鲁迅：《奔流编校后记》，《鲁迅全集》（第7卷），人民文学出版社 2005 年版，第 172 页。
④ 鲁迅：《奔流编校后记》，《鲁迅全集》（第7卷），人民文学出版社 2005 年版，第 172 页。
⑤ 鲁迅：《〈绛洞花主〉小引》，《鲁迅全集》（第8卷），人民文学出版社 2005 年版，第 179 页。

和《红楼梦》的有些地方，是能使读者由说话看出人来的"①。出于《红楼梦》直露的现实感，宝黛的悲剧结果使鲁迅有着别样的同情。鲁迅尤其在《〈绛洞花主〉小引》中描述了他眼中的宝玉："在我的眼下的宝玉，却看见他看见许多死亡；证成多所爱者，当大苦恼，因为世上，不幸人多。惟憎人者，幸灾乐祸，于一生中，得小欢喜，少有罣碍。然而憎人却不过是爱人者的败亡的逃路，与宝玉之终于出家，同一小器。但在作《红楼梦》时的思想，大约也止能如此。"② 可以说，正是人生爱恨的惨淡交织使得鲁迅对宝玉有着深彻的同情之理解，正是直面现实"大苦恼"、"小欢喜"的悲剧矛盾使得鲁迅倾心于《红楼梦》。

同时，值得一提的是，鲁迅也并不反对将《红楼梦》改编为戏剧，在论及陈梦韶改编的红楼话剧时即言："现在，陈君梦韶以此书作社会家庭问题剧，自然也无所不可的。"③ 鲁迅尤其为红楼话剧剧本写下了引言。而更值得注意的是，在对陈梦韶新剧的评述中可以清晰地看到鲁迅的红楼戏剧观念。一方面，鲁迅注重剧本情节的完整性，尤其对几种红楼戏的表现形式做出了"为了演者而作"与"为了剧本而作"的区分。如其所言："先前虽有几篇剧本，却都是为了演者而作，并非为了剧本而作。又都是片段，不足统观全局。"④ 另一方面，鲁迅注重改编剧作对《红楼梦》原作精髓的呈现，尤其看重完整呈现过程中的艺术剪裁处理。如其在读陈梦韶改编剧本时所言："此本最后出，销熔一切，铸入十四幕中，百余回的一部大书，一览可尽，而神情依然具在；如果排演，当然会更可观。我不知道剧本的作法，但深佩服作者的熟于情节，妙于剪裁。"⑤ 可以说，"为了剧本而作"、在剧作中使"百余回的一部大书，一览可尽，而神情依然具在"是陈梦韶红楼改编的称道之处。以红楼文化呈现家庭社会问题，完整呈现原作精髓，这成为鲁迅欣赏红楼改编剧的重要原因。而反观梅兰芳的新编红楼戏，却与鲁迅的欣赏基准大异其趣。

于梅兰芳方面来说，梅兰芳昆曲红楼戏的表现力并不在鲁迅倾心的现实感、剧本情节方面。梅兰芳看重《红楼梦》昆曲方面的艺术形式表达，梅兰芳红楼戏正是鲁迅所谓"为了演员而作"、"为了片段"而作的典型艺术形式。话剧改编与昆曲改编有着巨大的艺术形式差异，以视听表演见长的梅兰芳显然已经通过昆曲这一媒介将写实的小说《红楼梦》做了最大程度的艺术变形，这与话剧红楼梦改编不可同日而语。

---

① 鲁迅：《看书琐记》，《鲁迅全集》（第5卷），人民文学出版社2005年版，第559页。
② 鲁迅：《〈绛洞花主〉小引》，《鲁迅全集》（第8卷），人民文学出版社2005年版，第179页。
③ 鲁迅：《〈绛洞花主〉小引》，《鲁迅全集》（第8卷），人民文学出版社2005年版，第179页。
④ 鲁迅：《〈绛洞花主〉小引》，《鲁迅全集》（第8卷），人民文学出版社2005年版，第179页。
⑤ 鲁迅：《〈绛洞花主〉小引》，《鲁迅全集》（第8卷），人民文学出版社2005年版，第179页。

同时，需要注意的是，梅兰芳有着自己独到的昆曲改编理念。梅兰芳在戏曲上搬演旧的昆曲是出于其“艺术没有新旧的区别”的认知，梅兰芳认为“我们要抛弃的是旧的糟粕部分，至于精华部分，不单是要保留。而且应该细细地分析它的优点，更进一步把它推陈出新的加以发挥，这才是艺术进展的正规”①。在梅兰芳看来，“昆曲的词句深奥，观众不能普遍听懂，这是它最大的缺点。不过昆曲的身段，是复杂而美观的”，梅兰芳认可“昆曲有表演的价值，是想把它的身段，尽量利用在京戏里面”②。红楼戏的编剧齐如山更帮助其明确了戏曲艺术“一切开口发声者皆为歌”、“一切举动皆为舞”的认识。通过昆曲表达展现红楼文化的视听魅力，这是小说知识理性占主体的鲁迅所忽视的。

正是基于对话剧红楼戏与昆曲红楼戏的认知差异，我们才能理解为什么鲁迅对梅兰芳的昆曲视听艺术形式一直没有多少好感。在听觉上，鲁迅在厦门时期就在信中表达自己在夜里“忽然听到梅兰芳‘艺员’的歌声，自然是留在留声机里的，像粗糙而钝的针尖一般，刺得我耳膜很不舒服”③；鲁迅更说《黛玉葬花》在视觉上是“扭扭的”，认为梅兰芳沦为了士大夫的宠儿，梅兰芳的昆曲演唱也被鲁迅认作是“多数人听不懂的话”④。昆曲红楼戏以视听艺术形式最大程度地发挥了“为演员而作”、“为片段而作”的中国戏曲艺术特征，梅兰芳建构了视听形式的红楼文化，这与鲁迅所理解的“实写的悲剧”差异巨大。可以说，正是艺术形式的差异认同才使鲁迅对梅兰芳做出“不死不活的天女或林妹妹”的误判。

三

实质上，鲁迅与梅兰芳对红楼文化的理解更是在不同媒介形态中的。不同的媒介形态造就了不同的审美感知，而基于不同审美感知的观念尤其容易引发争论。尤其值得注意的是，民国社会的文化生产不再是手工印刷文本的单一生产模式，视觉媒介的兴起尤其使得传统文化获得了新的表现形式，文化从可读变成可看、可听是这一阶段最需要关注的现象。红楼文化作为一种经典文化样式在民国的媒介社会得到了文化的再生产，而此中，不同媒介载体的红楼文化形态也带来文学观念的纷呈嬗变，而围绕红楼文化的文学争论也开始频现。鲁迅对梅兰芳的文化批判则是此一阶段媒介文化互动最为经典的

① 梅兰芳：《梅兰芳全集》（第4卷），中国戏剧出版社2016年版，第277页。

② 梅兰芳：《梅兰芳全集》（第4卷），中国戏剧出版社2016年版，第277页。

③ 鲁迅：《厦门通信》，《鲁迅全集》（第3卷），人民文学出版社2005年版，第388页。

④ 鲁迅：《略论梅兰芳及其他（上）》，《鲁迅全集》（第5卷），人民文学出版社2005年版，第609页。

案例。

第一，鲁迅对民国社会的媒介变迁颇多关注，不仅对戏曲、电影多有评判，更关注照相技术在中国社会中引发的文化启蒙问题。此中，梅兰芳的红楼戏剧照成为鲁迅的重点讨论对象。

鲁迅在《论照相之类》中对照相技术在中国都市、乡村的接受状况进行文化透视。以摄影文化为起点，鲁迅着眼于中国民众对新兴照相技术的认知状况，通过观察民国社会的视觉文化的发生、发展，鲁迅描摹、揭露了都市乡村不同场域民众的视觉蒙昧。此中，在对都市摄影文化的文化剖析中，鲁迅尤其将目光投向了梅兰芳的红楼戏剧照。鲁迅辨析了梅兰芳剧照带来的视觉文化问题，尤其辨认了中国视觉审美在普通民众阶层的接受情况。在论辩梅兰芳红楼戏剧照的审美价值、社会文化价值时，鲁迅言及中国视觉审美文化的变迁发展存在“不得已”，更将梅兰芳引发的视觉模仿热潮与“中国人的审美的眼睛”联系起来。鲁迅对梅兰芳的批判显示了民国媒介文化发展过程中暴露出的文化启蒙问题。

一方面，鲁迅言及北京的照相馆总会选定一个或数个阔人的照相，放大了挂在门口，“无非其人阔，则其像放大，其人下野，则其像不见”①。在鲁迅看来，这是“盖出于不得已”的，中华民国民众的视觉审美不得不与民国社会多变的政治环境联系在一起，文化的视觉审美不得不与政治的视觉审美并置。而另一方面，鲁迅又言：“要在北京城内寻求一张不像那些阔人似的缩小放大挂起挂倒的照相，则据鄙陋所知，实在只有一位梅兰芳君”，梅兰芳的“天女散花”、“黛玉葬花”像“确乎比那些缩小放大挂起挂倒的东西标致”，即此就足以证明中国人实有审美的眼睛②。鲁迅发现梅兰芳成为民国社会流行的文化审美人像，尤其在与政治审美人像并置中，梅兰芳的红楼戏剧照成为塑造中国人“审美的眼睛”的主要视觉范式。

第二，鲁迅曾在暨南大学的演讲中强调“书上的人大概比实物好一点”，并认为“到北京后，看看梅兰芳姜妙香扮的贾宝玉林黛玉，觉得并不怎样高明”③。可以说，书籍是鲁迅偏好的媒介感知模式，鲁迅的此番话语传递出他的媒介认同，更道明了鲁迅之所以对梅兰芳颇多微词的媒介根源。

梅兰芳的红楼戏剧照同样引起了鲁迅的注意，鲁迅尤以书籍的媒介感知模式对梅兰芳的照片做出了描绘与评价。鲁迅曾论及文字媒介与摄影媒介的区别时说：“譬如我们看

① 鲁迅：《论照相之类》，《鲁迅全集》（第1卷），人民文学出版社2005年版，第194页。
② 鲁迅：《论照相之类》，《鲁迅全集》（第1卷），人民文学出版社2005年版，第194-195页。
③ 鲁迅：《文艺与政治的歧途》，《鲁迅全集》（第7卷），人民文学出版社2005年版，第115页。

《红楼梦》，从文字上推见了林黛玉这一个人，但须排除了梅博士的‘黛玉葬花’照相的先入之见。”① 而在对梅兰芳红楼戏剧照的评价中，鲁迅又一次论道：“我在先只读过《红楼梦》，没有看见‘黛玉葬花’的照片的时候，是万料不到黛玉的眼睛如此之凸，嘴唇如此之厚的。我以为她该是一副瘦削的痨病脸，现在才知道她有些福相，也像一个麻姑。”② 可以说，尽管梅兰芳黛玉葬花剧照的可视效果突出了红楼文化的感性形象性，摄影媒介扩展了红楼文化的通俗性和娱乐性，但机械复制的照片人像尤其使得原本的红楼韵味失真，梅兰芳“麻姑”式的黛玉人像模拟摧毁了红楼文化传统的本真。正是在对梅兰芳这个“阔人”的凝视中，鲁迅辨别出文本林黛玉形象与梅兰芳黛玉扮相的媒介呈现差异，这是鲁迅之所以批判梅兰芳的媒介根源。

第三，梅兰芳的时尚引领效能更是鲁迅重点关注的文化现象。梅兰芳以其红楼戏将小说文本的《红楼梦》做出了最大限度的媒介变形，摄影媒介尤其将鲁迅看重的红楼悲剧启蒙功能转变为红楼文化娱乐体验，传统文化在梅兰芳的引领下成为大众的文化消费品，这是鲁迅批判梅兰芳红楼戏剧照的文化根源。

需要注意的是，梅兰芳的红楼戏引发了多种媒介形式的时尚热潮。正如鲁迅注意到的，纸上的变成了实物，红楼文化呈现出戏曲、电影、图像的多维媒介形式。一方面，梅兰芳的昆曲红楼戏改编引发了戏曲媒介形式的大众热潮，《黛玉葬花》、《俏袭人》等红楼戏成为叫座曲目；另一方面，随着红楼戏声名日显，红楼人物获得了电影媒介的艺术变形，《黛玉葬花》尤其被改编成无声电影，跟随梅兰芳出国访日；而更值得注意的是，梅兰芳的旦妆扮相一时间成为各大画报、照相馆推崇的照相样式，尤其是《天女散花》、《黛玉葬花》的扮相成为时尚的模仿潮流。应该说，梅兰芳红楼戏的成功使得红楼文化呈现出多维的媒介变形面目，红楼文化在媒介变形中获得了二度经典化。红楼文化正是在多维的媒介形式中获得了大众传播，诸种文化事件关联生成，各种审美观念彼此碰撞，鲁迅的梅兰芳批判也由此生发。

鲁迅曾注意到梅兰芳在杭州的法会上与徐来、胡蝶等电影明星同台献艺，对其即颇多微词。而上海作家徐讦更描述了梅兰芳人像照片在整个上海的流行程度，如其所论：“那时候要是来上海而不买一张梅兰芳旦装照相回去，那等于不买车票进车站一样的希奇。大概是不久以后，梅兰芳照相是做了小镜背面的点缀了；这些镜子是非常粗劣，价钱也非常便宜，这是在乡村闯门儿的货郎担上就可以便宜买到，所以那时在村妇们的梳头货里，这种镜子已成为一种流行性的时髦品。”③ 可见梅兰芳的人像照片已经成为吸引

① 鲁迅：《看书琐记》，《鲁迅全集》（第5卷），人民文学出版社2005年版，第560页。
② 鲁迅：《论照相之类》，《鲁迅全集》（第1卷），人民文学出版社2005年版，第195页。
③ 徐訏：《梅兰芳论（上）》，《独立漫画》1935年第1期。

大众的视觉商品。

以此可见，无论是在文化领域，还是在社会日常生活领域，梅兰芳的红楼戏照片已不仅仅是信息传播的工具和载体，而是在很大程度上参与了民众的文化消费生活。在《论照相之类》中，鲁迅即描绘了大众对梅兰芳剧照的模仿情况："然而只要一看那些继起的模仿者们的拟天女照相，都像小孩子穿了新衣服，拘束得怪可怜的苦相，也就会立刻悟出梅兰芳君之所以永久之故了。"① 可以说，梅兰芳戏曲及其衍生文化加速了传统文化的通俗化过程，梅兰芳戏曲剧照的出现尤其在某种程度上强化了传统文化的体验娱乐属性，传统文化正是在梅兰芳戏曲的引领下，以参与式、体验式、仿真娱乐式的方式迅速传播。也正是在媒介的变迁发展中，传统文化的社会通俗化进程加快，《红楼梦》的阅读启蒙功能在梅兰芳的时尚引领下转变为文化娱乐体验；鲁迅认识到梅兰芳"之所以永久"是文化生产与文化消费互动的结果，正是不同媒介形态的文化认知促使鲁迅对梅兰芳进行文化反思。

（作者单位：中山大学中文系）

① 鲁迅：《论照相之类》，《鲁迅全集》（第1卷），人民文学出版社2005年版，第194页。

国家话语与穆旦诗歌经典化建构①

李蒙蒙

文学经典的生成从来都不是一个单纯的审美问题或者纯粹的艺术问题，而是一个与话语权力、文化力量、符号资本等维度紧密相关的社会文化问题。经典化建构的背后有着深刻的利益纠葛和复杂的话语权力关系，它是国家话语、精英话语和民间话语在相互博弈与妥协中共同选择和确立的结果。具体而言，国家话语以意识形态属性和政治性为主要特征，其对经典的遴选标准在于作品的实用功效和社会价值；精英话语是以传达知识分子声音与意志为主的话语类型，它通常以文学批评、选本编撰、文学史书写等形式，发挥其对作品价值的裁决力；民间话语的主体是普通大众读者，它以日常性、消遣性为表征，并以强大的辐射力参与到经典的传播过程中。在诸种话语类型中，国家权力话语是制约经典生成的重要外部机制之一，对于文学经典的遴选、确立、宣扬与巩固发挥着直接而强势的作用。20世纪40年代以来，在穆旦诗歌由“逆流”到“经典”的地位变迁过程中，精英话语的阐释推崇与民间话语的阅读消费是不可或缺的推动力，但是国家权力话语的运作同样也是不容忽视的制约因素之一，其对于穆旦诗歌的合法化、正统化乃至经典化进程具有直接的影响，并从根本上保障了穆旦诗歌的传播接受进程。因此，本文着重以国家话语为研究对象，旨在关注这一权力话语对穆旦诗歌经典化建构的制导作用。

一、国家话语对穆旦诗歌的渐进接纳

国家话语是一种主流话语样态和“治理者话语体系”，它致力于传达执政党的声音

① 本文系国家社会科学基金项目“穆旦诗歌经典化研究”（19BZW106）的阶段性成果。

和国家的意志，宣扬与主流意识形态和统治阶级根本利益相一致的思想观念与价值取向，具有较强的正统性和较为明显的宣教色彩。在具体的文化实践中，国家话语常以作品的实用目的和社会效能为标准，凭借强大的社会传播系统、运行机制和不容置疑的权威力量，肯定和推崇那些与主流意识形态的主导价值观念、官方审美趣味相吻合的作家作品，贬斥和遮蔽与之不相符的作家作品，从而宣扬主流价值观，引导舆论动向，规范一个时期的思想走向、精神导向和艺术秩序，进而巩固自己的话语权力与支配地位。文学经典的形成离不开国家话语的作用机制，但是，国家话语对文学经典的认证标准与建构方式并非一成不变，而是在不同时期呈现出相应的时代色彩与阶段性特征。

20 世纪 50-70 年代，由于特殊的政治气候，“经典（当然不限于文学方面）的确定，被看作是危及现存文化体制和政治体制的严重问题，所以，确立的权力被牢固地控制”①，这一时期在文学经典的建构过程中，代表政治意识形态和国家意志的权力话语占据着无可摇撼的强势主导地位。葛兰西的霸权理论（hegemony）认为掌握文化领导权的统治阶级，往往以霸权作为手段，劝诱被统治阶级心甘情愿地接受它的道德、世界观与文化价值等，并使其自觉服从和融入该社会的权力结构中，而充当这种霸权的机制常常是国家、法律、教育制度、传媒等。同样，这一阶段占据支配地位的国家话语通过重置历史法规、圈定对象领域等手段，对社会文化活动起着重要的定义和限制作用，并对文学经典的选择和确立发挥着决定性的审定、督导与干预作用，在话语生产场中处于某种“一枝独秀”的霸权地位。相较而言，精英话语与民间话语的权力遭受相当程度的弱化，它们势单力薄，缺乏自主言说空间，基本上处于从属或被收编的境地，致使经典建构在整体上呈现出话语风格单一、力量比例失衡的状况。具体而言，在国家权力话语的强势作用之下，文学经典及其建构过程被打上了鲜明的政治烙印，经典建构的目的被限定于为国家和民族的政治理念服务，其遴选标准也与政治意识形态话语保持高度一致，文学经典在整体上沾染上了浓厚的政治性、阶级性与民族性色彩，而缺乏一定程度的自主性、多元性与开放性特征。在这种单一的政治标准的取舍之下，政治抒情诗、革命样板戏等文学样态因迎合了意识形态的要求而被树立为新的时代典范和合法知识体系的构成，发挥着模板与示范作用，而一些作家作品则由于不符合意识形态或主流审美原则的要求，不能发挥直接而显明的实用功效，被国家话语“打入另册，予以符号排除，使他们处于丧失合法性的匿名状态，甚至诉诸国家暴力加以迫害”②，以实现话语区隔和捍卫主流话

① 洪子诚：《问题与方法：中国当代文学史研究讲稿》，生活·读书·新知三联书店 2002 年版，第 234 页。

② 朱国华：《文学与权力：文学合法性的批判性考察》，华东师范大学出版社 2006 年版，第 111 页。

语的目的。由于穆旦诗歌思想倾向的表露方式较为隐晦，未能明确呈现出自觉的政治认同感和歌颂基调，并且其自身的政治身份构成也较为复杂，甚至还带有一定的历史“污点”，因此这一时期穆旦其人其诗在整体上遭到国家话语的拒斥与遮蔽，被驱逐于规范框架之外，与“时代经典”之间保持着较远距离。

新时期以来，在政治思想文化领域渐趋宽松、经济建设和现代化建设成为国家发展重心的背景之下，国家话语对文学领域的控制力与干预作用相对减弱，文学经典的生成与建构方式也随之发生较大变化。如学者所言，“在政治、文学形势发生变化、文学权力阶层认为需要调整知识前景和文学取向时，‘经典’的标准和构成的空间和自由度，也会发生加大或紧缩的张弛的运动”①。就一定程度而言，国家话语在经典建构过程中的决定作用与监管作用逐渐弱化，开始以一种相对隐蔽和多元的形式发挥潜在的制约作用。与此同时，精英话语与民间话语日益崛起，并要求以各种方式参与到经典遴选活动中，致使经典建构的主体力量逐渐从权力机构向学院、专家、民间、大众等多元主体过渡。文学经典的评定标准也不再遵循意识形态的一元决定论，而是在多元探讨中不断扩大边界，向更加开放和宽容的评价体系过渡。经典建构的话语权力格局也不再局限于政治权力一元主导的局面，而是逐渐演变成国家话语、精英话语以及民间话语“三足鼎立”的特殊结构，在其相互博弈与交融的过程中，经典的秩序和面貌得以最终确立。具体而言，新时期以来，国家话语对穆旦诗歌的接纳也经历了一个渐进的过程。1981 年，在经过了整整 23 年的历史错判之后，穆旦终于被彻底平反和公开追悼，但是由于其政治身份在较长时段内的暧昧性与异质性特征，国家话语对穆旦其人其诗的接纳并非是迅速和即时的，而是经历了艰难的过渡期。在 20 世纪 80 年代，国家权力话语对穆旦及其诗歌的接纳是较为有限的，处于不鼓励、不提倡的特殊状态，或者仅为其提供有限度的默许和“较为模糊的宽容地带”②，穆旦研究也较多停留于为其人其诗争取合法性、积极寻求政治话语认同的层面。这一时期，相较于精英话语对穆旦诗歌的积极发掘，国家话语对穆旦诗歌的处理态度与方式略微冷静和滞后，除了《人民日报》和《中国青年报》等官方媒介对包含穆旦诗作在内的《九叶集》的少量宣传之外，较少见到国家话语对穆旦及其诗歌的直接性的公开叙述。1991 年《新民主主义革命时期新文化运动回忆录索引 1977—1989》在人物篇“文化工作者回忆录资料”中对穆旦纪念文章与纪念文集的题目做出集中收

① 洪子诚：《经典的解构与重建——中国当代的“文学经典”问题》，《中国比较文学》2003 年第 3 期。

② ［法］米歇尔·福柯：《性经验史》，佘碧平译，上海人民出版社 2000 年版，第 73 页。

录，这一举动或可视为国家话语对穆旦作为“从事进步文化工作的文化人士”① 身份的一种有效确证。至此，国家话语对穆旦其人其诗的推崇作用才较为突出地显现出来。90年代中后期以来，随着时代氛围的多元化转向以及文学场域的审美独立性的复归，精英话语在文学经典化进程中日益发挥了主导作用，并通过阐释批评、选本编纂、文学史书写、文学教育等多种学术行为完成对穆旦其人其诗的经典形构，甚至将其打造为“新诗第一人”。在精英话语的意见表达的影响之下，国家权力话语对主流文学评价标准、接纳尺度等做出相应的调整与反思，重新估量穆旦诗歌的价值，并通过入教、入选、入史等一系列形式对穆旦诗歌进行逐步接纳、重塑与推广，积极发掘其诗歌中与主流意识形态相契合的部分，将其爱国性、民族性与人民性的面向聚焦和放大，并将穆旦的部分诗歌标举为民族精神遗产和国民教育资源。穆旦诗歌最终获得国家话语的直接而有力的政治认可。这也为其经典化进程提供了重要的权威保障。

总之，从20世纪50年代至今，穆旦的政治身份由“历史反革命”分子过渡为爱国主义的民族诗人，穆旦的诗歌作品由被湮没的“非主流诗歌”建构为积极有益的“主流诗歌”，穆旦其人其诗也由“污名化”向“正典化”阶段过渡，而这一充满历史隐喻的过程中无不渗透着意识形态话语的作用逻辑与文化权力的变迁历程。或许，如学者所言，在某种程度上“国家权力控制着‘经典大门的开关’”②。

二、国家话语对穆旦诗歌的接纳机制

在操作机制方面，国家话语往往依托权力机构，运用政治手段与行政手段，通过政治审查、出版控制、文学政策的制定、奖励表彰、入史与入教、直接评论等途径，规范文化场域，对作家作品做出资格认证与等级评估，并在潜移默化中将其扩散为被社会大众所广泛接纳的带有普遍性的价值理念，以使自己的意见表达正当化。就具体的途径机制而言，国家权力话语主要依托国民教育、“官方选本”、主流媒介等形式，将穆旦诗歌收编进主流话语系统中，以突出其思想主题的正面意义，弘扬符合国家利益的价值规范。

其一，国家话语对作家作品的合法性与经典性的认可往往需要将其纳入国民教育体系、选入教科书而实现，通过对符合主流话语与国家意志的经典文本的遴选与塑造，来实现构建民族文化认同感、提升国民素质的目的。90年代末以来，穆旦部分诗歌开始被

---

① 文化部党史资料征集工作委员会、北京图书馆编：《新民主主义革命时期新文化运动回忆录索引1977—1989·编辑说明》，华艺出版社1991年版。

② 施敏：《思想教育与经典建构——1949年以来中国中学语文教科书的社会学研究》，2012年南京大学博士学位论文，第93页。

正式纳入大、中、小学语文教育序列中，成为各级语文教育活动中的经典范文，获得了广泛而持久的影响效应，充分体现了国家权力话语对穆旦诗歌“有益”面向的认可与肯定。据不完全统计，迄今约有110多本大学语文教材、50多本中小学语文教材中选入了穆旦诗歌，其中《赞美》、《春》、《在寒冷的腊月的夜里》等作品的入选率较高。就一定程度而言，穆旦这些代表性诗歌的反复入选，缘于其作品中所反映的家国、民族、青春主题以及爱国主义的精神导向与国家的教育宗旨、教育目标之间存在一定程度的契合性，因而被选作文学教育的规范素材，用以传输主流教育理念，宣扬主流意识形态的价值取向、伦理观念与道德规范，增强民族文化认同感。总之，在国家话语的积极作用之下，穆旦及其诗歌成为被广泛推行的“官方经典”，彻底摆脱了之前被拒斥或漠视的状态，成为积极健康的文学作品序列中的一部分，获得了传播和接受的特许权。

其二，21世纪以来，穆旦诗歌也受到一些“官方选本”的推崇和重视，彰显出一定的精神激励作用与思想教育价值。以下是由权力机构编选的选本或用于官方教化目的的选本对于穆旦诗歌的部分选录情况：

选本名称	编者	出版年份	所选穆旦作品	备注
《古今文学名篇下》	全国干部培训教材编审指导委员会	2002	《森林之魅——祭胡康河上的白骨》	该书是首批全国干部培训教材系列之一种。
《中华美德书》	中共广东省委宣传部	2005	《赞美》	该书是“弘扬民族精神、加强公民思想道德建设的一个尝试”。
《诵读中国·大学卷·现当代部分》	人民文学出版社	2006	《赞美》	该丛书是在中宣部直接指导下编选的一套爱国主义诗文诵读选本，是“民族精神史诗出版工程”的子工程之一。
《诵读中国·高中卷·现当代部分》	人民文学出版社	2006	《在寒冷的腊月的夜里》	
《不可忘却的红色箴言（中学版）》	上海东方宣传教育服务中心、少年儿童出版社	2006	《赞美》	该书遴选了革命烈士及爱国人士创作于1919—1949年的诗文，是优秀的爱国主义教育读本。
《读点经典（第13辑）》	中共重庆市委宣传部、西南大学	2010	《旗》	

选本名称	编者	出版年份	所选穆旦作品	备注
《红色箴言大家读》	天津市文明办	2010	《赞美》	该书展现了中国共产党成立以来所走过的伟大历程，是党员干部增强党性修养的有益读物。
《经典悦读 情志篇》	中共滨州经济开发区工委、南开大学语文教育研究中心	2013	《听说我老了》	
《读有所得42》	湖南省委宣传部	2014	《智慧之歌》	

除此之外，还有一些收录穆旦诗歌的选本本身即隶属于“爱国主义教育文库”、“世界反法西斯书系”，或是在选本标题中直接表明系“献给中华人民共和国成立五十周年”、“献给中国共产党建党八十周年”等，这些皆可视作特殊的“官方选本”。这些选本往往通过对抗战、革命类的爱国诗歌的编选，来实现弘扬革命传统，彰显民族精神，培养国民尤其是青少年的世界观、人生观、价值观，推进社会主义精神文明建设和思想道德建设等目的，具有较强的意识形态色彩和宣教意义，是一种典型的主流文学样态。这些官方选本发掘并重视穆旦诗歌中正确合理的价值取向、崇高的革命精神与理想信念，以及真挚的情感和较高的诵读性等特征，并运用一系列编选机制，将穆旦定位为革命先辈和爱国诗人，将穆旦诗歌定义为民族精神文化遗产的重要构成，以及实施爱国主义教育的优秀素材。在官方选本的形塑之下，穆旦的部分诗歌获得了穿越历史时空阻隔的力量，成为振奋国民精神、坚定理想信念、激发爱国热情的精神源泉，并被赋予了重要的当下意义和现实价值。如收录《赞美》一诗的《不可忘却的红色箴言（中学版）》中强调“学习革命先辈的箴言，继承发扬他们的革命精神和优良传统，有利于我们牢固树立‘八荣八耻’荣辱观，也有利于构建社会主义的和谐社会”①。

其三，主流媒体对穆旦诗歌的传播推广无疑为其经典化进程提供了推波助澜的作用。1996年左右，中央电视台的知名栏目《读书时间》曾播放专题节目《多么快，人生已到严酷的冬天——穆旦和他的诗》，邀请吴思敬、臧棣、邹静之与主持人一起谈论穆旦其人其诗。2000年，中央人民广播电台《子夜星河》节目也曾播出《历史曾在这里走过——介绍穆旦诗歌》一期，并获得当年中央人民广播电台优秀节目评选一等奖、全国广播文艺一等奖。这些专题节目在主流权威媒体的播出对于提升穆旦诗歌的知名度、引导受众走向穆旦诗歌起到积极的促推效果。其中《新年新诗会》的出场较为特殊，它是中央电

---

① 上海东方宣传教育服务中心、少年儿童出版社编：《不可忘却的红色箴言（中学版）·序》，少年儿童出版社2006年版。

视台将传统的诗歌朗诵会与现代的电视媒体相结合而打造出的品牌节目，曾引起较大轰动效果。《新年新诗会》具有较强的经典化意识，所选均为经过历史检验和淘洗的现当代优秀诗人的名篇，入选本身即是一种“准入证”和象征资本的获得。穆旦的代表作《赞美》、《在寒冷腊月的夜里》、《春》曾分别在2005年、2006年和2009年被选中和演绎。在央视著名播音员和主持人声情并茂的朗诵之下，在情景化的舞台布置和灯光、音乐的配合之下，穆旦诗歌的审美韵味得到立体再现，穆旦诗歌的传播效能得到扩张。并且借助于电视媒介的传播速率、中央电视台本身的权威性和朗诵者本人的名人效应，穆旦的这三首代表作迅速成为各种类型的诗朗诵活动中的热门选篇。总之，在官方媒体的积极推介之下，穆旦诗歌得以顺利进入公众阅读视阈，成为不断被传承的诗歌经典，获得了充分的优越性与合法性。

其四，一些与穆旦相关的研讨会也多数经由官方文学机构举办，或有官方代表参与会议。如2007年“海宁·中国新诗九十年学术论坛暨纪念诗人徐志摩诞生110周年、穆旦逝世30周年”由浙江省作家协会、中共海宁市委宣传部主办，海宁市文联承办。2018年“纪念查良铮（穆旦）诞辰百年暨诗歌翻译国际学术研讨会”中也有部分文联与政协领导的参与。这些在一定程度上都代表着国家话语对穆旦其人其诗的认可与接纳的态度，而这一确证无疑为精英话语的言说提供了政治性的保障和强势力量的赋予。最后，或可一提的还有为穆旦树立塑像一事。2006年4月，在南开大学举办的“穆旦诗歌创作研讨会”中，有参会人员提出为穆旦竖立纪念碑的建议，当时一位本地的教授表示仍需得到官方的批准，“人人似乎都明白什么将会卷入其中，最后这个提议自然也不了了之……在没有任何故居或纪念碑的情况下，我们对这位诗歌烈士的敬意也无处表达”①。为时一年，在官方的最终肯定、校方的积极支持以及社会各界的热心资助下，2007年4月28日南开大学为新建成的穆旦塑像及纪念碑举行了隆重的揭幕仪式，表明穆旦诗歌的价值意义最终赢得了包括国家话语在内的社会权力意志的一致认同与彰显，正如其碑阴文字所铭刻的那样，“春临南开，怀我穆旦；勒石造像，以为永念”。

除了上述这些较为直接的作用方式之外，国家话语也常常以一种无所不在而又隐遁的方式渗透于经典化建构过程中，并发挥其在文学场域中的监管权与审核权。总之，文学经典并非是自然而然形成的，而是由权力场域中某些占据支配地位的话语类型在谋求自身利益的根本宗旨之下，通过一系列机制的挑选以及神圣化与合法化的作用建构而成的，经典从本质上而言是某种“特别出色地为某一社会主体群体发挥某些渴望和被指望

---

① ［美］江克平：《一个汉学家看中国当代诗歌中有什么意义》，孙文波主编《当代诗2》，文化艺术出版社2011年版，第141页。

功能的事物或人工制品"①。

三、中学语文教科书与穆旦诗歌经典化建构

教科书是国家话语秩序中的产物，渗透着强烈的国家意志与政治诉求。在美国教育学者阿普尔看来，"教科书是一种文化资本分配和使用的过程与记录，也同时受到政治权力的介入，而难以摆脱意识形态的操控"②，因而就一定层面而言，教科书是传达主流价值观念的重要媒介，也是青少年的价值观念养成和知识习得的重要载体。同时，由于教科书中的文本序列是经过官方认证的正确合理的知识构成，入选教科书即意味着作家作品进入了主流意识形态话语空间，获得了某种合法的"通行证"与"护身符"，这无疑为其经典化进程增添了象征资本和政治徽章。并且，教科书本身的发行量、使用量和传播力度都较为强大，对作家作品的经典化也起着重要的促推和宣传效果，"现今时代能够进入大、中、小学教科书无疑是经典化最重要的途径，尤其是那些要求背诵默写的篇目"③。因而本节以中学语文教科书④中的穆旦诗歌形象为研究对象，考察权力话语在穆旦诗歌经典化过程中的作用机制。

穆旦诗歌在中学语文教科书中由"不选"到"入选"的过程呈现了国家话语对经典作家作品挑选和形塑的作用机制与变化轨迹，带有鲜明的时代烙印。"十七年"时期的语文教科书政治色彩浓厚，所选诗篇多为政治抒情诗、民歌和领袖诗词，大量的优秀诗作因不符合政治话语的要求而无缘于官方经典文本系统。新时期中学语文教科书在延续上一时期的政治教育和思想教化的主导话语风格的基础上，做出了较为有限的初步探索与修订。如1989年由朱金顺、徐振宗主编的《高中阅读文选（供高三年级用）》具有一定的时代性，所选多为十一届三中全会以来的优秀作品，穆旦的《有别》被选入，并配有相关注释和阅读提示。这是穆旦诗歌首次进入中学语文教育系统的标志。1998年由钱理群主编、吴晓东点评的《20世纪中国文学名作中学生导读本·诗歌卷》选入穆旦诗歌作品6首：《在寒冷的腊月的夜里》、《赞美》、《春》、《森林之魅——祭胡康河上的白骨》、《智慧之歌》、《冬》。1999年《星星》诗刊开辟专栏"下世纪学生读什么诗？——

① 转引自华中科技大学中国当代写作研究中心编：《故事与经典——2013秋讲·毕飞宇 吴义勤卷》，长江文艺出版社2014年版，第89页。

② 转引自段发明：《教科书的话语建构》，《湖南师范大学教育科学学报》2013年第5期。

③ 郁玉英：《试论文学经典化的动力机制》，《兰州学刊》2017年第1期。

④ 由于穆旦诗歌在小学教材中的入选率较低，不具有代表性，且大学语文教材的编写缺乏统一性与共识性，版本繁多灵活，故此处以教材体例较为稳定规范且穆旦诗歌入选量较大的中学语文教科书为专门研究对象。

关于中国诗歌教材的讨论”，就以往教材中新诗选篇的政治化、陈旧化、封闭化等问题展开广泛讨论，并为21世纪语文教材推荐理想选篇。毛翰即提出将穆旦的《森林之魅》列为17首拟推荐的新诗篇目之一，并在推荐理由中强调这首诗作的思想深度与艺术魅力。2000年以来，语文教科书中的新诗编选活动愈发注重审美性、艺术性与多元性特征的综合，在选目方面发生了显著变化，徐志摩、卞之琳、戴望舒、穆旦等曾经的“非主流诗人”成为新世纪语文教科书中被重点接纳的经典作家，其部分代表性作品成为被教科书选中的官方经典、“法定文化”和有价值的知识构成，而贺敬之、袁水拍、李季等人的作品则被逐渐清理出教科书。这一戏剧性的逆转背后隐含着意识形态色彩的弱化、学术话语的强化、诗歌观念的转向、时代审美理念与文化心理等方面的新要求，以及文学史对作家个体价值的发现与重构过程。

据粗略统计，21世纪以来，至少有53本针对中学生的语文课本、阅读文选、读本、导读本、鉴赏辞典、教学参考书、题典等多种类型的教学材料选入了穆旦诗歌①，且入选篇目集中于《赞美》和《春》两首诗，同时《在寒冷的腊月的夜里》、《冬》、《智慧之歌》也有较高的入选率。在反复阐释、传授、练习、检测等教学活动的深化过程中，穆旦及其诗歌被潜移默化为某种固定的知识范式和集体记忆，获得了较高的权威性与经典性。由于所涉及教材的数量大、种类繁杂，且编选者的个人意志成分的强弱不同，以下仅选取人民教育出版社和语文出版社编著的中学语文教科书为研究对象。这两家出版社是我国中学教材的主要出版机构，隶属于教育部，体现出较多的国家意志与权威性，且其编著的教材发行量大，普及率高，在作家作品经典化进程中发挥了重要的促进作用。以下是2000年以来穆旦诗歌在这两家出版社编著和出版的中学语文教材中的部分选录情况②：

教材名称	编者	版本	所选穆旦作品
《全日制普通高级中学教科书（试验修订本·必修）语文第三册》	人民教育出版社中学语文室	2000年第2版	《赞美》

① 其中尤为突出的是2018年《中国现代诗歌选》（教育部统编《语文》推荐阅读丛书之一种）选入穆旦诗歌8首：《在寒冷的腊月的夜里》、《赞美》、《春》、《诗八首》、《三十诞辰有感》、《智慧之歌》、《冥想》、《冬》。2018年长江文艺出版社出版的《我看》（教育部新编初中语文教材拓展阅读书系）集中收录穆旦诗歌和译诗作品80首。

② 此外，值得补充的是，穆旦的《我看》一诗也被选入2018年教育部组织编写的人教版九年级上册语文教材，并与毛泽东的《沁园春·雪》、艾青的《我爱这土地》、余光中的《乡愁》、林徽因的《你是人间的四月天》并置出现在同一单元。

教材名称	编者	版本	所选穆旦作品
《全日制普通高级中学语文读本（试验修订本·必修）第一册》	人民教育出版社中学语文室	2000 年版	《停电之后》
《全日制普通高级中学语文读本（试验修订本·必修）第三册》	人民教育出版社中学语文室	2000 年第 2 版	《春》
《全日制普通高级中学教科书（必修）语文第一册》	人民教育出版社中学语文室	2003 年第 1 版	《赞美》
《普通高中课程标准试验教科书语文（选修）中国现代诗歌散文欣赏》	人民教育出版社、课程教材研究所、中学语文课程教材研究开发中心、北京大学中文系、语文教育研究所	2006 年版	《春》
《普通高中课程标准试验教科书语文（必修）语文　第一册（高中一年级使用)》	语文出版社教材研究中心	2006 年第 3 版	《春》
《全日制普通高级中学教科书（必修）语文第一册》	人民教育出版社中学语文室	2007 年第 2 版	《赞美》
《普通高中课程标准实验教科书·语文选修：中国现代诗歌散文欣赏读本》	人民教育出版社、课程教材研究所、中学语文课程教材研究开发中心	2008 年版	《在寒冷的腊月的夜里》

穆旦的 4 首诗歌至少 8 次入选权威教科书（《赞美》3 次，《春》3 次，《停电之后》和《在寒冷的腊月的夜里》各 1 次），其赢得国家话语青睐的背后蕴含着政治、文化、文学因素的交融互动，更伴随着教科书对其合乎价值规范的面向进行整合、强化和重新编码的过程。语文教科书中的入选作品均是经过官方意识形态许可和认证的，其所选之作首先应承载着特定的思想意识内涵，“教科书中承载的正是国家在当下所认可的核心价值取向，代表着国家的利益，体现的是国家的意志”①，同时也应兼顾审美艺术方面的典范性特征。穆旦的这 4 首诗歌因在整体上契合了国家话语对作品的“政治过关”、思想进步、艺术优美等范畴的多重要求，才被选作中学课堂上的教学素材，参与到国民教育进程中来。《赞美》和《在寒冷的腊月的夜里》属于中学语文教材中典型的“祖国诗”，这两首诗歌感情充沛，意义丰厚，读起来朗朗上口，具有较强的可亲近性，且其对于祖国、

① 施敏：《思想教育与经典建构——1949 年以来中国中学语文教科书的社会学研究》，2012 年南京大学博士学位论文，第 160 页。

民族和人民的情感表达，以及所蕴含的关怀意识与承担意识，符合国家话语对于作品的政治和思想倾向的正面要求，对于中学生的爱国主义情怀的培养和正确的价值观、历史观的养成具有引导作用，因而成为国家话语实施爱国主义教育的优秀素材。如2007年人教版课后练习题的设置——“本课后两首诗是爱国题材的作品，与同学一起探究：现代新诗中的爱国主义问题”①，可谓对《赞美》的思想教化意义进行了强化。国家话语正是通过将这两首诗歌塑造为典范的爱国主义诗歌，而向受教育者普及了其所宣扬的价值理念或讯息。《停电之后》的语言表达较为通俗平易，接受难度较小，且文本中对于奉献精神的礼赞与主流意识形态所推崇的价值理念之间具有一定的契合之处，有利于中学生树立正确的人生价值观，培养健全高尚的人格，而受到主流话语的青睐。而教科书、读本、选修教材对于《春》的择取除了考虑到这首诗“结构严谨，旋律优美，形式与内容相得益彰”② 之外，也注意到诗歌中所传达的情感体验、生命感受与新时代青少年身心发展要求的契合性。总之，在教科书的阐释传播与经典化生产的过程中，穆旦的4首诗歌顺利完成了经典形塑，成为较佳的新诗教学素材，但是由于教科书对穆旦其人其诗的接纳与阐释是基于一定的文化理念与政治标准的，其所宣扬和推崇的更多是穆旦诗歌中切合主流意识形态的一面。换言之，在政治话语的阐释逻辑与筛选作用之下，语文教科书主要是从民族精神内涵与现实主义层面对穆旦诗歌进行经典化认证的，而其在对穆旦诗歌的复杂内质与张力性特征的认识方面显然还有待深化。

教科书在对穆旦诗歌中“最有价值”的部分进行推崇的同时，也对其诗歌中的某些复杂特质进行了“有意误读”和遮蔽，因此教科书中的穆旦诗歌形象与诗歌研究界中的穆旦诗歌形象在一定程度上存在着分歧与裂隙，即穆旦诗歌在从精英视阈向国家话语范畴过渡的过程中发生了某种“迁移”。如《赞美》是一首“带血的赞歌”，其思想意蕴与情感指向是多重复杂的，而教科书往往将其表面的赞美意义和鼓舞人心的力量放大，而对其背后的低沉情绪、批评意味、内省精神和主体意识等因素则做出选择性忽略。其实，在文本中穆旦并非毫无保留地抒发对“一个民族已经起来”和人民已经觉醒的境况的积极乐观的赞美之情，而是在主旋律的吟唱中交织着深沉错综的情感，其诗歌对于苦难历史重复演绎的揭示、对于农夫形象的“献祭”意味的表露以及对于中国农民悲剧宿命的展现，均渗透着一定的悲哀与痛苦之情，也暗含着一定的批评、质疑与警惕之声。但是为了避免争议，服从主流话语的整体基调，教科书对这些复杂因素进行了某种“纯化”

① 人民教育出版社中学语文室：《全日制普通高级中学教科书（必修）语文第一册》，人民教育出版社2007年版，第12页。

② 人民教育出版社中学语文室：《全日制普通高级中学语文读本（试验修订本·必修）第三册》，人民教育出版社2000年版，第16页。

处理，与此同时也对其饱满丰富的内涵构成了某种简化与刻板化效应。“这样一种艰涩的赞美之情在现时代的文学教育界（特别是中学语文教育界）以及出版界，不仅远没有得到最为合理的理解，反而面临着被肤浅的美学原则简化甚至扼杀的危险。”① 同样，读本教材对《在寒冷的腊月的夜里》的引导也存在一定程度的遮蔽效果，如“欣赏指要”指出：“读完这首诗，我们也许会说诗人的感情基调是悲凉的……但通过认真辨析，我们不难悟出各种沉寂景物下蕴藏的巨大的坚韧。”② 一些中学语文教案也通过阐释“火”、“红的炭火”、“灰烬的遗留”等意象中所蕴含的希望成分，来强调诗中所潜藏的对于坚韧的民族精神的礼赞、对于民族复兴的希冀和对于未来的憧憬之情。这种处理方式使诗歌文本呈现出一种转折性的明朗和昂扬，却在一定程度上冲淡了诗人原本所贯彻于中的某种宿命性的悲剧感、永恒悲哀感和对历史本质的深入洞察。因此，教科书中的穆旦诗歌形象是被主流意识形态话语所剪裁和修饰过后的形象，并非穆旦诗歌本身意蕴的自然呈现。就某种程度而言，教科书式的解读造成了穆旦形象的单一化与标签化倾向，使得一个有着“丰富的精神世界”、有着强烈的反叛与原创精神的现代诗人形象被简化为诸多爱国主义诗人中的普通一员。

总之，穆旦诗歌通过入选中学语文教科书，获得了稳定的受众与传播渠道，并转化为受教育者的基本认知和文学常识，对其经典化进程产生了积极的促进作用，但是教材的筛选、误读与重塑，也对穆旦诗歌原有的思想意义、哲理内蕴与审美价值造成了某种窄化和遮蔽效果，不利于学生诗歌观念和审美趣味的长远发展。并且，由于穆旦诗歌入选教材的时间较晚、持续时间较短，所选诗歌在主题背景和艺术手法方面也与受教育者之间存在一定的时代隔膜和艺术阻拒，致使一些学生对于教材中穆旦诗歌的阅读印象并不深刻。因此，穆旦在中学语文教科书中的整体形象仍是相对暧昧不明的，其经典化进程还需在新诗教育的深入改革中不断推进。

综上所述，在文学经典的生成与流变过程中，国家权力话语是不可忽视的驱动因素之一。从20世纪40年代至今，随着政治话语的逐步调整和穆旦其人其诗的正名化过程，穆旦作为爱国主义诗人的政治身份和文化身份逐渐得到标举，穆旦的数首诗歌也随之转化为某种得到官方认证的合法化知识。可以说，国家话语对穆旦诗歌的经典认证，为其传播推广提供了保驾护航的象征资本，也为其经典化历程铲除了历史障碍，树立了肯定性定论，并在一定程度上提升了穆旦诗歌在精英话语与民间话语视域中的接受程度。但

---

① 易彬：《赞美：在命运和历史的慨叹中——论穆旦写作（1938—1941）的一个侧面》，《中国现代文学研究丛刊》2006年第5期。

② 人民教育出版社等：《普通高中课程标准实验教科书·语文选修：中国现代诗歌散文欣赏读本》，人民教育出版社2008年版，第6页。

是，由于国家话语、精英话语与民间话语各自承载着不同的文化立场、价值判断与权力意志，拥有不同的生产机制、表述方式及话语风格，因而其对穆旦诗歌的价值认同度与接受面向各有差异，其在穆旦诗歌经典化过程中所发挥的建构功能也各不相同。穆旦诗歌多元复杂的经典面貌的最终生成离不开这三种话语类型不断交锋、协作与共谋的话语实践过程。

（作者单位：太原师范学院文学院）

《洪波曲》修改与长沙大火责任论争①

韩　诚

长沙大火又称"文夕大火"，在1938年11月13日凌晨燃起，导致大量民房、商店、工厂、学校被烧毁，全市受损街道近90%，约12.4万人沦为灾民②。当时面对日军进犯湖南，国民党当局采取焦土抗战政策，但由于情报疏漏、管理混乱等原因导致大火焚城，却未能阻止日军进攻，反而导致大量房屋被毁、百姓死伤，因此与花园口决堤、重庆防空洞惨案并称抗战史上的三大惨案。长沙大火之后，长沙警备司令酆悌等人被判处死刑，湖南省政府主席张治中革职留任。但对于长沙大火的责任认定，亲历者们却有着不同看法，成为一个争议不断的话题。新闻报道、文学作品中关于长沙大火的集体记忆和个体记忆呈现出不同视角，对大火责任的评价也各有不同③。如亲历者郭沫若，在大火10年之后写下回忆文章《抗战回忆录·长沙大火》，详细记述了在大火中逃难的经历；又过了10年，修改并重新发表时却引发张治中的强烈抗议，不得不删改《长沙大火》一节才得以出版。

一

《洪波曲》原名《抗战回忆录》，初刊于1948年的香港《华商报》。1958年，郭沫若

① 本文系教育部人文社会科学研究青年基金项目"现代作家自传版本与传播研究"(18YJC751016)、四川省教育厅人文社会科学（郭沫若研究）项目"郭沫若自传版本研究"(GY2018C03) 的阶段性成果。

② 萧栋梁：《抗战时期湖南经济损失和人口伤亡研究》，社会科学文献出版社2013年版，第332-333页。

③ 张弛：《文夕大火：战时文人的创伤记忆与灾难书写》，《现代中国文化与文学》第29辑，巴蜀书社2019年版，第219页。

以《洪波曲》为题，修改后在《人民文学》杂志第7至第12期连载。其中第十五章《长沙大火》中记述了对时任湖南省政府主席张治中的不满。看到连载文章，张治中很快致信郭沫若，质问对方是否“别有成见”，强调文章中关于长沙大火的描述是在歪曲事实。张治中在信中详细讲述了事件经过，称当天上午曾接到蒋介石密电，要求“长沙如失陷，务将全城焚毁”，因为“蒋当时是最高统帅”而不得不执行命令，但大火的灾难性后果完全出乎意料。尽管张治中认为自己有责任，但对于《洪波曲》中“想建立一次奇勋”、“贪图功名”等批评内容表示接受不了，认为“冤枉人也未免太过分太厉害了”。此外，第十四章第四节《长沙种种》中讽刺张治中治理下的湖南被党老爷和官老爷把持，第十六章第三节《桂林种种》中描写张治中派人到桂林勒令《救亡日报》停刊等内容，也让张治中无法接受。

张治中在信中提到两人身份，刻意强调郭沫若是中共党员，自己是民主人士，并且“同事十年之久”。张治中认为，郭沫若在1948年写《抗战回忆录》时余恨未消是可以理解的，但在10年之后的态度应当有所不同，并建议郭沫若对相关内容进行修改。在张治中写信3天后，郭沫若回信表示“有得罪处，很抱歉”，虽未提及是否修改文章，但表示要在《洪波曲》单行本和《沫若文集》中收录张治中的长信。对于两人恩怨，郭沫若表示“我是毫无芥蒂的，以往的历史并不是您我之间个人的问题。同样我也希望您原谅”。

张治中对郭沫若的回信并不满意，在第二封信中提出“他们的计划是得到了那位当局的批准的”的说法不准确，强调“事实上是蒋主动而我被动的”。此外，他还指出《洪波曲》中关于潘公展、周澜、张开琏等人的描述不准确，并反问郭沫若“您既写‘历史资料’，是不是在命笔时能力求公允恰当些更好”？对此，郭沫若没有进行辩解，仅简单回答：“蒙您进一步指出我的一些错误，谨向您表示感谢。您的信实在是宝贵的史料。”①

据《张治中回忆录》记载，两人争论引起了政府关注，最终由周恩来安排相关部门对《洪波曲》内容进行调查，得出“郭这样写是不合适的”，张治中“信上措词也还厉害了些”的结论，对双方进行了调解。张治中事后称《洪波曲》最终删改了不少内容，两人再见面时，郭沫若握手并道歉说“真对不起，请恕罪”。从张治中的描述看，两人在争论之后似乎重归于好，也有传记文章据此称“两个同一时代、共事多年的老友又握

---

① 张治中与郭沫若讨论长沙大火先后有两次通信，张治中致信时间为1959年1月7日、10日，郭沫若复信时间为1959年1月12日、18日。书信收入张治中回忆文章《与郭沫若先生谈长沙大火问题》。以下关于通信内容均引自该文章。参见张治中：《张治中回忆录》，文史资料出版社1985年版，第271–282页。

手言欢，和好如初”①。但事实并非如此简单，郭沫若对《洪波曲》的修改是有限度的，长沙大火的责任认定仍有争议。

二

郭沫若、张治中争论的史料主要来自《张治中回忆录》。由于回忆录是作者对往事的追述，可能存在较多记忆偏差和主观判断，因此可以结合其他材料进行分析。与张治中详细记述此事相比，郭沫若却未留下只言片语，仅是低调地修改了争议内容。涉及长沙大火的内容修改的主要有3个版本：初刊本，即1948年在《华商报》连载的版本；人民文学本，即1958年在《人民文学》杂志连载的版本；初版本，即1959年由天津百花文艺出版社出版的版本。

通过对3个版本进行对比，我们发现从初刊本到人民文学本的修改较少，仅有两处调整。一是将“在长沙放火，是张治中潘公展这一竿子人的大功德，那可毫无疑问”中的“那可毫无疑问”删除，语气变得相对缓和。二是对军事当局“容赦”张治中、潘公展等人的看法，从“说不定他们的计划甚至是得到了那位当局的批准的吧”改为“这不是说明：他们的计划是得到了那位当局的批准的吗”，态度从推测的“说不定”变为较为肯定的“这不是说明”。这次修改是在郭沫若与张治中争论之前，即郭沫若本人的主动调整，在一定程度上弱化了初刊本中对张治中的批评。说明郭沫若已经意识到对张治中的评价的问题，但这次内容修改较少，文章的整体基调与初刊本相同，仍然认定长沙大火是张治中“贪图功名”的结果。

从人民文学本到初版本的修改较多，主要有三方面内容。一是对大火后果的改写，将“烧了百多万户人家”改为“烧了好多万户人家”，修订了最初较为夸张的描写。二是删去了人们对张治中愤怒情绪的内容，删除酆悌等3人被处决前“大骂张文伯”、长沙人对张治中表示“不能原谅的”以及陈诚“主张枪毙张文伯”等内容。三是重点改写了长沙大火的责任认定，将以下内容整段删除：

> “三个人头”委实也太便宜。然而张治中又何尝是“张皇失措”呢？他完全是贪图功名，按照着预定计划在行事。他把陈诚蒙着了，十二日的当晚甚至扣留了陈诚的交通车，他把周公蒙着了，竟几乎使周公葬身火宅。他满以为敌人在进军，这样他便可以一人居功而名标青史，结果是一将功未成而万骨枯。张治中实在该负责

① 张鸿基：《张治中和郭沫若的恩恩怨怨》，《名人传记》1990年第4期。

任，就是做秘书长的潘公展也该负责任，而军事当局却容赦了他们！这不是说明：他们的计划是得到了那位当局的批准的吗？

修改后强调“埋怨张文白是找错了对头”，明确提出“张文白和其他的人只是执行了蒋介石的命令而已”，并参照张治中书信补充了蒋介石密电的内容，将长沙大火惨剧归结于蒋介石的错误决定，并表示张治中、酆悌等执行命令的人不仅没有责任，甚至是被错误冤枉和埋怨的对象。

郭沫若对长沙大火内容的第二次修改，明确将大火责任归到蒋介石的头上，减少了对张治中的批评。但在其他章节中仍然保留了很多让张治中不满的内容，如讽刺对联、治湘无方、勒令《救亡日报》停刊等。这些内容在张治中的抗议信中均有提及，但郭沫若并未进行处理。此外，尽管得到了张治中的许可，但在1959年天津百花文艺出版社出版的《洪波曲》单行本和人民文学出版社出版的《沫若文集》第九卷中均未收录两人书信，说明郭沫若最终对争论还是采取了回避的态度，不再提及两人之间的争论。

三

郭沫若与张治中的争论以及《洪波曲》的多次修改，反映出时代变迁过程中人们对历史问题评价的变化。无论是代表地方军警的酆悌，或是代表省政府的张治中，以及代表国民政府的蒋介石，均应对长沙大火负有一定责任，但最主要的责任应该由谁来承担，不同的亲历者、不同的历史时期均有不同法，这是一个长期争议的话题。在战时政府通告，郭沫若、陈诚、高一涵等人对张治中的评价，以及张治中辩解与《洪波曲》修改后的版本描述中，分别体现了军警失职说、张治中责任说、蒋介石责任说三种不同的观点，批评的对象从具体执行者、管理者上升到最高决策者。

大火之后，责任最初被算在具体执行任务的军警头上。记者刘尊棋在《一片焦土之长沙》中描写了“湖南人民自卫团第二团是放火的主力”，当晚分为24队并携带纵火物，先从省政府、警察局点火，之后各地响应①。郭沫若在《抗战回忆录》初刊本中也描写了“三五成群的警备队”粗暴放火的场景，“撞门者撞门，开桶者开桶，都在准备放火”。在国民党中宣部、军委会政治部发布的《关于长沙大火经过真相之说明》中，原因主要包括两方面：一是“地方军警负责者误信流言，事前准备不周，临时躁急慌张所致”，二是由于平江、岳州等地被炸，人们“激于民族义愤，以为日寇将至，乃即自焚

---

① 刘尊棋：《一片焦土之长沙》，《新华日报》1938年11月21日。

其屋”，导致“将准备工作，变为行动，于是一处起火，到处发动，以致一发不可收拾”①。监察院湖南湖北监察区监察使高一涵提交的《调查长沙市火灾案报告书》中，对责任进行了更详细的描述，认为军警机关在前期“情报多疏，误以流言为实”，执行中“竟于计划尚未呈准之际，遽将放火工作擅自分配多人，并给以实行放火之工具”，特别强调了军警“无严密纪律，资以防闲”导致了灾难性后果②。尽管军警失职较为明显，但酆悌等人的判决过程却较为曲折。参与审判的军法分监张恒记述了定罪的过程：在最终判决之前形成了两派观点，一方建议轻判，张治中较为袒护酆悌，审判长钱大钧抱着“可以杀可以无杀，则赦之”的态度，审判官蒋锄鸥也较为同情酆悌，但另一方认为要严惩，周恩来从政治部副部长的立场提出“处理轻重，实有关人心之背向”，陈诚也提出为了重整士气、挽回民心应当严惩。双方观点并不统一，最终是蒋介石批了“辱职殃民”才定下结论③。

将责任归因于军警失职，强调大火责任是日军进犯压力和地方军警操作失误的结果，意在将长沙大火定性为一场意外事故，而非政府的决策失误。处决酆悌等3人，在当时起到了平息民愤的作用，同时也避免了人们对焦土抗战政策的质疑和不满，有助于维护战时政府的正面形象。当时多数讨论长沙大火的文章并未直接否定焦土抗战的意义，如《新华日报》发表文章《论“坚壁清野”》，批评了“这种不发动民众，不依靠民众的不关心民众的疾苦的‘火焚’办法”，但长沙大火的教训在于方法错误，不能“连正确的坚壁清野也一概反对”④。也有评论文章表示地方军警失职意味着“长沙火患，不是最高当局的指示”，强调“焦土抗战”政策本身没有问题，只是“长沙军警当局误解焦土政策，闯出滔天大祸”⑤。

在肯定焦土抗战政策的同时，同时期的文章更注重鼓舞抗战士气，这一点在抗战时期的诗歌与报告文学中均有体现。田汉重返长沙时所作的诗中，描写了“市烬无灯添夜黑，野烧飞焰破天蓝”的场面，但没有进一步追问大火的责任，而是强调提振士气，强调“犹有不磨雄杰气，再从焦土建湖南”⑥。刘良模在《十八个月在前方》中感叹长沙大火太早了一点，太急躁了一点，认为责任在地方当局没有通知机关团体和民众，导致了不必要的损失，但作品主旨同样是鼓舞士气，“希望一个新的长沙能够在不久的将来，

---

① 《中宣部与政治部发表长沙大火经过真相》，《时事类编》1938年第28期。

② 高一涵：《调查长沙市火灾案报告书》，《高一涵监察工作文选》，凤凰出版社2015年版，第346-347页。

③ 张恒：《长沙大火锋镝烟云录》，南京《同袍》1944年第1卷第5期。

④ 《论“坚壁清野”》，《新华日报》1938年11月21日。

⑤ 徐盛圭：《长沙大火的几点感想》，《中华评论》1938年第1卷第5期。

⑥ 田汉：《大火后重返长沙》，《田汉文集》第12卷，中国戏剧出版社1984年版，第223页。

从破砖堆里建立起来"①。甚至有人将大火原因视为日本人与汉奸的阴谋，认为是"企图破坏中国联合阵线，而为对日妥协预铺道路的大阴谋"②。在抗战期间，将大火责任归咎于日军压力与地方军警失职，达到了快速安抚民意的目的，避免进一步论争大火责任归属，回避对"焦土抗战"政策对错的讨论，同时将关注点转向了鼓舞军民士气，缓解大火过后人们悲观、愤怒的情绪。

尽管国民党政府将责任归因于军警失职，但张治中的责任如何认定却引发了较多争议。大火之后，身为省政府主席的张治中受到革职留任的处分，他在省主席布告中也自责"深痛用人失察，遭此巨灾。神明内疚，罪戾实深"③。但用人失察的说法却遭到郭沫若、高一涵、陈诚、帅学富等人的质疑。这一处分被不少人视为蒋介石的偏袒，"革职留任"意味着对张治中从轻发落。

郭沫若在《洪波曲》初刊本中借放火军警之口，说出放火是奉"张主席"的命令，认定张治中是在"贪图功名"，并描写了酆悌等人被处决时大骂张治中的情节，认为革职留任是"军事当局却容赦了他们"，强调当时的国民政府军事委员会对张治中处罚太轻。参与调查大火原因的高一涵对张治中也很不满，他描述了大火之后的社会舆论，官员们都不说"到底是奉了谁的命令"，而民众怨言更是集中在张治中身上。让高一涵更不满的是，事后与张治中谈话，张治中显得"十分镇静，恍如事不关己的样子"，面对高一涵质问"到底决定放火的是谁"，却将责任推卸到酆悌等人头上④。

陈诚记述了蒋介石事后的态度，蒋表示"不可使文白政治生命从此断送，而予以善后机会"⑤。但陈诚在自己的回忆录中，仍对未能严惩张治中表示质疑，认为如果张治中是下令放火的主使者，处罚应比酆悌等人更重，如果不知情则应该无罪，"革职留任"的处分显得很奇怪。陈诚记述了大火之后与张治中的会面，张治中表示"全不知情，定系另一系统所为"，如此敷衍的态度让陈诚很不满。陈诚认为，正是张治中对战局的错误判断，才会让酆悌照预定计划行事，最终导致酿成大火惨剧，张治中本人在事后却逃避责任⑥。当时驻扎在长沙的一九七师通讯处主任帅学富也有类似质疑，在回忆文章中提出枪毙酆悌等人是"轻重不分，本末倒置，恰证实了法制等于儿戏"⑦。

---

① 刘良模：《十八个月在前方》，香港青年协会书局 1939 年版，第 57–67 页。

② 钢果：《长沙大火的主使者》，《中美周刊》1940 年第 1 卷第 27 期。

③ 张治中：《省府张主席引罪自谴（布告）》，《湖南近现代社会事件史料选编》，湖南师范大学出版社 2013 年版，第 979 页。

④ 高一涵：《长沙大火的内幕》，《长沙文史资料》第 1 辑（内部发行），1984 年版，第 74–77 页。

⑤ 胡博：《蒋介石追责长沙"文夕大火"》，《文史博览》2016 年第 11 期。

⑥ 陈诚：《陈诚回忆录：抗日战争》，东方出版社 2009 年版，第 73–74 页。

⑦ 帅学富：《五车书室见闻录》，台湾文海出版有限公司 1981 年版，第 217–218 页。

尽管自传、回忆录的个人主观倾向较多，郭沫若、陈诚等人与张治中有着复杂的私人恩怨，但这些批判内容也反映出人们的普遍质疑，仅由军警承担大火责任显然无法服众。面对大火责任的批评，张治中在回忆录中进行了辩解，《长沙火变一日记》一节记述他曾与酆悌、徐权事前讨论《焚城准备纲要》，特别强调要给老百姓留出逃避的时间，之后再放紧急警报才能开始放火，并约定根据纲要做好细则再议。对于大火的突然发生，张治中表示感到意外，并认为直接原因是“我和几个高级人员的疏忽”和“中下级干部的慌张”，将深层次的原因解释为“失败主义的灵魂的作祟”。张治中坚决否认自己曾下达放火命令，并强调精神层面的“失败主义”以及各级人员失职是导致灾难的主要原因。张治中描绘了自己在大火中的无助形象：“我一个人却在长沙一角，对着漫天的火焰，唏嘘不能自已。”对于革职留任，他也不认为是从轻发落或保留地位，而是“体验更苦痛的生涯”，并强调自己以忍辱负重的精神做了大火的善后工作。

在军警失职说、张治中责任说之外，更进一步是对蒋介石的批评。较早直接批判蒋介石的是冯玉祥。他在1948年口述的《我所认识的蒋介石》一书中，描述了参加军事会议时关于焦土抗战的讨论，蒋介石向张治中讲述放火的重要性，并强调“还有什么可思索的，都用火烧掉了，我们不能住，也不能叫敌人来住”①。值得注意的是，与冯玉祥类似的观点在中华人民共和国成立前比较少。如同是在1948年所写的《抗战回忆录》中，郭沫若尽管对蒋介石非常不满，但在大火责任这一问题上并没有指责蒋介石，而是对蒋介石没有严惩张治中提出了质疑，直到后来张治中写信抗议，才修改了自己的观点。

将责任归因于蒋介石，更深层次原因是对焦土抗战政策的质疑以及对国民党政府的批判。焦土抗战政策是国民党政府在抗战时期应对大批城市沦陷、丢失大量物资的措施，曾计划在武汉、广州实施但未能执行，因此在长沙重点实施，但在大火焚城后却发现日军根本没有进攻长沙。长沙大火的惨剧引发了不少人对焦土抗战政策的质疑。尚未投日的汪精卫在《为什么误解焦土抗战》中批评长沙大火是在滥用焦土政策，认为只有人才会做汉奸，而物资是不会做汉奸的，焦土抗战难以对敌人造成实际伤害②。美国记者Chamberlain在《纽约时事月报》发表的《勿低估日本国力》中，批评长沙焚城是盲目模仿库图佐夫火烧莫斯科，认为“中国焦土政策，直接受害者为可怜的中国人”③。在凭吊长沙大火的诗词中也有较多反思，如诗人文家驹讽刺“将军抗战多良策，一炬成灰十万

① 冯玉祥：《我所认识的蒋介石》，上海文化供应社1949年版，第87页。

② 汪精卫：《为什么误解焦土抗战》，《中央日报》1938年11月23日。

③ 外国记者评论译文参见萧余生《焦土政策下成为历史遗迹的长沙》，《时代文选》1939年第7期。

家"①，以"良策"反讽焦土政策的无能。而教育家许德珩的批评更为直白："似这样抗战，深挖自己坟。敌人还在远，焦土乱纷纷。"②

中华人民共和国成立后，对长沙大火的责任评价发生了变化，从对执行层面的关注上升为宏观层面的整体批判，将长沙大火责任的追究纳入对国民党消极抗战的批判之中。长沙大火被定性为"国民党反动政府放火焚毁长沙"③，焦土抗战政策则是"国民政府消极抗日的一种抗战政策"，"国民政府在其军队无力抵制日军进攻的情况下，便采取不顾人民死活的错误政策和做法"④。在焦土抗战政策被全面否定的背景下，长沙大火的责任人也从地方军警与张治中上升为蒋介石和国民党政府。在20世纪80年代出版的《长沙文史资料》第1辑、第2辑中，设有讨论"文夕大火"的专题，除了郭沫若、张治中、冯玉祥的文章，还收录了石国基、张文心等大火亲历者的回忆文章，均将蒋介石视为大火的主要负责人。如石国基记述，在大火之后曾劝酆悌一同逃走，酆悌表示尽管有蒋介石的"亲口指示"，却无奈表示"民愤这么大，事到如今，他（指蒋介石）能承担责任吗"⑤？张文心表示"将全城彻底焚毁"是"蒋介石'焦土抗战'思想指导下的部署"，尽管张治中曾对此提出异议，但因为"蒋介石的专横"不得不执行⑥。帮助张治中整理口述记录的余湛邦则明确说"罪魁祸首应该是蒋介石"，认为蒋介石在军事会议上的讲话不仅是下达命令，还起到了"统一思想认识、煽动、动员的作用"⑦。

修改后的《洪波曲》以及石国基、余湛邦等人的文章中，均将大火主要责任归因于蒋介石，即长沙大火是国民党在蓄意放火，将人民群众置于危险之中，因此蒋介石及国民党政府应当承担全部责任。在批判蒋介石和国民党的不作为的同时，共产党人积极参与救灾的内容也被重点突出，如《湖南省志》中这一节的小标题为《国民党反动政府放火焚毁长沙，周恩来同志奋起救助灾民》，描述了周恩来在军事会议上对"坚壁清野"的批评，并据理力争让蒋介石同意善后办法。《长沙文史资料》讨论"文夕大火"的专题中，陈伯勋详细记载了中共中央、毛主席在大火之后来电慰问，以及周恩来视察灾情、

---

① 文家驹：《长沙大火》，《民国六百家诗钞1911—1949年》，长征出版社2009年版，第416页。

② 许德珩：《许德珩回忆录 为了民主与科学》，中国青年出版社2001年版，第200页。

③ 湖南省志编纂委员会编：《湖南省志第一卷：湖南近百年大事记述（修订本）》，湖南人民出版社1962年版，第765页。

④ 尚海、孔凡军、何虎生编：《民国史大辞典》，中国广播电视出版社1991年版，第409页。

⑤ 祝钦坡：《石国基谈文夕大火》，《长沙文史资料》第1辑（内部发行），1984年版，第100页。

⑥ 张文心：《长沙大火真相》，《长沙文史资料》第1辑（内部发行），1984年版，第79-80页。

⑦ 余湛邦：《关于长沙文夕大火的若干补充》，《长沙文史资料》第2辑（内部发行），1985年版，第40-41页。

慰问群众、指示生产自救的内容①。许权记述了大火之后张治中与周恩来的会面，当张治中问周恩来为什么回来时，周恩来严肃地回答“我们回来是为国民党补过的”②。阳翰笙在回忆录《风雨五十年》中也有类似记述，描写了周恩来、叶剑英在长沙大火问题上与蒋介石的斗争，称赞“周恩来同志的慷慨陈词，连在座的许多国民党将领都为之动容”③。在长沙大火问题上，国民党人的消极无能与共产党人的积极补救形成了鲜明对比，进一步强化了蒋介石与国民党政府的责任不可推卸。

在改革开放之后描写抗战的文学作品中，多数采取了蒋介石责任说，强调大火是在蒋介石的密电指示下点起的。周而复在《长城万里图》中描写了长沙大火前后的细节，蒋介石在之前的会议讨论中毫不犹豫地坚持“都用火烧掉”，给了张治中密电却在事后推诿责任，对下属宣称长沙大火“是我们整个团体的错误”④。王笑、胡正奇的《火烧长沙》描写了蒋介石为张治中解释焦土抗战政策，将其视为“军事上和经济上落后于敌对国家不得已而采取的一种手段”，并将库图佐夫火烧莫斯科视为用兵典范⑤。温靖邦的《虎啸八年》中描写了蒋介石坚持放火的蛮横态度，以及事后对张治中的刻意保护，酆悌则在张治中的欺骗下，主动在审讯中承担了全部责任，为张治中、蒋介石摆脱了责任⑥。罗贤明的《远东战争风云》中描写了酆悌、徐昆等人对放火命令的质疑，在张治中强调“各位不用担心，我这儿有委座的电报作质”之后，酆悌等才不得不去执行命令，进而讽刺蒋介石保留实力、消极抗日的错误决定⑦。龙楠林的《名城血火》中借帅若飞与张治中的对话，批评蒋介石的消极抗战政策，称蒋介石要求在长沙实行焦土抗战的《通令》是错误的军事思想的产物，其根本原因在于畏敌如虎、崇洋媚外，照搬西方列强的军事学说、战略战术和统帅作风，导致战事连连败北，给国家和民众造成了重大灾难⑧。这些作品均强调蒋介石消极抗战，错误地选择在长沙实行焦土抗战政策，张治中、酆悌等人虽有反对意见但只能被迫执行，最终酿成了大火惨剧。文学作品中采用蒋介石责任说，批判了蒋介石焦土抗战政策的失误，突出了国民党消极抗战的负面影响，但简单的二元对立描写也在一定程度上削弱了长沙大火问题的复杂性。

---

① 陈伯勋：《我所知道的文夕大火和善后工作》，《长沙文史资料》第1辑（内部发行），1984年版，第103-105页。

② 许权：《长沙大火纪实》，《长沙文史资料》第6辑（内部发行），1988年版，第173页。

③ 阳翰笙：《风雨五十年》，人民文学出版社1986年版，第242页。

④ 周而复：《长沙在烈焰中燃烧》，《小说文学季刊》1989年第3期。

⑤ 王笑、胡正奇：《火烧长沙》下册，中国戏剧出版社2008年版，第337-338页。

⑥ 温靖邦：《虎啸八年》第6册，花城出版社2011年版，第24-29页。

⑦ 罗先明：《远东战争风云》第2册，人民出版社2012年版，第394-400页。

⑧ 龙楠林：《名城血火》，湖南文艺出版社1998年版，第6-8页。

四

从《洪波曲》修改与长沙大火责任的变迁，可以看到大火惨剧的发生有着复杂的背景和多重影响因素。从执行层面看，是当地军警准备不周、省政府主席张治中管理不当导致的。在宏观层面看，则是蒋介石焦土抗战政策的失误，体现了国民党消极抗战的恶劣影响。因此，在不同时代语境下，出现了大火责任争论的现象，在战时政府通告、陈诚等人的评价以及《洪波曲》不同的版本中出现了截然不同的责任认定。战时政府将责任归结于外界压力和地方军警操作的双重失误，起到了快速平息民愤、提升抗战士气的作用。面对郭沫若等人的指责，张治中对下令放火之事坚决否认，并将自己描述为大火之中无能为力的执行者和受害者。《洪波曲》初版本以及余湛邦、张文心等人的回忆文章中，将大火责任归因于蒋介石及其焦土抗战政策的失误，从宏观层面展开了对国民党消极抗战的批判。长沙大火责任评价的变化，体现出复杂历史环境下人们对历史问题解读的差异与变迁。

（作者单位：天津师范大学新闻传播学院、山东省广播电视总台博士后科研工作站）

"柳青模式"：新文学制度的探索与"固化"[①]

李　静

在新文学的发展过程中，延安时期文学制度的探索对新中国文艺影响巨大。《在延安文艺座谈会上的讲话》（以下简称"《讲话》"）鼓励知识分子深入"工农兵"进行创作，柳青积极响应，扎根农村，将生活、工作和创作相结合，形成了"柳青模式"。这是柳青在革命斗争中，体验生活、深入研究生活并提炼生活而摸索出来的一套创作经验和生活模式。起初，这只是其个人的经验之谈，谈不上制度化，随着毛泽东的《讲话》、《我们党的一些历史经验》以及《人民日报》的社论等对知识分子深入生活的提倡，及赵树理、丁玲、草明等作家群体体验生活之后的理论倡导，共同促成了"柳青模式"的推广，并固化为一种文学制度。

一、"柳青模式"对新文学制度的探索

柳青对生活的体验分为三个阶段。第一个阶段，1943 年前，个人成长经历促使他开始了最初的文学探索。第二个阶段，1943 年 2 月到 1945 年 9 月，是他思想上三年的转变期。第三个阶段，从 1952 年 9 月 1 日，柳青上任陕西省长安县县委副书记到 1967 年 1 月 1 日，他从中宫寺被带到西安关进"牛棚"，失去自由，长达 14 年，即"长安十四年"。

柳青第一个阶段的创作探索，受其经历的影响较大。柳青政治觉悟较早。1928 年，他不到 12 岁就加入了共青团，宣传"抗租抗税"，学习《共产党宣言》。白色恐怖的环境，让不安分的柳青在种了半年地后就经榆林到了西安，加入中国共产党，积极办刊，

① 本文系教育部人文社会科学研究青年基金项目（18YJC751026）、陕西省教育科学"十三五"规划课题（SGH18H071）、陕西科技大学社会科学预研基金项目（2016BJ-73）的研究成果。

主编《学生呼声》，担任《西北文化日报》副刊《战鼓》的编辑，“为办刊物累得大口咳血”①。1938年，他去延安，在陕甘宁边区文化协会工作之后，便与文字结缘。1940年下半年，他再次回延安，直到1943年2月，一直在文艺界抗敌协会从事创作。这一时期，他创作了一系列作品，如《待车》、《误会》、《牺牲者》、《地雷》、《一天的伙伴》，反映抗日民族救亡运动以及涌现出来的英雄形象（如《牺牲者》中的“马银贵”和《地雷》中的青年民兵“李银宝”），赞美他们崇高的精神世界。但柳青觉得作品思想艺术不成熟，对劳动人民的生活缺乏深入了解，这源于他对乡下生活的陌生感。“从一九三八年到延安至这次下乡（一九四三年二月——笔者注）当乡文书中间的几年里，我总是以一个文艺工作者的名义吃饭穿衣和游来游去。我到实际斗争中去是看别人工作，在部队里是马上来马上去的客人，在农村里是把两手插在裤袋里站在旁边看群众开会。”② 这是柳青50年代对自己受《讲话》影响之前工作的反思，明显是以《讲话》提倡的深入“工农兵”为参照。他反思了自己的“做客”态度，反映出文艺工作者深入“工农兵”的表里不一，也彰显了知识分子的自省意识与深入“工农兵”这一口号实践的缺憾。

柳青对体验生活的自觉，直接影响他在“延安文艺座谈会”召开后，主动选择了以《讲话》提出的知识分子与“工农兵”结合的道路进行创作。1943年到1945年9月，是柳青体验生活的第二个阶段。1943年2月，柳青被中央组织部抽调下乡，真正走入了“工农兵”中。1943年3月，他“带着一封写的清清楚楚的‘长期在农村做实际工作’的介绍信”到了米脂县，被分配到民丰区的村子任乡政府文书一职，一直到1945年9月，共3年。如果说《讲话》将深入“工农兵”合法化，那么中央组织部对柳青工作的调动，以及柳青以手持介绍信的方式进入农村，无疑增加了他作为工作干部上任的神圣感，以及对干部身份的认同。他将文书工作看作“革命不革命的问题”，以革命的姿态对待工作，不断调整思想状态适应农村生活。他谈道：“我初到乡政府时那种‘被放逐’的不健康感觉逐渐消失了”，“也获得了一点在困难中微笑的革命品质”，真正地生活在了农村，“我不仅不想回延安，而且在县里开会日子久了，都很惦念乡上的事。我背着铺盖和农村干部一块在街上走不脸红了”，“再不觉得有人在笑话我了。这难道不是思想感情起了变化了吗”③？“思想感情起了变化”的说法，正是毛泽东《讲话》里提到的知识分子改造的问题。我们当然不能忽视后来柳青对农村工作的贡献，但与其说是柳青情感上真正实现了转变，不如说深入“工农兵”这一制度的合法化，让柳青的工作和创作更加名正言顺，让他对深入“工农兵”生活深信不疑。

---

① 柳青：《毛泽东思想教导着我》，《人民日报》1951年9月10日。

② 柳青：《毛泽东思想教导着我》，《人民日报》1951年9月10日。

③ 柳青：《毛泽东思想教导着我》，《人民日报》1951年9月10日。

柳青40年代的作品现实性较强，如《米脂县民丰区三乡领导变工队的经验》，以及1947年，他根据自己在米脂县任三年乡政府文书的经验，写出的第一部长篇小说《种谷记》。但他在反思《种谷记》时说："我在那本小说里的歌颂、谴责和鞭挞，都是有限量的。我太醉心于早已过时的旧现实主义的人物刻划和场面描写，反而使作品没有获得足够的力量。"① 虽然柳青3年的基层生活经验，让他写出了真实的农民生活，但他对《种谷记》的不满，仍可以看出他对新人物书写的经验不足。柳青毕竟是作家，他的创作和工作是密不可分的。对创作的不满再次坚定了柳青体验生活的决心，他将工作和创作相结合，落户长安14年，开始了深入体验生活的第三阶段。柳青以实践验证了深入"工农兵"的正确性，开创了以体验生活为基础而进行创作的模式，即"柳青模式"。

1952年9月1日，柳青到陕西省长安县任县委副书记，一直到12月，他同县委工作组一起参加基层互助组工作，跑遍各区县。他帮助王莽村的蒲忠智建立全县第一个试点初级农业生产合作社，帮助王家斌互助组建立合作社，助力王曲区成立第一个初级社"胜利农业生产合作社"（前身是王家斌互助组）。落户皇甫村的14年，他一直忙于在王莽村和皇甫村等地组织互助组和合作社。以上这些经历被他写入1956年出版的散文集《皇甫村的三年》中，其中《新事物的诞生》、《王家斌》、《一九五五年秋天在皇甫村》、《灯塔，照耀着我们吧!》等散文，再现了王莽村和皇甫村的互助组工作，以及由互助组到农业生产合作社（蒲忠智农业生产合作社）的成立。在《灯塔，照耀着我们吧!》这篇散文里，农业技术指导员曹大个帮王家斌的互助组制订了水稻合理密植计划后，王家斌自带干锅饼，坐火车到几百里外的眉县买优良稻种。文中所写王家斌互助组的建立、买稻种、密植水稻、活跃借贷、粮食统购统销、商量办社等内容，都与《创业史》中梁生宝互助组的建立，以及后续互助组工作的开展和灯塔合作社的建立相似。柳青强调，《创业史》"就有我自身的写照"②，而且其中的翠娥（一位基层干部陪他看过的一个嫁汉的女人）、高增福（皇甫一村刘远峰）、梁生宝（王曲区皇甫乡的王家斌）等都有生活原型。此外，他以村干部办粮站为原型，创作了长篇小说《铜墙铁壁》；根据长安县王家斌"胜利农业社"的经验，创作了《根深叶茂》和《长安县王区人民公社的田间生产点》；《皇甫村的三年》中的王家斌、王明发父子以及郭远彤、董廷义、陈恒山、高梦生等都是典型的农民形象。甚至1962年春写作的《耕畜饲养管理三字经》，也是柳青为解决长安县很多公社牲畜死亡率高的难题而写的实用性较强的作品。可以说，这些作品无一例外地来源于真实的生活。

---

① 柳青：《毛泽东思想教导着我》，《人民日报》1951年9月10日。

② 王维玲：《柳青和〈创业史〉》，《延河》1980年第8期。

柳青以自己深入“工农兵”生活获取素材和创作的大爆发，完成了对新文学制度的探索。他还将实践上升到理论层面，提出“三个学校”和“六十年一个单元”的创作理论。他希望作家进入生活的学校、政治的学校和艺术的学校增强修养。生活的学校是首要的，居于第一位，这是他长期深入“工农兵”生活的经验之谈。他强调“生活培养作家，生活改造作家，生活提高作家”①。他认为创作技巧来源于生活，认真研究了文学作品的手法，就可以创造出“一种新的手法”②。作家们除了学习、生活之外，还应该有“理解生活的能力”及“政治眼光”、“艺术眼光”，这对文学创作大有裨益。柳青的深入生活，不仅仅是下乡落户那么简单，而是将文学当作毕生的事业来做。他说：“什么是六十年一个单元呢？意思就是：文学事业，是一种终生的事业，要勤勤恳恳搞一辈子，不能见异思迁。”③ 这是柳青落户基层14年生活和创作的写照，也影响了一大批知识分子学习先体验生活后创作的“柳青模式”。

二、知识分子群体的“柳青模式”化

“柳青模式”，是柳青长期落户农村、成熟的创作技巧和时代等因素共同促成的，作为作家个体的一种“大众化”实践的成功经验，被提倡并推广。

《讲话》要求知识分子“必须到群众中去”④，是最早对体验生活这一制度的提倡，虽然当时没有明确称之为体验生活。1943年3月10日，中共中央文委和组织部召集50名党的文艺工作者开会，会上凯丰和陈云按照《讲话》精神，要求作家到群众中去。《解放日报》3月28日发表了凯丰的《关于文艺工作者下乡的问题》，3月29日发表了陈云的讲话《关于党的文艺工作者的两个倾向的问题》。前者指出，文化人的“这次下乡，就要打破做客的观念……要抱长期工作的态度下去。应当放下文化人的资格”，批评“我们做文艺工作的同志们中的‘两个缺点’，一个是特殊，一个是自大”的现实情况。作家们纷纷响应，刘白羽呼吁“要到下层去，就不能走马看花，而要长期工作，消除不甘寂寞的心情”，陈学昭也谈到自己在国外住久了，“我希望和祖国广大人民在一起生活。作家投身到群众的大海，向群众学习，这是划时代的大事”。据统计，鲁艺文学部30余

---

① 《作协西安分会举办报告会　柳青同志谈作家的学习问题》，《陕西日报》1962年5月17日。

② 柳青：《生活是创作的基础——在〈延河〉编辑部召开的短篇小说创作座谈会上的发言》（录音），《延河》1978年第5期。

③ 柳青：《生活是创作的基础——在〈延河〉编辑部召开的短篇小说创作座谈会上的发言》（录音），《延河》1978年第5期。

④ 毛泽东：《在延安文艺座谈会上的讲话》，《毛泽东选集》（第三卷），人民出版社1991年版，第861页。

位同志去农村、部队，文艺界抗敌协会分会驻会会员也纷纷下乡工作①。

20世纪50年代，出现了知识青年上山下乡运动，全国文联大规模地组织作者去农村、部队、工厂体验生活。此举是为解决创作资源匮乏的问题，也有对知识分子去农村就业，为社会主义建设服务的考虑，但导致了“十七年”时期，知识分子去农村体验生活或劳动，并进行创作的“被制度化”。1955年8月11日，《人民日报》发表社论《必须做好动员组织中小学毕业生从事生产劳动的工作》，指出“新中国成立的时间还短，还不可能马上就完全解决城市中的就业问题。如果国家用分散经济力量的方法把每个人的职业都包下来，那么，工业的发展就要受到挫折。必须指出，家在城市的中、小学毕业生中有一部分人目前的就业问题是有一定困难的”，而“农业生产对于中、小学毕业生的容纳量是十分巨大的，现在需要量很大，以后的需要量更大”。1955年9月，毛泽东在《中国农村的社会主义高潮》按语中再次强调：“一切可以到农村中去工作的这样的知识分子，应当高兴地到那里去。农村是一个广阔的天地，在那里是可以大有作为的。”中共中央政治局于1956年1月再次提出《一九五六年到一九六七年全国农业发展纲要（草案）》：“城市的中、小学毕业的青年，除了能够在城市升学、就业的以外，应当积极响应国家的号召，下乡上山去参加农业生产，参加社会主义建设的伟大事业。”显然，当时全国大量的中、小学毕业生需要就业，下乡是为了解决城市青年的就业问题。但制度化的规范和号召，使下乡体验生活成为50年代知识青年的共同追求。

如果说下乡是从政策、制度上起引导作用，毛泽东1956年谈到深入生活进行调查则是从方法上进行指导。毛泽东认为“走马观花”不深入，“下马看花”才能取得更好的认识。柳青也有过类似的论述，他曾对来访者说：“一个几百户的大村庄就是一个社会。要解剖麻雀。你如果真正吃透了一个村庄，就会懂得整个社会。”② 他把所在的皇甫村当作一个大社会进行研究，用落户写作的方式来“下马看花”，仔细研究农村互助组的组建、合作社的成立以及农民思想意识在此过程中的转变。

在柳青自觉体验生活、落户写作之后的1957年，出现了作家被下放劳动的热潮。周扬提出“作家必须到工厂农村参加基层的工作和劳动，只有这样才能真正和工农群众打成一片，取得丰富的艺术感受，写出好作品。青年作者不应过早专业化。作家和工农群众在劳动中，斗争中长期结合应成为我们文艺工作的根本制度”③。周扬提倡的这一制

---

① 艾克恩编：《延安文艺运动纪盛（1937.1—1948.3）》，文化艺术出版社1987年版，第429-430页。

② 徐民和：《一生心血即此书》，《延河》1978年第10期。

③《文艺界对丁陈反党集团的斗争取得巨大胜利 陆定一郭沫若茅盾周扬等在总结大会上的讲话》，《人民日报》1957年9月27日。

度，虽没有明确提到柳青，但把柳青深入农村体验生活，进行劳动、写作的模式，即“柳青模式”，以制度的形式规定下来。同年11月12日，《人民日报》的社论规定青年作家“必须毫无例外地”下放劳动，“除了年老体弱，或在国家机关、文学团体担任了职务，不可能长期下去的以外，一般都应当到工厂、农村，或者其他基层单位去，担任一定的实际工作，并且适当地参加劳动”，目的是要建设“一支强大的工人阶级的文艺队伍”。虽然政策的目的在于建设文艺队伍，也无意于将柳青推为和赵树理一样的“方向”式的人物，但柳青先于国家文艺政策，率先体验生活和下乡劳动落户的实践，体现了柳青文艺理想和国家文艺政策的暗合。再加之制度的规约，柳青的成功自然便具有了典型意义，甚至可以说是当时作家们下乡劳动和创作的成功典范。

据《人民日报》统计，作协大整改中，下放劳动人员占总数的45%-50%①。就作协沈阳分会来说，“中国作家协会沈阳分会已决定改变驻会作家的方式。现有的驻会作家们，年纪轻的都是抗日战争胜利后参加革命工作的，他们都将去参加体力劳动”，而年纪较长的，“他们也将下去长期参加基层工作”②。作家们进行文艺生产时，选择“体验生活”的共同方式，并从自身生活、劳动的经验中著书立说，与当时的文艺制度形成一种呼应，进而宣传体验生活的方法，以及如何获取素材，创作“工农兵”文艺。知识分子群体将体验生活做了精英化的规范，将“柳青模式”进一步推广到广大青年知识分子中。

除了柳青，马烽、周立波、赵树理、孙犁、丁玲等作家也都是从文学理论层面进行精英规范，提倡体验生活并创作的作家典型。1956年，马烽由北京深入山西体验生活，于1958年到1959年间，亲自担任县委书记，写了《三年早知道》、《我的第一个上级》、《四访孙玉厚》等作品。三四十年代写出短篇小说集《南行记》和长篇小说《山野》的艾芜，于1952年到鞍山钢铁厂体验生活一年半。周立波熟悉的东北农村生活是他创作的素材，《暴风骤雨》中的人物花永喜是元宝镇一个叫花玉容的农民，与当地青年农民郭长兴生活遭遇类似的郭全海等也都有生活原型。1952年，赵树理写了《决心到群众中去》，便回到山西省平顺县川底村，在郭玉恩领导的农业合作社长期蹲点，参加办社，之后写了第一部反映农业合作化的长篇小说《三里湾》。1964年，他被调回山西省文联工作，“便下了写英雄人物的决心”③。1965年10月，赵树理在晋城县委担任副书记，到该县南村公社下乡。他在晋城县峪口大队蹲点时，就已经在构思名为《户》的长篇小说。

① 《贯彻党的文艺路线，批判修正主义思想、作协大整大改》，《人民日报》1957年11月12日。

② 黄欧东：《一定要下决心到群众中去安家落户》，《人民日报》1957年12月12日。

③ 田培植、贾福和：《社会自有公论——读赵树理同志的一篇遗稿想到的》，复旦大学中文系《赵树理研究资料编辑组》编《中国当代文学研究资料·赵树理专集》，福建人民出版社1981年版，第71页。

他自述小说人物都有生活原型："例如：《小二黑结婚》中的二诸葛就是我父亲的缩影，兴旺、金旺就是我工作地区的旧渣滓；《李有才板话》中老字辈和小字辈的人物就是我的邻居，而且有好多是朋友；我的叔父，正是被《李家庄的变迁》中六老爷的'八当十'高利贷逼破了产的人。同书中阎锡山的四十八师留守处，就是我当日在太原的寓所。同书中'血染龙王庙'之类的场合，染了我好多同事的血，连我自己也差一点染到里边去……这一切便是我写作材料的来源。"① 可以说，体验生活不仅丰富了作家的创作经历，也带给他们很多创作灵感，以至于成为作家们群体性的行为习惯。

逐渐制度化和理论化的体验生活，经孙犁和丁玲等作家的阐释，更加具有了可操作性。孙犁谈到，作家"有时去采访几天，有时甚至去住上几个月"② 是体验生活的真实写照。他认为"体验包括思想的、行动的、感情的等等内容"，"所谓体验生活，就是去生活和为生活工作。用认识做先导，而又补正认识"③。他把体验生活当作写作目的，认为"体验生活和写作就是浑然一体的东西"，"而体验生活就是工作和战斗，也就是写作的目的了"④，创作了《山地回忆》、《吴召儿》、《荷花淀》等优秀作品。石家庄解放后，丁玲在郊区农村呆了 5 个多月，主持土改工作。工作结束后，她想留在村里当一名村支部书记。1958 年起，她在黑龙江一呆 12 年，在老区住了八九年后才到张家口。"五四"指示下来后，丁玲参加土改，她和柳青一样，扎根在村子里参与农村活动，后来又到了桑干河。她主张要将"体验生活"当成一种生活方式，"体验生活应该是先去生活，参加战斗，然后才有可以体验的，才谈得上体验；不是用体验两个字去生活的，也不是跑跑逛逛，走马看花可以体验到什么的"⑤。她还倡导以"落户"的方法彻底解决体验生活的问题，要知识分子"下去生活"，因为日常生活在上边，是脱离群众的；要创作"就必须要长期在一定的地方生活，要落户，把户口落在群众当中，在那里面要有一种安身立命的想法"⑥。丁玲落户创作的思想，与柳青不谋而合。

以上知识分子群体对下乡体验生活再创作的热衷和提倡，是真正受惠于这一形式之后的经验之谈，他们每一部著作的创作内容和人物的高度生活化都与此密不可分。如果说下乡的制度起到了推波助澜的作用，那么知识分子群体自觉从自身实践和文艺理论层

---

① 赵树理：《也算经验》，《赵树理文集》（第四卷），人民文学出版社 2005 年版，第 124 页。

② 孙犁：《小说与时代》，《孙犁文集：理论》（续编 2），百花文艺出版社 2002 年版，第 126 页。

③ 孙犁：《怎样体验生活》，《孙犁文集：理论》（4），百花文艺出版社 2002 年版，第 172－173 页。

④ 孙犁：《怎样体验生活》，《孙犁文集：理论》（4），百花文艺出版社 2002 年版，第 178－179 页。

⑤ 丁玲：《到群众中去落户》，《丁玲全集》（第七卷），河北人民出版社 2001 年版，第 362 页。

⑥ 丁玲：《到群众中去落户》，《丁玲全集》（第七卷），河北人民出版社 2001 年版，第 363 页。

面来推广它，则共同促成了知识分子群体的“柳青模式”化。

当代陕西作家则主动而虔诚地学习柳青重视体验生活的文学创作经验。路遥为创作《平凡的世界》，多次在铜川鸭口煤矿体验生活。他在《早晨从中午开始——〈平凡的世界〉创作随笔》中谈及自己最敬爱的中国老一辈作家是柳青和秦兆阳，曾7次阅读《创业史》。被称为“小柳青”的陈忠实视柳青为榜样。他说：“我不是旁观者的观察体验，而是实际参与者亲历的体验。我崇拜且敬重的前辈作家柳青，他在离我不过几十华里远的终南山下体验生活，连同写作《创业史》，历时14年，成为至今依然着的一种榜样。”① 1985年秋，陈忠实因创作《蓝袍先生》有了写长篇小说的欲念，到1988年清明前后开始《白鹿原》的创作，两年半时间里，他向村里“爷辈的老汉”了解村庄的历史，查阅蓝田、长安和咸宁等县的县志，动用自己曾任基层一级行政管理干部10年的工作经验，历时4年完成创作。贾平凹更是将熟悉的商州乡村棣花镇及西安生活作为创作渊源，书写了大量具有生活原型和人物原型的商州农村题材和城市题材的作品。他们都以对丰富生活经验的书写，继承了柳青的文学创作理念。

三、“柳青模式”固化的反思

反思知识分子群体推广“柳青模式”，不能忽视20世纪40年代以来的社会背景。生活中新人新事的不断涌现，需要文学来反映。结合时代背景，介绍新的工作模式、新英雄、新生活，能起到鼓舞人民大众的目的，这是文艺对生活的反映，也正是《讲话》中谈到的，文艺来源于生活而又高于生活的问题，更是强调文学现实主义精神的结果。“柳青模式”无疑是柳青适应时代对文艺的需求，而探索出来的一条生活与创作相结合的成功模式。

这种因《讲话》的提倡，以“柳青模式”为成功经验，所形成的深入部队、工厂、农村体验生活的制度，在解放区作家群体理论的倡导中，以及国家文艺政策的规范下而制度化。事实上，“柳青模式”不过是柳青、孙犁、马烽、赵树理、草明、丁玲等作家倡导“体验生活”，长期落户进行创作实践的成功典型之一。它的推广，是政策的倡导与知识分子群体创作实践成功的印证。但约定俗成也好，被制度化也罢，若要全面反映农村生活，没有生活经验是很难写出成功的作品的。40年代抗日救亡的社会背景和表现“工农兵”新生活、新人物的内容，是知识分子所陌生的，而深入生活的“柳青模式”提供了一种可供模仿的成功典型，也使体验生活并进行创作的“柳青模式”固化为延安

① 陈忠实：《寻找属于自己的句子》，上海文艺出版社2009年版，第9页。“成为至今依然着的一种榜样”应有缺字，但原文如此。

时期甚至是“十七年”时期文学创作的重要方法。

除了农村题材的创作，在其他领域也有体验生活而创作成功的典型作家对“工农兵”题材的开创，但下乡体验生活是所有领域创作模式的共同点。在工业领域，有深入工厂的草明。她1947年到位于山沟里的镜泊湖水电站，根据那里的人物写出中篇小说《原动力》。1949年11月，她又结合皇姑屯机车厂的生活实际，创作了长篇小说《火车头》。1965年，她把户口迁到鞍山，打算长期落户。她在东北住了18年，仅在鞍山就住了10年①。她以深入工厂生活和落户的方式进行创作，开创了将体验工厂生活和创作结合起来的“草明模式”。在部队，有一批随军记者，不畏艰险地在抗日前线写作。美国女记者史沫特莱是八路军中第一位随军外国记者，她带着极少的行李、打字机、照相机等简单设备采访、写作，不惧长征道路的危险和艰辛，赴八路军抗日前线和各敌后抗日根据地采访，用第一手资料反映了八路军军纪严明、不拿群众一针一线的作风，塑造了朱德、毛泽东等中央领导人的形象，歌颂党领导的人民军队的战绩，宣传中国共产党抗日救国的主张，将中国工农红军的真实经验及各抗日根据地的真实生活介绍给世界，引起了广泛关注。她以随军采访与创作相结合的方式，开创了“史沫特莱模式”，创作了许多部队题材的作品，如《血染的中国》、《中国的红军在前进》等。如果按照体验生活与创作相结合的方式来寻找成功典型的话，还有很多，但“柳青模式”无疑是在所有作家的探索中最具开创意义的，它使深入工厂、农村、部队进行创作成为趋势并作为主要的制度被固化，影响了“十七年”时期“工农兵”题材的创作。

“柳青模式”固化为一种制度，本质上迎合了《讲话》提到的知识分子改造和“大众化”问题。柳青认为，“作家在村庄里、工厂里或部队里不是一个孤立的收购员，而是一个热情的革命活动家，党的组织、党的文件和党的报纸都帮助他了解当地的、外地的和全国的情况”，青年要真正参与社会活动。他接着论述了“在创作的苦闷中，应该这样想：‘我不管在艺术创造上怎样困难，但我要始终和人民在一起，永远做一个积极的革命者。’”由知识分子身份到农民身份的转变及其思想情感的变化，可见其自我改造的成功。他将人民大众放在首位，认为“只要你不从个人的角度考虑，时刻记着这是党和人民的事业，任何国内外不正确的理论和不负责的空谈，都不能利用你前进中的困难把你诱出轨道”②！他用自己的成功证明了知识分子改造的成功，显现了文艺真正“大众化”的创作实践。

“柳青模式”的“固化”也有一定的弊端。作家长期扎根农村，落户进行创作，无

① 草明：《探索》，余仁凯编《草明研究资料》，知识产权出版社2009年版，第85-87页。

② 柳青：《谈谈生活和创作的态度》，《文艺报》1960年第13-14期。

法保证不被农村生活影响，不被农民所同化而失去创作者的激情和应有的职业素质。一方面，这可能造成写作的短视，使创作局限于农村、农民题材，内容单一，缺乏艺术技巧的再提高；另一方面，从长远影响来看，这也使整个“十七年”文学创作僵化，视野窄化，题材受限。像“十七年”时期的杜鹏程、梁斌、魏巍、曲波、杨沫等“一本书”作家，便深受延安时期体验生活、书写“工农兵”的影响，创作生命力短暂。

“柳青模式”作为个人经验，虽然众多作家都尝试过，但到底有无可资借鉴的成分或值得推广的经验，需要辩证地看待。从作家体验生活，获得创作素材和劳动锻炼的角度看，“柳青模式”是值得知识分子作家学习的，可以弥补知识分子不熟悉工农群众生活的缺点，缩短知识分子与工农群众之间的距离感。但创作方法众多，创作经验也分直接经验和间接经验，不能限制作家一定要体验生活后再创作。柳青也反思了自己的创作模式，说“我的生活方式不是唯一正确的方式，作家的生活方式应当是多种多样的。但是我的生活方式也不是错误的方式。它是唯一适合我这个具体人的生活方式。……我的态度是这样的，一方面在对这种生活方式的怀疑面前绝不动摇，以免丧失信心；另一方面，坚决不宣传我的这种生活方式”。他之所以这样说，是怕“经验不足的青年作家同志机械地效仿”①。他曾谈起省里的一位青年作家，当了3年社员，却写不出可以发表的作品。柳青将这位青年的问题归结为政治觉悟及生活实践的欠缺，认为“那位青年作家如果能多做一些基层党的工作，在政治上提高，不要光当社员；如果挤时间读一些书，写一些东西，将当时当地的新人新事在报刊上发表”②，就会进步。柳青感慨那位青年没有“真正理解生活”，没有“改变方式方法”，所以没有写出真正生活化的作品。

实际上，创作中遇到的问题比较复杂。丁玲在《知识分子下乡中的问题》一文中列举了青年知识分子碰到的问题，如“生活太苦”、“工作拿不上手”、“与老干部、工农干部结合的问题”、“与群众的关系”，还有“爱面子，怕埋没”、“软弱，随时随地都需要有人体贴与照顾，需要温情”、“小心眼多”、“容易有寂寞、找不到朋友的感情”③ 等。这些创作中的共同问题，都可能造成写不出作品。但当工作中出现问题的时候，“只要我们虚心学习，向老干部学习，向群众学习，研究政策，诚恳努力，慢慢是可以熟悉起来的”④。对青年知识分子的焦虑，丁玲与柳青的看法如出一辙，都要求他们体验生活，从

① 柳青：《同西北大学中文系学生访问者的谈话》，蒙万夫等编《柳青写作生涯》，百花文艺出版社1985年版，第47–53页。

② 柳青：《柳青文集》（下），陕西人民出版社1991年版，第800页。

③ 丁玲：《知识分子下乡中的问题》，张炯主编《丁玲全集》，河北人民出版社2001年版，第191–199页。

④ 丁玲：《知识分子下乡中的问题》，张炯主编《丁玲全集》，河北人民出版社2001年版，第193页。

生活中寻找创作素材来解决问题。“柳青模式”的成功不代表所有走上这条道路的作家都能成功，这与个人的创作经验、方法技巧也密切相关，一味将“柳青模式”固化为一种制度，无疑忽略了作家的个体差异。虽然，“柳青模式”对40年代之后的文艺创作影响巨大，但对“柳青模式”固化的问题，我们应该持有的态度，用柳青的话来说，就是“不动摇”和“不宣传”。

（作者单位：陕西科技大学设计与艺术学院）

"南洋交友录"：丘逢甲的汉诗酬唱与汉学传播①

李朝霞

前 言

丘逢甲（1864—1912），又名秉渊，字仙根，号蜇仙、仲阏，又号仓海，台湾彰化人。江山渊评价其"躯干魁梧，高十尺以外。广额丰耳，两目奕奕生奇光。言论风生，往往一语惊四座，声震星宇"②。丘逢甲幼时善学，为光绪进士，曾担任台中衡文书院主讲，兼任台南罗山书院主讲，善诗文，有诗文集《柏庄诗草》、《岭云海日楼诗钞》。1900年，丘逢甲在汕头积极筹办"岭东同文学堂"后，又被广东保商局③委派到南洋考察，了解我国侨民情况④。1900年3月初，他从汕头到香港，经过越南，3月18日抵达新加坡，6月返粤，历时3个月的南洋旅程由此结束。

关于丘逢甲南洋之行的记录，丘逢甲传记的大事年表中皆有记载，包括在新加坡与邱菽园等人的会面：

---

① 本文系2019年国家社会科学基金重大攻关项目"百年台湾文学中的中华民族叙事研究"（19ZDA279）的研究成果。

② 江山渊：《丘逢甲传》，《小说月报》第6卷第3号，1915年，第30页。

③ 1893年，清政府正式废除禁止移民政策，为了管理海外侨务，1899年和1900年分别在福建、广东设立保商局，其职能包括对归国华侨进行登记和照顾他们在国内的利益。参见颜清湟：《1893年以后清朝对归国华侨的保护——对东南亚华人的专题研究》，《东南亚研究评论》1985年第15卷。

④ 丘逢甲到南洋考察受到了沈守廉的举荐，他在多首诗文中谈到去往南洋"皆公之赐矣"。沈守廉，浙江海盐人。1899年春从浙江调任惠、潮、嘉兵备道。参见丘铸昌：《丘逢甲交往录》，华中师范大学出版社2004年版，第204-205页。

3月至6月，受粤省当局委派，赴南洋各埠查访侨情兼事联络。途经香港会晤平山周等日本志士。在新加坡与容闳①、丘菽园②等会面。为“岭东同文学堂”募得一笔经费。同文学堂托温仲和等先行招生开办。

6月，义和团运动进入高潮，八国联军入侵京津。

7月初，自南洋返粤，家小已先期迁回镇平③。

可以看到，丘逢甲赴新马地区是带着考察侨情与募资的双重目的。但关于丘逢甲3个月的南游旅行经历，相关研究还不多。新加坡的王慷鼎在1993年就注意到了丘逢甲的南行，以他在新马报刊中的诗文进行目录的收集④。这些资料的编目，为后来学者研究丘逢甲的南洋游历提供了文献参考⑤。最引人关注的南洋之行是其与“南洋孟尝君”邱菽园⑥的往来，两人从诗文的“神交”到政治取向的契合。有研究已注意到了两人的交往现象，但主要是诗文摘录的列举，或强调两人交往的政治价值⑦。另外，对于诗人身份的丘逢甲来说，他在新马报刊中被引载的诗歌和有关“南洋诗”的创作，系统的论述

---

① 容闳，字纯甫，广东香山人。维新派主要成员之一，曾任钦差大臣出使美国。

② 丘菽园即为邱菽园，但邱和丘都有学者使用，本文根据邱菽园在新马报章上所用名字，皆用邱菽园。

③ 徐博东、黄志萍：《丘逢甲生平大事简表》，《丘逢甲传》，时事出版社1987年版，第288页。

④ 在王慷鼎的整理中，发现以《天南新报》、《叻报》、《日新报》和《槟城新报》为主的4家报刊上，丘逢甲有诗篇135篇、文章8篇、书函5封、对联10对。其他有关资料，计诗篇约150首、文章20篇、书函5封、对联2对、新闻性文字12则。参见王慷鼎：《新马报章所见丘逢甲诗文及有关资料目录初编》，《华南师范大学学报（社会科学版）》1993年第3期。

⑤ 张克宏的论文《丘逢甲的南洋之行》和冀满红、赵金文的论文《丘逢甲与南洋华侨》，都参考了《新马报章所见丘逢甲诗文及有关资料目录初编》，二者论述了丘逢甲在南洋两个重要的社会实践——尊孔庙和办学堂，以及对南洋华侨社会的影响。

⑥ 邱菽园（1871—1941），原名德馨，又名炜萲，字啸虹生，号菽园，别署星洲寓公，祖籍福建龙海。父亲邱正忠早年到新加坡经商。邱菽园熟读诗文，21岁回到福建参加科举，中为举人。原本他想留在国内做官，但目睹清政府之腐败无能，又值甲午战败，清政府被迫与日本签订《马关条约》，割让台湾，邱菽园与当时一批有识之士上京抗议，但清政府置之不理。心灰意冷的邱菽园远走南洋，开拓自己的另一番事业。但身在南洋的邱菽园仍然没有忘记祖国，在协助与继承父亲恒春号事务之余，他也与当时的学士文人赋诗唱和，并结交了不少维新人士，例如梁启超、康有为等人。著有《啸虹生诗抄》、《菽园诗集》、《菽园赘谈》、《挥麈拾遗》等文集。

⑦ 相关的论述有郑喜夫《丘菽园与台湾诗友之关系》（《台湾文献》1987年第38卷第2期），张筱琮《同一苍黄路 英雄识所归——丘逢甲与邱菽园交往之初探》（《韩山师范学院学报》2000年第4期）。

也不多①。虽有学者谈到丘逢甲的南洋诗歌，也只是借诗来考证历史宗教的遗迹②。本文以《岭云海日楼诗钞》、《丘逢甲集》和新马华文报章为主，从原始报刊中探究丘逢甲的“南洋”诗文创作以及与文坛的互动。丘逢甲的活动轨迹，不仅从台湾到广东，还延伸至海外。他的文学活动和社会实践受到南洋汉文文化圈的关注与追捧。那么丘逢甲与新马文坛如何互动？他的汉学传统又是如何在海外延续斯文的呢？

一、夜宴/政治：丘逢甲与邱菽园

对于能够出访南洋，丘逢甲的心情异常激动。他以《将之南洋留别亲友》为题，赋诗8首，还未至南洋，就已经心行“全球”，欲一探“柔佛”风土人情，幻想有锦袍仙人执灵丹。可以看出，对于这一次的南洋之旅，丘逢甲抱有很大的期待。3月18日，丘逢甲、王晓沧③二人到达南洋。3月20日，为接待两人，邱菽园设宴款待，同席的还有当时在新加坡的黄遵宪、徐良铨④、陈仪侃⑤等人。关于这场接风宴的过程，可以从邱菽园的《二十夜宴呈同席王晓沧、黄黻臣、徐季钧、陈仪侃、家仙根诸君》、丘逢甲的《饮新嘉坡觞咏楼，次菽园韵（四首）》窥见初貌。除此之外，他还与康有为、容闳、林文庆等人有所往来。丘逢甲和康有为的诗文中亦皆有提及，如《天南第一楼放歌》和《容纯甫观察、丘仙根总统、王晓沧广文来访星坡，与林文庆议员并集南华楼，林君赠我西文诗，即席答之，并索丘、王二子和作》。这场夜宴被描绘成“春风海上客征歌，消受群花眼福多”⑥，在一派歌舞升平和宾主尽欢的氛围中达到高潮。

然而，这场接风宴的“觥筹交错”与后来的“刀光剑影”，都使得丘逢甲与南洋文坛的互动更为多面与复杂。丘逢甲与南洋文人的来往中，最为密切的当属邱菽园。二人

---

① 从学位论文来看，只有一篇陈金树的硕士论文《丘逢甲南游诗研究》（新加坡国立大学中文系硕士论文，1999年）从丘逢甲南游的原因、心态和手法三个面向分析；单篇论文有高嘉谦的《帝国、诗与孔教的流亡：论丘逢甲与康有为的南洋诗》（吴盛青、高嘉谦编《抒情传统与维新时代：辛亥前后的文人、文学、文化》，上海文艺出版社2012年版）、余美玲的《丘逢甲乙未内渡后诗歌之研究》（逢甲大学人文社会研教中心编《丘逢甲与台湾历史文化学术研讨会论文集》，台中逢甲大学人文社会研教中心1996年版），但所占篇幅较少。

② 宋燕鹏：《丘逢甲南洋诗歌“南道院”考》，《韩山师范学院学报》2017年第4期。

③ 王晓沧（1850—1905），名恩翔，广东梅县人。与丘逢甲同游南洋。事后王晓沧又继续留在南洋考察侨情，一年后才返回福建。参见丘铸昌：《丘逢甲交往录》，华中师范大学出版社2004年版，第27页。

④ 徐良铨，《天南新报》主笔，字季钧。

⑤ 陈仪侃，名继俨。澳门《知新报》创办人之一。1900年春，与康有为访问新马地区。参见丘铸昌：《丘逢甲交往录》，华中师范大学出版社2004年版，第215页。

⑥ 丘逢甲：《饮新嘉坡觞咏楼，次菽园韵（四首）》，《丘逢甲集》，岳麓书社2001年版，第462页。

交游何来？丘逢甲在《菽园赘谈》序中说到，闻得邱菽园大名是因为有客说到南洋“谈宗”，让“喜谈”的丘逢甲心之向往，主动去书结交，“今年夏，孝廉遂以所著《菽园赘谈》十四卷寄”①。与此同时，丘逢甲也开始把自己的诗作寄给邱菽园②。这些寄往南洋的诗篇与书信，都被邱菽园登载在他创办的《天南新报》③ 上。1898 年 5 月，《天南新报》办刊后不到一个月，邱菽园就把好友丘逢甲的事略和诗文刊载在《杂著附刊》一栏，从 1898 年到 1900 年，陆续刊载了 3 年。经过《天南新报》的造势，到 1900 年，除了邱菽园的《天南新报》,《叻报》、《日新报》、《槟城新报》都开始报道丘逢甲等人的行程和诗文④。

丘逢甲与邱菽园彼此除了互赏诗文之外，还投身于共同的救国志向以及保皇立场。从戊戌到庚子间的中国朝野经历了“救上—归政—立储—保皇”的政治变局。到庚子年，勤王运动在两广地区达到了高潮⑤。作为主事人的康、梁二人，除了一边亡走海外，躲避朝廷的追缉，还一边组建保皇会，试图武力勤王。早在戊戌维新之际，邱菽园就结识了维新派的主要成员。1900 年 2 月，康有为抵达南洋后便积极联络华侨筹饷。为响应保皇党运动，邱菽园组成保皇党新加坡分会，任分会会长，并独捐 10 万元，助资勤王大事⑥。3 月，丘逢甲抵达南洋，与保皇派汇合。在宴饮之余，丘逢甲写下了“出关待草勤王械，懒对芙蓉赋《子虚》”和“谁遣拿破仑再出，从来岛上有英雄”⑦ 的豪言壮语，邱菽园则唱和“我爱信陵魏公子，从来儿女出英雄”⑧ 的诗句。邱、丘二人当时对勤王大业都满怀雄心，但后来两人的疏远也与保皇立场的转变有关。

---

① 丘逢甲：《菽园赘谈序》，《菽园赘谈》，厦门大学出版社 2018 年版，第 14 页。

② 邱菽园在《挥麈拾遗》中谈道：“仙根诗之抄，寄余处者，起乙未秋迄庚子夏，约五百首。”参见邱炜萲：《挥麈拾遗》卷之四，厦门大学出版社 2017 年版，第 150 页。

③ 《天南新报》，1898 年 5 月 26 日在新加坡创刊，1905 年 4 月 30 日停刊。邱菽园为大股东与创办人，林文庆担任英文编辑。

④ 主要记载如下：3 月初，丘逢甲与王恩翔抵达香港（《天南新报》）；3 月 13 日，两人离港前往南洋（《天南新报》）；3 月 15 日，两人抵达西贡（《天南新报》）；3 月 18 日，抵达新加坡（《天南新报》）；3 月 19 日，到新加坡（《天南新报》、《日新报》报道两人抵叻）；3 月 20 日，丘、王参加夜宴（《天南新报》）；3 月 23 日，刊载丘逢甲《开设岭东同文学堂禀稿及续议章程》（《天南新报》）；3 月 26 日，《叻报》主笔叶季允赠诗于丘、王两人；3 月 27 日，刊载丘逢甲《劝星洲闽粤乡人合建孔子庙及大学堂启》（《天南新报》、《日新报》同时发表）……5 月 8 日，刊载丘逢甲《吧罗创造 孔庙学堂缘起》（《天南新报》）；6 月 4 日，刊载丘逢甲《在南洋大吡叻埠的演说》（《天南新报》）。详细的行程与诗文可参考王慷鼎的《新马报章所见丘逢甲诗文及有关资料目录初编》一文。

⑤ 桑兵：《庚子勤王与晚清政局》，北京大学出版社 2004 年版。

⑥ 邱新民：《邱菽园生平》，胜友书局 1993 年版，第 61 页。

⑦ 丘逢甲：《饮新嘉坡觞咏楼，次菽园韵（四首）》，《丘逢甲集》，岳麓书社 2001 年版，第 462 页。

⑧ 邱菽园：《后夜宴即席作》，《啸虹生诗抄 卷二》（出版社不详，出版时间不详），第 2 页。

1900年7月，唐才常在武汉起义失败。闻讯的邱菽园写下了《唐佛尘之弟才中挽诗》和《庚子感事六首》，以“楚北湘南有遗恨，一时风义萃同胞”① 感怀此次勤王之败。9月，因唐才常之案，邱菽园被列名逮捕，牵连其在新安惠佐社亲属，于是邱菽园“捐银一万两以表悔悟”。此外，邱菽园也因饷款一事与康有为交恶，认为其“拥资自肥，以致贻误失事”②。1901年10月22日和24日，邱菽园分别发文《论康有为》和《答香港循环日报主笔黄孝廉论康有为书》，直言不讳地批评康党等人。邱菽园辞去《天南新报》总务后，以国是人非寄情风月，加之地产生意失败，便逐渐与保皇派疏远。直到1910年，邱菽园才又与游历新加坡的康有为再次复交。

对保皇派失望的不仅是邱菽园。上杭宗亲丘復回忆丘逢甲思想之转变道：“君之宗旨，其初本近于保皇，故寿序有尊王、攘夷之说。自庚子春游南洋半载，备见保皇党之骗术，且观察南洋趋势，归而大变其思想，以为欲新中国，非澈底改造不可。”③ 丘逢甲在去往南洋之前，已跟保皇党等人来往④。抵达南洋后，丘逢甲又与邱菽园、康有为、容闳、林文庆等人接触，以“异域扶公义，神州复主权”⑤ 及“若论收京扶圣主，终需横海出雄狮”⑥ 表达其保皇救国的立场，期待勤王之下，恢复皇权，保全中国。但回国后面对朝廷的腐败以及身处政治漩涡的广州，丘逢甲逐渐对保皇党倍感失望，并言“保皇之说，非不稳健。但时局已过，人心已去清室。康有为等无能为矣”⑦，认为所谓的保皇救国已经挽回不了清朝的颓势。此后丘逢甲把目光转向革命派，同时致力于以新学教育培养“学生军”⑧。

丘逢甲与邱菽园的往来，并没有因为这趟南洋行旅而加深关系，反而由于各自政治立场的转向而疏淡。邱菽园因受到政治牵连淡出保皇党，丘逢甲则体察到保皇“骗局”

---

① 邱菽园：《庚子感事六首》，王盛治、丘鸣权编《菽园诗集》（出版社不详），1949年，第15页。

② 冯自由：《革命逸史》，上海商务印刷馆1939年版，第131页。

③ 丘复：《仓海君铭先子墓》，丘其宪、丘允明校注《愿丰楼杂记》，黑龙江人民出版社2009年版，第123-124页。

④ “……后为粤政府派往南洋，调查侨民，兼事联络。历英法荷属。请教说义，人心翕然。因并筹款谋在汕头立校，教授新学。此次南行，曾与保皇会与中兴会诸志士接洽。在港曾与康有为、梁启超、唐才常、陈腾凤诸先生合摄持刀并立小照。及南游事毕回潮。”见丘琮：《仓海先生丘公逢甲年谱》，丘琮选辑《仓海先生丘公逢甲诗选》，上海商务印书馆1935年版，第130页。

⑤ 丘逢甲：《星洲喜晤容纯甫副使闳即送西行》，《丘逢甲集》，岳麓书社2001年版，第463页。

⑥ 丘逢甲：《赠林文庆》，《丘逢甲集》，岳麓书社2001年版，第464页。

⑦ 丘琮：《怙怀录》，丘琮辑录《仓海先生丘公逢甲诗选》，上海商务印书馆1935年版，第160页。

⑧ 丘逢甲从保皇转向革命，是因为与革命青年邹鲁等人的来往，加之与孙中山的接触。在交往过程中，他逐渐选择革命救国的道路。

及“不合时宜”而投向革命。两人诗文与书信往来也不复频繁。从1901年到1907年，邱菽园还有《有怀丘仙根》、《两广总督周馥属丘逢甲、黄景棠劝余出山，余置之不答，或者疑之，诗以见意》等诗提及丘逢甲。然丘逢甲诗文中已不见菽园之影。但不可否认，在康有为、容闳保皇党的宣传以及邱菽园、林文庆本土志士拥护下，南洋厚植了保皇的土壤，丘逢甲的行旅无疑有为海外保皇大本营“锦上添花”之意涵。

二、汉诗唱酬与“台湾同悲”

在李庆年的收集与整理中，新马文学的旧体诗可以追溯到1881年，甚至在明清已有吟咏新马风土民情的诗文出现。创刊于1881年的《叻报》，作为第一份华文报刊，保存有最早的旧体诗，随后《星报》、《槟城新报》、《天南新报》陆续有版面登载旧体诗，感慨南洋流寓的文人，虽有数十辈，然“孤岛苍茫，诸子落寞”①。从小接受汉文化教育的邱菽园在新马地区不断开拓汉诗的沃土。在此之前，左秉隆和黄遵宪两位驻新加坡领事已经做了努力，创办了会贤社②和图南社③，结社集友，广为征文。邱菽园目睹“二公去而风雅寂然”的文学凋零图景，重组文社，倡办丽泽④和乐群⑤二社，并主持会吟社⑥。此外，邱炜萲还发起征诗与题咏活动，包括客云庐征诗⑦等等。邱菽园对汉诗传统的维护与继承，让丘逢甲不得不发出“小九州外，高筑诗坛，恨不能执牛耳而相从也”⑧ 的感言。

同时，丘逢甲也积极融入海外汉诗的酬唱活动。在客云庐征诗活动中，丘逢甲发表的诗作有《秋雁》、《对月放歌答衡仲》、《题画竹四首》、《小住》、《乞陈颐山乔森作

---

① 邱炜萲：《挥麈拾遗》卷之五，厦门大学出版社2017年版，第175页。

② 1881年，左秉隆到任新加坡后，创立会贤社，按月出题，招揽文人创作。

③ 1892年1月1日，驻新加坡领事黄遵宪以庄子《逍遥游》之“将之图南”设立图南社，目的在于“窃冀数年之后，人材蔚起，有以应天文之象，储国家之用”。见黄遵宪：《图南社序》，《叻报》1892年1月1日。

④ 邱炜萲创丽泽社之由，概为“星洲远隔重洋，不沾王化俗尚。狉獉之陋地，非诗礼之乡。然而陆机入洛，即多著作之才华，韩愈来潮，一洗穷荒之风气”。见邱炜萲：《五百石洞天挥麈十二卷》卷三，《续修四库全书　一七〇八集部·诗文评类》，上海古籍出版社1995年版，第108页。

⑤ “本社之设，意在与丽泽一社相辅而成，仍由邱菽园老师掌执社务……专课时务及论述，杂著，不出时文、帖括。”见《乐群文社冬季题目》，《星报》1897年12月13日。

⑥ 会吟社主要由王会仪、童梅生创立，邱菽园主持。王会仪，《星报》编辑。

⑦ 《星报》于1897年12月7日以乐群文社名义发出《客云庐诗录发凡》，开始征集相关诗文，原计划“……翻刻木板大字，附入丛书，以冀广播”，后终不得实现。见《客云庐诗录发凡》，《星报》1897年12月7日。

⑧ 《天南新报》1898年6月9日。

画》、《颐山为朝台吊古图并题一律次韵答之》、《菊坡精舍作》。在邱菽园的4次题咏活动中，丘逢甲参与了其中的3次。在红楼梦的绝句题咏中，他作《红楼梦绝句题辞》七绝8首；在风月琴尊图题咏中，他作《古诗一首奉题菽园宗兄孝廉风月琴尊图》七言1首；在选诗图题咏中，他作《菽园宗兄有道星洲选诗图题咏》七言1首。这些诗延续了丘逢甲悲壮沉郁的风格，虽不得不“杯酒强消愁”，但通过意象的运用，以“剑”自况平生报国的理想，以“龙”喻中国，认为待“缴大风，射妖月”后，中国这条蛰伏的卧龙必能扶摇而上。邱菽园以“吾家水部发浩歌，铁骑突出挥金戈”① 概括丘逢甲的诗才。此外，邱菽园对于丘逢甲之“抗日高起，内渡之悲”② 也表现出了由衷的共鸣与同悲，在《五百石洞天挥麈》、《挥麈拾遗》中多次谈及丘逢甲的经历。在“内无所藉，外无所凭”的弹丸之地，丘逢甲毅然挥师保台，却落得“身败名裂，重为当世文墨吏诟谇”③ 的惨况。由此，邱菽园写下了“残月酒醒何处是，一声声破念家山”④ 和“结庐闻在东山阿，苍生无奈不出何”⑤ 的诗句，道出了丘逢甲在酒醒时分，面对国破家亡后的怅然若失，并引用东山的典故，点出了他想要东山再起却无可奈何之感。

另外，与丘逢甲酬唱的另一位重要南洋诗人，是报人叶季允⑥。1900年3月26日，叶季允以惺噩生的笔名在《叻报》发表《赠邱仙根工部兼柬王晓沧广文》七言4首和《赠王晓沧广文兼柬邱仙根工部》五言4首。3月27日，叶季允发表《书感次邱仙根水部见赠元韵》七绝4首和《前诗意有未尽再成集古四绝仍次首韵》七绝4首。丘逢甲回赠诗文有《答叶季允（懋斌）见赠》（4首）。虽然政治立场有所不同⑦，但并没有阻碍两人的诗文交往与唱和。丘逢甲惊喜于“南洋荒岛”上有“妙绝才人”、“诗孙”的出

---

① 邱菽园：《诗中八贤歌》，《天南新报》1900年10月1日。

② 1895年4月15日，甲午战败的清政府被迫与日本签订《马关条约》。闻讯的丘逢甲联合台湾士绅，先后多次上疏反对割台。在清政府消极保台后，丘逢甲与唐景崧等人组织义军抗日，筹建“台湾民主国”，拥护唐景崧为“总统”。同年5月25日，“台湾民主国”正式成立，年号“永清”，寓意永隶属清廷之意。丘逢甲仍为“义军统领”。在颁布的《台民布告》中，以“今已无天可呼，无人可援，台民惟有自主，拥护贤者，权摄台政，事平之后，当再请命中朝，作何办理”宣告当时士绅以自主自决作为保台抗日的策略。“台湾民主国”的成立并没有阻止台湾的交割。同年6月，日本于澳底登陆。“台湾民主国”溃败后，7月丘逢甲离台，归返祖籍地广东。这场“失意”的政治活动，成为丘逢甲一生的遗憾。台湾的交割，使得丘逢甲愤而写下了“四百万人同一哭，去年今日割台湾”的诗篇。

③ 邱炜萲：《挥麈拾遗》卷之四，厦门大学出版社2017年版，第149页。

④ 邱菽园：《二十夜宴呈同席王晓沧、黄澉臣、徐季钧、陈仪侃、家仙根诸君》，《天南新报》1900年4月3日。

⑤ 邱菽园：《诗中八贤歌》，《天南新报》1900年10月1日。

⑥ 叶季允（1859—1921），名懋斌，号永翁，安徽人，《叻报》主笔。

⑦ 叶季允所代表的《叻报》原先赞成维新变法。但维新变法失败后，《叻报》转而倾向顽固派，与保皇派的《天南新报》形成对抗，并经常展开笔战。

现，以及叶季允主笔的任能唯用。另一方面，叶懋斌则赞赏丘逢甲“报国孤军”之肝胆义举，又叹息“霸才辜负悲无主，王气销沉莫问天”①，一代英雄为时世所累，黯然消沉，最后又勉励其“解剑且酬知己去，英雄退步即神仙”②，让丘逢甲回归诗林与杏林，以讲学和作诗寻求另一种疏解渠道。

在从左秉隆、黄遵宪到邱菽园等人的共同努力之下，南洋流寓文人与本土文人通过文社与报刊，搭建起汉诗交流的文化圈，最大限度地发挥了诗之“群”的作用。背井离乡、内渡大陆后的丘逢甲，虽寓居潮州，回归故里，但个体的挫败感和孤独感仍无处排解。孤悬海外的南洋，是丘逢甲想要游历全球、考察政情的首站。这个汉诗落寞、文学不兴的异域，燃起了丘逢甲的热情，他想以一己之力开疆拓土，积极地加入到海外汉诗圈中。同时，丘逢甲身上所烙印的台湾符码，则再次引发了新马文坛对爱国主义的共鸣，成为书写的焦点。

三、“南游”丘逢甲的汉学传播

身在南洋的丘逢甲，不仅与本土文坛、保皇党人往来，也积极推崇孔教，兴办学堂，发展乡梓教育。在台湾，他以兴学为救国曲线，先后在宏文书院、罗山书院和崇文书院讲学。内渡大陆后，丘逢甲又积极筹建岭东同文学堂，强调在国家积贫积弱的变局之下，如何“不灭国”，如何“不灭种”，“则以教存故。教何以存？则恃学在。今日之学何在？曰以中学为体，西学为用；中学为纲，西学为目”③。他认为国强民智的关键就在于教育，并以孔子之学为中心。丘逢甲的教育理念也漂洋过海，来到了新马地区。在与邱菽园的书信往来中，他曾谈到希望“此书祈仍登贵报，并请阁下发广长舌，普劝吾乡人在南洋诸岛之富而好义者，盖各于其乡倡建学堂、书楼，或独立为之，或合力为之”④。邱菽园也确实来函照登，把丘逢甲的教育理念通过报章传达到南洋社会。抵达南洋后，丘逢甲多次呼吁要创办汉学，兴建孔庙，其演说也以“尊孔救国”为核心思想。他从中国之失谈起，“本原之失何在？曰在无教，曰在无学”⑤，同时探讨西方强国之强的缘由，“人知西人之强国也，以兵、以商、以工、以农，而不知其实以教、以学，有教则人心一而国体固，有学则国中文明之度日进而日上”⑥，最后提出“国固”的方法——“自立

---

① 惺噩生（叶季允）：《赠邱仙根工部兼柬王晓沧广文》，《叻报》1900 年 3 月 26 日。
② 惺噩生（叶季允）：《赠邱仙根工部兼柬王晓沧广文》，《叻报》1900 年 3 月 26 日。
③ 丘逢甲：《创设岭东同学学堂序　章程并附》，《知新报》1899 年第 107 期，第 8 页。
④ 丘逢甲：《致菽园》，《天南新报》1900 年 6 月 4 日。
⑤ 丘逢甲：《在南洋大吡叻埠的演说》），《天南新报》1990 年 6 月 4 日。
⑥ 丘逢甲：《劝星洲闽粤乡人合建孔子庙及大学堂启》，《天南新报》1990 年 3 月 27 日。

者，□曰联合，曰开通。如何联合？以孔教联合之。人人知此身为孔教之人，当共行孔教，则联合矣！如何开通？曰广开学堂以聚志士”①。丘逢甲“尊孔”与办学堂的倡议，不仅在新加坡传播，随后与王恩翔到槟城、巴罗各埠演说，在当地也获得了巨大的反响。1900年5月5日，《日新报》登载《献地建圣庙学堂》；5月6日，《天南新报》刊登《敬录吡叻华商倡建孔庙学堂事》。各地华商开始倡议并筹资建设孔庙学堂，其中以巴罗士绅王维泉捐地建庙、拨房盖藏书楼最为热烈，丘逢甲题“道南书楼”并跋，王晓沧作《道南书楼再记》，以“他日孔庙、学堂告成，宏育英俊，人才杰出，咸以为巴罗得风气之先”② 为此地孔学之风盛行而欣喜。5月25日，王桂珊③题诗《题丘工部仙根先生行教图》1首，刻画了丘逢甲在南洋授教的画面，“士林景仰”，“争他爱国诗”，对“乱世”之中“崇文教”、“浮海作人师”的丘逢甲给予了极高的赞誉。康有为回忆共创“孔庙于南中”，“与君北洒尧台涕，剩我南题孔庙碑”④，强调两人对建造南洋孔庙的贡献⑤。丘逢甲也以“万人围坐齐听耳，椰子林中说圣经”⑥ 回忆当时演说中座无虚席的场景，似乎为自己找到了复兴汉学的场域。

在丘逢甲到南洋之前，也有一位华人在南洋进行孔教复兴运动，即林文庆。土生土长的林文庆从小接受英文教育，也是在西式教育下开始接触中华文化的。在英国留学时，由于他不懂中文，无法融入中国留学生的圈子，不能代译中文手卷，刺激他要学习中文及中国文化⑦。返回新加坡后，林文庆积极筹建“华人好学会”，创立华人女校，又在《日新报》中大谈儒家学说⑧，“正是为了唤醒流徙华人的民族意识”，这是一场“跟殖民者‘归化政策’相对抗的‘归顺运动’”⑨。丘逢甲到南洋进行的关于孔教与儒学的演

① 丘逢甲：《在南洋大吡叻埠的演说》，《天南新报》1990年6月4日。

② 王晓沧：《道南书楼再记》，《天南新报》1900年5月26日。

③ 王贵珊，广东梅县人。在怡保经商，开药店，对丘逢甲的南洋之行多有襄助。参见丘铸昌：《丘逢甲交往录》，华中师范大学出版社2004年版，第155页。

④ 康有为：《庚子春，避地到星坡，菽园为东道主。二月廿六迁出别宅，于架上乃读菽园所著赘谭，录余公车上书而加跋语，过承存叹，□与吾卿神交久矣，沧桑易感，亡人多伤，得三绝句呈邱菽园。当亦为之，怆然也，并以呈邱仙根》，《天南新报》1900年7月30日。题目断句为笔者所注，特此说明。

⑤ 新加坡的李庆年对康有为此诗在《大庇阁诗集》和《天南新报》中一诗两注提出了质疑，认为康有为对创孔庙有掠美之嫌。参见李庆年：《马来亚华人旧体诗演进史》，上海古籍出版社1998年版，第173–174页。

⑥ 丘逢甲：《自题南溟行教图》，《天南新报》1900年5月22日。

⑦ 林文庆博士诞生百年纪念刊委员会编：《林文庆传》（出版社不详，出版时间不详），第4页。

⑧ 《日新报》从1899年12月13至15日连载林文庆的《论儒教》一文。《日新报》，新加坡早期的华文报，1899年10月5日创刊，原名为《星报》，林文庆接手后改名《日新报》。

⑨ 陈淑渝：《林文庆：一位难勾脸谱的历史人物——兼谈鲁迅跟厦门大学一些人的分歧》，《鲁迅研究月刊》2009年第1期，第52页。

说，无疑契合了林文庆的儒家思想与行动。在此之前，新马地区已有两波孔教复兴运动①。丘逢甲在南洋“旧事重提”，在1901年到1902年间终于付诸实施，发起了募捐运动，也拟定了各项有关章程②。两人在新加坡的会面，亦有记载③。丘逢甲还赋诗一首，即《赠林文庆》。虽然林文庆与丘逢甲的交往没有进一步的记载，但林文庆以文化自觉在南洋寻找中国文化之根，丘逢甲的加入与号召再一次让“儒学复兴”在南洋找到了重温与繁衍的土地。尊孔与崇儒的思想也一直贯穿在林文庆的教育理念与实践中④。

结　语

丘逢甲短暂的3个月行旅，何以成为南洋社会关注的焦点？除了祖国认同、民族气节和报刊造势⑤之外，社会结构与文化资本无不成为其中运转的齿轮。在19世纪末、20世纪初的中国，“四民之首”的社会结构出现松动，士大夫原本在公共场域的中心位置开始边缘化。维新变法的梁启超、康有为等人是士大夫在政治场域的最后余晖，维新派的失败也预示着士大夫在政治话语中的弱化⑥。但反观新马地区，聚集了一批目睹中国战败、远走他乡的华侨，他们重新凝聚着“士大夫”的“入世”与言说机制，加之故有恒产实业，以文化资本支撑着在南洋社会办报结社，不断扩大社会话语权。在目睹“去国远，旧风变”的南洋荒服之后，邱菽园、林文庆等人企图通过“汉学复兴”来找寻自己的汉文化之根。那么对于丘逢甲这样一位特殊的人物，身上兼具着“抗日为国”的国族形象以及延续斯文的传统形象，正是他们宣传的榜样，这也让丘逢甲背后的台湾符码得到海内外的共鸣与唱酬。

历来对丘逢甲的研究，多在爱国志士与杰出教育家的范畴内徘徊，地域的跨越更多焦聚于台粤两地。如若放大研究的视域，就会发现，丘逢甲的足迹曾遍及新马地区，活

---

① 据颜清煌的归纳，两波孔教复兴运动分别是1881年于新加坡的“乐善社讲演运动”和1899年9月于吉隆坡的华商集会。参见颜清湟：《林文庆与东南亚早期的孔教复兴运动》，《林文庆的厦大情缘》，南洋理工大学中华语言中心，2009年。

② 梁元生：《宣尼浮海到南洲：儒家思想与早期新加坡华人社会史料汇编》，香港中文大学出版社1995年版，第83页。

③ 康有为的《容纯甫观察、丘仙根总统、王晓沧广文来访星坡，与林文庆议员并集南华楼，林君赠我西文诗，即席答之，并索丘、王二子和作》记载了两人的会面。参见康有为：《万木草堂诗集》，上海人民出版社1996年版，第114页。

④ 林文庆被陈嘉庚聘到私立厦门大学担任校长后，在厦门大学发起尊孔运动，创办国学研究院，还因尊孔与任教厦大的鲁迅发生冲突，但他从未改变其儒学理念。

⑤ 冀满红、赵金文：《丘逢甲与南洋华侨》，《东南亚研究》2010年第6期。

⑥ 余英时：《中国知识分子的边缘化》，《二十一世纪》1991年第6期。

跃于南洋汉文化圈。一方面，丘逢甲加入汉诗创作，“……带动及活络了文学的交际，成就延续未断的离散汉诗传统”①；另一方面，丘逢甲重新呼吁尊孔与兴学，自觉加入海外汉学的发展脉流中。不论是汉诗的重建，抑或是汉学的复兴，都让丘逢甲找到了内渡大陆后孤独感与挫败感的宣泄出口，以一种积极的姿态为“狉獉之地”的南洋“添砖加瓦”，延续斯文。

附录：丘逢甲参加邱菽园征诗与题咏之诗存

征诗/题咏	篇名	栏目	报纸	时间
客云庐征诗	《秋雁》	客云庐诗略	《天南新报》	1898 年 1 月 17 日
客云庐征诗	《对月放歌答衡仲》	客云庐诗征	《天南新报》	1899 年 1 月 7 日
客云庐征诗	《题画竹四首》	客云庐诗词录	《天南新报》	1899 年 5 月 16 日
客云庐征诗	《小住》 《乞陈颐山乔森作画》 《颐山为朝台吊古图并题一律次韵答之》 《菊坡精舍作》	客云庐诗录	《天南新报》	1899 年 6 月 21 日
红楼梦绝句题咏	《红楼梦绝句题辞》	红楼梦绝句题辞续刊	《天南新报》	1898 年 7 月 16 日
风月琴尊图题咏	《古诗一首奉题菽园宗兄孝廉风月琴尊图》	词章杂录	《天南新报》	1899 年 3 月 13 日
选诗图题咏	《菽园宗兄有道星洲选诗图题咏》	词人妙翰	《天南新报》	1899 年 3 月 15 日

（作者单位：厦门大学台湾研究院）

① 高嘉谦：《帝国、诗与孔教的流亡：论丘逢甲与康有为的南洋诗》，吴盛青、高嘉谦主编《抒情传统与维新时代：辛亥前后的文人、文学、文化》，上海文艺出版社 2012 年版，第 187-188 页。

汪曾祺在昆明若园巷考述①

李光荣

汪曾祺在《觅我游踪五十年》中说："我在西南联大读书时，曾两度租了房子住在校外。一度在若园巷二号，一度在民强巷五号。"② 作为作家的生活之地，若园巷和民强巷在汪曾祺研究中便凸显出重要性，必需将其弄清楚。可是，由于历史年代久远，城市面貌变迁，以及人事更替和资料匮乏等原因，对它们的认知几乎还限于汪曾祺的自述，拓展不多。本人在其近旁居住数十年，且对西南联大充满情怀，对其师生行迹多有追踪，因而不揣浅陋，将所知奉献于诸君之前，以收抛砖引玉之效。本文考述汪曾祺在若园巷的生活与创作情况。

一、若园巷的过往名人

昆明的若园巷有些神秘，出现于20世纪初叶，消失于20世纪中叶，今人极少知道，若不加以考证，便在岁月深处隐没了。然而，它曾经是一条名巷。虽然躲在闹市深处，有些僻静，但巷里住过一些名人：政府高官张若园、周钟岳，著名教授吴大猷、程毓淮，后来的名人汪曾祺、王道乾、何炳棣、吴讷孙等。

其实，若园巷属当年的玉龙堆，今翠湖北路。从云南大学大门往西即玉龙堆，玉龙堆北边有一条浅巷叫若园巷。

读《昆明的雨》，知道汪曾祺曾在若园巷住过："我在若园巷二号住过，院里有一棵

① 本文系国家社会科学基金一般项目"西南联大文学作品编年索引与综合研究"（15BZW128）的阶段性成果，西南民族大学2019年度中央高校基本科研业务费专项资金项目成果。

② 汪曾祺：《觅我游踪五十年》，季红真主编《汪曾祺全集》（第5卷），人民文学出版社2019年版，第301页。

大缅桂，密密的叶子，把四周房间都映绿了。”①

今天要到若园巷追寻汪曾祺的遗踪，已无迹可寻。不仅若园巷2号不存，连巷子都消失了。《云南省昆明市五华区地名志》未载若园巷，此书出版于1983年1月，可见若园巷消失得较早。其实，该巷就在云南省群众艺术馆内。馆内还保留着一栋“凹”字形洋房。据昆明文史专家余斌考证，这栋洋房是当时云南省省长周钟岳的公馆。周公馆是辨识若园巷的实物。在未见到余斌的文章之前，60岁以下的人都不知道这就是周公馆，这里有条巷道叫若园巷。我有一个朋友在群艺馆做研究员，就住在馆内，我去过他家里几次，与他谈天说地，从未听他说若园巷的事。“搞活经济”后，周公馆变成了一家餐馆的餐厅，餐厅门开在楼后。我曾在二楼的包间吃过饭，和其他食客一样，只知餐厅，不知其历史。2005年，余斌领我在翠湖边“访古”，去看周公馆，方知原委。余斌是昆明人，对昆明的历史文化情怀深厚，从90年代起研究昆明市貌变化与文化名人故居，出过专著。他说自己历经好几年的时间才弄清周公馆的所在。周公馆原先是张公张若园的公馆。巷名“若园”即来自“张若园”之名。后来张若园另外觅地建房，将公馆卖给了周钟岳，变成周公馆了。我俩环顾四周，无法确定巷道位置及周公馆为巷内几号。余斌的介绍推进了我对汪曾祺故居的寻找。但周公馆为若园巷几号尚且无法确认，没有实体的若园巷2号，在哪个位置更无从确定了。好在那一片地方不大，我们可以就若园巷来谈汪曾祺。

抗战时期，周钟岳离开昆明，任国民政府内政部部长。若园巷的公馆空了出来。西南联大迁来昆明，满城觅房租屋。周公馆这样的档次，只有教授能够“享用”。1939年，周公馆住进了中国物理学大师吴大猷。数十年后，他写《回忆》一书讲述自己的人生经历，其中有这样一段：“1939年冬，我又从北仓坡迁到西仓坡若园巷，那是当时内政部周部长的住宅。周大少奶，正巧是我在密大的同学袁丕济的侄女。我们和程毓淮兄嫂分住在正楼楼下五间屋子里。我们由原先次长的房子，跳到部长的房子，也可算是‘高升’了。”② 若园巷离西仓坡不远，但不隶属西仓坡。若园巷与西仓坡中间隔着小吉坡和先生坡两条小街。为求两处住址的关联，吴大猷说“从北仓坡迁到西仓坡若园巷”。文中的“密大”是美国密歇根大学。20世纪20年代初，吴大猷在密歇根大学留学，1933年获得博士学位。回国后在北大任教。“从北仓坡迁”指他1938年冬，住进了北仓坡附近内政部次长的螺萃山庄（今属连云宾馆）。次年冬，他又从螺萃山庄搬入若园巷内政部部长周钟岳的公馆，故戏称为“高升”。

---

① 汪曾祺：《昆明的雨——昆明忆旧之三》，季红真主编《汪曾祺全集》（第4卷），人民文学出版社2019年版，第245页。

② 吴大猷：《回忆》，中国友谊出版公司1984年版，第29页。

但“高升”不见得都是好事。1940年10月13日，日本飞机轰炸云南大学、西南联大昆中南北两院，位于两校之间的周公馆中了4枚小炸弹，虽然房子未倒，但遭到严重损坏。幸好，在日机频繁轰炸昆明前，北京大学未雨绸缪，在岗头村盖了9间教授宿舍，供疏散用。吴大猷家那天在岗头村住，才免于大难。那天下午5点多钟，警报解除后，吴大猷像往常一样，步行进城，打算回周公馆住一个晚上，以便第二天一早上课，走进巷口才知道若园巷遭了炸。回去一看，自家的铺盖行李、日用物品都被灰土瓦砾覆盖。吴大猷说：“假如我们未先留在岗头村，那天也许不去跑警报，那便正好中‘头彩’。”①这真是不幸中的大幸。后来，大家从瓦砾灰土中刨出一些东西，包括贮藏在土缸里的两袋洋面粉，那是十分珍贵的，淘洗后还可以食用。“高升”未遇好运，吴大猷便自降为平民，安心在岗头村与农民为伍了。

没有资料显示若园巷在那次轰炸中被难的情况。从隔路而居的吴宓寓所在被炸后的情况来看，若园巷2号即使没有中弹，损毁也是很严重的。吴宓当晚回寓所，“见院中一片瓦砾，盖十余丈外若园巷即落一弹，毁数宅。余舍受震击，屋顶瓦破若干处”②。“十余丈外”的房屋遭损如此，若园巷房屋的损坏当更为严重，不知“毁”掉的“数宅”包不包括若园巷2号。不过，这时汪曾祺还没有和若园巷2号发生关联。

二、汪曾祺入住若园巷

汪曾祺与若园巷发生密切关系，是该巷被炸半年以后的事。

若园巷2号经过修葺，开始出租。大约1941年6月，汪曾祺住进了若园巷2号。他在《觅我游踪五十年》中说：

> 若园巷二号院里有一棵很大的缅桂花（即白兰花）树，枝叶繁茂，坐在屋里，人面一绿。花时，香出巷外。房东老太太隔两三天就搭了短梯，叫那个女孩子爬上去，摘下很多半开的花苞，裹在绿叶里，拿到花市上去卖。她怕我们乱摘她的花，就主动用白瓷盘码了一盘花，洒一点清水，给各屋送去。这些缅桂花，我们大都转送了出去。曾给萧珊、王树藏送了两次。今萧珊、树藏都已去世多年，思之怅怅③。

---

① 吴大猷：《回忆》，中国友谊出版公司1984年版，第31页。

② 《吴宓日记》（1940年10月13日），北京生活·读书·新知三联书店1998年版，第245页。

③ 汪曾祺：《觅我游踪五十年》，季红真主编《汪曾祺全集》（第5卷），人民文学出版社2019年版，第303页。

转送缅桂花给王树藏，是考证汪曾祺入住若园巷时间的重要材料。王树藏曾与萧珊、刘北汜、施载宣等租住在金鸡巷 4 号，1942 年春，她离开昆明去了乐山。刘北汜曾回忆说，1941 年寒假后，“王育常和联大同学马西林决定转学去四川乐山武汉大学”①。王育常即王树藏。马西林是冬青文艺社成员。为避战乱，武汉大学迁到了乐山。马西林和王树藏恋爱后，相约转学去了武汉大学，毕业后，他俩结了婚。西南联大 1941 年寒假始于 1942 年 2 月 25 日。王树藏去乐山的时间实际上是 1942 年 3 月以前。那时，昆明的缅桂花还未开。这样，汪曾祺送王树藏缅桂花只能是 1941 年。昆明的缅桂花五六月份盛开。汪曾祺送花的具体时间也只能在 1941 年五六月间。据此推断，汪曾祺最迟为 1941 年 6 月租住于若园巷 2 号。

汪曾祺在若园巷的生活，《觅我游踪五十年》中也有述：

> 若园二号的房东是一个上了年纪的寡妇，她没有儿女，只和一个又像养女又像使女的女孩子同住楼下的正屋，其余两进房屋都租给联大学生。我和王道乾同住一屋，他当时正在读蓝波的诗，写波特莱尔式的小散文，用粉笔到处画普希金的侧面头像，把宝珠梨切成小块用线穿成一串喂养果蝇。后来到了法国，在法国入了党，成了专译马克思主义文艺理论的翻译家。他的转折，我一直不了解。若园巷的房客还有何炳棣、吴讷孙，他们现在都在美国，是美籍华人了，一个是历史学家，一个是美学和美术史专家。有一年春节，吴讷孙写了一副春联，贴在大门上：
>
> 人斗南唐金叶子
>
> 街飞北宋闹蛾儿
>
> 这副对联很有点富贵气，字也写得很好。闹蛾儿自然是没有的，昆明过年也只有放鞭炮。“金叶子”是指扑克牌。联大师生打桥牌成风，这位 Nelson 先生就是一个桥牌迷。吴讷孙写了一本反映联大生活的长篇小说《未央歌》，在台湾多次再版。1987 年我在美国见到他，他送了我一本②。

若园巷 2 号的出租房不少，“有两进房屋都租给联大师生”，若每间屋子住二人，可以想见当时的热闹。汪曾祺的同屋王道乾，邻居何炳棣、吴讷孙后来都是名闻寰宇的人物。可以说，当年的房客个个怀玉握珠，灵光四射，尤其是已显示出独特的个性和深厚的文化情怀来了。吴讷孙写了贴在大门上的春联出自清朝词人陈维崧的《望江南 · 岁暮

---

① 刘北汜：《四十年间——关于巴金、萧珊的片段回忆》，《百花洲》1983 年第 2 期，第 191 页。

② 汪曾祺：《觅我游踪五十年》，季红真主编《汪曾祺全集》（第 5 卷），人民文学出版社 2019 年版，第 302–303 页。

杂忆》："江南忆，忆得上元时。人斗南唐金叶子，街飞北宋闹蛾儿。此夜不胜思。"①"'金叶子'是扑克牌"，"闹蛾儿"是发簪，借代美女。吴讷孙1942年夏季毕业留校当助教，这副对联写于1942年春节的可能性较大。吴讷孙后来把此联用在《未央歌》里了，为作品增色不少。在这样人人才华横溢、争奇斗艳的环境里，人的发展必然迅速。

三、汪曾祺在若园巷的创作

汪曾祺在大二时已投入较大的精力于文学创作，这期间，他的创作数量增加了不少，质量也有提高。下面分文体对汪曾祺这期间的创作做简略介绍。

（一）诗歌

汪曾祺在《美学感情的需要和社会效果》中说："和许多年青人一样，搞创作，是从写诗起步的。一开始总喜欢追求新奇的、抽象的、晦涩的意境，有点'朦胧'。"② 他最初的诗歌作品是什么样的？朦胧晦涩到什么程度？以致让人们产生汪曾祺是"写那种别人不懂，自己也不懂的诗的人"③ 的认识？多年来，由于没有一首完整的诗保存下来，不得而知。但诗中的一些句子出现在他当时所写的其他文章中得以保存，有的则存留在他的记忆里。

今存汪曾祺最早的一首诗是《自画像》，这首诗是他大二时的作品，或许写于钱局街茶馆。接着是《昆明小街景》、《有血的被单》、《小茶馆》、《被诬者》、《消息》、《昆明的春天》、《蒲桃》、《封泥》、《文明街》、《落叶松》、《二秋辑》（《私章》、《落叶松》）、《旧诗》等。这些诗基本上写于汪曾祺在若园巷的时期。若以一个诗人的条件去要求，这些诗的数量不算多。但汪曾祺不仅是一个诗人，还是一个小说家。这些诗的确有些晦涩难懂，有的内容残缺，结构不完整，现代派特征较明显。

在这些诗中，值得注意的是《文明街》、《落叶松》、《旧诗》三首。《文明街》极写现代商业的特征，将在《汪曾祺写昆明城》一文中讨论。后一首《落叶松》是对前一首同名诗的改写。两首诗在内容上基本相同，差异在于表达。诗歌揭露世界的荒谬性，把这种荒谬概括为一个"谎"字：许诺给树叶以生长，又用落叶来否定它。既然要落，为什么要生长？因此产生出"愿宝殿湮圮于落成之初"的思想。这首诗反映出年青人对事物的普遍思考，揭示出世界的荒谬一面，具有哲学的意义。穆旦多写社会人生的荒诞，

---

① 陈维崧：《望江南·岁暮杂忆》，《陈维崧集》，上海古籍出版社2010年版，第962页。

② 汪曾祺：《美学感情的需要和社会效果》，季红真主编《汪曾祺全集》（第9卷），人民文学出版社2019年版，第241页。

③ 汪朗、汪明、汪朝：《老头儿汪曾祺：我们眼中的父亲》，中国人民大学出版社2000年版，第40页。

汪曾祺则写自然现象的荒谬，他们共同揭示出世界的荒谬色彩。由此可知现代派诗歌在西南联大的风行。汪曾祺改写小说为大家熟知，改诗却未被讨论。这首诗在初次发表前已修改六稿，发表后近一年再次修改，可见诗人对这首诗的重视。从现存的两稿看，也是后出胜于前稿的。《旧诗》大概是汪曾祺的旧作，故名。全诗两节，上节写粉蝶夜飞，下节写蒲公英夜飞，合起来表现动植物夜间的活动，说明夜不是静止而是活动的。诗仅8句，无论意境、思想还是形式，都堪称一首好诗。

以上诗歌发表于1941和1942两年，1943年没再发表诗歌。这一迹象表明，汪曾祺逐渐放弃了诗人之梦，而转向对作家的追求了。

（二）散文

汪曾祺有意做诗人，没有做成，无意做散文家，却做成了，正应了民谚“有心栽花花不活，无意插柳柳成荫”。目前所知汪曾祺最早的散文是《私生活》，发表于1941年12月，文章由三节组成，三节之间互不相关，风格虚幻朦胧。这种写法奠定了他本时期散文的形式与风格特征。

第二篇散文《小贝编》知者较多，笔者于10年前曾论述过。文章也由三节组成，三节之间亦无关联，发表时前两节为一篇，后一节为一篇连载。这里的“贝”指美好的思想。把一些零碎的美好思想编缀成文，就是“小贝编”。这些“小贝”，多数是他那时所说的“疯话”，有的现实，有的无解，有的系哲学问题。如：

> 窗前这片雨是那朵山头的轻云。
>
> ……
>
> 洞庭多落叶，树依然是树①。
>
> 所有的东边都是西边的东边。
>
> ……
>
> 假若，世上甚么也没有，除了镜子，这些镜子是甚么，它有甚么②？

通过这些话语，可以看出汪曾祺当年的思考与探索以及语言的实验。年青人大多都做过类似的玄想，不过他们没有记录下来。汪曾祺将其记录下来发表了，但他忘记已经

---

① 汪曾祺：《小贝编》，季红真主编《汪曾祺全集》（第4卷,）人民文学出版社2019年版，第4页。

② 汪曾祺：《小贝编》，季红真主编《汪曾祺全集》（第4卷），人民文学出版社2019年版，第6页。

发表过，以为丢失了。晚年他曾多次提到“所有的东边都是西边的东边”这句话，以为是自己年青时写的诗句，全诗已散佚，仅记得这一句，殊不知它保留了下来，为我们今天所知。由《小贝编》，我们看到一个勤于思索的汪曾祺，看到他早年的思想光芒。

在汪曾祺早期散文中，《论事故》是一篇特出的文章。它是一篇杂文，讨论“事故”的由来、特征、表现、恶果等，文章机智敏锐，气韵贯通，语言明快，色彩明朗，其风格与汪曾祺早期的深沉晦涩不同，完全是另一副笔墨。文章署名“余疾”。人民文学出版社版《汪曾祺全集》收入，想必有根据，在此一述。

《家信》、《家书》所写应是“私生活”，但公开发表，没什么秘密。

《烧花集》是另一篇“小贝编”，“花”即“贝”，“集”为“编”，但“贝”要编辑以留，“花”是“烧花”，为什么？原来“花”取义于“花如灯，亮了”，而不是“燃烧的花”。“花如灯”，“烧”即“点燃”，因此将其集以留念。文中多有“花”、“贝”之语：“普天下决不能有两片叶子同时落，然而普天下并是那一个风也”；“静是常，动是变，然而任何一刻是永远”等。《烧花集》附有《题记》，有“我本有志学说故事，不知甚么时候想起可以用这样文体作故事引子，一时怕不会放弃”①。汪曾祺这句话既说自己有志写小说（按，即故事），又说为何写散文。文章写于1943年12月2日，是汪曾祺对于做小说家附带写散文的首次表达，有史料价值。汪曾祺从诗歌创作转向小说创作，附作散文，由此得证。

《灌园日记》写动植物，不涉及人事，系“汪曾祺式”的有景无人短文。文分四节，各不相连，是集锦式的。

以上散文都是“小贝编”，有思考的深度、机智的表述而无完美的篇章，无论数量还是质量都有待加强，原因在于他此时还沉浸在诗歌之中，有许多诗思用散文表现出来，即“以文为诗”，还无心进入散文的世界。

（三）小说

也许描摹日常生活与普通人物并非诗歌的长处，玄奥的思索与机智的表达难以博得大众的青睐，汪曾祺放弃了诗人的理想而选择了小说家的目标。当然，这一转向与他的小说创作频频得到沈从文先生的高度评价，从而增强了小说创作的信心有关。转向后，他的小说有较大的发展。《春天》显出讲故事的能力和含蓄寄托的经营技巧，《复仇》用新颖手法表达深邃思想的试验获得成功。他对于现实主义与现代主义的创试似乎有了相

---

① 汪曾祺：《烧花集》，季红真主编《汪曾祺全集》（第4卷），人民文学出版社2019年版，第18页。按，“这样文体”间似夺一“的”字，应为“这样的文体”。

当的把握。

住进若园巷后，他创作了《河上》、《匹夫》、《待车》、《谁是错的》、《结婚》、《唤车》、《除岁》等，构成了他的“若园巷小说”系列。在这些小说中，有两篇可为代表，即《河上》、《谁是错的》。

《河上》从创作定稿到发表问世仅为一周时间，无论在那时还是在今天都为神速。小说讲述一对青年男女的爱情故事。城里的一个小伙子因神经衰弱去乡下疗养，住在王家。王家有个姑娘“三儿”，乘机跟小伙子学文化。在此过程中，两人产生了爱情。一天，小伙子跟王妈借船回家，三儿抓住机会，以调皮捣蛋甚至略带恶作剧的方式表达她的爱意。小伙子固然心领神会，乐意接受这样的“爱情游戏”。这一路上，小说把三儿爽朗明快、敢作敢为的性格，小伙子宽容大度、善于理解人的心理凸显了出来。船去船回，该办的事没去办，可小伙子与三儿的爱情关系确定了。小说的叙述特有意趣，景物描写恰到好处，读来甜蜜畅快。其风格明丽流亮，系汪曾祺小说的一路风格。

《谁是错的》题注说这篇小说是为了探索一个哲学问题，实际上这是一篇心理小说或者说是通过人物的心理刻画以实现哲学问题的探究。路叔叔关切地问“我父亲”的情况，“我”理解成故意刺激“我”，于是以“你耳朵背后的那个东西（肉瘤）”“是多余的”相回敬。离开后，“我”越想越觉得不妥，受尽煎熬，遂克服怯弱，鼓起勇气去道歉。万没想到，路叔叔认为“我”说得对，要“我”陪他去医院割掉。小说着重描写说错话后“我”内心的痛苦与去道歉的心理挣扎，探究了一个有良知的人企图弥补过失的心理历程。而那位正视实际的长者却不以晚辈的态度为意。通过对两人心理的展示，揭示出高尚者与普通人在对待同一件事情上的心理“距离”。小说运用心理学知识，挖掘人物内心深处的东西，系一篇现代派的小说。其探索人物心理与人格高下的双重主题具有现代小说特色。小说摈弃现代派的玄奥晦涩，加入传统小说的故事性，显示出现代小说的中国风味，具有思想和艺术的双重价值。

《河上》和《谁是错的》这两篇小说，一篇代表汪曾祺早期小说的现实主义创作高度，一篇代表现代主义创作高度，在汪曾祺的创作道路上值得重视。其他的篇章如《待车》、《唤车》、《除岁》等亦各有特色。它们共同构成了汪曾祺“若园巷小说”的艺术风采。尤其应该注意的是“若园巷小说”中现代主义与中国传统小说相融合的“汪曾祺色彩”。

四、汪曾祺迁出若园巷

若园巷2号是汪曾祺在昆明城里住得最久的地方。他何时迁出若园巷，目前尚未找到确切的证据。徐强著《人间送小温——汪曾祺年谱》推定为1944年5月①。若如此，汪曾祺在若园巷住了3年，比他在新校舍住的时间还长。

迁离的原因，是因为交不出房租。房东寡妇及其佣人完全靠房租生活，房屋及地点又很好，房租必然稍贵一些。而更主要的是汪曾祺在西南联大肄业后，家里渐渐不给他寄钱了。他曾想自己创业生活，却不幸失去了教书的饭碗，谋划的办报也未成，实在没了“财路”，不得不搬到房租低廉的民强巷去住。

若园巷的3年是汪曾祺在昆明度过的好时光，屋外风景佳妙，室内高朋满座，人人踌躇满志，个个思想闪光，他自己的创作上了路子，作品不断发表，而且衣食无忧，还获得了一个女孩子的芳心，真可谓春风得意，满怀灵光。不料因毕业文凭失手导致生活急转直下，堕入贫困。因此，若园巷也是汪曾祺生活与人生的转折之地：生活陷于困境，人生走向低谷。但幸福时光多于贫穷日子，若园巷2号是值得汪曾祺珍视的。

（作者单位：云南师范大学历史与行政学院、西南民族大学文学与新闻传播学院）

---

① 徐强：《人间送小温——汪曾祺年谱》，广陵书社2006年版，第58页。

郭沫若作品集《星空》版本汇校异文全录及文本修改分析①

孟文博

《星空》是郭沫若继《女神》之后出版的第2部原创作品集。在以往的文学史叙述中,《女神》往往被认为是作家在“五四”高潮时期的“呐喊”,而《星空》则是“五四”退潮之后的“彷徨”。从《女神》到《星空》,“形象与色彩的转换折射出时代风云的变幻,诗人及社会心理、情绪的嬗变:由‘五四’高潮期的乐观、昂扬,跌入退潮期的苦闷、彷徨,开始更深刻的求索”②。从宏观的历史表象来看,这样的论断当然是没有问题的,但如果我们掘开历史的地表,从版本流变的微观角度来考察这部作品集,会发现史实恐怕比已有的描述更为丰富和复杂,就像之前有学者通过比对《女神》的不同版本,发现了诸多被文本修改所掩盖的史实,比如郭沫若最初在《匪徒颂》中所歌颂的并非马克思和恩格斯,而是罗素和哥尔栋等。《星空》也存在复杂的版本演变问题,但至今,被看作郭沫若“呐喊”的《女神》已经出版了两部汇校本,分别是桑逢康的《〈女神〉汇校本》和陈永志的《〈女神〉校释》,而作为“彷徨”的《星空》,却还从未有人做过系统的版本汇校,不能不说是一种遗憾,而这也是笔者做这方面的工作,并撰写此文的初衷。

《星空》最初由上海泰东图书局于1923年10月出版,全书分为三个部分,分别是:

---

① 本文为2018年度山东省社会科学规划研究项目“中国现代文学经典作品版本校勘与史料考释”(18CZWJ02)、2017年度国家社会科学基金重大项目“中国现代文学名著异文汇校、集成及文本演变史研究”(17ZDA279)、2019年度四川省教育厅人文社会科学(郭沫若研究)重点项目“郭沫若前期文艺论著辑佚、校勘与研究”(GY2019A05)及山东大学(威海)人文社会科学青年团队项目“‘世界’的中国现当代文学与‘人类命运共同体’之建构”(2020WQTDXM002)的阶段性成果。

② 钱理群、温儒敏、吴福辉:《中国现代文学三十年》,北京大学出版社1998年版,第96页。

“第一辑　诗歌”、“第二辑　戏曲”和“第三辑　散文”，共收录了郭沫若从1919到1923年间创作的诗歌32首，诗剧3部和小说、散文4篇。这些作品除《献诗》外，均在《创造季刊》、《时事新报·学灯》、《学艺杂志》等各种报刊上发表过，笔者已经搜集齐全了这些作品，并在本文中统称为“初刊本”。《星空》于1923年10月出版之后，又由泰东书局于1924、1926、1927、1928、1929、1930、1932等年相继再版，再版的作品集均采用最初版本的版式和内容，并无改动，由此笔者将这些版本统称为“泰东本”。《星空》最后成为定本，是在1957年出版的《沫若文集》第一卷中，这也是目前《郭沫若全集》第一卷中所采用的版本，这一版《星空》的篇目和具体内容，都经过了作者的修订。由于这一版《星空》是作家最后改定的定本，因此笔者选其为底本，称为“文集本”。《星空》“泰东本”收录作品的最初发表报刊和“文集本”收录情况具体如下表：

	篇名	最初发表报刊	“文集本”收录情况
第一辑诗歌	《星空》	1922年8月25日（因故延误，实际出版于9月上旬）上海《创造季刊》第一卷第二期	收录
	《洪水时代》	1922年1月30日上海《学艺杂志》第三卷第八号	收录
	《月下的“司芬克司”——赠陶晶孙》	1922年8月18日上海《时事新报·学灯》，原题为《月下的Sphinx》	收录，题目改为《月下的司芬克司》
	《苦味之杯》	1922年8月18日上海《时事新报·学灯》	收录
	《静夜》	1922年8月18日上海《时事新报·学灯》，原题为《静夜吟》	收录
	《偶成》	1922年8月18日上海《时事新报·学灯》	收录
	《南风》《白云》《新月》《雨后》《天上的市街》	以《诗五首》为总题，发表于1922年3月15日（因故延误，实际出版于5月1日）上海《创造季刊》第一卷第一期	收录
	《黄河中的哀歌》《仰望》《江湾即景》《吴淞堤上》《赠友》《夜别》《海上》《灯台》《拘留在检疫所中》《归来》	以《彷徨（诗十首）》为总题，发表于1922年11月25日上海《创造季刊》第一卷第三期	收录
	《好象是但丁来了》《冬景》《夕暮》《暗夜》《春潮》《新芽》《大鹫》《地震》《两个大星》《石佛》	以《好象是但丁来了（诗十首）》为总题，发表于1923年2月1日上海《创造季刊》第一卷第四期	收录，其中《好象是但丁来了》题目改为《Paolo之歌》

第二辑 戏曲	《孤竹君之二子》	1923年2月1日上海《创造季刊》第一卷第四期	收录
	《月光——此稿献于陈慎侯先生之灵》	1922年10月1日上海《学艺杂志》第四卷第四号	未收录 （同时也未收录到《沫若文集》的其他卷，后被收录到《郭沫若全集》第六卷）
	《广寒宫（童话剧）》	1922年8月25日上海《创造季刊》第一卷第二期	收录，题目改为《广寒宫》
第三辑 散文	《牧羊哀话》	1919年11月15日《新中国》月刊第一卷第七期	未收录 （收录到《沫若文集》第五卷）
	《残春》	1922年8月25日上海《创造季刊》第一卷第二期	未收录 （收录到《沫若文集》第五卷）
	《今津纪游》	1922年8月25日上海《创造季刊》第一卷第二期	未收录 （收录到《沫若文集》第七卷）
	《月蚀》	1923年9月2日、9日《创造周报》第17－18号	未收录 （收录到《沫若文集》第五卷）

在明确了以上信息，并搜集齐全《星空》各个时期的版本之后，笔者对其进行了系统的汇校工作，找出了所有作品中因郭沫若的修改而形成的“异文”，并把这些“异文”一一标注出来。笔者期待这样基础性的汇校及“异文”整理工作能直观地呈现出一直被遮蔽的作品版本流变原貌，对已经“获得了越来越广泛的国际关注和更开阔的国际视野”① 的郭沫若研究及中国现代文学作品的版本研究有所增益。

在体例方面，笔者仿照《〈女神〉汇校本》的形式，选取《沫若文集》中的作品为底本，先把每篇作品的篇名列出，然后把作品中曾被改动过的句子用〔〕摘出，再把此句在其他版本中的形态加以说明，未经改动的句子，则不再摘出，这样便形成了一个《星空》的版本汇校异文全录，具体内容如下：

《献诗》

1.〔1922年12月24日夜，星影初现时作此〕文集本为“十二月廿四夜，星影初现

① 魏建：《近十年来走向世界的郭沫若研究》，《山东师范大学学报》2018年第4期。

时作此。”

《星空》

1．此篇最早发表于1922年8月25日（因故延误，实际出版于9月上旬）上海《创造季刊》第一卷第二期，发表时，诗后的波浪线下有康德的引文及译文，收入泰东本及文集本时，诗中的“一、二、三、四、五、六”小节序号被删除了，代之以空行。

2.〔1922年2月4日晨〕初刊本及泰东本均为“十一年二月四日晨”。

《洪水时代》

1．本篇最初发表于1922年1月30日上海《学艺杂志》第三卷第八号，初刊本和泰东本诗中各小节的序号均为罗马字母序号“Ⅰ、Ⅱ、Ⅲ、Ⅳ、Ⅴ、Ⅵ”。

2.〔等待行人呵不归〕此句及以下七个句子中的“呵”字，在初刊本和泰东本中均为“兮”。

3.〔1921年12月8日作〕初刊本和泰东本中此处时间标注均为“十年十二月八日作”。

4.〔不见净土呵已满十年〕此句中的“呵”字，在初刊本和泰东本中均为“兮”。

《月下的司芬克司——赠陶晶孙》

1．本篇最初发表于1922年8月18日上海《时事新报·学灯》，原题为《月下的Sphinx》，泰东本题目为《月下的“司芬克司”——赠陶晶孙》。

2.〔一轮美满的明月〕初刊本为“皎皎的一轮明月”，泰东本同。

3.〔照着两个“司芬克司”在走〕初刊本为“Sphinx”，泰东本同。

4.〔夜风中有一段语声泄漏——〕初刊本无此句，泰东本同。

5.〔好象在尼罗河畔〕初刊本为“我好象在尼罗河畔”，泰东本同。

6.〔金字塔边盘桓〕“盘桓”初刊本为“盘还”，泰东本同。

《苦味之杯》

1.〔人生是自见此地之光〕初刊本为“人生是自见此世之光”，泰东本同。

2.〔呱呱坠地的新生儿的悲声〕初刊本为“啊啊，弧弧的/新生儿的悲鸣”，泰东本同。

3.〔为甚要离开你温暖的慈母之怀〕初刊本为“为甚要离开你/温暖的慈母之怀”，泰东本同。

4.〔来在这空漠的、冷酷的世界〕初刊本为“来在这空漠的/冷酷的世界”，泰东本同。

5.〔啊啊，天光渐渐破晓了〕初刊本为“啊啊，/天光渐渐破晓了”，泰东本同。

6.〔我们日日朝朝新尝着诞生的苦闷〕初刊本为“我们日日朝朝/新尝着诞生的苦闷”，泰东本同。

《静夜》

1. 本篇最初发表于1922年8月18日上海《时事新报·学灯》，原题为《静夜吟》，泰东本题目同。

2.〔笼罩着村外的松林〕初刊本为“照着村外的松林”，泰东本同。

3.〔白云团团〕初刊本为“白云漫漫”，泰东本同。

4.〔漏出了几点疏星〕初刊本为“漏出几点的舒星”，泰东本同。

5.〔天河何处〕初刊本为“哦，天河何处”，泰东本同。

《偶成》

1.〔我站在海上的危崖〕“危崖”，初刊本为“危岩”，泰东本同。

《南风》

1. 本篇和后面的《白云》、《新月》、《雨后》、《天上的市街》，最初以《诗五首》为总题，发表于1922年3月15日（因故延误，实际出版于5月1日）上海《创造季刊》第一卷第一期。本篇题目下方有“十月十日”字样，收入泰东本时删除，未加其他时间注明。

2.〔那恬淡无为的太古〕“太古”初刊本及泰东本为“泰古”。

《白云》

1. 初刊本题目下方有“十月十三日”字样，收入泰东本时删除，未加其他时间注明。

《新月》

1. 初刊本题目下方有“十月十四日”字样，收入泰东本时删除，未加其他时间注明。

《雨后》

1. 初刊本题目下方有“十月二十日”字样，收入泰东本时删除，未加其他时间注明。

《天上的市街》

1. 初刊本题目下方有“十月二十日”字样，收入泰东本时删除，未加其他时间注明。

2.〔远远的街灯明了〕初刊本为“远处的街灯明了”，泰东本同。

3.〔那隔河的牛郎织女〕初刊本及泰东本为“我想那隔河的牛女”。

《黄海中的哀歌》

1. 本篇和后面的《仰望》、《江湾即景》、《吴淞堤上》、《赠友》、《夜别》、《海上》、《灯台》、《拘留在检疫所中》、《归来》共十首诗歌，最初以《彷徨（诗十首）》为总题，发表于1922年11月25日上海《创造季刊》第一卷第三期。

2.〔流通江南〕初刊本为“流过江南”，泰东本同。

《归来》

1.〔9月20日清晨〕初刊本此处为“九月二十日清书”，泰东本同。

《Paolo之歌》

1. 本篇原题《好象是但丁来了》，和后面的《暗夜》、《冬景》、《夕暮》、《春潮》、《新芽》、《大鹫》、《地震》、《两个大星》、《石佛》共十首诗歌，最初以《好象是但丁来了（诗十首）》为总题，发表于1923年2月1日上海《创造季刊》第一卷第四期。

2.〔我不想上那地上乐园〕初刊本此句下有注释：“（注）Francesca乃Guido da Polenta之女。父字之于Gianciotto；Gianciotto有勇而貌丑，其弟Paolo貌美，与Francesca相欢爱，二人为Gianciotto所杀。请参看《神曲》中《地狱篇》之第五章。”泰东本此注释中的“Guido da Polenta之女”改为“da Polenta之女”，余同。

《冬景》

1.〔几只饥鹰盘旋着飞来吊孝〕初刊本同，泰东本为“几只饥鹰盘旋着来吊孝”。

2.〔高兴着在作战中的儿戏〕初刊本为“高兴着在作战争的儿戏”，泰东本同。

《暗夜》

1.〔天上没有日光〕初刊本为“天上没有月光”，泰东本同。

《春潮》

1.〔睡在岸舟中望着云涛〕初刊本为“睡在岸舟中仰望云涛”，泰东本同。

《新芽》

1.〔你是今年春天的纪念碑呀〕初刊本同，泰东本为“你是今年春天的纪念呀”。

2.〔哦，我!〕初刊本为“哦，我！——”，泰东本同。

《大鹫》

1.〔哦，西比利亚的大鹫!〕初刊本在此句之后还有一句“(动物园中所见)”，此句在收入泰东本时删除了。

《地震》

1.〔但我何曾更见聪明半点?〕初刊本为“但是于我灵魂呀有何益点?”泰东本为“但是于我灵魂呀，有何益点?”

《石佛》

1. 初刊本在此诗后有一段“附注”：

［附注］这些诗是去年冬天和今年春夏之交的时候做的，全体本没有什么连络，只是我自己的心泉随着时间的潮流闪动过的波迹罢了。十一年十二月八日志。

此段“附注”在收入泰东本时删除。

《孤竹君之二子》

1. 本篇最初发表于1923年2月1日上海《创造季刊》第一卷第四期，发表时篇前有《幕前序话》，篇后有《附白》。泰东本收录了《幕前序话》，未收录《附白》，而文集本两者均未收录。现将两者均录于此处：

幕前序话

幕上书画斋陈设，幕前以绒毯面地。

青年作家偃卧地上展读原稿。

同志一人从作家背面走入。

同志（默立良久）啊，你真专心，你在读甚么？

作家（惊愕回顾）哦，C君！你几时来的？（作欲起状）

同志（制止之）你不用起来！（说着盘坐作家旁）你读的是原稿，是你自己做的吗？

作家（以稿授之）唉，我是才做好。我正想拿来找你，你偏是先来的，你真来得恰好呢。

同志　我正是来找你做戏本的呢。（阅稿）哦哦，《孤竹君之二子》，你这又是一篇古事剧了，是一幕吗？

作家　唉。

同志　很长呢，一时读不完，你请先把梗概说给我听罢。

作家　你这是苦人所难了。大凡一种作品，无论它是好是坏，假如只是听得一个梗概时，就好象不见女人只见一架骸骨一样：那怕她便是西施，便是Cleopatra，也是只有使你失望的了。你如不愿读时，倒不如不读的好。

同志　哪有不读的道理！……唔，你一说起骸骨来，我倒连想起一句毒评来了。近来有人说你是“迷恋骸骨”的，你听见说过没有？我想来怕是因为你爱做古事剧的原故吧。

作家　我早就知道了，说我尽他说，我不能做万人喜悦的乡愿！宇宙中一切的森罗万象，斡旋无已，转相替禅：一切无形的能和有形的质，从古以来，只有变形，没有增减。植物吸收动物的死骸以为营养；动物也摄取植物的死骸以维持生存，大冶造器，溶化许多古铜烂铁而成新钟。造物生人，只把陈死的原素来辗转搏拟。天地间没有绝对的新，也没有绝对的旧。一切新旧今古等等文字，只是相对的，假定的，不能作为价值批判的标准。我要借古人的骸骨来，另行吹嘘些生命进去，他们不能禁止我，他们也没有那种权力来禁止我。他们如说我做的古事剧不好，他们能够指摘出我的不好处来，那还可以佩服！如说是我做了古事剧便不好，那譬如一只盲犬在深夜里狂吠，我只好替他可怜了。——

同志　老实，我要问你一句，我觉得做古事剧好象有两种倾向。一种是把自己去替古人说话，譬如莎士比亚的史剧之类。还有一种是借古人来说自己的话，譬如歌德的《浮士德》之类。我读你从前做的一些古事剧，你好象是受了歌德的影响呢？

作家　也不尽然，便是歌德自身，他的《浮士德》虽是如你所说是一种自传的史剧，但是他的《依斐更尼》（《Iphegenie》）便不然了。我自己的态度，对于古人的心理是想力求正当的解释；于我所解释得的古人的心理中，我能寻出深厚的同情的内部的一致时，我受着一种不能止遏的动机，便造出一种不能自已的表现。譬如我这篇独幕剧，这伯夷叔齐两位古人，我们如是不善读《史记》的人，便容易把他们误解。《史记》上说，武王伐纣，伯夷叔齐扣马而谏，说他“以臣弑君”。象这句话，我只怕是太史公或者太史公以前的人添的蛇足。我们的伯夷叔齐，是视君位如敝屣的人，他们绝不会有那样保皇党、复辟党般的口吻。他们在首阳山饿死的时候，唱的一首《采薇歌》：

“登彼西山兮，采其薇矣。
以暴易暴兮，莫知其非矣。
神农虞夏忽焉没兮，我安适归矣。
吁嗟殂兮，命之衰矣！”

我们读他们这首歌，可以见得他们反对周武王用兵，并不是出于尊王；并不是在替殷纣王作辩护；他们反对的是那种以暴易暴的战争，那种不义的战争，那种家天下的私产制度下的战争。他们反对家天下的制度，他们所景仰的是“天下为公，选贤与能”的神农虞夏的时代。《庄子》的《让王篇》上有一段他们的逸话说得最好，他们说：“昔者神农之有天下……其于人也忠信尽治而无求焉，乐与政为政，乐与治为治……”我们可见得神农时代的政长，只是对于人民忠信尽治的公仆，群众乐与为政的时候为政，乐与为治的时候为治；政治是可有可无，政长也不过是随遇而设的。神农时代的史迹，我们现在不能明了，比较明了的是虞夏之际，那的确是一种哲人政治的楷模。舜是由农民选出来的，禹是罪人的儿子，他们都是以自己的贤能，由群众推举的共主。伯夷叔齐景仰这种时代，正是他们敝屣君位的根据，反对战争的根据。所以我们考察他们的言论，综核他们的行为，他们的确是他们古代的非战主义者，无治主义者。他们的精神和我们近代人是深相契合的。我把他们来做题材，也犹如把 Kropotkin，Bakunin 拿来做题材的一样；在我的眼中，他们这样古人才是永远有生命的新人，而我们现代一些高视阔步空无所有的自命为新人的青年，才是枯槁待朽的骸骨呢！

同志（猛起，右手握原稿连连打击左手）啊啊，痛快！痛快！你替我们古人雪了不白之冤，也为我们今人吐了不平的气。你这篇剧稿，我现在不用读了，我们快拿去上演吧。走！走！快到我们“自由戏场”里去！非我们亲自去演不可。

作家（起身）我那剧中有几首歌。应该要有乐谱才能上演。

同志（捉作家右臂边走边说）那是很容易的，我走着一面读，一面和你制谱，我此刻只要坐上比牙琴（英语钢琴 Piano 的音译——注释者）立地和你谱得出来。走！走！我们现代即使没有伯夷叔齐这样的人，我们在舞台上也要演给他们看看。

（二人同下）

台上另换一白幕。正中横书金色的“自由”两大字。

幕后比牙琴的独奏，弹 Beethoven 的“Moonlightvsonata”。

附　白

这篇戏剧本已构想一年多了。原拟作成三幕：第一幕北海之滨，第二幕岐山之阳，第三幕首阳山下；原是想照史事按实发挥，时作时辍，总是不易成就。《北海之滨》是从《孟子》引出。《孟子》上有“伯夷避纣居北海之滨”的一段逸话，我想这“北海之滨”大约就是渤海北岸了，我国古时的疆土说不到贝加尔湖（苏武牧羊的北海），更说不到北冰洋去。伯夷叔齐离去孤竹之后，大约在渤海边上住居过一晌，但是他们在渤海边上的生活是怎样，古书没有说得有。

《岐山之阳》是打算借《庄子·让王篇》中的一段故事来发展，《让王篇》中说：“昔周之兴，有士二人，处于孤竹，曰伯夷、叔齐。二人相谓曰：‘吾闻西方有人，似有道者，试往观焉。’至于岐阳。武王闻之，使叔旦往见之，与盟曰：‘加富二等，就官一列。’血牲而埋之。二人相视而笑，曰：‘嘻，异哉！此非吾所谓道也！昔者神农之有天下也，时祀尽敬而不祈禧；其于人也，忠信尽治而无求焉，乐与政为政，乐与治为治，不以人之坏自成也，不以人之卑自高也，不以遭时自利也。今周见殷之乱，而遽为政，好谋而行货，阻兵而保威，割牲而盟以为信，扬行以说众，杀伐以要利，是推乱以易暴也。吾闻古之士，遭治世不避其任，遇乱世不为苟存，今天下暗，周德衰，其并乎周以涂吾身也，不如避之以洁吾行。’二子北至于首阳之山，遂饿而死焉。”这段逸事，在《吕氏春秋·季冬纪》的《诚廉篇》也有，措语稍稍有点不同。《韩诗外传》中也有同意的语句。

《首阳山下》便想专叙他们的饿死情况了，《史记·伯夷列传》中有一首《采薇歌》，这是一般的人大概都是知道的。

我起初打算做三幕的时候，原想在第三幕上尽力。叙述他们饥饿中生理的和心理的状态，打算构成种种幻觉（hallucination，这是饥饿中常有的现象）。我在今年暑中曾立志断食七天，想去自行体验，可怜我的意志薄弱，才断食一天便再也不能支持下去了。在那断食的一天之中，做了九首《哀时古调》，那也可算是这一次小失败的成绩了。断食一失败了之后，三幕的计划便同受动摇，终觉没有成就的希望。

一礼拜前偶染伤寒，夜中发热至摄氏三十九度。终夜辗转床席，不能成寐；然在病热郁集之中，想象力乃突然加了异样的速度，竟构出本篇的一幕情景。病愈之后，在昨夜中始偷暇着手缮写，参着旧稿，居然成了一篇独幕剧来。今晨自行阅读一遍，粗率不堪卒读之处甚多，又重新毁稿一次，缮写成现在的这一篇，依我现有的能力，现有的时间看来，我对于这一篇，也只好权自满足了。

本篇的人物除伯夷叔齐而外，概系出自虚构。读者不能以读历史的眼光读人的创作。创作家与历史家的职分不同：历史家是受动的照相器，留声机；创作家是借史事的影子来表现他的想象力；满足他的创作欲。譬如一部《水浒》的事实，在历史上不过一两句，而施耐庵便把他发展成一部宏大的奇书。历史家的叙述也有时不是全部正确的。即如太史公的《伯夷列传》，便有不正确的地方三处。（一）他叙述武王载文王木主伐殷，夷齐扣马而谏曰，“父死不葬”云云，姑无论他这段是否事实，然文王之死在武王伐殷之前十一年，亦不会有停丧至十一年而犹不葬之理——这一着前人已有人指摘过了。（二）又如“以臣弑君，可谓仁乎”的一句话，也只是太史公的杜撰——序幕中已经说明了，此处不再说。（三）据《竹书纪年》在殷纣王二十一年记“伯夷叔齐自孤竹归于周”，距文王之死在二十年之前；然《史记》则云“及至，西伯卒”，好象夷齐之归周是在周文王之死后。此条据前引《庄子》之文，《史记》所说似觉较为可靠。

诸如上述，已可见历史之不可尽信。《孟子》于《周书》之《武成》只取二三策，创作家便想从这二三策中构出一座蜃气楼台。

（十一年十一月二十三日稿成志成）

2.〔（低唱）〕初刊本为“（曼歌作歌）”，泰东本删除。

3.〔这儿安睡着两个无垢的人〕初刊本、泰东本为“这儿安睡着两个无垢的爱人”。

4.〔可惜我们这种生活，同这柳枝草花一样，是容易败坏的〕初刊本、泰东本为“我们这种生活，可惜同这柳枝花草一样是容易败坏的，我们纵使永不离去故乡，总不免有秋风吹来凋败我们。如今我们已隐隐感受着一种威胁了。第一，我们是不得不死；并且有比死还厉害的灾难来胁迫我们——”

5.〔有甚么灾难吗?〕初刊本、泰东本为“有甚么灾难呢?”

6.〔我早就想对你说，但是我又怕你担心。你须知担心也是无益的，你请不要空担心。你还不曾知道，近来的殷王受辛更是暴虐得没有边际了。我听说他近来喜欢吃起人肉来。他爱把婴儿的肉蒸来吃，爱把人的心脏烧来吃。朝歌里的小孩子们快要被他吃干净了，他便把些怀了胎的女人的肚腹来剖开，把胎儿取出来吃。他把他叔父的心脏也剖开，烧来吃了。〕初刊本、泰东本为“未来的事情我本不想使你担心；就使担心也是无益。我现在和你谈些外界的新闻吧，我早就想对你说，但是我又怕你担心。你须知担心也是无益的，你请不要空担心。你还不曾知道，近来的殷王受辛更是暴虐的没有边际了。我听说他近来喜欢吃起人肉来。他爱把婴儿的肉来蒸来吃，爱把人的心脏来烧来吃。他把朝歌城里的小孩子们快要吃干净了，他便把些怀了胎的女人的肚腹来剖开，把胎儿取来吃。他把他叔父的心脏也剖来烧来吃了”。

7.〔不消说就要吃到我们乡里来。如今乡里的人见机的都逃走了。〕初刊本、泰东本为“不消说就要吃到我们乡里来。如今乡里的人见机的都逃走了”。

8.〔听说那儿的周王爱老百姓就如象我们爱我们的儿子一样啦，……你看，我们这个儿子，他是多么可爱！假如有人要来挖他的心，我是要和他拚命!〕初刊本、泰东本为“听说那儿有位君主爱我们百姓就如我们爱我们的儿子一样——啦，你看，你看我们这个儿子，他是多么可爱”。

9.〔那是我早已不在这人间了。——但是我是不想逃走的。〕初刊本、泰东本为“那是我早已不在这世间上了。——他们虽是逃走，但是我是不想逃走的”。

10.〔巩固他们的爵位罢了〕初刊本、泰东本为“固全他们的爵位罢了”。

11.〔即使他们能够把那些吃人的魔鬼除去，也不过另外换一批鳄鱼来，我们依然要被他们吃。我和部落里的人前几天已经商量过了，我们绝对不逃走，不去依赖鳄鱼。我们在部落里大家相辅相卫，等有吃人的魔鬼来，我们便和他决一死战。……〕初刊本、泰东本为“即使他能够替我们把那些吃人的魔鬼除去了，也不过另外又换一批鳄鱼来，我们依然还是他们的食物。我和我们部落里的人前几天约过了，我们是绝对不逃走，不去依赖鳄鱼；我们在部落里大家相辅相卫，等待有吃人的魔鬼来，我们便和他决一死战。

……”

12.〔你抱着儿子快往林子里去躲藏，我随后便来。〕初刊本、泰东本为“你抱婴儿快往林子里去躲避，我随后便来”。

13.〔渔父点头，收拾鱼篮鱼网，向右探望一回，旋即躲入林中。〕初刊本、泰东本为“渔父（点头，收拾鱼篮鱼网，向右方探望一回，旋即躲入林中）”。

14.〔那儿是奴役因袭的铁狱铜笼〕初刊本、泰东本为“那儿是刑政因袭的铁狱铜笼”。

15.〔原人的真诚〕初刊本、泰东本为“原人的精诚”。

16.〔如今才移根在瑶池里来了〕初刊本、泰东本为“如今才移根在玉液里来了”。

17.〔我回想到唐虞以前的人〕初刊本、泰东本为“我回想唐虞以前的人类”。

18.〔没有奴役因袭的束累〕初刊本、泰东本为“没有刑政因袭的束累”。

19.〔如今的人〕初刊本、泰东本为“如今的人类”。

20.〔可那不是同受高天厚地的复载〕初刊本、泰东本为“可那不是同受高天厚地的载转”。

21.〔你敢在公有的天下中创下家天下的制度〕初刊本为“你敢在公产制度的天下中创下家天下的制度”，泰东本同。

22.〔你们屈服在奴役积威之下的人们哟〕初刊本、泰东本为“你们窘困在刑政积威之下的人们哟”。

23.〔我们何有于君长神圣〕初刊本、泰东本为“我们何有于君长刑政”。

24.〔两人趋伯夷前伏地施礼〕初刊本、泰东本为“两人趋伯夷前伏地施礼”。

25.〔（扶渔人夫妇起）〕初刊本、泰东本为“（扶二人起）”。

26.〔可怜我忍心，把他丢在牢笼里了。〕初刊本、泰东本为“可怜我忍心，忍心把他丢在牢笼里了”。

27.〔你真的是个人吗？〕初刊本、泰东本为“你真的是个生人吗？”

28.〔你看我和你有甚么不同呢？〕初刊本、泰东本为“你看我和你有甚么区别呢？”

29.〔此时右翼起哄闹之声〕初刊本为“此时左翼起哄闹之声”，泰东本同。

30.〔野人一群手中各持铜器或石器，自右翼跑出。〕初刊本为“野人一群手中各持铜石器，自右翼跑出”，泰东本同。

31.〔凌渔父夫妇也在这儿〕初刊本、泰东本为“我们的凌渔父夫妇也在这儿”。

32.〔为的是甚么事情〕初刊本、泰东本为“你们为的是甚么事情”。

33.〔后来他说他自己是出外游历的王子〕初刊本、泰东本为“后来他说他自己是外游的王子”。

34. 〔她便来告诉我们〕初刊本、泰东本为“她便来报告我们”。

35. 〔便乘机逃跑到这儿来〕初刊本、泰东本为“便乘机逃跑了来”。

36. 〔你们不得胡闹〕初刊本、泰东本为“你们不得狂躁”。

37. 〔我听了这几位朋友的话，我才恍然大悟了。渔父！我刚才对你说过我有一个兄弟，这便是我的兄弟叔齐了。〕初刊本、泰东本为“我听了这几位朋友的话，我才恍然大悟了。叔齐！你处处遭了误解，我也把你误解了呢。凌渔父！我听他们叫你是凌渔父，我也便叫你凌渔父吧——凌渔父！我刚才对你说过我有一个兄弟，这便是我的兄弟叔齐了”。

38. 〔但是我们不是那吃人肉的魔王〕初刊本、泰东本为“但是我们不是那吃人肉的魔群。我们也是和你们一样，恨那吃人肉的魔群，所以才逃走了出来”。

39. 〔哥哥，自从父亲死的那晚上你失踪了，国内的人骚乱得甚么似的。他们有人说你是孝子，怕因为太伤心，进辽河里面淹死了，他们第二天清早便在辽河一带洮河，想洮得你的尸首。只有我自己是明白的。我知道你一定是不想做国王，悄悄地逃走了。所以他们在洮你尸首的时候，我乘着机会便也逃走了出来。我出国的时候，不知你的去向，但是我们对于西方的景仰，好象是我们先天的遗传。我们的祖先是从西方来的。我们常常所梦想的华胥国，也是在远远的西方。我想你一定也是向着西方去的，所以我沿着辽河走到海上来，我没想到在这儿遇着你。〕初刊本为“哥哥，自从父亲死的那晚上你的踪迹不见了，国内的人骚乱的什么似的他们有人说你是孝子，怕为父亲殉了节，跳在辽河里面死了他们第二晨早便在辽河一代洮河水，想洮得你的尸首。只有我自己是晓得的，我晓得哥哥绝对不是那种愚蠢的孝子。哥哥时常向我说许由务光泰伯仲雍的一些古今的贤人，我晓得哥哥一定是不想做国君悄悄地逃走了。哥哥，你是我的太阳，我失了太阳怎么能够活得下去呢？所以他们在洮你尸首的时候，我乘着机会便也逃走了来。我出国的时候，不知哥哥的去向，但是我们对于西方的景仰，好像是我们先天的遗传。我们的祖先是从西方来的。我们常常所梦想的无君长刑政的华胥国，也是在远远的西方。西方的天宇对于我们是何等的一种爱诱哟！西王母所在的西方，华胥国所在的西方，梦幻中的金色的西方，啊，那是我们未生以前的乡土，我是想到那无政长无刑戮的乐土里去！我想我的哥一定也是向着西方去的，所以我随着辽河走到海上来，我正想折向西方去；我不料在这儿竟遇着这几层意外的惊喜。我真感谢这些追赶我的朋友们，他们使我得早早和我哥哥相遇。我死在我哥哥的眼前，我就好像小猫儿熟睡在太阳光里一样，我是可以心安意适的了”。泰东本中“怕为父亲殉了节”为“怕因为伤心的缘故”，余同。

40. 〔我们真冒失了〕初刊本、泰东本为“吓，我们真冒失了”。

41. 〔请这两位王子到我们部落里去〕初刊本、泰东本为“我们请这两位王子到我们部落里去过活吧”。

42.〔柳孤儿和他的妈妈也赶来了〕初刊本、泰东本为“柳孤儿和他的妈妈也赶来了呢”。

43.〔从右翼匆匆出〕初刊本、泰东本为“从左翼匆匆出”。

44.〔野人丙　野人丁〕初刊本、泰东本为“野人丙丁”。

45.〔说不定要向朝歌去一趟〕初刊本、泰东本为“说不定更要向朝歌去一次”。

46.〔他要征求些宝物去献给殷纣王，赎回他们的主子〕初刊本、泰东本为“他许征求些宝物去献给殷王，赎回他们的君主”。

47.〔我们那顽梗的父亲，会拿人的生命来做礼品的父亲，他公然答应了。可怜孟姜离开我们走的时候，她流了多少眼泪呵〕初刊本、泰东本为“我们那顽梗的父亲，会拿人的生命来做礼物的父亲，他竟然答应了他，可怜孟姜离开我们走的时候，她不知流了多少眼泪，那时候你也不知道流了多少眼泪啦”。

48.〔你是要去问孟姜的下落吗〕初刊本、泰东本为“你是要去问孟姜的下落了，被沙土埋积了的葱芽在沙中依然不断的生长。你这十四年前的爱苗，此刻才渐渐伸出来了啦”。

49.〔我自从离开了孟姜，哥哥，你是晓得的，我就好象失了我的魂一样〕初刊本、泰东本为“哥哥，你别要嘲笑我。哥哥是我的太阳，孟姜是我的月亮。我自从离开了孟姜，哥哥，你是晓得的，我夜夜过的都是暗黑无光的雨夜呢”。

50.〔你们说起孟姜来，我的仇人也就是你们的仇人了。说起孟姜，这在朝歌城里，甚么人都是知道的。〕初刊本、泰东本为“你们说起孟姜来，我的仇人便也是你们的仇人。说起孟姜，这是朝歌城里人甚么人都是晓得的”。

51.〔啊，妈妈，你知道孟姜的下落吗？千万请你告诉我们。〕初刊本、泰东本为“你知道孟姜的事情吗？千万央求你，请你告诉我们”。

52.〔是的，孟姜，十几岁的一个女孩子，她才到朝歌的时候，听说是周国的人献来的美女。每年献进朝歌城的美女，不知道有多少人呵，但是没有一个人能象孟姜一样，人人都称赞她，人人都替她流泪。人们称赞她，说她的面貌就好象木槿花，说她的声音就好象玉磬的声音，说她的身材就好象翩飞着的燕子。〕初刊本、泰东本为“孟姜才到朝歌的时候，听说是周国的人献来的美女。每年献进朝歌城的美女，不知道有多少人，但是没有一人能如孟姜一样，人人都称赞她，人人都替她流泪。人们称赞她，说他的面貌就好像木槿花，说她的声音就好象玉磬的声音，说她的身段就好象翩飞着的燕子”。

53.〔人们说她献进宫里去的时候〕初刊本、泰东本为“他们说她献进宫里去的时候”。

54.〔但是孟姜她总是哭，她总不爱殷王受辛。殷纣王千方百计想安慰她，给她做玉石砌成的宫殿，象牙的寝床，珊瑚树的妆台，赤金的照面，但是她总不爱他。〕初刊本、泰东本为“但是孟姜他总是哭，她总不受殷王的爱抚。殷王千方百计想安慰她的心，给她做玉石的别宫，象牙的寝床，珊瑚树的妆台，赤金的照面，但是她总不受他爱抚”。

55.〔苏妲已把孟姜诱引到后花园里去〕初刊本、泰东本为“苏妲已把孟姜邀诱到花园里去”。

56.〔因此苏妲已愈见嫉妒她，诱引她到一眼古井旁边去。井旁边立着一株梧桐，梧桐叶里也发出一段幽扬的琴音。〕初刊本、泰东本为“因此苏妲已愈见嫉妒她，诱她到一眼古井旁边去。井边立着一株梧桐，梧桐叶里也发出一段幽飏的琴音”。

57.〔苏妲已便对孟姜说：“孟姜，我想你一定是齐国的人；你一定是想回你的故乡。这眼古井是和东海的海水相通的，你假如肯跳了下去……”〕初刊本、泰东本为“妲已便对她说：‘孟姜，我想你定是齐国的人；你的心事一定是想回你的故乡。这眼古井是与东海的海水相通的，你假如肯跳了下去……’”

58.〔咹？孟姜她飞下井里去了!〕初刊本、泰东本为“啰？我的孟姜她飞下井里去了!”

59.〔月亮被乌云遮了〕初刊本、泰东本为“月亮被乌云遮了”。

60.〔后来便没有人知道孟姜的下落了〕初刊本、泰东本为“后来人便不知道孟姜的下落了”。

61.〔莲花凋谢了，/凋谢在污浊的池中。〕初刊本、泰东本同，文集本为“莲花雕谢了，/雕谢在污浊的池中”。

62.〔你还是想到朝歌去吗?〕初刊本、泰东本为“你还是想到甚么地方去呢?”

63.〔一出了宫庭连自食其力的本领也没有。我刚才的一片狂欢，你现在的一片哀情，这就是我们的本领。我听说首阳山上，薇草甚多；我们往那儿去，靠着自然的恩惠过活吧。〕初刊本、泰东本为“一出了宫庭连自食其力的能力也没有。我刚才的一片狂欢，被你这无边的爱情也化为止水了。我听说首阳山上，薇草甚多；我们往那儿去，去仰自然的恩惠去罢”。

64.〔列位兄弟们、妈妈们，祝你们多打些大鱼，我们走了。〕初刊本、泰东本为“凌渔父和列位的兄弟妈妈们，我们便从此去了。我们祝你们在此乐享独立无扰的自由原始的生活”。

65.〔林中叔齐歌声复起，渐渐隐微，渐渐消逝。〕初刊本、泰东本此句之后还有最后一句：“渔父（伫立良久，摇首叹息）啊，不可思议！不可思议!”此句文集本删除。

66.〔——幕下〕初刊本、泰东本此处为“——幕——”。

67.〔1922 年 11 月 23 日脱稿〕初刊本此处无时间注明，泰东本此处为“十一年十一月二十三日脱稿”。

《广寒宫》

1. 本篇最初发表于 1922 年 8 月 25 日上海《创造季刊》第一卷第二期，初刊本及泰东本题目下方均有“（童话剧）”字样。

2.“时”、“地”、“景”之后的标点符号，初刊本及泰东本均为“……”。

3.〔以碧玉为阶，以朱玉为柱〕初刊本、泰东本为“以碧玉为阶墀，以朱玉为柱栏”。

4.“嫦娥一”及以下“嫦娥二”、“嫦娥三”、“嫦娥四”，初刊本、泰东本分别为“第一”、“第二”、“第三”、“第四”。

5.〔这正是我们歌舞的时候了〕初刊本为“正是我们歌舞的时候了”，泰东本同。

6.〔张果老先生又要起来干涉我们了〕初刊本为“张果老先生也要起来干涉我们了”，泰东本同。

7.〔我们唱歌时，群星也在同我们唱歌。我们跳舞时，群星也在同我们跳舞。〕初刊本、泰东本为“我们歌舞着时，群星也在同我们歌歌，群星也在同我们舞舞”。

8.〔他总要来管束我们〕初刊本、泰东本为“他要来管束我们”。

9.〔也就只好偷着空儿取乐〕初刊本、泰东本为“也只好偷着空儿取乐”。

10.〔那银河东岸住着的织女姑娘〕初刊本为“那银河北岸住着的织女姑娘”，泰东本同。

11.〔但是因为有天河隔着他们〕初刊本为“但是因为有河隔着他们”，泰东本同。

12.〔有一次，它们衔来的树枝落了一枝到我们月宫里来〕初刊本、泰东本为“他们有一次，衔来的树枝落了一枝到我们月宫里来”。

13.〔这些话真确不真确我不知道〕初刊本、泰东本为“这些话真确不真确我虽是不得而知”。

14.〔都是青翠透明的〕初刊本、泰东本为“都是青皜透明的”。

15.〔这真是株不好的东西啦〕初刊本、泰东本为“这真是株不良树儿呢”。

16.〔听说它在地上原是顶珍贵的树子〕初刊本、泰东本为“听说它在地上原是顶珍贵的树儿”。

17.〔只好多生枝叶了〕初刊本、泰东本为“只好多生枝叶呢”。

18.〔你的心机真灵敏呀〕初刊本、泰东本为“你的心儿真灵敏呀”。

19.〔你总爱奉承〕初刊本、泰东本为“你终爱奉承”。

20.〔你等我把你这诗〕初刊本、泰东本为“你等我把这诗儿”。

21.〔自书笈中取出裁纸刀儿一柄〕初刊本、泰东本为“自书笈中收出裁纸刀儿一柄”。

22.〔（不应，用刀刻树，念出）天河涓涓……（刀刻不进）〕初刊本为“（不应，用刀刻树，先念出‘天河涓涓’四字，刀刻不进惊）”，泰东本为“（不应，用刀刻树，先念出‘天河涓涓’四字，刀刻不进）”。

23.〔免得我露丑〕初刊本、泰东本为“免得我露出丑来”。

24.〔骇她们一下吧〕初刊本、泰东本为“惊骇她们一下罢”。

25.〔那很有趣，很有趣〕初刊本、泰东本为“那是很有趣儿，那是很有趣儿”。

26.〔他总在这株树子下坐着等我们〕初刊本、泰东本为“他总在这株树儿下坐着等我们”。

27.〔怕她们早早进学堂去了〕初刊本、泰东本为“怕她们早早进了学堂去呢”。

28.〔她们平时都不是很讨厌张果老先生的吗〕初刊本、泰东本为“她们平时都不是很厌恶张果老先生的吗”。

29.〔我想不恨张果老先生的人不会有〕初刊本、泰东本为“我想我们不恨张果老先生的人怕没有”。

30.〔眼睛又瞎〕初刊本、泰东本为“眼又瞎”。

31.〔他那对眉毛〕初刊本为“他那一对眉毛”，泰东本同。

32.〔就象只兔子的尾巴〕初刊本、泰东本为“就象只兔子的尾巴一样呢”。

33.〔我前两天做了两首可笑的歌儿，我怕你们告我，我不敢对你们讲〕初刊本、泰东本为“我前两天倒做了两首可笑的歌儿，我怕你们怪我，我不敢对你们说”。

34.〔你讲吧！你讲吧！谁会告你？你说话才叫稀奇！你念出来，让我们大家听听！〕初刊本、泰东本为“你说罢！你说罢！你念出来我们大家听听！”

35.〔《张果老的歌》〕初刊本、泰东本为“《张果老的歌儿》”。

36.〔请你们大家围成一个圈，等我唱两句，你们跟着我唱〕初刊本、泰东本为“我们大家围成一个圈儿，等我唱两句，你们大家给着我和起来罢”。

37.〔那很有趣！〕初刊本、泰东本为“那很有趣儿！”

38.〔其余同声和之〕初刊本、泰东本为“其余合声和之”。

39.〔张果老的声音（在树后）：“你们这些顽皮的丫头！〕初刊本、泰东本为“树后有老人声息：‘你们这些顽皮的了头①！’”

40.〔你们总不该骗人，你们做出鬼鬼祟祟的事〕初刊本、泰东本为“你们总不该做出那么诡诈的勾当啦”。

41.〔你们大家都松了手吧〕初刊本、泰东本为“我们们大家都松了手吧”。

① 了头：原文有误，应为“丫头”。

42.〔你们看好不好〕初刊本、泰东本为“你们看好不好呢”。

43.〔我们要叫她们唱一曲新鲜的歌儿，歌着一段新鲜的故事。要她们轮流地接着唱，不准她们先商量。那就是说要她们临时合作一首歌曲，边作边唱。看她们情愿不情愿?〕初刊本、泰东本为“我们要叫她们唱一曲新鲜的歌儿，歌着一段故事，要是我们不晓得的。并且至短要在四节以上，各人唱一节，要不准她们商量，不准她们思索。看她们情愿不情愿?”

44.〔（对二人）〕初刊本、泰东本为“（对于二人）”。

45.〔不说只是一曲歌子〕初刊本、泰东本为“不说只是一曲歌儿”。

46.〔我们也情愿〕初刊本、泰东本为“我们也情愿唱呢”。

47.〔两人在前方交互歌唱〕初刊本为“两人在前交互歌唱”，泰东本同。

48.〔最后两人重复合唱一遍〕初刊本、泰东本均无此句。

49. 众嫦娥合唱的五段歌词，初刊本和泰东本在每段歌词前都有一个序号，依次为“（第一）”、“（第二）”、“（第一）”、“（第二）”、“（第一）”①，这五个序号在文集本中被删除。

50.〔众嫦娥听毕鼓掌〕初刊本、泰东本为“好了，我们的歌儿唱完了，你们满足不满足呢?”

51.〔那来这么一段有趣的故事?〕初刊本、泰东本为“那来这么一段有趣的故事儿?”

52.〔是她从张果老先生那儿听来的呢〕初刊本、泰东本为“是她从张果老先生听来的呢”。

53.〔嫦娥们自书笈中取出裁纸刀儿〕初刊本、泰东本为“群自书笈中取出裁纸刀儿”。

54.〔我想起张果老先生他前几天讲过〕初刊本、泰东本为“我想起张果老先生他前几天说过”。

55.〔不错，不错，他是这么说过。我懂得你的计策了〕初刊本、泰东本为“不错，不错，他是这么说过，他是这么说过”。

56.〔我们便再不进那黑漆漆的学堂里面去读书了〕初刊本、泰东本为“我们便再不进那黑漆漆的学堂里面读书去了”。

57.〔嫦娥们聚议之时〕初刊本、泰东本为“群相聚议之时”。

58.〔张果老〕此处及以下“张果老”，初刊本、泰东本均为“果老”。

59.〔（面面相觑后，同声发言）〕初刊本、泰东本为“群人面面相觑后，同声发

① 此处五个序号疑有误，但原文如此。

言”。

60.〔要把它斫倒〕初刊本、泰东本为“先生说要把他斫倒”。

61.〔张果老颔首〕初刊本、泰东本为“果老（颔首）”。

62.〔就请先生今朝把它斫倒吧!〕初刊本、泰东本为“就请先生今朝把它斫倒了吧!”

63.〔我做过的事情，不做到头是不罢手的〕初刊本、泰东本为“我做的事情，不做彻底是不罢手的”。

64.〔去把我的板斧给抬来〕初刊本、泰东本为“去把我的板斧抬来”。

65.〔费不了多大劲的〕初刊本、泰东本无此句。

66.〔嫦娥数人应声往书院中去〕初刊本、泰东本为“第一第二两嫦娥，应声往书院中去”。

67.〔把它斫了〕初刊本、泰东本为“把他们斫了”。

68.〔那天河南岸的织女姑娘〕初刊本为“那天河北岸的织女姑娘”，泰东本同。

69.〔它不该在这明净地方〕初刊本、泰东本为“颠转在这明净地方”。

70.〔嫦娥数人抬一玉斧出，授诸张果老〕初刊本、泰东本为“二嫦娥抬一石斧出，授诸果老”。

71.〔先生！我们走了〕初刊本、泰东本为“先生！我们去了”。

72.〔张果老执斧斫树，丁丁作声。树枝只见震摇，树身永不受些儿伤痕〕初刊本、泰东本为“果老执斧斫树，丁丁做声，只见树枝震摇，树身不受些而伤影”。

73.〔1922 年 4 月 2 日脱稿〕初刊本、泰东本为“（幕）十一年四月二日脱稿”。

《星空》虽是郭沫若继《女神》之后出版的第 2 部原创诗集，又被称为郭沫若的“彷徨”，但从版本校勘的角度来看，《星空》的版本变化频率及幅度却远低于《女神》，即使在收入到某些创作合集时，也仅仅涉及少量篇目的增删，从未改动过具体的内容。相比之下，《女神》的版本变迁非常复杂，仅粗略梳理就有 1921 年上海泰东图书局初版单行本、1928 年混编入《沫若诗集》的上海创造社出版部版本、1944 年混编入《凤凰》诗集的重庆明天出版社版本、1953 年北京人民文学出版社单行本以及 1957 年编入《沫若文集·第一卷》的北京人民文学出版社版本，且每次都涉及对具体内容的修改。《女神》的出版仅先于《星空》两年，她们一为“呐喊”，一为“彷徨”，同属于郭沫若“五四”时期的代表作，何以郭沫若对《星空》具体内容的修改如此“不上心”，而只是到了 1957 年开始陆续出版《沫若文集》时才加以部分修改?

郭沫若在感情上对于他的这两部诗集显然是有区别的。他曾说“自从《女神》以后，我已经不再是‘诗人’了。自然，其后我也还出过好几个诗集，有《星空》，有《瓶》，有《前茅》，有《恢复》，特别象《瓶》似乎也陶醉过好些人，但在我自己是不够味的"①。郭沫若这样的言论当然有自谦的成分，而其中的"不够味"一语却也颇值得"玩味"。如果说《女神》中那种狂飙突进的激情算是"够味"的话，那么日后郭沫若的著作中恐怕只有诗剧《屈原》能与之相提并论，其他均属于"不够味"之列。事实上，如果单从艺术水准方面来说，《女神》"远非成熟之作"②，反倒是日后的诸多作品在艺术上日臻成熟，确实"陶醉过好些人"，其中就包括《星空》。之前相当多的评论都倾向于从《女神》到《星空》是郭沫若源于"五四"退潮的社会黑暗及个人生活困境而在创作上的"没落"乃至"退步"，同时也有学者认为《星空》体现了郭沫若在艺术风格上的另一种追求，达到了更高的艺术水准，而笔者则认为在这两者之间是有着因果关系的。鲁迅在"五四"的退潮期创作了《彷徨》中的小说，对比之前的《呐喊》，鲁迅曾言《彷徨》"战斗的意气"虽然"冷却不少"，但"技术""比先前好一些"，"思路似乎较无拘束"③。而郭沫若在艺术创作上也适用于这样一个逻辑：在"五四"退潮之后，在个人"战斗的意气""冷却不少"的心境之下，反倒获得了更沉静自由的创作空间，从而有条件进行艺术斟酌，达到更高的艺术水准。对此曾有学者论道："(《星空》) 反映的是经过狂暴反抗之后的思索和低吟，有彷徨，有后退，但主要的是探索，在对现实、对未来的探索中坚持前进。风格则发展了《女神》的冲淡的一面……语言比《女神》更纯净，形式也较为整齐，更注意词少意工的境界的追求。诗人常说《星空》的技巧比《女神》高明，恐怕就是指这些地方。在新诗的初创时期，形式、技巧的进步，对于继续加强新诗的地位无疑是有益的。"④ 事实上，郭沫若也早有如此这般的艺术观点。1920 年 1 月 18 日，诗人在《论诗三札》中曾说："我想我们的诗只要是我们心中的诗意诗境之纯真的表现，生命源泉中流出来的 Strain，心琴上弹出来的 Melody，生之颤动，灵之喊叫，那便是真诗，好诗，便是我们人类欢乐的源泉，陶醉的佳酿，慰安的天国。"⑤ 只是在社会思潮狂飙突进及个人情绪昂扬激昂的时期，郭沫若很难以沉静的心态等待从"生命源泉中流出来的 Strain"和从"心琴上弹出来的 Melody"。而"五四"落潮之后，在《女神》出版之后，郭沫若又获得了另外的历史机遇，苦闷之余，他有意无意地拉大了和社会的距离，流连沉醉于对大自然的审美关照之中。如同他在《南风》中描写的：

南风自海上吹来，
松林中斜标出几株烟璐。

① 郭沫若：《序我的诗》，《沸羹集》，新文艺出版社 1953 年版，第 143 页。
② 钱理群、温儒敏、吴福辉：《中国现代文学三十年》，北京大学出版社 2017 年版，第 94 页。
③ 鲁迅：《〈自选集〉自序》，《鲁迅全集》（第四卷），人民文学出版社 2015 年版，第 469 页。
④ 陈永志：《〈星空〉简论》，《郭沫若研究》1985 年第 1 辑。
⑤ 郭沫若：《论诗》，《文艺论集》，光华书局 1925 年版，第 330 页。

三五白帕蒙头的青衣女人，
殷勤地在焚扫针骸。
好幅典雅的画图，
引诱着我步儿延伫，
令我回想到人类的幼年，
那恬静无为的太古。

也在同一时期，宗白华曾致函郭沫若批评《女神》中的某些诗“嫌简单固定了点，还欠流动曲折”，指出郭沫若某些“小诗的意境也都不坏，只是构造方面还要曲折优美一点，同作词中小令一样，要意简而曲，词少而工”①。应该说，《星空》中很多诗歌均属于宗白华所希望的构造“曲折优美”的小诗，就艺术技巧方面而言，《星空》从整体上要比《女神》稍胜一筹。历来一些读者，包括将军兼诗人的陈毅都偏爱《星空》，想来不是无缘由的②。

在梳理了《星空》的创作背景及艺术水平之后，我们基本上可以回答这样一个问题了，那就是郭沫若对于《星空》，虽然感觉不如《女神》“够味”，但在艺术方面还是较为满意的，且《星空》之中的诗作多为“意简而曲，词少而工”的“曲折优美”的小诗，可供修改以提升艺术水准的空间并不大，因此郭沫若在中华人民共和国成立之前的历次再版及收录之中，并未对其具体的内容进行修改，直到1957出版《沫若文集》时才对其中一些诗作进行了小幅度的修改，主要也只涉及格式调整和个别字词的变动，从未像修改《女神》那样改变某首诗的意义。

在1957年版的“文集本”中，郭沫若对《星空》中的两部诗剧《孤竹君之二子》和《广寒宫》的修改幅度较大。这两部诗剧从艺术水准方面而言，并不算高，属于郭沫若在戏剧创作方面的初步尝试，对比郭沫若在20世纪40年代创作的历史剧，差距是显而易见的。夏志清曾言：“郭沫若最好的诗是在40年代所写历史剧里穿插的几首歌词，运用传统节奏和情感，朗朗可诵。”③《星空》中的这两篇诗剧，不仅夏志清未曾提及，历来学界也鲜有专评，由此也可观其艺术水准及地位于一斑。另外，这两篇诗剧的体量比那些“曲折优美”的小诗大得多，因此也有了更大的艺术提升空间。从具体内容来看，郭沫若对这两篇作品的字句的修改是很认真的，但无奈先天不足，后天怎么修改也难补，因此最后定稿的效果也不算理想。这就有点类似于郭沫若对“文学革命”时期白

① 宗白华、田汉、郭沫若：《三叶集》，亚东图书馆1923年版，第7页。
② 陈毅：《赠郭沫若同志》，《诗刊》1957年第9期。
③ 夏志清：《中国现代小说史》，复旦大学出版社2005年版，第70页。

话文的评价："四五年前的白话文革命，在破了的絮袄上虽打上了几个补绽，在污了的粉壁上虽然涂上了一层白垩，但是里面的内容依然还是败棉，依然还是粪土。"①

郭沫若对这两篇诗剧幅度最大的修改是删除了《孤竹君之二子》中的"幕前序话"和"附白"两个部分，共计3千多字。这显然不是简单的艺术修补工作了，而是牵涉到政治文化方面的问题。细读这被删除的部分，我们可以体会到郭沫若在20年代初登文坛之时的历史观：

宇宙中一切的森罗万象，斡旋无已，转相替禅：一切无形的能和有形的质，从古以来，只有变形，没有增减。

造物生人，只把陈死的原素来辗转搏拟。天地间没有绝对的新，也没有绝对的旧。一切新旧今古等等文字，只是相对的，假定的，不能作为价值批判的标准。

我们可见得神农时代的政长，只是对于人民忠信尽治的公仆，群众乐与为政的时候为政，乐与为治的时候为治；政治是可有可无，政长也不过是随遇而设的。

读者不能以读历史的眼光读人的创作。创作家与历史家的职分不同：历史家是受动的照相器，留声机；创作家是借史事的影子来表现他的想象力；满足他的创作欲。

从郭沫若的这些历史观叙述中，我们依稀可以看到他日后创作历史剧所遵循的"失事求似"原则，但从总体上看，是较为模糊乃至矛盾的。相对于他接受了马克思主义之后形成的历史观，此时的历史观显然也是较为肤浅的。这个"幕前序话"和"附白"都不属于正文部分，且又体现了郭沫若早期并不成熟的历史观，既然难以通过字句调整而对其改头换面，那么干脆从整体上一删了之，这也是可以理解的。

总体看来，郭沫若对《星空》在中华人民共和国成立之后才进行了具体内容的修改，形成了《沫若文集》中的最终版本；在修改过程中，郭沫若从艺术水准、提升空间及思想内涵等方面，对诗歌部分和诗剧部分采用了不同的修改方式。厘清和明晰这个问题，对我们全面而正确的认识这部著作的版本演变过程，发掘郭沫若内心世界真实的思想情感，考察他所处的各个历史阶段的特点，都是很有意义的。

（作者单位：山东大学（威海）文化传播学院）

① 郭沫若：《我们的文学新运动》，《创造周报》1923年第3期。

民国末年文艺副刊与旧体诗词的传衍
——以《广东日报·岭雅》副刊为中心

刘熹桁

民国时期，文学与报纸的关系十分密切。自《新青年》始，“报刊媒体对文学的发展与传播的影响与日俱增，民国时期传媒与现代文学更有着几近共生的关系”①。对此学界已成共识，相关研究也颇为丰富②，都试图从现代传媒形式的报刊中探求文学发展的轨迹。除了小说、散文等具有“现代特性”的体裁外，以诗词为代表的旧体文学在报刊上也占据着相当的比重。目前，学界从现代传播角度来研究旧体诗词创作、发展与传衍的论著尚少，且主要集中于两个时段：一是围绕清末报刊方兴未艾之时，研究新的传播手段与传统诗词结合所带来的机遇与挑战；一是围绕“五四”之后新旧文学在报刊上的“论争”，讨论旧体诗词命运走向。20世纪40年代，报刊诗词虽已不是报纸文学的主流，但仍持续存在并保留着自身的特色。尤其是40年代末期，在社会动荡与变革的大背景之下，旧体诗词报刊的生存发展状态，以及它对旧传统诗词发展和传衍的影响，都是值得关注和讨论的。然而，现阶段学界对此时期的报刊诗词还鲜有研究。《广东日报》（后改版为《中央日报》）文艺副刊《岭雅》，作为20世纪40年代末广东地区重要的旧体诗词文艺副刊，虽存续时间仅一年多，却汇集了数百位岭南乃至全国各地的优秀诗人，存留了2000多首水平较高的旧体诗词。其人员之众多，规模之宏大，在当时应是具有典型和代表意义的。本文意在以《岭雅》为中心，在民国末期这个新的历史语境下，全面审视旧体诗词文艺副刊的生存空间与生存状态，探究这一时期现代传播形式对旧体诗词生存

① 梁艳青：《论民国时期报刊对旧体诗词发展的影响》，《文艺评论》2016年第7期。

② 如周海波《现代传媒视野中的中国现代文学》（中华书局2008年版）、侯桂新《文坛生态的演变与现代文学的转折》（人民出版社2011年版）等等。

与发展的影响和意义。

一、旧体诗词传播方式的历史变革

晚清时期，欧美传教士和商人来华办报，以期传播教义并获取商业利润。事实上，这却为中国的传播事业开启了一扇崭新的大门。现代传播模式的输入，改变了中国人的传播观念与传播方式。“经科举，入仕途”是传统知识分子最主要的出路。科举制度废除后，知识分子在现实中寻求更多实现价值的可能，价值取向也由单一化而向着多元化转变，总体上呈现由近代士大夫阶级向现代知识分子转型。一部分知识分子看到了报纸对社会的影响与干预，开始将对国家、政治的热情投入中国报刊事业的发展。尤其是正值国家生死存亡之秋，“多数中国近代传播者心怀壮志，他们从事传播旨在觉民救世”①，将办报办刊作为展现政治理想与抱负的途径。于是，在社会、思想、文化革新运动的洗礼下，迎来了一个国人自发办报的高潮，一直持续到民国以降。民国报纸的文艺副刊正是在这样一个大环境中孕育产生并蓬勃发展的。

副刊作为报纸的重要板块，一直与报纸保持着一种天然的联系。之所以称之为文艺副刊，是因为“副刊有整体上的文化或文艺色彩。或者说，从形体到内容都是文化和文艺的，并由此造成了颇具特色的文体”②。“从民国报纸文艺副刊沿革的规律来考察，它的出现则是报纸成型后寻求发展的一种必然。”③ 这种沿革与当时中国社会变革的政治环境、新闻发展的现实条件、文化思想、文艺思潮等息息相关。文艺作品在报纸上经历了最初以诗词短章作为填充和补白，再到以栏目的形式加上通俗文艺内容来吸引市民读者，最后专设副刊，主张将自身文艺思想贯穿于其中，企图通过艺术创作唤醒“国民精神”，呈现出愈加专业化的态势。报纸副刊的出现，为中国文学的传播方式和传播途径带来了新的可能性，尤其是对诗词而言。以往，我们认为诗词写作具有“私人化”倾向：一方面是情感的私人化，主要书写个人生活的所见、所感、所思；一方面是传播途径的私人化，一般在亲朋、师友、同人中进行小众传播。现代传播媒介的出现则打破了这种“私人化”的局限，诗词进入公共传播空间，进入大众视野，诗人的审美体验、情感意识展现在广大读者面前。可以说，当报纸文艺副刊这一新型传播媒介介入文学生产之时，旧体诗词借助新的物质传播条件，获得了新的发展动力与契机，同时也遭遇了前所未有的

① 包礼祥：《近代文学与传播》，江西人民出版社 2001 年版，第 6 页。

② 冯并：《中国文艺副刊史》，华文出版社 2001 年版，第 4 页。

③ 郭群武：《打开历史的尘封——民国报纸文艺副刊研究》，百花文艺出版社 2007 年版，第 8 页。

生存危机。

二、旧体诗词在民国报纸副刊中的兴与衰

报纸副刊的大众属性，使它成为主流文学的指向标。读者的阅读喜好，往往对副刊的内容定位起到至关重要的作用。从清末到民国中后期，社会主流审美的变迁，致使旧体文学的地位不断边缘化，在报刊中呈现出由"兴"转"衰"的总体趋势。

《申报》最早将文艺作品有意识地纳入报纸版面，创刊伊始便在《申报馆条例》中公开征求文艺方面的稿件：

> 如有骚人韵士有愿以短什长篇惠教者，如天下各名区竹枝词及长歌纪事之类，概不取值①。

来稿主要侧重诗词韵文，且免费印行文人诗文。这对于将著书立说视为"不朽"的中国文人来说，无疑是一个能在文化沙滩上留下鸿泥雪爪，实现读书人"立言"理想的机会。征文广告刊发之后，反响甚为强烈，一时间投稿者甚众，收到了很好的效果。与西方国家不同，晚清时期，报刊的主要启蒙对象大多局限于读书看报的群体，即学生群体和工商阶层，这是当时中国社会环境的特殊性所决定的。从《申报》征稿文章体裁的侧重来看，传统诗词创作在此时仍蕴含着巨大的能量，也拥有庞大的读者群体。传教士在来中国办报时就意识到了这一点，将诗词韵文引入报纸之中，以迎合国人的审美需求。在我国境内出版发行的第一份报刊《东西洋考每月统记传》，有13期都刊发或摘录过诗词文赋作品②。诗词作为当时的主流文学，逐渐被许多报纸列为固定栏目，如《知新报》从1900年2月第112册开始设立"诗文杂录"栏，《清江报》自1898年12月始设"诗文辞随录"，《时报》自发刊即设"词林"一栏③等等。所刊诗词各体兼备，风格多样。这既符合当时文人受众的审美品位与审美需求，也是报纸增加销量与社会关注度的重要手段。

鼎革以还，旧体诗词在一定时期内依然维持着在报刊上的兴旺繁盛。这种持续的"兴盛"，究其缘由，有如下几个方面：

---

① 《申报馆条例》，《申报》1872年4月30日。

② 据焦宝《晚清民国报刊诗词研究》（吉林大学博士学位论文，2014年，第18页）统计。

③ 《时报》发刊词"右分栏"第十五条云："本报设词林一门，诗古文词之尤雅者随录焉。"见《时报》1904年6月12日。

其一，文学发展过程中自身的历史延续。易代之际，各方面革新还主要集中在政治层面，其触手还没有延伸到文化领域。在没有遇到外力重压破坏的情况下，这种延续是符合文学自身发展趋势的。其二，旧体诗词在这一时期依然代表着文学主流审美。传播学家丹尼斯·麦奎尔认为，报纸是“依据本地读者喜好而建立起来的新闻价值”①。受众的喜好是报纸发展存续的立身之本，报刊所登载的内容一般会和主流的文化审美相契合。文艺副刊最能代表一家报社的风格，它站在报纸的前哨、第一线去争取读者。民国初年，文言文依旧是官方语言表达方式，传统文人仍然是报纸的主要受众群体。与文言文处于同一生存空间的旧体诗词，继续承袭着晚清时期的状况，在报刊上占据着重要的位置。各大报纸诗词栏目林立，受到文人雅士的推崇和喜爱，并不时参与创作和品评。其三，民国初年晚清遗老们在各文化领域还扮演着举足轻重的角色，许多报刊的主编和主笔即为旧式教育下成长起来的诗词名宿，他们对诗词无法割舍的情感，也促进了旧体诗歌在报纸上的繁荣。这一时期，大量活跃于清朝末年的文化名流依然对旧体诗词创作保持着极高的热情。大兴办报风潮之后，他们中一些人进入报界成为主编或主笔，并将对诗词创作的喜好带入报刊的编辑当中，设置诗录、词录，所主编的副刊往往也成为诗词发表的重要阵地。麦思源在《七十年来之香港报业》一文中评价《实报》主编潘飞声“雅好为近体诗，风花月露之作，往往充斥副刊，誉之者谓其提倡风雅，毁之者谓其无关美刺”②。可见，民国初年旧体诗词在报纸中依然占比较高，除了它当时依旧代表着主流受众的文学审美外，与一些遗老主编的倾重或喜好也密切相连。

但是，旧体诗词在文艺副刊上的兴盛并没有持续多久，历经1917年文学革命和1919年五四运动的双重洗礼后，便逐渐走向衰落。传播新思想、新文化成为时代的主旋律，由白话文运动引起的“文白之争”席卷报坛。究其根本，市民文化市场对通俗白话的需求，是对文言文的致命打击③。就内在而言，市民阶级的兴起是社会发展之必然，他们需要自己的知识、文化、娱乐的来源，报纸作为大众传播媒介，被自动赋予了这种大众属性，因此满足广大读者群体的阅读需求成为其重要任务；外在而言，民国时期大兴私人办报之风，许多自负盈亏的报刊，将商业利益作为首要指标以维持自身的运营，为了追求销量，不得不尽量以浅易语体为主，以吸引市民读者群体。此外，社会动荡、朝代更迭、科举废除等因素，使相当一部分文人的文学审美品位发生了变化，不再固守和迷信文言文的“高贵典雅”，而是举起白话文运动的大纛，有的甚至成为引领者和推动者。

---

① ［英］丹尼斯·麦奎尔：《麦奎尔大众传播理论》，崔保国、李琨译，清华大学出版社2010年版，第24页。

② 冯并：《中国文艺副刊史》，华文出版社2001版，第112页。

③ 尹奇岭：《民国南京旧体诗人雅集与结社研究》，中国社会科学出版社2011年版，第282页。

各报纸的文艺副刊也紧跟时代步伐，迎合读者群体的审美变化，积极寻求转型。1919年2月7日，《晨报》率先举起革新的旗帜，邀请鲁迅等新文学家加盟，扩大了副刊的影响力。《京报副刊》为了表达对新文学的支持，用大量版面介绍国外新观念、新思潮和名家名作①。在新文学的迅猛攻势下，被视为“旧文化”、“旧思想”的旧体诗词如同明日黄花，受众范围日益缩小，部分报刊虽有作为，但收效却并不理想。如由吴宓主编的《大公报·文学副刊》，自1928年1月2日创刊至1934年1月1日终刊，以大量的版面刊载旧体诗词，虽出刊长达7年的时间，共313期，但因内容远离现实生活，缺乏时代感，社会影响并不大②，带来的经济效益更是薄弱。

有学者曾以上海图书馆编的《中国近代期刊篇目汇录》、《中国现代文学期刊目录汇编》为蓝本，对1912—1922年年初的刊物进行扫描。在1912—1917年5年间，还存在大量刊登旧体诗词作品的刊物。而在1917—1922年5年间，登载旧体诗词作品的刊物数目大幅度减少③。可见，在新文学杂志的推波助澜下，白话文学迅速占领了全国知名的刊物，压缩了旧体诗词的发表空间。旧体诗词一片颓势，在许多杂志中沦为补白位置（如在1923年1月创刊于上海的《小说世界》），专门登载旧体诗词的栏目在以新文学为主的期刊里几乎没有。笔者虽没有对报纸副刊中的旧体诗词栏目进行系统的整理和统计，但在同样的社会、历史大环境下，总体趋势应是一致的。

三、民国末期岭南旧体诗词的局部勃兴

《岭雅》创刊之时，实际已处于民国末期。白话文经历了30年的蓬勃发展，在国内已取得了压倒性的胜利。对诗词蕴含着深厚情感并颇有建树的晚清遗老们渐次凋零，他们的离去让旧体诗词在承袭中缺少了领袖和榜样。在连年战争的背景之下，新文学在启蒙和宣传上更具有优势，群众基础广泛，旧体文学的功用性相较之下更弱了。尤其是在经历了8年抗战的水深火热之后，内战又起。乱世之下，民不聊生，文学艺术更无足道矣，文言衰势益甚，旧体诗词在大众传媒中仅零星可见，成为文人们退避书斋后沉潜吟哦的工具。

邓圻同在《畅秋集》中回忆《岭雅》当时所处之情形：“在那时时局动荡，人心思

① 郭群武：《打开历史的尘封——民国报纸文艺副刊研究》，百花文艺出版社2007年版，第16页。

② 郭群武：《打开历史的尘封——民国报纸文艺副刊研究》，百花文艺出版社2007年版，第65页。

③ 参见尹奇岭：《民国南京旧体诗人雅集与结社研究》，中国社会科学出版社2011年版，第56-73页。

变，国民党统治区的文化几乎陷于崩溃的情况下，《岭雅》有如一叶孤舟，在茫茫大海中航行。”① 陈永正在《岭雅》前言中，对当时中国旧体诗词的创作状况亦有这样的描述：“只剩岭南一隅，尚保留旧日诗文创作传统。这已是中国大陆旧文化的回光返照了。”② 虽然“只剩岭南一隅”这一说法值得商榷，但民国后期在国民党政权败退前，岭南地区旧体诗词的确是“热闹”了一番。因位处边陲之利，粤文人中仍保持前朝吟咏唱酬遗风者不在少数。《岭雅》在刊行的短短一年多时间内，发表了2000余篇品质堪称上乘的诗古文辞，“作者阵容之大，文言诗文作品数量之多、品质之高，在国内可谓一时无两”③。这是旧体诗词于整体衰颓局势之下，在岭南地区的局部勃兴，“回光返照”一词也算恰如其分。中华人民共和国成立后，随着《中央日报》的停刊，《岭雅》也随之退出历史舞台。新思想、新文化成为社会主导，这种大规模的旧体诗词刊物的出版以及旧式文人雅集聚会在很长时间内都难以呈现。《岭雅》作为抗战后岭南地区唯一的旧体文学副刊，对民国末年旧体诗词的传播和发展意义重大。

（一）多重因素交织下《岭雅》的创设因缘

《岭雅》副刊创刊于1948年5月3日，最早为《广东日报》文艺副刊。1949年3月底（29日）《广东日报》改版为《中央日报》后，《岭雅》仍继续刊出，至1949年10月3日止。每周1期，共71期。由著名诗人、学者陈寂主编，自51期后由傅静庵主持编务。《岭雅》所刊登的作品均为旧体诗文，编辑体例沿用文录、诗录、词录几个固定栏目，陈融《黄梅花屋诗话》亦贯穿始终。此外，还设有熊润桐“厄闰集”、“羿彀集”，胡毅生“香脾集”等专栏。

在《岭雅》之前，《中央日报》曾聘卢前为副刊《泱泱》的主编。《泱泱》副刊所载内容多涉及经史考据与旧体诗词的创作、研究，唐圭璋、龙榆生、程天放、吴宓等人都有作品发表其上。《泱泱》副刊持续的时间并不长，自1946年6月1日始，到1947年1月21日终。《民族诗坛》是卢前在此前主编的另一个影响较大的旧体诗词刊物，终刊于1945年12月，前后历经8年，几乎贯穿整个抗战时期。有学者认为，《民族诗坛》有明显的国民党官方背景④。《泱泱》、《岭雅》所依托的《中央日报》、《广东日报》亦是以国民党党报的特殊身份而存在。从抗战时期重庆的《民族诗坛》，到抗战结束时南京

---

① 邓圻同：《畅秋集》，广州市荔湾区地方志编纂委员会办公室，1998年，第33页。

② 陈永正：《岭雅·前言》，广东人民出版社2013年版，第3页。

③ 陈永正：《岭雅·前言》，广东人民出版社2013年版，第7页。

④ 赵普光：《文学与历史的纠缠——〈民族诗坛〉刍议》，《现代文学研究丛刊》2017年第11期。赵普光认为：“《民族诗坛》杂志的经售处主要为正中书局、中国文化服务社及拔提书店三家，三家书局都处于国民党的控制下，有官办色彩。”

的《泱泱》，再到民国末期广州的《岭雅》，它们的消长与政治中心的转移、迁徙密切相关，是旧体诗词在同一政治背景下的公共传播载体上的延续。尤其在民国末年这个更为复杂的社会背景之下，《岭雅》成为多种因素交织影响下的产物。

《广东日报》社长张北海设立《岭雅》周刊，综合来说出于政治、经济、文化三个方面的考量。1948 年，张北海担任刚组建成立的《广东日报》社长。张氏大力鼓吹恢复中华传统文化，亲往晋谒陈融。陈融倡议设办文言文副刊，得张氏同意，旋即在《广东日报》开设“岭雅”周刊，由陈融亲为题写刊名，并聘请中山大学教授、著名诗人陈寂担任主编①。显然，“恢复传统文化”成为张北海设立《岭雅》的“口号”和“招牌”。作为混迹政界多年的政客，单纯的文化因素难以成为张氏坚持创办《岭雅》的动力。佟绍弼在《关于〈中央日报〉的一些回忆》中道出了张北海此举的内部动因：“除了企图争取销路之外，还想争取高级知识分子为己用。”② 可见，在文化因素之外，政治、经济因素的考量才是张氏更深层次的目的。在政治上，他邀请诗坛名家来主编副刊，通过刊登文坛宿将的作品，争取高级知识分子的支持，企图增加报刊的影响力；经济上，出于市场利益的诱惑，重新规划副刊面貌，期待适应读者的格调趣味以增加报纸销量。这三方面因素，构成了张北海设立《岭雅》的先决基础条件。

主编陈寂、傅静庵均为岭南著名学者、诗人。陈寂，字午堂，一字寂园，自号枕秋生。原籍广西怀集，生于广州。少承旧学，就读于城中私塾，好诗古文辞，创作颇为丰富。青年时投稿《学衡》，受吴宓赏识，多有作品刊于其上。尝历小学、中学教员，1941 年任中山大学文学院副教授，后辗转于法商学院、中山大学之间，1966 年于中山大学中文系退休。著有《鱼尾集》、《枕秋阁诗词集》等。傅静庵，字子余，号静庵，以字号行世。祖籍浙江会稽，落籍广东番禺。曾任广州大学语文系及香港广侨学院讲席。著有《静庵诗词》、《桐花馆词》、《抱一堂集》等。旧式教育下的成长经历，使他们对旧体诗词寄寓着特殊的情感。相比张北海，他们参与《岭雅》编务的目的则纯粹得多，更多的是出于对文学本身的热爱。如果说吴宓办《学衡》、《大公报 · 文学副刊》之时，尚且还是文化遗民与主流白话文报刊抢夺传媒话语权的尝试，那么在白话语体已经普及的民国末年，《岭雅》的创立则显示了旧式文人们在时代变迁中对传统文化的留恋与坚守。张北海与陈寂、傅静庵在初设《岭雅》时不同的考量与侧重，体现了政客与知识分子在办刊动机与理想上的差异性。

① 陈永正：《岭雅 · 前言》，广东人民出版社 2013 年版，第 5 页。

② 佟绍弼：《关于中央日报的一些回忆》，中国人民政治协商会议广东省委员会、文史资料研究委员会编《广东文史资料》（第 18 辑），广东人民出版社 1965 年版，第 106 页。

（二）组织形式与成员构成

民国时期报刊为了吸引优秀稿源，设有专门的稿酬制度。彼时已出现一批靠稿酬为生的专业报刊文人。《广东日报》在第一期的发刊征稿启事中即写道：

> 为发扬学术思想，提高文化水平，特创办岭雅、文史、经济建设、文摘、教育与社会、国际、娱乐等七大周刊，愿献诸社会，为公共园地，特此敬告读者诸君，踊跃投稿，报酬从优①。

事实上，其他周刊、栏目都有稿费酬之，唯独《岭雅》例外。“《岭雅》诗刊，则一向没有稿费，而是由报社每月邀请主编者及有关人士如胡毅生、陈融等，在第一流的酒家‘雅集’一二次，作所谓‘文酒流连之会’，参加者多数是大学教授，每次起码两台。”②《七月晦岭雅诸君子集于北园至者凡十七八人纪之以诗》（陈寂）③、《北园小集次颙庵韵》（黄咏雩）④、《北园偕岭雅同人》（佟绍弼）⑤ 等诗歌，皆记录了《岭雅》作者们雅集时的盛况。可见，《岭雅》的组织结构并不严密，全然是由同人作者群体组成，这也是晚清民国刊物的主要组织形式。他们刊发作品往往不以稿酬为目的，更重视为他们提供一个聚合的平台，在“恢复中华传统”宗旨的感召之下，以《岭雅》刊物为中心，发表作品，雅集唱和，切磋技艺。

从作品刊登情况来看，《岭雅》周围已经形成了一个比较稳定的作者群。核心作者有陈融、詹安泰、熊润桐、胡毅生、佟绍弼、陈寂、吴天任、冯秋雪、黎国廉、叶恭绰、傅静庵、黄海章、刘伯端、罗球、胡伯孝、陈湛铨，共 16 人，发表作品数目达 792 篇（不计专栏作品）⑥。《岭雅》作者群体构成横跨政、学、书画三界，既有在国民政府任职的要员，如《岭雅》发起者之一的陈融历任民国司法厅厅长、高等法院院长、总统府国策顾问等职务，叶恭绰历任民国政府财政补助、交通部长，黎国廉为民国首任广东都

---

① 《广东日报》1948 年 5 月 1 日。

② 佟绍弼：《关于中央日报的一些回忆》，中国人民政治协商会议广东省委员会、文史资料研究委员会编《广东文史资料》（第 18 辑），广东人民出版社 1965 年版，第 108 页。

③ 陈寂、傅静庵主编：《岭雅》，广东人民出版社 2013 年版，第 169 页。

④ 陈寂、傅静庵主编：《岭雅》，广东人民出版社 2013 年版，第 169 页。

⑤ 陈寂、傅静庵主编：《岭雅》，广东人民出版社 2013 年版，第 192 页。

⑥ 据张瑜《〈岭雅〉研究》（中山大学硕士学位论文，2015 年，第 15–16 页）列表统计，《岭雅》作者名籍可考者共有 180 人，不记专栏作品的情况下数量超过 1800 件。本文所列核心作者为所刊作品在 40 首以上者，陈融、胡毅生、熊润桐 3 位专栏作者也在核心作者之列，但专栏中的作品数目未计入篇数统计。可见，这 16 位核心作者刊载的作品数目，占比接近整个《岭雅》的二分之一。

督府民政长，同时也有岭南书画大家，如岭南画派开创者之一、有“岭南三杰”之称的高剑父，著名画家张谷雏、陈文潞等，更多的是蜚声学林的学者，百分之八十的作者都曾任职于高校，尤其是与陈寂关系密切的中山大学。从地域籍贯来看，作者中虽不乏曾经流寓广州的文化名人，如冒鹤亭曾居陈融的颙园，熊十力曾避乱于番禺钟哲平处，但绝大部分来自以广州为中心的周边县市（其中以番禺、顺德、东莞、南海、中山等地居多）及港、澳等地。从生活背景来看，这些作者之间都存在着千丝万缕的关系圈，如有着师生关系的颙园门人及中大师生群体；有着亲属关系的傅静庵、傅仲陶兄弟，佟绍弼、佟立章兄弟，冯秋雪、冯印雪兄弟，孙仲瑛、孙甄陶祖孙；有着朋友关系的黎六禾、冯秋雪、朱庸斋、詹安泰等等。与历来传统文人结社方式一致，《岭雅》文人群体也主要依靠地缘、学缘、血缘三大途径聚合起来。此外，熟人介绍也是《岭雅》文化关系网建立的主要途径。

（三）复古与尚雅弃俗的文学立场

一般而言，刊物中诗词作品的内容、特色往往受到刊物宗旨和纲领的影响。

民国时期许多报刊都有着明确的宗旨或纲领，如《词学季刊》在创刊号上即表明“以约集同好研究词学发行定期刊物为宗旨”①，《青鹤》的办刊宗旨即“为国学谋硕果之存”②。《岭雅》发起者之一陈融，在岭南政界、文化界俱负盛誉，尝于广州越秀山麓筑“颙园”，诗酒之会极一时之盛，冒广生、商衍鎏等都曾作客其间，后有“南园今五子”之称的佟绍弼、余心一、曾希颖、熊润桐、李履庵亦时常出入门下。陈融在《岭雅》中是一位灵魂核心人物，在副刊的定位、风旨的确定、同人关系网络的建立中都发挥了重要的作用。他在《岭雅》创刊号的《黄梅花屋诗话》开篇中引用了胡汉民（《与协之谈述中山先生之论诗二十五叠至韵记之一首》）“用夷变夏风，下乔入谷意，不能到古人，徒欲树新帜”③ 和孙中山“今倡为至粗率浅俚之诗，不复求二千余年吾国之粹美，或者人人能诗而中国无诗矣”④ 等语句，采取“借人之舌，明己之志”手法，通过征引旁人对新旧诗歌的评论，实际阐明了其认为以新诗来替代传统诗歌，无异于舍精华而取糟粕的观点和态度。此文作为《岭雅》副刊的开篇之作，正是陈融对自己以及《岭雅》副刊的文学立场的一个宣扬⑤，其意义和地位可想而知。与张北海在创刊之初打出“恢复中华传统文化”的旗帜一样，陈融点明了《岭雅》副刊的宗旨与文学立场，即通过对传统

① 龙榆生：《词学季刊》（上），国家图书馆出版社 2015 年版，第 225 页。
② 汤漪：《青鹤别叙》，《青鹤》1 卷 1 期，1932 年 11 月 5 日。
③ 陈寂、傅静庵主编：《岭雅》，广州人民出版社 2013 年版，第 1 页。
④ 陈寂、傅静庵主编：《岭雅》，广州人民出版社 2013 年版，第 1-2 页
⑤ 张瑜：《〈岭雅〉研究》，中山大学硕士学位论文，2015 年，第 45 页。

文学的推崇，促进传统文化的复兴，摒弃粗率浅俚的诗歌风格，追求雅正的诗歌传统。《岭雅》同人群体正是在对这一宗旨的认同下，怀揣着共同的诗学理想而聚合在一起的。

《岭雅》诗词作品风格主要倾向以“古典雅正”为主。陈融将副刊定名为《岭雅》，顾名思义，“岭”为岭南，“雅”为雅正之音。这既是他对刊物的期待，也是对诗词作品应有品质的定位，即高尚、典雅、不粗俗。主编陈寂自小受旧式私塾教育，诗学杜甫、陈师道等，诗歌古雅中正、本色当行，选编稿件时自然也渗透了他对诗词的理解与喜好。在刊物理念宗旨和主编喜好侧重的综合作用下，造就了《岭雅》“言志复缘情，绮丽何必弃。天然去雕饰，亦非巴人事”① 的作品与作者定位。这与自晚清以来“谐部”盛行，普遍追求通俗浅近的粤地报刊是有所区别的。陈融在《黄梅花屋诗话》② 中曾录冒疚斋《绝句》：“竹枝自是巴渝调，本地风光恰入诗。我有粤讴忘不得，枨枨弦琐夜凉时。”随后，他又录余祖明《竹枝词》数首，称“盖抗战期间居蜀之作，堪称诗史”，评价甚高。主编陈寂于20世纪60年代后，专注于研究《粤讴》，并著有《粤讴评注》一书。由此观之，《岭雅》作者们对民间俗调的创作并不反对，甚至持褒扬的态度，一些作者也身体力行地进行创作，但在《岭雅》中却不录一首，足见其对“雅正”这一选录标准的坚定执行，并一以贯之。

《岭雅》作者群体主要由岭南社会文化精英构成，其中八成都曾在大学任教席。这样的成员比重，使《岭雅》在总体上呈现“雅正”之外，还兼具“学人之诗”的特点。有关学人之诗的涵义向来阐释者颇多。清代方贞观《辍锻录》言“有诗人之诗，有学人之诗，有才人之诗……学人之诗，博闻强识，好学深思”③，认为学人之诗应偏重学识思理的表达。稍后的朱景英则认为学人之诗是“必有为而作，无不典之词”④，指出“好用典”的特征。陈衍在《石遗室诗话》中评点张亨素的诗“惨淡经营，一丝不苟”，不过百字的两首诗“凡用经史十许处，几于字字皆有来历”，皆“所谓学人之诗也”⑤。前半句点明张诗以学问为根柢、重识重理的特质，后半句则指出其诗中运用典故数目之多。可见，“学人之诗”的“重学思”、“好用典”两个特征，得到了后世学者的普遍认同。《岭雅》学者诗中喜用典故、寄托遥深的不在少数，如熊润桐《海上》⑥：

去马来牛为底忙，两涯烟水正茫茫。人间各有无穷世，海上空传不死方。

---

① 陈寂、傅静庵主编：《岭雅》，广东人民出版社2013年版，第1页。

② 陈寂、傅静庵主编：《岭雅》，广东人民出版社2013年版，第471页。

③ 方贞观：《辍锻录》，《清诗话续编》，上海古籍出版社1983年版，第1936页。

④ 朱景英：《〈萝村诗选〉序》，《朱景英集》，中国社会科学出版社2017年版，第298页。

⑤ 陈衍：《石遗室诗话》（一），辽宁教育出版社1998年版，第80-81页。

⑥ 陈寂、傅静庵主编：《岭雅》，广东人民出版社2013年版，第468页。

漫说太冲思濯足，可怜汉武已褰裳。行看小试麻姑爪，应念长江旧种桑。

这首诗应是受李商隐《海上》① 影响而作。诗中引用了大量典故："去马来牛为底忙，两涯烟水正茫茫"出自《庄子·秋水》，"太冲思濯足"出自左太冲《咏史》，"汉武褰裳"典出《世说新语·言语》"若秦汉之君，必当褰裳濡足"，"麻姑爪"典故源自葛洪《神仙传》卷二《王远》"麻姑手爪似鸟"，"长江旧种桑"则化用陶渊明《拟古九首》（其九）"种桑长江边"。熊氏借这些典故表达世间沧海桑田、变幻无常，不要执着于那些虚无缥缈的事情，流露出对宇宙人生的思考和态度。全诗几乎句句皆有出处，处处皆露学问。这与熊润桐长期出任大学诗学教席，学识根抵深厚不无联系。

陈寂作为大学教授，亦深受宋诗、同光一脉影响，诗歌取法黄庭坚、陈师道。黄、陈诗歌皆学力专精，求奇拙，讲究诗句锤炼，陈寂诗亦承此特点，学义奥衍，时有涩语警句，如"何人肯以羊裘老，一世都从肉食谋"②、"残刍不饱牛羊队，天路常宽雕鹗盘"③。胡迎建评价其诗歌道："奥莹沉雄，力盘硬语，句有拗折劲涩之趣，晚年能用典天成。"④ 同样，担任大学教授的吴三立、詹安泰、陈湛铨等人的诗作，也都沾染了"学人之诗"特点。

此外，咏史诗的书写也是《岭雅》诗人展现其学问涵养的一种方式。胡毅生《读世说新语》⑤，熊润桐《读王导传》、《戊寅读史杂忆》⑥，曾昭桦《读史》⑦ 等诗，熔铸经史，贯穿百代，渗透了阅读中的思考与体悟，学力之深、学思之敏可以洞见。

陈衍同时还认为，诗人采用的诗歌语言、创作方式与其身份、学识、背景是相"称"的："语言文字，各有各人身份，惟其称而已。所以寻常妇女难得伟词，穷来书生耻言抱负，至于身而戎行，躬擐甲胄，则辛稼轩之金戈铁马、岳武穆之收拾山河，故不能绳以京兆之推敲、饭颗之苦吟矣。"⑧ 因而，《岭雅》表现出来的"学人之诗"倾向，有时并不是刻意发幽阐理，以议论为诗，而是因其学者身份和精英意识，潜移默化地影响了其诗歌创作，深厚的学力渗透于文辞之间。张叔俦在《得不匮室主人来书赋答》一

① 李商隐《海上》："石桥东望海连天，徐福空来不得仙。直遣麻姑与搔背，可能留命待桑田。"李诗原为一首讽刺君王求仙的诗。

② 陈寂、傅静庵主编：《岭雅》，广东人民出版社 2013 年版，第 118 页。

③ 陈寂、傅静庵主编：《岭雅》，广东人民出版社 2013 年版，第 71 页。

④ 胡迎建：《民国旧体诗史稿》，江西人民出版社 2005 年版，第 447 页。

⑤ 陈寂、傅静庵主编：《岭雅》，广东人民出版社 2013 年版，第 310 页。

⑥ 陈寂、傅静庵主编：《岭雅》，广东人民出版社 2013 年版，第 312 页。

⑦ 陈寂、傅静庵主编：《岭雅》，广东人民出版社 2013 年版，第 743 页。

⑧ 陈衍：《石遗室诗话》（二），辽宁教育出版社 1998 年版，第 458 页

文中提出“骨力万卷撑”①，认为深厚的学识是诗词风骨的重要底蕴和支撑，并非是一种炫耀的方式。可见，《岭雅》中学者型诗人所作诗词虽有学人之气，但并不以生涩奥衍、佶屈聱牙为尚，更多的是学问与性情的结合。

除具有“学人之诗”特质外，自然平易、通俗晓畅之作在《岭雅》中也颇多。但这种通俗是指诗意圆融、语言平实，并无俚语俗语的掺入。诗歌语言风格的选择，一方面源于诗人本身的创作喜好、师从取法，另一方面则基于不同题材内容的表达需要。《岭雅》作品总的来说可以分为两大类型——聚焦社会和关注自我。前者主要描写战争与民生等社会现实内容，后者主要表现唱和酬答、写景纪游、读书论诗、遣兴抒怀等个人闲适生活。在一些闲适主题表达过程中，通俗自然的语言风格往往是诗人们的首选，尤其是在一些写景记游诗中。画家冯缃碧最喜作这类诗，诗风清丽婉转、恬淡自然，在乱世中呈现出一种文人的闲适之趣。在冯氏的作品中常常能够感受到诗与画的融合，如“滕对塘莲香未陨，万花明灭一身藏”（《红楼初秋感作》）②、“月色千盘叶满塘，露华浓处走珠光”（《七月十九夜起对塘莲作》③，每一联都似一帧画面，笔墨清新，意境优美。陈寂诗歌虽有不少喜用典故和锤字炼句之作，但在其描绘乡村生活的作品中，亦表现出清新可爱、平淡自然的特质，如：“课儿颇有栽瓜意，棚底新苗欲上初”（《南塘》其二）④、“还归就晚灯，蛛丝飘雨人”（《雨夜》）⑤，将乡间田园生活的质朴与适意生动地展现出来。

同时，平易通俗的语言风格在一定程度上也受到报纸大众传媒属性的影响，即在编辑过程中需要考虑普通受众的审美品位和喜好。这一时期有知识的市民阶层仍然为报纸的主体读者群，不少读者仍旧喜爱并习惯浅近的文言诗文，因此登载通俗晓畅的诗歌，既有其历史渊源，也是对市场需求的适应。

四、《岭雅》对旧体诗词传衍的意义

《岭雅》设立之后，虽然在旧式文人中“热闹”了一番，作为日暮穷途的国民党的党报副刊，发行份额每况愈下，产生的市场影响也十分有限，但它之于20世纪40年代末期旧体诗词传衍的意义却是深远的。

---

① 陈寂、傅静庵主编：《岭雅》，广东人民出版社2013年版，第158页。
② 陈寂、傅静庵主编：《岭雅》，广东人民出版社2013年版，第708页。
③ 陈寂、傅静庵主编：《岭雅》，广东人民出版社2013年版，第720页。
④ 陈寂、傅静庵主编：《岭雅》，广东人民出版社2013年版，第757页。
⑤ 陈寂、傅静庵主编：《岭雅》，广东人民出版社2013年版，第580页。

（一）凝聚起了一支规模庞大、风格多样的诗人队伍，显示了其开放和包容的特征

《岭雅》的作者名单几乎囊括了当时岭南文坛最优秀的诗人。上文我们曾提到过《岭雅》是典型的同人刊物，它是以地缘、学缘、血缘为基础建立的，相对独立的各个圈子间亦有重合与拓展。《岭雅》的创办让这些原本活跃于各自圈内的诗人打破壁垒，融合成为拥有较大规模的《岭雅》作者群体，在民国末年岭南文化界造成了一定声势。这种文化声势对这一时期旧体诗词的传衍来说无疑是有积极作用的。

这些优秀诗人的聚合，一方面得益于主编陈寂、傅静庵，以及文坛耆宿陈融、叶恭绰等人在岭南诗词界的影响力、向心力，他们除自身精于诗词外，与当时的文化精英们亦建立了广泛的关系网络，得到了许多交谊甚笃的作者的支持；一方面也基于刊物的黏合度，即让更多同气相求的创作和研究者能够聚集在刊物周围，以刊物为沟通交流的重要平台，供他们传播诗作，表明观念。可见，主编与作者双向迫切的共同需求，是《岭雅》能够在短时间内荟聚众多诗词名家，成为当时岭南地区旧体诗词发表阵地的重要原因。在民国末期旧体文学刊物式微的背景下，《岭雅》无论是作者人数，还是作品水平都是令人瞩目的，"为当时岭南的文人、教授和诗词爱好者提供了作品交流的园地"①。这对于因大众传播空间急剧压缩，而再次转入"私人化"的旧体诗词来说，又重新获得了进入公共空间的机会，提升了文人对旧体诗词的创作热情，促进了岭南旧体诗词的传播与发展。

这些文人深受传统文化的浸淫，在旧体文学上颇有建树。虽然《岭雅》的作者是在"复古"、"雅正"的诗学理想下抟结起来的，但由于生长环境、知识结构、职业身份的不同，他们在创作中也体现出不同的艺术特色。老一辈国民党官员诗歌语言婉丽冲和、雍容大气，如词社核心成员黎六禾，社课常以其首唱，后辈多附和之，有"天教离乱造诗人，江山助就文章草"（《踏莎行·题余越园寒柯堂诗用王中仙韵》）② 句，陈融曾评价其作品为"词人老作英雄语"③。年轻一代则多有雄直壮阔之襟怀，如刘家传《登岳麓》④"绝顶穿云上，天风一扫埃。江声腾梦去，岳色压眉来"，诗句气势澎湃、动静结合，将岳麓山高耸穿云、凌风呼啸的气势渲染出来。还有岭南各界的文化中坚，他们的诗词则显示出更为多样的色彩：有似陈寂类，多书写个人情感与书斋生活；也有似黄海章类，将国家战乱景象与自身感悟融为一体；更有似冯缃碧类，专注于表现雅致闲适的

---

① 邓圻同：《畅秋集》，广州市荔湾区地方志编纂委员会办公室，1998 年，第 33 页。

② 陈寂、傅静庵主编：《岭雅》，广东人民出版社 2013 年版，第 689 页。

③ 陈寂、傅静庵主编：《岭雅》，广东人民出版社 2013 年版，第 160 页。

④ 陈寂、傅静庵主编：《岭雅》，广东人民出版社 2013 年版，第 406 页。

酬答、交游生活。诗笔或梗概苍凉，或醇雅秀韵、劲峭瘦硬。在兼容并包的胸怀下，风格迥异的诗人队伍造就了《岭雅》作品不同的风貌特征，但是，诗人们对旧体诗词创作的志趣与传承传统文化的理想等方面还是呈现出相当一致的特点。

（二）集中保存了一批高水平的诗词文献

《岭雅》所载诗文达2000余篇，名家云集，佳作层出，在国内可谓一时无两。

首先，《岭雅》使一批创作于抗战时期，指斥日本侵略者暴行，悲悯民间百姓疾苦的诗歌得以保存。抗日战争时期，旧体诗词曾出现短暂的复兴。在民族存亡之际，许多知识分子的文化寄托又回归于传统文学，借诗词表达对日本军队侵略行为的悲愤和战乱中流离颠沛的伤怀。但由于政治及现实等多方面的因素，不少作品难以发表。陈寂提及自己在抗战期间的创作情况，这样描述道："间复涉笔，著墨虽多，可存盖寡。"① 可见，除了发表途径闭塞，诗作的散佚情况也十分严重。《岭雅》的出现，让这些在战乱中保存下来的诗歌得以付梓刊行，并呈现于公众视线前。许多在这一时期创作的诗歌，对战争给国家、人民带来的深重灾难和自身的悲惨境遇予以了详细刻画，具有较高的社会历史价值。如："长者徐行少壮殿，童稚跳踔屡前越……老夫登高不须杖，临深每虞脚底滑"（《丁丑冬暮偕朱叟印三同率儿孙步月澳岸之西南湾归途就市店小饮时避地澳门之始》）② 将大战将至，人们扶老携幼离开故土以求躲避战祸的情形刻画得淋漓尽致，有如诗史。

其次，《岭雅》保存了大批岭南文人诗词文献作品。佟绍弼，字绍弼，号腊斋，曾任勷勤大学、广东大学、国民大学、广州大学教授。有《腊斋吟草》，诗2000余篇，已佚。后由中山大学陈永正教授辑得300余首，题名为《腊斋诗集》，由广州诗社出版③。其中，刊载于《岭雅》之上的诗文就达76篇之多。一般而言，投稿作品都会经过作者的反复甄选，可以说在一定程度上代表着其作品中的较高水平，为诗集辑存提供了大量文献资料。还有李沧萍、李崇纲等岭南名家，于今未见诗集传世，《岭雅》中载其诗文数十余篇，以见其创作风貌。陈融的《黄梅书屋诗话》不仅是一部具有很高学术意义的现当代诗学理论著作，而且还十分注重地方文献资料的收集和整理，保存了不少珍贵的历史文献，记录了大量岭南诗人的生平佚事与诗歌作品，有重要的文献价值。书中同时介

① 陈寂、傅静庵主编：《岭雅》，广东人民出版社2013年版，第505页。

② 陈寂、傅静庵主编：《岭雅》，广东人民出版社2013年版，第383页。

③ 佟绍弼：《腊斋诗集》，广州诗社丛书，2004年，第115页。2003年，曾翊良将手刻油印之《腊斋吟草》赠与陈永正先生，其中录诗138首。陈先生随即从广东省书法家协会编集之《佟绍弼书法集》及旧报刊中辑得若干首，交与广州诗社丛书出版。

绍了一些未刊诗文稿，如冯植园《讷友山房稿本》等，均作详细评论。又如林象銮、梁于渭、罗蕙屏、黎簾庭、李紫屏等诗家，多无专集留存，仅赖此得以传世。此外，《岭雅》还特意对一些过去不受人关注的地区诗人作专节评述，列举其中名篇佳句①，使其得以彰显。

再次，《岭雅》保存了大量词社社课作品，通过这些作品可窥见词社开展的大致面貌。为倡岭南词风，1948 年 8 月 14 日在叶恭绰的提倡下组建了词社②。词社聚集了多位岭南词坛的名宿大家。黎六禾、胡伯孝、黄咏雩、詹安泰、朱庸斋、张叔俦、刘伯端等都是词社主要参与者。因大家意见不合，词社社名一直悬而未定，加之存续时间较短，内部组织也较为松散，未能形成较大的影响。词社成员时常酬唱赠答、雅集社课，社课作品通常刊登在《岭雅》之上，其中不乏名篇佳制。词社虽通过《岭雅》刊发作品，但与以往以刊物为核心的文人组织不同，它的成立并不是纯粹依托于《岭雅》，而是有着自己的词学宗旨与理想，即“倡岭南词风”。《岭雅》作为当时重要的旧体诗词刊物，为词社提供了发表作品的场域，将作品传播导入公共平台，让粤穗文人、普通读者都能知晓词社创作和开展情况。同时，《岭雅》的刊布周期短，保证了作品传播的时效性，读者可以及时阅读与学习词坛大家的最新力作，从中汲取创作的养分，对岭南旧体诗词在此时期的传衍也起到了促进作用。总之，词社为《岭雅》提供了优秀而丰富的稿源；通过《岭雅》的传播，词社得以扩大影响，作品资料也得以保存。

（三）反映了社会转型时期旧体诗词在公共刊物上的生存状况，同时也是旧式文人的生存状态和心灵世界的客观映射，是旧体诗词发展传衍的一个历史节点

40 年代末期，处在社会转型的关键时期，一边是日薄西山的国民党政权已经处于垂死挣扎的边缘，一边是中国共产党以星星之火可以燎原之势即将解放全国。不仅在粤中境内，在全国刊物中都较少能寻得旧体文学的踪影，以旧体文学为主单独开辟的文艺副刊则更为罕见。公众视野下，我们甚少能看到同时代文人的相关作品，旧体诗词传播仿佛回到晚清时期的命运——再次退居幕后，以私人刊刻或油印出版为主，成为一群人小范围内孤独的狂欢。《岭雅》的出现给旧式文人提供了公共文化的生存空间，让他们的作品得到一个在公众视野下传播的途径。其刊发状况和传播状况无疑是在社会动荡、文化转型的大背景下，旧体诗词刊物经营现实的客观反映。

长期的政局不稳、战乱不休，给《岭雅》的作者们带来极度的不安与焦虑。尤其正

① 陈永正：《岭雅·前言》，广东人民出版社 2013 年版，第 8 页。

② 李文约：《朱庸斋先生年谱》，香港素茂文化出版有限公司 2012 年版，第 58 页。

处于社会变革与政权更替之际这一特殊的历史节点，他们所创作的诗词则具有更为特殊的历史价值。他们在诗歌中大量抒发因饱尝战乱之苦而产生的去国怀乡之悲，反映时代之变迁，蕴含着深广的社会内容。这一类诗歌是《岭雅》作品中一个重要的组成部分。

熊润桐将在抗战时期所作之诗编成《羿彀集》一卷。熊氏通过自己在战争中的所见、所感，将当时社会局势与群众生存状况的方方面面用诗歌记录了下来。集中有“破晓惊雷作，飞轺挟弹翔。仰窥天惨澹，瞑想血玄黄”（《七月廿六日作》）① 对激烈战争的正面描写；有“孤怀自醉苍茫里，八口相依寂寞滨”（《九日客中》）② 对一家老小战乱漂泊的细腻刻画；也有“何限高楼成断壁，无多病丐倚残扉”（《十一月十八日与儿辈归广州》）③ 对战后废池乔木、民不聊生景象的深切痛惜。陈永正评价此集“记载着一位有良知的学者、诗人在乱离岁月中的心迹”④。像熊润桐一样健笔凌厉地描写战争的诗人，在《岭雅》中还有很多，刘子平“劫火排天降，飞尘喋血殷。惊眸森虎穴，余喘坌柴关”（《故居》（其三））⑤、黄海章“未刊抬望眼，兵火百重城”（《馥林园看杜鹃》）⑥ 都是对当时战乱频繁、民不聊生社会现实的深刻反映。

此外，《岭雅》作者还注重表达漂泊零落的心态，这是乱世文人所特有的一种感受与情怀。日本侵略军于1938年10月攻占广州，粤地诗人们开始了战乱流离的10年。刘伯端《采桑子》⑦ 序“岁暮天涯。不免沦落之感。赋此寄穗垣诸子”，便是避难于异乡诗人们孤独沦落心态的共同写照。战争中漂泊的记忆，在知识分子的身上打下了刻骨的烙印。我们发现，在《岭雅》诗人的诗歌中呈现出大量的“十年”意象。如“不惮一秋重对酒，十年经乱至今伤”（《枕秋阁论诗因置酒》傅静庵）⑧，“兵火十年人老尽，举杯惟恨素心违”（《北园春饮》陈寂）⑨，“十年万事付风烟，客舍相逢只惘然”（《与青萍客舍叙旧》潘小磐）⑩，不约而同都抒发了在经历战争10年后，知识分子的悲凄与迷茫。韶华已逝，人将老，面对未来前途的不确定，内心充满挣扎与吟唱。他们理解自己的

① 陈寂、傅静庵主编：《岭雅》，广东人民出版社2013年版，第289页。
② 陈寂、傅静庵主编：《岭雅》，广东人民出版社2013年版，第289页。
③ 陈寂、傅静庵主编：《岭雅》，广东人民出版社2013年版，第343页。
④ 陈寂、傅静庵主编：《岭雅》，广东人民出版社2013年版，第10页。
⑤ 陈寂、傅静庵主编：《岭雅》，广东人民出版社2013年版，第328页
⑥ 陈寂、傅静庵主编：《岭雅》，广东人民出版社2013年版，第49页。
⑦ 陈寂、傅静庵主编：《岭雅》，广东人民出版社2013年版，第361页。
⑧ 陈寂、傅静庵主编：《岭雅》，广东人民出版社2013年版，第258页。
⑨ 陈寂、傅静庵主编：《岭雅》，广东人民出版社2013年版，第129页。
⑩ 陈寂、傅静庵主编：《岭雅》，广东人民出版社2013年版，第580页。

“漂泊伶仃劫后身”，不过是“照眼河山一粟尘”（《题湖船篴图卷》（其一）李沧萍）①的无力与苍白，战争胜利之后又流露出“正湖海飘零辛苦。料理归装，喜萦眉宇”（《长亭怨·乙酉十月自澳门返广州》张荫庭）② 的轻松愉悦的归乡之情。他们心底的情绪往往随着时局的动荡而不时泛起涟漪，体现出乱世文人那种特殊的敏感。

“国家不幸诗家幸”，饱尝战乱之苦的诗人们是不幸的，但又是幸运的。正如熊润桐在其《厄闰集》小序中写道：“然予身虽厄，而得诗读独多。倘所谓屈于此而伸于彼邪？或者天其有意欲昌吾诗而故厄吾之身也。”③ 诗人虽身处困难的环境里，却迎来了诗歌创作的新高潮。他们的诗词是对那一特殊历史时代的反映，是乱世文人无可奈何的咏叹，是他们心灵世界最真实的吟唱，折射出在社会动荡的历史节点中，旧式文人的生存状况与心路历程。

结　语

综观旧体诗词在文艺副刊中的兴衰历程，与大众主流审美的变更是有着因果联系的。某种程度上，我们可以说文艺副刊上刊载的作品，代表着这一时期的流行倾向，是主流文学的风向标。清末民初，随着现代报刊的发展，仍然占领着主流文化的旧体诗词，如雨后春笋般地出现在各大版面之上，而在“五四”运动席卷全国后，又在社会急剧转型之中遭受了空前的文化震荡。白话文学作为新的主流文学，全面抢夺着各大报刊的话语主导权与读者市场。如果说 20 年代的旧体诗词刊物还有着希望与新文学一争高下的凌厉，到了 30 年代后，这类刊物更多类似于一个精神上的“诗酒唱和”之社，其实质是一种以刊物为载体、以旧体诗文为主创的文人聚会。这种变化归根结底是旧体诗词生存空间严重窄化，受众阶层范围急剧缩小所造成的，只能在特定的文化圈子内维持着一定的繁荣。解放战争开始后，传统文化的支持者们仍然在局部区域一以贯之地坚持，努力为旧体诗词争取着一块自留地。《岭雅》创办的 40 年代末，旧体诗词实际上已经退居边缘地带。《岭雅》同人所尽力而为的，不过是在传统文化的秋凉之际，努力营造出一个可供暂时沉湎其中的“温室”。彼时，粤穗地区相对开放的文化态度，“官方”的支持，为《岭雅》副刊提供了较为“滋润”的生存空间。发起者们也着力以刊物为中心，集合岭南地区诗词创作精英，利用他们较高的社会声望和创作水平，逐渐形成群落优势，在岭

---

① 陈寂、傅静庵主编：《岭雅》，广东人民出版社 2013 年版，第 397 页。

② 陈寂、傅静庵主编：《岭雅》，广东人民出版社 2013 年版，第 666 页。

③ 陈寂、傅静庵主编：《岭雅》，广东人民出版社 2013 年版，第 18 页。

南乃至全国造成了一定声势。可见，即便是到了40年代末期，报刊媒体对传统诗词生存和发展所起的影响仍然不可小觑，客观上促成了这一时期岭南文化圈的盛况和旧体诗词的勃兴，对旧体诗词在岭南地区的传衍发展起到了不可替代的作用。同时，与民国时期南京、上海等地旧式文人雅集结社现象也形成群体呼应。随着中华人民共和国成立前《岭雅》作者陆续迁往中国香港、澳门、台湾等地，旧体诗词的影响随即向南转移。尤其主编之一的傅静庵移居中国香港后，创办鸿社，广收门徒，吟咏不断。在他的促成下，《岭雅》季刊于1983年复刊，诗风赓续，余韵绵延，其影响延续至21世纪①。

（作者单位：吉首大学音乐舞蹈学院、中山大学中文系）

① 鲍绍霖等主编：《北学难移——港台文史哲溯源：1949》（学人卷），台湾秀威资讯科技股份有限公司2015年版，第192页。

“灰”、“红”之辨：一份左翼杂志的战斗诗学

——以《北斗》的诗歌栏目为考察中心①

许仁浩

一

作为一本中国左翼作家联盟的机关刊物，《北斗》诞生于20世纪30年代特殊的政治文化语境。为打破国民党的文化围剿，《北斗》于1931年秋艰难创刊。自该年9月20日第一卷第一期开始到次年7月20日出版第二卷第三、四期合刊止，《北斗》最终定格为一份发行了两卷七册共八期的文学杂志。换言之，《北斗》也是一份“短命”的杂志。据鲁迅和茅盾选编《草鞋脚·中国左翼文艺定期刊编目》② 时所做的统计，《太阳》、《创造月刊》、《萌芽》、《拓荒者》、《前哨》、《文艺月报》等左翼刊物的存在时间都未超过一年，其中，《北斗》也赫然在列。可见，在波诡云谲的30年代，绝大部分的左翼文艺期刊都难护自己周全。

《北斗》杂志由丁玲任主编，姚蓬子、沈起予协同编辑。实际上，拉稿、看稿的工

---

① 本文系国家社会科学基金青年项目“读者批评与‘颓废’诗学建构研究（1920—1940年代）”（19CZW037）的研究成果。

② 《草鞋脚》是应伊罗生（H. R. Isaacs）之邀，由鲁迅和茅盾在1934年编选的一部现代中国作家的短篇小说集。《草鞋脚》最初命名为《中国被窒息的声音》，原计划编定之后由伊罗生对其进行翻译并在美国出版，但由于种种原因翻译出版工作搁浅了。及至1974年，麻省理工学院出版部才接受了这部书，该书附有《中国左翼文艺定期刊编目》，对于了解当时的左翼文艺杂志极具价值。现今，《中国左翼文艺定期刊编目》可在《鲁迅研究资料·6》（1980年10月）得见全貌。关于《草鞋脚》的编选和出版往事可参看杨建民《昨日文坛的别异风景》（西安出版社2013年版），其中《迟出四十年的〈草鞋脚〉》一文梳理甚详。

作主要由丁玲负责，沈起予专管论文和译稿，姚蓬子则负责排版、印刷及校对工作。丁玲还曾这样笑谈道："姚蓬子跑印刷厂，所以第一期他的稿子发头条，第二期他的稿子还是发头条，他管排版嘛！"①《北斗》由湖风书局出版，每月20号与读者见面，由于它是"当时全中国在左联领导下的唯一的文艺刊物"②，又很大程度上克服了关门主义和宗派主义的倾向，同时还在创作和批评上双管齐下，因而"留给人们的印象是历来左翼文学刊物中最好的一种"③。《北斗》的"执笔者除了左联的作家外，也有'自由主义'的中间作家"④，因此视野相较其他左联刊物更开阔，态度也更包容，虽然它的"历史不算长，但在左联刊物中，则要算坚持得较久而且容量丰厚、建树斐然的了"⑤。《北斗》在栏目设置上力求多元，小说、诗歌、戏剧、小品、世界名著选译、批评与介绍、文艺随笔、通讯、杂感、主题征文均有涉足。除了第二卷第二期"无诗"外，《北斗》其他每期都有诗，且不止一首，偶尔还发表译诗，其对诗歌栏目的重视可由此管窥一斑。

丁玲主编《北斗》实则是受命于危难之际，在当时严峻的时局下（国民党当局查禁、封锁、销毁出版物的势头异常凶猛），张闻天、冯雪峰等左联领导对她下达了一项颇具挑战性的任务，即在夹缝中创办一个左翼文学刊物。因此，将刊物办得"灰色一点"成为《北斗》草创期的必然选择，这也是主编丁玲务必严守的斗争策略。在言论自由受到极大钳制的特殊时期，作家们有苦难言，满腹愤懑，但张闻天等人却对《北斗》提出"不要硬碰，不要赤膊上阵"的作战要求。丁玲谨记这条箴言，竭其所能地将早期《北斗》灰色化。但是，随着杂志的持续运行，《北斗》的颜色逐渐鲜亮起来。不过，《北斗》颜色的由"灰"入"红"正好揭示了杂志的真实本相，却也因此导致刊物命运的最后终结。茅盾也曾对《北斗》的"遭禁"抱有惋惜："第三期以后，丁玲忙别的去了，刊物又'红'了起来，那些'中间'老作家的文章也绝迹了，终于又遭到了查封的命运。"⑥

在短短10个月的办刊周期内，《北斗》上演了一场"灰与红"的变奏，其中所折射的实则是一份左翼杂志的战斗诗学。诗歌栏目作为《北斗》一以贯之的版面重镇，不可避免地裹挟进这场"灰"、"红"之辨的历史洪流，并且由于诗歌文体的特殊性，《北斗》

---

① 据1980年2月丁玲与叶孝慎等人谈话时的录音整理稿。见王增如、李向东：《丁玲传》，中国大百科全书出版社2015年版，第81页。

② 茅盾：《女作家丁玲》，袁良骏编《丁玲研究资料》，天津人民出版社1982年版，第255页。

③ 周良沛：《丁玲传》，北京十月文艺出版社1993年版，第250页。

④ 鲁迅、茅盾：《中国左翼文艺定期刊编目》，《鲁迅研究资料·6》，天津人民出版社1980年版，第26页。

⑤ 杨义：《中国现代文学图志》，生活·读书·新知三联书店2009年版，第360页。

⑥ 茅盾：《我走过的道路》（中），人民文学出版社1984年版，第72页。

的颜色转向在该栏目体现得最为明晰、直接。诗歌除了抒情、叙事等习见的表达功能，也能率先对政治、时局、战争等特殊客体做出快速反应，并展现强大的号召性、引领性和鼓动性。因此，《北斗》的由“灰”入“红”，在诗歌栏目具体表现为两种美学力量的正面交锋，而这种博弈所暗示的正是杂志身份的“隐/显”以及中国知识分子的主体精神。

二

《北斗》的创刊号颇耐人寻味，它未设发刊词，仅在杂志末尾缀有一则编后记，这篇后记絮叨、拉杂，充斥着主编的个人感性，全然不具备提纲挈领的性质。丁玲在后记中主要自陈性格特点，表达对小说的一些看法以及主编《北斗》的浅层缘由，甚至还对手头工作进行了流水账似的交代。这篇后记的措辞和语调带有强烈的个人印记，但其内里却显示出丁玲作为主编的战斗艺术，它使“放逐”了发刊词的《北斗》也未在编后记中透露出明确的办刊意图。丁玲甚至还在后记中抱怨道：“现在可以读的杂志太少了。我自己就感到这方面缺少的难过。所以我立志要来弄出一个不会使读者过分上当的东西来。”① 这种基于文学现状而非对政治、时局的怨言实质上属于迂回战术，它在一定程度上起到了迷惑敌方审察人员的效果。但《北斗》的创刊号并未放弃办刊倾向的传达。颜雄在访谈丁玲时就曾敏锐地指出，创刊号卷首的木刻版画《牺牲》、丁玲的诗《给我爱的》以及编后记三者一起向读者曲折地表明了心迹②，《北斗》真正的读者能够从中体察主编的难处与杂志的良苦用心。

《北斗》创刊号发表诗歌4首，作者分别是冰心、T. L.（丁玲）、林徽音和徐志摩。其中，冰心、林徽音、徐志摩都是新诗史上的重要诗人，而丁玲却一直以小说为志业，所以她的这首《给我爱的》就更显独异。这首诗共有3部分，第一部分写“你”，第二部分写“你和我”，最后上升到“大家”。它的标题极易让人读解为一首“爱情诗”，而且正文也贯彻一种“革命+恋爱”的抒写模式。但必须注意到，丁玲的运笔重心在“信仰”而非“爱情”的甜蜜外衣，她试图抬升“爱情”并抵达一种主观的战斗精神：

我们不是诗人，
我们不会讲到月亮，也不讲夜莺，

---

① 丁玲：《北斗·编后记》（创刊号）1931年第1卷第1期。
② 参见颜雄：《丁玲说〈北斗〉》，《新文学史料》2004年第3期。

还和那些所谓爱情；

我们只讲一个信仰，它固定着我们的心①。

甚至，“爱情”还成为诗人所拒斥的元素。丁玲通过相似句式的回环——“只有一种信仰，固定着你的心”（其一）、“只讲一种信仰，它固定着我们的心”（其二）、“只有一种信仰，固定着我们大家的心”（其三）——将“信仰”凝定为这首诗的核心。吊诡的是，如此适合表明主编心迹的诗，丁玲却使用了一个读者完全陌生的笔名T. L.，这自然是由杂志的“灰色”策略所致。和诸多供稿人使用新笔名发表作品同理，丁玲用T. L. 发表《给我爱的》也是一种“障眼法”。在“爱情”和全新笔名的烟雾弹下，这首诗既起到了鼓舞士气、争取同路人的效果，亦不至于太过张扬，加之创刊号的诗歌栏目还有冰心、林徽音和徐志摩的偕行，从而容易将“敌人”的注意力分散开去。

冰心在《北斗》创刊号上发表的诗歌《我劝你》则涉及一桩文学公案②。撇去其中的诸多纷繁不谈，这首诗就文本而言确是诗如其名，通篇充满劝解的口吻。诗人以“只有女人知道女人的心”起头，然后规劝另一个“她”（诗中的“你”）“莫相信诗人的话语”，因为诗人的“话语”仅仅是投合“你的爱好/你的骄傲”。同时不无善意地提醒，“浪漫的诗人”往往使用“剧意”、“诗情”感染人、打动人，但他们实际上只是将这些看成“游戏”，但是“你”（即冰心的规劝对象“她”）却在这“游戏”里“逗露着游戏的真诚”。该诗尾句，冰心甚至写出了拳头式的句子：“只有永远的冷淡，/是永远的亲密。”更可爱的是，此刻已是文坛大姐辈的冰心还直勾勾地指出“不过还有一个好人，你的丈夫……”，意欲以此衬托“诗人”的负面形象，进而将自己的劝解变成具有现实感的建议。一改冰心的疏淡、素雅、爱之弥漫，这首《我劝你》属于直露型作品，这个“她”（如果是林徽因的话）显然能读出其中的影射含义。同期杂志上还有林徽因③的《激昂》和徐志摩的《雁儿》。但《激昂》一反常态，呈现出林徽因坚韧、刚强的一面，该诗宏阔大气、节奏铿锵，富于上扬的力量和主体强劲的精神；徐志摩的《雁儿》则依循新月派的主张，音乐美、建筑美都在诗中得到凸显，不过情绪却始终处于沉郁的状态，“迂回”、“匆忙”、“伤悲”以及无数个问句，使志摩的痛楚逐层渗透出来，而茅盾所批

① T. L.：《给我爱的》，《北斗》（创刊号）1931年第1卷第1期。

② 《我劝你》被认为是冰心劝解林徽因的诗。当时徐志摩和林徽因关系太过密切，冰心对此颇为介意，所以作此诗规劝林徽因。后来，冰心写了著名的《我们太太的客厅》，直接造成与林徽因失和，其中大量内容影射林徽因与徐志摩的暧昧关系。

③ 在《北斗》发表《激昂》时，林徽因仍使用她的本名“林徽音”，后来因“林徽音”与别人的名字相重，遂改笔名为林徽因，并说自己本来就不喜欢“音”字，显得俗气。

评的“一点儿微波似的轻烟似的情绪”① 似有体察不够之嫌。在《我劝你》、《激昂》、《雁儿们》的光芒下，丁玲《给我爱的》虽然不无“把……颜色染红”这样的果敢表达，但它只能构成众星中的一颗，所以并未覆盖创刊号的“灰”。

其后，《北斗》第一卷第二期发表了5首诗，分别是蓬子的《锄之歌》、戴望舒的《昨晚》和《野宴》、冰心的《惊爱如同一阵风》、净子的《夏夜》。这5首诗也是“千人千面”，各有可圈之处。蓬子的《锄之歌》畅快淋漓，激情澎湃，展现了优卓的诗歌推进艺术。该诗欲扬先抑，在细数“锄”的悲惨后引出“锄”的“挣断”和“咆哮”，一种可视的反叛精神呼之欲出，“锄”终于“伸直了脊梁”——“前进，前进，前进!”和苏美尔创世神话《锄之歌》不同，蓬子的这首诗是脚踏实地的本土书写，“锄”在文本中除了工具的含义，也隐喻着劳苦大众，“锄”的困境即劳苦大众的困境。作为一个象征派诗人，蓬子的这首《锄之歌》掘入了更深的境地，该诗也在本期《北斗》上打头阵。刚刚定下一个昂扬的基调，主编丁玲即刻将幕布合拢，接二连三地编排了四首“灰色”作品。其中，戴望舒的《昨晚》是一首制作精良的诗歌，他本要写“昨晚的宴会”，却宕开一笔将笔端推延到宴会过后；他本要写“宴会的盛况”，却不写宾客的开怀畅饮，而是移步换景到屋里杂乱的物什身上。在一种俏皮式的喃喃自语中，诗人将自己对于“器物”的理解推及众人，从而把宾客的肖像、情态和举动渲染开来。《昨晚》是一首难得的佳作，既有巧思又有工笔，精确且饶有余味。相较之下，望舒的另一首诗《野宴》则简单轻快，以短句铺陈，行文上少了些流转之姿，但仍是一首较上乘的作品。冰心的《惊爱如同一阵风》也是短制，属于将写景、抒情一体化的音乐性作品。净子的《夏夜》则在柔丽凄冷的情绪中呼唤“叶丽密”，三句“到树林里来吧，叶丽密”频频低语又满怀渴望，这首诗将诗人的求爱之心一展无遗。

不难看出，《北斗》前两期的诗歌栏目严格遵从上级指示，虽然《给我爱的》和《锄之歌》带有一定的左翼倾向，但由于有冰心、林徽因、徐志摩、戴望舒、净子等人的诗作掩护，这个最易暴露的栏目不但没有出事，反而让《北斗》安稳地度过了草创期。丁玲曾就《北斗》创刊号上的诗歌栏目做过如是回顾：“各有各的写法，不好强求一律。《北斗》杂志就是要不求一律嘛。他们都是我的朋友，同情我支持我，我办刊物向他们拉稿，有求必应。”② 张闻天、冯雪峰对《北斗》的成功创刊极为满意，他们认为丁玲能团结人，同时也看重丁玲身上的“颜色”：丁玲彼时已加入左联但还未入党，可谓是“红”得恰到好处。但正因为丁玲身上的这抹“红”以及左翼作家联盟的本质属性，将后来的《北斗》领入到另一种境地。总之，早期《北斗》的诗歌栏目在思想性、

---

① 茅盾：《徐志摩论》，《现代》1933年第2卷第4期。

② 颜雄：《丁玲说〈北斗〉》，《新文学史料》2004年第3期。

文学性、艺术性上都回应了杂志发轫期的办刊思路，“灰色一点”的策略转化到作品上来就是众芳争艳、但求多元。不过从第一卷第三期起，《北斗》的颜色被急遽擦亮，诗歌栏目也迅速“红”了起来。

三

《北斗》第一卷第三期发表了风斯的《太阳向我来》和甘永柏的《扬子江》，第一卷第四期发表了穆木天的长诗《别乡曲》及其译诗《星星》，第二卷第一期（特大号）发表了5首诗（分别是学易的《一九三二年初夜》、谷飞的《仇敌的祭礼》、芦焚的《失去太阳的人》、王伏雄的《呼唤》、何少川的《请你们想想吧》），第二卷第三、四期合刊的诗歌栏目是白薇的《火信》、森堡的《我们见了飞机的爆音》、莪茄（艾青）的《东方部的会合》。如若将《北斗》第一卷第一、二期上的诗歌与其后发表的诗作进行体量、意象、主题等维度的比较，可将该杂志的“灰”、“红”之辨以更清晰的图谱呈示出来。

首先，体量作为诗歌研究中最直接的观测角度，不仅能廓清因诗歌体量变动造成的形式和美学殊异，同时也是透视诗歌内部裂变的重要门径。从第一卷第三期开始，《北斗》的诗歌体量发生了炸裂性的变化，这些诗开始急速扩张，篇幅不断攀升，以致接近“长诗”① 的样态。前期《北斗》最长的诗是《给我爱的》（76 行），其他作品多在30行左右，30 行以下的短制就有5 首（《激昂》、《雁儿们》、《野宴》、《惊爱如同一阵风》、《夏夜》）。中后期《北斗》的诗歌体量持续增长，百行左右的就有风斯《太阳向我来》（96 行）、穆木天的《别乡曲》（104 行）、谷非《仇敌的祭礼》（116 行）、白薇《火信》（112 行）。从风斯的《太阳向我来》开始，《北斗》一改此前频发短调的习惯，对诗歌版面的激增毫不吝啬，百行长诗接连照登。这些诗不仅在长度上达到一定量值，更重要的是它们对宏大题旨的承载力和包容度。正如帕斯（Octavio Paz，1914—1998）所言，“在短诗中，为了维护一致性而牺牲了变化；在长诗中，变化获得了充分的发挥，同时又不破坏整体性”②。对《太阳向我来》、《别乡曲》、《仇敌的祭礼》、《火信》这类诗作而

---

① 参见张同吾：《长诗与短诗的审美特征》，《文艺评论》1992 年第4 期。张文认为，长诗与短诗没有严格界定，不像小说简单地规定3 万字以下算短篇，3 万字至15 万字（也有的定为12 万字）算中篇，15 万字（或12 万字）以上算长篇。衡量诗的长与短，却没有这种标尺。因此，张同吾提出“长诗”应具备如下审美特征：具有较宏大的题旨和较丰富的精神容量；虚实相映的表现手法和起伏有致的感情节奏；强烈的主体意识和思辨精神。人们对于长诗也有约定俗成的直觉标准，那就是篇幅在两三百行以上的作品。后期《北斗》的“长诗”虽然未达到两三百行的硬性标准，但在审美特征上却与张同吾所论不差。

② ［墨西哥］帕斯：《弓与琴》，赵振江等译，北京燕山出版社2014 年版，第414 页。

言，“一致性”不再是限制，它们一方面围绕核心主旨进行旋转，另一方面又各具变化，不落窠臼，从而获得了更强的感染力和艺术张力。诗歌体量的激增，为意象系统的构建和时代主题的突显提供了必要准备。实际上，诗歌体量的激增也是《北斗》由“灰”入“红”的大势所趋，只有“长诗”才能承载“红”的热血与“红”的质量。

其次，作为现代诗的基本要素，意象是打开诗歌景深的入门工具。意象作为“意中之象”，带有诗人强烈的主观感受，经过作者的情感和意识加工，成为由一个或多个语象组成、具有某种意义自足性的语象结构①。因此，“意象”这种被诗人加工后的元素与诗人的主观选择达成“应和”关系，进而与诗人的情绪、主张和倾向紧密相关。通过比较可知，前期《北斗》的诗歌意象更忧郁、更隐秘、更飞散，中后期《北斗》上的诗歌意象则更激进、更直接、更集中。稍加提取便可罗列出《北斗》早期诗歌的意象：“女人”、“诗人”、“游戏”（《我劝你》），“太阳”、“信仰”、“心”（《给我爱的》），“露”、“雪”、“白云”、“海”（《激昂》），“雁儿”（《雁儿们》），“锄头”、“田野”、“村落”（《锄之歌》），“宴会”、“烟酒”、“拖鞋”、“香水瓶”、“烟灰盂”（《昨晚》），“野餐”、“酒”、“腊味”、“名茶”（《野宴》），“晚霞”、“天空”（《惊爱如同一阵风》），“树林”、“夜”、“月”（《夏夜》）。这些意象各自为政，互不相扰，像《雁儿们》、《昨晚》、《夏夜》的意象总体偏向沉郁、冷寂、凄清，《激昂》、《野宴》的意象则比较明快，但更富暗示性和神秘感，《给我爱的》则是上扬、阔达的，《锄之歌》的意象和乡土靠得相对紧密，《惊爱如同一阵风》的意象则简单、明确。总体来看，这些意象是发散的，诗人们各自携载强烈的主体性从而造成意象乃至诗歌整体的霄壤之别。相形之下，中后期《北斗》的诗歌意象则是另外一副光景：

《太阳向我来》：太阳、梦、夜、阴影、希望……

《扬子江》：扬子江、泪、血汗……

《别乡曲》：故乡、车站、火车、日本、农民……

《一九三二年初夜》：年月、时辰、新闻……

《仇敌的祭礼》：大炮、兄弟、满洲……

《失去太阳的人》：太阳、月、炉火……

《呼唤》：夜、雪片、面包、衣裳、北风、战场……

《请你们想想吧》：日本兵、军阀、仇人、同胞……

《火信》：九一八、火信、日本、满洲、刀枪、洪水、猛兽、暴风雨……

---

① 蒋寅：《语象·物象·意象·意境》，《文学评论》2002年第3期。

《我们见了飞机的爆音》：飞机、满洲、炸弹、日本、奴隶……

《东方部的会合》：灯光、东方、日本、安南、中国……

由上可见，《北斗》后期的诗歌意象尤其是在核心意象上重复度极高，“日本”和“满洲”（已加单横线）成为曝光率最高的两个词汇，这些诗也因之成为“九·一八”事变后民众心声的直观反映。此外，“战场”以及与之相关的意象（已加双横线）应时而生，至于其衍生品则是各种民生的“惨状”（已加波浪线）。不过，此期的诗歌也渗进少量的“光明型”意象（已加着重号），如“太阳”、“火信”、“灯光”、“东方”。可见，《北斗》中后期的诗歌意象呈示出极强的时代特征，以致意象层以下的诗歌核心发生了质的跃迁。这些作品从早期的复杂多元转到对时代现实的单向度介入，有些诗作更是对“九·一八”事变的白描式书写，比如战场、逃难、饥荒、苦役、流离失所等悲惨景况均属此类。从色彩学来讲，构筑这些诗歌的意象体系全线标“红”，一者是因为意象本身的残酷性（诸如战场、血液、旗帜的颜色），再者是伴随这些意象裹挟而来的战斗性（诸如反抗、呐喊、冲锋陷阵以及“希望”）。中后期《北斗》以一种“决堤”的迅疾冲破初期的“灰色”防线，其诗歌栏目的意象更是以激进、直接、集中为主导特征，进而使杂志一改前调，变为残酷性与战斗性兼具的时代之“红”。

最后，来看主题上的差异。前期《北斗》的诗歌灵活多变，作品主题的纵深感极强，比如冰心的规劝、林徽因的抒情、徐志摩不知道“往哪里飞”的漂泊感和彷徨心态都得到了彰显。其中最值得激赏的是戴望舒的《昨晚》，这首诗甚至是整个《北斗》诗歌栏目中艺术成就最高的一首诗。虽然余光中对戴望舒不无责难，但仍指出：“崛起于30年代的戴望舒，上承中国古典的余泽，旁采法国象征派的残芬，不但领袖当时象征派的作者，抑且遥启现代派的诗风。”① 而法国学者苏珊娜·贝尔纳对戴望舒的认识或许更公允：“要理解其诗其人，就得涉及中国当时的历史环境。”② 第一次大革命失败后，戴望舒选择沉浸于诗艺的锤炼，他的《昨晚》便是明证。这首诗排斥一切对于宴会的直写，而是将目光放置到欢聚之后的屋内残像。在对房间里的“意象”（东方式）进行一番“凝视”（西方式）后，诗人在无形当中将时间回拨，从而令诗中的光景逐渐溯洄至聚会的时刻。在时间和空间的交错中，《昨晚》流溢出一种“合金”气质——东方的古

① 余光中：《评戴望舒的诗》，《名作欣赏》1992年第3期。

② ［法］苏珊娜·贝尔纳：《生活的梦——戴望舒的诗》，燕汉生译，《读书》1982年第2期。贝尔纳指出，戴望舒一生“洁身自好”，第一次大革命失败后，带着深切的伤痛和失望退出了斗争。当另一些诗人在为创建历史而奉献生命之际，戴望舒怀着幻灭、悲观和个人主义，十年中埋头经营个人的艺术。

典意绪和西方的现代象征互相融洽，敷衍成诗。因此，单一的主题无法涵括《昨晚》，它的现代情绪、时空结构、复杂况味都意味着无限的丰富。正是由于前期《北斗》充盈着戴望舒、徐志摩、冰心、林徽因、净子等人的诗，才使其诗歌栏目得以收获流转之姿，进而维持住办刊的“灰”色策略。自第二卷第三期始，《北斗》的诗歌栏目骤然一变，快速奔向主题上“红”的趋同。这些诗几乎都是“九·一八”事变的催生体，无论角度如何，“日本”和“满洲”成为下笔的首要目标，这些作品悉数走向对现实的呐喊和涂绘，即使相对隐曲，采用的也仅仅是对战争的反向思考等视角。这些主题同质化的诗歌除了直接“抗日”，也暗含不少对于国家现状的关涉，譬如对国民党的检举、控诉，对军警等暴力机关的痛陈、揭露等等。总体来说，“抗战”成为《北斗》转向后的总主旨，其诗歌栏目更是灼热尽显，因此杂志早期的“灰”被中后期急速爆裂的“红”完全遮蔽。

综上，《北斗》中后期的诗歌栏目在体量、意象、主题三维度上发生了巨大且迅疾的变迁，为了达致一种趋同的“红”的“合唱”，《北斗》终于褪去“灰”色外衣，并将自己还原为一本真正的左翼刊物。对早期《北斗》而言，它的“灰”应该理解为一种口径一致的战略，因此我们不能忽视其“红”的底色与基础面，否则就会落入本末倒置的陷阱。至于《北斗》的“红”，则应视为杂志存在的根柢，虽然茅盾等人对《北斗》的颜色转变表示惋惜，但作为一本机关刊物，它一诞生就与“红”色永不脱钩。从“灰”色的慢舞到“红”色的狂舞，《北斗》并未经过阵痛，这也就不难理解了。时过境迁，历史的后视效应得以将《北斗》的“灰”、“红”之辨放置到特殊的政治文化语境中，但真正跳跃在杂志内里的温度却需要翻开故纸堆才能为人所感，这也是本文前述工作的价值所在。以《北斗》的诗歌栏目为考察中心，还需仔细分辨杂志由“灰”入“红”的复杂动因，因此如何理解它的颜色转变也是题中之意。

四

《北斗》诗歌栏目从初期的“众声喧哗”进入狂飙突进的“共名时代”，其变化之迅疾令人惊叹。推及整个杂志，其“由灰入红”的轨迹也是众目具瞻。那么，《北斗》的两种颜色究竟掩藏何种玄机？一个创刊即提醒自己要“灰色一点”的刊物为何突然暴动？它的“灰”、“红”之辨到底该作何理解？

首先，应该对《北斗》的“灰”和“红”做出切实界定与准确认知。《北斗》早期的“灰”是为了保护杂志、团结想要团结的人，这也是主编丁玲对“不必在表面上绷着很革命的面孔，使读者不敢接近”① 这一指示的贯彻与执行。因此，前两期杂志五光十色，声影交织，甚至给人一种“纯文学”刊物的致幻感，但这不能遮盖《北斗》作为唯一公开发行的左联机关刊物的本质属性。换言之，“灰”只是《北斗》的保护色，它暗示杂志在举步维艰的险境中纵横捭阖、努力求生，其内在蕴含着左联、主编丁玲以及杂志本身的战斗诗学。至于《北斗》的“红”，也存在需要阐明的问题。实际上，《北斗》的这种“红”也并非完全由其本质属性所致，但“事实并不能‘为自己说话’”②，它需要后来者从历史的幽闭处找到理解之钥。一方面，《北斗》的“红”确实与其内质紧密相涉，比如后期诗歌栏目中的《太阳向我来》、《扬子江》、《一九三二年初夜》都直接契合左联的方针政策，自觉走“文艺大众化”道路；后期《北斗》还发起了两次征文，这也让杂志的“本真性”一览无遗。但在另一方面，《北斗》的“红”又绝非一味地与国民党分庭抗礼，杂志中后期的火力开始向“抗战”大量倾斜，民族话语一跃成为主导之声。尤其在诗歌栏目，民族话语完全压倒了“正音”（即左联立场与阶级论），直接批判国民党当局的诗作很少，竭力呼出的是“打倒日本”的战斗口号。可见，《北斗》的“红”不能完全简化为一本左联机关刊物的“红”，它的“红”应视为左联官方之“红”与“抗日”之“红”的两川汇流。“狐狸观天下之事，而刺猬以一事观天下”③，早期《北斗》以一种“狐狸”的聪慧办刊，中后期则化身“刺猬”，并以“二而一”的“红”介入政治和时局。

《北斗》的突然暴动既是历史事实，也是“同时代人”的正面指认。杂志内容的突转、调整，茅盾、鲁迅等人的回忆、梳理，都是《北斗》颜色迭变的有力证言。《北斗》暴动的直接原因在于办刊主张的急遽易辙，而《北斗》的左翼身份正好为杂志的暴动提供了可能。1931 年 11 月，左联制定了全新的宣传政策，其纲领性文件《中国无产阶级革命文学的新任务》④ 强调：“文学大众化”是“第一个重大的问题”，并指出“只有通过大众化的路线”，“才能创造出真正的中国无产阶级革命文学”；同时，“工农兵通信员运动”也被再次重申。随后，《北斗》连续发起两次征文：一次是讨论“创作不振之原因及其出路”；一次是“关于文艺大众化”。这两次征文在“动员作家迎接新的变动、反映时代变动”上起到了积极作用。后来《北斗》发表了好几篇“无名小卒”（白苇、慧中、

---

① 沐明：《北斗》，《中国现代文学研究丛刊》1980 年第 2 期。沐明采访丁玲时，丁玲告诉他这一指示是由文委和左联党团的负责人发出的特别交代。

② ［英］E. H. 卡尔：《历史是什么》，陈恒译，商务印书馆 2007 年版，第 6 页。

③ 古希腊诗人阿尔基洛科斯存世的残篇有此一句：“狐狸观天下之事，而刺猬以一事观天下。”它有一个通俗说法：“狐狸随机应变，刺猬只此一招。”

④ 《中国无产阶级革命文学的新任务》实际上是“一九三一年十一月中国左翼作家联盟执行委员会的决议”，该决议的全文曾公布于 1931 年的《文学导报》。

戴周叔）的作品，实际上也是左联提拔和培养“普洛大众作家”的具体表现。在《北斗》第二卷第三、四期合刊的“代邮”栏目，还曾刊发主编丁玲写给一位工人作者的信①，丁玲虽然批评了这位工人狭隘的看法（比如他认为大家看不起工人搞创作），但其整体态度却是大力支持，其实，这些工作也是在左联的明确指示下进行的②。服从组织安排是《北斗》的不二选择，因此在左联政策、方针急转直下的轨道中，《北斗》的暴动属于必然事件。当然，丁玲在《北斗》的暴动中功不可没，而其中需要仔细辨析的莫过于她的编辑理念。主编《北斗》期间，丁玲经历了从“同人办刊”到“以组织为中心办刊”的理念转变。选择丁玲主编《北斗》是再三思虑的结果，张闻天既看重丁玲的决心又对丁玲的“颜色”③ 表示满意。其实在办《北斗》之前，丁玲刚刚失去爱人胡也频，但她炽热好强的性格不容许自己消沉。在左联领导的批示下，加之阳翰笙、姚蓬子、宣侠父等人的帮助，使得丁玲决定化悲痛为力量去办《北斗》。刚开始，《北斗》沿用创办《红黑》④ 时的“同人办刊”理念，丁玲几乎动用了自己一切可用的人脉力量，包括冯雪峰、鲁迅、沈从文、冰心、徐志摩、茅盾、瞿秋白等人，无论是请教还是拉稿，丁玲都亲力亲为。因此和《红黑》有所不同，《北斗》坐庄的全在丁玲一人。得益于各路作家、各种文章的麇集，初期《北斗》不仅在内容上做到开放、包容、兼收并蓄，也成功规避了国民党机构的查封。但从“第三期以后，左翼评论家开始炮轰《北斗》的多化样文章，《北斗》随之出现角色危机”⑤。由于前两期《北斗》的影响超出预期，左联领导也开始重视起来，冯雪峰、阳翰笙、茅盾、阿英、郑伯奇、张天翼、叶以群、耶林等左联核心成员开始对《北斗》多渠道介入，甚至左右杂志的栏目设置、发文指向等。不过，这并不意味着他们的干预与丁玲的编辑理念相违拗。比如《北斗》第二期的“代邮”是丁玲回复读者 E. L 的一则短讯，这个 E. L 不是别人，正是左联的骨干耶林，丁玲说自己愿意在行为上对其进行回复。那么丁玲究竟要回复什么呢？这其中的因缘主要来自耶林给丁玲写的第一封信⑥。这封信不仅批评了丁玲的小说《水》，还认为丁玲对于

① 参见《北斗》第二卷第三、四期合刊“代邮”。

② 颜雄：《丁玲说〈北斗〉》，《新文学史料》2004 年第 3 期。

③ 丁玲说：“雪峰后来转告我，说张闻天同志看了创刊号后说，找丁玲来办刊物没找错，她能团结人，别人愿意支持她。闻天同志当时既看到了我的决心……；又看重我的‘颜色’——虽是‘左联’盟员，毕竟还没有入党嘛，有些红，还不很红。”

④ 丁玲曾与胡也频、沈从文一起办《红黑》杂志，该杂志是以现代知识分子为主体的“同人办刊”模式。

⑤ 陈天助：《探问左翼文艺刊物的短期行为——以丁玲主编的〈北斗〉为例》，《新文学史料》2008 年第 4 期。

⑥ 在丁玲主编《北斗》期间，耶林（E. L）曾给她写过 4 封信。这里的第一封信中，耶林试图以一个读者的身份与作者兼主编的丁玲交流。这 4 封信的全貌可在《耶林纪念文集》中得见全貌。

革命的认识属于小资产阶级的狭隘认识，提醒丁玲不要满足于一个“同路人”的地位。此时，左联的整体文艺方针已十分明了，“文学大众化”成为首要目标，因此《北斗》第三期的封面一改之前低调、清新的风格，转而成为耀目的“红”，非“进步”作家的作品也遭到断崖式的袪除。耶林在《北斗》第一卷第四期继续以来信的方式批评了杂志一、二期的部分小说和诗歌，认为凌淑华的《晶子》“技术圆熟，但毫无意识可言”，而冰心、徐志摩又是“诗多旧派，倾向太坏”①。对于这些带有明显左联倾向的批评，丁玲不仅没有“雪藏”而是原样刊登，这也反映了主编对于暴动的支持。1932年后，《北斗》完全成为左联的传声筒，《一九三一年文坛之回顾》（钱杏邨）、《我们必须创造的文艺作品》（茅盾）、《上海事变与鸳鸯蝴蝶派文艺》（阿英）等理论文章以“排炮”之势相随刊发。正如丁玲所说：“约稿对象都是我心中有数的……这样约的稿当然能体现刊物意图。”② 可见，丁玲已完全进入到“以组织为中心办刊”的理路之中。《北斗》的暴动从根本上说是由其本质属性所决定的，而杂志办刊思路的突转以及主编丁玲对这种转向的支持，无疑为《北斗》的由“灰”入“红”提供了无限助力。

置身于风起云涌的30年代，《北斗》在政治、文化、战争等多重元素的交织中形成了自己的独特样貌，它的“灰”与“红”暗含了与其他左翼刊物全然不同的策略与意涵。理解《北斗》的“灰”，不能单纯地拘泥于“灰”色本身，无论是初期的办刊策略，还是内容层面的以“纯文学”为中心，都应纳入《北斗》的整体生态中加以甄别。换言之，《北斗》的“灰”恰恰诠释了作为一个左翼机关刊物的难言之隐，它既需要战斗又需要寻求保全，这种两难处境下的“灰”成为最佳的手段之选。因此，将《北斗》视为左翼刊物从政治中心向文学中心的尝试性转变是不准确的，至于那些为《北斗》的“短命”抱有遗憾的想法也可以偃旗息鼓了，因为《北斗》的“红”是办刊之初就已写定的颜色，当然这也喻示了它的生之绚烂与突然陨落。同时，《北斗》的“红”也必须一分为二地看待，其一是符合左联政策的“红”，其二是反抗日本侵略的“红”。虽然这两种“红”的矛头有所不同，但它们都根植于特殊历史时期的中国大地，谱写着中国知识分子的内在精神。总之，《北斗》“灰”、“红”之辨的价值不仅在于理解杂志本身，更在于探究左联的变动性、丰富性与复杂性，进而理解“历史与人”以及特殊的“事件和时刻”。

（作者单位：南开大学文学院）

① 读者之一（耶林）：《读者通信》，《北斗》1931年第1卷第4期。

② 颜雄：《丁玲说〈北斗〉》，《新文学史料》2004年第3期。

穆时英革命话语考释

王 洋 茅 尔

20 世纪上半叶的中国是革命的中国，且因中国革命不同程度地与席卷全球的民族主义浪潮相互碰撞、汇合①，所以，它不仅全方位地主导着中国的现代化进程，还具有非比寻常的世界性意义。为此，在研究穆时英文学创作的过程中，关于革命的话语实践就构成了一个既不能缺失也无法回避的视角。长期以来，学界针对穆时英革命话语的探讨已经陷入瓶颈：对其普罗文学的研究往往停留在以水浒式语言开辟革命文学新面貌的总体评价中②；而对其革命话语的核心诉求“持续革命”却缺乏足够的关注与深入的辨析。因此，本文拟从文本分析入手，考释穆时英革命话语的谱系，进一步历史地理解这位充满争议的作家。

---

① 关于世界范围内的民族主义运动，详见［美］本尼迪克特·安德森：《想象的共同体：民族主义的起源与散布》（吴叡人译，上海人民出版社 2011 年版）。安德森不但视民族主义运动为整体，而且将其区分为前后相继的四波浪潮，分别为：18、19 世纪之交发生于美洲殖民地的第一波民族主义；19 世纪 20 年代出现于欧洲的第二波语言民族主义；19 世纪下半叶欧洲王室参与、推行的第三波官方民族主义；20 世纪初始围绕第一次世界大战在亚非殖民地形成的第四波民族主义。在安德森的思想框架内，20 世纪上半叶的中国革命主要属于第四波民族主义。同时，由于民族主义前后相继的特性，所以中国革命也继承了前几波民族主义的相关遗产，如辛亥革命之于推崇民主、共和的民族主义，新文化与五四运动之于语言民族主义，国民政府在抗战后期改民族为“宗族”的民族政策之于官方民族主义等。

② 这一观点经久不衰，近年之作有张生：《时代的万华镜：从〈现代〉看 20 世纪 30 年代初中国文学的现代性》，同济大学出版社 2007 年版，第 78-83 页；王卫平、杨程：《论穆时英农村反抗题材小说创作的发展与流变——以〈南北极〉与〈中国行进〉为例》，《中国文学研究》2011 年第 2 期。

一、持续革命的起点：中国式超人

在考察20世纪上半叶中国知识分子的“革命”思想时，罗志田曾提出清季“革天”社说与民国朱谦之“新虚无主义”之间的隐约关联。笔者以为：两者的共同点在于，它们均有扫除一切社会藩篱、重建人的主体性的气度；差异之处在于，“革天”所谓“人定代天”，实则是想以一种现世的伦理之精神取代旧有的伦理之精神，而朱谦之则看到了这种取代的不可为，指出：“打破了又打破，打破到最后的一回，什么都没了，到那时我们的真情，自会活泼泼地流出了。”① “新虚无主义”颇有几分尼采“重估一切价值”的意味，罗志田认为，其中蕴涵的“决裂和解脱的态度比一般‘五四’人更为彻底”。朱谦之的《革命哲学》出版于1921年，随着马克思主义的传播，“新虚无主义”强调“持续革命”的思想特质隐而不彰。但事实上，20世纪三四十年代的历史表明“持续革命”早已融入中国革命的思想谱系，穆时英的文学创作就呈现出“持续革命”的底色。《交流》中雄霄前往广州，目的不只是从军北伐，更多是为了达成流血、牺牲的夙愿：

> 枪弹的密连着的声响近来似乎很惯熟，丝毫也引不起雄霄底恐怖。他只爱看枪弹打在肉上时血底飞溅。在弹雨中，他时常挺立着看炮弹在空中爆裂，弹片射在人的身上，顿时血底光芒触目地显现，接着是猛兽似的一声长嚎在弹声中摇曳，那给击中的人跳了起来，又跌下去摊在地上。于是他底眼中辉耀着血底渴嗜的光芒②。

穆时英“持续革命”的起点是中国化的尼采学说。作家笔下的雄霄即以“超人”形象跃然纸上，他渴望冲破现实的重重桎梏，用赤诚的鲜血换取至为纯粹的革命。“持续革命”的思想是穆时英创作生命的精髓，《交流》是处女作，而在相对成熟的《中国行进》中仍能看到“持续革命”的思想踪影。面对“一·二八”事变，《中国行进》的主人公许仕介对待革命的态度和雄霄相通——“我所要求的不是生命，而是死亡！”③ 两军对垒之际，他同样按捺不住冲锋陷阵的迫切心情，孤注一掷地投入彻底的变革。枪林弹雨对

---

① “革天”、“新虚无主义”及罗志田的评论，详见罗志田：《士变——二十世纪上半叶中国读书人的革命情怀》，《新史学》2007年第4期。罗志田将“革命”的界定扩展为“……从根本上改变既存状态，并往往诉诸非常规的方式……”，本文同样采用这一观点。

② 穆时英：《交流》，《穆时英全集》（第一卷），北京十月文艺出版社2008年版，第69页。同一小说中的引文均出自同一作品集，下文不再重复注释。

③ 穆时英：《我们这一代》（《中国行进》），《穆时英全集》（第二卷），前引书，第512页。

他们来说是“惯熟”的，对血的“渴嗜”乃是革命的本真性情的流露。穆时英的革命浪漫且纯澈，只有在深入了解“持续革命”的基础上，读者才有机会看到文字背后“打破了又打破”的“超人”形象，领略穆时英革命话语的孤诣。

关于尼采，穆时英在《说话与天真》中说：“正在拼命地读着尼采的《善恶之外》的我不禁恍然失笑，笑自己太傻，费这许多功夫去读那么一本艰涩的，需要许多基础智识才能领略的书，而不去看现代哲学概论之类……”① 由此可见，穆时英推崇尼采学说，愿意耗费时间和精力揣摩其奥义。同时，这也是作家在《〈公墓〉自序》中提出的“忠实”文艺观念的延续——穆时英不满时人对西学采取的工具主义态度②。但即便如此，只有将“一切”等同于中国前现代的历史语境，才能够理解“重估一切价值”对穆时英产生的巨大吸引力。

“超人”雄霄视霞玉为需要克服的对象，克服意味着否定，但雄霄的否定不是超越的否定，而是拒斥的否定。穆时英并不能真正领会尼采对柏拉图主义的批判，雄霄对身体的“禁欲”或对其他女性的排斥仍是因为在同一水平上预留了目的论的情欲幻想。所以，雄霄终不忍摧折霞玉，将全部仇恨倾泻在谢老儿身上。革命主体的“嗜血”只不过是对主体之表象徒劳无功的征服，他依然被束缚在主体性哲学的“身体”牢笼中。由此，表象进一步衍生出“社会阶级”的范畴，贵族革命也相应出现在了小说中。剑君是华贵的公子，自卑的雄霄对这位表兄态度游移。然而在《交流》的结局中，恰恰是处变不惊的剑君真正迈出了革命的一步，“与其让她在俗夫手里憔悴，不如让我折了她吧！……在这最后一刹那，她终究是你的！”剑君的代为实是穆时英对尼采哲学的又一次误读，或者说，这本身就体现出尼采哲学的争议之处：“超人”思想是“权力意志”的同义词，它从存在者的角度揭示了存在的规定性特征。但“超人”的措辞又表明尼采仍未真正摆脱人的主体性地位，即按孙周兴的观点，“尼采‘超人’理想（模式）的困难在于，通过方法上的‘颠倒’——颠倒了的柏拉图主义——难以从根本上消除柏拉图主义（正如海德格尔后来批评萨特尔的那样）；在权力意志形而上学范围内建立起来的‘超人’模式总归难免把自身引向极端主体主义的境地”③。

穆时英的文学创作终究不是为了阐释尼采哲学，在笔者看来，作家对贵族革命的认识更接近于想象性的生命复返。一方面，剑君的举动出乎意料，这谜团对于理性的不可解宣告了另一种创作与阅读契机的降临，意义在于克服当时流行的线性时间观念，重新贯通个体对“权力意志”的体验。从这个角度讲，穆时英的革命话语与尼采哲学保持着

---

① 穆时英：《说话与天真》，《文艺画报》1934年第1卷第1期。

② 详见穆时英：《〈公墓〉自序》，《穆时英全集》（第一卷），前引书，第233-234页。

③ 孙周兴：《未来哲学序曲：尼采与后形而上学》，上海人民出版社2016年版，第207页。

若即若离的关系。“误读”在前提中含有“正确”的标准，这未必能囊括穆时英文学性地接受尼采哲学的全部实际情形。另一方面，剑君之谜也是贵族革命之谜，如果革命实践原本就是非理性的，主体又如何能达成理性的革命目标。加之穆时英虽然向往剑君的贵族革命，但身处的社会现实只允许他成为雄霄。所以，若从文学史解之，贵族革命对情欲社会枷锁的突破、对革命加恋爱写作模式的反讽依旧显得力不从心。

二、持续革命的困境：百货店社会

尼采学说中国化是20世纪以来思想文化界存在的普遍状况，穆时英亦不例外。左翼知识分子更重视西学对革命实践的直接指导价值，为此，茅盾很快就意识到尼采学说在社会领域的“危险与缺陷”①。穆时英则执着于召唤“超人”的主体意志，然而，它却被中国的“百货店社会”无情地撕裂了。

> 中国的行进是跳跃的行进。旧的社会秩序已经在崩溃和变质的过程中，新的社会秩序还没有建立起来。封建制度，资本主义，殖民地掠夺，农民暴动，什么都混在一起。社会是百货店社会，时代是未成熟的时代，所以我们的民族独立解放运动始终以古怪的步法走着离奇曲折的道路②。

“百货店社会”是穆时英对中国近、现代历史进程的总体判断之一，这一判断与“持续革命”的张力贯穿穆时英的创作生涯③。穆时英于1938年发表《无题》，在这篇文章中他自陈心迹：“终年困扰着我，蛀蚀着我的，……我的像火烧了的杂货铺似的思想和感情。”④“火”是革命的隐喻，“杂货铺似的思想和感情”来源于对“百货店社会”的人生体验。穆时英认为革命就像“火”，吞噬一切，否定一切，焚毁现存的“百货店社会”。但“火烧了的”与“杂货铺似的”却又形成并置的紧张关系，它们将社会的重建与革命的结局悬置起来，穆时英郁积的愤懑与困顿显露无遗。

---

① 详见［斯洛伐克］马立安·高利克：《尼采在中国（1918—1925）》，林振华译，《国际汉学》2018年第2期。

② 龙七（穆时英）：《一年来之中国文化界》，《中华日报》1940年“元旦特刊”。

③ 诚如解志熙敏锐地指出，《中国行进》中存在着一种悲观的历史感。详见解志熙：《“穆时英的最后”——关于他的附逆或牺牲问题之考辨》，《文学评论》2016年第3期。本文认为，“持续革命”与“百货店社会”的张力是导致上述悲观历史感形成的主要原因，且这种文艺思想张力贯穿于穆时英的整个文学生涯。

④ 穆时英：《无题》，《大公报·文艺副刊》（香港）1938年10月16日。

在《南北集》中，“汽车”成为底层民众进行水浒式革命的阿喀琉斯之踵，它喻指着“百货店社会”缺乏中心的历史特性。铮铮铁骨在真正的钢铁之躯面前不堪一击，前现代社会的江湖道义无力抵抗工业文明的物质冲击。不过，汽车的恐怖之处不止于此。《南北极》中的于尚义尚凭一己之力把车推回家，足见缺少了“轧斯林”（“gasoline”的音译——笔者按）的汽车也绝非人力不可战胜①。这是一条有趣的线索。笔者注意到经历了工业社会初始的视觉“震惊”后，底层民众痛恨至极的其实是汽车的流动性②。革命脱离不了明确的对象，但底层民众在决意将革命付诸实践的过程中却总是发现：革命的对象已经不见踪迹。在此，“二重性格”只是穆时英上述冲突的精神世界进一步外化的结果，深层根源在于对“超人”的反复求索而不得。在“百货店社会”，外强中干的主体无法为中国历史开凿一条明确的进路，“持续革命”又恰恰需要强力主体意志的支撑。所以，暗度陈仓也好，相时而动也罢，穆时英在离开上海前长期处于“忠实”与“探讨”③ 的创作状态，而拼接的社会景观正是这种创作状态的症候。

街——
（普益地产公司每年纯利达资本三分之一
100000 两
东三省沦亡了吗
没有　东三省的义军还在雪地和日寇作殊死战
同胞们快来加入月捐会
大陆报销路已达五万份
一九三三年宝塔克
自由吃排）④

新时期以来，穆时英笔下的上海备受学界瞩目。一般认为，碎片拼接吸收了日本新

① 详见穆时英：《南北极》，《穆时英全集》（第一卷），前引书，第146–147页。

② “把汪大哥气的什么似的。可是什么用？汽车一溜烟似的擦了过去，溅了汪大哥一衣服的泥水。妈的，汽车里那个花花公子，还看着笑！你说，叫汪大哥怎不恨极了汽车？”（穆时英：《黑旋风》，《穆时英全集》（第一卷），前引书，第101页。）“我火冒三丈跳上去想给他这么一拳，碰巧他一脚跨上汽车，飞似的走了。喝，他乘着汽车走了！妈的那汽车！总有这么一天，老子不打完了你的？我捏着拳头，瞪着眼怔在那儿，气极了，就想杀几个人。”（穆时英：《咱们的世界》，《穆时英全集》（第一卷），前引书，第113–114页。）

③ 详见穆时英：《关于自己的话》，《现代出版界》1932年第4期。

④ 穆时英：《夜总会里的五个人》，《穆时英全集》（第一卷），前引书，第271页。

感觉派小说与好莱坞电影的艺术手法，再现出上海作为现代都市新奇、变幻与快节奏的摩登气质①。但是，穆时英为何“主动选取”这样的再现方式，域外文艺的涌入与现代都市的形成不足以充分解释②。《夜总会里的五个人》的创作完成于1932年岁末，通过不经意地对上海街角进行全景式的历史勾勒，此时的穆时英已经初具把握中国历史的总体意识。同年，穆时英也开始创作《中国行进》，多线索并置的历史叙事升华了碎片拼接的再现方式。所以，碎片拼接与穆时英渐趋增强的历史意识紧密相关，作家试图以文学想象的方式统摄中国的历史进程。不过，穆时英的历史勾勒始终根植在“百货店社会”异质的现代文化中，当不同时空的物象拼接在一起，作为整体的社会景观便具有了怪诞的风格。概言之，在以上海为缩影的“百货店社会”，单一的物象（碎片）无法凝练有关中国的完整情节线索和历史逻辑，穆时英只能用拼接的再现方式承载尚在行进中的历史思考（景观）。因此，穆时英的文艺创作与左翼革命文学处于两个不同的维度，他不得不运用孱弱的主体意志竭力弥合中国历史的断片。

《皇家亚洲文会北华支会会刊》（*Journal of the North-China Branch of the Royal Asiatic Society*）曾于1936年刊发论文《前孔子时代中国人的战争与和平观》（*The Chinese Attitude to Peace and War in Pre-Confucian Times*）。该文出现在抗战全面爆发前夕，其历史研究自然带有明确的现实用意。作者薄玉珍（Margaret Helen Brown）在结论中指出，作为持续数千年的政治共同体，当下的中国基本不可能一击即溃，土崩瓦解③。薄玉珍跨越复杂的历史源流，从“中国思想的源头”直抵“主和非攻”（non-aggression）观念形成的历史文化逻辑，这与书写历史的主体意识存在必然的联系——作者是站在充满男子气概的文化立场（a virile culture）来审视中国（She）近代以来的殖民遭遇。相较之下，在“弱国子民”穆时英这里，文本内部的困境——“百货店社会”的如影随形削弱了“持续革命”的历史综合。因此，穆时英的“超人”如困兽般无处着力，他勉为其难地将不同的时空碎片拼接成似是而非的历史逻辑，为“持续革命”的前景投下了挥之不去的阴云。

---

① 详见严家炎：《〈新感觉派小说选〉前言》，《新感觉派小说选》（修订本），人民出版社1985年版，第15-24页。又见李今：《新感觉派和二三十年代好莱坞电影》，《中国现代文学研究丛刊》1997年第3期。

② 《中国行进》对石佛镇的庆典描写同样采用了碎片拼接的“新感觉派”手法。详见穆时英：《中国行进》，《穆时英全集》（第二卷），前引书，第418-423页。

③ See Margaret Helen Brown, “The Chinese Attitude to Peace and War in Pre-Confucian Times” in Esson M. Gale, ed. *Journal of the North China Branch of the Royal Asiatic Society*. Vol. LXVII. Shanghai: Kelly & Walsh, Limited, 1936.

三、持续革命的方式："情欲"的朝圣

"百货店社会"的生产关系已经渗透至私人生活的全部领域，具有高度的韧性，并如"普罗透斯"般变幻莫测①。穆时英为了把握、革新这一隐秘多变的生产关系，将其凝聚在作为主体性标识的"情欲"之上。这意味着：作家的情欲书写不仅是主观体验的记录、海派生活的回响，还是"持续革命"依存和发生的核心方式。但是，这种内转向主体的革命注定失败，因为它切断了革命主体与他者之间更为广阔的生命联系。由此，革命主体陷入"百货店社会"的摩登图圄无法自拔。穆时英的情欲书写只能通过想象性的猎奇不断制造"持续革命"需求的否定幻象。在此情形中，"持续革命"终将化作通往虚无的朝圣之旅。

在《生活在海上的人们》中，叙述者马二提出的"借钱"② 细节值得推敲，因为它凝缩着"百货店社会"生产关系盘根错节的痼疾。马二与哥哥的血缘—经济纽带间接指向蔡金生的垄断与剥削，三人实际上构成藕断丝连的利益链条。此链条在社会常态下隐而未现，在革命时期却显露出冰山一角。穆时英已经触及革命可能产生的悖论——革命主体既附属于分配的主导地位，又激进地批判着分配的不公。马二的罪与罚正是想从此处挣脱原有的社会生产关系。

叙述者在回忆中经常采用转喻③的修辞，这种修辞将与革命有关的梦境和现实连缀在一起，进而使得革命对象由外在的他者转向自身，为"持续革命"奠定了主体的合法性基础。革命前夕，马二做过一个"奇怪"的梦。在梦中，他持马刀与蔡金生对决：

> ……我再一刀砍去，脑袋又飞了上来，长在我的脑袋上面啦！我跟他打了半天，

---

① 丁老爷收租，"苦衷"之一是供儿子树德在上海求学（《中国一九三一》）；云二在准备抗租的同时，"上海这诡秘的城市又在他眼前恍摇起来"（《田舍风景》）；参加"一·二八"事变后，许仕介在红十字会医院养伤，郊外风景勾起了"罗曼谛克"的大学记忆，这促使他意识到有必要与父亲的事务所取得联系（《我们这一代》）。详见穆时英：《中国行进》，《穆时英全集》（第二卷），前引书。

② 首次相见无功而返，马二出于生计铤而走险地贩卖私盐。不过很快"钱又完啦！我到老大那儿去借钱"。第二次前往，叙述者虽托出了拜访的原委，但这一交代只是被一笔带过。特别是马二在第二次借钱时提到钱"又"完了，这说明他的单身汉生活不知节制、长期入不敷出，甚至可能养成了向哥哥伸手"借"钱的习惯。叙述者对自己与哥哥隐蔽的经济联系闪烁其词，刻意夸大两人在"意识形态"领域的分歧；作为海难的幸存者，这种叙述方式使马二与岛民集体建立起了共生的革命关系。详见穆时英：《生活在海上的人们》，《穆时英全集》（第一卷），前引书。

③ "在转喻中，现象之间的关系是在部分与部分的关系形态中而被含蓄地理解了，据此，人们能够使其一个部分还原为另一个部分的某个方面的状态或功用。"见（美）海登·怀特：《元史学：19世纪欧洲的历史想象》，陈新译，译林出版社2013年版，第46页。

> 脑袋上长了一大嘟噜的大脑袋，有屋子那么高。末了，索性连翠凤儿的脑袋也长在他的脖子上啦，怎么也砍不掉……

头脑作为身体之部分，身体作为生产关系之部分，马二与蔡金生的脑袋长在一起，喻指着两人纠缠不休的经济依附关系。可见，在叙述者的潜意识中，革命失败的原因不止于哥哥与翠凤儿的告发（对应梦境中翠凤儿与蔡金生的脑袋相接），自身的寄生状态已经从内部构成革命的阻力。叙述者的梦境浸透着焦虑的情绪，预示了这场革命无可挽回的悲剧。当革命的闸门开启时，蜂拥的马二众人将蔡金生绑缚在东岳宫，他再次转喻地实施了“匪夷所思”的复仇举动——挖出蔡金生的双目。叙述者极力渴望撇清与蔡金生的联系，以至在下意识中采用“视而不见”的方式实现潜在的自我救赎。革命失败后，马二不顾哥哥与翠凤儿在剿匪过程中的数番保护，冷酷地成就了大义灭亲的“壮举”。叙述者在不徇私情的同时，一个意蕴丰富的细节刻印在了他的记忆中：

> 我杀了我的亲哥子，杀了我的翠凤儿，可是我笑开啦。那副金坠子还在那儿闪呀闪的。（着重号为本文所加）

“金坠子”是“百货店社会”生产关系的表征，作为革命对象，它具有接受革命洗礼的双重意蕴。在第一重意蕴中，“金坠子”同时也是女性身体的部分延伸。革命对象借此保留了情欲的原有属性，革命主体与他者之间的生命联系也随之恢复。穆时英认为这是一种非常危险的情况，因为情欲极可能摧毁革命的意志。为此，唯有将“持续革命”的“否定”理解为革命主体以近乎自我毁灭的方式斩断情欲的羁绊，革命方才尚存成功的微茫前景。这成为穆时英赋予“金坠子”第二重意蕴的根由。在第二重意蕴中，冰冷、夺目的金属光泽是“金坠子”的必要组成部分，它俨然一道阻隔的屏障，防止着主体过度接近革命对象。如若过度接近，“百货店社会”的生产关系将重新渗入革命主体的生命领域，从而破坏革命行为凛然的道义理据。马二的罪与罚就是以此为突破口，在彻底物化生产关系的过程中，他利落地斩断了革命主体对他者的情欲牵挂。由此可见，“金坠子”的双重意蕴均采用了转喻的修辞，两者的结合暴露出革命行为必然内转向的趋势，即革命终归是一种指向主体存在的“持续革命”。所以，穆时英尝试借助“情欲”将结构性政治变革推动阶级的暴力运动的外向诉求釜底抽薪，悄然另立“我”之于“持续革命”的合法性。

从《交流》（1930）、《PIERROT——寄呈望舒》（1934）到《中国行进》中的《我们这一代》（1936），穆时英从未停止以“情欲”的方式探讨“持续革命”与结构性政治变革的诸种可能。《交流》是拒斥的态度。雄霄因爱情受挫封闭了个体世界，不屑与革命群体为伍——主体是在结构性政治变革中实践着独属自身的“持续革命”①。《PIERROT——寄呈望舒》是迎合的态度。潘鹤龄意识到情欲及文化的利己性，主动尝试在革命群体中寻觅存在的归属；但他只能找到群体的政治形式，无法建立个体成员之间的真实生命互动②。《我们这一代》是妥协的态度。在许仕介的狂想曲中，革命胜利之际，自己将当众宣告与金城“公主”李玲仙小姐的订婚礼。“全上海市民”的出现值得留意，因为它表达了结构性政治变革对私人情欲渗透其中的认同。而许仕介最终也察觉到了无名之死的恐怖，主体需要他者的在场印证“持续革命”的意义。

拒斥—迎合—妥协的转变轨迹反映出穆时英探索“持续革命”的心路历程。毕竟，如果部分之于整体、主体之于他者的关系却使这种关系不再生成，那么“持续革命”将无以为继。从根源上讲，上述转变的发生是由“百货店社会”的生产关系对革命主体的情欲阉割所致。“商品拜物教”的消费形式与异化的现代生活畸形地强化着“持续革命”内转向主体的趋势。这种趋势发展到极端的境地，个体的情欲历险便一跃蜕化为“神圣”的革命朝拜，不再顾忌结构性政治变革波及的社会与历史深度。穆时英的新感觉派作品，《被当作消遣品的男子》、《骆驼·尼采主义者与女人》、《五月》、《红色的女猎神》等，就是在这样的“革命”基调下成篇。“红色真是幸运的象征呢！我赢了钱，我猎获了奇丽的Diana，我也做了囚徒，不全是很不容易做到的事吗?”③ 情欲将革命替换成两性的游戏与征服，为主体提供了临时性的“革命”对象。主体如同饮鸩止渴，为了抵制革命幻象的消散，必须不断地刺激情欲，使其保持病态般的亢奋。跑马场、回力球场、公园、舞厅、咖啡厅等成为了适宜的“革命”场所。这些摩登空间弥漫着暧昧的流动性，强力的主体意志可以迅速猎获并重新转换情欲投射的“革命”对象。但是，这种重新转换又始终处于无限的循环当中，故“革命”的摩登空间实质也是“百货店社会”消费形式布置的重重囹圄。所以，同为新感觉派作家，刘呐鸥笔下的情欲开放地接受了西方的两性观念；施蛰存以传统文化释怀和化解两性存在的情感区隔；穆时英的情欲书写则因过度偏执于主体的重塑，反倒把对“百货店社会”生产关系的革命效力消磨殆尽，从而丧失了“持续革命”本可能具有的批判锋芒。

① 详见穆时英：《交流》，《穆时英全集》（第一卷），前引书。
② 详见穆时英：《PIERROT——寄呈望舒》，《穆时英全集》（第二卷），前引书。
③ 穆时英：《红色的女猎神》，《穆时英全集》（第二卷），前引书，第241页。

四、持续革命的博弈：消解“现实”权威

由于缺乏对“持续革命”的深入认识，文学史长期在左翼现实主义的框架内解读普罗小说集《南北极》。这样的路径使得《南北极》研究走进了误区，在“革命”的能指下，似乎只存在单一的话语实践及略微的偏差。但事实上，《南北极》是穆时英逐渐与左翼革命分道扬镳的关键一步。这一步非常具有迷惑性，因为穆时英是在附着于左翼革命文学的基础之上，从革命叙事与革命语境两方面展现自身对“现实”的领会。所以，究其实质，《南北极》是一场围绕“持续革命”与左翼革命、文学与革命之“现实”阐释权展开的话语博弈。

1. 革命叙事的萎缩。《南北极》中唯有《手指》逃过了舒月近乎苛刻的批评，在舒月看来，“《手指》，这一篇，比较其他四篇是有现实性的”①。“现实性”是一个支点，虽然左联内部对“现实性”的主张并不完全一致，但它仍从整体上支撑起了以文学改造社会的文化热望。《手指》的“现实性”主要来源于翠姐儿身体的遭遇。通过对“手指”进行反复的细部描写，小说衬托出客观之物——资本对身体的凌驾之势。这是一种消极性力量，它抵制着创作主体对“现实”的整合。为此，在《手指》中，翠姐儿的身体不得不成为革命叙事间接指涉的对象，以疏远“现实”来迂回地达成革命话语的“现实性”。“我”与施二哥不容置疑的双重叙述就将翠姐儿之死的“根本”原因归咎为都市女性的奢靡与享乐，从而使得零散的现实体验初步整合为秩序化的事件。两人同是社会底层人物，且均具有物化女性的潜在倾向。但与另外 4 篇普罗小说不同的是，他们处于单向度的现实世界，革命叙事也因此萎缩为开脱、回避、咒骂、忍耐等一系列委曲求全的敷衍之辞。在整合“现实”的过程中，阿昆似乎是一个异物，他的出场与疑问并不具备情节层面的必要。尽管如此，穆时英的这道“闲笔”却可能更具“现实性”。孩童承接了江湖义气的革命，他以稚气的举动无意间直击事件的“要害”——丝厂的剥削与拿麻温的“家法”是翠姐儿致死的“真凶”。然而至此，革命已经退化成侠义的传奇幻想，革命的未来也只能彻底融进遍布客观之物的残酷现实世界。(“……有这么一天，我长得像你这么高啦……”②) 所以，令左翼评论始料未及的是，水浒式语言的反讽在文本内部波涛暗涌，时刻侵蚀着左翼革命叙事的权威。它与张天翼外向的讽刺不同，在揭露社会黑暗的同时，也抽空着左翼革命文学与“现实”交锋的力度。

---

① 舒月：《社会渣滓堆的流氓无产者与穆时英君的创作》，《穆时英全集》（第三卷），前引书，第 406 页。

② 穆时英：《手指》，《穆时英全集》（第一卷），前引书，第 123 页。

舒月对《南北极》的评论在20世纪30年代非常具有代表性。在否认《南北极》属于左联推行的普罗文学的基础上，他机敏地感受到了穆时英在《咱们的世界》中选用“带”字的蹊跷之处：

> 这种既不是正面的斗争，却理想地要把握“……世界”，这成为斗争和希望不能相应的；就是说，在以那种在海盗式生活里的人们，不是不能有那种设想，是不会有那种设想的。就照那作品里的本身里的经验，那海盗们也只能啸聚在某一个海上岛窟，做他们要干的……“这世界早晚总是咱们穷人的”。就觉得是作者的插入的理想的话了①。

从认识论的角度讲，上述点评透露出左翼现实主义的文艺观念，它强调语言与外部现实的同构，并认为基于文学的认知可以客观把握历史的脉络②。因此，在“拉普”—现实主义的支配下，彼时的左联普遍将穆时英的革命书写与社会现实直接对映，未能把握住文本自身就是革命叙事的冲突之所，穆时英的革命话语实质上夹带着离间左翼革命与现实的反讽效果。不仅如此，“反讽在一定意义上是元比喻式的，因为它是在修辞性语言可能误用这一自觉意识中被使用的”③。而时人的评论忽视了穆时英主动启用的回忆的策略性修辞，其中，心理与现实的交缠也在进一步吞噬左翼革命的“牢固”语境。

2. 革命语境的动摇。《南北极》中的“小狮子”于尚义为同时代诸多批评家引用与争议④。但几乎所有评论都未注意到“小狮子”与电影明星段小姐同处一室的夜晚。这晚过后，于尚义发生了“突兀”的转变，“往后我见了她，她一笑，我就害怕。咱小狮子怕她！我自家儿也不明白是怎么一回事”⑤。“小狮子”继承了物化女性的革命逻辑，作为保镖的他不为自家小姐与姨太太所动，但此时居然害怕起“不值一提”的电影明

---

① 舒月：《社会渣滓堆的流氓无产者与穆时英君的创作》，《穆时英全集》（第三卷），前引书，第405页。

② 文学史的理解角度，详见吴述桥：《新感觉派和左翼文学关系再考察》，《中国现代文学研究丛刊》2012年第1期。

③ ［美］海登·怀特：《元史学：19世纪欧洲的历史想象》，陈新译，译林出版社2013年版，第49页。

④ 寒生（阳翰笙）《南北极》（1931）、钱杏邨《一九三一年中国文坛的回顾》（1932）、舒月《社会渣滓堆的流氓无产者与穆时英君的创作》（1932）、司马今（瞿秋白）《财神还是反财神》（1932）、王哲甫《〈中国新文学运动史〉对穆时英的评述》（1933）等评论文章都专门引用、讨论过穆时英的单篇小说《南北极》。

⑤ 穆时英：《南北极》，《穆时英全集》（第一卷），前引书，第151页。

星，其中的原委值得一探究竟。

> 我正睡得香甜，朦朦糊糊的像到了家，妈在哭，抽抽噎噎怪伤心的。哭声越来越清楚，咚的一声，我一睁眼，大月亮正和高烟囱贴了个好烧饼，一个巡警站在桥下打盹儿。

穆时英的技艺雕琢非水浒式语言所能涵盖，它折射出左翼革命文学未能穿透现实之心理构成的局限。一方面，穆时英以精神分析元素构筑于尚义的创伤记忆，丰富了革命语境的内外关联。在半睡半醒间，主人公听到的实际是新到钉棚来的“小娼妇”投河自尽的哭声与落水声。这一梦的诱因被凝缩和移置为母亲哭泣的梦象。梦象往往具有复合的特点，它又关联着“小狮子”早年求爱失败、负气离家的羞辱与负罪感。更为关键的是，嫖娼的经历——情欲的释放加深了原初的负罪体验。在精神分析学中，烟囱是显著的男性生殖器象征①。穆时英也时常（并非全然如此）运用月的意象来隐喻情欲②。所以，月亮与烟囱交合的布景暗示：于尚义起身时已经模糊地意识到自己同样是导致“小娼妇”自杀的“元凶”。另一方面，穆时英在于尚义的回忆中布置了草蛇灰线的修辞形式，表明革命语境具有内在时间的连续性。《南北极》共出现过两次“麻麻酥酥怪好受的”：第一次与上述梦境有关，此时的于尚义在水门汀消暑纳凉；第二次出现在与段小姐共度的夜晚，“我闹得浑身没劲，麻麻酥酥怪好受的睡去了”。似曾相识的身体感知唤醒了于尚义的创伤记忆。随着月的意象重新引入，新的情欲也与旧的负罪感进一步交织。于尚义联想起投河而死的“小娼妇”，但作为蒙昧的底层民众，他只能以非理性的方式（鬼）了结心理与现实的反复纠葛。因此，创伤记忆的触发及心理的保护机制起到了续接时间的作用。它与现实融混为一体，革命主体恐惧地意识到：作为玩物的玩物，具有参照意义的他者（警察）亦无法掩盖自身与革命对象并无实质区别的事实。故以革命姿态居高临下的于尚义，莫名地“害怕”成为金钱附属品的段小姐。

---

① “事实上，想象就不许可长而尖的物体或武器作为女性生殖器的象征，或中空的物体如柜子、箱子、盒子等等作为男性生殖器的象征。”见［奥］弗洛伊德：《释梦》，孙名之译，商务印书馆 1996 年版，第 355 页。

② 就笔者的阅读看，《五月》可能是穆时英采用月之意象最为集中的作品，以致虽在白昼，“下午六点钟的太阳像六点钟的月亮似地，睁着无力的荡妇的大眼珠子瞧着愚园路”。（穆时英：《五月》，《穆时英全集》（第二卷），前引书，第 218 页。）其他如《莲花落》：“凉亭外面的草全在露水里湿着，远处几棵倒生的树向月亮伸着枝干。”（穆时英：《莲花落》，《穆时英全集》（第一卷），前引书，第 263 页。）《红色的女猎神》：“……我想对你说：‘红色的 Diana，你是月光底女神，你是狩猎的女神，你是恋底女神……我的心脏便成为你的猎狗，你的奴隶了！’”（穆时英：《红色的女猎神》，《穆时英全集》（第二卷），前引书，第 234 页。）

自《南北极》问世后，评论界给予了毁誉参半的回应①：水浒式语言开辟了革命文学的新面貌，此其誉也；作品中的底层民众过度沾染了群氓的阶级局限性，此其毁也。左翼评论往往在文章结尾奉劝穆时英悬崖勒马、改过自新，实则并非偶然之举：水浒式英雄沾染了流氓无产阶级的不良习气，但归根结底，他们仍属于无产阶级的行列，所以，只要更新为进步的阶级观念，穆时英的普罗文学创作仍将有所作为。在这里，处于现实与创作者之间的文学话语完全透明，又或者说，它成为一面反映客观现实的镜子，人物的思想意识成为了连接客观现实与创作者思想意识的桥梁。进一步讲，只有具备了进步的阶级观念，创作者才能把握住代表历史进程的客观现实，这正是20世纪30年代主导左翼文坛的现实主义。在1935年发表的长文《电影艺术防御战——斥掮着“社会主义的现实主义”的招牌者》② 中，穆时英从电影评论入手，详尽批驳了这一时期左翼现实主义的偏颇之处。该文的驳论非常具有系统性，可视为穆时英艺术体系的成熟总结。穆时英认为，“客观现实反映论”和“主客观一致论”是上述现实主义的认识论基石。前者的问题在于机械地理解“存在决定意识”，殊不知“决定”是指“意识导源于存在”；后者的问题在于抹除了“思维中存在的现实”与“客观存在的现实”之间的差异和距离，且阶级与历史的关系推理犯了循环论证的形式谬误。穆时英继续指出，文艺的一般本质就在于表现“思维中存在的现实”，也即表现主观；文艺的特殊本质则在于表现主观中的情感。其中，情感的文化基础是人类的生存意志，经典的文艺作品总是能展现符合特定历史阶段需要的“向必然争取自由”的意志。在此基础上，我们不难理解：穆时英是如何从对左翼“现实”的批判出发，一步步构筑自己的文艺体系；《南北极》在他的文艺体系中处于怎样的位置；其文学创作又为何呈现出“持续革命”的话语风貌。这是一条与上述现实主义迥然有别的道路，因此，就这一时期的“现实”认识而言，左翼革命与穆时英的“持续革命”存在无法调和的矛盾，两者的渐行渐远只是一个时间问题。在某种程度上，该矛盾从一个细微的视角解释了穆时英在1939年做出的政治抉择，穆时英关于“现实”的革命话语博弈也在彼时戛然而止。

综上所述，本文辨析了穆时英文学创作中易被忽视、混淆的“持续革命”，探讨了“持续革命”在“百货店社会”的历史进路，论述了“持续革命”对左翼革命文学的欲拒还迎。由于穆时英的文学生涯并不算长，所以本文从其创作发端着手，追踪到了“持续革命”话语的实践踪迹。对于穆时英来说，创作意味着无休止地否定与调适，其间有困惑、无助、焦虑，也有最后的抉择。这是“持续革命”的话语使然，作家的精神世界

---

① 评论界对《南北极》褒贬不一的态度及左翼评论的劝告，详见前文注释中的相关文章。

② 穆时英的文艺观点，详见穆时英：《电影艺术防御战——斥掮着“社会主义的现实主义”的招牌者》，《穆时英全集》（第三卷），前引书，第192–239页。

从根本上就无法找到一处安息之所。因此，穆时英的普罗文学与新感觉派文学具有内在的连续性，两者的风格差异是“持续革命”的话语实践不断演进的结果。纵观穆时英的精神历程，他对“持续革命”及其困境、方式、出路的探索是中国与现代接轨的真实写照之一，正是基于这一点，穆时英对个体与社会变革关系的文化思考融入了现代主义的世界图景。

（作者单位：四川大学文学与新闻学院）

韩国流亡文人的东亚认识与主体性建构①

——以韩国流亡文人的中文书写为中心

金柄珉

引 言

主体性是近代性的核心概念，也被称为哲学近代性。在历史上，主体性不断被笛卡儿、康德、黑格尔等哲学家所探究和阐释，以自我—理性为核心的主体性对社会的发展起到了决定性作用。不过，资本主义膨胀逻辑和科技文明的高速发展，使得社会也不可避免地产生了新的“他者”，随之也导致各种危机，如生态危机、人口危机以及人与制度的矛盾，由此产生的人类的冲突和生命的焦虑愈加深重，人们也不可避免地对其主体性提出了质疑。众所周知，马克思是最早对主体性提出批判的伟大思想先驱。到了20世纪初，黑格尔之绝对精神受到尼采、海德格尔等人的全面挑战。而进入20世纪中后期，对主体性的质疑与解构持续升温，福柯、德里达、哈贝马斯等人所提出的后现代主义理论，凸显了对主体性与现代性的解构与重建。然而，主体与客体问题是客观存在的，而主体性问题也存在着需继续完善和继续建构的问题。从这个意义上讲，或从现实意义上讲，主体性乃是现代性规划进程中的重建问题，仍然是被人们所关注并探讨的命题。尤其是弱小民族及其生命个体的主体性建构问题，也就显得更为复杂，因为它面对的是随时被强权他者化或随时被殖民者吞没的历史现实。阐释韩国人的东亚认识与其主体性的关系是颇具价值的课题，其对阐述韩国人的主体性与现代性、重估东亚精神价值以及构

① 本文系国家社会科学基金重大项目“中韩近现代文学交流史文献整理与研究”（16ZDA189）的阶段性成果。

建当代东亚新秩序都具有重要意义。

20世纪初，日本的亚西亚主义为其侵略扩张奠定了思想理论基础。“由于近代日本的亚细亚主义复杂而特殊的发展历程，它又表现为强调亚洲平等合作的古典亚细亚主义、强调扩张领土的大亚细亚主义以及对亚洲实施侵略的大东亚共荣圈等三种形式。近代日本的亚细亚主义在形成、发展、消亡的过程中，完成了它从‘兴亚’到‘侵亚’的质变历程。”① 对亚细亚主义的正确认识对于殖民地韩国来说意义深刻，它不仅直接关系到民族主体性的建构，而且也关系到韩国的独立运动往何处发展的重大问题。

来华韩国流亡文人申圭植、申采浩、柳子明、赵素昂、金奎光、金元凤、罗月汉、李斗山等，在中国创办了多种中文刊物②。他们通过政论、散文、小说、诗歌等作品，对日本的亚细亚主义的侵略本质进行了深刻的批判，建构以主体性为内涵的知识话语、民族话语和抗日话语，以期颠覆日本的帝国话语与殖民话语，在韩国乃至整个东亚产生了深远的影响。本文主要从来华韩国流亡文人以中文书写的文本分析入手，兼顾部分韩文文本，阐释韩国流亡文人的东亚认识的特点及其主体性建构过程。

一、大我精神：日本认识与主体性

韩国的主体性建构始终呈现着西方近代哲学思潮的影响和对韩国本土萌生的近代思想的继承和发展。而且，韩国的主体性建构在抗击日本帝国主义侵略、争取民族独立的历史进程中得到不断发展和丰富。19世纪中叶，西方列强开始了对亚洲各国的侵略，再加上清政府的腐败，直接导致了基于“天下观”的传统东亚秩序的全面崩溃。在构建新的东亚关系的历史节点上，日本帝国主义为了掌握其东亚霸权，大力宣扬亚细亚主义，极力推行对朝鲜、中国的侵略。日本帝国主义为了彻底实现对韩国的殖民地化，采取了种种欺瞒手段，胁迫韩国签署了“乙巳保护条约”（1905年）、“丁未七条约”（1908年）等条约，最终吞并韩国（1910）。他们主张韩国必须接受日本的保护、日韩两国需加强“亲善”和“协助”，进而鼓吹为“韩国之安全”和“东洋之和平”共同努力。毋庸置

① 王屏：《近代日本的亚细亚主义》，商务印书馆2004年版，第15页。

② 韩国流亡文人在中国创办的主要刊物有《震坛》（申圭植，1920）、《天鼓》（申采浩，1921）、《震光》（赵素昂，1932）、《朝鲜民族战线》（柳子明、金奎光，1937）、《朝鲜义勇队通讯》（朝鲜义勇队刊行，1939）、《东方战友》（李斗山，1939）、《韩国青年》（韩国战地工作队刊行，1940）、《韩民》（韩民月刊社，1940）等。

疑，这种思想实际上植根于樽井藤吉①、陆羯南②等人的亚细亚主义。对此，韩国的爱国启蒙运动家申采浩③、申圭植等人，站在民族、国家的立场上，强烈批判了日本的“亚细亚主义”，从而表现出主体性知识话语的建构与民族国家想象。其中，申采浩的抗日话语与主体性建构最为鲜明，既有以理性—主体为核心的哲学高度，又有自主能动的民族立场。日本帝国主义以侵略韩国为目的，大肆宣扬以“保护韩国”、“东亚和平”为幌子的“东洋主义”。对此，申采浩早在爱国启蒙运动时期就撰文揭穿了其欺骗性与侵略本质。申采浩指出：“无韩人利用东洋主义救国者，却有外人利用东洋主义篡夺国魂者，对此应警惕之、慎重而对待之”，“以一句‘我族之国，我族主张’作为护身符保全民族”④。可见，申采浩的主体性立场十分鲜明，不仅反映出他对当时东亚紧张局势及日本帝国主义侵略本质的深刻理解，而且体现出对本国卖国奴无主体性的深刻批判。申采浩曾围绕着主体性建构问题深刻指出“我”有“大我”和“小我”之分，进而阐明“大我”的存在价值，从“我”和“非我”的关系上强调“大我”，即民族自主性和能动性⑤。申采浩的“我”或“大我”指的是个体的“理性”或民族的“理性”，其无疑根植于主体性哲学。毋庸置疑，申采浩是通过梁启超接受了西方哲学家笛卡尔、康德、赫胥黎等人的思想影响，同时，进行了本土化改造，从而建构了具有创新性的知识话语。申采浩的日本认识和主体性，不仅在当时产生了重大影响，而且在来华韩国流亡文人中也产生了很大共鸣。

韩国沦为日本殖民地前后，一大批韩国的爱国文人先后流亡到中国，中国成为韩国流亡文人的“话语场”。来华韩国流亡文人申圭植、申采浩等先后创办了《震坛》

---

① 樽井藤吉（18550—1922），政治活动家，他在其《大东合邦论》（1893）中大肆鼓吹“日韩合邦”。见王屏：《近代日本的亚细亚主义》，商务印书馆2004年版，第114页。

② 陆羯南（1857—1907），政治思想家，主张亚细亚主义，其核心内容是“东洋是东洋人的东洋”，以此把日本对中国、朝鲜的侵略正当化。见王屏：《近代日本的亚细亚主义》，商务印书馆2004年版，第96页。

③ 申采浩（1880—1936），号丹斋。1910年流亡中国，1919年曾担任大韩临时政府议政院院长，1921年在京创办《天鼓》杂志，曾与李大钊、李石增有过交流。1928年在抗日活动中被日警逮捕，判刑10年，于1936年2月因脑出血在旅顺监狱中病逝。主要作品有：学术著作《朝鲜上古史》等，小说《梦天》、《龙和龙的对激战》等，随笔《朝鲜之文人》、《丹儿杂感录》等。

④ 申采浩：《对东洋主义的批判》，《大韩每日新报》1908年8月8日-10日。

⑤ 金柄珉：《丹斋申采浩的哲学思想与人间象》，《退溪论丛》2014年第14号。

(1920)、《天鼓》（1921）杂志，通过这些刊物批判日本帝国主义的“大亚细亚主义”①及其对韩国、中国的侵略。申采浩在《天鼓》的创刊辞中指出：“试问居亚洲而祸亚洲者，有先于倭者耶。嗟夫！我亚黄族不下四五百兆，而彼欲以区区数千万之众，垄断全亚，蹂躏邻邦，无视民族之自决，力抗世界之潮流，以图蒙古帝国之重现于今日，其志可谓奢矣。”② 作者在该文中批判了日本亚西亚主义对外侵略与扩张的罪状，进而阐明了全民族奋起抗击日本帝国主义的主体性立场。作者又在《朝鲜革命宣言》中指出：“要维持朝鲜民族的生存，就要驱逐日本强盗。要驱逐日本强盗，只能以革命来进行，没有革命，就没有办法驱逐日本强盗……民众是革命的大本营，暴力是革命的武器。”③ 在文中，作者明确提出民众为革命主体、暴力为革命武器的思想。申圭植④的立场也非常鲜明，他把日本认定为“东亚的德意志”，并揭露了日本对中国东北的侵略和掠夺。他指出“木履之尔郎之亚细亚主义，更风涌云沸，蓬蓬勃勃而不可遏，不容此武力恶腕之存在”⑤，并揭露日本对东北的侵略与掠夺道：“日本以席卷囊括之野心，远交近攻，久已独占亚细亚之霸权。”⑥ 作者揭露了日本图谋侵略中国的野心和阴谋，也呼吁中国人立即觉醒与警惕。在日本大亚细亚主义风靡一时之际，提出如此鲜明的观点，实属难能可贵。这与作者从殖民地本土体验与流亡体验中获得的主体意识分不开。申圭植对亚西亚主义的批判，无疑深深植根于其主体思想。他在政论《痛言》(《韩国魂》) 中指出“哀莫大于心死，我国之亡，以人心死也”，“我人之心，大韩之魂也”，“我人苟抱民族主义，以光复祖国为新”，并主张“良心自我”⑦。他在这里所强调的“良心自我”与申采浩之“精神之我”同出一辙，两者都主张自我—理性在民族主体性建构中的作用。概而言之，

---

① 1916年，日本的小寺谦吉发表了《大亚细亚主义论》，提出“兴亚”、“振亚”，声称“保全支那”，提倡中日“结合”，“依托支那，利用其经济资源”；“日本是亚细亚文明的传承者”，所以“有保护支那的充分理由”；“对于日本来说，作为亚细亚的指导者、亚西亚的盟主是当之无愧的”。总之，所谓亚细亚主义是日本诸多侵略理论的集大成者。对此，李大钊撰文批判道，该主义的真实目的是“乃假‘大亚细亚主义’之旗帜，以掩饰其帝国主义，而攘极东之霸权……嫁祸于全亚子同胞”。(《大亚细亚主义》，《甲寅》1917年4月1日。)

② 申采浩：《天鼓创刊辞》，《丹斋申采浩之〈天鼓〉》，崔光植译注，亚研出版，2004年，第255页。

③ 申采浩：《丹斋申采浩全集》(中)，萤雪出版社1982年版，第35-46页。

④ 申圭植（1880—1922），号睨观，后改名申柽。1911年流亡中国，曾参加中国辛亥革命和南社。担任过上海临时政府法务总长（1919）、国务总理代理兼任外务总长（1921），并创办《震坛》周刊（1920）。主要著作有长篇政论《韩国魂》(1920)、诗集《儿目泪》(1939) 等。

⑤ 申圭植：《今后吾之责任》，《震坛》第1期，1920年10月10日，第2页。

⑥ 申圭植：《痛言》(《韩国魂》)，《申圭植诗文集》，金东勋等编译，民族出版社1998年版，第172页。

⑦ 申圭植：《痛言》(《韩国魂》)，《申圭植诗文集》，金东勋等编译，民族出版社1998年版，第163-180页。

申采浩、申圭植等流亡到中国的韩国文人，通过对他者——日本帝国主义的认识以及自我——民族国家的发现，构建了以民族自决为思想内涵的民族主体性，深刻批判了日本统治阶级亚细亚主义的政治阴谋和侵略本质。

随着日本帝国主义入侵中国东北地区以及1937年中国全面抗日战争、太平洋战争爆发，韩国流亡文人柳子明、金奎光、金若山等也快速回应，深刻地批判了“大亚细亚主义”、“大东亚共荣圈”① 等。如，柳子明②站在民族立场，从政治和经济的视角，深刻揭露和批判了日本帝国主义的侵略本质以及资本主义本身所内在的反文明本质。柳子明在《朝鲜情势一斑》③ 一文中，批判了日帝为侵略中国而在朝鲜炮制的“精神总动员法”、“志愿兵制”等，揭露了日帝“大东亚共荣圈”的侵略本质以及对朝鲜惨绝人寰的强权掠夺。他又在《敌人总动员中朝鲜的产业动态》④ 一文中指出：“朝鲜是在尚未脱离农业经济状态以前，就被日本帝国主义征服了。这里也自然免不了发生一般帝国主义国家与其殖民地之间所存在的主从关系，解决宗主国粮食问题、供给其工业原料、消化其剩余商品等，一般就是殖民地国家必须要尽的经济义务。”⑤ 在文中，作者以翔实的调研资料，揭露了日本帝国主义在政治、经济、文化等方面对韩国所犯下的累累罪行，并深刻揭露了帝国主义时代近代资本逻辑的膨胀所导致的殖民性和掠夺性。从以上分析不难看出，作者不仅批判了日本帝国主义的侵略本质，而且也揭露了其资本主义的膨胀逻辑，即当资本主义文明发展到帝国主义并施展强权时，所谓的主体性与现代性也不可避免地生产“他者”，同时摧残另一个主体，并呈现出自相矛盾且难以摆脱的悖论。日本帝国主义在东亚内部实行霸权，在“正义”、“公理”的幌子下，肆无忌惮地生产着“他者”，这就是帝国强权与文化霸权的所谓“文明”和“和平”的本质。

韩国流亡爱国文人不仅深刻批判了日本帝国主义的亚细亚主义，而且积极建构起民族话语与抗日话语，提出对帝国主义强权和文化霸权的全方位抵抗路线。“民族性是殖民

① 大东亚共荣圈，为日本帝国在第二次世界大战中为扩张版图所提出的“将东亚从西方的殖民统治中解放”，建立类似邦联制的战略构想与政治主张。1938年11月，日本政府发表建立《大东亚新秩序》的宣言，欲树立“中日满三国相互提携，建立政治、经济、文化等方面的互助连环的关系”。与此同时，日本首相近卫文麿也发表所谓“近卫声明”，试图建构以“大东亚共荣圈”为整体，以日本、东亚与东南亚“共存共荣的新秩序”为建设目标的政治体系。

② 柳子明（1994—1985），本名柳兴湜，曾用笔名子明等。1919年流亡中国，曾任上海临时政府议政院议员（1923）、朝鲜解放同盟代表、朝鲜义勇队指导委员会委员（1938）、立达学院教师（1931—1935）、《朝鲜民族战线》主编等。曾发表《赤色的悲痛》（1927）、《离开广州有感》（1927）等多篇政论。中华人民共和国成立后任职湖南农业大学教授。

③ 柳子明：《朝鲜义勇队通讯》第23期，1939年9月1日；《朝鲜义勇队通讯》第29期，1939年11月15日。

④ 柳子明：《敌人总动员中朝鲜的产业动态》，《反侵略》第二卷第六号，1939年版，第18页。

⑤ 柳子明：《敌人总动员中朝鲜的产业动态》，《反侵略》第二卷第六号，1939年版，第18页。

主义赋予殖民地的最伟大的礼物，是持久的意识形态的基石。"① 民族性是一个民族生存、发展的基本属性，从这个意义上讲，民族性与主体性有着密切关联。毫不例外，韩国流亡文人的抵抗路线和革命斗争也深深地植根于"民族性"这一基石。韩国流亡爱国文人的抗日话语和民族话语通过中国体验并在中国抗日战争语境下得到不断完善和提升。

随着20世纪30年代中国抗日战争的全面爆发，来华韩国流亡文人对日本帝国主义的抵抗意志愈加坚定而明确，他们在中国的抗日斗争路线影响下，逐渐形成了自己的抗日武装斗争路线。主张武装抗日斗争路线的韩国流亡文人有朝鲜义勇队的金若山②、柳子明、金奎光③、李斗山、李达等。金若山在《新形势与新任务》一文中指出："我们相信，敌后的几十万朝鲜群众（东北在外）如果被动员起来、组织起来，将是一支不可侮的力量，将对于中国的抗战与朝鲜革命有极大的帮助……朝鲜革命的主要阵地还是在朝鲜境内，我们将号召一切留居在中国的朝鲜同胞，团结在朝鲜义勇队的旗帜下，打回老家去，打回朝鲜去。"④ 朝鲜义勇队的成立是韩国流亡文人抵抗路线的具体表征。金若山认为，为了抗日战争和民族解放的最后胜利，不但要创建抗日武装队伍，而且要争取朝鲜同胞、日本军民以及东方各民族的反日力量与日本帝国主义进行全面的斗争。朝鲜流亡文人抵抗路线的方向非常明确，即着眼于中国的抗日斗争和韩民族独立的需要，适时创建武装队伍，积极参与中国的抗日战争；同时，发动和武装韩民族大众在本土展开抗日武装斗争。从历史上看，随着主体性的建构与完善，韩国对日本帝国主义的抵抗经过了抗日殉职斗争——抗日暴力斗争——抗日武装斗争等历史进程。

朝鲜义勇队的抗日武装斗争具体体现了朝鲜民族战线联盟的统一战线和国共合作统一战线。柳子明指出："将要努力于战线（朝鲜民族战线联盟）统一运动，以期实现最圆满的统一战线……我们深信这种统一战线，不仅在打倒日本帝国主义的斗争过程中需要支持，而且，将来建立独立、自由、幸福的国家的时候，也要各党派的共同努力，因

---

① 彼得·查尔兹：《后殖民主义理论》（韩译本），首尔文艺出版社2004年版，第37-38页。

② 金元凤（1898—1958），号若山，曾用陈国斌、崔林、李冲、千世德等化名从事独立活动，曾任义烈团团长（1919），黄埔军校第4期毕业后留校任教官。广州"四·一五"惨案后参加南昌起义。在国民政府的支持下先后创办列宁主义政治学校（北京，1929）和朝鲜革命军事政治干部学校（南京，1932）。历任民族革命党书记（1935），朝鲜义勇队队长（1938）、总队长（1940），韩国光复军副司令（1942）等职，发表多篇中文政论文章。

③ 金奎光（1898—1969），本名金星淑，曾用名金忠昌。1922年流亡中国，1925年毕业于中山大学，20年代在北京创办《荒野》、《革命》，在广州创办《革命运动》等杂志。曾任《朝鲜民族战线》主编（1938）、朝鲜义勇队指导委员会委员、朝鲜义勇队政治组长等职，发表多篇中文政论文章。

④ 金若山（金元凤）：《新形势与新任务》，《朝鲜义勇队通讯》第39期，1941年1月1日，第3页。

为这样才能招来朝鲜民族的真正自由幸福的时候。”① 朝鲜民族战线联盟是民族主义、无政府主义、社会主义等各个党派的统一战线，是在打倒日本帝国主义这一共同目标下形成的多种主体的统一战线。有了它，韩国流亡文人就能够团结在一起参加中国伟大的抗日战争。如文中所言，柳子明的统一战线理论，既是颇具革命性的抗日话语，又是颇具前瞻性的民族国家想象，其中包含着以价值多样化追求为前提建构民族主体性的深刻内涵。

来华韩国流亡文人的主体性为其形成日本认识和抵抗路线提供了重要的思想基础。同时，我们也不能否认民族主义、无政府主义、社会主义思想从不同角度对建构抗击日本帝国主义的抵抗路线起到了积极的影响②。从这个意义上来说，来华韩国流亡文人的民族主体性具有超越理念层次的现实性和时代性特点。历史事实证明和启示着人们：作为一个民族，在主体性的建构过程中，可能而且有必要将不同的理念和思想要素统合为一体，而多种主体的汇合是殖民地时期来华韩国流亡志士民族主体性的基本样态。形成多种主体的民族统一战线，这或许对于始终处于不同意识形态影响下实行民族独立斗争的韩民族来说，是一种历史赋予的且十分必要的历史选择。

二、共同使命：中韩关系认识与双重主体性

来华韩国流亡文人的中韩关系认识在其东亚认识中具有十分重要的意义。他们参加中国革命，尤其是在参加抗日战争的过程中，形成了中韩两国命运共同体意识。随之，韩国流亡文人不断拓展其主体性内涵，进而建构为双重主体性。韩国流亡文人双重主体性的建构，体现着中韩文人之间形成相互认知与共同话语的历史情景。申圭植、申采浩是20世纪20年代初期反思传统的中韩关系并提出新的中韩关系观点的先驱，他们对其后的流亡文人产生了重要的影响。1910年韩国亡国后，申圭植流亡到中国，敏锐地把握了中国社会的现实发展动向，开始支持辛亥革命和护法运动，并与中国的革命党人加强联系，高度认同中国的资产阶级民主革命。他不仅充分肯定辛亥革命和护法斗争，而且深刻批判腐败无能的军阀政府；同时，揭露和批判日本侵略中国的阴谋，并对中国的未来表示担忧，由此敦促中国政府作为大国应履行东亚和平乃至世界和平的使命，也指出了东亚和平建构过程中中韩关系的重要性。“吾韩一独立，则中国增一坚固之保障，而唇

① 柳子明：《朝鲜民族战线联盟结成过程》，《朝鲜民族战线》创刊号，1938年7月，第3页。

② 申采浩、柳子明的抵抗主义路线深受无政府主义的影响，金奎光、金元凤等的抵抗主义路线在一定程度上受到社会主义思想的影响。

齿之相依，可以日增其亲善。”① 他认为中韩作为命运共同体，韩国独立有助于中国的安全。他还指出：“韩中两国的革命都同等重要，中国革命成功之时，就是韩国得到独立解放之日。有望中国统一，亚洲曙光已启。”② 在动荡不安的东亚时局中，他不仅洞察到中国民主主义革命的历史意义，而且指出了中韩合作对20世纪东亚和谐发展所具有的历史意义。来华韩国流亡文人曹成焕也提出了相同的意见。他在给安昌浩的信中说：“中华所创之大成功，必将光耀亚洲史册，令东西强邻胆颤”，“亚洲大陆提倡自由，此为中华之大成功；唤起了半岛江山中几乎泯灭的革命思想，此亦为革命之成功”③。在文章中，曹成焕深入分析了辛亥革命对韩国乃至东亚的重大影响，即辛亥革命对于反对列强及构建亚洲新秩序的深刻意义。另外，申采浩对中韩关系的认识也令人瞩目。1921年，申采浩针对中韩关系与东亚和平问题撰写了《韩汉两族之宜加亲结》一文，展示了其崭新的文化视角。申采浩在文中详细论述了中韩两国友好关系的悠久历史、当下两国建立共生共存关系的紧迫性以及加强两国友好关系必须注意的问题。申采浩认为，中韩两国要想走上共生共存之路，在继承历史传统的同时，必须克服过去的种种不足与误区。譬如，韩国人“失于太谦”，中国人“失于自尊”④；韩国人面对侵略“婉转求生于其威严之下而不敢拔刃与抗者”，而中国人明知“以我慢自大，有妨于文化之增进”⑤ 等。他还强调，中韩两国国民必须同仇敌忾，主张“划除强敌，奠定东洋，又可不离‘流血’两字除强敌”，“尤当同心相失，与敌作最后之血战，又刻不可忘者也”⑥。如上，申采浩对中韩关系重要性的认识体现着互为主体、共存共生的文化理念，当然也能窥见其积极建构双重主体性的思想立场。

进入20世纪30年代，随着中国抗日战争的发展，韩国流亡文人对中韩关系的认识、对中韩合作的意识都得到很大提升，进而确立起以“互为主体、共生共存”为理念的双重主体性。韩国流亡文人柳子明、金若山、金奎光、李斗山⑦等人亲自参加了如火如荼

① 申圭植：《民族自决与韩国独立》，《震坛》第10期，1920年12月12日。

② 闵弼镐：《韩中外交史话》，金俊烨《石麟闵弼镐传》，罗南出版社1995年版，第235页。

③ 曹成焕：《写给安昌浩的信》，岛山安昌浩纪念事业委员会编《岛山安昌浩全集》（第2卷·书函2），首尔东洋印刷株式会社2000年版，第533页。

④ 申采浩：《韩汉两族之宜加亲结》，《丹斋申采浩之〈天鼓〉》，崔光植译注，亚研出版，2004年，第320页。

⑤ 申采浩：《韩汉两族之宜加亲结》，《丹斋申采浩之〈天鼓〉》，崔光植译注，亚研出版，2004年，第320页。

⑥ 申采浩：《韩汉两族之宜加亲结》，《丹斋申采浩之〈天鼓〉》，崔光植译注，亚研出版，2004年，第323页。

⑦ 李斗山（1896-?），1919年流亡中国。先后创办《韩声》（广州，1930年）、《东方战友》（任社长，梧州、桂林，1939）等杂志，发表了70多篇诗歌、散文、随笔等。

的中国抗战，他们精准把握了新历史时期中国抗战的历史意义，强调中韩关系的重要性，积极主张中韩合作共同抗日。金奎光指出："中国的抗日战争，正在猛烈进行的时候，同样遭受日本帝国主义的掠夺和压迫的中韩两民族反日联盟是非常重要，而且必要的事情。正因为如此，自从抗战以来，许多中韩人士都很深切地注意到这个问题，同时热烈地期望这个被压迫人民的联合战线能够早日实现……所谓联合战线，并不是什么空洞的作为政治号召的东西，而是要时间、要斗争的战斗联盟。"① 在这篇文章中，金奎光明确提出了中韩合作共同抗日的重要性和必要性。又如，柳子明结合抗日斗争的实际要求指出："中国的抗战如果失败，朝鲜民族解放固然渺茫无期"，"打倒共同敌人及奠定东亚和平，也是中国朝鲜两民族的共同使命"②。在这篇文章中，柳子明指出了参加中国抗战的重要性，强调了中韩精诚合作的重要性以及中韩共同的历史使命。另外，他还提出："中国最高当局在抗战期间予以积极援助使之组成一个独立的部队参加抗日战争，在实际过程中扩充其力量，以期树立朝鲜独立军之基本势力。"③ 历史资料显示，在建立朝鲜义勇队的过程中，朝鲜民族战线联盟的金若山、柳子明等的政治主张及建议起到了十分重要的作用。1938 年 10 月，国民政府军事委员会根据朝鲜民族战线联盟提出的关于成立朝鲜义勇军的报告，正式批准成立朝鲜义勇队。在中国的抗日战场上，朝鲜义勇队在对敌宣传、救护伤员、民众教育等方面做出了不可替代的历史贡献。

在抗战中所表现出来的中韩合作精神及其实践是韩国流亡文人双重主体性的具体表征，而通过中韩合作颠覆日本帝国强权与文化霸权，这是在特殊的历史年代，共同的民族利益所赋予韩国乃至韩国人的历史性选择。在主体性极易缺失的殖民地时期，中国"空间"为韩国人主体性的建构提供了一种可能，也为中韩合作的知识生产和话语建构提供了"场所"。抗日战争的现实促使韩国流亡文人追寻更具开放性的主体，即双重主体性以及中韩合作。早在 20 世纪初，面对日本帝国主义的殖民化，韩国的启蒙思想家们发现了他者与自我的边界，从而发现了自我—主体建构的重要性。国家沦为殖民地后，韩国的流亡文人来到中国，发现了近代中国的民主革命精神，又通过对近代中国的发现，实现了主体性建构，在抗日斗争中明确认识到了中韩合作的必要性。韩国流亡文人通过参加抗日战争建构了双重主体性，进而实现了中韩合作共同抗日，从而迎来了抗日战争的伟大胜利。

---

① 金奎光：《朝鲜民族反日革命总力量问题》，《朝鲜民族战线》第五—六期，1938 年 12 月，第 3 页。

② 柳子明：《创刊辞》，《朝鲜民族战线》创刊号，1938 年 4 月，第 1 页。

③ 柳子明：《中国国民党大会的历史意义》，《朝鲜民族战线》第 2 期，1938 年 7 月，第 1 页。

三、命运共同体：世界和平认识与多重主体性

对韩国独立与世界和平的认识也是韩国流亡文人东亚认识进一步显现思想深度和广度的基本特征。申采浩、申圭植等人基于自身的中国体验，早在朝鲜亡国前后，特别是流亡中国之后，开始关注韩国独立与世界和平之间的关系。进入20世纪30年代，随着抗日战争的全面爆发和第二次世界大战的爆发，柳子明、金若山、李斗山、金奎光等朝鲜义勇队流亡文人持续关注韩国独立与世界和平之间的关系，进一步扩大了视野，深化了思想认识。特别是世界范围内反法西斯战争的展开，使得韩国流亡文人把眼光投向世界，从而把一切被压迫民族和人民视为命运共同体，并将其作为反法西斯的同盟力量。由此，主体性的建构呈现出更加开放的样态，把自己认定为既是民族解放的主体，又是中国抗日革命的主体，同时也是世界被压迫民族解放的主体。这样一来，在抗战时期，韩国流亡文人的主体性就呈现为多重主体性。由于这种被压迫民族解放的主体性，他们便积极呼吁形成反法西斯统一战线以共同对敌，旨在迎来世界被压迫民族的解放和全人类和平。主体性来自对“他者”的认知基础。而韩国流亡文人的多重主体性的建构，首先来自对韩国独立与世界和平关系的科学分析，其次植根于对被压迫民族命运共同体的认知。当然，这与对当时中国抗日语境下所形成的东方被压迫民族统一战线的认知有着直接关联。反映多重主体性的主要政论有申采浩的《朝鲜独立与东洋平和》、申圭植的《民族自决与韩国独立》、柳子明的《欢迎世界学联代表团》、金若山的《建立东方各民族友谊的新基础》、李斗山的《东亚和平与各民族的使命》以及李达的《太平洋战争与朝鲜革命》等。

申奎植从构建世界和平的政治文化视角思考韩国的独立问题，并基于世界和平理念探索韩国实现独立与世界和平的关系。他指出：“夫吾韩人之要求独立，非仅为韩人之计也，乃为亚细亚计也。亦非仅为亚细亚计也，乃为世界计也”，“吾韩之于世界，实为大战种子。故为东亚和平计，不得不出于独立；即为世界和平计，亦不得不出于独立；且为日本安全计，更不得不出于独立”①。申奎植基于主体性立场，阐述了韩国独立与世界和平之关系。他认为韩国是世界大战的种子，从而一针见血地道出韩国独立与世界和平密切关系之所在。这种见解来之不易，值得世人关注与研判。“吾韩独立，就表面而言之，为世界计安全，而就实际而言之，亦为日本计安全。”② 总之，他站在主体性的立

① 申圭植：《民族自决与民族独立》，《震坛》第10期，1920年12月12日，第2页。
② 申圭植：《民族自决与民族独立》，《震坛》第10期，1920年12月12日，第2页。

场，阐明了韩国独立的紧迫性及其与世界和平的关系。他所提到的把韩国当作“世界大战的种子”的观点也是颇具世界眼光的分析和研判。尤其是他所提到的把韩国的独立视作“为日本安全计”，是站在世界和平的高度把握时代本质与世界发展趋势的独特见解。如他所断言，日本因为其侵略野心遭到全世界正义国家和民族的谴责与抵制，其本土最终被反法西斯同盟国投掷了原子弹。由此可见，申圭植的一席话凸显了其作为一名独立运动文人兼政治外交家的敏锐政治意识、时代意识及未来意识，可谓超越时代、超越自身的时代话语建构，体现了密切关注世界和平和人类命运的崭新的文化视角和判断力。

对韩国独立与世界和平关系的认识，在柳子明、金若山、李斗山、李达等朝鲜义勇队的韩国流亡文人那里也得到进一步深化。柳子明在《欢迎世界学联代表团》中指出：“中国的英勇抗战，不仅为其国家生存而战，而且是为保卫世界和平而战，为人类的正义而战，为世界被压迫民族解放而战。我们朝鲜民族也同中国民族站在一条线上，共同奋斗。”① 他还呼吁世界学联代表团向全世界宣传中国抗日斗争和韩国的民族独立斗争的正当性。此文虽为欢迎辞，但情真意切、切中肯綮，读来让人感动不已。柳子明的欢迎辞让世界学联代表团深受感动，世界学联代表柯乐满亲自为《朝鲜民族战线》（1938 年第 5–6 期）题词：“祝贺朝鲜民族战线的同志们。”金若山也在《建立东方各民族友谊的新基础》一文中说：“我们建立武装队伍的意义，完全是为了中国抗战胜利和东方各民族永远的友谊的联合。”② 李斗山也指出：“争取各民族的自由解放，奠定东亚的真正和平，这是我们的使命，要实现这一使命，首先和中国抗战战友站在一起，打倒破坏东亚和平的强盗——日本帝国主义。”③ 不难看出，在韩国流亡文人看来，参加中国抗战的目的，一方面是为了中国的抗战胜利，另一方面也是为了本民族的独立与解放，同时也是为了东方各民族的解放。这里凸显着把被压迫民族（人民）的觉醒与朝鲜民族的解放斗争、中国抗日战争的胜利以及反法西斯斗争的胜利相结合的多重主体性认知及其建构。

韩国流亡文人李达④在《太平洋战争与朝鲜革命》一文中，缜密分析了由日本帝国主义引发的太平洋战争及其结局。他在文中详细分析了太平洋战争对周边国家所造成的危害，指出要真正解决问题，必须“发挥最大的力量，打倒日寇”，“迅速地、真正地动

---

① 柳子明：《欢迎世界学联代表团》，《朝鲜民族战线》第 4 期，1938 年 5 月 25 日，第 9 页。

② 金若山：《建立东方各民族友谊的新基础》，《朝鲜义勇队通讯》第 31 期，1940 年 1 月，第 1 页。

③ 李斗山：《东亚和平与各民族的使命》，《东方战友》第 11、12 合辑，1939 年 10 月 30 日，第 8 页。

④ 李达（1919—1942），曾用笔名宋一舟、二德等。曾任朝鲜义勇队宣传组组长（1938）、政治组组长（1939）、政治资料室主任（1940）等。在《朝鲜义勇队通讯》等刊物上发表 30 余篇政论、评论和随笔。

员和武装太平洋腹地各民族，使他们贡献全部力量参加抗日战争”①。在文中，李达不仅揭示了太平洋战争的法西斯性质，而且主张面对帝国强权，各国各民族反法西斯力量相互合作，共同建构命运共同体。文中无疑体现着多重主体性的理念和立场。李达在文章中进而阐述战争的结局以及胜利后东亚乃至世界新秩序的建构，关注战后战胜国与战败国之殖民地国家的独立与解放等问题。他认为“最后的胜利必须归于反法西斯民主阵线”，“这次大战的胜利结果，也绝不能以瓜分殖民地了事，不但战败国的殖民地要争取独立自由，同时战胜国的殖民地也要争取独立自由”②。他不但预言太平洋战争中日本帝国主义必败，还强烈呼吁战后各殖民地国家民族要独立自主。他特别强调太平洋战争胜利后战败国所属殖民地之弱小国家的独立自由问题，其中当然包括日本的殖民地——韩国的独立与解放乃至一切殖民地民族的独立与解放，从而表现出站在殖民地被压迫民族一边的立场和态度，表现出鲜明的多重主体性。韩国流亡文人所提出的对被压迫民族命运的密切关注和联合战线方面的见解和主张，不但在来华韩国流亡人士中得到高度认同，而且在中国进步人士中产生了积极反响，胡愈之、沈钧儒、朱蕴山、黄介民、柳湜等中国的进步人士均表示高度的认同和支持。

如上所述，韩国流亡文人关于韩国独立与东亚乃至世界和平的关系的认识基本建立在其民族立场乃至世界被压迫民族主体性认知基础之上，并把韩国独立上升到世界和平问题的高度，从而展现了其明确的主体性认知及民族国家想象。同时，他们呼吁世界各国被压迫民族在构建世界和平中的主体地位和责任意识，提出组成反法西斯斗争世界联盟，团结一心，共同作战。这无疑表现了对被压迫民族命运的深切关注，充分表现着韩国流亡文人多重主体性的价值所在。从近代以来，韩国流亡文人一直批判“事大主义”与奴隶主义，却积极促进与大国的携手合作③。他们呼吁大国的支持和援助，但是拒绝屈辱与恭维；他们强烈要求民族解放，同时也密切关注一切被压迫民族命运共同体的合作发展。这正是韩国流亡文人通过多重主体性认知与建构而获得的世界认识与价值观所在。

结　论

来华韩国流亡文人的东亚认识充分体现着其多重主体性的建构特点，即从民族主体性到双重主体性乃至多重主体性，进而实现中韩合作和东方被压迫民族的联合战线，以

① 李达：《太平洋战争与朝鲜革命》，《朝鲜义勇队》第41期，1941年，第15页。
② 李达：《太平洋战争与朝鲜革命》，《朝鲜义勇队》第41期，1941年，第15页。
③ 金柄珉：《申采浩文学遗稿选集》，延边大学出版社1994年版，第160-168页。

抗击日本帝国主义。同时，在历史发展过程中，多种主体呈现不断进行着分化和组合，在抗日救国的旗帜下有了历史性的汇合，为中国的抗日战争以及世界反法西斯战争的胜利而团结一心、共同对敌，直至取得伟大的胜利。来华韩国流亡文人的主体性，作为历史中的知识/权利话语建构，具有独特的特点和价值。

首先，在来华韩国流亡文人主体性建构进程中，申采浩、申圭植等流亡文人无论在思想理论方面，还是在斗争实践方面，都起到了先驱性、奠基性作用。申采浩的“精神自我”思想和申圭值的“良心自我”思想实际上奠定了近代民族主体性的哲学思想基础。从这个意义上讲，申圭植的《韩国魂》和申采浩的《朝鲜革命宣言》两部经典文本所呈现的主体性思想始终是韩国流亡文人的民族独立斗争的哲学基础，并长期影响着其民族独立斗争的蓬勃发展。与此同时，申圭植对辛亥革命的认知及其与革命党人的交流与合作，申采浩对中国北伐革命的肯定及其与李大钊、李石增、冯玉祥等的交流与合作，朴殷植的东亚和平认知及其与章太炎、韩炎、黄介民等的交流与合作等，对其后来华韩国流亡文人主动投身于伟大的中国抗战，取得民族独立与解放斗争的胜利产生了重大影响。

其次，在韩国流亡文人的主体性，即民族主体性、双重主体性以及多重主体性等三者中，民族主体性居于奠基性位置。因为民族主体性决定了双重主体性或多重主体性的基本性质和建构，没有民族主体性就不可能形成双重或多重主体性。从某种意义上讲，双重或多重主体性的建构是以民族主体性为精神之根基，以实现民族的解放与自由为根本或者为第一目标。同时，不可否认，韩国流亡文人的主体性发展为双重主体性或多重主体性时已经具有多声部性质，其中，民族主体性具有主声部性质和功能，而双重主体性或多重主体性具有副声部性质和功能，因而三者有着相辅相成的性质和功能。通过上述比喻，我们也可以把韩国流亡文人的主体性（民族主体性、双重主体性以及多重主体性）理解为自我——主体面对大他者——日本帝国主义或法西斯主义而形成的更加开放的自我——主体，也可谓基于对命运共同体的认知而形成的主体的自由意志和自由精神。

再次，韩国流亡文人的中国体验对其主体性的建构起到了重要作用。具体地说，中国流亡体验加速了韩国流亡文人对本土的深度体验，他们在中国语境下不断吸收先进思想，更加深切地考虑民族的生存与发展，进而更加坚定了自主、自强的主体性民族立场。韩国流亡文人的东亚认识与主体性的建构是与中国革命先驱及进步文人不断进行多方面深入交流与对话分不开的。中国的革命先驱和进步文人密切关注韩国流亡文人的革命活动与知识话语建构，支持他们的民族独立斗争。在抗战时期，周恩来、朱德、叶剑英等革命先驱，郭沫若、胡愈之、沈钧儒、朱焕章、柳湜、巴金、艾青、穆木天、力扬等著名的革命知识分子、作家以及冯玉祥、李济深、张治中等爱国将领，密切关注韩国的独立与解放，与韩国流亡文人进行了深度交流，并支持他们的抗日斗争和民族独立斗争。这些无疑极大影响了韩国流亡文人对民族主体性乃至双重主体性、多重主体性的建构以及多种民族主体的历史性汇合。

总之，韩国流亡文人的东亚认识和主体性建构，是通过文本书写而构建的知识话语与对未来的想象，体现了殖民地时期来华韩国文人的革命话语、民族话语以及抗日话语的革命性和颠覆性。来华韩国流亡文人的东亚认识与主体性建构，无疑在韩国流亡文学史乃至东亚思想史上具有重要的历史价值，也是20世纪上半期历史上最值得记忆的东亚精神。

（作者单位：延边大学朝汉文学院）

建构、诠释与“转用”：百年中韩安重根叙事考略①

崔 一

一、绪论

1909年10月26日，朝鲜人安重根在哈尔滨火车站击毙时任日本帝国枢密院议长伊藤博文。此事在中国、朝鲜、日本、俄罗斯等直接相关的国家乃至美国、欧洲各国引发了前所未有的关注。据统计，关于此事件的来往电报仅在事发一周之内就达到9万余封②，世人对此事件的关注程度可见一斑。事件对事发地中国的冲击尤为强烈。一时间，各大报纸杂志纷纷刊登有关事件的详情、进展、社论、评论。

安重根击毙伊藤博文的1909年末，中国社会正处于新旧交替的剧变期，清朝封建统治在内部早已土崩瓦解。在亡国灭族的危机意识下，中国的知识分子们开始寻求救国之道。在立宪派的“戊戌变法”失败之后，以孙中山为首的革命派采取更为彻底的武装革命路线，准备对摇摇欲坠的清王朝实施最后的打击。

而在外界，“鸦片战争”以来，西方列强的压迫和掠夺日渐加重。尤其日本作为后发帝国主义，通过“甲午战争”、“日俄战争”而取得的胜利，正在成为中国乃至亚洲各国的最大威胁。对于多数朝鲜人而言，伊藤博文是侵略和吞并的罪魁祸首。而对于中国而言，伊藤博文的形象较为复杂：一方面是挑起“甲午战争”并逼签“马关条约”的始

---

① 本文系国家社会科学基金重大项目“中韩近现代文学交流史文献整理与研究”（16ZDA189）的阶段性成果。

② 赵珖：《安重根研究的现状与课题》，《韩国近代史研究》（第12辑），2000年，第182页。

作俑者，也是日渐强势的日本帝国主义的代表人物；另一方面则是推动日本乃至东亚近代化的“楷模”。这样一个伊藤博文在中国境内被朝鲜人击毙，中国方面的关注程度可想而知。当时中国最具影响力的报纸之一《申报》在事发后的一年时间里共刊登了58篇有关安重根的文章①；进步报刊《民吁日报》在事发一个星期内刊登的有关安重根的文章多达93篇②。据统计，1909—1937年间，中国刊载过此事件的刊物共计74种③。

纵观事发当时中国报纸、杂志上的报道和评论，对安重根及事件的评价褒贬不一。有肯定和赞赏安重根者，如“国耻一雪，就死如饴，鸣呼，可谓烈士也已”（《安重根宣布死刑》，《国风报》，1910年3月12日）；有警示中国民众者，如“我国民勿为伊藤既死，即无所谓忌也，伊藤虽死，而该政府仍墨守其宗旨，未一刻或忘也”（《哀朝鲜》，《民吁日报》，第38号）；有褒扬伊藤博文并痛惜其死亡者，如“日本保护韩国不用武断主义、用和平政策，日本在满洲不敢用武断政策、一取和平主义者，皆伊公间接直接指导”，“（伊藤博文是）世界之伟人也、亚东之奇杰也”（《伊藤被刺详志》，《晋阳公报》，1909年11月5日）；有怀疑或否定事件之意义者，如“今以伊藤公之颈血，又不知将自高丽易若何之代价，思之能不战栗哉”（《闻伊藤公噩耗之杂感》，《民吁日报》，1909年10月27日）④。

之后在中国，以1931年“九一八”事变为契机，安重根叙事的发文量再一次出现新的高潮。在整个抗战期间，安重根作为抗日英雄的形象一直以传记、戏剧、电影等不同形式出现在中国的文艺当中⑤。韩国于1910年被日本吞并，包括安重根在内的一切有关反日、抗日的文本都被严格禁止刊载、出版和流通，韩国文人创作的安重根叙事作品全部在韩国以外的国家发表。当代以后，日本在历史问题上采取的种种暧昧乃至错误的态度，使得“抗日”在中国和韩国不仅没有成为过去的历史记忆，反而时常被召回到现实话题当中。因此，安重根作为抗日英雄的形象在当代也一直保持其有效性，以安重根及其事件为素材的文学作品也从未间断。总之，事发之后的百余年来，中国、朝鲜、韩国、日本的作家们纷纷从各自不同的视角去解读、诠释、建构乃至解构安重根及其事件。

安重根叙事成为学术研究的对象，始于20世纪70—80年代。1969年和1979年，安

---

① 苏全有：《安重根在中国的百年记忆评析》，《河南理工大学学报》（社会科学版）2017年第3期，第85页。

② 胡春惠：《韩日合并声中中国民间之反应——以安重根刺杀伊租藤案中之〈民吁报〉为例》，《朝鲜·韩国历史研究》（第12辑），2012年3月。

③ 徐丹：《近代中国人对安重根事件的认识》，《民国研究》2016年第1期，第183页。

④ 徐丹：《近代中国人对安重根事件的认识》，《民国研究》2016年第1期，第187-189页。

⑤ 苏全有：《安重根在中国的百年记忆评析》，《河南理工大学学报》（社会科学版）2017年第3期，第85-92页。

重根被捕后在狱中撰写的自传《安应七历史》及《东洋和评论》的日译本和原本分别被发现。以此两部重要文本的发现为契机，安重根叙事的研究开始在韩国全面开展①。中国的安重根研究起步于20世纪80年代末，在以历史学、文学为主的领域里取得了众多成果②。

总体而言，迄今为止的安重根叙事研究，从历时性的视角梳理安重根叙事进展或变化的占多数，阐述安重根叙事的文学价值或通过比较阐述不同作品之间的关联及差异的成果相对较少。鉴于此，笔者拟以几部具有代表性的传记和小说为对象，考察百余年来中韩两国文学中关于安重根及其刺杀伊藤博文事件的价值取向、叙事立场等问题。

二、还原与建构
——事发初期的安重根传记

安重根刺杀伊藤博文的事件发生时，世人对安重根的了解近乎空白，以至于事发初期中国的新闻报道连安重根的姓名都没能准确掌握③。而流亡中国的朝鲜文人对安重根的身世、履历等有所了解，于是他们率先撰写和发表安重根传记。如，金泽荣的《安重根传》（1910年，手写本）、朴殷植的《安重根》（1914年，大同编辑局）。随后，郑沅的《安重根》（1920年左右）④、叶天倪的《安重根传》（1919年左右）等中国文人的作品也相继出现。其中，具有代表性的作品是朴殷植和郑沅的两部安重根传记。

朴殷植的《安重根》，无论其内容的完整性还是史实的准确性，都堪称早期安重根传记中的代表作。传记共分为绪言、本文（28章）、结论，每一章节都带有小标题。可以说，内容的完整性是此传记最鲜明的特点。传记不仅完整地介绍了安重根的身世与履历（第一章“重根之出世”、第二章“重根之幼年破贼”、第三章“重根之尚武主义”、第四章“重根之义侠”），并且相对完整地介绍了事件发生的前因后果与来龙去脉（第五章“日本经营韩国及伊藤勒缔保护条约之概况”、第七章“伊藤逼韩皇禅位勒缔七条协

① 韩国最大的学术研究文献数据库RISS（韩国研究情报服务网，网址：www. riss. kr）收录安重根研究文献3121件（截止到2020年4月），其中学位论文83篇、期刊论文644篇，最早的成果发表于1969年。

② “中国知网”（www. cnki. net）收录安重根相关文献103件（截止到2020年4月），其中硕士论文5篇、期刊论文92篇。

③ 徐丹：《近代中国人对安重根事件的认识》，《民国研究》2016年第1期，第186页。

④ 此书的封面内容为“安重根传　长沙　郑沅”。据此，韩国的研究者们普遍认为此书为郑沅所编辑。而中国的研究者王元周认为，从全书的内容来看，此书应为程淯所编辑。参见王元周：《安重根与中国——以程淯〈安重根〉为中心》，《“东亚的知识交流与历史记忆”国际学术研讨会论文集2》，2009年，第5-14页。因辨析此书的编撰者非本文之主旨，姑且视此书为郑沅所编辑。

约”、第十一章“伊藤废陆军部夺司法权”）。同时，传记还详细地介绍了事件之后安重根的遭遇、审判等后事（第十六章“日人之对付与重根之态度”、第十七章“日人之巧诱”、第十八章“二弟之面会”、第十九章“韩国律师之呕血”、第二十章“日人之欲累韩皇”、第二十一章“滞狱时之从容”、第二十二章“公判时之状况”、第二十三章“各国律师之态度”、第二十四章“重根之最终”、第二十五章“二弟之痛骂日人”）。继而，传记还附带着介绍了与安重根共同策划并参与刺杀行动的禹德淳（第二十六章“禹德淳之历史大概”）、刺杀伊藤博文之继任者寺内正毅未遂的安明根（第二十七章“重根之从弟明根”）、刺杀朝鲜卖国贼李完用的朝鲜义士李在明、金贞益（第二十八章“李在明金贞益”）。

朴殷植如此立传，看似有悖于以个人生平为主要内容的传统传记叙事方式，实则有助于凸显安重根事件的历史意义。同时，朴殷植为安重根立传，目的是让中国人正确地理解安重根①。当中国各界对安重根刺杀伊藤博文一事众说纷纭时，朴殷植明确地主张“夫据安重根历史而论之，亦曰死身救国之士而已，为韩报仇之烈侠而已。余以为未足以尽重根也。重根具世界之眼光而自任平和之代表着也”②。

这一点，可以从中国文人为此书撰写的“序”中窥豹一斑。如罗南山在讲述中韩世代友好的事例之后写道：“呜呼！安君之事，既已震烁宇内，何须余之赘述为哉？乃将中、韩之关系，与吾人之激感者而道之云。”③ 周浩则写道：“号沧海老纺子者，复为之立传，夫而后，知安君之所以刺伊藤者，固不仅为祖国报仇计，盖将以刬世界和平之公敌，非特韩国之功人，亦东亚之功人，世界之功人也。苟无此传，则安君生当末世。”④同时，在安重根传记中添加安明根、李在明、金贞益等与安重根有着相同志向与行动的人物略传，得以将安重根的刺杀行动升华为被压迫民族反帝斗争之一环，从而更为鲜明地诠释其行动的历史必然性。

郑沅的《安重根传》是中国文人所撰写的安重根传记中具有代表性的作品。此书分上、中、下三篇。上篇为程淯撰写的《安重根传》、陶毅的《书安重根传后》以及梁启超、蔡元培、王树相等24位文人的附辞；中篇为“安重根略史”、“机关”、“行刺”、“送狱”、“公判”、“就义”，引用大量新闻报道，介绍了安重根的履历、交友、所属团体及审判过程等内容；下篇为《韩人杀卖国奴之历史》、《各报载李完用被刺详情》、《日本

① 朴殷植在《安重根·绪言》中写道：“自余之来此也，凡官绅学生农商工贾之流，无不以重根之事垂问，以吾韩人而不能举其历史，则亦乌可谓之有人心耶。”见朴殷植：《安重根》，大同编辑局1914年版，第1页。

② 朴殷植：《安重根》，大同编辑局1914年版，第1页。

③ 朴殷植：《安重根》，大同编辑局1914年版，第2页。

④ 朴殷植：《安重根》，大同编辑局1914年版，第3页。

明治时代暗杀表》等与安重根刺杀伊藤博文事件有关的文章。此书虽然不过40余页的小册子，从内容的构成来讲却堪称一部中国文人的安重根叙事的小合集。

安重根的形象在书中基本被认定为“刺客”。如，中篇的“安重根略史”以“刺客之家世”、“刺客之阅历”、“刺客之职业”、“刺客之决心”、“刺客之行程”等为基本框架。又如，下篇中附录《韩人杀卖国贼之历史》、《日本明治时代暗杀表》等，也表明了编者将安重根定位为“义侠”或“刺客”等个人英雄的意图。

关于“刺客”的含义，程淯在上篇“序”中解释如下：

> 尝读史记刺客列传，未尝不叹息，以为荆轲盖人杰也，当是时，其智力足以并六国，愚黔首者，秦始皇一人而已，使荆轲之事得行，燕固不亡，韩魏齐赵亦且复祀，是死一身而生天下也。至于韩王孙张子房，则匹夫之勇志在复仇而已①。

也就是说，安重根充其量是“匹夫”，其行为亦匹夫之勇。因为被界定为“匹夫之勇”，程淯等文人在对安重根的勇气和牺牲表示钦佩的同时，对其行动的意义和价值颇有微词。

吴传绮认为安重根应该先诛杀国内的卖国贼。他说：“安重根如有大志，自强对外早陈情，暗杀只可以对内剪除奸党免危倾，卖国奴希受敌宠明珠万斛金千篇。李容九与李完用罪巨恶甚贯满盈，未亡之时能一击，斯真电射雷霆砰。”② 也有观点认为安重根的刺杀行为加速了韩国的灭亡。如，陶镛主张“虽然吾钦其成绩之过于荆轲，而惜其见事之不逮施全也。毙一伊藤足以抒不足以救亡，且适以速朝鲜之亡，则视荆轲之劫刺秦王不成，徒捐躯以速燕之亡者，所胜几何”③？

如上所述，朴殷植和郑沅的两部安重根传记，在主人公形象的建构方面表现出鲜明的差异。朴殷植为安重根立传，目的是面向中国人建构安重根的形象。因此，他将安重根刺杀伊藤博文的意义提升到中韩关系乃至东亚局势的层面上来界定④。从叙事主体和叙事对象的关系来讲，朴殷植与安重根完全站在同一个立场上。相反，程淯等中国文人与安重根基本上处于主体与客体的关系。对于安重根形象的构建而言，这种关系给叙事主体赋予了更多立场和视角。于是，姑且不论其观点的正确与否，中国文人的安重根传

---

① 郑沅：《安重根》，上篇，第1页。由于版权页遗失，无法确定此书出版年代。经考证，基本认定此书为1920年出版。

② 郑沅：《安重根》，上篇，第6页。

③ 郑沅：《安重根》，上篇，第8页。

④ “以天下之大势言之，金瓯统一，据亚洲之中心，关系大局之治乱者，中国也；以唇齿之密接，而关系中国之安危者，韩国也。”见朴殷植：《安重根》，大同编辑局1914年版，第1页。

记才得以包含肯定、质疑、批判等各种不同的声音。

但是总体来讲，朴殷植的《安重根》无疑在一定程度上改变了中国文人将安重根建构为荆轲、聂政等“匹夫”或“侠客”的倾向，对之后中韩作家的安重根叙事产生了诸多影响①。更为重要的是，朴殷植努力宣扬韩国与中国唇亡齿寒之关系以及安重根的“东杨和平论”，对当时中国社会关于韩国的普遍认识也产生了深远的影响。

三、诠释与阐发

——早期小说中的安重根形象

历史题材的小说与传记的区别无须赘言，简而言之，就是作品中“虚构”成分的有无或多寡。传记作品中允许存在通过合理的想象对部分细节进行补充等艺术加工，却不应该存在“虚构”。借用艾布拉姆斯的说法，传记更接近于“镜子”，而小说更接近于“灯”。所以历史题材的小说虽与传记有着诸多相似之处，却比后者在历史人物、历史事件的利用方面更具有灵活性和诠释、阐发的空间。如果说传记是一种以“追寻所指”为己任的“语言（langue）”性写作，小说则堪称以“诠释乃至阐发所指”为己任的“言语（parole）”性写作。

由于摆脱了“尊重史实”这一“束缚”，小说类安重根叙事的内容和主题意识变得更加宽泛和丰富。如，黄世仲的《朝鲜血》（《南越报》，1909 年）、鸡林冷血生的《英雄泪》（上海书局，1910 年末—1911 年初）、海沤的《爱国鸳鸯记》（《民权素》，1915 年）、双影的《亡国英雄之遗书》（1916 年，《礼拜六》）、资弼的《安重根外传》（《小说新报》，1919 年）等。

鸡林冷血生的《英雄泪》是第一部真正以安重根为主人公的中国小说。全书共 4 卷 26 回，以伊藤博文吞并朝鲜的过程为主要情节，在揭露日本帝国主义对东北三省乃至全中国的野心的同时，刻画出以安重根为核心，包括云在霄、侯元首等人的中韩抗日义士形象②。除安重根刺杀伊藤博文这一情节之外，小说中的安重根形象与现实中的安重根

① 汤振：《影响与接受：朴殷植〈安重根传〉与中国近代文学的安重根叙事》，《韩中人文学研究》第 66 辑，2020 年，第 265-294 页。

② 小说梗概：在伊藤博文的主导下，日本一步一步吞并朝鲜进而对中国虎视眈眈。因父亲在避难途中被日军杀害，安重根的胸中燃起复仇的火焰。安重根结识了抗日行动失败后在云在霄家中躲避的侯元首。（第 1 ~7 回）中国在中日战争中战败，李鸿章与日方签订《马关条约》，将朝鲜的主导权拱手让给日本。侯元首说服安重根留学美国，以寻求救国之道。（第 8 ~16 回）伊藤博文在朝鲜设立总监府，实施高压统治。侯元首因反抗日本统治者而被杀。（第 17 ~22 回）安重根在中韩两国爱国志士的帮助下制定了缜密的行动计划，成功刺杀伊藤博文并慷慨就义。（第 23 ~26 回）

可谓大相径庭，且极为平面化。安重根在整部作品中的作用，似乎只是“扣动扳机的人”，而且刺杀行动也几乎被描述为报杀父之仇。作品的这一倾向，原因应该在于作者的写作动机为“朝鲜覆辙在先，前车后车之鉴，图存首重鼓民权，不然危亡立现”，亦即以朝鲜作为前车之鉴，教育中国人。在这样的写作意图下，安重根只要发挥引爆读者爱国心的作用就足够了，不需要被赋予太多意义。

海沤的《爱国鸳鸯记》讲述的是郭敬一、李琼枝这对中韩跨国情侣为国捐躯的故事①。小说运用安重根事件的方式颇为独特。安重根并非作品中的出场人物，只是作为作品中的背景人物。小说的开场便是叙述者回忆自己亲历安重根刺杀伊藤博文的场面，继而直接指出作品的主题：“子知安事，亦知选安而死者，尚有人乎？其死事之奇而烈，惨而艳，有情眷属，竟为同命鸳鸯。美人豪杰，固足以震铄寰宇，照耀汗青。顾乃不能与安君之名，并为世界所崇拜而惊动之，是不独为已死者之个人惜也?”② 换言之，作者借用真实的历史人物安重根作为“引子”，其目的是更为强烈、鲜明地阐发作品的爱国主义主题，同时以虚实结合的方式来拓宽历史题材的阐发空间。

双影的《亡国英雄之遗书》，借用遗书的形式，表达了一位“亡国英雄”对国家的担忧、对卖国奸贼的痛恨以及甘愿为国捐躯的崇高意志。小说没有明示人名和国家，只用“吾”、“吾国”等代称，但是从“吾国僻处东北，与世无争，和以听彼新兴岛夷奴其民而据其地”、“及十九世纪之末年，吾祖国之贫寒暴著于世界，与是欧洲列国群思杂指于吾祖国之顶鼎，而吾邻有岛夷者，方以效西施之颦，暴得富強”③ 等表述中可以看出，小说讲述的是朝鲜亡国之事。在小说的结尾，作者通过“遗书”的来历，暗示了其实为安重根所写。“己酉年之冬，友人有旅行露西亚者，自冷摊中购得故衣一袭，方襟大袖，俨然汉官威仪，自其衣囊中得一小册子……洋洋数千言，述亡国之惨，复仇之切，读之令人雪涕。而国籍姓字，两不分明……则姑名之曰‘亡国英雄’而已，录而布之，使人

① 小说梗概：朝鲜王朝末年，卖国贼李完用极力主张“韩日合邦”，甘当日帝朝鲜总监府的走狗。总监伊藤博文利用李完用等逼迫朝鲜的爱国人士。李完用要求朝鲜皇帝全盘接受日帝的要求。李托是朝鲜王室宗亲，极端厌恶李完用等卖国贼，竭力阻止日帝合并朝鲜的企图。李托有一个女儿叫李琼枝，是一位聪明贤惠的爱国青年。郭家与李托一家是世交，其祖先是“明末遗老”，明朝灭亡后流亡到朝鲜，后来成为首尔的富商。郭家的儿子郭敬一也是一位心怀国家大事的有志青年。郭敬一早年在留学日本时与安重根相识，两人志趣相投，一见如故。李托被日本人杀害。李琼枝立志报国仇家恨，却不幸落入日军的圈套，英勇就义。留学归来的郭敬一获悉情人的死讯，决定亲手刺杀伊藤博文，却不幸中敌人奸计而被捕。郭敬一宁死不屈，最终自杀身亡。

② 海沤：《爱国鸳鸯记》，《清末民初小说书系・爱国卷》，中国文联出版公司 1997 年版，第 24–25 页。

③ 双影：《亡国英雄之遗书》，《清末民初小说书系・爱国卷》，中国文联出版公司 1997 年版，第 127 页。

知亡国之痛苦，有若是者，用以为未亡者鉴。而怨毒之甚，铤而走险，则匹夫致命，其力足以死人豪。彼狡贼险很，日以图亡人国为事者，亦可以稍稍戢矣。至原书篇末所署之年月，则为东方某暗杀案发现之前一日云。"① 此中所言"东方某暗杀案"显然是指安重根刺杀伊藤博文的事件。

纵观上述小说，安重根的形象与史实的亲疏程度虽然各不相同，但是其形象基本可归纳为"抗日英雄"，此形象塑造不可谓不单薄。究其原因，这主要与作者的写作立场有关。简而言之，作者所追求的效果是借用安重根形象以阐发"爱国主义"这一"时代性命题"。处于"半殖民地半封建"时代的中国，面临着"近代启蒙"与"抵御外敌"的双重历史使命。伊藤博文一直是日本对外扩张政策的主导者。"甲午战争"的惨败和"马关条约"的屈辱依旧令中国人记忆犹新。当日本继吞并朝鲜之后又将魔爪伸向中国东北之时，安重根除掉了日本帝国主义侵略扩张的元凶，堪称中韩两国共同的"民族英雄"。

其实，对于安重根刺杀伊藤博文，当时在中国也有不同的声音存在。伊藤博文是日本立宪制改革的主导者，被誉为"日本近代化之父"。在相对保守的"立宪派"文人眼里，伊藤博文可谓立宪运动的楷模。如，梁启超在《秋风断藤曲》中评价安重根和伊藤博文为"千秋恩怨谁能讼，两贤各有泰山重"；黄侃既写《感安重根事》对安重根表示敬佩，又写《吊伊藤博文》对伊藤博文之死表示哀悼。

但是对于大众报纸、杂志上以安重根为题材的小说而言，不需要像传记那样全面还原真实和追寻真意，只需要对安重根及其事件的某一种意义加以利用，从而达到符合大众"期待视野"的目的就足够了。可以说，安重根在初期小说中被刻画成"侠义刺客"或"民族英雄"等看似单一或平面化的形象，其实正是通过这一方式实现了对历史素材的最有效诠释或阐发，从而最大限度地迎合了当代大众政治的、道德的"期待视野"。

四、解构与"转用（Appropriation）"
——新世纪小说中的安重根事件

众所周知，"抗日"是贯穿中韩两国近现代史的核心话语之一。到了当代以后，日本在历史问题上采取的种种暧昧乃至错误的态度，使得"抗日"在东亚不仅没能成为过去的历史记忆，反而时常被召回到现实话题当中。因此，安重根作为抗日英雄的形象所

---

① 双影：《亡国英雄之遗书》，《清末民初小说书系·爱国卷》，中国文联出版公司 1997 年版，第 134–135 页。

具有的普遍意义，在当代一直保持其有效性，以安重根及其事件为素材的文学作品也从未间断。

如，中国的传记《朝鲜爱国志士安重根》（杨昭全，商务印书馆，1983年）、《安重根传》（孙玉梅，《韩国著名独立运动家传》，吉林省社会科学院内部出版，1999年）及阿成的小说《安重根击毙伊藤博文》（《啄木鸟》，2000年）。而在解放（1945年8月15日）后的韩国，安重根成为爱国主义教育的主要素材，儿童读物类的传记数不胜数。此外，还有卜巨一的长篇小说《寻找碑铭——京城，昭和六十二年》（文学与知性社，1987年）、金衍洙的短篇小说《未能击毙伊藤博文》（《文学村庄》，2004年1期）、李文烈的长篇小说《不灭》（民音社，2010年）等。

笔者所关注的是21世纪以来发表的两部短篇小说：阿成的《安重根击毙伊藤博文》和金衍洙的《未能击毙伊藤博文》。首先，两部小说在事发近百年之后重又将安重根召回到当代语境中，给看似早已定型、定性且无太多发挥空间的安重根叙事注入了新的生机。其次，两部小说均属于异域书写或跨界叙事（beyond boundaries narrative）的范畴，表现出中韩当代文学因发现并跨越民族的、国家的、文化的边界而获得的想象力。

阿成的《安重根击毙伊藤博文》（以下简称“《安》”），以安重根刺杀伊藤博文的事件为主要内容，对日本吞并朝鲜、“中日甲午战争”、“马关条约”、“中俄密约”等历史背景以及安重根的身世、人生经历、刺杀行动的策划及实施、刺杀场景等交代得颇为客观、详尽。可以说，《安》对历史素材本身的处理方式，与一般的所谓“历史小说”无异。然而，《安》对历史事件的叙事方式却极具特色。

作品的叙事者首先讲述的是哈尔滨的铁路交通特色及哈尔滨火车站的欧式建筑艺术特色，继而写道“突然心里想到了在20世纪初，那个在这儿刺杀伊藤博文的异国青年”①。同时，小说在讲述事件的过程中，以事件的某一细节为头绪来引出安重根刺杀伊藤博文事件的历史背景。如，写安重根“是乘国际二等邮车从俄国的海参崴方向过来的”②，接着介绍“中东铁路”及哈尔滨曾经的异邦人——俄罗斯人。又如，由安重根到延边等地做革命考察的情节介绍“离朝鲜很近，中间仅隔着不宽的鸭绿江”的长白山地区及“民间的相互渗透”。

《安》的这一独特的叙事方式有别于传统的传记小说，看似杂乱无章，实为一种极为有效的叙事策略，亦即克服传统传记小说以时间作为轴线的叙事方式，增加叙事的深度和广度。在这种叙事策略下，安重根及其事件自然而然地化解在对哈尔滨的异国情调

---

① 阿成：《安重根刺杀伊藤博文》，新世界出版社2002年版，第351页。

② 阿成：《安重根刺杀伊藤博文》，新世界出版社2002年版，第353页。

的描述当中，以至于读者很难判定这是在写安重根还是在写哈尔滨。换言之，这一叙事策略如同“散点透视”，通过多重景象的层叠，更为清晰地将哈尔滨这座城市的异域特色及其历史渊源呈现出来。显然，阿成运用历史素材的目的，并非仅限于通过历史叙事来表达“以史为鉴”模式的主题思想。

金衍洙的《没能击毙伊藤博文》，讲述的是韩国兄弟俩到哈尔滨“相亲”的旅程。主人公成宰带着患有自闭症的弟弟来到哈尔滨，说是“相亲”，其实无异于“买亲”。由于成秀带有残疾，年已40也未能成家。成宰只能带着他到中国，目的是寻找那些因生活困窘而只能以所谓的“跨国婚姻”来换取经济补偿的姑娘。到了哈尔滨之后，他们见到了一个从乡下来的姑娘。她在父亲去世之后，以不足150公分的瘦弱身体，只身承担起侍奉母亲和养育弟弟、妹妹们的责任。如今，她决定把自己嫁给素未谋面、带有残疾且比自己大16岁的异国男人，为的是给家人换取一笔钱财。在“相亲”的饭局上，她一直低头不语。而成宰却清楚地看到她无论如何也压制和掩饰不住的无奈和悲伤。当成宰谈到她如果和弟弟结婚就会生活在价值200万人民币的公寓里时，她瞬间抬头看了一下成宰又低下了头。成宰看到，她“潮湿的眼睛，仿佛顷刻间就会泪流成河”①。一想到只要自己答应，她就会和弟弟成婚，成宰突然感到“所谓人生，实在太过微不足道”②。回到旅社后，成宰发现了弟弟给“相亲”的姑娘写的一封信。弟弟在信中说自己喜欢那个姑娘，无论如何都会和她结婚。看着弟弟写的信，成宰决定拒绝这门亲事。因为成宰实在无法理解弟弟想与一个只见了一面的女人结婚的想法。

难以入眠的成宰突然产生了一种怀疑：“安重根击毙伊藤博文难道不是偶然中的偶然吗?”③ 安重根是成宰当晚回到旅社后与同旅社的住客们饮酒闲聊时，一位退休后周游世界的大学教授提出的话题。他对成宰说，韩国人必须去哈尔滨火车站看一看。成宰问道，是因为安重根？成宰还表示，自己连安重当年击毙伊藤博文是好事还是坏事都搞不清楚，或许那是“小英雄主义”也未可知。大学教授却说：“安重根不是专有名词，而是普通名词。”④ 因为当年的刺杀行动，除了安重根之外，还有一个叫禹德淳的人一同参与。俩人分别在蔡家沟站和哈尔滨站伺机行动，相约谁有机会谁就开枪。“在安重根击毙伊藤博文之前，俩人的条件是相同的。其实无论谁开枪都无所谓，决定时机和地点的是历史本身。‘安重根’不过是随便赋予的名字，如果刺杀伊藤的是禹德淳，那个名字也许就会被换成‘禹德淳’。所以‘安重根’并非指称特定人物的词汇，而是代表全民族独立意

① 金衍洙：《未能击毙伊藤博文》，《文学村庄》2004年第1期，第5页。
② 金衍洙：《未能击毙伊藤博文》，《文学村庄》2004年第1期，第7页。
③ 金衍洙：《未能击毙伊藤博文》，《文学村庄》2004年第1期，第8页。
④ 金衍洙：《未能击毙伊藤博文》，《文学村庄》2004年第1期，第9页。

志的词汇。”① 听着教授的主张，成宰却想着：“也就是说，安重根在哈尔滨击毙伊藤博文不过是偶然中的偶然。”

如上所述，小说的表层主题是对人生无常的领悟，而深层主题则是对“人生”、“历史”等宏大叙事的怀疑乃至解构。成宰有一个精神不健全的弟弟，成宰带着弟弟来到万里他乡“相亲”等等，这一切都不过是人生中的偶然事件，也是琐碎的、毫无因果关系的事件。对于成宰而言，人生是琐碎的小事件的延续，没有必要去猜测，因为永远无法猜到。安重根刺杀伊藤博文是作者为强化这一主题而引用的“旁证”。而这一“旁证”恰恰是看似在韩国历史上不可撼动的人物和事件。以一种类似“另类历史（alternative history）”的方式将如此不容置疑的历史事件和“宏大叙事”加以解构，并将其“碎片”转用到个人话语的建构上，称其为“新历史主义”的叙事策略，似乎也不为过。

概而言之，安重根刺杀伊藤博文的事件之于阿成和金衍洙，既不是需要还原或建构的“所指”，也不是需要诠释或阐发的“所指”，而是需要解构和转用（appropriation）的“宏大叙事”。

五、结论

综上所述，中韩两国文人通过传记、小说等叙事手段，给安重根赋予了极为多样化的意义，如“堪比荆轲、聂政的刺客”、“勇猛却又过于鲁莽的匹夫”、“烈侠”、“民族英雄”、“反帝英雄”、“东亚和平主义者”等。纵观百余年来的安重根形象，不仅经历了历时性的演变，也存在共时性的差异。

2014 年 1 月 19 日，“安重根义士纪念馆”在当年安重根刺杀伊藤博文的哈尔滨火车站内开馆。对此，日本方面主张安重根系“恐怖分子”，刺杀伊藤博文为“恐怖袭击事件”。对此，中国、韩国方面给予了有力的回击，从而引发了一场不小的争论②。从争论可以看到，日方对安重根的认识如同他们对侵略历史的认识，并没有随着时间的推移而发生改变。

显然，事发当时对安重根的不同评价，历经百余年的岁月依旧没有取得定论。若将安重根叙事视为一个历史的或文化的话语或符号，单纯地梳理其在不同作品中的演变，难免会不够全面。因为安重根及其事件看似清晰可见，不同时代的作家看到的各不相同，甚至相同时期、相同国家的作家们所看到的也各不相同。

---

① 金衍洙：《未能击毙伊藤博文》，《文学村庄》2004 年第 1 期，第 10 页。

② 李泰镇：《安重根是真的英雄》，《人民日报》2014 年 1 月 29 日；吴怀中：《安重根是锄奸义士》，《人民日报》2014 年月 29 日。

若借用索绪尔的说法，它从来就不曾是“所指”。它不曾具有固定且封闭的意义，而是不断地被不同的叙述者（narrator）所再现、阐释乃至转用（appropriation）。即便承认它有所谓的本质意义，那也只能从已有的个别话语中整合。只有结合历时性与共时性的视角，安重根及其事件作为话语的“所指”才能得到更为清晰的显现。或许，这才是我们对待历史的正确态度。

（作者单位：延边大学朝汉文学院）

虚实之间：尹奉吉事件的中国化叙事①

朴雪梅

1932年1月28日，日军向上海闸北的国民党十九路军发起攻击，腹背受敌的十九路军不得不撤军至上海市郊。日方决定借4月29日庆祝“天长节”的机会，在虹口公园举行“淞沪战争祝捷大会”。中国人愤恨不已，但又无能为力。韩国志士尹奉吉泰然走入天长节活动现场，向主席台投掷了炸弹。日军上海占领军总司令白川义则当场毙命，日本驻华公使重光葵被炸断一腿。尹奉吉一举成为中国家喻户晓的韩国抗日英雄。为了歌颂和纪念烈士义举，传递独立与反抗的抗日精神，媒体对尹奉吉事件进行了报道。为了不再牵连无辜的中国民众和旅沪韩国人，金九在同年5月9日发布名为“虹口公园炸弹案之真相”的公开信，表示对该事件负责；又于同年年底发布了《屠倭实记》，进一步补充了事件原委。1933年5月，赵素昂在《遗芳集列传·尹奉吉传》② 中简述了尹奉吉的一生及虹口炸案经过。同年7月，金光出版了《尹奉吉传》③。上述两个文本的记录与《虹口公园炸弹案之真相》和《屠倭实记》中的记录大致吻合。

从虹口炸弹案发生到赵素昂发表《尹奉吉传》之前，中国作家以尹奉吉事件为蓝本，创作了很多文学作品。诗歌有常法素的《尹奉吉》、沈玉溶的《献给韩国的志士》、冯玉祥的《尹奉吉》。散文有徐柏庵的《哭尹奉吉志士》、甘平的《中国尹奉吉哪里去了?》、昔畴的《纪念朝鲜革命青年尹奉吉》。小说有潘孑农的《尹奉吉》、霞飞的《尹奉

---

① 本文系国家社会科学基金重大课题“中韩近现代文学交流文献整理与研究”（16ZDA189）和国家社会科学基金一般项目“中国语境下的来华韩国流亡志士汉诗研究”（19BWW038）的阶段性成果。

② 《遗芳集列传·尹奉吉传》于1933年5月15日在中国南京初版。详见李殷相：《素昂先生文集》，韩国三省印刷株式会社1979年版，第441页。

③ 金光：《尹奉吉传》，上海法界韩光社1933年版，第3-4页。

吉》、夏莽生的《回归天堂》。剧本有孙俍工的《复仇》、夏家祺的《尹奉吉》、陈适的《尹奉吉》、唐灏的《大韩义士行》。

纵观这些年中韩的尹奉吉研究，基本倾向于政治学、历史学、新闻学研究。文学研究也多倾向于对宏观叙事的把握，关于文本互文性的研究有待进一步挖掘。在韩国，尹奉吉研究基本围绕国内外报刊媒体的反响，以及该事件对中韩关系的影响展开讨论。只有金宰旭探讨了中国近代文学作品中尹奉吉题材的文学作品特征①，牛林杰则宏观地介绍了中国近现代文学作品中的韩国抗日英雄形象②。中国的尹奉吉研究大致有 13 篇，其中 5 篇出自韩国学者。但基本都站在政治、历史的角度，评价了尹奉吉的义举③。除此之外，有两篇讨论了中国的尹奉吉报道④，有 4 篇论文梳理了近代东亚关系、朝鲜义烈活动的发展等历史问题⑤。论及中国文学中韩国人的抗日斗争形象的论文有 3 篇⑥。单从文学角度讨论"尹奉吉事件"在中国的叙事有何远航的《跨文化与跨文本：论两部剧作的尹奉吉叙事》⑦，利用跨文化的视角分析了以尹奉吉事件为主题的两部话剧。除此之外，邵雍的《1932 年虹口公园爆炸案与中国各方的关系初探》⑧ 利用各类文献挖掘了尹奉吉义举背后的真实历史。

尹奉吉事件影响较大，但中国文人集中书写尹奉吉事件时，可供参考的资料只有金九的《虹口公园炸弹案之真相》、《屠倭实记》和新闻报道，因此具有"不确定性"、"多元性"和"未完成性"⑨。一个文本本就是一组符号的实体（entities），这些符号在一定

---

① 介绍了潘吉农的短篇小说《尹奉吉》以及 3 部话剧作品、几篇散文和诗歌。

② 金宰旭：《尹奉吉义举题材的中国现代文学作品特征》，《韩国独立运动史研究》2016 年第 55 辑；牛林杰：《东亚现代文学中的韩国抗日英雄叙事》，《亚洲文学研究》2017 年第 45 辑。

③ 朴宰雨：《中国作家的韩人抗日英雄叙事与尹奉吉、鲁迅精神的汇合》，《当代韩国》2008 年第 3 期；金学俊：《尹奉吉义士的上海义举与东北亚和平共存》，《当代韩国》2008 年第 3 期；李充阳：《尹奉吉义举的历史性》，《当代韩国》2008 年第 3 期。

④ 孙科志：《中国人对尹奉吉事件的认识》，《韩国研究论丛》2006 年第 1 期；苏智良：《中国媒体对尹奉吉义举的报道》，《当代韩国》2008 年第 3 期。

⑤ 石源华：《尹奉吉义举的时代意义》，《当代韩国》2008 年第 3 期；詹明静：《中韩民族联合抗敌御侮的新起点》，《皖西学院学报》2005 年第 4 期；邵雍：《朝鲜志士与中国社会》，《当代韩国》2008 年第 3 期；宋成有：《日本朝野的"满蒙情结"与中韩联合抗战》，《当代韩国》2008 年第 3 期。

⑥ 金昌镐：《中国现代小说中的韩国人形象》，《社会科学战线》2004 年第 1 期；吴敏：《论中国现当代小说中的韩国独立义烈斗争形象》，《韩国研究》2010 年第 10 辑；朴宰雨：《韩中国际合作精神的艺术表现——论中国现代小说里韩人抗日斗争的反映》，《当代韩国》2008 年第 3 期。

⑦ 何远航：《跨文化与跨文本：论两部剧作的尹奉吉叙事》，《齐齐哈尔大学学报》2019 年第 11 期。

⑧ 邵雍：《1932 年虹口公园爆炸案与中国各方的关系初探》，《上海师范大学学报》2003 年第 4 期。

⑨ 大部分作品出版于金九发布"虹口公园炸案之真相"之后，赵素昂发布《遗芳集列传・尹奉吉传》之前，从时间线上来说，金九"虹口公园炸案之真相"和"屠倭实记"的影响最大。

的语境中被作者选择、排列，并赋予某种意向，以此向读者传达某种特定意义①。尹奉吉事件的不确定性恰为作家提供了足够的空间，因此经过中国作家对该事件的“替换、添加、缩减、置换与复化（complexity）”② 等互文性文本转化，生成了尹奉吉事件的中国化叙事。基于上述原因，本文拟以尹奉吉事件在中国的叙事为切入点，讨论尹奉吉事件在中国文学中的叙事特点。

一、中国尹奉吉叙事的基调

虹口炸案的策划人金九在《虹口公园炸案之真相》中强调，尹奉吉1931年8月抵达上海，1932年4月26日加入韩人爱国团，只字不提与中国人的关系。即使在金光的《尹奉吉传》中，也鲜有中国人的身影。但据邵雍的研究，虹口炸案系由十九陆军、王亚樵和韩方共同策划③。国民政府行政院副院长兼京沪卫戍总司令陈铭枢与十九路军将领蔡廷锴、蒋光鼐以及王亚樵等密商，要捣毁“天长节”。因为时间紧迫，日方又规定只有日本、朝鲜和中国台湾人可以入场，最后王亚樵密请流亡在上海的朝鲜革命党人联合行动，并做好了善后工作。事后，金九为了不连累中方，发布了此事与中方无关的声明。最终民众看到的“事实”变成了“中国人保持沉默，韩国人炸死日要”。

尹奉吉事件成为激发中国人抗日斗志的一个燃点，一时激起了很多中国文人的创作热情。以尹奉吉事件为蓝本的中国作品列表如下：

	题目	作者	题材	出版社或刊物名	发表时间
1	献给韩国的志士	沈玉溶	诗歌	《安徽学生》第1卷第1期	1932. 6. 5
2	尹奉吉	常法素	诗歌	《安徽学生》第1卷第2期	1932. 7. 5
3	尹奉吉	霞飞	小说	《江苏》第7-8期合刊	1932. 9. 18
4	尹奉吉	潘孑农	小说	《矛盾月刊》第一卷第3期，第4期	1932. 12. 5
5	中国尹奉吉哪里去了？	甘平	散文	杭州中央航空学校《空军》第五期	1932. 12. 11
6	哭尹奉吉志士	徐柏庵	散文	《循环》周刊第2卷第12期	1932. 12
7	复仇	孙俍工	剧本	《前途》1卷第2期	1932. 12. 5

① 李玉平：《互文性》，商务印书馆2014年版，第67页。

② 李玉平：《互文性》，商务印书馆2014年版，第74页。

③ 邵雍：《1932年虹口公园爆炸案与中国各方的关系初探》，《上海师范大学学报》2003年第4期。

	题目	作者	题材	出版社或刊物名	发表时间
8	尹奉吉	夏家祺	剧本	《地方教育》第42期	1933. 3. 10
9	尹奉吉	冯玉祥	诗歌	《玉祥诗集》自印	1934
10	尹奉吉	陈适	剧本	《黄钟》第4卷第6期	1934. 5. 15
11	纪念朝鲜革命青年尹奉吉	昔畴	散文	《青年团结》第4期	1938
12	回归天堂	夏辇生	小说	文汇出版社	2002
13	大韩义士行	唐灏	剧本	《电影文学》2010年第21期	2010

目前找到的作品一共13部，其中8部作品发表于赵素昂和金光的《尹奉吉传》问世之前，末尾两部作品属于现代作品。自《尹奉吉传》问世后，中国作者对尹奉吉事件的虚构和“合理想象”开始锐减；直到2000年后，才出现更加贴近历史真实的“合理想象”。

中国近代文学中的“尹奉吉事件”，都强调“中韩连带，共同抵御日军”。从时间线上来说，中国作者对尹奉吉事件的态度从“悲愤亡国的兄弟”到“踏着他的脚步向前”，再到“共同抵御”的过程，呈现出了逐步升华的趋向。首先是沈月荣在1932年6月的《安徽学生》上发布了诗歌《献给韩国的志士》，诗中吟唱已经失去国家的尹奉吉“不忍昔日抚养你们的古邦，遭遇这残暴的凶猛的虎狼”①，制造了虹口公园的炸案。语词中充满了悲愤。接着，在7月的《安徽学生》上，常法素呐喊“东北的屠杀，上海的摧残！在那不抵抗的声中……反倒来了个国破家亡的尹奉吉”。尹奉吉成为了呼吁中国民众团结一致抵御外敌的引路人。随后发表的霞飞的小说则就尹奉吉被捕后的情形展开了一段想象。在作品的开头和末尾，霞飞数次慨叹中国没有尹奉吉，希望中国人能振奋起来，顽强抵抗日本侵略。1932年12月发表的作品有甘平的散文《中国尹奉吉哪里去了?》、徐柏庵的《哭尹奉吉志士》和潘孑农的小说《尹奉吉》。相比于甘平和徐柏庵都在呼吁中国人民团结起来，踏着尹奉吉的血迹前进，潘孑农的作品显示出了更强的中韩连带关系。在潘孑农的小说中，尹奉吉不仅参加过义勇队，甚至参加了闸北战役②，在执行虹口公园炸案前夕，更是说“我们需要援助中国的弟兄们去反抗”③。1933年问世的两部剧本，分别是孙佷工的《复仇》和夏家祺的《尹奉吉》。在孙佷工的《复仇》中，尹奉吉说

① 沈月溶：《献给韩国的志士》，金柄珉编《中国现代文学与韩国资料丛书　散文·纪实·诗歌·剧本卷II》，延边大学出版社2014年版，第32页。

② 潘孑农：《尹奉吉》，金柄珉编《中国现代文学与韩国资料丛书　小说卷I》，延边大学出版社2014年版，第133页。

③ 潘孑农：《尹奉吉》，金柄珉编《中国现代文学与韩国资料丛书　小说卷I》，延边大学出版社2014年版，第138页。

“敌人反变加厉，侵略及于中华民国”①，要为“世界人道正义的胜利”② 而战。夏家祺的《尹奉吉》中，更是喊出了“打倒日本帝国主义！中华民国万岁！朝鲜国万岁！中鲜人民一起联合起来”的口号③。中韩连带感，变得更加突出和强烈。1934 年发表了冯玉祥的诗歌《尹奉吉》④，与 1932 年发表的其他诗歌作品主题相近，都在呼吁“我们竖起脊骨来作尹奉吉”⑤。而陈适的剧本《尹奉吉》发表于 1934 年 5 月，描绘了两个场景：一个是尹奉吉决定执行炸案之后，与金九和家人的话别场景；一个是虹口公园的炸案现场。剧本中多用愤恨之语、慷慨之言痛斥中国人不抵抗。剧中金九说“……今日的中国社会，恰似 20 年前的祖国。最大的共同点：便是下层民众愈是觉醒得深，上等阶级愈是麻醉得紧”⑥，并在剧末以口号的形式喊出了“东方被压迫——（挣扎）民族（嘶声）联合起来”⑦！到了 1938 年，国共合作后，昔畴在《纪念朝鲜革命青年尹奉吉》中将尹奉吉塑造成了唤醒东亚被侮辱民族站起来的契机，写道：“尹志士，你安眠九泉下吧！你们最好的朋友——中国，跟那共同的敌人搏斗已经十五个月了，为了奠定东亚和平，中韩民族只有亲密地联合起来，置日本帝国主义于死地。”⑧

不难看出，尹奉吉事件在中国作者笔下不断升华，从一开始感慨中国人为何没有尹奉吉这样的骨气，到最后呼吁“东方被压迫民族联合起来”。这与这些作品出现时代的社会背景有一定关联。最先发表的是诗歌和散文，必然着重抒发作者的情怀。随后出现的小说则虚构了新闻报道中没有提及的内容——尹奉吉如何走向虹口公园、被捕后如何泰然应对等，刻画出了符合中国文化语境的抗日英雄形象。1933 年后，出现的都是剧本，

---

① 孙俍工：《复仇》，金柄珉编《中国现代文学与韩国资料丛书 散文·纪实·诗歌·剧本卷II》，延边大学出版社 2014 年版，第 174 页。

② 孙俍工：《复仇》，金柄珉编《中国现代文学与韩国资料丛书 散文·纪实·诗歌·剧本卷II》，延边大学出版社 2014 年版，第 175 页。

③ 夏佳祺：《尹奉吉》，金柄珉编《中国现代文学与韩国资料丛书 散文·纪实·诗歌·剧本卷II》，延边大学出版社 2014 年版，第 196 页。

④ 这部作品收录于《玉祥全集》，该书收作者 1931 年 3 月 30 日至 1933 年 12 月 27 日所作诗歌 159 首。《尹奉吉》为“II 九一八（诗二十八首）”之一。

⑤ 冯玉祥：《尹奉吉》，金柄珉编《中国现代文学与韩国资料丛书 散文·纪实·诗歌·剧本卷II》，延边大学出版社 2014 年版，第 40 页。冯玉祥的作品收录于 1934 年的作品集中，其创作时间应该早于 1934 年。

⑥ 陈适：《尹奉吉》，金柄珉编《中国现代文学与韩国资料丛书 散文·纪实·诗歌·剧本卷II》，延边大学出版社 2014 年版，第 200 页。

⑦ 陈适：《尹奉吉》，金柄珉编《中国现代文学与韩国资料丛书 散文·纪实·诗歌·剧本卷II》，延边大学出版社 2014 年版，第 200 页。陈适说这部剧的创作参考了《屠倭实记》和《虹口炸案之真相》，情节或有增删，但大体不致背离事实。

⑧ 昔畴：《纪念朝鲜革命青年尹奉吉》，金柄珉编《中国现代文学与韩国资料丛书 散文·纪实·诗歌·剧本卷 I》，延边大学出版社 2014 年版，第 176 页。

着重叙述了尹奉吉为了国家民族而告别亲人走向虹口公园的经过，强调了中韩连带感，以及反抗日本侵略的迫切性。由于剧本更容易起到宣传效果，剧本中出现了大量呼吁中韩联合抵抗日本侵略的口号。

中国文学作品中之所以会“书写这段历史上的真实存在”，文本中却包含纯属虚构的“中韩连带关系”，有一部分原因可能是作家群敏锐地捕捉到了历史真实，但更多是缘于群体共同的政治诉求。正如巴赫金的观点，每个一表述都有它的主人，表述中渗透着不同言语、不同观点、不同世界观之间的交融与斗争，折射出不同的表述主体所代表的各自社会集团利益和意识形态的融合和斗争①。在国家生死存亡危难之际，尹奉吉的虹口炸案，无疑给了中国人复仇的快感，树立了一个学习的榜样，更是勾起了“中韩联合抵抗日本侵略”的政治诉求②。

综上所述，在中国近代“尹奉吉虹口公园的炸案”的文学书写，几乎都以中韩连带抵抗日本为其基调，构建了作为“中国朋友”的尹奉吉形象。

二、被“缩减”和“置换”的尹奉吉

中国的大部分相关作品成书于1932年至1933年上半年，几乎都是受了金九的《虹口公园炸弹案之真相》还是《屠倭实记》的影响。无论是《虹口公园炸弹案之真相》还是《屠倭实记》，对尹奉吉的介绍都十分简短，只是交代了尹奉吉出身、学识和简单的经历。

金九的文本里有太多的空白，且很多是中国人不太了解的内容。首先，尹奉吉在朝鲜开办“夜校”和“月进会”是为了抵抗日本奴化教育和殖民统治，但这段经历离中国的社会环境比较遥远。其次，尹奉吉在青岛的经历，对中国文人而言也是难以想象的。20世纪30年代的中国正遭受着日本的侵略，中日矛盾白热化。尹奉吉却在日本人的洗衣店安然地工作了一年，并攒齐旅资来到了上海。最后，中国读者赖以了解尹奉吉事件的新闻报道只有碎片化的所谓“事实”，无法查证到读者最想要了解的动机和炸案经过。

中国作家为了拉近尹奉吉和中国读者的距离，就上述问题做了“添加”、“缩减”、“置换”等处理。首先，鉴于中国读者无法理解尹奉吉在韩国国内开办“夜校”、“月进会”的背景，大部分小说和剧本删除了这部分内容，只有潘孑农的小说有所涉及，但开

① 李玉平：《互文性》，商务印书馆2014年版，第173页。

② 虹口事件后，蒋介石与金九会面，答应继续为韩国培养军事人才，并给予韩国临时政府财政上的援助。

办夜校的办校宗旨被置换成了“宣传抗日教育”①，毕竟中国作者和读者都没有经历和目睹过日本对朝鲜半岛的殖民统治，无法想象朝鲜半岛遭遇的日本奴化教育，而“抗日教育”是中国人最易于理解的“合理想象”。其次，尹奉吉在日本老板手下打工积攒旅沪经费的事情，也甚少有作品提及，只在潘孑农的小说中出现过。潘孑农笔下的尹奉吉在青岛饱受日本店主“残酷到不能再残酷”的剥削。“一天到晚替他操作，饭食几乎每餐都不够充实肚子的饥饿，像岔开了手掌而弄得腐烂的事情，也是司空见惯的……一根皮鞭曾经打得他衬衣全染满了血迹……”② 这种遭遇使尹奉吉变得更加坚强。这不仅符合传统的英雄主题叙事模式和中国人的期待视野，也比较贴近“中韩联合共同抵御日本侵略”的30年代的中国语境。最后，中国读者翻阅尹奉吉关联作品，最主要的期待视野便是了解尹奉吉在天长节投掷炸弹的动机和经过，以及被捕后的情况。但金九的传记简化了这部分内容。很多作家就此展开了合理想象，刻画出了很多版本的尹奉吉形象。潘孑农笔下的尹奉吉化身为战士，参加了“中国义勇队”，抵御过日本入侵，还以安重根为榜样，最终杀身成仁。霞光笔下的尹奉吉变成了少年暗杀团中的一员，他们“没有别的，只有暴力的炸弹和精致的手枪”③。在天长节前夕，他们拿到“两颗爆力十足的炸弹”④后，各自消失在了夜幕下。而尹奉吉被刻画成了这一群少年中成功完成使命的个案。

话剧中尹奉吉的身份发生了很多变化。孙佷工的《复仇》里的尹奉吉变成了与情人话别后，走向虹口公园的壮士。作家特意加入了“易水”歌和肆意蹂躏妇女的日本人铃木的形象，为作品添加了悲壮感。夏家祺的剧本《尹奉吉》中，尹奉吉是一位富家少爷，为了革命选择行刺。尹父猜到了儿子要行刺，为了让他无后顾之忧，杀害妻子后也饮弹自尽了。陈适的剧本《尹奉吉》创作时间较晚，发表于1934年5月15日。之前已有了赵素昂在1933年5月15日发表的《遗芳集列传·尹奉吉传》，金光于同年7月发表的长篇传记《尹奉吉传》。陈适明确指出其作品参考了金九的《虹口公园炸弹案之真相》和《屠倭实记》，但依旧虚构出了尹奉吉与妻儿的话别场景，并且以较长的篇幅渲染了“我爱你，但更爱祖国”的悲壮感。虽然剧本名为《尹奉吉》，但剧本把重点放在了外国人对“中国的问题演说”上，因此人物形象比较平面化，对话也比较冗长，主要讽刺中

---

① 潘孑农：《尹奉吉》，金柄珉编《中国现代文学与韩国资料丛书 小说卷Ⅰ》，延边大学出版社2014年版，第134页。“只要你去找任何一个小孩来问：‘捏紧了你的拳头是用来做什么啊?’那他一定会很勇敢地举起他底小拳头，非常郑重的回答你：‘打死日本人。’”

② 潘孑农：《尹奉吉》，金柄珉编《中国现代文学与韩国资料丛书 小说卷Ⅰ》，延边大学出版社2014年版，第134页。

③ 霞光：《尹奉吉》，金柄珉编《中国现代文学与韩国资料丛书 小说卷Ⅰ》，延边大学出版社2014年版，第102页。

④ 霞光：《尹奉吉》，金柄珉编《中国现代文学与韩国资料丛书 小说卷Ⅰ》，延边大学出版社2014年版，第102页。

国人面对侵略的不作为。

综上所述，中国的尹奉吉叙事以“中韩连带”为基本基调。为了强化这种连带感，诗歌和散文直接呼吁中国人学习尹奉吉；小说就尹奉吉事件的一些盲点展开了合理想象，刻画出了更加符合中国英雄叙事的尹奉吉形象；剧本则将时间点放在了尹奉吉接受任务与亲人话别的场景，着重渲染身处“天长节”时的悲愤感，加强了感染力，突出了矛盾。

三、现代中国尹奉吉叙事的脉络化

现代作家夏辇生和唐灏笔下的“尹奉吉”依旧延续了20世纪30年代尹奉吉形象的特质——为了民族和国家而舍生取义，杀身成仁，并在原有的尹奉吉形象基础上，添加了新挖掘出的历史材料，丰富了其内涵。他们借助历史学家的最新研究成果和实地考察，进一步还原了历史真相。唐灏的《大韩义士行》加入了虹口炸案中的十九军和王亚樵等人身影，明确指出虹口炸案计划由蒋光鼐和蔡廷锴提出，王亚樵提供帮助①。夏辇生在创作《回归天堂》的时候，走访了尹奉吉的故乡，采访了尹奉吉的故乡亲友②，并第一次书写了尹奉吉在韩国的活动，如“夜校”和“月进会”。这部作品中的尹奉吉所经历的事件，十分接近赵素昂和金光的《尹奉吉传》中的尹奉吉事件年谱，且整体作品基调也已十分接近20世纪初的韩国历史真实。由于作品交替使用了采访记录、第一视角叙事和全知视角叙事，使作品看起来更接近于真实。但毕竟是小说，作者添加了过多的虚构和想象。

现代的尹奉吉叙事虽然借助了很多历史资料，但与真实的尹奉吉相距更加遥远。最鲜明的例子莫过于突出了尹奉吉和安重根的关联。无论是唐灏的《大韩义士行》，还是夏辇生的《回归天堂》，都在开头用较大的篇幅谈论了安重根的故事。《回归天堂》中，夏辇生单独列出一章陈述了安重根事件对尹奉吉的影响。在“第四章　安重根的故事”中，少年尹奉吉从其启蒙老师口中得知了安重根的经历，立志成为“安重根一样的人”。在上海，与尹奉吉接头的临时政府要员与安重根的弟弟安恭根同名。《大韩义士行》的开头便是金九对着安重根的照片陷入沉思、为其题字的场景，出场人物中依旧有“安恭根”的身影。两位作家想要突显安重根对尹奉吉事件影响的用意可谓十分明显。但据赵

---

① 原文如下：金弘一：“蒋光鼐、蔡廷锴两位将军和京沪卫戍司令陈铭枢将军商量以后，认为通过外交途径已经无法阻止此会召开，而在现时的形势下又不能再采取军事行动，唯一可行的办法就是派员潜入会场……”……安昌浩：“由于考虑到日本人不允许中国人进入会场这一因素，我的老朋友王亚樵也为此事找我帮忙。”详见唐灏：《大韩义士行》，《电影文学》2010年第21期，第166页。

② 夏辇生：《回归天堂》，文汇出版社2002年版，第400页。

素昂、金光所著《尹奉吉传》，尹奉吉以李舜臣和金玉均①、拿破仑和林肯②等人为榜样，未曾提起过安重根对他的影响。根据金九在《白凡日记》中的记述，尹奉吉与安重根只打过照面，并没有过多交集。但在中国的尹奉吉叙事中，尹奉吉成为了安重根的追随者、朝鲜义勇队的成员。

除了安重根外，他们的作品中也会出现其他韩国抗日英雄的身影。《回归天堂》中，尹奉吉吸收了几乎所有近代韩国标志性事件的影响。尹奉吉年幼时，在不知情的情况下，亲身赶赴过“三一运动”现场；岳父是东学党农民战争中的一个头目；18 岁的尹奉吉受到了儒教扶植会会长李仲麟的指导；通过孙在先了解到金九，还有韩国临时政府；尹奉吉的夜校读本是朝鲜共产党员的书；决定去上海后，通过金泰植和鲜于钰了解到上海的情况和韩国爱国团。在这部作品中，尹奉吉的每个转折点都会出现持不同政见的革命人。他在上述不同政见的独立运动家影响下，逐渐成长，最终舍生取义。夏辇生的作品通过刻画影响尹奉吉的多位革命者形象，生动地串联了近代韩国独立运动中的大事件。在《大韩义士行》中，则出现了很多近代抗日叙事中经常出现的经典人物，如安昌浩、朴赞翊、金弘一、安恭根、陶莽卿、褚辅成、蒋光鼐、蔡廷锴，甚至还有川岛芳子。这些人物都是有故事的人，只要对近代史感兴趣的人，都会被这些人的名字勾起对一段故事的遐想。

现代作者将本身带有故事的人物或历史事件杂糅到一个故事里，为有限的故事加入了多个版本的互文性文本，极大丰富了文本的可读性和延展性，达到了将碎片化的韩国抗日叙事脉络化的效果。这种设置显然更符合现在的抗日叙事语境，即通过唤醒一个集体记忆，串联起多个碎片化历史，从而宏观把握一段历史脉络。

结　论

无论是金九、金光还是赵素昂，韩国作者笔下的尹奉吉都不是任务的执行者，而是一位思考者。他经过对时局的审时度势，筹划并推进了“虹口炸案”。他选择刺杀，不是消极反抗，也不仅仅是为了震慑敌人，而是为了争夺公众注意力，借此“发声”，表明朝鲜的立场。但中国作家笔下的尹奉吉则更强调如何走向天长节，如何从容就义等环节，突出了舍生取义的“义士”形象。

中国作者笔下的“尹奉吉”故事的潜在读者是中国人。因此作者们“缩减”了与中国无关的内容，“添加”了与中国有关的内容，塑造出了中国化的尹奉吉形象。尹奉吉

① 金光：《尹奉吉传》，上海法界韩光社 1933 年版，第 26 页。
② 金光：《尹奉吉传》，上海法界韩光社 1933 年版，第 53 页。

事件的始末并不清晰、对韩国不甚了解等特殊原因，使尹奉吉与中国读者间产生了微妙的距离美感，给中国作者书写尹奉吉事件提供了更大的想象空间。抗战时期，尹奉吉成为了作家摆脱现实压迫和焦虑，利用他者，自由言说自我的载体。到了21世纪，尹奉吉早已成为了集体记忆，于是中国现代的尹奉吉书写，添加了许多历史新资料、新发现，同时，为了增强可读性，又以尹奉吉为节点，将碎片化的近代韩国的抗日叙事串联了起来，使其成为了了解韩国近代历史的一个窗口。

（作者单位：延边大学朝汉文学院）

新文学教育与人才培养①

——由沈从文西南联大课程教学说起

布小继

沈从文不仅是中国现代文学史上著名的作家、文体家，也是优秀的大学教师。西南联大时期，他先后培养了众多的新文学著述人才，汪曾祺就是其中的佼佼者。考诸沈从文的教学，不难发现，他的教学方法看似简单，实则繁复；看似“无法”，实则“有法”；看似教学素养不够，实则“润物细无声”。探究西南联大时期沈从文新文学的教学行为、教学方法和人才培养的教育思想，既有助于当今高校中现代文学学科教学观念的更新、教学理论的丰富和教学方法的完善，也有助于揭开西南联大新文学人才辈出的部分缘由。

一、沈从文西南联大时期的课程教学

1939 年 6 月，杨振声建议时任西南联大文学院中文系系主任兼师范学院国文学系系主任的朱自清聘请沈从文为师范学院教师。在该月底的联大常务委员会会议上审核通过后，沈从文自该年 9 月起直至 1946 年 5 月都在西南联大担任教师，在文学院及师范学院任教，职称由副教授升到教授。沈从文所任课程②如下表所示：

① 云南省哲学社会科学重大招标项目“云南文学史”（5 卷本）（ZDZB201807）的阶段性成果。

② 整理自北京大学、清华大学、南开大学、西南联合大学编：《国立西南联合大学史料三教学科研卷》，云南教育出版社 1998 年版，第 113-415 页；张新颖：《沈从文的前半生一九〇二——一九四八》，上海三联书店 2018 年版，第 233-299 页。

<table>
<tr><th>年度</th><th>院系</th><th>大一课程（必修）</th><th>大二课程（必修）</th><th>大三课程</th><th>大四课程</th></tr>
<tr><td rowspan="2">1939—1940</td><td>中文系</td><td>国文一（读本）
国文二（读本）
（以上两门与朱自清合上）
国文二（作文）</td><td></td><td></td><td></td></tr>
<tr><td>国文学系</td><td></td><td>各体文习作
（白话文）</td><td></td><td></td></tr>
<tr><td rowspan="2">1940—1941</td><td>中文系</td><td>国文一（读本、作文）
（与吴晓铃合上）</td><td>各体文习作（一）</td><td>中国小说（选修）</td><td></td></tr>
<tr><td>国文学系</td><td></td><td>各体文习作（一）</td><td>中国小说（选修）</td><td></td></tr>
<tr><td rowspan="2">1941—1942</td><td>中文系</td><td>国文壹 G（读本）
（与周定一合上）</td><td>各体文习作（一）</td><td colspan="2">中国小说（选修）
创作实习（选修）</td></tr>
<tr><td>国文学系</td><td></td><td>各体文习作（一）</td><td colspan="2">中国小说（选修）</td></tr>
<tr><td rowspan="2">1942—1943</td><td>中文系</td><td>国文壹 G（读本）
（与周定一合上）</td><td>各体文习作（一）</td><td colspan="2">中国小说（选修）</td></tr>
<tr><td>国文学系</td><td></td><td>各体文习作（一）
（初级部国文课）
各体文习作（三）
（师范部）</td><td></td><td>中国小说
（选修）
（教育系四五
年级选修）</td></tr>
<tr><td rowspan="2">1943—1944</td><td>中文系</td><td>国文壹 M（读本）
（与赵仲邑合上）</td><td rowspan="2">各体文习作（一）
（文学和语言专业、
教育系合班）</td><td colspan="2">中国小说（选修）</td></tr>
<tr><td>国文学系</td><td></td><td colspan="2">各体文习作（三）（合班）（文学专业三四年级选修，教育系及初级部国文科三年级必修）</td></tr>
<tr><td rowspan="2">1944—1945</td><td>中文系</td><td>国文壹 B（读本）
（与马芳若合上）</td><td></td><td>中国小说（选修）
现代中国文学
（选修）</td><td></td></tr>
<tr><td>国文学系</td><td></td><td></td><td></td><td></td></tr>
<tr><td rowspan="2">1945—1946</td><td>中文系</td><td>国文壹（读本）五
（与李松筠合上）</td><td>各体文习作（二）
乙（语体）</td><td colspan="2" rowspan="2">现代中国文学（选修）
中国小说史（选修）
（与师范学院合上）</td></tr>
<tr><td>国文学系</td><td></td><td></td></tr>
</table>

由此来看，作家型教师（教授）沈从文在西南联大期间的教学任务主要是与其他教师共同开设“大一国文课”（读本），同时长期担任大二学生“各体文习作（一）（二）（三）”的课程，此外还承担“中国小说”、“现代中国文学”、“创作实习”、“中国小说史”等大学高年级的选修课。“大一国文课”是全校通识必修课，凡入校的大一新生，通常要在秋季学期修读。比如1942—1943学年度，该门课程从A排至M，全部分为“读本”和“作文”两部分，安排了32人次的教师（其中有的老师安排了几个班次。比如孙昌熙，分别和朱自清、许维遹合上I、K两班的“读本”课，又独自上这两个班的“作文”课）。从教材编写来看，大致是由杨振声牵头，朱自清、浦江清、罗庸等人参加编选。据罗常培的说法，自1938年至1942年，“西南联合大学所用的大一国文读本经过三次改编”①。其中第二次改编后的版本分为上篇（自《论语》至王国维共20篇文言文）、中篇（自胡适至沈从文共选入15篇白话文）、下篇（自《诗经》至陆游共选入44首诗），授课教师除了编撰者外，还有刘文典、闻一多、魏建功、王了一、许维遹、余冠英等知名学者。此后，为配合部编教材（“部定大学用书”）《大学国文选》，还编有《西南联合大学大一国文习作参考文选》（1942年，后改为《语体文示范》）作为参照读本。

在授课方式上，“联大的大一国文必修科，当时采用了轮流教学法。每一位教授只讲一个到两个礼拜。……那时的教授阵容实在很强，轮流教学法给了我们多方面的文史知识。记得教过我大一国文的老师有朱自清先生、闻一多先生、罗常培先生、王力先生等很多人”②。“中国文学系的教授，每人授课两个星期……清华、北大、南开的名教授，八仙过海，各显神通。”③ 显然，面对每年大一新生几百人的必修课（包括中文系学生及转学且未修读过该门课程的学生都要修读），中文系的每位教授都要上台，讲授自己最拿手的部分，给学生打下良好的国文基础，培养对祖国语言文字的热爱和爱国主义情感。

据学生回忆，沈从文任教的课程，最主要也最有特色的就是“各体文习作（一）（二）（三）”。这是一门以现代文（白话文）写作训练为主的课程。“西南联大的现代文写作课是沈从文的开创……沈从文讲现代文写作课的特点，可以概括为两个字‘实习’，即通过写作实践而获得写作水平的提高。具体做法是老师讲范例，学生做练习。”④ 在汪曾祺、王彦铭等人的回忆中，沈从文上课都是讲练结合，先讲后练或者先练后讲，通常

---

① 张耀宗：《版本说明》，大一国文编撰委员会《西南联大国文课》，译林出版社2014年版，第339页。

② 杨振宁：《读书教学四十年——在香港中文大学校庆20周年纪念讲座上的演讲》，杨建邺选编《杨振宁文录》，海南出版社2002年版，第32页。

③ 许渊冲：《追忆逝水年华 从西南联大到巴黎大学》，生活·读书·新知三联书店1996年版，第24页。

④ 李光荣：《沈从文在西南联大》，《新文学史料》2013年第2期。

以后者为多；在写作技法上，强调“要贴到人物来写……要滚到里面去写……笔要紧紧地靠近人物的感情、情绪，不要游离开，不要置身在人物之外”①。李光荣概括沈从文的这种“无系统”的教学方式和特点为三条：第一，从问题出发，从学生作文中存在的问题讲起；第二，讲作品范例，根据存在问题，告诉学生怎么做；第三，讲自己的见解，不从本本出发，不唯理论是从，而是讲自己的感受和思考。沈从文因为“口才不是他的特长，声音很低，湘西乡音又重，有的话听不见，有的听不懂”②，不擅长讲课，而且“他最得意的门生汪曾祺和崇敬他的学生王彦铭、杜运燮等都这么说。虽然选他课的人很多，但大多是慕名而去，有的听了几次课后即望而却步了”③。除此之外，按照汪曾祺的说法，他还非常注意两点。其一，精心设计习作评语。“沈先生教写作，写的比说的多。他常常在学生作业后面写很长的读后感，有时会比原作还长。这些读后感有时评析本文得失，也有时从本文说开去，谈及有关创作的问题，见解精到，文笔讲究。——一个作家应该不论写什么都写得讲究。这些读后感也都没有保存下来，否则是会比《废邮存底》还有看头的。可惜!”④ 教师在细心阅读学生练习作品的基础上，认真撰写评语，点评得失，堪为良师善教之法。其二，推荐阅读名家名作来拓展学生眼界。“学生写了一个作品……还会介绍你看一些与你这个作品写法相似的中外名家的作品。”⑤ 这一方式不仅有效地解决了学生师法对象阙如的问题，而且可以帮助学生在比较选择中确立自我风格和可以模仿超越的目标对象，非常合乎教育心理学上的学习迁移理论之特殊迁移、逆向迁移、垂直迁移和正迁移⑥的特征。

至于“中国小说史”，其授课内容是“就艺文志所涉及十五家小说始，到新章回小说为止，分期检讨各时代小说的发展，及小说与社会的相互关系，并略举优秀作品示例”⑦，教学时采用把难于查找的资料抄写在云南竹纸上的方式来弥补。据当时的历史系学生何兆武回忆，“那个课人数很少，大概只有六七个人听，我旁听过几堂并没有上全。沈先生讲课字斟句酌的，非常之慢。可我觉得他真是一位文学家，不像我们说话东一句西一句的连不上，他的每一句话每一个字都非常有逻辑性，如果把他的话记录下来就是一篇很好的文章。沈先生非常推崇《金瓶梅》，我现在印象还很深刻……认为对人情世

① 汪曾祺：《汪曾祺谈师友》，段春娟编，山东画报出版社 2007 年版，第 9 页。
② 李光荣：《沈从文在西南联大》，《新文学史料》2013 年第 2 期。
③ 李光荣：《沈从文在西南联大》，《新文学史料》2013 年第 2 期。
④ 汪曾祺：《汪曾祺谈师友》，段春娟编，山东画报出版社 2007 年版，第 37 页。
⑤ 汪曾祺：《汪曾祺谈师友》，段春娟编，山东画报出版社 2007 年版，第 37 页。
⑥ 燕良轼主编：《高等教育心理学》，湖南大学出版社 2005 年版，第 142 页。
⑦ 北京大学、清华大学、南开大学、西南联合大学编：《国立西南联合大学史料三教学科研卷》，云南教育出版社 1998 年版，第 408–409 页。

态描写得非常深刻，《红楼梦》很多地方都继承了《金瓶梅》的传统。沈先生是非常用功的……”① 该门课程和“中国小说”的关系应该是前者更加强调系统性，以小说史的概念和理论视野来观照各部小说，整合在一个相对统一的“史观”之下。沈从文注重对资料的爬剔梳理、精讲勾连，学术逻辑性很强。

“现代中国文学”的授课内容则“注重在讨论从五四以来新文学各部分的发展和得失。并提出若干作家的特别成就，及作品所代表倾向，加以分析。俾使选习此课者，对近三十年得一比较具体印象”②。据听杨振声讲授过该门课程的孙昌熙回忆，“杨振声的授课，让学生听起来感到非常亲切。课程中评介重要作家、作品占很大部分。如：鲁迅、茅盾、郁达夫、蒋光慈等作家的一些代表作。他以文学和心理学的独到见解深入浅出地讨论作家生平、思想倾向，学生们既感到新鲜又深化了对作家、作品的领悟”③。而对沈从文讲授该门课程的情形，记载似乎较少。但相信1931年即受到杨振声邀请而加盟国立青岛大学的沈从文，应该与杨振声的教学方式相去不远。他早在1929年经徐志摩介绍到胡适掌校的上海中国公学时就承担过该校大学部一年级新文学的选修课：第一个学期为中国新诗，第二个学期为现代小说。作为作家，讲授自己同时代人的作品当会有不少的体悟和真知灼见。

此外，沈从文的教学还有两个特色。第一，谈天说地式的课外文学教育。按照汪曾祺的说法，“沈先生对学生的影响，课外比课堂上要大得多……每星期上课，进城住两天……他一进城，宿舍里几乎从早到晚都有客人。客人多半是同事和学生，客人来，大都是来借书，求字，看沈先生收到的宝贝，谈天”，“沈先生不长于讲课，而善于谈天。谈天的范围很广，时局，物价……谈得较多的是风景和人物”④，其中常提到同时代的徐志摩、梁思成、林徽因、金岳霖等人。他还会请其他人如金岳霖、老舍等，参加谈天。这一方式，在其他人的回忆中也曾提到，如“我是在1939年进西南联大后才认识沈先生。没有选他的课。虽然也曾慕名去旁听过……但一直认为他是我的一位好老师。可说是不上课的老师。更确切点说则应该是，在他家里上课的老师”⑤。沈从文在呈贡龙街桃园村、跑马山附近居住期间，也经常有学生到访，谈天说地。

---

① 何兆武：《上学记》，生活·读书·新知三联书店2008年版，第117页。

② 北京大学、清华大学、南开大学、西南联合大学编：《国立西南联合大学史料三教学科研卷》，云南教育出版社1998年版，第408页。

③ 孙昌熙：《把中国新文学抬上大学讲坛的人——追忆在抗日战争期间接受恩师杨振声（今甫）教授教诲的日子》，《泰安师专学报》1989年第2期。

④ 汪曾祺：《汪曾祺谈师友》，段春娟编，山东画报出版社2007年版，第39-40页。

⑤ 杜运燮：《可亲可敬的“乡下人”》，《长河不尽流——怀念沈从文先生》，湖南文艺出版社1989年版，第211页。

第二，借助报纸刊物等平台推介学生及其作品。在给友人的信中，沈从文从不吝啬对学生的赞美。如："新作家联大方面出了不少，很有几个好的。有个汪曾祺，将来必有大成就。萧乾太太王树藏，写小说或者也有前途。刊物少，不够运用，否则一面学，一面写，两年内必有一批生力军露面。"① 又如："郑敏你可认识，联大哲学系毕业，写诗用的方法有新意。"② 沈从文不仅帮学生认真修改作文，还积极推荐学生作文到各级各类报纸刊物上去发表。师范学院主办的《国文月刊》，就是学生习作的发表平台之一，如第 1 卷第 2 期发表了姚芳和姚婉容同题散文《我们的小庭院有什么》，第 1 卷第 10 期发表了汪曾祺的小说《灯下》；联大教师主持的《今日评论》也于第 1 卷第 21 期发表了方龄贵的散文《荒村》，第 1 卷第 15 期发表了周正仪的独幕剧《告别》，第 2 卷第 15 期发表了辛代的小说《平原》等③。还有一些作品被推荐到《中央日报・平明》副刊上。沈从文曾推荐程应镠到该刊任编辑，后者回忆道："西南联大的学生，有不少在这里发表处女作，汪曾祺大概也是的吧。我记得的有袁可嘉等"，"从文先生常常拿一个蓝色小包袱到我的住处来，从那里拿出各种不同稿纸写的文章，有的还经过他亲手修改"④。汪曾祺也说："他对学生的作品细心修改，寄给相熟的报刊，尽量争取发表。他这一辈子为学生寄稿的邮费，加起来是一个可观的数字……稿子发表了，稿费寄来，他必为亲自送去……我在昆明写的稿子，几乎无一篇不是他亲自寄出去的。"⑤ 时代艰危，沈从文甚至还帮助学生谋职⑥。由此可见，沈从文作为教师、前辈作家，对于提携学生、扶助后辈成长是不遗余力的。

正因此，沈从文的教学效果非常显著，学生汪曾祺、辛代、马尔俄、林元诸人当时就以文闻名。得到沈从文间接恩泽者，如林蒲、穆旦、杜运燮、郑敏、袁可嘉等人，后来的文学成就也有目共睹。

---

① 沈从文：《复施蛰存》，《沈从文全集 18》，北岳文艺出版社 2002 年版，第 391 页。

② 沈从文：《复叶汝琏》，《沈从文全集 18》，北岳文艺出版社 2002 年版，第 471 页。

③ 李光荣：《沈从文在西南联大》，《新文学史料》2013 年第 2 期。

④ 程应镠：《永恒的怀念》，《长河不尽流——怀念沈从文先生》，湖南文艺出版社 1989 年版，第 117 页。

⑤ 汪曾祺：《汪曾祺谈师友》，段春娟编，山东画报出版社 2007 年版，第 49-50 页。

⑥ 如 1947 年 2 月初在回复李霖灿、李晨岚的信件中，沈从文就特别提到"我有个朋友汪曾祺，书读得很好，会画，能写好文章。现在上海教书不遂意。若你们能为其想法在博物馆找一工作极好"，可见出其待汪曾祺类父兄之谊。沈从文：《复李霖灿、李晨岚》，《沈从文全集 18》，北岳文艺出版社 2002 年版，第 465 页。

二、新文学教育与人才培养

应该说，西南联大的新文学教育，出现的时间还比较短，在教学体系和教学内容上还未能形成一种确定的规范和公认的、相对科学的章法，新文学史的叙述架构还未完全成型。新文学教育总体上还处于以作家作品鉴赏和白话文创作教学为主的阶段。

1930 年，胡适回到北大，第二年就在国文系开设了“新文艺试作”的课程，“拟定的教员有周作人、俞平伯、徐志摩、余上沅、废名等”，1936 年又在课程表上加上了废名的“现代文艺”和陈绵的“话剧实习”①。如论者所言，杨振声堪称新文学教育的第一人，早在其于武汉大学任教时期即已开始，在青岛大学、西南联大和北京大学时期，其文学教育更一步步发展深化②。与之相应的还有朱自清，他从 1930 年起执掌清华大学中文系 10 余年，率先开设“中国新文学研究”、“歌谣”、“高级作文”、“散文写作”等课程。可见，北大、清华等名校实际上在 20 世纪 30 年代初期，即由有强烈新文学意识的学者、作家推动新文学进入了高校国文系课堂，使其在学术研究的理论化和文学创作的实践化过程中一步步得以发展，为形成可供受教育者接受的、相对完整的课程门类打下了基础。这些做法既有挑战国文系中占绝对比重的古代文学、文字学（音韵、训诂等小学）、文化学课程设置安排及其后强大的国学教学势力，扭转传统教学思维的意图③，也有借此来为新文学在大学课堂中赢得一席之地的考量。同时，这又是对既存的中国语言文学课程秩序的重新洗牌。

西南联大时期，朱自清不仅支持沈从文、李广田开设新文学方面的相关课程——各体文习作、创作实习、现代中国文学、文学概论等，还大声呼吁、倡导在大学、中学内提倡新文学的学习，延续着他一直以来的新文学教育理念，即新旧文学的接流和中外文学的交流④。课堂教学作为高校新文学教育的主渠道、主阵地，一方面要发挥其强大的

---

① 季剑青：《北平的大学教育与文学生产 1928—1937》，北京大学出版社 2011 年版，第 42-43 页。

② 李宗刚：《杨振声的文学教育实践与文学教育思想》，《山东师范大学学报（人文社会科学版）》2015 年第 6 期。

③ 以闻一多为例。闻一多本是前期新月派诗歌创作的主将，但他并不认为国文系可以教出会创作的学生。“希望本系领导本国文化运动，如外国各大学之本国文学系然。”1936 年 9 月，他给一年级选系的新同学说：“诸位莫要想到国文系来创造，写诗，作小说或散文，其实这些东西，我们不但不会教，也不能教，这些东西全在个人，国文系绝不在这方面对诸位有帮助，国文系主要的是在故旧的国学要籍中，找出新东西来。和西洋的新的文学接合一下，因此科学的方法的应用是必要的！”季剑青：《北平的大学教育与文学生产 1928—1937》，北京大学出版社 2011 年版，第 41 页。

④ 李光荣：《朱自清先生在西南联大》，《新文学史料》2013 年第 2 期。

功用，对中国语言文学系/国文学系各专业的学生进行系统、全面和相对完善的育化指导，一方面要通过课内外创作实践来促进学生写作能力的提升。关于这些，西南联大文学院中文系/师范学院国文学系的教育教学方法同样有不少优点可供借鉴。

朱自清在西南联大8年期间，共开课11门，25次。除了“国文读本”课外，他讲授较多的还有“宋诗”、“文学批评”，其他还有“国文作文”、“中学国文教学法”、“散文研究”、“文辞研究”等。有人回忆说：“上课铃才响，朱先生就踏进教室……匆匆走到教案旁，对我们点了点头，又点过名，便马上条分理析地对鲁迅《示众》及本文的思想内容和形式技巧各方面提出问题，逐一叫我们表示意见，先生则加以补充、发挥……然而不多一会，我便忘掉了一切，顺着先生的指引，一步一步的终于看见了作者的看见，感受到作者的感受……就这样的，我听完先生授毕预定讲授的大一国文教程中的白话文。”① 提问启发，循循善诱，让每位学生逐一发表见解，正是打开学生领会优秀白话文作品心智窗口的重要手段。事实上，朱自清早年在清华大学开设“中国新文学研究纲要”这门课程时，就有着认真负责的教学态度和独到的教学理念。其学生吴祖缃回忆说：“他讲的大多援引别人的意见，或是详细地叙述一个新作家的思想与风格。他极少说他自己的意见；偶而说及，也是嗫嗫嚅嚅的，显得要再三斟酌词句，唯恐说溜了一个字，但不上几句，他就好像觉得已经越出了范围，极不妥当，赶快打住。于是连连用他那叠起的白手帕抹汗珠……有一天，同学发现他的讲演里漏了他自己的作品，因而提出质问。他就面红耳赤，非常慌张而且不好意思。半晌，他才镇静了自己，说：‘这恐怕很不重要，我们没时间来讲到，而且也很难讲。’”② 他把治学的客观谨严移植到教学上面，影响是很深远的。

杨振声在西南联大时期所开设的“中国新文学简史与创作实习”、“现代中国文学讨论及习作”等课程中，大力褒扬新文学作家如鲁迅等人的创作实绩，在课堂上围绕名家名作组织学生充分展开讨论，结合新文学的发展历程引导、思考其走向，在分文体教学后又精心批阅、修改学生提交的各类习作，将优秀作品推介到相应的报刊平台上发表。

根据上述讨论，可见出如下几点：

其一，问题讨论。现代文学属于新学科、新课程，成见、定见不多，较之古典文学引经据典、字/事必有出处的“咬文嚼字”的教学方式，有更大的发挥空间和可操控尺度，因而可以借鉴其他学科如“古代文学史”的教学方式，并结合西洋文学及教师自身学养来进行有针对性的教学研讨，既培养了学生的问题意识，也启发了学生的思维，“温

① 李光荣：《朱自清先生在西南联大》，《新文学史料》2013年第2期。
② 吴组缃：《敬悼佩弦先生》，《朱自清研究资料》，北京师范大学出版社1981年版，第274页。

故而知新”，形成民主、自由、奋进和积极的教学氛围，培养学生良好的学习习惯。

其二，习作训练与发表。讲什么文体就训练什么文体，这一做法有助于加深学生对这一文体的印象，培养良好的文体意识，促进对各种文体创作规律和技巧的把握和了解。习作发表能够快速有效地帮助学生产生积极的写作内驱力，从而走上与文学著述相关的成长道路。

包含文学社团在内的各类社团活动，多种多样的讲座、研习会、文艺晚会，同样是培养西南联大新文学人才的机会。西南联大的文学社团众多，著名的有南湖诗社、高原文艺社、冬青文艺社、文聚社、西南联大话剧团等。这些文学社团队伍庞大，有专业教师指导，还有自己相对固定的发表园地——壁报、手抄报、黑板报、定期（不定期）油印报纸刊物。1938 年 5 月，刘兆吉、向长青等人在蒙自成立的“南湖诗社”及后来的诸个社团，多聘请闻一多、朱自清二人担任导师。在“南湖诗社”的一次社员大会上，发生了诗歌创作以旧诗还是新诗为主的方向之争，两位导师都认为要以新诗创作为主。诗歌的“联大三星”——穆旦、郑敏、杜运燮和小说家汪曾祺就是从南湖诗社—高原文艺社—南荒文艺社、冬青社—文聚社等社团走出来的。

闻一多作为西南联大剧团的导师，在 1939 年《祖国》一剧的排演中亲自担任舞台设计与制作，对戏剧细节提出参考意见，之后在该社团参与的《原野》一剧排演中亦复如是。1944 年，剧艺社、新诗社聘请闻一多担任导师。对前者的指导，他秉持了一贯耐心细致的作风；对后者，他“直率地评讲了学生们带来的诗歌习作，而且对于组织诗社一事表示大力支持，并为同学讲述了他对诗歌的见解”①，在家中与学生交流新诗创作的体会，大力提倡新诗之朗诵诗，并把这一形式从新诗社推向校园外更为广阔的天地。朱自清也是如此，从早年在杭州一师指导汪静之等人的“湖畔诗社”开始，一直到西南联大对各种文学社团的指导，并推荐学生习作在《国文月刊》等刊物上发表，总是不遗余力。在多个学生文学活动的公开场合，都能发现其身影。朱自清的学生成器者很多，如著名学者王瑶、季镇淮、林庚，作家吴组缃、李广田、冯雪峰、汪静之、柔石、李健吾等。这些后辈又在不同的场合和领域把老师的这一传统做法延续下去。

西南联大对其他的课外活动也极为重视。1944 年 5 月 8 日，西南联大国文学会组织“五四”文艺晚会，到会者有 3000 人，本校及云南大学、中法大学都有人参加，杨振声、闻一多、朱自清、沈从文、罗常培、孙毓棠、冯至、卞之琳、李广田等人都围绕“五四

① 闻立雕、杜春华：《闻一多图传》，湖北人民出版社 2006 年版，第 162 页。

新文学”的论题做了演讲①。此外，对一些鲁迅纪念活动的参与，在无形中壮大新文学声势的同时，也为新文学教育与人才培养创设了良好条件。

三、余论

正如前述，闻一多认为国文学系（中文系）无法培养出作家。1941年9月，他在老舍到昆明来做演讲《抗战以来文艺发展的情形》之欢迎致辞中，又重申了此观点，认为中文系很有改革之必要。余斌在详细考察西南联大中文系、外文系作家的产生情况后，指出中文系出的作家、诗人反而少于外文系，认为闻一多所说是有一定道理的，并把原因归结到当时大学中文系的办学指导思想和课程设置上。两相比较，“外文系学生视野更开阔，目光更现代。中文系重传统，轻现代，知识结构以旧学为主轴，与文学创作关系较为紧密的课程一向不被重视”②。除此以外，原因似乎还可以从中文系各专业（西南联大中文系三年级分为文学、语言文学两类，国文学系偏重于中学教育）课程设置的历史沿革、著名大学（如北大、清华）的早年办学指导思想和各系、专业内部各派人士/势力的斗争等来看。但或如汪曾祺所言，“创作能不能教？这是一个世界性的争论问题……问题是由什么样的人来教，用什么方法教……偶尔有大学开这门课的，收效甚微，原因是教得不甚得法”③。这值得后人尤其是教育界人士警醒。

我们从上述西南联大沈从文、朱自清、杨振声、闻一多诸人的课内外教学方法及教学理念中，可以得出如下启示：

第一，西南联大新文学人才培养的成功经验首先是通识必修课“大一国文课”让学生对新文学有所熟悉，其次是其他必修课程和选修课程健全了学生的知识结构，再次是教师对学生新文学读写兴趣的引导和支持，最后是社会活动需要促成了课堂内外教学过程的互动性、开放性和立体性。

第二，由于新文学自身尚处于发展过程中，西南联大教师的课程教学带有比较多的试验和探索性质，限制的套路少，条条框框的模式化不明显，教师的发挥空间和自由度相对较大，以作品讲解和白话文写作为主的课程设置有不少无奈的成分，却对新文学著述人才的成长起到了引领方向、指点迷津、扶持帮助的重要作用。

---

① 余斌：《大学培养作家之缘起及其他——主要以西南联大中文系为个案》，《新文学史料》2016年第4期。

② 余斌：《大学培养作家之缘起及其他——主要以西南联大中文系为个案》，《新文学史料》2016年第4期。

③ 汪曾祺：《汪曾祺谈师友》，段春娟编，山东画报出版社2007年版，第34-35页。

第三，教师因人因时因地施教、激发人才成长的内在动力机制等教学行为，顺应了人才培养和个体成长的基本规律。当然，担任教师的新文学家个人特有的人格魅力和长者风范也在很大程度上成就了西南联大时期的新文学教育和人才培养。

（作者单位：红河学院人文学院）

现代西北游记与民族国家的建构①

周国栋　荀羽琨

现代民族国家的危机语境把西北从社会的边缘推向了舆论关注的中心，众多的文人学者怀着深切的忧患意识掀起了西北游记的书写浪潮，这些作品因其突出的实证精神向来被认为是西北史地著作，但是它们作为游记的文学价值尚未得到充分的重视和有效的阐发。这首先是源于游记在文学类型中一贯的边缘地位，“游记文学历来不列入文章正宗，只当成杂著小品看待”②，尤其是这种带有地志性质的游记，在新文学以表现人生与自我的著史理念中更是几乎不予提及。如果我们从中国文学现代性独特的历史经验出发，把西北游记置于文学和社会的跨学科层面予以考察，则会发现这些建立在“足履目击”基础上的游记文学超越了古代文人“寄情山水”的叙事传统，曾经纯粹作为审美观照的游记文学被纳入现代民族国家建构的宏大叙事，以“发现西北”和“重塑西北”的文学实践对民众进行国族意识的启蒙，超越地缘和血缘的传统羁绊而建构起一个“想象的民族共同体”，并因此确立了自身独特的现代品格和文学价值。

一、救亡图存与西北游记的发生

现代西北游记的发生是建构民族国家的话语实践和知识界救亡图存思潮共同作用的结果。本文中所说的西北是指行政区划层面的陕西、甘肃、宁夏、青海、新疆五省。20世纪二三十年代，这一区域的面积占到全国的32%，人口却只有6%。这个在地理空间

---

① 本文系陕西省社会科学基金项目“中国现当代西北丝路文学研究”（2019J004）和陕西省社科联项目“现代文人笔下的陕西形象研究”（2018C050）的阶段性成果。

② 沈从文：《谈“写游记”》，《旅行家》1957年第7期。

中荒远落后的边缘区域，却在众多西行者的文学世界里被想象成民族救亡的生命线，成为近代以来各种民族国家话语实践的重要场域。所谓民族国家是指“国家形态中的一种，作为一种特定的国家形式，它是文化与政治的结合，是在民族的基础上形成的国家共同体。它对外强调国家主权的独立，对内则强调民族共同体是国家赖以存在的基础，强调民族共同体对国家政治、文化的认同”①。民族国家作为现代的一种国家形式，并不是自然形成的，而是文化和政治建构的历史产物。现代西北游记是与民族国家的建构相伴而生的，可以说，现代民族国家的想象成为一种主导意识形态，贯穿了西北游记创作的始终，尤其是其对领土主权和民族共同体的建构，成为影响西北游记发生与叙事范式中最为强势的话语形态。

现代民族国家的建构是以领土意识的自觉为标志的，西北游记的发生正是与中国知识界领土意识的自觉同步的，二者之间有密切的关系。安德森认为，民族国家是“被想象为有限”的，而这种有限，首先是指领土空间的有限。清政府在西北边疆逐渐加剧的领土危机，推动了对西北的关注和书写，传统士人抽象的忧患意识转变为真实而严峻的领土危机，“清政既渐陵夷衰微矣，举国方沈酣太平，而彼辈若不胜其忧危，恒相与指天画地，规天下大计”②。正是在这种边疆危机的推动之下，西北开始成为一部分官员、学者关注的话题，“京城中开始聚拢起一批研究西北、关注西北的人们，他们相为师友、切磋讨论，形成以龚自珍和徐松为中心、以西北史地为话题的师友交游群”③。这个以西北史地研究形成的学者群体具有良好的文学素养，他们开启了西北游记书写的第一个浪潮，如洪亮吉的《遣戍伊犁日记》和《天山客话》、祁韵士的《万里行程记》、方士淦的《东归日记》、林则徐的《荷戈纪程》、倭仁的《莎车行记》、冯焌光的《西行日记》、陶保廉的《辛卯侍行记》、裴景福的《河海昆仑录》、方希孟的《西征续录》、袁大化的《抚新记程》等。这些诞生于边疆危机语境中的游记作品，对山河地形的记录和科学考证，不再是出于一种“究天人之际”的实证精神，而是着眼于救亡图存的时代主题。晚清西北史地研究的学者张穆，在其《蒙古游牧记序》中阐明编写此书的目的是“缀古通今、稽史籍、明边防”④。张穆在书中考证了蒙古古今舆地及山川城地的建制沿革，并对中俄边界的台站、卡伦和界碑的设置进行了详细的介绍，“康熙二十八年议准，俄罗斯边境，以流入黑龙江之绰罗那阿伦穆河相近格尔必齐河为界。自大兴安岭以至于海，山之阳为内

① 杨剑龙、陈海英：《民族国家视角与中国现代文学研究》，《中国现代文学研究丛刊》2011 年第 2 期。

② 梁启超：《清代学术概论》，四川人民出版社 2018 版，第 100 页。

③ 郭丽萍：《绝域与绝学——清代中叶西北史地学研究》，生活 · 读书 · 新知三联书店 2007 年版，第 135 页。

④ 张穆：《蒙古游牧记》，山西人民出版社 1991 年版，第 3 页。

地，山之阴为俄罗斯地”①。何秋涛《朔方备乘》的主要着眼点也在于抵御沙俄对中国西北边疆的侵略，提出“志险要以昭边禁”、“列中国镇戍以固封圉”、“集夷务以烛情伪”②，正是出于对中俄边界的忧患意识。何松涛在《北徼星度考》、《北徼界碑考》、《北徼喀伦考》、《北徼山脉考》、《北徼水道考》等篇章中，用大量笔墨详细考证了中俄边界的历史沿革，体现出作者探究边陲史地、“筹边谋防”的救亡意识。除了这些研究西北史地的学者，晚清西北游记创作的一个重要群体是那些到边疆任职或遭到贬戍的官员。他们一方面继承了中国士大夫阶层感时忧国的精神传统，同时也在西北边疆危机中意识到领土完整和主权独立的政治意义。这种对国家责任感和危机感的双重体认，使他们超越了贬谪文人专注于自我命运怨诽的心理轨迹，“当求边帅于伊犁、喀什之间给一卡伦差，与三五老兵日骑马巡国界，守鄂博，穹荒风雪，幕天席地，可以出游，可以读书，三五年后，于山川扼塞、部落风土，必有所考证，亦流人应尽之义务也”③。这些身处边疆的贬戍官员，以记游的方式考证了西北和中国历史文化之间的内在关联，消解了华夷之辨所带来的地理隔阂，“把自身从一种‘无外’的多元性帝国转化为内外分明的‘民族—国家’”④，明确了国家的领土和疆域，使政治边界和文化边界相吻合。

固国强边是这一阶段西行游记创作中潜在的叙事动力，以亲历者的书写方式把西北疆域具象化和历史化，从而赋予了这块领地以空间和时间上的双重象征意义。这些作品不仅以“亲履边塞”、“纂缀见闻”⑤ 的方式真实记录了西北沿途的山川道里、物产风俗、古迹胜景，而且其中贯穿了固国强边、御侮图强的政治诉求，“取其事有关于经史及体国经野之大者著于篇”⑥。在“体国经野”观念的投射和过滤下，这些游记文本中所记的地理景观除了山水佳胜之外，格外关注国计民生和军事形胜的内容。“民不知耕，官亦不课耕，天生养民之上腴，任其废弃，致小民贫苦，几类牲畜，民性愚惰，固不足责，而数千年来竟无过问者，可哀也!”⑦“西来览山川之雄奇，关扼之险阻，证以古今成败得失之局。”⑧ 除此之外，这一阶段游记写作的另一个特质是考证方法的大量出现。前人考证古今多是出于“以博雅炫名当世”⑨ 的个人目的，这一阶段游记中考证方法的运用和领土问题紧密联系在一起。陶保廉由陕西赴新疆途中，随车携带的书就装了 9 箱，对

① 张穆：《蒙古游牧记》，山西人民出版社 1991 年版，第 167 页。
② 何秋涛：《朔方备乘》，文海出版社 1972 版，第 5 页。
③ 裴景福：《河海昆仑录》，中华书局 1938 年版，第 57 页。
④ 汪晖：《现代中国思想的兴起》，生活·读书·新知三联书店 2008 年版，第 608 页。
⑤ 纪晓岚著，郝浚注：《乌鲁木齐杂诗注》，新疆人民出版社 1991 年版，第 1 页。
⑥ 王树楠：《辛卯侍行记·序》，甘肃人民出版社 2000 年版，第 1 页。
⑦ 裴景福：《河海昆仑录》，中华书局 1938 年版，第 81 页。
⑧ 裴景福：《河海昆仑录》，中华书局 1938 年版，第 57 页。
⑨ 王树楠：《河海昆仑录·序》，中华书局 1938 年版，第 1 页。

所过州县根据方志和史籍追根溯源叙其沿革，有效论证了西北边疆在我国领土中的历史渊源，从而构成了对统一的民族国家的一种地理认同。但是，近代西北游记的书写从根本上来说，还只是官员行旅生涯中的附带产物，“每憩息旅舍，随手疏记，投行箧中，时日既久，积累遂多，亦自不复记忆矣。抵戍后，暇日无事，或愁风苦雨，独坐无聊，偶拣零缣碎片，集而省阅，以寄情怀；略加编辑，遂尔成篇”①。这些游记多是官员在公务之余的寄怀遣兴之作，以家刻本的形式在亲朋好友间流传，影响所及尚未超出上流社会的士人阶层，并未形成一种自觉而广泛的书写潮流。

民国时期“开发西北”的倡导和国内日益严峻的政治形势推动西北游记走向繁荣，参与创作的人数之多、成员之广、影响之大，为前代所未有，游记创作开始从一种个体行旅体验的记录演变成一场自觉的爱国行为。从孙中山“开发西北”的提出到抗战的全面爆发，东北、华北、华东的相继沦陷，西北在这场全国性反帝斗争中的战略性地位得到凸显。与此同时，中国共产党在陕甘宁边区建立了新的政权。这些都促使中国的政治中心开始向西迁移，西部从被历史遗忘的边缘逐渐走向了反帝爱国运动的前台。在这样的政治局势之下，从官方到民间自上而下地发起了一场声势浩大的西行运动，众多的文人学者成为这场运动积极的响应者和践行者，他们以亲历者的西北书写参与到现代民族国家的想象与建构之中，如谢彬的《新疆游记》、林竞的《亲历西北》，徐炳昶的《西游日记》、王桐龄的《陕西旅行记》、孙伏园的《长安道上》、杨钟健的《西北的剖面》、黄文弼的《蒙新考察日记》、林鹏侠的《西北行》、宣侠父的《西北远征记》、张恨水的《西游小记》、顾颉刚的《西北考察日记》、范长江的《中国西北角》等。这些游记以“发现西北”和“重塑西北”的救亡意识更新了西北游记的叙事模式，把一个荒远落后但充满生机的新西北推到了大众的视野之中。

民国时期西北游记的繁荣是现代民族国家建构的一种内在诉求，国家层面对西北的重视和开发是推动西北游记蓬勃发展的一个重要因素，西北游记是现代各种国族话语实践在西北地区的历史产物。晚清时期对西北的重视多着眼于领土和军事意义，民国则转向对西北经济价值的发现和开掘。孙中山在《实业计划》中认为西北地区的开发是振兴中华的重要组成部分，对于“致富图强”的战略构想具有重要的作用和意义。他曾上书李鸿章，表示要游历内地和新疆，“查看情形，何处宜耕，何处宜牧，何处宜蚕，详明利益，尽仿西法，招民开垦，集商举办，此于国计民生大有裨益”②。在国民政府开发西北的倡导之下，专程前往西北“奉公出游”考察的人员逐渐增多。谢彬和林竞的游记是奉

① 祁韵士：《万里行程记》，商务印书馆1936年版，第1页。
② 孙中山：《孙中山全集》（第1卷），中华书局1985年版，第18页。

财政部命令，前往新疆调查财政公余所作。孙中山还亲自为谢彬的《新疆游记》作序，以示鼓励。甘肃官员周希武于“民国三年，陇蜀共争玉树，周务学奉檄查勘，余橐笔从行”①，在实地勘察的基础上著成《宁海纪行》。“九·一八”事变爆发以后，中华民族亡国灭种的危机空前严峻，东北沦陷，华北亦不保，东南战火频发，西南军阀割据，在这种局势之下，西北则成为国民政府经略的后方基地，一些军政要员先后赴西北视察，发表演说，“中央的人，纷纷到西北，社会的领袖也纷纷到西北，‘到西北去’已成一种‘国事’了”②。为了鼓励社会各界到西北考察，国民政府还制定了《奖励国人考察边境办法》，给考察人员乘车半价的优惠，边境行政长官予以保护协助，“考察完竣，应将考察情形依照书式填具报告表，连同考察意见并考察日记，呈送内政部审核。内政部审核考察报告后，认为确有特殊成绩者，得呈请奖励”③。政策的鼓励和舆论的倡导，使整个社会掀起了一场西行的热潮，众多的官员、学者、记者、作家、学生先后来到西北游历考察。由政府委派的官员构成了西行人群中的主体，甘肃省政府委员、教育厅厅长马鹤天致力于边疆开发建设，不仅发起成立“西北协会”，出版《西北月刊》，并亲赴青海考察调研，写成《青海考察记》。庄泽宣的《西北视察记》是于杭州任教时，受教育部之聘到西北视察教育的考察实录。顾颉刚的《西北考察日记》是受管理中英庚款董事会的委托，赴甘肃、青海等地调查当地教育状况而撰写的。这些由官员撰写的游记大多立足于“开发西北”和“重塑西北”的主流立场，着眼于具体的政治、经济、教育等社会问题，希望能给西北的开发和民族的振兴提供一些可信的资料和参考价值。

知识界和文化界救亡意识的自觉，使游记书写获得了巨大的精神驱动力，“竭纸笔之力张扬之”，“以为群力救死之一助”④，救亡推动游记从一种个人行为演变为知识界的集体思潮。作为一种思潮的西行书写，“不单是关于文学自身的，同时它也总是社会的观念体系、思想原则的产物，它总是‘反映’和表达着某个社会集团的精神冲动”⑤，从这个层面来说，西北游记书写的想象世界与知识分子的国族观念是同源的，在精神上是相通的。西方殖民入侵唤醒了知识分子的救亡意识，团结起来抵御外侮是近代以来摆在每个中国人面前的当务之急。许多爱国知识分子将其学术旨趣转向救亡图存。“本来我的精神是集中在学问上的，从此以后，总觉得在研究学问之外，应当做些救国救民的事。”⑥ 救

---

① 周希武：《玉树调查记》，青海人民出版社1986年版，第122页。

② 宋子文：《西北建设》，秦孝仪编《革命文献》（第88辑），中央文物供应社1981年版，第98页。

③ 《奖励国人考察边境办法》，《军事杂志》1931年第40期。

④ 郑璧成：《八省旅行见闻录·序》，开明书店1935年版，第1页。

⑤ 王又平：《文学思潮史：对象与方法》，《新东方》2002年第4期。

⑥ 顾颉刚：《顾颉刚自传》，北京大学出版社2012年版，第81页。

国是顾颉刚致力于西北边政研究的重要原因，《西北考察日记》是他在这方面重要的成果。陈万里和徐炳昶的西行游记，更是知识界反抗西方文化侵略的直接产物。陈万里的《西行日记》是协同美国哈佛大学考古队赴敦煌的实地考察日记，徐炳昶的《西游日记》是参加西北科学考察团的随行日记。这两次西行考察的背景是当时一些外国学者以考古的名义从我国盗走大量文物，我国学术界则以合作的方式对其行为予以监督，所以书中除了专业的考古知识之外，也对外国学者劫掠文物的行为进行了揭露和指控，"至其爱护国宝、维持校誉，孤诣苦心，尚有为楮木所不暇及者"①。叶圣陶在给《西行日记》撰写的广告词中谈到他对这部日记的认识："说到西北，我们觉得疏远极了，几同非洲澳洲没甚差异。现在有这部日记，我们可以亲近西北，可以跟着陈先生的路程而'卧游'。他这种游历并不是闲雅的玩意儿，交通的艰困，起居的不安，迁值的凄惨，都足以引起我们深长的感念。跟在这感念后面的，不就是奋发的志愿么?"② 游记不再是"闲雅的玩意儿"，试想有谁会去一个穷山恶水的地方吟风弄月呢？西北游记的书写者首先是立足于一种国族意识的启蒙，传递给民众关于西北的知识，而且这种知识不同于徐霞客游记中纯粹的地理知识，而是一种现代的国族知识，融合了他们对国家另一部分空间和人群的想象，通过这种知识的阅读和传播，把国人的情感体验导向一种奋发自强的爱国精神。

现代出版界对西北游记的传播与国族想象的重塑起到了重要的推动作用。安德森认为，报纸作为一种"印刷资本主义"，蕴含着深刻的虚拟想象的性质，它通过日常生活中大量共时性的阅读行为，在读者之间制造出一种根本的联结，成为民族建构的一个重要媒介。"我们必须借着报纸的力量，使每一个中国人，都知道国家和个人，是一而二，二而一。"③ 中国的现代出版业本身就诞生于亡国灭种的危机语境之中，这就决定了它自然成为生产国族意识的重要基地，"国人因怵于边事人亟，外侮堪虞，于是，举国一致有开发西北之议……国内研究边事之团体与书报亦风起云涌，竭力鼓吹"④。正是借助于传媒的舆论力量，"开发西北"的观念才得以自上而下，深入人心。西北一时成为出版界的热点词汇，一些冠以"西北"的报纸杂志如雨后春笋纷纷涌现，如《西北论衡》、《西北言论》、《开发西北》、《西北问题周刊》、《西北文化》等。一些知名报纸《中华日报》、《申报》、《大公报》也开始关注西北问题，刊发有关西北的文章，并派出自己的记者到西北实地采访，以确保报道的真实性与可靠性。上海《大公报》就曾派出旅行记者范长江和战地记者陆诒，《西北视察记》的作者陈赓雅是《申报》派遣的新闻记者，陈

① 沈兼士：《西行日记·序》，朴社 1926 年版，第 3 页。

② 叶圣陶、叶至善：《叶氏父子图书广告集》，生活·读书·新知三联书店 1988 年版，第 72 页。

③ 成舍我：《报纸救国》，《世界日报》1935 年 11 月 14 日，第 12 版。

④ 郑福源：《普及西康教育之我见》，《边事研究》1934 年第 1 期。

学昭是以重庆《国讯旬刊》特约记者的身份到延安采访。这些由特派记者撰写的通讯最初都发表在大型的报纸杂志，之后又结集出版，在民众中产生了较大的反响。范长江的《中国的西北角》出版不到一个月，初版的几千册就被抢购一空，仅在几个月中就再版了7次。陈学昭的延安之行就是受了范长江的精神感召和启示。《旅行杂志》也派出了当时著名的通俗小说作家张恨水，赴西北旅行考察并撰写了《西游小记》。中国旅行社于1943年把发表于《旅行杂志》上的西北游记以《西北行》为名结集出版，仅几个月中就再版了3次，1945年又出了第二集。正是通过现代报刊巨大的传播力量，西行书写才从晚清士大夫圈子走向了整个社会，成为对民众进行国族意识启蒙的一个重要阵地。

二、西北地景书写与民族共同体的建构

地理景观作为游记文学的核心要素，不仅是创作主体对自然风景的艺术呈现，也是凝聚民族认同的一种文化想象方式，“在现代民族国家的形成过程当中，风景也成为建构‘想象共同体’文化政治的重要媒介”①。从地理景观的内在属性上来说，它不仅是一个民族文化实践活动的产物，而且也是“人与地方互涵共生而形成的一个情感性与意义性的空间”②，所以“我们不能把地理景观仅仅看作物质地貌，而应该把它当作可解读的‘文本’，它们能告诉居民及读者有关某个民族的故事，他们的观念信仰和民族特征”③。地理景观作为文本的“可读性”，意味着它既体现了一个民族自身的历史逻辑，同时也是被时代话语不断重塑和改写的文化符号，地理景观本身所具有的客观和想象的双重属性，使它成为现代民族国家建构过程中的一个重要媒介和有效方式。西北游记的书写者就是在强烈的国族意识形态诉求之下，通过一套把地理景观知识化、历史化、情感化的修辞策略，重构了国人观看和书写西北的方式，不但把一个荒远却蕴含生机的现代西北呈现到读者面前，而且在今昔的对比中召唤起国人共同的历史记忆和情感经验，“西北遂从一块物质性的地理空间，转化而为中国国族成员共同感情与集体认同所寄予的象征空间”④，从而深刻影响了国人对西北的认知和对民族共同体的想象。

现代西北游记的地景书写体现了去异域化的叙事倾向，重在发现和重建西北与国族之间在经济文化上的同质性。在中国传统夷夏观主导之下，西北向来被视为“西出阳关

① 李政亮：《风景民族主义》，《读书》2009年第2期。

② 季进：《地景与想象——沧浪亭的空间诗学》，《文艺争鸣》2009年第7期。

③ ［英］迈克·克朗：《文化地理学》，杨淑华等译，南京大学出版社2003年版，第51页。

④ 沈松侨：《江山如此多娇——1930年代的西北旅行书写与国族想象》，《台大历史学报》2006年第37期。

无故人”的化外之地，是用来流放犯人发配充军的重要区域。古代文学中的西北则是由一系列“长河”、“落日”、“大漠”、“孤烟”等意象所构成的诗意空间，抑或是东晋高僧法显笔下“上无飞鸟，下无走兽，遍望极目，欲求渡处，则莫知所拟，唯以死人枯骨为标帜”① 的苦寂塞外。经过观念投射对景观的选择与过滤，西北在古代文人笔下就被建构成一个与中原文化相对的异域空间。现代以来，由于交通梗阻、经济落后，西北在国人的印象中依旧是偏远而颓败的荒原，“兼之道里悠远，荆榛塞途，全国人士惮于行役，群相裹足”②。“如果你漫说一声到西北去！朋友，莫非洋房住的闷，大菜吃的腻，想到西北去住窑洞，吃草根吗？否则，你发什么痴呢!?”③ 这就是国人对西北的认知，它不但是落后的，而且是和内地民众生活无关的陌生区域。如何打破空间阻隔造成的心理上的疏离，改变国人对西北固有的认知，把处于政治文化边缘的异域化的西北，纳入现代民族国家建构的同质化叙事之中，构成了西北游记景观书写的基本立场。

西北在现代游记文本中首先呈现为一种知识化、科学化了的物质形态，它是由农业、工业、矿产、交通、水道、人口、文物、房屋等具体内容和数据所组成的实体空间，传统的山水自然在西北游记中退居到次要地位。任何的国族认同都不是空中楼阁，必须建立在一个具体的物理空间之上，对当地物产的描写，是这一阶段大多数游记文本普遍关注的对象，游记通过对地景物质形态的书写把西北建构成民族救亡的生命线。陈赓雅在《西北视察记》中，就详细介绍了甘肃当地的河流、牲畜、森林、矿产等内容。侯鸿鉴的《西北漫游记》中用表格专门列出西北各省的地质、山脉、河流、物产，并通过大量的数据对其进行科学的量化，尤其是各地的矿产，更是作者花费大量笔墨描写的内容。顾执中在《西行记》中详细叙述了延长石油的分布、开发历史、油井数量、采油、炼油情况。这些在古代游记中不被关注的地景的物质形态，何以成为西北游记叙事的重点？林鹏侠的一段话或许能说明问题：“今日之世界，乃一商战之世界，而工业为商战之基也。盖商战而无工业之出产品，工业而无原料之供给，是等于由战舰、飞机、巨炮，而无燃煤、石油、子弹，安可与敌冲锋对垒乎？是以矿产之多寡，为国家强弱之所由。”④ 西北矿产的丰富与否是关系国家富强的关键问题，这种观念在当时国人中具有一定的普遍性。“现代国家都是由一定的民族组成的，将一定的国土做为生活的根据地，构成国家的生活体。在这个国土上，对人类来说，就是有效地利用必要的原料，其原料种类的丰富与否，决定了国家是强还是弱。……从国民经济的视角出发的话，经营边疆是我国民

① 法显著：《佛国记注译》，郭鹏注译，长春出版社 1995 年版，第 5 页。

② 钱宗泽：《西行记 · 序》，商务印书馆 1934 年版，第 1 页。

③ 张人鉴：《开发西北实业计划》，北平著者书店 1934 年版，第 13 页。

④ 林鹏侠：《西北行》，《边疆》1936 年第 5 期。

族生存、发展的必要。”① 国民经济的视角成为主导西北游记书写的一双“内在的眼睛”，在这双眼睛的观照之下，西北就成为一个表面落后但却蕴藏丰富的宝库，它不仅为国族成员的生存与发展提供了物质资源，同时也是一个支撑着国人民族复兴信念的现实基地和价值符号。

除了对地景物质化形态的真实再现，西北游记还重点描写了各地的历史胜迹和人文景观，并通过一套地景历史化的叙事策略，给本属于一个特定地域的景观注入时间的内容，借此唤起国人共同的民族经验和历史记忆，从而把自然形态的西北转换为国族的象征性空间。对潼关、长安、黄帝陵、敦煌千佛洞、张掖等地理景观的反复书写和考证，并通过对其历史意义的回顾和阐释，把西北建构成为中华民族的发源地，激发国民对民族根源的想象和认同。陵墓构成了西北根源想象的一个重要坐标，尤其是古代帝王的陵墓总是和我们关于历史文化的集体记忆联系在一起，“尽管这些墓园之中并没有可以指认的凡人的遗骨或者不朽的灵魂，他们却充塞着幽灵般的民族的想象”②。西北一带，尤其是陕西关中有很多帝王陵墓的历史遗存，“四望古冢累累，亘数里”③。在这众多的陵墓中，位于陕西黄陵县城北桥山的黄帝陵在西北书写中的意义非同寻常，这里相传是黄帝的衣冠冢。陶保廉在《辛卯侍行记》中根据多种史籍的辨析，详细考证了桥山是皇帝上升处的事实。陶保廉的考证只具一种纯粹的学术性质。在邵元冲民族扫墓之后，有关黄帝陵的照片和文章就频繁出现在报端，并被赋予了中华民族的象征意义，“黄帝为我民族之元祖，发明制作，肇启文明，拓土开疆，生息我族，聿怀明德，允宜最致崇敬，故民族扫墓，以桥陵为主”④。一方面，借助对地景的历史化，黄帝被想象为关于中华民族起源的神话，国族话语通过对血缘关系的模仿，把内部充满复杂性和歧义性的群体建构为一个同质化的国族共同体。另一方面，历史也经过了地景化。中华民族的历史经过国族话语的转化，投射在一个特定的地景——帝王陵墓之上，通过对它的祭拜仪式唤起民众对自己民族文化的根源想象，一个象征着国族起源的文化符号就此生成，并在民众中产生集体的认同效应。1936 年沪江大学西北考察团编写的《西北纪游》就描述了他们拜谒周陵的见闻。陈赓雅在《西北视察记》中说：“据周陵工程处人谈：自提倡民族扫墓以来，前往游览者，与日俱增。”⑤

对地景历史化的叙事不仅建构起一个想象的共同体，而且通过对铭刻在地景中人物

① 刘镇华：《开发西北计划书》，新亚细亚学会 1931 年版，第 262 页。

② ［美］本尼迪克特·安德森：《想象的共同体——民族主义的起源与散布》，吴睿人译，上海人民出版社 2003 年版，第 11 页。

③ 谢彬：《新疆游记》，中华书局 1929 年版，第 32 页。

④ 高良佐：《西北随轺记》，建国月刊社 1936 年版，第 3 页。

⑤ 陈赓雅：《西北视察记》，上海申报馆 1936 年版，第 438 页。

和历史精神的回溯，重塑了民众的行旅体验，激发起国民的爱国之情，“墓地是一种风景……诱导心灵进入一种特别的状态”①。游记书写背后巨大的意识形态诉求，引导和规训着读者感性活动的方向和功能，使个体本身多样混乱的感性朝着合乎国族建构的方向发展。1932 年，顾执中随陇海铁路管理局发起的陕西实业考察团赴西北考察，到陕西拜谒黄帝陵，“墓地约二十一亩，森森柏木，因年代过久，颇呈萎颓不振之象。谒者群谓老祖宗坟上之树，如此萎靡，无怪其子孙今日之不景气，饱受外侮，而莫之能御也”②！祖先的陵墓凝结着我们民族共同的过去与现实，通过对景观今昔差异性的描述激发起观者的认同感和对现实的失望感，“民族植根于所共有的光荣与悲哀，其中特别是悲哀的‘感情’。换句话说，这意味着民族的存在基于同情（sympathy）或怜悯（compassion）”③。李孤帆在甘肃游览明朝肃藩故邸时，充满感情地回顾了肃王殉国的故事，“时铉临难不屈，以身殉国，于是宗嫔、僚属、宫人均不免于难，这种临难不苟的精神，令我们在三百年以后的今日，抚碑吊古，肃然起敬”④。对于这些身处国族危难之中的知识分子来说，抚碑怀古绝非是出于“发思古之幽情”的心理，而是危机语境所催生的历史精神和现实情怀的一种遇合，在对古人殉国行为的回溯和崇敬中，把地景所引发的行旅体验诉诸爱国情感的激发，从而获得一种民族精神的内在支撑。游记“成了振奋国民精神，唤醒爱国之心，认识辽阔祖国的催化剂，是一种现代意识的‘启蒙教育’”⑤。文化生产机制通过地景书写深刻地影响和形塑了民众的国族认同。

三、游记文学的现代转型

救亡图存作为近代以来最为宏大的时代主题，促使整个国家走上了现代民族国家的建构之路，而且也推动了游记文学的现代转型。它改变了“游”的性质和“记”的书写范式。游记书写的审美性退居到次要地位，社会功利性被提升到重要位置，这种变化带来了游记文体的一次革新。如果说审美是古代游记的灵魂，那么，现代民族国家建构的意识形态诉求则是西北游记最为重要的精神标识。

“游”从一种被动的空间迁徙转变为对国家自觉的认知和探索，这种观念的确立是与建构民族国家的话语实践相伴而生的。中国是一个建立在农业基础上的乡土社会，“以

① 段义孚：《风景断想》，《长江学术》2012 年第 3 期。
② 顾执中：《西行记》，商务印书馆 1934 年版，第 72 页。
③ ［日］柄谷行人：《日本现代文学的起源》，赵京华译，中央编译出版社 2013 年版，第 168 页。
④ 李孤帆：《西行杂记》，开明书店 1942 年版，第 22 页。
⑤ 杨镰：《世纪话题：楼兰》，新疆人民出版社 2015 年版，第 282 页。

农为生的人，世代定居是常态，迁移是变态”①。除非万不得已，中国人会一直维持“鸡犬之声相闻，老死不相往来”的生活状态，安土重迁也因此从一种生存需要转化为乡土社会普遍的文化心理。“我们中国人是最怕旅行的一个民族。闹饥荒时都不肯轻易逃荒，宁愿在家乡吃青草啃树皮吞观音土，生怕离乡背井之后，在旅行中流为饿殍，失掉最后的权益——寿终正寝。至于席奉履厚的人更不愿轻举妄动，墙上挂一张图画，看着就可以当‘卧游’，所谓‘一动不如一静’。”② 所以，中国传统社会的旅行大多是因为出于任职、贬戍等原因造成的一种被动行为，是不得已、不情愿的，所以旅行在传统诗文中总是铭刻着离别伤感的情感体验。更为关键的是，这种安土重迁的观念把个体从身体到精神都羁绊在血缘和地缘的范围之内，而对外面的群体和社会漠不关心，“知有个人不知有群体”③。而要革除这种文化积弊，旅游则是一个有效的方式。曾任京、沪、杭、甬铁路管理局局长的黄伯樵在谈到现代旅游的意义时说道：“试观我国人民，何为而对于国家之利害，有若秦人视越人之肥瘠，莫不相关，实以未尝认识国家之故。导游机关提倡旅行，同时予旅行者以种种之便利，推其结果，寖假而认识国家，爱护国家者愈众，而后国之基础赖以立，国之事业赖以振。”④ 旅行成为生产国族意识的有效方式。它能够打通地理所造成的空间和心理上的阻隔，使国民认识国家，进而热爱国家；它不再是一种消极的个人性迁徙，而是一种意识形态在空间领域的现实操演，有关国族的知识和观念就通过这种“足经目接”的方式得以广泛传播和巩固。

中国影响最大的《旅行杂志》就打出爱国主义的旗帜，不遗余力地把旅行和爱国关联在一起。《旅行杂志》在 1938 年的“岁首献词”中写道：“我们的见解，是要把国内名胜奥区，尽量阐扬其幽秘，考证其古迹，详计其道里，研求其民情，务使读者对于每一个地方，有深切之认识，油然而激发爱国之观念。故就表面看来，河山破碎何处游观，然而旅行杂志所贡献于读者的，是希望每个人于批读之余，注意到地理和人文所表现的事实，激发爱国之心情。”⑤ 现代报纸的“印刷资本主义”性质，决定了它在追求资本增值的过程中，必然要向救亡图存的主流话语靠拢，河山破碎时代的旅行既不同于古人对名山大川的寄情抒怀，也不同于西方的消闲娱乐之行，只有被纳入爱国这个宏大的话语体系之中，才能确立自身的合法性。“盖在今日而言旅行，如仅以遨游揽胜为事，已非社会所许可，必如顾亭林所言：有体国经野之心，而后可登山临水。”⑥ 通过对传统“体国

① 费孝通：《乡土中国》，上海人民出版社 2013 年版，第 7 页。
② 梁实秋：《梁实秋闲适小品》，浙江文艺出版社 2013 年版，第 80 页。
③ 梁启超：《梁启超选集》，李华兴、吴嘉勋编，上海人民出版社 1984 年版，第 279 页。
④ 黄柏樵：《导游与爱国》，《旅行杂志》，1936 年第 1 期。
⑤ 赵君豪：《岁首献词》，《旅行杂志》，1938 年第 1 期。
⑥ 孙锡祺：《从西安到华家岭》，潘泰封编辑《西北行》，中国旅行社 1943 年版，第 1–2 页。

经野”话语的借用，《旅行杂志》在国民中树立起一种现代的国族主义的旅行观念，国族主义与旅行的相容性在此得以体现。国族主义成为旅行及其书写持续的内在驱动力，旅行则成为国族主义宣传与实践的工具。

游记书写，从作为行旅生涯的附带产品转化为一种具有强烈社会功能的现代文类。顾颉刚在为陈万里的《西行日记》作序时说：“中国历史上，除了徐霞客以外，竟找不到一个以旅行为生命的人。文人学者的游览的诗文固然多的很，但这些东西只是他们的日常的遭际（如做官、遣戍、赴考）等所引出的偶然的感兴而已，并不是他们预先规定了一种目的，去努力寻求得来的。这类的旅行，原没有很高的价值。”① 传统旅游因其行为的被动性，游记写作完全是出于一种个人旨趣而对行旅生涯和见闻的记录，大多采用日记的形式，在亲朋好友之间作为趣闻而传播。也因其潜在的消遣性，游记写作在新文学一开始的时候就受到重视文学社会功能的陈独秀的激烈批判——“山林文学，深晦艰涩，自以为名山著述，于其群之大多数无所裨益也。……乃装饰品而非实用品”②。现代知识分子通过对传统游记价值的贬低和取消树立起国族主义的书写观念。

现代西北行旅就诞生于这样的文学语境中，所以它从一开始就背弃了对名山盛水的流连，从对内在情感心态的表现转向对外在客观世界的描摹和再现，从自由零散的漫游转向有目的、有计划的考察与书写，游记的社会功能被提升到一个显豁的位置，展演出一种有别于传统的现代行旅体验。林竞在《亲历西北》开头所写的这段话，可以看作现代知识分子西行书写的心声：

> 鞭丝帽影，阳关唱再叠之音；车腹马腰，玉塞壮生还之语。从来志士，最好探奇；毕竟畸人，每驱绝漠。慨自连烽告急，中原兴心腹之忧；宝蕴未宣，世界起刀砧之想。不事搜讨，奚得穷源？若畏崎岖，何来真相！仆也有类班生投笔之行，非应汉武求贤之诏。玉门再度，葱岭斯登，追博望之旧踪，循长春之陈迹。芜词满箧，热泪盈怀，爰作纪游之篇，聊效识途之献。至若丰功伟烈，窃有顾影自惭者矣③。

从书中字里行间的纪实慨叹中，我们不能不深感作者对国家民族前途命运的关切与殷忧。正是国家的内忧外患和志士英雄精神的感召，使无数知识分子不畏崎岖踏上西行之旅，以记游之作实现自己救亡图存的爱国情怀。

民族国家建构的意识形态诉求拓展了“记”的题材内容，改变了国人看世界的方式，带来了游记书写中理性精神的勃兴。“古人旅行，山轿蹇驴，竹杖芒鞋，时时刻刻都

---

① 顾颉刚：《西行日记·序》，朴社1926年版，第2页。
② 陈独秀：《文学革命论》，《新青年》1917年2月1日，第2卷第6号。
③ 林竞：《亲历西北》，新疆人民出版社2013年版，第1页。

拥在自然的怀抱中，所以感觉最亲切的是自然，体味最深刻的也是自然，游记最好的题材便只有自然风景。”① 古人游历注重的是一种感性经验的丰富和提升，以心观物，强调人与物的同一和交融，自然成为一个用审美和情感所建构起的意义空间，这种观看世界的方式构成了古代游记书写内在的文化规定性。但在现代知识兴起之后，人与自然的关系在主体/客体的二元结构中被重新定义，自然作为人认识和改造的对象而确立了自身存在的价值。鲁迅曾在《中国地质略论》中对国人因知识缺乏而造成对矿产资源价值的漠视提出批评，“昏昧乏识，不知其家之田宅货藏，凡得几何”②。在鲁迅的观念中，自然是关系民族国家兴亡的认识对象，缺乏现代科学知识，会造成了国民的愚昧和国家的贫弱。通过文学尤其是游记对国民进行科学知识的启蒙，就成为现代游记一种重要的社会功能。“二十世纪的世界，是科学的世界，就是写文学，也不能完全与科学背道而驰。”③文学创作需要具备科学的知识和眼光，是时代对作家提出的要求。现代西北游记的作者大多是受过现代教育、拥有专业知识的专家学者，他们的游记自觉地采取了一种科学的叙事立场，科学视角极大地拓展了人们对自然的理解，从根本上改变了传统游记所描绘的世界图景。一系列有关农业、工业、物产、交通、水利等的内容开始进入游记描写的题材范畴，一个通过科学考察所建构的物质化的西北形象在传统游记的废墟之上树立起来，自然脱离了精神化、人格化的属性，成为外在于人的可以被测量、考察、把握、改造的对象。游记作者在文本中通过议论的方式，把他的科学考察和西北社会的发展联系在一起，这背后所体现出的是一种科学救国的现代理念，叙述的真实性和客观性在现代西北游记的书写中变得异常重要。游记和科学精神相互支撑，从而实现了对民众国族意识的启蒙。

现代西北游记不仅是个人行旅体验的一种记录，也是现代民族国家话语的一种实践。它通过对西北的书写更新了传统游记的叙事模式，充分调动了这一地理空间中所蕴含的话语活力，重塑了国人对民族国家的想象与认同。从游记文体革新的角度来说，“文变染乎世情”，建构民族国家的意识形态诉求使西北游记滑脱出传统游记审美性的历史轨迹。科学的考察、客观的描摹、爱国的情怀、对游记社会功能的重视，这些时代新质推动了游记文学的现代转型，对我们认识中国文学现代性的内涵具有重要的意义。

（作者单位：宝鸡文理学院文传院、西安外国语大学中文学院）

① 举岱：《游记选·题记》，桂林文化供应社 1942 年版，第 5 页。
② 鲁迅：《集外集拾遗补编》，人民文学出版社 2006 年版，第 3 页。
③ 曾昭抡：《谈游记文学》，《读书通讯》1941 年第 10 期。

“看虹”、“摘星”的背后：西南联大时期沈从文的爱欲与文学

令狐兆鹏

沈从文在西南联大期间创作的《看虹摘星录》、《七色魇》等作品与以前的作品相比，发生了巨大的变化。首先，情色的成分突出，因此而遭受到众多作家的批判，从而影响到了他的声誉。其次，小说部分叙事性减弱，抒情性浓郁，呈现出“抽象的抒情”，导致内容晦涩难懂；小说与散文的界限进一步模糊，二者表现为鲜明的互文关系。而上述的症候与沈从文的个人情感转变有着极为重要的关联，换言之，恰恰是因为沈从文的情变才造就了上述文学风格的转变。

一、《看虹摘星录》的人物原型

《看虹摘星录》是有着鲜明的写作原型的，而这道“虹”、这颗“星”的“本事”究竟是谁？换言之，在西南联大时期令沈从文魂牵梦萦、念兹在兹的梦中女郎究竟是他身边的哪一位？沈从文一直讳莫如深。凌宇曾经为此而问过当事人：“您在《水云》中多次提及‘偶然’，引起您情感发炎，而且明确说这‘偶然’的名字叫‘女人’。这究竟是怎么一回事？那个‘偶然’，又是谁？张兆和先生笑了：‘老先生自己说。’……沈先生不作声，脸上微现红晕，似乎有点不好意思。”① 当事人默不作声，学术界更是众说纷纭，曾经一度认为高青子是沈从文的“星女郎”。金介甫先生说：“40年代沈从文在昆明时期有过一位‘女友’，即青年诗人高青子（韵秀），她在西南联大图书馆工作，人们以

---

① 凌宇：《从边城走向世界》，岳麓书社2006年版，第503页。

为沈曾把她写进《看虹录》。"① 刘洪涛也持相似观点，他在《沈从文小说中的几个人物原型的考证》中认为，"到昆明后，沈从文和高青子的交往更加密切。在情感（偶然）和理智的矛盾中，沈从文的情感占了上风，他的备受争议的作品《看虹录》就是放纵情感的产物"②。这种观点并非空穴来风，在其自叙传情感供认状《水云》中，沈从文承认他有三个"偶然"——婚外恋的对象。其一是俞珊（《八骏图》中的美女原型）。其二是高青子。沈从文详细描述了他在熊西龄家中遇见家教高青子的场景。这第二个偶然写得最为详尽，也最为大家津津乐道。第三个偶然出现于昆明时期，写得极其含混，很难根据描述确定其身份。第三个"偶然"在分手宣言中说："我不能尽用诗歌生存下去，……我是个并不十分聪明的女人，这也许正是使我把一首抒情诗当作散文去读的真正原因。"③ 高青子是女诗人，正好在西南联大任图书管理员。说沈从文与高青子此时旧情复发，也在情理之中。1939 年 10 月 23 日《朱自清日记》记载："从文有恋爱故事。"④ 这可以佐证沈从文确实有了外遇。但是，沈从文与高青子的事迹已成为众所周知的旧闻，朱自清没必要记载一笔，除非是有了新的对象。

新的观点来源于新的材料，裴春芳意外发现沈从文佚作《梦与现实》、《摘星录（绿的梦）》，而《沈从文全集》中的《摘星录》实则是《梦与现实》的初刊本。"《梦与现实》在香港《大风》半月刊出刊，后来又被沈从文改名为《新摘星录》刊发于昆明《当代评论》，复改名为《摘星录》刊发于桂林《新文学》。《梦与现实》通过这种改动，逐渐取代最初的《摘星录》，从而隐去了昆明、桂林等地文学界对此类'类色情'文本批评的主要目标。"⑤ 这样，《看虹摘星录》就浮出历史地表，"《看虹摘星录》一集的基本内容应该包括刊发于香港的《梦与现实》和《摘星录》，以及刊发于桂林的《看虹录》三篇小说，加上《看虹摘星录·后记》一文，此书编辑成集大概在 1944 年 5 月"⑥。经过裴春芳的考证，《看虹摘星录》中的人物原型并非是以前大家都认为的高青子，而是沈从文的姨妹张充和。裴春芳认为"港版《摘星录》中客厅艳情传奇中那个堪与孟珠比

① 金介甫：《沈从文传》，符家钦译，国际文化出版公司 2005 年版，第 270–271 页。

② 刘洪涛：《沈从文小说新论》，北京师范大学出版社 2005 年版，第 239 页。

③ 沈从文：《水云——我怎么创造故事，故事怎么创造我》，刘洪涛编《沈从文批评文集》，珠海出版社 1998 年版，第 284 页。

④ 朱自清：《朱自清全集》（第 10 卷），江苏教育出版社 1998 年版，第 55 页。

⑤ 裴春芳：《"虹影星光或可证"——沈从文四十年代小说的爱欲内涵发微》，《经典的诞生：叙事话语、文本发现及田野调查》，社会科学文献出版社 2014 年版，第 203 页。

⑥ 裴春芳：《"虹影星光或可证"——沈从文四十年代小说的爱欲内涵发微》，《经典的诞生：叙事话语、文本发现及田野调查》，社会科学文献出版社 2014 年版，第 203 页。

拟的女主人，与高青子显然并非一人”①。而港本中女主人的生日为7月12日，与张充和女士的生日巧合。但是，裴春芳并没有直接的证据来证明二者的耦合关系，而是用汪辟疆的一诗“北体偶临张黑女”，考证张黑女有可能就是张充和，再用沈从文1962年《白玉兰花引》“林薛犹近血缘亲”一句，进而论证“三小姐张兆和平实性近于薛，四小姐张充和飘忽情近于林”②。这种“索隐”式的考证难免会给人主观臆断之嫌。

解志熙先生同样也认为沈从文在昆明时期的爱欲对象是张充和，但论证更加直接、充分。其一，解志熙以吴组缃晚年批评沈从文为例，“他自己更差劲，就写些《看虹》、《摘星》之类乌七八糟的小说，什么‘看虹’、‘摘星’啊，就是写他跟他小姨子扯不清的事”③。其二，“当张充和到重庆以后，沈从文还给她写了热情的情书，其中有‘我不仅爱你的灵魂，更爱你的肉体’之类的情话；可能由于此事在当时的重庆颇有传闻，所以据说张充和在收到此信后，曾特地把它拿给一位德高望重的女作家看，表白了自己的清白和无奈。直到80年代的一天，那位资深女作家在和一对作家夫妇——其中的男士同时是那位资深女作家和沈从文的好友——说起此事时，还不能谅解从文当年的行为，仍然耿耿于怀地说，倘若当年写信的那位先生去了，我既不会写信去吊唁，也不会写文章悼念他。后来她果然如此”④。第三个证据就是卞之琳与沈从文及张充和之关系论证。解志熙拿出方令孺写给张充和的信，信中说：“听说卞之琳回到北平了，还是那样以自我为中心。听说很恨从文，说从文对不起他，而他竟忘了从文对他的好处。从文在生病，你大约知道了。这人也可怜，吃了自己糊涂的苦。”⑤ 沈从文曾经帮助过卞之琳，但卞之琳“恩将仇报”，其原因就在于“此时的卞之琳已经发现了沈从文对张充和的爱，而于这个发现，卞之琳甚至有可能觉得沈从文1945年9月25日写给他的那封谈爱情和促远行的长信，其实暗含着把他支开以便于自己的意思吧，他甚至很有可能觉得正是沈从文的‘乘虚而入’，才逼得张充和不得不远嫁异域”⑥。众所周知，张充和是卞之琳的梦中情

① 裴春芳：《“虹影星光或可证”——沈从文四十年代小说的爱欲内涵发微》，《经典的诞生：叙事话语、文本发现及田野调查》，社会科学文献出版社2014年版，第212页。

② 裴春芳：《经典的诞生：叙事话语、文本发现及田野调查》，社会科学文献出版社2014年版，第216页。

③ 解志熙：《爱欲书写的“诗与真”》，《文学史的“诗与真”：中国现代文学文献校读论集》，北京大学出版社2013年版，第87页。

④ 解志熙：《爱欲书写的“诗与真”》，《文学史的“诗与真”：中国现代文学文献校读论集》，北京大学出版社2013年版，第89-90页。

⑤ 解志熙：《爱欲书写的“诗与真”》，《文学史的“诗与真”：中国现代文学文献校读论集》，北京大学出版社2013年版，第99页。

⑥ 解志熙：《爱欲书写的“诗与真”》，《文学史的“诗与真”：中国现代文学文献校读论集》，北京大学出版社2013年版，第100-101页。

人，并以之为对象写出了50万字的长篇小说《山山水水》，但卞之琳刚回国就一把火将小说烧了，按照解志熙的解释就是为了免得成为文艺界的笑柄。

其实，卞之琳曾经不止一次走入沈从文昆明时期的作品中，比如在《梦与现实》（即《沈从文全集》中的《摘星录》）中，“老朋友”、“她”和“大学生”之间的关系恰恰肖似沈从文、张充和和卞之琳。“大学生”对“她”穷追猛打，爱得如痴如醉，而“她”对“老朋友”这个人生导师一往情深。小说中的三角恋何尝不是现实的缩影？卞之琳和沈从文都在西南联大教书，而张充和的到来，让三个人的关系格外复杂。在沈从文的散文集《七色魇》中，依然闪烁着卞之琳对张充和的爱恋。在《绿魇》中，“一个从爱情得失中产生伟大感和伟大自觉的诗人”（卞之琳）住在“那个善于长歌吹笛的聪敏女孩子原来所住的小房中”（张充和），“诗人所住的小房间，既是那个善于吹笛长歌女孩子住过的，到一切象征意味的爱情，依然填不满生命的空虚，也耗不尽抑制的充沛热情时，因之抱一宏愿，用个五十万言小说，来表现自己，扩大自己”①。这大概就是卞之琳写《山山水水》的最大动力吧！两年后，作品居然完成了。当别人问作品如何发表时，诗人十分慎重地说：“这不忙发表，需要她（张充和——引者注）先看过，许可发表时再想办法。”② 有时，恋爱就是暗恋者一个人的事，诗人卞之琳“自作多情”的浪漫根本走不进偶像张充和的内心，“决不想到作品的发表与否，对于那个女孩子是不能成为如何重要问题的”③。因为诗人的偶像的心中藏着作家沈从文，“就因为他还完全不明白他所爱慕的女孩子，几年来正如何在另外一个风雨飘摇事实巨浪中。怨爱交缚之际，生命的新生复消失，人我间情感与负气作成的无可奈何环境，所受的压力更如何沉重”④。沈从文在写上述文字时，在同情怜悯弱者之余，内心是否有一种胜利者的小小喜悦呢？

只是沈从文写下“就因为他还完全不明白他所爱慕的女孩子，几年来正如何生存在另外一个风雨飘摇事实巨浪中。怨爱交缚之际，生命的新生复消失，人我间情感与负气作成的无可奈何环境，所受的压力更如何沉重”⑤ 这些文字时，一定会知道风雨飘摇的巨浪是什么，一定也同样承受着怨爱交缚的沉重。不伦之恋伤害的是四个人，痛苦的不仅仅是卞之琳，当沈从文和张充和一同在风雨飘摇的巨浪中颠簸之时，那个巨浪的另一头张兆和心中该是什么滋味。同在屋檐下，张充和与三姐张兆和难道没有因之而产生矛盾吗？1940年8月19日，沈从文发表了《莲花》，发表了“我也应当沉默？不，我想呼

---

① 沈从文：《绿魇》，《沈从文全集》（第12卷），北岳文艺出版社2002年版，第148页。
② 沈从文：《绿魇》，《沈从文全集》（第12卷），北岳文艺出版社2002年版，第148–149页。
③ 沈从文：《绿魇》，《沈从文全集》（第12卷），北岳文艺出版社2002年版，第149页。
④ 沈从文：《绿魇》，《沈从文全集》（第12卷），北岳文艺出版社2002年版，第149页。
⑤ 沈从文：《绿魇》，《沈从文全集》（第12卷），北岳文艺出版社2002年版，第149页。

喊，想大声呼号。我在爱中，我需要爱”的爱情宣言。相隔不到10天，8月28日，张兆和“还住在铁路饭店”，要带着两个孩子离开昆明到国立西南师范中学部任教。解志熙认为此事有蹊跷：“姐姐姐夫就近相住的妹妹竟然不知道姐出走的消息，却劳沈从文特地写信告诉她，这些都意味着什么呢？一个比较合情合理的推测是，大概身为姐姐的张兆和不愿再纠缠于与人的矛盾，只得带着孩子离开。”① 而后张兆和又回来了。吴世勇在《沈从文年谱》中解释这次出走说：“后因车司机出于安全考虑，拒绝张兆和与孩子同载货卡车顶部，张兆和多日搭不上车而返回龙街。”② 解志熙则认为张充和离开昆明去重庆才是姐姐回家的主要原因③。在《水云》中，第三个“偶然”也是为了保全沈从文的家庭而选择出走，“说真话，这一走，这个结论对于你也不十分坏！有个幸福的家庭……”④ 而对于沈从文来说，则未免有些落寞，“自从‘偶然’离开了我后，云南就只有云可看了”⑤。

二、《看虹摘星录》：身体写作与抽象的抒情

沈从文在西南联大时期的全新的恋情不但动摇了他的家庭，也更新了他的写作。他此时创作的小说大都带有明显的爱欲色彩，具有身体写作的基本特征，即从性的压抑和释放的基点思考人生。最具代表性的当属《看虹录》、《摘星录》（这里指的是《绿的梦》，而非《沈从文全集》里收录的《摘星录》。《全集》中的《摘星录》实际上只不过是《梦与现实》移花接木的结果）。沈从文在不止一处将“看虹”与“摘星”并用，暗示二者同一所指。“什么人能在我生命中如一条虹，一粒星子，在记忆中永远忘不了？应该有那么一个人。”⑥ 在同时期诗歌《看虹》中，沈从文写道：“你意思是不是这人间再不会有那么好看的虹……算了吧，摘一颗星子把我。摘那颗你最欢喜的，不大不小的，

① 解志熙：《爱欲书写的“诗与真”》，《文学史的“诗与真”：中国现代文学文献校读论集》，北京大学出版社2013年版，第94页。

② 吴世勇编：《沈从文年谱》，天津人民出版社2006年版，第232页。

③ 解志熙：《爱欲书写的“诗与真”》，《文学史的“诗与真”：中国现代文学文献校读论集》，北京大学出版社2013年版，第94页。

④ 沈从文：《水云——我怎么创造故事，故事怎么创造我》，刘洪涛编《沈从文批评文集》，珠海出版社1998年版，第307页。

⑤ 沈从文：《水云——我怎么创造故事，故事怎么创造我》，刘洪涛编《沈从文批评文集》，珠海出版社1998年版，第308页。

⑥ 沈从文：《水云——我怎么创造故事，故事怎么创造我》，刘洪涛编《沈从文批评文集》，珠海出版社1998年版，第284页。

照我走路，我好过那条露水和泪作成的河。"① 看来，"虹"和"星"在沈从文的精神世界里留下了极为深刻的疤痕，乃至20年后，沈从文在诗歌《白玉兰花引》中写下"虹影星光或可证"的诗句，只不过这里的"虹"和"星"指向更早，指涉青岛时期的沈从文对别的女子的一段暗恋。

"虹"和"星"的抒情起点都是对于美丽女子的礼赞，而美好的青春往往从身体的观看开始。因此，《看虹录》和《摘星录》的故事架构几乎相同，都是女主人和男客人在客厅幽会，双方情之所至而不免一番云雨之事。在《看虹录》中，作者通过一系列意象来完成男女间的身体叙事。比如"百合花"，"百合花颈弱而秀，你的颈肩和它十分相似"，百合花是《圣经·雅歌》中反复出现的意象。在《篁君日记》中，沈从文引用《雅歌》诗句："我的妹子，你身如百合花，在你身上我可以嗅出百合花的香气。"百合花是对心仪女子美妙身体的赞美。又如鹿的意象。"我"引诱女子看一本"驯鹿"的书，那头温顺母鹿明知被猎的后果，却乖乖就范，成就了彼此。"我"和"女子"之间与"猎人"和"母鹿"之间形成一种对位关系，因此，在"鹿"的身上，集中了作者对心仪女性的赞美，温顺而又美丽，在挣脱与投降之间充满操控的魅力，而这恰恰是女性在爱情旋涡中的一种象征吧！需要注意的是，"鹿"的寓意并非来自中国，中国传统文化中很少将"鹿"与女性联系在一起，"逐鹿中原"是一种对权势的赞美。在《圣经》中，有将女子比作小鹿的，比如"你的两乳好像百合花中吃草的一对小鹿，就是母鹿双生的"。而对于男性性欲冲动的描绘则是通过"花马"这个意象展开的。故事刚开始，"浅棕色的窗帘上绘有粉彩花马，仿佛奔跃于房中人眼下"；女主人换衣时，男子"重新看那个窗帘上的花马。仿佛这些东西在奔跃"；而女主人在静静看猎鹿故事时，"客人也静静的看下去——看那个窗帘上的花马。马似乎奔跃于广漠无际一片青芜中消失了"②。"马"的奔跃正是男性爱欲的汹涌。

沈从文曾在散文《生命》中声称要模仿法郎士的《红百合》，写一本《绿百合》。《摘星录》有一个副标题"绿的梦"，很可能就是他要写的《绿百合》。《摘星录》是一篇近乎赤裸的身体写作。夜晚，客人来到女主人房间，在一番挑逗与欲拒还迎之后，遂成云雨之欢。与《看虹录》相比，《摘星录》的结构简单得多。《看虹录》故事虽然简单，结构却有点复杂，由三节构成。第一节写"我"从主人家回来，对人生展开思索：神在我们生命里。第二节写"我"在女主人家中发生的艳遇。第三节承接第一节，思索爱欲背后的人生哲理。第一、三节采用第一人称叙事，第二节采用第三人称客观叙事。小说呈现出主客观两种叙事声音，从而拓深了小说的深度。而在《摘星录》中，省却了

① 沈从文：《看虹》，《沈从文全集（第15卷），北岳文艺出版社2002年版，第144-145页。
② 沈从文：《看虹录》，《沈从文全集》（第10卷），北岳文艺出版社2002年版，第333页。

第一节和第三节，直接进入约会场景。小说也少了许多象征性的意象，更加直接了当，因此在艺术上、思想上都远逊于《看虹录》。只是在描写灵肉合一时，有一段描写颇有意味：“两人的灵魂全迷了路。好像天上正挂起一条虹，两个灵魂各从一端在这个虹桥上度过，随即混合而为一，共同消失在迷茫云影后。”① 这不正是《看虹录》的名称吗？所以，两部小说只不过讲了同一个故事，所变换的不过是故事发生的地点和小说的结构而已。

毕竟沈从文并不是一位“严格”的情色作家。他的小说从欲望出发，却不止于欲望，更多是以欲望为表征，探讨人生的终极价值。在这个意义上，沈从文的创作主题是严肃的。他想要探讨的是“色”与“空”的关系。这里的“色”与“空”不是佛教意义上的内涵，而是情色与人生终极价值的探讨。其实，《看虹录》、《摘星录》的哲学意义在沈从文的《生命》中可见端倪。40年代的沈从文小说神龙见首不见尾，要与其同时期散文《烛虚集》、《七色魇集》进行互文性阅读，才能得其奥义。在散文《生命》中，作者写道：

> 梦极可怪。见一淡绿百合花，颈弱而花柔，花身略有青渍，倚立门边微微动摇。在不可知地方好像有极熟习的声音在招呼：
>
> “你看看好，应当有一粒星子在花中。仔细看看。”
>
> 于是伸手触之。花微抖，如有所怯。亦复微笑，如有所恃。因轻轻摇出那个花柄，花蒂，花瓣。近花处几片叶子全落了。
>
> 如闻叹息，低而分明。……
>
> 法郎士曾写一《红百合》故事，述爱欲在生命中所占地位，所有形式，以及其细微变化。我想写一《绿百合》，用形式表现意象②。

“有花堪折直须折，莫待无花空折枝”，这句诗既有对美好时光的珍惜，也有对青春易逝的惘然。作者夜梦绿百合，就是对梦中情人的思念。折花一事暗指男女性事。作者被法郎士的爱欲小说《红百合》所折服，决心要写出自己的“《红百合》”。但是沈从文何尝不知道这种探索会被很多人误读，“有些人我们应当赞美的，社会却认为罪恶，如诚实。多数人所表现的观念，照例是与真理相反的，多数人都乐于在一种虚伪中保持安全或自足心境。因此我焚了那个稿件。我并不畏惧社会，我厌恶社会，厌恶伪君子，不想

---

① 沈从文：《摘星录（绿的梦）》，裴春芳：《经典的诞生：叙事话语、文本发现及田野调查》，社会科学文献出版社2014年版，第198页。

② 沈从文：《生命》，《沈从文全集》（第12卷），北岳文艺出版社2002年版，第44页。

将这个完美诗篇，被伪君子与无性感的女子眼目所污渎"①。这充分说明了作者对艺术创作的虔诚，宁为玉碎，不为瓦全。其欲望化写作背后包含的是对艺术、对人生的真挚思考。

在《看虹录》中，作者写道："神在我们生命里。"沈从文不是宗教徒，"神"不是任何宗教，而是艺术审美的本真，换言之，他是要表达对缪斯之神的膜拜。"于是在一个'过去'的影子里，我发现了一片黄和一点干枯焦黑的东西，它代表的是他人'生命'另一种形式。或者不过只是自己另一种'梦'的形式，都无关系。我静静的从这些干枯焦黑的残余，向虚空深处看，便见到另一个人在悦乐中疯狂的种种行为。也依稀看到自己的影子，如何反映在他人悦乐疯狂中，和爱憎取予之际的徘徊游移中。"② 是否可以这么认为，沈从文在这里探讨的是时间与生命本真的悖论关系，时间赋予生命激情勃发的可能性，让情感炽热在场，但时间之流又会让生命本身虚幻化，"生命"的另一种形式，只不过是"一片黄和一点干枯的东西"。作者感受到的是庄生梦蝶式的荒诞感。

于是，作者决定用"抽象的抒情"来对抗这种荒诞和无聊，"我似乎在用抽象虐待自己肉体和灵魂，虽痛苦同时也是享受"③。这种情绪在《生命》中也有描述："我正在发疯。为抽象而发疯。我看到一些符号，一片形，一把线，一种无声的音乐，无文字的诗歌。我看到生命一种最完整的形式，这一切都在抽象中好好存在，在事实前反而消灭。"④"抽象"指的是写作本身，当具象的生活被时间之流冲刷得无影无踪之时，写作就完成了对生命的救赎，让生命的激情在文字符号的组织中得以形塑。换句话说，写作赋予了人生以意义，让激情得以因重生而永恒。我们所应当注意的是，"抽象"绝非是用一套哲学逻辑重组人生，而是一种审美的直觉，"沈从文所说的'抽象'并不具有我们平常所使用的与'具体'相对的'抽象'的含义，他所说的'抽象'是艺术的'抽象'、审美形式的'抽象'，而不是观念的'抽象'。沈从文所说的'抽象'虽包含着对生命的超验思考，是一种人生智慧的体现，但它却形诸具体的人生体验之中，对这种'抽象'的表现也不是通过哲学的逻辑方式，而是通过感性的审美方式"⑤。

沈从文说："可是虹和星都若在望中，我俨然可以任意去伸手摘取。可是我所注意摘取的，应当说，却是自己生命追求抽象原则的一种形式。"⑥ 沈从文的欲望化写作从身体

① 沈从文：《生命》，《沈从文全集》（第12卷），北岳文艺出版社2002年版，第44页。
② 沈从文：《看虹录》，《沈从文全集》（第10卷），北岳文艺出版社2002年版，第340页。
③ 沈从文：《看虹录》，《沈从文全集》（第10卷），北岳文艺出版社2002年版，第340页。
④ 沈从文：《生命》，《沈从文全集》（第12卷），北岳文艺出版社2002年版，第43页。
⑤ 李蓉：《论"身体"在沈从文四十年代创作中的意义》，《文学评论》2008年第5期。
⑥ 沈从文：《水云——我怎么创造故事，故事怎么创造我》，刘洪涛编《沈从文批评文集》，珠海出版社1998年版，第302页。

出发，止于“抽象的抒情”。不过与一般情色小说不同的是，女性“身体”是欲望的对象，也是审美的客体。通过对“百合花”、“母鹿”、“虹”等象征性意象的描绘，沈从文完成了从肉身的描摹到想象诗学的华丽转身。“小说中身体的描绘因作者诗性的语言而脱离了世俗欲望，具有一种唯美的色彩。沈从文真正想表达的是身体在与生命的合一中呈现出来的与音乐、绘画相通的美感，这形式虽然抽象，但因有光色香芬融会其间并因生命欲望的贯注而生动异常。作者通过身体所表达的不是情欲的俗艳和疯狂，而是‘一片白，单纯而素净，象征道德的极致’，身体最后超越了情欲，而上升为抽象的生命形式和审美形式。”① 沈从文最终用诗意超越并颠覆了肉欲。他说：“展露在我面前的，不是一个单纯的肉体，竟是一片光辉，一把花，一朵云。一切文字在此都失去了他的性能，因为诗歌本来只能作为次一等生命青春的装饰。”这是对人性中自然欲望的赞美，更要超越身体，完成生命的抽象和升华。沈从文说：“其实生命何尝无用处，一切纯诗即由此产生，反映生命光影神奇与美丽。任何肉体生来遂不可免受自然限制，有新陈代谢，到某一时必完全失去意义，诗中生命却将百年长青。”②

三、用文字来建立神庙：沈从文文学观念及其渊源

沈从文在写下这些欲望化的文字时，清楚地知道自己作品的不合时宜，并呼唤适合阅读自己作品的理想读者——“性心理分析专科医生”③。在《看虹摘星录·后记》中，沈从文再次强调他的理想读者的身份：“另外合乎理想的读者，当是一位医生，一个性心理分析专家，或一个教授。如陈雪屏先生，因为也许可以作为他要‘知道’或‘得到’的一分‘情感发炎’的过程记录。”④

沈从文认为作家创作是“情感的发炎”，创作是作家的白日梦：“人理想虽纯洁崇高，然而附于肉体的动物基本欲望，还不免把他弄得拖泥带水。生活在人与人相挨相撞的社会中，和多数人哺糟啜醨，已感觉够痛苦了，更何况有时连这种贴近地面的平庸生活，也变成可望而不可及，有些人常常为社会所抛弃，所排斥，生活中竟只能有一点回

---

① 李蓉：《论“身体”在沈从文四十年代创作中的意义》，《文学评论》2008年第5期。

② 沈从文：《梦与现实》，见裴春芳《经典的诞生：叙事话语、文本发现及田野调查》，北京：社会科学文献出版社2014年版，第156页。

③ 沈从文：《绿的梦》，见裴春芳《经典的诞生：叙事话语、文本发现及田野调查》，社会科学出版社2014年版，第199页。

④ 沈从文：《〈看虹摘星录〉后记》，刘洪涛编《沈从文批评文集》，珠海出版社1998年版，第256页。

忆，或竟只能作一点极可怜的白日梦。”① 这种观点受到弗洛伊德的精神分析学说的影响。弗洛伊德在《作家与白日梦》一文中写道：“幻想和梦的关系，我不能略去不谈。我们晚上所做的梦也就是幻想，我们可以从解释梦境来加以证实。语言早就以它的虚无缥缈的创造起了个名字，叫‘白日梦’。”② 而沈从文对弗洛伊德学说的吸收是通过阅读当时广为流传的日本学者厨川白村的《苦闷的象征》来完成的。厨川白村在《苦闷的象征》中对弗洛伊德的思想进行了生动的阐释：“在内心燃烧着似的欲望，被压抑作用这一个监督所阻止，由此发生的冲突和纠葛，就成为人间苦。但是，如果说这欲望的力免去了监督的压抑，以绝对的自由而表现的唯一的时候就是梦，则在我们的生活的一切别的活动上，即社会生活、政治生活、经济生活、家族生活上，我们能从常常受的内底的和外底的强制压抑解放，以绝对的自由，作纯粹创造的唯一生活就是艺术。”③《看虹摘星录》是沈从文的欲望受到压抑的产物。沈从文对张充和产生感情，但张充和作为他小姨子的身份使得这份感情变为不伦之恋，而必须永远在地下，见不得光。沈从文为之而压抑。在《烛虚集》、《七色魇集》中，我们能感受到这种“情感的发炎”。他只有通过文学的幻想来满足“本我”的释放，完成幻想的替代性满足。弗洛伊德说：“我们可以断言一个幸福的人绝不会幻想，只有一个愿望未满足的人才会。”④

归根到底，沈从文是彻彻底底的审美主义者，是席勒的追随者。沈从文在写作中自动悬置了艺术“真”的问题，说：“我不大明白真和不真在文学上的区别，也不能分辨它在人我情感上的区别。文学艺术只有美或恶劣，道德的成见与商业价值无从掺杂其间。精卫衔石杜鹃啼血，事即不真实，却无妨于后人对于这种高尚情操的向往”⑤，“不管是故事还是人生，一切都应当美一些！……人生还应该有个较高尚的标准，至少还容许在文学艺术上创造几个标准，希望能从更年轻一代中去实现那个标准”⑥。这种文学观正是审美主义的文学观。正如席勒所言，“艺术像科学一样，摆脱了一切实在的东西和一切人

① 沈从文：《小说作者和读者》，《沈从文全集》（第12卷），北岳文艺出版社2002年版，第72页。

② 弗洛伊德：《创作家与白日梦》，伍蠡甫主编《现代西方文论选》，上海译文出版社1983年版，第143页。

③ 厨川白村：《苦闷的象征》，鲁迅译，人民文学出版社1988年版，第32页。

④ 弗洛伊德：《创作家与白日梦》，伍蠡甫主编《现代西方文论选》，上海译文出版社1983年版，第143页。

⑤ 沈从文：《〈看虹摘星录〉后记》，刘洪涛编《沈从文批评文集》，珠海出版社1998年版，第254页。

⑥ 沈从文：《〈看虹摘星录〉后记》，刘洪涛编《沈从文批评文集》，珠海出版社1998年版，第254–255页。

类习俗带来的东西，且两者都享有绝对的豁免权，不受人的专制”①。艺术有着属于他自己的独立王国，作家应当与时代拉开距离，拒绝做时代的传声筒，“艺术家当然是他的时代的儿子，但是，如果他同时又是时代的学徒或者甚至是时代的宠儿，那对他来说就糟了”②。因此，艺术要有自己独特的形式。沈从文认为“美是一种有意味的形式”，这恰恰是席勒的观点，“在一部真的美的艺术作品中，内容不应该起任何作用，而形式应该起全部作用；因为只通过形式才会对人的整体发生作用，相反通过内容只会对个别能力发生作用……艺术大师的真正艺术秘密就在于，他通过形式来消灭质料”③。

正是通过对艺术独立的自信，沈从文固执地建立了属于自己的艺术王国，并且相信这样的王国会永垂不朽，“生命个体虽不免死，保留下来的东西却可望百年长青（这永生愿望，本不是文学作家所独具，一切伟大艺术品就无不由同一动力而产生）。愿望既如此深切，永生意义，当然也就不必需普通读者证实了！他的不断写作，且俨然非写不可，就为的是从工作的完成中就已得到生命重造的快乐”④。这正是他孜孜不倦进行“抽象的抒情”的秘密所在，生命的神性正来自于对美的宗教般的崇拜。“一种由生物的美与爱有所启示，在沉静中生长的宗教情绪，无可归纳，我因之一部分生命，竟完全消失在对于一切自然的皈依中。这种简单的情感，很可能是一切生物在生命和谐时所同具的，且比如是比较高级生物所不能少的。然而人若保有这种情感时，却产生了伟大的宗教，或一切形式精美而情感深致的艺术品。”⑤ 爱情催化了生活，让作家的情感发酵，从而感悟到生命的庄严，这就是近乎宗教的静穆感。而艺术，则是承载这份庄严的容器。“艺术的抽象是艺术家、作家凭借着一种具有‘知性直观’的审美判断力，直接由外物的幻觉表象、形式要素，或由自身的内在的情感生活、生命经验，提纯出的一种不脱离感性存在的‘情感涵括’或‘经验的一般’。”⑥

在《看虹摘星录》中，我们可以看到沈从文“情感的发炎”，感受到沈从文婚外情而造成的欲望压抑的情感投射，但是，对于小说中所着力强调的“抽象的抒情”，似乎

① 席勒：《美育教育书简》，张玉能编译《席勒美学文集》，人民文学出版社 2011 年版，第 240 页。

② 席勒：《美育教育书简》，张玉能编译《席勒美学文集》，人民文学出版社 2011 年版，第 240–241 页。

③ 席勒：《美育教育书简》，张玉能编译《席勒美学文集》，人民文学出版社 2011 年版，第 274 页。,

④ 沈从文：《小说作者和读者》，《沈从文全集》（第 12 卷），北岳文艺出版社 2002 年版，第 71 页。

⑤ 沈从文：《水云——我怎么创造故事，故事怎么创造我》，刘洪涛编《沈从文批评文集》，珠海出版社 1998 年版，第 303 页。

⑥ 俞兆平：《论艺术的抽象》，《海南师范学院学报》（哲学社会科学版）2003 年第 4 期。

并没有引起必要的重视。这些小说发表后，沈从文经常处于被批判的境地，为此而不得不背负沉重的思想压力。孙陵说："他还发表了一篇小说《看虹摘星录》，完全是模拟劳伦斯的，文字再美又有何用？几位对他要好的朋友，都为这篇小说向他表示关心的谴责。"① 许杰在《现代小说过眼录》专栏里，先后发表《上官碧的〈看虹录〉》和《沈从文的〈摘星录〉》两篇文章，批评沈从文小说中关于两性的描写为"色情作品"②。而郭沫若的《斥反动文艺》更是将沈从文贬斥为"桃红"作家，"作文字上的裸体画，甚至写文字上的春宫……"③，乃至使沈从文精神崩溃——"我行将被拒绝于群外，阳光不再属于我有了"④。而对于其"抽象抒情"的文学主张，则丝毫没有人在意。在一个"感时忧国"的年代，现实主义文学占有不可置疑的霸主地位，纯文学已经被拒绝在大合唱之外，更遑论有着色情嫌疑的身体写作。

沈从文的"抽象的抒情"有着独特的历史价值。它弘扬了文学的审美价值。正是在沈从文那里，文学才真正独立于历史与政治，而成为独立的、自由的审美王国。对于沈从文而言，文学的价值恰恰就在于独特的、有意味的形式，"沈有意强调语言'形式'的展现就必须成为世界呈现自身、演义流变的一部分，而非透明的逻辑预设产物（例如露骨的写实主义或任何意识形态的准则）。只有如此，文本才可暂时脱离决定论式的牢笼，而得以更多方式表达其对现实的形塑"⑤。

我们需要注意的是，沈从文的"抽象"绝非作家的胡思乱想，而是从作家的人生遭遇出发，对情感的巅峰体验进行一种艺术的整合过程。它一定是个人与社会、时代的艺术上的对话。通过"抽象的抒情"，沈从文力图在充满暴力的历史潮流中开辟出一个自为的艺术王国。沈从文用艺术来对抗历史，"外面的世界如此混乱，但借着我们自己身边随时可以触及的活材料，形成艺术造象，我们仍然能建立一个小的、有条理地安顿生命的地方——并由此扩及到家国社会"⑥。"抽象的抒情"是沈从文的艺术信仰，穿透了历史的阴霾，即便在20世纪60年代——那个充满着阶级话语的革命时代里，沈从文依然我行我素，写下散文《抽象的抒情》，强调文艺王国的神圣性，"惟转化为文字，为形

---

① 孙陵：《沈从文〈看虹摘星〉》，刘洪涛主编《沈从文研究资料》（上），天津人民出版社2006年版，第304页。

② 吴世勇编：《沈从文年谱》，天津人民出版社2006年版，第253页。

③ 郭沫若：《斥反动文艺》，刘洪涛主编《沈从文研究资料》（上），天津人民出版社2006年版，第289页。

④ 沈从文：《四月六日》（1949），《沈从文全集》（第19卷），北岳文艺出版社2002年版，第29页。

⑤ 王德威：《抒情传统与中国现代性》，生活·读书·新知三联书店2010年版，第53页。

⑥ 王德威：《抒情传统与中国现代性》，生活·读书·新知三联书店2010年版，第103页。

象，为音符，为节奏，可望将生命某一种形式，某一种状态，凝固下来，形成生命另外一种存在和延续，通过长长的时间，通过遥遥的空间，让另外一时另一地生存的人，彼此生命流注，无有间隔。文学艺术的可贵在此”①。

（作者单位：西南大学中国语言文学博士后流动站、运城学院）

① 沈从文：《抽象的抒情》，复旦大学出版社2004年版，第254页。

抗战时期的“野人山”书写与民族国家观念表达

董晓霞

位于中、缅、印三国交界的野人山，于清末中英勘界时被划为“未定界”区域。勘界之事引起时人忧虑：国土主权与民族归属界线模糊的旧帝国边疆，将有可能成为西方殖民者“入室掠夺”的后门缝隙。于是，很多旅行者和考察者不惧畏途，带着去认识边地国土和边胞的目的主动深入这传闻中原始偏僻的蛮烟瘴雨之地。1942 年 5 月，中国远征军第一次入缅作战失败后，在翻越野人山时牺牲的人数比正式作战中死伤的人数还多①。1943 年，中国驻印军入缅反攻，再次进入野人山。“在地图上一向是一块冷僻的处女地，无人注意。但当她一旦成为驻印军作战区域的时候，立即变为关心战局者注视的焦点。”② 在亲历士兵的叙述中，野人山不仅是远征军为国牺牲的庄严战地，更成为见证中国士兵征服自然、显示自身强力的地方。对野人山的叙述不是民族危亡时常常感受到的国土收缩和损失的屈辱，而是充分体现了扩张与胜利的民族自信。

勘界和两次入缅作战的历史让野人山进入国人视野，直到当下还一再被书写③，它被赋予众多符号，大有妖魔化、神秘化的倾向。一再被复魅的野人山在当代叙述中成为

---

① 据杜聿明《中国远征军入缅对日作战述略》，至 1942 年 8 月，第五军总人数 42000 人，战斗死亡人数 7300 人，撤退死伤人数 14700 人。见杜聿明、宋希濂等：《远征印缅抗战》，中国文史出版社 2010 年版，第 28 页。

② 何铁华、孙克刚编著：《印缅远征画史》，上海时代书局 1947 年版，第 11 页。

③ 如石钟山的《中国血》，宗璞的《西征记》，李开云的《花开血途》，金满的《远征：流在缅北的血》，叶晖南的《铁血远征》，吕运斌的《无名的丰碑》，先轸的《远征军日记》等小说；邓贤的《大国之魂》、《父亲的一九四二》，章东磐的《父亲的战场》，蒋晓琴、邓海南的《国家记忆》，熊良钟的《血祭野人山》，何楚的《远征军生命线》，革非的《中国远征军女兵缅甸蒙难记》，李幺傻的《抗战纪实：丛林之虎》，王业腾的《魂兮归来：随中国远征军赴印缅抗战手记》，安于道的《血战缅甸》等纪实文学；还有天下霸唱的《谜踪之国》、南派三叔的《怒江之战》等网络小说。

一个惨烈恐怖、神秘辽远的异域殊方①。当我们揭开附着的历史记忆和文化想象，回到历史场域，发现与当代文学渲染神秘可怕的“异域”相反，野人山在现代时期的叙述中强调的是“同”，即民族国家认同和抗战中的共同命运。在旅行者、考察者和亲历野人山撤退、反攻的士兵笔下，曾经的空白区域成为了可以认识的、彰显中华民族力量的国土。透过现代时期人们对野人山的叙述，我们可以借此思考时人在构建民族国家意义上的“国界”的复杂过程。

一、对空白区域的认识

鸦片战争之前，中国很多边疆地区与邻国缺乏明确的边界划定，更没有现代意义上的国界线。“民族国家是一种有着明确疆界的政治体制。”② 过去模糊的旧帝国边疆，在近代的资源争夺中逐渐被明确地以“边界线”进行划分、切割。在民族危亡之际，边界问题不可能以传统的历史归属来划定，其中必然体现列强意志。“自鸦片战争之后，迄于今日，行将百年，此百年之中，国势益弱，外患日多，藩属被夺，领土日损，殊堪痛惜!”③ 19 世纪末以来，殖民者、传教士大量进入西南边地探险。警觉其在边疆地区从事“学术调查研究”所包藏的政治野心④，中国知识分子积极深入边地考察。而云南边疆，曾有片马、江心坡、班洪问题等领土之争，很多旅行者和考察者深入曾经含糊不清并具有极大不确定性的滇缅边地，思考历史上的领土和现代中国的关系，以及如何把边民塑造成能够共同担负起抗战责任的国民之问题。

---

① 当代以“野人山”为题材创作的作品，一再书写士兵在野人山的丛林迷失、异域处境以及战争的死亡与恐惧。对抗遗忘的纪实文学记录野人山战败和反攻的悲壮、恢宏。传记与口述史不断提及惨烈经历，急于正名，难免过于凸显传奇性，其真实性遭到质疑。小说叙述参差不齐，众声喧哗中野人山也成为了一个增加神秘性的叙述元素和想象空间：毒蛇猛兽、吸血蚂蟥、瘴气疟疾，野人山如同地狱，吞噬着士兵的生命，充斥着绝望、惧怕的情绪；野人吃人、强奸女兵，男兵娶了救他的野人留在深山；野人的生活习惯被描述得犹如非洲原始部落；或把野人山视作寻宝探险之地。当然，现代时期也有渲染野人山传奇性的作品，如田堃的《野人山居随笔》谈及士兵与“山头女人”的性爱关系，“所写显得浮泛轻浅”（李光荣、宣淑君：《季节燃起的花朵——西南联大文学社团研究》，中华书局 2011 年版，第 203-206 页）。但就笔者所查阅的资料，所见甚少，就不论及了。

② ［美］杜赞奇：《从民族国家拯救历史：民族主义话语与中国现代史研究》，王宪明等译，江苏人民出版社 2009 年版，第 6 页。

③ 顾颉刚、史念海：《中国疆域沿革史》，商务印书馆 1938 年版，第 302 页。

④ 如 20 世纪 20 年代初，英籍传教士陶伦士（Thomas Torrance）在岷江上游地区传播基督教，认为羌民应是古以色列人的后裔。（见王明珂：《羌在汉藏之间——川西羌族的历史人类学研究》，中华书局 2008 年版，第 273-276 页。）又如日本扬言“中国不成立其 nationhood，所以中国不是一个近代有组织的国家”，并抛出“满洲”非中国领土的观点。（见顾颉刚：《续论“民族”的意义和中国边疆问题》，《宝树园文存》卷 4，中华书局 2011 年版，第 123 页。）

1894年，中英《续议滇缅界务商务条款》划定了中缅两国中段、南段的边界走向，野人山为北段未定界区域。1935年，中英重组勘界委员会，“英帝国主义对于滇缅疆界划分的目的，是在要争取二十五度三十五分以北的地域，尤其是夺取‘通入西藏’的野人山”①。抗战时期，沿海封锁，因滇缅公路和滇越铁路，云南边疆遂成国防前线。野人山虽为茫茫原始森林，实属边防要隘。潜心研究云南边疆史地的童振藻在《野人山考》“绪论”部分就写明了考察原因：“东北外兴安岭沦入于俄，已崩一角，西南野人山又泰半为英所强占，复陷一隅，残缺不完……不过外兴安岭位交通较便之处，其形势为国人所深知，野人山在地域最僻之区，国人深知其形势者，恐不多见。”② 因交通不便，野人山可以说是人们认识的空白区域，偶尔提及的不过是关于蛊毒、瘴气和野人的种种传说，边地的真实湮没在或神秘、荒诞，或危险、诡异的传闻中。为让国人“深知其形势”，助疆界问题之解决，很多旅行者、考察者“深入不毛”，致力于呈现野人山的真实面貌，探寻未定界与中华民族之渊源。滇缅抗战发生后，经历野人山撤退、反攻的士兵，也以自己的亲历书写着野人山的见闻。

（一）从“未定界”到“国土”

“四十年来，中英二国，屡因此而生交涉，边庭扰攘，至今未决，危机隐伏，一触即发。……而政治问题之解决，尤有赖于地理状况之先行认识者也。”③ 边界的危机，使得学术研究者有着强烈的使命感。抗战初期，出现了一些介绍野人山人文地理的文章④，不是单纯描摹边地风光的山水游记，而是通过实地考察，为民众如实地描述野人山的历史和现状，旨在引起人们的关注。其中比较有代表性的是童振藻的长文《野人山考》。因野人山的“天险可以限隔中外，若为英所得，则英可长驱而入云南”，所以经过多年的走访调查，童振藻从其名称、山脉、位置、河流、气候、物产、人种、交通、隶属等方面作了详细介绍。值得注意的是，文中引用了大量有关野人山的文献，因为童振藻相信这是一种正统、典范观点的历史记忆，可以借此将未定界纳入国家疆界。因英人强在高黎贡山树界桩，欲将野人山北段占为己有，童振藻就查找出记录野人山每一山脉、河流的文献，力证“上引各史乘所载关于野人山隶属吾国之证据，可见自古迄清，均为我

---

① 方秋苇：《明日之康藏滇桂问题》，世界书局1936年版，第58页。

② 童振藻：《野人山考》，《禹贡》第6卷第2期，1936年9月16日，第1页。

③ 林超：《滇缅北段未定界边境之地理及政治问题》，《地理学季刊》第1卷第2期，1933年6月1日，第1页。

④ 如希伯的《滇边野人山部落之风俗》，《天南杂志》第1期，1929年5月1日；尹明德的《滇边野人山及恩梅开江迈立开江流域人种》，《地理学季刊》第1卷第2期，1933年6月1日；仲琦的《中缅未定界之史实》，《中国革命》第3卷第25期，1934年7月7日。

有，并非属于缅甸”，“为我国天然长城之一隅”①，并附一张清晰的野人山地图，鲜明地标出其山脉、河谷均属于云南。童振藻的这一结论被大量转载②。

滇缅公路和中印公路的修筑以及两次入缅作战再次引起了人们对野人山隶属问题的关注：

> 今者界务问题解决时机已无可再延，而对此荒僻区域内置地理形势，仍嫌简略，尤于旧属之土官百姓，久失联络。幸我远征军之入缅工作者络绎不绝，深望对于未定界内情况之调查，政治工作之加强，不独裨益目前军事上之反攻，且更将收效于将来外交界务问题之解决，我中华大国之锦绣河山，领土完整，无几金瓯无阙③。

这是严德一“于民国三十年夏日云南贡山穿越俅子江流域经坎底（葡萄）入印度亚森林沿途之实地调查实录”——《中英滇缅未定界内之地理》的“附言”。野人山作为战区，战况见诸各大报刊，大多标其地为“缅北”或“印缅边境”，孙克刚就强调“胡康河谷，本来是我国孟养宣慰司的土地”，“至于国界问题，我们不能有一点含糊，决不可把自己的地方，反称作‘缅北’或‘缅印边境’”④。由于事关远征军战事，野人山的地理风物也再次被人们关注。因英人蚕食我国疆，尹子建“游野人山久，特考其历史沿革，略举以说明之”⑤，在《滇西野人山记实》中介绍了具体的交通路线，并附“野人山之设治”。罗古⑥随着部队撤退到野人山，身处莽莽林海，想到“依自然地理形势，我们固有的领土孟关以西至太洛以东这块地区。该全是我们的疆域：大奈河以西才是缅甸领土，那么这个拉张卡正与国土对岸相望了。北望乡云，缅怀祖国，不禁怅触系之”⑦！令狐令得在《遥寄远征军将士们》中抒情道：“伊洛瓦底江/流的是我们金沙江的水，/

① 童振藻：《野人山考》，《禹贡》第6卷第2期，1936年9月16日，第28-29页。

② 参见：《野人山考》，《史地社会论文摘要月刊》第3卷第1期，1936年10月20日；《野人山考》，《清华周刊》第45卷第1期，1936年11月1日。

③ 严德一：《中英滇缅未定界内之地理》，《边政公论》第3卷第7期，1944年7月，第6页。

④ 孙克刚：《缅甸荡寇志》，国际图书出版社1946年版，第46-47页。

⑤ 尹子建：《滇西野人山记实》，《西南边疆》第16期，1942年12月，第1页。

⑥ 罗古，远征军新二十二师六十五团指导员。原名罗楚书（1908—1955），湖南省茶陵县下东儒仕坪人。1932年毕业于湖南大学政治系，1939年6月入西南游击干部训练班。1942年3月，随廖耀湘部入缅对日作战，历经战役失败，过野人山，印度整训，大反攻直至抗战胜利。见徐文、丁涤勋、李循棠编著：《中国驻印军印缅抗战——印缅抗日回忆录》，团结出版社2009年版，第148页；王成科编著：《辽阳近现代人物录》，辽宁民族出版社2010年版，第147页。

⑦ 罗古：《野人山历险记》，《印缅之征战》，读者之友社1945年版，第44页。

萨兰温江/澎湃着我们怒江的潮，/你们奔驰厮杀的所在/也是祖国横断山脉的余脉。”①罗古和令狐令得是通过山势走向、水域源流建立起此地与祖国的联系。

当把未定界的野人山看成国土时，传闻中可怕的原始森林的景色就变得可爱起来。王建时在《中印公路全程行》中形容野人山“风景悦目”，尤其是山间林隙中的田野“一片片金色的穗稻，播撒出成熟的香味”②。在《野人山轮廓》中，王建时也强调已有了“现代的建设”并成为“反攻缅甸重要基地”的野人山，是“土壤肥沃，物产丰富的一个‘世外桃源’”③。林野则在野人山看到了“诗意”：“雨景是迷人的，尤其是万山丛林中的雨景，举目四望，如烟如梦，真可入诗入画。”④ 他还在山中写下了诗歌《有寄》⑤，以“一窗明月满树风，有鸟掠过夜空”抒写犹如世外的静谧。万古深邃的野人山因循着无数的自然交替，“看月亮圆了，又缺了。看老树倒了，新树又茁长了。看野花开了，又落了。看野草烧了，又在灰烬中绿起来”⑥。林野在雨中宿营时满怀期望，写有诗歌《野人山夜雨》：“瞧那远处的山岭，/有一柱光亮扬起；/岂是山头人不耐/夜雨的连绵凄其，/想燃起火把迎接/一个晴朗的明天。”⑦ 茁壮的新树，灰烬中又绿起来的野草，以及山岭中的一柱光亮，林野在野人山中感受到的风景不仅充满着诗情画意，而且充满希望。吕德润在《原始的林》中写到野人山中神奇的天气，本是万里无云，突然生出一片云，接着便是一阵过路雨。“雨过天晴，小鸟叫，猴子闹。黄昏在这里更美，白云多是疏疏淡淡的，像潮水退后的沙滩，有时陪衬上紫金色的晚霞，在树梢上流动。”⑧ 除了欣赏林中美景，吕德润还把野人山称为“一个没有读者的图书馆”，因为若用现代科学眼光去看其丰富的资源，都是闻所未闻的，让人感到“新奇、伟大”。“我恳切向国内森林，土壤，天文，地质，生物，历史，地理，考古，语言……学者专家呼吁，请你们重视这个没有读者的图书馆，目前正是好机会。”⑨ 当野人山被看作“民族财产”时，尹子建已有美好的展望：“吾人常呼为大地方，方数百里，是一大高原，土壤肥沃，山清水

① 令狐令得：《遥寄远征军将士们》，《现代文艺》第5卷第1期，1942年4月25日，第31–30页。

② 王建时：《中印公路全程行》，《旅行杂志》第19卷第1期，1945年1月31日，第62页。

③ 王建时：《野人山轮廓》，罗时旸编《我们的远征军》（二），青年出版社1944年版，第191页。

④ 林野：《野人山的天与地》，《经纬副刊》第1卷第2期，1944年11月1日，第37页。

⑤ 林野：《有寄》，《经纬副刊》第1卷第4期，1945年1月30日，第38页。

⑥ 林野：《野人山的新主人》，《经纬副刊》第1卷第3期，1944年12月15日，第51页。

⑦ 林野：《野人山夜雨》，《经纬副刊》第1卷第2期，1944年11月1日，第61页。

⑧ 吕德润：《原始的林》，大公报馆编《中印公路是怎样打通的》，大公报馆1945年版，第14–15页。

⑨ 吕德润：《一个没有读者的图书馆》，大公报馆编《中印公路是怎样打通的》，大公报馆1945年版，第19页。

奇，当日英游历家所羡美，惜土人稀少，沃地荒芜，将来政府攫取此间，移民开垦，可充粮糈，足供野人山各地有余。”①

从对野人山的人文地理考察到联系抗战建国的资源开发的设想，体现了知识分子对野人山祛魅后思量现代人与原始森林的距离、思考野人山与现代民族国家之关系的意识。他们运用地理学知识和科学眼光来消除成见，告诉人们传闻中原始、荒蛮的野人山蕴藏着丰富的资源，有着瑰丽的风景。在计划如何开发利用野人山和对其景色进行抒怀时，未定界已被看作国土，是具有国防意义的边界，有自己的地缘政治意义。“边界是一种物理界限，它在民族认同的生产和再生产空间中是最突出的象征。”② 对野人山的考察和对其隶属问题的讨论体现了国人的领土主权观念，界定的过程是一种具有悠久历史的土地想象的民族国家认同的结果。

（二）从“野人”到“边胞”

“我们总是未亲临却早已对一个地方有了先入之见，与我们相伴而行的是形影不离的厚重的文化包袱。”③ 因地理疏远、边患威胁，在帝国中心观的影响下，云南边地民族的形象往往围绕着奇风异俗、妖异可怖来描绘，不仅是陌生的，且因身处蛮烟瘴雨之地，还潜伏着危险。从“野人山”的命名④就知道时人对此区域民族的可怕想象。如在武侠小说作家郑证因的《野人山》⑤ 中，深居大山的“野人”就非常残暴，烧杀抢掠，如同猛兽，不与现代文明人交往。古代中原正统文人对边地民族的描述，常以汉族儒家立场来讲述边民对中原的归化，体现出一种自我中心观。因勘界危机和抗战的激发，对“边”与“异”的同质化叙述有着凝聚国族意识的作用，现代知识分子不再从中心看边缘，而是从边地的角度思考处于未定界的野人山居民之于“中华民族”的意义。

在介绍野人山地理状况与壮丽景色的同时，如何淡化、消除民族之间的界线与隔阂，如何把“野人”、“土人”整合成国界内的边地民族，并塑造成主动认同中华民族并一齐担起抗战责任的国民，这既是考察者需要思考的问题，亦是重要责任。考察者们主动去认识各民族，认为从房屋构造、婚丧嫁娶、宗教信仰等民族文化，到设治沿革、耕种方

---

① 尹子建：《滇西野人山记实》，《西南边疆》第16期，1942年12月，第4页。

② ［西］胡安·诺格著：《民族主义与领土》，徐鹤林、朱伦译，中央民族大学出版社2009年版，第33页。

③ ［英］西蒙·沙玛：《风景与记忆·导言》，胡淑陈、冯樨译，译林出版社2013年版，第6页。

④ 童振藻就说：“云南西部之野人山，因为野人所盘踞，遂以野人之名名之……野人山僻处滇西，距中原较远，人多忽之。”见《野人山考》，《禹贡》第6卷第2期，1936年9月16日，第1页。

⑤ 《野人山》讲述了忘恩负义的秦通、丁良唆使野人山苗人劫掠赵良材在缅甸买到的象牙和珠宝，广州宏达镖局的九现云龙鄢子敏和铁娃保镖从虎踞关归来，路见不平，义愤填膺，二人决意进野人山，为受害的四镇百姓报仇。见郑证因：《铁狮旗·野人山》，中国文史出版社2017年版。

式，都与中华民族渊源甚深。其中，很多考察者都欣喜地强调着野人山中“古风”犹存。童振藻所见野人山中南部土官的穿着为“头插鸡尾，身着蟒袍，项挂珊瑚珠，则与前清之官服相似”，“有太古遗风”①。尹子建在《滇西野人山记实》中说：“野人无文字，记事刻木结绳，尚有太古情致。”② 严德一在《中印横断之行九种民族的访问和观感》中以实地考察的经历告诉人们“野人山中的人并不野蛮”。他详述了勘测队员受到山中居民盛情接待的情形，强调其“许多礼俗，恐为文明世界的所不及”。同行的陈复初有感而发，得《野人山行》诗一首：面对进入村寨的“东方汉官”，山民呈以鱼蔬，盛情款待；日暮，“高髻戴夷笠”的女子娉婷跳步、巧倩言笑，“文物久歆羡”；送别时，“握手相慰劳/请歇居村院/辞以方中程/远送仍回旋”，并“复言眷眷”道：“大人冒艰辛/万里临荒甸/定计开交通/是为民方便/野人乐厥成/聊贡心一片。”③ 与严德一一样，在野人山中体会到古朴境界的还有张礼千。他从山中民族的生活方式感受到了可以勾连古诗意境的物象，写下《野人山杂诗五首》和《野人山竹枝词七首》。张礼千策骑西行，进入这“天梯万级接云霓”的山中，看着谷中“芙蕖披艳出寒溪”，赞叹严冬盛花；感受到山民日常的返璞归真，赞其存有“古风”。他在此间还听到汉朝古乐器“觱篥”的声音，驻吟于这怀古幽思之处，感叹“斜阳作意留鸦背，小草多情惜马蹄”④。

除了强调此地的“太古遗风”，山中各民族与中原腹地的血脉渊源也被很多作者提及。吕德润在《原始的林》中说野人山的土人应“含有蒙古人血液，所以生的和我们差不多”⑤。在《野人山里谈土人》一文中，吕德润通过对野人山各民族衣食住行的观察，发现他们有“骑士风度的民族性”，“有独立性，爱自由”，热情好客，而且“这个民族的皮肤颜色和我们一样。我们可从许多记载中证明他们一定含有中国的血统”⑥。张仁仲则强调此区域的山头人“不但是中国血统，而且他们的肤色面貌以至衣食住行，和云南的苗族同胞毫无分别”⑦。尹子建也说：“彼等祖先，或者本居云南，中土，元朝以武功开拓疆土，此种人为铁骑所驱，逃避山野间。”⑧ 柳学鸥也谈道：“这个民族的肤色和我

① 童振藻：《野人山考》，《禹贡》第6卷第2期，1936年9月16日，第15–16页。

② 尹子建：《滇西野人山记实》，《西南边疆》第16期，1942年12月，第3页。

③ 严德一：《中印横断之行九种民族的访问和观感》（下），《时事月报》第26卷第5期，1942年5月15日，第90页。

④ 张礼千：《滇西关隘》，《东方杂志》第43卷第14期，1947年8月。

⑤ 吕德润：《原始的林》，大公报馆编《中印公路是怎样打通的》，大公报馆1945年版，第15页。

⑥ 吕德润：《野人山里谈土人》，罗时旸编《我们的远征军》（二），青年出版社1944年版，第198页。

⑦ 张仁仲：《印缅随军记》，读者之友社1945年版，第1页。

⑧ 尹子建：《滇西野人山记实》，《西南边疆》第16期，1942年12月，第2页。

们中国人一样，我们可以从许多记载中证明他一定含有中国的血统。”① 公孙正则讲述了“野人山边胞”的传说：造物者有三个儿子，长为山头，因生性剽悍，躯体坚实，能抗大自然无情袭击，造物者就命其永居山陵，作为坚守边园的斗士；次乃摆夷，柔弱但有智慧，永居水边；最小的就是汉人，慧美且有高尚理想，为造物主所怜爱，故令其居住平原地带。“山头，摆夷，汉人都是同一血统，同一政治生命”，所以“他们对于祖国的热爱仍是与时俱增的，因为他们来自汉地，故有‘客老’之称”②。当然，民族认同并不仅是我们认为，而也应是他们认为。吕德润在《野人山访问记》中谈起一个细节：有飞机失事落于山中，土人见到中国人，将其肉皮扯了一扯，表示相同，对美国人则不住地摇头③。林野在《野人山的天与地》中也写道：“由于肤色的相同，他们认为和汉人是兄弟……这次我军迂回袭击孟拱时，数度穿越日军警戒线，都是由于山头人的帮助，没有给敌人发觉。”④“山头人”帮助战士们，这基于他们对中华民族的亲近与认同。

为了寻找民族认同的根据，除了强调古风尚存、血脉渊源外，很多作者还谈到了当地人对诸葛亮的崇拜。罗古身处野人山，看见土人经过，想到的是我国的先人前辈一定在这一带地区经过。“据一位懂喀亲语的翻译官说：此地土人知道中国，并且知道中国有一个孔明。我想他们也许就是孟获的后裔，而在血统里多少渗有中国边疆人民的血液。他们的皮肤头发和面孔都与中国人种无二样。”⑤ 吕德润强调“他们是孔明火烧藤甲兵后流入此地的”，“据土人自己讲，孔明曾教给他们文字，写在牛皮上，但是他们却把牛皮烧来吃了，所以他们现无文字”⑥。吕德润还在胡康河谷里的孟关看到供有诸葛亮的庙⑦。柳学鸥也说当地土人对于三国志中的诸葛孔明印象很深刻，“都喜欢与汉族攀亲，风俗和汉人相似的地方很多”⑧。童振藻考据了他们的信仰，发现除祭天祭鬼外，“其信仰尚有最高之神，即诸葛孔明王骥是也”。甚至来到此地的传教士都只能“谓耶稣即孔明转世”以宣传教义⑨。李明华在《野人山历劫记》中说，在一个叫“仰隆”的地方，一个名为缘谷的“掸族”少女，会说中国话，喜欢中国菜，还说其族人原是诸葛亮的后裔。作者虽认为这是无稽之谈，“可是她们一直坚决承认是诸葛亮的后裔，也以作中国人

① 柳学鸥：《野人山中的山头人》，《茶话》第3期，1946年8月5日，第120页。

② 公孙正：《野人山里的野人》（四），《中美周报》第304期，1948年9月30日，第34页。

③ 吕德润：《野人山访问记》，《东方杂志》第40卷第11期，1944年6月15日，第53页。

④ 林野：《野人山的天与地》，《经纬副刊》第1卷第2期，1944年11月1日，第39页。

⑤ 罗古：《野人山历险记》，《印缅之征战》，读者之友社1945年版，第70页。

⑥ 吕德润：《野人山访问记》，《东方杂志》第40卷第11期，1944年6月15日，第50-53页。

⑦ 吕德润：《一个没有读者的图书馆》，大公报馆编《中印公路是怎样打通的》，大公报馆1945年版，第18页。

⑧ 柳学鸥：《野人山中的山头人》，《茶话》第3期，1946年8月5日，第120-123页。

⑨ 童振藻：《野人山考》，《禹贡》第6卷第2期，1936年9月16日，第17页。

为荣！事后我在想，只要我们能赢得抗战胜利，使国家强盛起来，这些边疆民族，都会纷纷向我中华民族认同回归”①。诸葛亮“五月渡泸，深入不毛”的历史作为集体记忆的遗存，是历史、文化意义上的关联，作者强调其在野人山保留至今的意图体现了边胞对中华文化的认同。

当人们带着这样亲近的眼光去看，看到的不再是凶蛮残暴的“野人”，而是可以认同的各民族，有着可爱的品质。吕德润刚看到佩带腰刀的“土人”时，很担心会冷不防挨一刀，进一步接触后发现“事实上他们很温和，也常投来搭我们的汽车”②，还会帮战士们做工，且诚实、好客，不禁感叹“山头人是一种勇敢民族，崇义气，尚独立，个性坚强”③。公孙正写道，有的山民居所是富有诗意的竹楼，当月白风清的良宵，“边胞儿女”的弹唱异常美好。他还介绍了黎苏、山头、摆夷的生活情形，说到“嗜酒如命的黎苏”时并没有贬义，只认为是环境所致，因为所住的区域多是高山峻岭，气候凉爽。“在这个寒气袭击的非常环境里面，他们仍然穿着单薄的麻衣，不屈不挠的与大自然奋斗，绝不屈服。”④ 罗古在山中看到一个头上插着野鸡毛的土人首领，“身体非常高大，雄赳赳地率领好几十个土人，各拿着武器，扬长而去，体格都强壮，赤着膊子的，任你风吹雨打，日晒夜露，好像一辈子不会病的”⑤。在抗战环境中，人们呼唤一种强力，野人山居民的顽强生命力被一再称赞。他们被描述成自然的生命存在，不再是野蛮、可怕的“野人”，不再是语焉不详的奇观、异类，反而有强健、自由、古朴的价值观。

本尼迪克特·安德森认为民族是想象的，个人不可能认识大多数同胞，但是彼此连接的意象却活在每一个成员心里⑥。为了抗战时期现代民族国家共同体的建构，现代知识分子把“想象”的对象变成了一个彼此密切联系的“感知”对象，实地考察野人山的诸多民族与华夏历史之渊源，建立起边地各少数民族与汉族之间长远的历史、文化与血缘关联。把传闻中的“野人”叙述为有生命强力并主动认同中华文化的“边胞”，这是以集体记忆来根基化甚至是扩张民族情感，形成观念共同体。

中英勘界、远征抗战局势以及现代化的路让与世隔绝的野人山的真实面貌呈现在人们面前。为了国土完整、边界安全，现代知识分子以中华民族概念将传统华夏边缘纳入

---

① 李明华：《野人山历劫记》，何福祥编著：《野人山余生记》，联邦书局1984年版，第297页。

② 吕德润：《原始的林》，大公报馆编《中印公路是怎样打通的》，大公报馆1945年版，第15页。

③ 吕德润：《野人山访问记》，《东方杂志》第40卷第11期，1944年6月15日，第50-53页。

④ 公孙正：《野人山里的野人》，《中美周报》第301期，1948年9月9日，第34-35页。

⑤ 罗古：《野人山历险记》，《印缅之征战》，读者之友社1945年版，第69-70页。

⑥ ［美］本尼迪克特·安德森：《想象的共同体：民族主义的起源与散布》，吴叡人译，上海人民出版社2005年版，第6页。

国家疆界内，把模糊不清的野人山界定为具有国防作用的天然屏障。从“边陲”到“边界”的认识转变，没有线性时间的进步和落后之分，而是把野人山当作潜藏着丰富自然、文化资源的边地。他们主动调查了解野人山的人文地理以及各民族的语言、文化和风俗，从其古朴的生活方式中看到其中蕴含的强大原始力量和生命活力，在考察、游历中寻求着对国家和民族的信心。而随着远征兵反攻的胜利，时人可以自豪地宣告：“我们”是“野人山的新主人”。

二、“野人山的新主人”

研究边疆史地的考察者在民族国家认同的认识装置下把曾经的“空白区域”叙述为可以认识的“国土”，但对于远征将士来说，在军事地图上标记明确的野人山隶属于中国是毋庸置疑的事实。野人山埋葬了第一次入缅作战失败后大撤退中的两万余远征军的生命，也见证了第二次入缅反攻的胜利，它已成为被抗战标识的一个地方。在亲历士兵的笔下，败走野人山的牺牲是值得纪念的“国殇”，反攻是为袍泽复仇，对野人山恶劣环境的渲染是为了衬托士兵保家卫国、守护边疆的决心和征服自然的强力。关于未定界的归属问题，士兵在野人山的战绩是向世人最直接的证明，不仅战胜了敌人，还战胜了可怕的原始丛林。作为远征战士的林野就在《野人山的新主人》中自豪地宣布：“野人山原是万古深邃、人迹罕至的处女地，大自然而是统治者。可是现在，这统治摇动了，称为‘万物之灵’的，伴着战神，闯了进来，从自然手里，夺去了一部分的统治权。”①

（一）战火的“标识”

败退野人山，是远征军入缅作战时最悲壮、最惨烈的经历。率领撤退的第5军军长杜聿明说，五六月份的雨季中，原始森林里到处都是各种可怕的爬虫，疟疾、破伤风、回归热等疾病肆虐。“一个发高热的人，一经昏迷不醒，加上蚂蟥吸血，蚂蚁侵蚀，大雨冲洗，数小时内就变为白骨。官兵死亡累累，前后相继，沿途尸骨遍野，惨绝人寰。”②罗古在《印缅之征战》中的“野人山历险记”部分，以日记的形式，从1942年5月1日到8月4日，每日一记，记下翻越野人山的过程，其中写得最多的就是士兵沿途的病亡。5月29日记：“病的人真多，沿途的尸体与呻吟声，不绝于耳，惨不忍睹！……今日我们取道于此种险境，拖死这么些官兵，暴尸露骨，累累皆是，病了没有医药，死了无人

① 林野：《野人山的新主人》，《经纬副刊》第1卷第3期，1944年12月15日，第51页。

② 杜聿明：《中国远征军入缅对日作战述略》，杜聿明、宋希濂等：《远征印缅抗战》，中国文史出版社2010年版，第28页。

掩埋。”①“同是远征军，同是一个命运，兔死狐悲，物伤其类。”② 虽然凄凉无比，但罗古却把所有苦难视为“卧薪尝胆”：“夜沉露深，大地死寂，但有豺狼之声……我们想到那山上的落伍病兵以及英魂飘渺的尸体，必然被那些野兽蹂躏践踏，不禁泫然欲泣，这时夜色清幽，增人哀愁，个自儿满脑袋都是家国念头。”③ 在作者笔下，士兵的死亡被赋予了庄严与神圣的光环，不是埋骨荒山，而是为国捐躯。在国家危难的时刻，所有人承担起共同的命运，死去的是“袍泽”、“亲人”，未死的肩负起复仇和拯救的重任。

在罗古的日记中，7 月 16 日记下了一个细节：在“卡拉卡”搭棚露营时，女兵李明华与“我们”汇合在一起。“她们能够逃出死亡线而仍随部队奔走，证明她们并不是弱者!”④ 罗古提到的李明华是远征军第 5 军政治部上尉干事，经历了从野人山向印度转进的这段艰辛历程，并写下《野人山历劫记》。当时随部队撤退的女同志包括眷属约 40 多人，但最后只有 4 人到达印度。作为劫后余生者，跋涉途中死亡的阴影如影随形，李明华记录下两个多月所经历的常人无法想象的艰难困厄。很多士兵饥不择食，因有毒的野菜而丧生。同住在一个芭蕉叶搭的棚子里的政工队的 3 个女兵，因病不能前行，作者把仅存的碎饼干留给了她们，但 3 天后听到后面赶来的战友说她们已在棚子里长眠了。由 94 名学生组成的华侨队，担任随军翻译，已倒下大半。本是满怀报国之志来参战，“如今却壮志未酬而暴骨荒山，怎不令人悲伤惋惜！所有罪恶都因日寇的侵略而起，想到他们和她们的惨死，更加增强了我内心的敌忾心与雪耻复仇的怒火”。夜幕低垂，与同伴失去联系，独自不敢渡河，只能静坐于大树下。无情的雨下个不停，双脚浸在泥泞里，饥寒交迫，分不清是雨水还是泪水，但“矢志要亲眼看到日寇败亡”，“精神一振，泪水也停了”⑤。连绵的雨加剧了士兵的病亡，沿途尸体越来越多，物伤其类，难免让人产生极端绝望的情绪，但书中更多表现的是因战友逝去而激起的反攻复仇之决心。作为十几岁的女兵，能活着走出野人山，更多是靠战友的帮助。李明华记下了沿途所遇见的体现“亲爱精诚”精神的战友：拉住不慎失足掉进河里的“我”的无名老战士；分给半漱口缸米汤的同乡；把面糊给“我们”吃的杨纯少校；帮忙搭棚子的杨、陈两位“班长伯伯”；特意留下照顾发烧的“我”的马、邱两位连长。在野人山已两个月，“我虽然天天与大自然搏斗，时时在死神手里挣扎，然而坚强的意志并未丧失，报国的志愿依旧坚

---

① 罗古：《野人山历险记》，《印缅之征战》，读者之友社 1945 年版，第 35 页。
② 罗古：《野人山历险记》，《印缅之征战》，读者之友社 1945 年版，第 45 页。
③ 罗古：《野人山历险记》，《印缅之征战》，读者之友社 1945 年版，第 33 页。
④ 罗古：《野人山历险记》，《印缅之征战》，读者之友社 1945 年版，第 63 页。
⑤ 李明华：《野人山历劫记》，何福祥编著《野人山余生记》，联邦书局 1984 年版，第 277–279 页。

定”①。靠着这些力量的支撑，李明华终于走出了野人山，到达了印度集训地。

亲历野人山撤退的穆旦，在1945年写下了《森林之魅——祭胡康河谷上的白骨》②，从宇宙恒常、自然循环的角度来看待“离开文明”的士兵们的这次“不和谐的旅程”。野人山在穆旦笔下是循着万物生长的腐烂与生机、创造与毁灭共存的系统。渺小的人类闯入这危机四伏之地，藤蔓、枯叶、毒虫、猿鸣、山洪……一切都让人“畏惧”。森林如同“温柔而邪恶”的死神：“欢迎你来，把血肉脱尽。”“绿色的毒”散布着绝望与疾病，一切都由这原始系统“无形的掌握”。疲于奔命的挣扎，疾病、饥饿的折磨，士兵的死亡，只是纳入更为原始的循环，滋养了林中的树与花，终汇入亘古体系而归于平息。目睹了远征军败走野人山的惨状，在人们欢庆抗战胜利时，穆旦只能用原始森林的节律来告慰自己和亡灵：“如今静静的，在那被遗忘的山坡上，/还下着密雨，还吹着细风，/没有人知道历史曾在此走过，/留下了英灵化入树干而滋生。”③ 士兵遗骨终归于既毁灭一切又滋生万物的无常自然里。因“你们死去为了要活的人们的生存”，野人山中的白骨由此值得怀念和祭奠。

杜运燮参加了缅北反攻，重新进入这隐伏着创伤记忆的野人山。他没有渲染森林的恐怖、死亡的凄凉，而是在《给永远留在野人山的战士》中一再歌颂败退时牺牲的士兵，认为其“英勇的脚步”依然在林中“前进”。

已经用血肉筑过一座新长城
震惊人类，还同样要用生命
建一座高照的灯塔于异邦，
给正义的火炬行列添一分光，
还同样把你们的英勇足迹印过
野人山，书写从没有人写过的
史诗。就在最后躺下的时候，
你们知道，你们并没有失败，

---

① 李明华：《野人山历劫记》，何福祥编著《野人山余生记》，联邦书局1984年版，第287页。

② 这首诗的题目经历了这样的变化：刊于1946年《文艺复兴》第1卷第6期，为《森林之歌——祭野人山上的白骨》；刊于1947年《文学杂志》第2卷第2期，为《森林之歌——祭野人山上死难的兵士》；1947年5月穆旦本人自费印行的《穆旦诗集（1939—1945）》，为《森林之魅——祭胡康河谷上的白骨》。易彬所说的“它最初刊行时题为《森林之歌——祭野人山死难的兵士》”（易彬：《从“野人山”到“森林之魅”——穆旦精神历程（1942—1945）考察》，《中国现代文学研究丛刊》2005年第3期）是错误的。

③ 穆旦：《穆旦精选集》，北京燕山出版社2006年版，第52页。

在这里只是休息，为着等待
一天更多的伙伴带着歌声来。

野人山的战士“以最有耐心的姿势躺着”，等待着：

终于，歌声来了：看不见
有疲倦的，每一张脸是个肯定；
开路车，枪炮，飞机，兴奋的眼光，
他们全都招手，向你们走近。
艰苦的季节已经过去，阳光
把新路渲染成一条河流①

再次进入野人山，被看作是为牺牲在此的“正义战士”复仇，所以诗人兴奋于“渐强的凯旋歌声”回荡在山林。马尔俄的《林中的脚步》也抒发了类似的情感。反攻战打响，作者感到倒在林中的人都站了起来，“我清楚地听见那些步伐整齐的声音向前走去”②。林中脚步声象征着反攻时坚定的前行。为了凸显牺牲士兵的伟大，杜运燮还以写于胡康河谷的《林中鬼夜哭》中的一个死在野人山的日本士兵的独白作为忏悔：“死是我一生最有意义的时候”，然而忆起“富士山的白发”，“我只能哭”③。野人山中日本兵“静夜的哭声”衬托出中国远征军的正义与光荣，他们不需深夜悲吟，因为反攻的胜利告慰了英灵。

1944 年初，于右任以《暗香·野人山下一战士》来悼念牺牲在野人山的战士：

野人山下，有荷戈战士，歌声相亚。白骨夕阳，废垒幽花自开谢。于役而今至此，依依是，孤怀难写；但盼得，血洗关河，百战作强者。

歌罢！倚征马。见照耀丛林，星月如画。几番泪洒，想念流亡岁寒也。展望光明大路，愁万垒，皇天应讶！等怎时，才赐与，白云四野④。

---

① 杜运燮：《给永远留在野人山的战士》，杜运燮、张同道编选《西南联大现代诗钞》，中国文学出版社 1997 年版，第 256-257 页。

② 马尔俄：《林中的脚步》，李光荣编选《西南联大文学作品选》，人民文学出版社 2011 年版，第 180 页。

③ 杜运燮：《给永林中鬼夜哭》，《诗四十首》，文化生活出版社 1946 年版，第 21 页。

④ 于右任：《暗香·野人山下一战士》，《中华乐府》第 1 卷第 1 期，1945 年 5 月 1 日，第 13 页。

“荷戈战士”又来到这埋葬了数万同袍的野人山，缅怀战友，以战绩告慰亡灵。士兵的死亡因其保卫国土的神圣使命而变得庄严且富有悲壮豪迈的诗意，所以有“白骨夕阳”、“废垒幽花”的意象。

在作者们的叙述中，败退野人山的死亡不是哀伤、惨烈的恐怖遭遇，而是悲壮的牺牲，是为了抗日救国而做出的伟大付出。“我们存在的价值和内含，它们是超越生命和死亡的东西，不再为它们的对立面所触动，而在这些东西之中生命最终走向自己，走向它自身的最高意义。”① 把个人的受难与民族国家的危难联系在一起后，士兵的“死”是为了民族国家的“生”，野人山成为士兵愿为之献身的“国土”，留存于野人山的英灵是神圣庄严的献祭。负载着沉痛、悲壮历史的野人山因此而成为我们民族记忆中的一个印记，成为一个时间无法穿透的场所。

（二）征服野人山

野人山是集训了一年多的中国驻印军入缅反攻时首先要跨过的自然障碍。丛林作战具有巨大的挑战性，诡变的气候，可怕的虫兽，加之瘴疠横行、地势险要，还有不知隐藏于何处的敌人，这些潜伏的威胁随时会吞噬士兵的性命。野人山到底有多么危险可怕，林中掩映的撤退时牺牲士兵的遗骨就是悲痛的证明。除了把野人山写成见证士兵为抗战而牺牲的庄严之地，野人山的自然环境也是远征士兵一再描述的对象。

署名为“紫人”的作者在《从野人山到印度》中记录了亲历撤退的朋友的讲述，极力渲染这密林的危险②。孙克刚把野人山称为人类不相通的“绝域”。密林层层叠叠，日光很难透进来，林中的士兵只感到天昏地暗。“四围活动的生物是在蔓长的杂草里爬行着悉悉作声的大蟒，和从脚踝爬上来、从树叶上落下来的吸血蚂蟥，地下泥深没膝，没有路，只有累累白骨可作我们的指路标牌。”③ 野人山因第一次撤退的惨烈，也被称为“鬼门关”：“到处都是荆棘，只有一条羊肠小道蜿蜒在悬崖绝壁的中间，两旁白骨累累，那是当年十数万印缅难民由缅转印在通过这蛮荒的山林时饥病而死的遗骸。”④ 这片土地经历了战争与恐怖、绝望与胜利、死亡与重生。树林深处掩盖着士兵遗骨，森林蕨类植物间散落着徽章。“那一带未定界的崇山峻岭中，陡岩峭壁里，多少的幽灵是我们的袍泽！我们的亲人！”⑤

---

① ［德］齐美尔：《桥与门——齐美尔随笔集》，涯鸿等译，三联书店上海分店1991年版，第43页。

② 紫人：《从野人山到印度》，《礼拜六》第7、8、9期，1945年。

③ 孙克刚：《缅甸荡寇志》，国际图书出版社1946年版，第44页。

④ 何铁华、孙克刚编著：《印缅远征画史》，上海时代书局1947年版，第46页。

⑤ 罗古：《沉痛的纪念周——野人山之余哀》，《印缅之征战》，读者之友社1945年版，第78页。

面对丧师辱国的撤退中的遗迹，中国将士激起了复仇豪情。经过在印度兰姆伽长时间的丛林作战训练，部队整装待发。罗古这样描述此时的感受：“出发的号角尖锐而挺劲地叫了。健儿们登上了运输车，又是一阵呼吼：‘洗雪爬野人山的耻辱！’”① 被称为“中国第一部彩色影集”和“胜利后第一本畅销书”的中英双语《印缅远征画史》，配有大量彩色照片。作者所选的照片都是表现士兵手持现代化武器，驾驶卡车、坦克开进野人山，充分显现了军队的整齐威严、飒爽英姿。“反攻缅甸”部分的第一张配图就是“反攻号角响了”②：一个士兵在蓝天白云下目视前方，吹着冲锋号。低角度拍摄显得人物高大威武。还有一张照片是士兵们在森林里开路，图旁配文：“‘前头没有路’，只有一片林海，我军砍树开路前进。”③ 照片的选择与构图的空间策略，印刻了特定意识形态观念，成为彰显士气和民族精神的表达场所。

借助现代化军事工具，以作战军事地图俯瞰的科学眼光，野人山成为作战舆图中的据点，成为必须攻克的地方。吕德润在《雨的世界》中用“神勇强渡进击”来描述战士们进入野人山的无畏。戴广德的《我们怎样打进缅甸》以“攻入胡康河谷”记录战绩。张仁仲在《印缅随军记》中这样写道：“无论什么恶劣的天气，困苦的环境，或穷山恶水地理条件之下，只要冲锋号一响，敌人的工事……无不被我们摧毁无余。”④ 野人山险恶的环境并没有阻挡住我军战士的强力和抗战的决心：“他们更会拿着这些武器，越过了缅北的幽邃的莽林，荒蛮的草野，和蜿蜒千里的奇峰叠峦以及高至八千英尺的崇山峻岭；他们会和风雨，和瘴疠，和虫兽，和山洪，和饥寒，和疾病，和……挣扎！搏斗！”⑤ 孙克刚强调在这种极端恶劣的环境中，新38师的健儿在8个月的丛林战中，抵抗敌人的袭击和蚂蟥、虐蚊的毒害，证明了“人定胜天，一般人认为几乎是不可能通过的野人山，我们终于在三十二年的初冬季节通过了”⑥。同是作为战士的作者，以“进击”、“攻入”、“摧毁”、“越过”、“搏斗”等具有主动性的动词，来彰显远征将士战胜敌人、征服自然的顽强与无畏。

中印公路的修筑要经过野人山，而路的畅通就是战士“降服”野人山的力证之一。险恶的山、原始的林、暴雨山洪、毒虫猛兽，无不表明修建公路简直是天方夜谭。在炸药、开山机的轰鸣声中，坚韧、无畏的士兵把野人山“降伏”了。中印公路的修筑，证

---

① 罗古：《胡康河谷的战斗》，《印缅之征战》，读者之友社1945年版，第79页。

② 何铁华、孙克刚编著：《印缅远征画史》，上海时代书局1947年版，第47页。

③ 何铁华、孙克刚编著：《印缅远征画史》，上海时代书局1947年版，第54页。

④ 张仁仲：《印缅随军记》，读者之友社1945年版，第1页。

⑤ 罗古：《沉痛的纪念周——野人山之余哀》，《印缅之征战》，读者之友社1945年版，第76页。

⑥ 孙克刚：《缅甸荡寇志》，国际图书出版社1946年版，第45页。

明“中华民族之伟力已经在无边的野人山中植其根基了”①。《印缅远征画史》中有一张照片：一个中国士兵背着一只老虎，旁边标注着“野人山中的野味”②。这不是渲染丛林迷失和异域惊魂，彰显的是战士征服野人山的自豪与兴奋。士兵笔下的野人山是作战舆图中必须攻克的地方。士兵们不仅战胜了日军袭击，还不畏艰险，披荆斩棘，与原始森林顽强抗争。基于抗战中的共同命运，曾经被视为“魔鬼居住的地方”的野人山成为见证中国士兵征服自然、显示自身强力的地方。

在民族国家危难之际，很多学者力证中华民族自古以来就是一个包容性很强的民族，夷汉是一家。顾颉刚指出：“‘中华民族是一个。’这是信念，也是事实。我们务当于短期中使边方人民贯彻其中华民族的意识，斯为正图。”③“中华民族”一词成为抗战时期整合各民族和建构现代民族国家的思想武器，对于增强民族凝聚力和抵御外侮有着积极意义。因西方殖民帝国的威胁以及滇缅抗战的发生，历来人迹罕至的神秘野人山，通过旅行者和考察者的主动深入和远征士兵的抗战经历，被构建成民族国家意义上的“国界”。未定界被视为国土，“野人”则是与中华民族有历史、文化与血缘渊源的“边胞”，强健而古朴。时人相信“这个原始的地方经过新时代的健儿的血汗灌溉后将繁盛起来”④。野人山不再是恐怖之所，不是死亡之旅，亦不是辽远、神秘的空间，而“是一座铁的长城，边荒的坚强的堡垒”⑤。现代知识分子的实地考察和亲历士兵的生死体验，让野人山成为一个体现人们思考边地与国家、边陲与边界之关系的地方，是值得铭记的历史发生地。野人山发挥了环境、场景或视野的作用，当作者思考如何才能再现一个在地域空间及文化习俗上都区别于我们自身的“他者”变成“我们”时，带上了民族国家认同的认识装置。现代时期的知识分子具备把野人山看成彰显民族凝聚力的国土的能力，他们的社会主体意识在这一观看的过程中扮演了重要角色，这个社会主体身份主要是由抗战时期的民族国家认同塑造出来的公共自我。

（作者单位：大理大学文学院）

① 罗古：《胡康河谷的战斗》，《印缅之征战》，读者之友社 1945 年版，第 81 页。

② 何铁华、孙克刚编著：《印缅远征画史》，上海时代书局 1947 年版，第 50 页。

③ 顾颉刚：《中华民族是一个》，《宝树园文存》（卷 4），中华书局 2011 年版，第 94 页。

④ 吕德润：《原始的林》，大公报馆编《中印公路是怎样打通的》，大公报馆 1945 年版，第 15 页。

⑤ 公孙正：《滇缅北段（二）》，《中美周报》第 297 期，1948 年 8 月 12 日，第 35 页。

“五四”时期写实主义与自然主义概念之辨析
——以陈独秀与茅盾为讨论中心

王雨佳

一、引言

1931年至1933年，苏联《文学遗产》发表了马克思和恩格斯致斐·拉萨尔的信和恩格斯致保·恩斯特、玛·哈克奈斯、敏·考茨基的信。很快，瞿秋白就将它们译成了中文，然后我们在瞿秋白的《马克思、恩格斯和文学上的现实主义》中首次读到了马克思、恩格斯以巴尔扎克为典型，对西欧现实主义文学进行的分析与评论。其中，马克思对文学要反映“历史必然性”这一向度的强调揭示了唯物论对现实主义文学的创造性发现；对“莎士比亚化”的推崇、对“席勒化”的批评则反映了对现实主义创作中的审美意识形态的特殊性所给予的充分理解，论证了现实主义文学意识形态的“倾向性”只能以艺术的、审美的方式来进行表现。诸如此类的种种见解无不体现了马克思、恩格斯对于现实主义这一文学样式全面且深刻的认识，只不过他们的这些评价很快就被吞没在苏联“唯物辩证主义创作方法”和“社会主义现实主义”的巨型声浪之中了。

以此为镜，“五四”时期中国知识分子对西方现实主义文学的认识就显得比较肤浅和片面了。1915年《新青年》创刊是“五四”时期开启对西方现实主义文学理论的认识的契机，对这一理论的译介至1922年到达一个高峰，无论是前一年《小说月报》推出的俄罗斯文学专号，还是之后茅盾开设专栏讨论自然主义，都是中国知识分子从具体的文艺思潮着手对现实主义的接纳与吸收。只不过在这一过程中他们对现实主义概念的理解还存在含混不清的地方：他们将现实主义仅仅认作一种如实客观反映社会生活的文学，因此在很多时候他们将“现实主义”、“写实主义”、“自然主义”这几个概念不加区分地混为一谈，甚至在将左拉视为当时写实文学巨擘的时候，却没有重视被左拉等自然主义文学家奉为流派先驱的司汤达、巴尔扎克等人①；对思想家身份的易卜生的过分关注使“五四”知识分子看不见作为戏剧家的易卜生通过对戏剧人物性格的塑造、语言的雕琢以及情节结构发展的精心构思所产生的那种身临其境的效果对现实主义的实现的帮助；对俄罗斯批判现实主义的接受则更多体现在感情诉求上，而在文学方法上并没有什么实质性的介绍与应用。这种种现象无不说明“五四”时期的知识分子对于现实主义的理解有着偏颇之处，但正是这些误读也许对我们理解新文学初创阶段知识分子们为什么提倡现实主义和提倡什么样的现实主义等问题有着重要的启发。

二、作为现代文化精神的一种变形：陈独秀眼中的写实主义与自然主义

“五四”时期，陈独秀是最早旗帜鲜明地倡导现实主义的知识分子。在《现代欧洲文艺史谭》中，他就从进化论的角度大致梳理了欧洲文艺的发展史，在此基础上第一次提及 Realism 和 Naturalism，不过其主要介绍的则是以左拉为代表的欧洲自然主义文学潮流，并视其为影响世界文学之主要思潮。在他看来，写实派小说就是一种坦荡、如实地描写现实世界的文学：“此派文艺家所信之真理，凡属自然现象，莫不有艺术之价值，梦想理想之人生，不若取夫世事人情，诚实描写之有以发挥真美也。故左氏之所造作，欲发挥宇宙人生之真精神真现象，于世间猥亵之心意，不德之行为，诚实胪列，举凡古来之传说，当世之讥评，一切无所顾忌，诚世界文豪中大胆有为之士也。”②

而现实主义这一概念对此时的陈独秀来说则特指一种欧洲之时代精神：“现实世界之内有事功，现实世界之外无希望。唯其尊现实也，则人治兴焉，迷信斩焉：此近世欧洲之时代精神也……此精神磅礴无所不至……见之文学美术者，曰写实主义，曰自然主义。”③ 因此我们说，在当时的语境中提倡现实主义的陈独秀其实是把写实主义和自然主义看作文学领域中现代欧洲和世界文化精神的一种变形，所以不能孤立地看待陈独秀首

① 参考钱林森：《法国作家与中国》第四章“19 世纪批判现实主义作家与中国”，福建教育出版社 1995 年版。书中说，司汤达的名字见诸中国大约是 20 世纪 20 年代，他的作品流入中国则始于 30 年代；巴尔扎克自 1915 年引进中国之后，直到 30 年代上半期相当长的一段时间都未真正进入中国批评界的视界。

② 陈独秀：《现代欧洲文艺史谭》，《陈独秀著作选编》（第一卷），上海人民出版社 2009 年版，第 182 页。

③ 陈独秀：《今日之教育方针》，《陈独秀著作选编》（第一卷），上海人民出版社 2009 年版，172 页。

先旗帜鲜明地提倡现实主义这一文学事实，而是有必要把这一史实放置在其思想文化体系之内进行分析，以便帮助我们在历史的语境中理解陈独秀对现实主义的认识及其混用写实主义、自然主义概念的问题。

众所周知，陈独秀不是专门的文学家，甚至不是专门的思想家。陈独秀青年时期是以革命家的姿态积极投身革命的，先后创建了“藏书楼”、“青年会”、“岳王会”等组织，并通过其所创办的《爱国新报》、《安徽俗话报》等报刊机构进行反清、反帝国主义的革命宣传，甚至在二次革命失败时，陈独秀已然成为政府第一号通缉犯，并因此逃亡上海。正如中屋敷宏所说：“1907 年以后，陈独秀虽然给人一种从革命运动第一线退下来的感觉，但到此刻为止，他一直都是以革命家的姿态出现在世人面前。”① “政治问题不能从政治本身去求得解决，而应从伦理思想及文学艺术的革新入手，这是政治、军事革命的失败馈赠给他的宝贵启迪。”② 所以，对陈独秀文艺思想的理解离不开他以政治家和革命家的身份对拯救处于生死存亡之际的中国所作的思考。可以说，《新青年》的创刊“就是陈独秀青年时革命运动——将祖国从列强分割中拯救出来、防止祖国灭亡——之志望的延续”③。

1914 年，陈独秀发表在《甲寅》第一卷第四号上的《爱国心与自觉心》就为我们展示了革命失败后作为政治家的陈独秀的反思，这些思考深深地影响了之后作为文学家、思想家的陈独秀。其主要内容有二：其一，“国家者，保障人民之权利，谋益人民之幸福者也。不此之务，其国也存之无所荣，亡之无所惜”；其二，对于国民来说要有自觉心，即对国家情势要有所判断，对现代国家体制要自觉地有所了解与参与，如若缺失自觉心也就无法救国，到头来又会是旧体制再次生成的历史循环而已，即“民无建国之力，而强欲模拟共和，或恢复帝制，以为救亡之计，亦犹瞽目者无见，与以膏炬，适无益而增扰耳”④。这就是说，革命的失败使陈独秀明白了爱国救亡的关键在于，一面要确认为人民谋幸福之国家才值得国民所爱，一面则要对国民因袭传统的思想性格予以改造，使其拥有建设现代国家之能力，从而具有与世界为伍之资格。这一思考在新文化运动中则酝酿成为了“吾人最后之觉悟”的呐喊——“今之所谓共和，所谓立宪者，乃少数政党之

① 中屋敷宏：《“五四”新文化运动与陈独秀——关于中国近代文学的思想性基础的考察》，《中文论坛》2018 年第 1 期，第 163 页。

② 杨小清、伍世昭：《陈独秀五四时期文学观念的正、反、合》，《暨南学报》（哲学社会科学）2000 年第 4 期，第 22 页。

③ 中屋敷宏：《“五四”新文化运动与陈独秀——关于中国近代文学的思想性基础的考察》，《中文论坛》2018 年第 1 期，第 164 页。

④ 陈独秀：《爱国心与自觉心》，《陈独秀著作选编》（第一卷），上海人民出版社 2009 年版，第 149-150 页。

主张，多数国民不见有若何切身厉害之感而有所取舍也。盖多数人之觉悟，少数人可为先导，而不可为代庖……继今以往，国人所怀疑莫决者，当为伦理问题，此而不能觉悟，则前之所谓觉悟者，非彻底之觉悟，盖犹在惝恍迷离之境”①。这“吾人最后之觉悟”盖是革命者陈独秀之觉悟也。不过更为重要的是，这种反思的影响贯穿于新文学运动的始终，并且以“民主”与“科学”这两面旗帜为其具体体现。

由革命的失败而产生的反思最终具象为对“民主”与“科学”的倡导，这种变化的重要推手则是“进化论”思想在当时的流行以及以法国为代表的欧洲先进文化予以陈独秀的启示。鸦片战争使知识分子们清醒地看到了中国社会与欧美文明之间巨大的落差，正是这样的落差使现代中国不得不蒙受巨大的耻辱与失败。正如李怡所说，“在中国第一批进化论的阐发者那里，社会发展的问题都是最需要关注的东西，而‘物竞天择，适者生存’的社会达尔文主义似乎正好可以用作对中国落后现状的说明，同时也不失为一种相当有效的自我警醒与自我激励的方式。就这样，社会历史的进化观反而成了中国知识分子的一种最有代表性的思想倾向”②。正是在这种思想背景下，陈独秀走上了直接运用“进化论”分析社会现象的道路，并且以西方文明为具体分析对象来证明“进化论”的“真理性”，最终生发出“科学价值至上”的信念③，即认为科学是解决人类社会一切问题的通途。

概而言之，“进化论”对陈独秀的影响有两点最突出的特征：其一，无可辩驳地确信“优胜劣汰”在社会竞争方面的真理性；其二，理解事物进化的整个过程方才懂得“优胜劣汰”之必要性，即“欲改造社会，必首明社会所以成立，及进化或退化之原因”④。在对“进化论”的这种理解下，陈独秀确认了以印度、中国为代表的东洋文明的落后性以及以法兰西为代表的西洋文明的先进性，进而以法兰西为参照，确认拯救中国的正确路径就是以共和政体确保个体自由之实现，以破坏“纲常名教”来解放国人传统之思维，以“社会主义”揭示未来之希望⑤。陈独秀在“进化论”思想影响下产生的“科学价值至上”观念是其革命失败后找到的变革社会的最重要抓手，而在这一思想的

---

① 陈独秀：《吾人最后之觉悟》，《陈独秀著作选编》（第一卷），上海人民出版社2009年版，第202、204页。

② 李怡：《词语的历史与思想的嬗变——追问中国现代文学的批评概念》，巴蜀书社2013年版，第234页。

③ 吴海江：《新文化运动时期的科学主义思潮：路向、特质及影响》，《自然辩证法研究》2008年第5期，第88页。

④ 陈独秀：《答孔昭铭》，《陈独秀著作选编》（第一卷），上海人民出版社2009年版，第276页。

⑤ 参见《敬告青年》、《法兰西与近世文明》、《今日教育之方针》等。在陈独秀1915年至1917年的文章中经常能看到他以上述论点构思敷衍成文。

帮助下，陈独秀以建立共和政体和反对传统思想文化作为具体的操作方法来改造中国国民之性格与精神，从而使其革命失败之反思有了切实的回应。

只有在这样的思想语境中我们才能对陈独秀将“写实主义”、“自然主义”这两个概念混用的问题予以解答。首先，陈独秀文学理论的前提是，将写实主义和自然主义看作文学领域中现代欧洲和现代世界文化精神的变形，是科学精神在文学思潮方面的反映。“十九世纪之末，科学大兴，宇宙人生之真相，日益暴露，所谓赤裸时代，所谓揭开假面时代，喧传欧土。自古相传之旧道德、旧思想、旧制度，一切破坏。文学艺术，亦顺此潮流，由理想主义，再变而为写实主义，更进而为自然主义。”① 写实主义、自然主义当然没有区别，都是科学精神在文学上面的反映。其次，陈独秀提倡写实主义或自然主义的目的是，更新与改变浸淫在传统文学之中的国人的性格与精神，将“厚生利用”的理念②贯彻到国民的思想之中。所以，陈独秀在其文章中经常以写实主义、自然主义为克服传统文学文浮夸空、矫饰无学之良策：“欧文中古典主义，乃模拟古代文体，语必典雅，援引希腊、罗马神话，以炫赡富，堆砌成篇，了无真意。吾国之文，举有此病，骈文尤尔……写实主义自然主义乃与自然科学实证哲学同时进步，此乃人类思想由虚入实之一贯精神也”；“若吾华文学，以离实凭虚之结果，堕入剽窃浮词之末路，非趋重写实主义无以救之”③。

于是，在这样的诉求中，写实主义、自然主义概念之区别就不那么重要了，它们一起被当作西洋文明最新的成果来反对中国腐朽陈旧的文化传统，从而使文学发挥其在社会政治运作体系之中的作用，也即陈独秀从《论戏曲》就开始的将文学作为大众启蒙工具的任务的延续。

另外值得思考的一个问题则是，虽然在“进化论”思想的影响下，陈独秀也承认自然主义要优于写实主义，但他并没有按照“进化论”的逻辑放弃写实主义这一提法，甚至在著名的《文学革命论》中还大张旗鼓地宣称要建设“新鲜的立诚的写实文学”，这是什么原因呢？显然，在陈独秀给张永言的回信中已有所表明：“自然主义尤趋现实……虽极淫鄙，亦所不讳，意在彻底暴露人生之真相，视写实主义更进一步。欧洲人或讥以破坏美术文艺之基础。自东洋人之眼观之，亦属狂悖无伦。此日本政府所以明令禁止自

① 陈独秀：《现代欧洲文艺史谭》，《陈独秀著作选编》（第一卷），上海人民出版社2009年版，第182页。

② 杨小清、伍世昭：《陈独秀五四时期文学观念的正、反、合》，《暨南学报》（哲学社会科学）2000年第4期，第22页。厚生利用之精神概括起来，所指有三：一是“崇实利而薄虚玄”；二是植根于现实生活之上；三是“致用”于社会人生。

③ 陈独秀：《答张永言》、《答程师葛》，《陈独秀著作选编》（第一卷），上海人民出版社2009年版，第205、225页。

然主义文学之输入也。”① 更深层次的原因则要从陈独秀接受了什么样的自然主义与提倡了什么样的写实主义入手方才能有所斩获。

从《现代欧洲文艺史谭》来看，自然主义吸引陈独秀的地方有二：其一，这是科学时代最先进文学之代表；其二，这种创作“于世间猥亵之心意，不德之行为，诚实胪列，一切无所顾忌”。但这种吸引似乎与自然主义文学思潮本身相距甚远，具体来说就是陈独秀对自然主义所表现的人类从人到非人状态的描写不满意，对其刻画潜藏在人身上的原始兽性不接受，但这恰是达尔文《物种起源》对当时文学的真正影响；对左拉的介绍也只是将其作为自然主义之拿破仑来看待，并不知道左拉的文学创作与理论究竟对当时的文学思潮有着怎样的影响，也无从了解“左拉的意义就在于其执着追求生活无修饰的客观再现时，坚持了唯物主义一元论”②。对一种文学思潮不能从源头与本质上去理解与接受，那么离对其扬弃的时刻也就不远了。果然，查阅陈独秀的文章——从《今日之教育方针》中首次提到写实主义、自然主义开始到在《文学革命论》中最终提出建设新鲜平易的、抒情的国民文学为止——自然主义这一说法很快就被陈独秀放弃了。只有在陈独秀将文学改革的重心放在以西方文化来启蒙国人的时候，即以进化论否定古典主义，以写实主义、自然主义作为欧洲科学精神的反映的时期，自然主义才被其重点介绍并且给予最高的赞扬，而写实主义只是这种写实潮流发展过程中的一个阶段而已。

当陈独秀将写实主义与空洞无物、浮词夸语的中国古典文学联系在一起的时候，这一文学概念才具有了重要的意义——即成为拯救中国文学之妙方。自然主义这一名词则就此在其文章中消失不见。之后，在陈独秀与胡适的通信中，写实主义已然被确立为必须提倡的文学样式了。“吾国无写实诗文以为模范，译西文又未能直唤起国人写实主义之观念，此事务求足下赐以所作写实文字，切实作一改良文学论。”在这里，写实主义究竟表达了什么意思？虽然在文章中陈独秀并没有对这一概念作过多阐释，但是联系与之紧密相关的古典文学，可对其内涵有所认识。首先，古典文学是一种与人生社会无关的文学，即是一种“于其群之大多数无所裨益之文学”，“是装饰品而非实用品”。这与陈独秀“厚生利用”的思想多有抵触，因此其提倡的写实文学首先应该是一种对社会、人生有益的文学。其次，古典文学是一种“词多而意寡、雕琢阿谀空泛之文学”，即一种流于形式而没有主体之情感的文学。这种浮词夸诞、立言不诚的文学所透露出的诈伪圆滑

① 陈独秀：《答张永言》，《陈独秀著作选编》（第一卷），上海人民出版社 2009 年版，第 205 页。

② 钱林森：《法国作家与中国》，福建教育出版社 1995 年版，第 326 页。

的国民性格也是陈独秀所不赞同的①，因此其提倡的写实文学还应该是一种真诚的文学。最后，古典文学还是一种“载道”的文学，这种“依附”的文学与其欲建立的那种自主的而非奴隶的国民性有所矛盾，因此其提倡的写实文学还应是一种强调个体独立性的文学。

可见，陈独秀提倡的写实主义从内容上说是一种必须对社会人生有益的文学，从形式上说则是一种抒发个体真性情的文学。不得不说，这种对现实主义的倡导虽然具有极强的针对性，但是对概念的定义与把握还是比较模糊和空泛的，其本质则是对梁启超功利文学观的延续。不过，从高扬法国自然主义文学到放弃自然主义，再到提倡具有强烈现实针对性的写实主义的这个过程则是值得我们回味的。可以说，这是陈独秀构建具有本土特色的现实主义理论的一次尝试，因而存有独特的意义与价值，只不过借鉴与创造、误读与接受、取与舍之间的抉择往往令我们喟叹不已。

三、西方文艺思潮创造性转化的“轻便”与“困难”：茅盾文论中的写实主义与自然主义

尽管正如温儒敏所说，现实主义的提倡到了茅盾这里已然更为深入具体了，但不能忘记的事实是“茅盾相当明显地是追从了陈独秀的观点”②，即在进化论观点指引下具有强烈功利主义色彩的文学观是茅盾提倡写实主义、自然主义的出发点和落脚点，而在辨析茅盾论文中写实主义、自然主义概念的过程中，我们可略微懂得在感时忧国的年代对西方文艺思潮创造性转化的“轻便”与“困难”。

诚然，把茅盾的“为人生”的文学观作为其批评标准与批评目的是理解茅盾文学批评特色的重要切口，即“自来一种新思想发生，一定先靠文学家做先锋队，借文学的描写手段和批评手段去‘发聋振聩’”③ 是茅盾最开始介绍西方文学最重要的动力，同时，“为人生”的文学观也确实是贯串茅盾文学批评始终的一条红线。不过，同样值得我们注意的是，文学的“进化观”对于1920年刚进入文学批评领域的茅盾有着不可忽视的影

① 参见陈独秀：《我之爱国主义》，《陈独秀著作选编》（第一卷），上海人民出版社2009年版。陈独秀在这篇文章中以拥护袁世凯称帝的那些虚伪的知识分子为例，怒斥诈伪不诚之小人，以至诚之良心为国民人格之底线。

② ［斯洛伐克］马立安·高利克：《茅盾与中国现代文学批评》，杨玉英译，台湾花木兰文化出版社2014年版，第41页。

③ 茅盾：《现在文学家的责任是什么?》，《茅盾全集》（第18卷），人民文学出版社1989年版，第8页。

响。文学的“进化观”使茅盾与20年代早期绝大部分中国知识分子一样，相信文学发展的统一过程是存在的，并且适用于全世界，即“我们如果承认现在的世界文学必要影响到中国将来的新文学——换言之，就是中国的新文学一定要加入世界文学的路上，——那么，西洋文学进化途中所已演过的主义，我们也有演一过之必要”①。对于刚开始进行文学批评的茅盾来说，介绍新思想、新思潮不能“忽略文学进化的痕迹”，于是“只看现代最新的学说，则所得的仍只是常识，不算是研究……所以现在为欲人人能领会打算，为将来自己创造先做系统的研究打算，都该尽量把现实派自然派的文艺先行介绍”②。

因此，1920年初茅盾提出介绍写实主义、自然主义文学的本意在于这种文学式样是中国文学纳入世界文学格局所不可避免要走的道路，世界文学的视野在这时对于茅盾来说还是很重要的，毕竟“1919—1920年间，（在茅盾这里）还没有什么可以被认为是‘不可改变的原则’的学说和主义”③。很快，在进化论和世界文学视野的“要求”下，茅盾开始大力提倡表象主义了：“况且新浪漫派的声势日盛，他们的确有可以指人到正路，使人不失望的能力。我们定然要走这路的。”④

另外，此时让茅盾没有更多在意写实主义、自然主义文学的原因还在于“而在社会黑暗特甚，思想锢蔽特甚，一般青年未曾彻底了解新思想意义的中国提倡自然文学，盛行自然文学，其害更甚。我敢推想他的遗害是颓丧精神和唯我精神的盛行”⑤，因此“他往往更接近于有理想，能指引人向上的，以罗曼·罗兰为代表的所谓新浪漫主义”⑥。

总而言之，对1920年的茅盾来说，写实主义、自然主义只是中国文学加入世界现代文学之过程中的一个准备，并没有特别重要的意义。因此，与其认为1920年茅盾就开始系统地介绍欧洲写实主义、自然主义⑦，不如强调初入文坛的茅盾在进化论的影响下对西方文学思潮演进的全过程有了了解后，对文学艺术本身的重要性有了更敏锐的认识：“文学作品虽然不同纯艺术品，然而艺术的要素一定是具备的。介绍时不能只顾着这作品

① 茅盾：《文学作品有主义与无主义的讨论》，《茅盾全集》（第18卷），人民文学出版社1989年版，第157页。

② 茅盾：《“小说新潮”栏宣言》，《茅盾全集》（第18卷），人民文学出版社1989年版，第14页。

③ ［斯洛伐克］马立安·高利克：《茅盾与中国现代文学批评》，杨玉英译，台湾花木兰文化出版社2014年版，第49页。

④ 茅盾：《我们现在可以提倡表象主义的文学么?》，《茅盾全集》（第18卷），人民文学出版社1989年版，第28页。

⑤ 茅盾：《为新文学研究者进一解》，《茅盾全集》（第18卷），人民文学出版社1989年版，第39页。

⑥ 乐黛云：《茅盾早期思想研究》，《中国现代文学研究丛刊》总第1辑，第147页。

⑦ 参见杨健民：《论茅盾早期介绍写实主义自然主义问题》，《茅盾研究》第二辑，1984年。

内所含的思想而把艺术的要素不顾，这是当然的。"① 文学艺术的独立性和评论家自我的功利诉求在世界文学的视野中达到了一种平衡的状态，艺术性与思想性此时一同被茅盾所看重。相较以后，在时代的洪流中茅盾总在文学艺术性和文学思想性之间矛盾与徘徊来说，1920 年茅盾的世界文学视野弥足珍贵。

而在 1921 年至 1922 年间，虽然受到文学研究会支持的茅盾的"为人生"的文学观被创造社郭沫若等人攻击，使应当将什么样的世界文学介绍给中国大众成为一段时期内讨论颇多的话题，但对于茅盾来说，另外一个重要问题随之浮出水面，即茅盾开始关注如何创作出一部好的作品，这才是茅盾放弃提倡新浪漫主义转而大力介绍自然主义的最关键因素。虽然当时周作人、罗家伦、朱祖希等人和胡适对介绍新浪漫主义的看法——"我又劝雁冰不可滥唱什么'新浪漫主义'。有写实主义作手段，故不致堕落到空虚的坏处。如梅特林克、如辛兀，都是极能运用写实主义的方法的人"② ——对茅盾介绍自然主义产生了一定的影响，但更为重要的原因则是在担任《小说月报》主编之后，茅盾经常接触到国内大量的创作投稿，在对这些创作进行鸟瞰式的研究后，他愈发明确地感受到当时创作中虚假肤浅、机械模仿的毛病，并认为这种倾向有使新文学回归传统旧文学的可能。于是，在《一年来的感想和明年的计划》中茅盾大张旗鼓地开始提倡自然主义："从来国人对于文学的观念，描写创作的方法，不用讳言，与现代的世界文学，相差甚远。以文学为游戏为消遣，这是国人历来对于文学的观念；但凭想当然，不求实地观察，这是国人历来相传的描写方法；这两者实是中国文学不能进步的主要原因。而要校正这两个毛病，自然主义文学的输进似乎是对症药。"③

历来的研究对茅盾为了克服传统文学向壁虚构的恶俗、克服诸如问题小说等新文学艺术性不足的缺点而开始提倡自然主义没有异议，但是，对这期间茅盾文论中所提及的写实主义、自然主义的概念却是有诸多讨论的，要么认为"写实主义的概念与自然主义是交错在一起的"④，要么认为"茅盾由于自己局限于对纷繁庞杂的西方文学流派的理解，当时还未能对写实主义文学与自然主义文学做出较为明确的划分，而是将它们视如同胞弟兄一般，或者并提，或者互用"⑤。其实，写实主义和自然主义在茅盾这里还是有

---

① 茅盾：《文学研究者的责任与努力》，《茅盾全集》（第 18 卷），人民文学出版社 1989 年版，第 69 页。

② 胡适：《胡适日记》（上），中华书局 1985 年版，第 156 页。

③ 茅盾：《一年来的感想与明年的计划》，《茅盾全集》（第 18 卷），人民文学出版社 1989 年版，第 150 页.

④ ［斯洛伐克］马立安·高利克：《茅盾与中国现代文学批评》，杨玉英译，台湾花木兰文化出版社 2014 年版，第 47 页。

⑤ 苏华：《文学研究会时的茅盾与法国文学》，《文学理论与批评》1990 年第 3 期，第 138 页。

迹可循的，自然主义文学思潮就是理解茅盾现实主义文学观的重点。

经过了陈独秀对写实主义的提倡、易卜生《玩偶之家》的实践之后，茅盾现实主义文学观从写实主义开始乃是题中之意，但这种理解比较泛化，是“为人生”文学观和文学进化论的具体体现：“举凡文学，美术，都欲德谟克拉西化，不能再为一阶级少数人的私有物，娱乐品。浪漫文学大体都不是替平民说话的，自然受人訾议，有些站不住。这是于思想一面，浪漫文学挡不住写实文学的猛动”①，“况且西洋的小说已经由浪漫主义进而为写实主义、表象主义，新浪漫主义”②。对世界文学潮流有着较为广泛了解的茅盾，往往又受到当时影响比较大的法国自然主义文学思潮的影响：“写实主义的重镇推曹拉莫泊三这是人人知道的，但是他们还有一个前驱，这便是福禄勃尔了……写实主义在福禄勃尔不过是一个趋向，到曹拉手里，才确立起来，到莫泊三手里，便光大而至于大成。同时便也受到自然派的名号。”③ 这才是形成茅盾将现实主义和自然主义概念交错在一起的历史语境。随着他对世界文学潮流的认识的深化——诸如厨川白村《现代文学十讲》、升曙梦《近代文学十二讲》的刊出，留法少年中国学会会员李劼人、周太玄、黄仲苏等人对法国文学思潮的译介等——茅盾明确地将自然主义文学思潮作为其介绍现实主义文学的主要方面，而写实主义这个概念只有在其与俄国文学重新取得联系的时候才又恢复了勃勃生机：“西洋写实小说中，果然有使人抑郁沉闷的作品，但非所语于俄国的写实小说。克鲁泡特金在《俄国文学的理想与实质》第三章末尾有显明的解释；他反对左拉等人的‘丑恶描写’，说明俄国自果戈里以下的写实文学是‘新’写实主义，和法国的是不同的。”④ 因此，在茅盾从大力介绍西洋文学到关注本土创作的这一时期内，茅盾的现实主义文学概念主要来自对法国自然主义思潮的认识。

只不过在这种影响或借鉴中，“茅盾都很实在，很功利，完全是为着引导新文学的创作，克服文坛上不同时期出现的各种流行病，求得‘药到病除’的效果……在理论上比较浮浅，缺什么找什么，有些病来乱投医，对西方文学理论的引进过于实用化”⑤。这就是笔者所谓的中国知识分子在对西方文学思潮进行创造性转化过程中“轻便”的一面。

---

① 茅盾：《文学上的古典主义浪漫主义和写实主义》，《茅盾全集》（第32卷），人民文学出版社1989年版，第194页。

② 茅盾：《“小说新潮”栏宣言》，《茅盾全集》（第18卷），人民文学出版社1989年版，第12页。

③ 茅盾：《文学上的古典主义浪漫主义和写实主义》，《茅盾全集》（第32卷），人民文学出版社1989年版，第194页。

④ 茅盾：《“写实小说之流弊?”》，《茅盾全集》（第18卷），人民文学出版社1989年版，第305页。

⑤ 温儒敏：《茅盾与现代文学批评》，《文学评论》1996年第3期，第17页。

具体说来，从一开始茅盾就是以他的“为人生”文学观作为介绍世界文学发展脉络的出发点：“翻开西洋的文学史来看，见他由古典—浪漫—写实—新浪漫……这样一连串的变迁，每进一步，便把文学的定义修改一下，便把文学和人生的关系束紧了一些。”① 所以，除了为克服新文学艺术之既有问题外，只有抱着这一信念——“到了自然派，他们就不是这样随便，力倡实现人生，以现实的生活为对象。因为自然派，文艺才和人生有密切的关系。是对人生，对于生活，深思熟虑的艺术，决不是供人娱乐的，消遣的，是为人生才有文艺的”② ——茅盾才没有因为读者指出自然主义文学的种种缺点而产生动摇。

与此相连，矛盾接受泰纳文学理论所强调的重点是“其理论中关于环境与时代精神的影响……认为‘社会背景’表现了比作家的人格或泰纳的主要因素更重要的力量”③，并在此基础上跳出泰纳文学理论的框架，着重分析了作家人格的重要性。这种对西方文学思潮的创造性转化，一方面的确有利于知识分子建设具有本土特色的现实主义文学，是对特殊的西方文学理念的重新解释；但另一方面这种“轻便”的接受与转化也容易产生负面的作用，即逐渐放弃对文学艺术多样性的深入理解，在功利主义的影响下，“所谓的世界文学视野，成为一种相当生硬的横向移植，这是以排斥文学自身的特性、资源作为代价的，社会性、实利性成分的弥漫早已扭曲了文学自身的独立性”④。

于是，在面对自然主义文学含有所谓的机械论和宿命论这种悲观人生观问题时，茅盾再也没能坚持自然主义追求对生活无修饰地客观再现的勇气——“我们先要问，‘人间世是不是真有这些丑恶存在着？’既存在着，而不肯自己直说，是否等于自欺”⑤，而是转而认为“物质的机械的命运论仅仅是自然派作品里所含的一种思想，决不能代表全体，尤不能谓即是自然主义”。矛盾在否定自然主义文学所坚持的唯物主义一元论的同时，更是把这一文学思潮“窄化”为一种创作方法——“采用自然主义的描写方法并非即是采用物质的机械的命运论”⑥。虽然这种转变正如罗钢所说，是茅盾受到伊本纳兹采

① 茅盾：《文学研究者的责任与努力》，《茅盾全集》（第 18 卷），人民文学出版社 1989 年版，第 66 页。

② 谢六逸：《西洋小说发达史》，《小说月报》，第 13 卷 4 号。

③ ［斯洛伐克］马立安·高利克：《茅盾与中国现代文学批评》，杨玉英译，台湾花木兰文化出版社 2014 年版，第 90 页。

④ 董丽敏：《想象现代性——革新时期的〈小说月报〉研究》，广西师范大学出版社 2006 年版，第 8 页。

⑤ 茅盾：《自然主义的论战——复周赞襄》，《茅盾全集》第 18 卷，人民文学出版社 1989 年版，第 192 页。

⑥ 茅盾：《自然主义与中国现代小说》，《茅盾全集》第 18 卷，人民文学出版社 1989 年版，第 240 页。

用自然主义的描写技术而扬弃其思想的吸收方式的启发①，进而提出的对自然主义的创造性转化，但纵观自然主义文学在中国多艰不济的命运，不得不说这种“轻便”的转换最终实际表达的却是中国知识分子对西方文学思潮创造性转换的“困难”。

这种“困难”主要来自东西方知识分子对文学的现代观念的理解不同。对于以茅盾为代表的中国知识分子来说，“大可以用‘痛苦’两字来包括”② 的社会状况使他们“从未将西方的观念当作游离于现实之外的知识来把玩，而是将其当作一项解决严峻课题的现实方案：借助何种资源，中国才能奋然崛起，打破传统的枷锁，重建崭新的文化图景”③。而对于西方知识分子来说，尤其是兴起自然主义文学潮流的法国来说，19 世纪普遍的情况是“小说仿佛都是作家对自然界和人类作了大规模调查之后才构思出来的；在小说成为一种研究性著作的情况下，作家们终于把小说的情节和虚构部分置于次要的地位；他们把小说的一部分篇幅分给了生理学，他们特别喜欢描绘普遍或民间环境中的习俗；他们给世人指出了这些环境对个人的影响”④。

这就是说，虽然进化论思想和西方发达的科学给中国知识分子以前所未有的震动，但在内忧外患和科学匮乏的时代，科学体系、科学精神还是很难真正被当时的中国知识分子所感同身受，于是自然不能理解达尔文《物种起源》中对人的重新认识带给西方人的震动有多大——“人们不得不对自己的价值重新进行一次历史上最深刻的评价。人不再是神力创造物，他们不得不承认自己与动物相比仅仅是略高一筹，生活本身就是无休止的斗争”⑤，也不能理解左拉的实验小说其实不是机械地对现实的摹写，而是在科学精神指引下怀着对人类未来的信心而对文学有益于人生的可能做出大胆预测——“我们是实验论的道德学家，我们以实验指出，在某种社会环境中，某种激情会以何种方式表现出来。我们一旦能掌握这种激情的机理，我们就能处置它、约束它，或至少使它能尽可能地无害。这就是我们自然主义作品的实用意义和高尚道德”⑥。

在这里，笔者并不是对在内忧外患之中坚持以文学服务人生为己任的知识分子有所苛求。相反，笔者认为在那个时代以茅盾为代表的文学理论家指明了文学要反映社会和政治倾向的这种努力是值得我们赞扬和提倡的。但当时知识分子的局限不应该成为我们

---

① 罗钢：《历史汇流中的抉择——中国现代文艺思想家与西方文学理论》，中国社会科学出版社 2000 年版，第 94-95 页。

② 茅盾：《创作的前途》，《茅盾全集》（第 18 卷），人民文学出版社 1989 年版，第 118 页。

③ ［美］安敏成：《现实主义的限制》，姜涛译，江苏人民出版社 2011 年版，第 33 页。

④ ［法］米歇尔·莱蒙：《法国现代小说史》，徐知免等译，上海译文出版社 1995 年版，第 108 页。

⑤ ［英］弗斯特、斯克爱英：《自然主义》，任庆平译，昆仑出版社 1989 年版，第 19 页。

⑥ 朱雯等编：《文学中的自然主义》，上海文艺出版社 1992 年版，第 143 页。

现在的束缚，我们既要肯定当时知识分子对现实主义文学的这种创造性转换的重要意义，同时也要清楚地认识到对文学功利性的过分要求将不可避免地使现实主义文学失却自身独立性而不再具有文学生命力。在左翼文学时代，现实主义的命运与此紧密相关。自然主义这一概念在沦为一种写作手法之后，又“继续降格”为一种要全面否定的写作方式的这一史实更加说明失却独立性的文学艺术将会是怎样一种悲剧，因此，如何平衡文学功利性属性和文学自身的艺术性不得不成为现实主义文学永恒的话题。

（作者单位：长沙理工大学文学与新闻学系）

二分法与三把火

——四川文学70年中短篇小说发展述评

白　浩　钟良鸣

与国家发展大势相关，70年来的四川中短篇小说面貌也呈现出1949—1978年的前30年和1979年后的40年阶段性区别，而且，鉴于四川小说前30年阶段承接现代文学的大家较多，后40年作家换代而产生的差别也就更为明显。前30年，四川作家在主流政治文化表达之外也暗涌着个人化的细流，而在历史的回顾中这种细流尤具价值，鉴于两者间潜藏的对抗性矛盾，故以二分法目之。后40年的四川小说更多解放出地域文化的个性活力，农村生活的现实主义关注、城市市民文化下的消费与浪漫想象、文学藏彝走廊的崛起贡献出四川小说的三大驱动力，这既是来自不同生活领域而成的三足鼎，也是动力机制上层层推进、有接力之效的三级火箭。

一、前30年（1949—1978）的主流与个人化二分

在现代文学史上，四川军团影响力巨大，郭沫若、巴金是经典大家，是全国的文学与文化领袖，这种影响力在中华人民共和国成立后得以持续。郭沫若是公认的鲁迅之后的文化界“第二面旗帜”，中华人民共和国成立后历任中华全国文学艺术会主席、中国科学院首任院长，中国科技大学首任校长、政务院副总理兼文化教育委员会主任、全国人大常委会副委员长、中国文联主席、全国政协副主席等要职。巴金则于1950年后任上海市文联副主席、中国作协上海分会主席，于1983年任中国政协副主席、中国作协主席。中华人民共和国成立以来，进行小说创作的主力军主要还是一批前30年已经在文坛成名的大家，如巴金、沙汀、艾芜、陈翔鹤等人。沙汀、艾芜是左联双璧，也是创作力

旺盛和文学观成熟的中坚力量。李劼人虽新作不多，但影响力仍在。沙汀历任西南文联副主任、中国作协创作委员会副主任、四川省文联主席、中国作协四川分会主席、中国社科院文学研究所所长、中国作协第三、四届副主席。何其芳也曾任中国文学艺术界联合会委员、中国作协理事和书记处书记、中国社科院文学研究所所长等职。这种四川作家进京的现象也从一个角度说明了其文坛地位与影响力。

巴金在中华人民共和国成立后面临对于社会主义新社会的适应和思想改造任务，创作也出现相应转向，主要是在进入朝鲜战场后受到志愿军战士们英勇无畏精神的感染，创作出一批特写式的中短篇小说，被收入《英雄的故事》、《明珠和玉姬》、《李大海》等小说集，中篇小说《团圆》被改编成著名电影《英雄儿女》，影响甚广。这批小说延续了巴金的激情和坦率风格，艺术水平虽然不能与其三四十年代的创作相比，但毕竟是新生活的记录，是作家心路的记录，也是文坛新事物的一部分，尤其在改造和适应新时代的示范作用和新风气的引领作用上，具有代表性意义。

沙汀在1949年11月创作短篇小说《医生》、《酒后》、《退佃》、《炮手》等，1951年收入短篇小说集《医生》。这批作品是其40年代创作高峰期的延续，仍然反映国民党治下的四川农村场镇小人物的日常生活，人物鲜活生动，语言讽刺幽默，是地道的川味风格。真正反映新生活的是《摸鱼》、《在牛棚里》、《卢家秀》、《老邬》、《过渡》、《么木匠》、《你追我赶》、《欧么爸》等25篇特写，歌颂新型的农民，收入短篇小说、报告文学集《过渡集》。1978年后，沙汀创作中篇小说《青·坡》、《木鱼山》、《红石滩》。

如同沙汀一样，艾芜在1949年创作的中篇小说《一个女人的悲剧》、短篇小说《石青嫂子》仍是对以往旧社会生活反映的惯性，其后创作短篇小说多篇，歌颂新生活，收入短篇小说集《新的家》、《夜归》。1961年，艾芜到云南旧地重游，完成了《南行记续篇》。1981年以后，艾芜仍深入大小凉山，重返云南边疆，创作短篇小说集《南行记新编》。尽管沙汀、艾芜仍有旺盛的创作热情，也有鲜活的生活积累，加之早已成熟的艺术手法，但总体而言，由于基本固定化的时代主题模式，因此，并未超越三四十年代的创作而展现出第二次高潮。

在主流的歌唱之外，倒是另一位老作家陈翔鹤所作的《陶渊明写挽歌》（《人民文学》1961年第11期）、《广陵散》（《人民文学》1961年第10期）两篇，没有随着时代的大旋律而起舞，而以知识分子的独立人格在历史的人、事中寻找隐晦的寄托，成为中国当代文学史上的难得一笔。后来，其小说被定为反动小说，认为“不是批判地而是用同情和欣赏的态度突出了陶渊明思想中的某些消极的东西”，更上升到政治影射，认为是“恶毒的攻击党的庐山会议”。陈翔鹤受到批判，在“文化大革命”中被迫害而死。

马识途是另一位文坛宿将，他的写作具有两类题材与两种风格。一种是“职业革命家”的地下党战斗经历与民众生活记录，此类题材占据了以往对马识途的主要关注点。除长篇小说《清江壮歌》外，短篇小说集《找红军》分别有《老三姐》、《找红军》、《小交通员》、《接关系》、《三战华园》、《西昌行》、《回来了》等7部中短篇小说，是马识途在20世纪50年代末到60年代中叶陆续创作的作品，反映了中华人民共和国成立前地下党领导的革命斗争。《我的第一个老师》、《大事和小事》、《新来的工地主任》、《接力》、《丹心》等短篇小说构思精巧，反映了新的生活和人物，同样富有表现力。另一种则是以四川乡土特有的题材和幽默讽刺的语言风格写就的中短篇小说。《夜谭十记》虽是长篇，但其实各记也可单独看作中篇，近乎于“聊斋志异”的体例组合。马识途对后一种风格的杰出创作，堪称李劼人、沙汀、艾芜所代表的“川味”文学的杰出传人，但限于题材和时代接受语境的错位，影响力并未充分展示，文坛和学界也未能充分重视和充分阐释，以至于其作品被改编为电影《让子弹飞》而大放光彩时，观众还以为是中华人民共和国成立前的老作品，或误认“川味”为“京味”。如其所说：“这部小说和现代流行的小说，无论在思想、题材、风格、语言上都很不一样，或者明白地说，陈旧了，落伍。谁还想看这些几十年前陈谷子烂芝麻的记录呢？谁还耐烦去听茶馆里慢吞吞地摆着的龙门阵呢？谁还喜欢这种粗俗的民间文体呢？”① 这其实正是对其艺术特色与价值的夫子自道。

马识途小说具有四川“摆龙门阵”或说唱评书的突出特点，铸造出地道的“川味”风格。以往对其研究和重视仍然不足，尤其对于其川味小说的文化底蕴和艺术风格的谱系整理仍嫌不足。上承李劼人、沙汀、艾芜，下开周克芹、克非、罗伟章，马识途算是这个谱系中的关键一环，也是点睛一笔。“马识途在巴蜀现当代文学史上具有承先启后的地位和作用”，“他是继郭沫若、巴金、何其芳、李劼人、沙汀、艾芜之后具有较大影响力的四川作家”②。其艺术特色具体来说有三个方面：（一）具四川民俗特色的方言土语的广泛运用。“语言是存在的家”，地地道道的川味语言积淀着深厚的地域文化，包括民间传说、神话、历史人物与故事、袍哥江湖黑话切口、三教九流的典籍等。川味语言也是独特的川人文化性格的体现，幽默讽刺，爽朗豁达，见惯不惊的沉稳和智慧都在片言只语中闪现，许多潜台词和意蕴尽在不言中，而官话和外来腔的修改会破坏这种原汁原味气场的表达。（二）故事传奇，情节跌宕起伏，引人入胜，人物生动鲜活。（三）大量旁白式的“说话风”叙述既增强了悬念，达到“平地一声雷”、“无风也起浪”的戏剧效果，也拉近了与现实的亲近感，突出了真实感和现实批判意义。《最有办法的人》、《最

① 马识途：《夜谭十记·后记》，《马识途文集》（第二卷），四川文艺出版社2018年版。
② 秦川、卓慧：《马识途生平与创作》，四川大学出版社1998年版。

没有办法的人》、《钟懒王的酸甜苦辣》等讽刺小说是其中的代表。

除了几位老将，新一代作家也崭露头角。火笛曾是工厂工人，其短篇小说《淬了火的人》（《人民文学》1965 第 6 期）表现工厂技术革新的“闯将”工人，虽也是时代大合唱的主题，却富有生活的鲜活气，情节与人物形象欲扬先抑，表现力强。履冰曾任中国作家协会四川分会副主席，他的中篇小说《八月的阳光》（《四川文艺》1974 年第 9 期）写大队书记王忠艰苦奋斗，将自己的房子多次奉献给集体，大家要求他住到大队新修的办公室，地委书记杨玉润对此进行动员纠正。从题材与主题上来说，小说不免具有“左”的时代痕迹，但描写细致，人物鲜活，情感细腻，富有表现力，也算特定年代下难得的时代生活记录。

高缨的短篇小说《达吉和她的父亲》（《红岩》1958 年第 2 期）是其成名作。干部“我”见到的少女达吉活泼可爱，从小被彝族奴隶主抢走，长大后汉人生父任老汉来寻，引发彝族养父马赫的反对，后来在干部的引导下误会消除，达吉与彝、汉两个父亲愉快地生活在一起。作品以汉族干部“我”的工作日记形式展开，书写了彝、汉民族的友谊，影响较大，于 1960 年被拍成电影。作品一度引来关于“人性论”的论争。

元工（本名刘元工）的《鼓师》（《红岩》1958 年第 2 期）情节跌宕，心理细腻丰富，人物形象既鲜活生动又丰富深邃，主题别有意蕴。小说叙写名鼓师王师傅被叫去临时帮忙配戏，而戏目“刁窗”使他想起了年轻时自己配戏被陷害的经历，而女主角恰恰正是当年陷害自己的人，他犹豫着是否要在鼓点上报复“仇人”。在演出中，他发现女主角已经变成一位成熟优秀的演员，他也以精彩的鼓技推波助澜，演出相得益彰，两次报复的良机就在犹豫中滑脱了。人性的善良与真实，在五十年代的阶级斗争大浪潮中实属难能可贵。这个小说影响力不大，真可谓遗珠，至今读来仍堪称杰作，但若当时真引起重视，大约也难逃批判的厄运。

二、后 40 年（1979—2018）的三把火

进入新时期以来，四川文学也绽放出充沛的活力，在 1978 年开始的全国中短篇小说评奖中斩获颇丰，标志着全国影响力日趋显著。全国优秀短篇小说奖，1978 年 1 篇，童恩正《珊瑚岛上的死光》（《人民文学》1978 年第 8 期）；1979 年 1 篇，包川《办婚事的年轻人》（《人民文学》1979 年第 7 期）；1980 年 2 篇，周克芹《勿忘草》（《四川文学》1980 年第 4 期），王群生《彩色的夜》（《红岩》1982 年第 2 期）；1981 年 2 篇，简嘉《女炊事班长》（《青春》1981 年第 8 期），周克芹《山月不知心里事》（《四川文学》1981 年第 8 期）；1987—1988 年 1 篇，雁宁《牛贩子山道》（《人民文学》1987 年第 3

期）：合计7篇。其中，周克芹在1980、1981年接连获奖，1980、1981年四川也分别各有2篇获奖。全国优秀中篇小说奖每两年一届，共评5届，四川获奖合计2篇。魏继新《燕儿窝之夜》（《青年文学》1982年第5期）获1981—1982年全国优秀中篇小说奖，王星泉《白马》（《十月》1987年第1期）获1987—1988全国优秀中篇小说奖。此后，全国中短篇小说奖合并入鲁迅文学奖评选，1997年开始第一届。在第七届鲁迅文学奖（2014—2017年）中，阿来《蘑菇圈》获中篇小说奖。

如果前30年四川文学的写作趋势可以主流写作和个人化（或非主流）的二分法来区分的话，那么，后40年的四川文学则可划作3类，也可称为四川文学的三脉或三味，也是四川文学发展动力的三把火。

第一把火，锄头与背篼。这是生长在农耕文明背景中的坚韧质朴的文风，也就是传统现实主义脉络，是最主旋律、最根深蒂固的脉络，以周克芹、克非、李一清、罗伟章、贺享雍、白连春等为代表。这一脉可以对应于文艺起源说中的劳动起源说，这种文学在物质匮乏时代尤为突出。在四川大山环绕、蜀道难的环境中，其生命力更为顽强。

80年代初，四川文学在全国影响力的代表无疑要算周克芹了。1980年《勿忘草》、1981年《山月不知心里事》分别获得全国优秀短篇小说奖，1982年长篇小说《许茂和他的女儿们》又获首届茅盾文学奖。周克芹连续三年斩获大奖，在全国也是一时风头无二。周克芹早年因为“政治不及格，不予分配工作”，从农校回到家乡，在家乡当了20年农民，先后当过农民、民校教师、生产队长、大队会计、农业技术员、公社和区干部，农村生活积淀非常丰富。周克芹是和赵树理生活经历最为相似的乡村知识分子，也是如同赵树理一样对农民生活和性格、心理动向理解最深刻的作家。其小说的艺术特征是朴实无华、语言朴素，描写的生活与故事情节朴实，人物简单。其作品的力量来自于真实和真挚——生活真实，情感真挚。这也正是传统现实主义对于“书记员”的典型要求。从基调上来说，周克芹一直遵从主流导向，这种趋势主要来自底层农民的真实呼声，从其第一部短篇小说《秀云和支书》对农村青年的劳动热情以及朴素爱情的表现（发表于《峨眉》1960年1月）开始，就基本奠定了走向。《勿忘草》、《山月不知心里事》都是以青年男女的爱情和家庭生活为题材，人物生动鲜活，情感真挚感人，富有乡土生活的清新气息。长篇小说《许茂和他的女儿们》是伤痕文学的集大成之作，也是反思文学的先驱之作。中短篇小说《邱家桥首户》、《果园的主人》等，则在表现农村生产与生活进步的新生活的同时，并不简单乐观，而是深沉地表现农民身上仍然有沉重的历史包袱和精神负担，发掘仍有小农思想的落后因素在阻滞发展。这种复杂带来了作品的厚重感和思想性，既符合主流现实主义的要求，又有个性的真实与思考。周克芹的创作仍未完成，他54岁的早逝中断了这种探索的深入发展。

以创作农村题材作品见长的另一代表克非，有《春潮急》、《山河颂》、《满目青山》、《野草闲花》等多部长篇小说，《头儿》、《牛魔王的后代们》、《微风燕子斜》、《多面神》等中篇小说。克非对于农村的生活面貌有敏锐的感受和及时的反映，更为重要的是，他在语言和文化底蕴上对于李劼人、沙汀所代表的“川味”风格，不光有鲜明的继承，还有发扬和推进。《头儿》描写新兴的职业——包工头。他们具有旺盛的原始野性和强悍的生存能力，丰富的底层生活经验也锤炼出他们狡黠的生存智慧，在时代改革浪潮中他们以横冲直撞的活力大展拳脚，劳动致富。在体制夹缝中冒出的他们冲破僵化的经济生产体制，也冲击着既存的封闭政治秩序。“头儿”可依凭手中的金钱资本赢得尊严，也可发挥巨大的破坏力，也面临道德的自我挑战，而在自我交战的小说尽头，“头儿”毫无来由的宽恕与和解尽展人性光芒的闪耀。作品语言幽默活泼，题材鲜活，人物生动立体，主题意蕴丰富，也挖掘出人性的复杂微妙、细腻深刻。《牛魔王的后代们》则写封闭的山民们在外出打工中受到欺压，以原始的宗族集体反抗工厂主的霸行。他们以原始的宗族文化保护着被通缉的杀人犯英雄，以“牛魔王后代”自居的山民们旺盛乃至强悍的原始生命力、传统的道德文化与现代文明的新生体制之间，存在复杂的碰撞，褒贬是非混作一团，难以尽言。克非的作品充满激情，饱含对于巴蜀民间生命力的讴歌，也以复杂的眼光审视新旧交织中的矛盾，由具体人物、事件深入文化的思考，意蕴丰富深刻，淋漓尽致地展现和发展了“川味”小说。

魏继新的中篇小说《燕儿窝之夜》讲述了燕儿窝油库一群普通女工，或活泼或沉静，或单纯或成熟，个性各异，平时陷入各自的烦恼和鸡零狗碎的争斗，在抗洪斗争中放下成见，团结一致共渡难关的故事。小说既有对日常生活的还原，又有洪水洗礼中的灵魂升华，塑造出个性鲜明的女工群像，真实生动地展现出一代青年的生命活力和崭新的精神风貌。短篇小说《夜河》获四川省第二届优秀短篇小说奖。故事以老水手麻老鹞父子为手划船装不装柴油发动机而产生分歧为主体，展现现代文明气息给传统水上世界带来的冲击。小说主要的魅力在于以速写式的风格活灵活现地展现新老事物、人物的风貌，展现地道的川味生活、川味语言、川味人物。

李一清的短篇小说《山杠爷》塑造了山村老一辈灵魂人物山杠爷。几十年来，他因为大公无私的正直人品和铁腕治理使山村民风淳朴，各项工作都名列前茅，在村里、乡里威望崇高，深受爱戴。虐待婆婆的婆娘强英被处罚而吊死在山杠爷的门前，山杠爷被匿名信举报，山杠爷平静地接受触犯法律这个事实，戴上了手铐去服刑。传统“圣人”式的山杠爷和模范村堆堆坪充分体现了传统宗族文化的仁爱与专制、温情与乖戾的双重特质。作品敏锐地用文学形象触及“人治”与“法治”问题，在对乡村文化传统美德与现代法治的叩问中凸现了人物形象以及主题意蕴的丰富和复杂性。峨眉电影制片厂根据该小说改编的电影《被告山杠爷》获金鸡奖、百花奖、华表奖、中宣部“五个一工程奖”、曹禺戏剧文学奖，影响巨大。

雁宁的《牛贩子山道》1987年获全国优秀短篇小说奖，风格独特，意蕴深邃。性格古怪的老牛贩子瘸腿老汉与青年浩成在牛贩子山道上一路牵牛而行。牛贩子山道险峻，浩成的爹老牛贩子牛板筋就摔死在陡坡上，浩成肩负耕种山地的梦想，特出来买牛。牛贩子山道，既是牛道，也是山民们艰辛执拗的生存之道，老少两代人都在这条道上为梦想而执着地活着，它也就变成了两代人男女爱情和老辈牛贩子友情的情道。瘸腿老汉一路以他特有的古怪提醒和照顾着浩成，在浩成买到“假牛”时碍于行规不能点破，在分手时将自己的健牯无偿送给浩成。在结尾时，小说才以青铜短剑点破父辈的交情，让读者恍然醒悟，原来老汉是专门一路护送浩成和牛的。故事叙述含蓄节制，富有张力，在藏露之间娓娓道来，现实故事背后时时蕴蓄着对大巴山文化的历史发掘，民谚山歌串联其间，苍凉厚重，生命的倔强与酸楚混作一团，川味浓郁。

榴红的《燕子啁啾》、《樊阿炳买奶山羊》，谭力的《大山不言》等，也是对乡土世界极富有表现力的川味中短篇小说。

21世纪以来，年轻一代小说家中罗伟章创作力旺盛，入选多个全国性排行榜和奖项。著有长篇小说《不必惊讶》（2007）、《磨尖掐尖》（2007）、《饥饿百年》（2008）、《大河之舞》（2010）、《太阳底下》（2012）、《声音史》（2015）、《空白之页》（2016）、《世事如常》（2018）；中篇小说若干，其中《我们的路》（2005）、《大嫂谣》（2005）、《变脸》（2006）、《舌尖上的花朵》（2006）、《寂静史》（2018）等影响较大；小说集《我们的成长》、《白云青草间的痛》；散文集《把时光揭开》。罗伟章的写作涉猎广泛，最具特色的还是对于乡村世界和由此演化而来的小乡镇生活、农民工生活的表现。他也被视为21世纪以来底层文学浪潮中最有影响的作家。在80年代的市场经济体制改革向90年代后的工业化体系转化中，农民工大量进城。罗伟章的作品原生态呈现出这种农民工的艰辛以及农村危机。《大嫂谣》采用第一人称，以“我”的视角讲述了我的大嫂，一个53岁的农村妇女为生计所迫到广东打工的故事。除了刻画坚韧、善良的传统乡村妇女大嫂之外，小说中其他人物形象同样值得注目，有对城里人又恨又敬的包工头胡贵，还有企图改变生活但又纸上谈兵，甚至好逸恶劳的大儿子清明，有寄托了大嫂期待的刻苦学习的小儿子清华。通过讲述这些人物的命运，《大嫂谣》呈现了农民工困境的必然性和持续性。《我们的路》以卑微的打工仔大宝在除夕前是否返乡的踌躇而开端，大宝恐慌地逃离城市，家乡、亲情治疗了他的情感孤寂，故乡的破败迫使他再次恐慌地逃离。

我们的路其实就是我们无路，而这无路正是我们不得不走和正在走着的路。在这无路之中，妻子、女儿那卑微又伤痕累累的亲情，大宝、春妹等工友、乡邻间底层人的同情，成为抵挡外界伤害的仅有暖意。如果说《我们的路》、《大嫂谣》都以纯原生的呻吟和吟唱来表达卑微者的挣扎的话，那么，《故乡在远方》则奏出了农民工陈贵春被逼为恶的变调，而《变脸》则叙述着另一种善恶转化，曾经善良诚实的陈太学在权力和利益面前卑微求生，又一步一步变脸为凶恶的“老板”。罗伟章作品最为震撼人心的地方不光在于农村、农民工的苦难卑微的生存状态，更在于这些悲剧的日常必然化，呈现出生活常态“无事”的悲剧。他排除偶然性，排除浪漫主义的虚构和煽情，相反，替之以无可逃脱的必然——现实主义的日常真实、平静而又平淡的情感状态。与题材上的农村、农民工意义，内容上的善恶转化的反浪漫力量相应，在具体写法上，咏叹调和众声奏鸣的方式成为罗伟章的法宝，支撑罗伟章笔下人物与苦难搏斗的源泉一是原始生命力的顽与韧，一是来自于人间的爱、善的温暖与扶助。

白连春的《拯救父亲》（《人民文学》2006 年第 9 期）则是底层文学浪潮中另一篇引人关注的小说。诗人谷禾的父亲带领几个村民到广东打工，因为扒货车逃票而被扣留。小说以非虚构手法展示“我”与鲁迅文学院的同学谷禾一同借钱，去营救赎回父亲的过程。作品对具有勤劳、善良、诚实等传统美德的“父亲”生平的回顾，对现实中底层人生活的卑微的表现，既颇为感人，也展示出现实主义的批判力量，朴素的情感和纪实性的写法更增其表现力。

第二把火，茶馆、麻将、火锅。茶馆闲适，麻将游戏，火锅麻辣辛香，融会升华。这代表着浪漫想象与消费文化，对应着文艺起源游戏说，出现于物质丰裕时代。尤其是在市场经济中，市民文化地位越来越高，市民文学、消费文化、通俗文学也会获得崭新的生命力和更为蓬勃的发展。前面说周克芹的创作红极一时，那时候他的文学创作有一个社会背景，就是包产到户，就是农村的发展变化成为整个中国社会发展的驱动力。后来为什么影响力下降了呢？这里面就有社会整体转型，农耕文明转型让位于工业文明，乃至商业文明的原因。

天府之国，物质是相对富裕的。四川除了有大山还有成都平原，这是一个休闲文化高度发达的地方。四川浪漫想象的文学也非常突出，市民文化和消费性的文学是有根的。这把火归纳起来有三个特征。一是想象力。麦家说，有两种文学，即用心的文学和用脑的文学，伟大的文学要用心，但现在大家都用脑了，他就是用脑的典型代表。二是想得开，即文化精神上的闲适。茶馆、麻将都是这种特征的反映。三是反权威，正面来讲就是自由任性，解构中心。历来流传有“天下未乱蜀先乱，天下已治蜀后治”的俗语，因为西南区域的政权控制和儒家教化均相对较弱，而四川的道教文化、民间袍哥文化又都十分兴盛，从精英文化、民间草莽文化的双重角度形成了自由与反权威的精神基因。这种精神状态正面表述就是任性自由，而一旦中心文化的控制力减弱时，这种叛逆和反权威性就会率先爆发。何况近代以来，恰逢“三千年未有之大变局”，中心政权力量与文化控制双重衰竭，此时大西南文化与文学的原始野性爆发得极其充分。无论是郭沫若的乡野袍哥文化基因，还是巴金的城市封建家族衰落与新文化启蒙，都正是这样的动力机制运行的范例。李劼人则是二者的综合，他与沙汀分别对清末、民国、抗战时期的四川民间社会构筑起史诗性群像。“我把日来吞了，我把月来吞了”的天狗是这种精神的圣化版，以往将之理解为“五四”解放精神的最强音，其实也可以理解为四川人文化性格使然，即什么也不在乎的精神，联系西南的袍哥文化与原始野性，就十分容易理解了。《死水微澜》的罗歪嘴、蔡大嫂是这种精神的情欲版。沙汀的邢幺吵吵正是一个原始生命野性的无序喷涌，是充满无政府主义激情的世俗代表与民间文化代表。“老子这张嘴么，就这样：说是要说的，吃也是要吃的。”“乱整吧，老子大家乱整！”这种口头禅在现实生活中我们也常常能听到，可见反权威精神的泛滥。这简直就是巴赫金所说的民间狂欢节世界，在第三代诗歌、网络文学中都可以看到鲜明的痕迹。在 20 世纪 80 年代第三代诗运动中，这种时代的反中心文化与西南区域的反权威原始基因可谓一拍即合，成为撼动全国文学格局的一时风流。对第三代诗在四川的异军突起，人们均深感突兀，归之于后现代文化自然有理，可为什么偏偏是在四川呢？联系到上述反权威、反中心的区域民间文化精神，联系到“天狗”、“罗歪嘴”、“蔡大嫂”、“邢幺吵吵”等精神前辈们的传统，那么第三代诗人们也就算不得胡闹。相反，后现代文化标举反中心、反权威、反文化等的精神出走时，对于四川文化来说，这其实是最为得心应手的回家。

童恩正，既是考古学家，也是一名科幻小说作家。他先后在峨眉电影制片厂、四川大学、美国匹兹堡大学等处任职，是中国科学文艺委员会主任委员。他的短篇小说《珊瑚岛上的死光》被视为中国科幻小说重文学流派代表作，获 1978 年全国首届优秀短篇小说奖，并在 20 世纪 80 年代初期被拍成电影，是我国第一部科幻电影，影响广泛。《珊瑚岛上的死光》讲述了爱国华裔科学家赵谦教授试制成功高效原子电池后被杀，女婿青年科学家陈天虹逃亡到一个小岛，偶遇赵教授好友马太博士，试制成功了激光器。激光器与高效原子电池结合就是新式武器。武器公司来抢夺资料，垂危的马太博士利用激光器和高效原子电池击沉了军舰，二人用鲜血和生命捍卫了人类和平。作品展开了科学领域内正义与邪恶的斗争，歌颂热爱祖国、热爱科学事业的科学家的献身精神，同时也提醒人们注意科技的两面性，警惕科技沦为威胁人类安全的破坏性武器。小说科幻性与文学性并重，是我国科幻文学的先驱。四川是中国科幻产业的重镇，成都更是科幻迷心目中的圣地，全国最有影响力的两个华语科幻文学奖项——中国科幻银河奖和全球华语科幻星云奖皆设立在成都，中国科幻作家的大本营《科幻世界》杂志在成都，四川科幻文学的产业化也走在全国前列。正如首届中国科幻银河奖得主吴显奎所说："四川是中国地理上的洼地，却是中国科幻的高地。"

王星泉的《白马》获得1987—1988年全国优秀中篇小说奖，还被拍成电影《白马飞飞》，反响强烈。主角白马飞飞是一匹性格桀骜的神骏，骑手戚念冰将其驯服，与它结下深厚情谊，一起纵横战场，立下赫赫奇功，也折服了日军骑兵统帅。后因赛马失利，戚念冰怪罪于飞飞，此后飞飞沦落为运送货物的役马。戚念冰认识到自己的错误后，费尽周折，人马重归于好。结局是飞飞被日军统帅黑森男爵俘虏，保持气节，绝食而亡，黑森男爵受其感染，成为反战罪人。小说围绕白马飞飞的起起伏伏、生生死死，情节跌宕传奇，引人入胜；人、马形象均生动传奇；心理描写细腻，人马深情感人至深；奇马飞飞不仅技能神奇，更重要的是性格桀骜，气节坚贞，威武不能屈，贫贱不能移，富贵不能淫，成为高贵的人格力量和民族精神气节的象征；主题深刻高尚。作品情节奇、人物奇、情感奇、气节奇，实为超越时代的动物小说的佳作。

麦家以一系列军事秘密战线题材的小说写作而名噪天下，有长篇小说《解密》、《暗算》、《风声》、《风语》、《刀尖》，中短篇小说集《紫密黑密》、《地下的天空》、《让蒙面人说话》、《充满爱情和凄楚的故事》、《军事》、《天外之音》、《黑记》、《陈华南笔记本》等。谍战题材的神秘性、人物的传奇性、故事的曲折跌宕，充分展现了逻辑与想象相结合的神奇魅力。作品也收获了图书与影视市场的大丰收，开创了当代文坛消费文化与市民文学的题材新领域与写作风格的新风尚。《暗算》于2008年获第七届茅盾文学奖，此后更是获奖无数。这标志着传统意义上的消费性文学正式登堂入室，获得主流文坛的最高认可，改写了文学的价值评判标准。

何大草，毕业于四川大学历史系，现执教于四川师范大学中文系。他以对于历史的想象而别具一格，《衣冠似雪》之于荆轲刺秦王，《如梦令》之于李清照南渡，《李将军》之于李广，《午门的暧昧》、《盲春秋》、《天启皇帝和奶妈》之于晚明，这些对于历史的后现代想象和解构，迷人而又丰富，正是学院智识分子的想象和媚雅阶层趣味的极好消费。无独有偶，正如麦家自陈手艺活一样，何大草也自陈"我，其实是个手艺人"。在青春想象领域，他的小说《刀子和刀子》拍成电影《十三棵泡桐》，荣获大奖。何大草写作范围广泛，从历史到现实，从小说到散文、绘画，是一个当代雅趣的极好例子。

回过头来看，田雁宁、谭力这些曾经兢兢业业的严肃文学探索者，痛改前"是"，摇身一变，开始捕捉时代情绪中的媚洋媚港和情欲猎奇元素，转写“雪米莉”系列，开创了在当代通俗文学发展史上具有吃第一只螃蟹意义的媚俗一脉，在市场成败的翻云覆雨中培育出新一代本土言情、警匪等通俗文学接受和写作群体来。正如老诗人孙静轩所说：“雁宁，过去对你很有看法，直到现在我才明白，你和谭力没能进入四川作协是四川文坛很大的损失，尤其在小说创作方面四川是可以在全国扛一面大旗的啊！”① 对此价值与意义，历来的研究是不足的。“雪米莉”的媚俗，何大草的雅味，麦家从军旅走向市场消费的突破，演化成四川文学通俗化一脉的三种路径。加上以峨眉电影制片厂为代表的影视剧创作，以及新世纪以来的青春文学、网络文学浪潮，四川的消费文化与通俗文学已经形成体系。

傅恒的中篇小说《幺姑镇》（《当代》1989年第2期）以下象棋这个“镇魂”为中心来演绎情爱与市井新传奇，新旧文明碰撞、乡村与城镇之间的窥视与牵挂微妙细致，富有川味。何洁的《落花时节》（《十月》1987年1期）、廖时香的《乐胆》都围绕着川剧艺人的生涯，既有“闯滩”传奇又有现实依托，是川味的另一种体现。此外，进行市民文化与市民生活想象的新生代作家群体涌现，裘山山、乔瑜、卢一萍、骆平、王棵、袁远、格尼等创作力旺盛，对都市众生相的描绘生动细致。

第三把火，转经筒与锅庄。转经筒代表坚韧的信仰，锅庄代表着现世生活的丰富绚丽。全国少数民族文学“骏马奖”与茅盾文学奖、鲁迅文学奖、全国优秀儿童文学奖并称国家级四大文学奖，是少数民族文学的最高奖项，评奖11届以来，四川合计共36人次摘此桂冠，届届榜上有名，这在全国各省、自治区中是少有的。四川省作协主席阿来既是四川的首位茅盾文学奖、鲁迅文学奖得主，还是两届“骏马奖”得主。在各文体中，小说获“骏马奖”共计19人次。获三届“骏马奖”的2人：益希单增：长篇小说《幸存的人》（第一届）、短篇小说《啊，人心》（第二届）、长篇小说《迷茫的大地》（第三届）；扎西达娃：《江那边》（第二届）、《西藏，系在皮绳结的魂》（第三届）、《世纪之邀》（第四届）。获两届“骏马奖”的5人：意西泽仁：短篇小说《依姆琼琼》（第二届）、中短篇小说集《松耳石项链》（第三届）；降边嘉措：长篇小说《格桑梅朵》（第一届）、报告文学《这里是红军走过的地方》（第十一届）；阿来：中短篇小说集《旧年的血迹》（第四届）、长篇小说《尘埃落定》（第六届）；杨阿洛，（笔名阿蕾，女，彝族）：短篇小说《根与花》（第二届）、中短篇小说集《嫂子》（第六届）；贾瓦盘加（彝族）：中短篇小说集《情系山寨》（第四届）、长篇小说《火魂》（彝文，第八届）。获一

① 雁宁：《我的文学公馆》，《四川文学》2018年第10期。

届“骏马奖”的3人：色波：中短篇小说集《圆形日子》（第四届）；时长日黑（彝族）：小说集《山魂》（第六届）；达真：长篇小说《康巴》（第十届）。由此可见四川多民族文学在全国的巨大影响力。以往对多民族文学的地位和意义的认识还没有提高到足够的高度，这将成为四川文学的关键生长点。

从传统视角看，西南文学的传统重心在巴蜀文化区，巴蜀文学的核心区域在汉文化区域，这是因为巴蜀文化最早融入汉文化、中原文化核心圈之中，现代文学中的郭沫若、巴金、李劼人、沙汀等人也主要是循着这一传统模式成为中原文化圈的一部分来发挥影响力的。从当代四川文学中的都市小说、诗歌，到21世纪的青春文学、儿童文学，乃至最新的网络文学的繁荣，都是循着这一文化理路而发展的。现在的问题在于，中国当代文学的主流已经面临全球化想象的同质化、市场经济和消费文化下的欲望化危机，这种主流文化资源的枯竭和危机也同样体现在四川文学的发展中。因此，在检讨这种红尘滚滚、体液迸溅现状的同时，我们需要调整思路，寻找新的生长点。恰恰是一些少数民族作家表现出的与主流文学的时间差与文化差，展现出的对于灵魂和信仰的关注，对于身份认同以及文化的深层思考，让人看到文学治疗的希望，看到旺盛的生命力。在当代，尤其是新时期以来，西南文学的未来中心将向“西南夷”圈——就是现在的少数民族文化圈，民族学、人类学研究中所谓的“中间圈”转移，西南的多民族文化正因此而成为新的文学资源富矿，诸如康巴作家群、大凉山诗群、广西三剑客等都可见这种多民族文学的解放功效，而其中尤为突出的便是文学藏彝走廊的崛起。四川历来是汉文化与西南夷文化的交接区，因此，文化融合与对比就成为四川的一大特色，也是其一大资源优势。如果说云南、贵州等省是以其少数民族的多样性而见长，那么四川则恰恰是少数民族文化与汉文化接触和拉锯的前沿，是以融合而见长。

就文学资源的丰富和爆发可能而言，文学藏彝走廊成为与拉丁美洲文学爆发最具相似性的比较对象。传统农耕文明、现代工业化与都市文明都已过度开发，人们对其资源与模式的思考已经烂熟，只会走向板结和厌倦。面对想象资源枯竭危机，历史语境中陌生化的大西南成为题材和文化资源意义上中华唯一仅存的神秘文化区、文学神话区，相对于当代文化和文学主流形成了对比优势。从文化大区来看，大西南文学具有的独特资源优势，就在于生态多样性与文化多样性。西南由地理到自然生态的多样性决定了文明的多样性，也决定了文明开发的复杂层级，开发的落差使其既成为原始文化的活化石区，又具有原始文化与现代文明相混杂的繁复。原始文明的早开发与早熟区，现代文明的晚开发区，在混合之中带来强烈的文化荒诞感、魔幻化反差。在这里，除了自资源优势，还需要击发装置。对于文学创作机制来说，文学藏彝走廊也获得了最为丰富的资源汇聚和最具爆发可能性的“富于包孕的瞬间”。超越以往的夷夏等级观、文明单向归化观，在不同族群的历史与文化的互视之中，将产生各自新的自我发现与身份重构，熟悉与陌生化、历史与现实的会聚下，将是对无数“富于包孕的瞬间”的戏剧性激活，妙趣横生的细节、曲折丰富的故事、鲜活的人物、丰厚的文化底蕴俯拾皆是，由此，中间圈将是最具有文学爆发力的区域，是一个能产生伟大文学的区域。

中间圈文学爆发不再是传统意义上的少数民族文学，而是超越以往过于僵硬的民族、地域限制，打破外在限制，重在文化融合基础上的创造。这并非是要去寻找一个既存之物，并非是对原有事物的简单复制，也不是要谁归化谁，而是多民族充满文化自豪地共同融合创造一个新生事物。它的典范意义在于融合基础上的创造新生，这是量变积累上的质变，是对于新的文化身份的认同，是内在文化经验元素、文学意识都发生质变的崭新文学。文学藏彝走廊的文化资源与创作实绩已经进入文学主流，为中国当代文学发展提供了核心动力机制，已成为改变当代文学主流格局的重要领域，甚至可能成为中国文坛未来最具活力的区域。

四川文学这三把火既是以往的火，也将是在未来燃烧得更加旺盛的三把火。

三、隐忧与突破口

四川文学小说发展成绩斐然，当然也有隐忧，其间自然也埋藏着突破的可能。

一是创作影响力逐步下滑，对于川味区域文化与文学特色的理论建设不足，导致了对于全国文坛的影响和引领能力不足，且后继乏力。

从茅盾文学奖看，四川文学获得过 5 届，其中军队 3 部，本土作家 2 部。阿来的《尘埃落定》于 2000 年获奖，与 1982 年《许茂和他的女儿们获奖》相距 18 年。此后，至今已近 20 年无奖。《尘埃落定》为民族题材作品，也就是说，常规题材本土作家创作仅 1982 年《许茂和他的女儿们》一部获奖，此后 37 年无奖。

“全国优秀中篇小说奖”、“全国优秀短篇小说奖”、“全国优秀新诗奖”、“全国优秀报告文学奖”、“全国优秀散文杂文奖” 等奖项合并而设置为鲁迅文学奖。在合并为鲁迅文学奖之前，四川文学界获得上述奖项的作品有 21 项，其中短篇小说 7 篇，中篇小说 2 篇，合计 9 篇。梳理一下获奖时间段会发现其不均衡之处，1978—1982 年 5 年间有 6 篇短篇小说、1 篇中篇小说获奖，为高峰期；此后 5 年无奖；1987—1988 年获短篇小说奖 1 篇，中篇小说奖 1 篇，合计 2 篇；此后一直再无中短篇小说获奖，直到 2018 年阿来《蘑菇圈》获第七届鲁迅文学奖中篇小说奖，此间已经长达 30 年无奖。获奖自然不是作品质量的唯一和绝对评价指标，部分作品的获奖或落选就曾引起争议，但获奖毕竟是评价文学综合影响力的关键指标之一，尤其获得全国奖项意味着全国影响力和引领力的综合评价。大致而言，就全国影响力看，前30年四川文学界拥有诸多经典老作家，在全国具有领导地位，在80年代前期也具有较为突出的影响，而在其后，影响力大幅下降，唯有阿来所代表的多民族文学创作获得了全国影响力方面的突破。

除了作品创作之外，评论和理论阐释也是文学系统中的重要一环，它对于作品的现场认识和评价，对于文学流派、潮流的发现和引导，对于作家的持续成长、代际成长机制都具有重要意义。与京津沪、浙江、江苏、山西、山东、陕西、湖北等地的地方风味挖掘和系统经营相比，四川文学理论和批评界需要对“川味”文学进行系统的梳理和更深入的研究。根深才能叶茂，有成熟的地域文化与文学理论，推动创作军团生生不息，成熟的作品才会层出不穷地涌现。从前述的“三味”或“三把火”来说，在乡土味的发展谱系中，后40年代表作家作品的研究尤其值得重视，如马识途、克非、罗伟章等；在消费文化和市民文学、通俗文学方面，建构此方面的本土文学系统还大有可为；多民族文学是重要的方面军，有可能成为四川文学在未来全国影响力方面的突破口。

二是四川文学还有一个特殊之处，就是军旅作家群的历史地位和变动性。以成都军区和《西南军事文学》杂志为中心形成了军旅作家群。王火、柳建伟、麦家、裘山山、卢一萍、王棵、王甜等一大批军旅作家成为四川文学的重要构成部分。四川获茅盾文学奖的5部作品中有3部是有军事背景的，这与成都军区及相应作家群密切相关。这样的作家群形成和西南战略地位定位有密切关联，牵涉到大西南从传统战略后院到战略前线的战略地位转换。历史上，中央政权、儒家文化教化的影响力辐射至四川都有所滞缓，故而道教、佛教以及民间袍哥文化相应具有很强的生命力。但这种对西南的认识观念自近代以来发生了巨变，笔者将其称为西南的再发现，对于西南的观察成为了一个俯瞰亚洲甚至俯瞰全球的高点。四川大学徐新建老师曾说，西南是一种中原立场下的概念，但放到全球视野下，西南就成为中心了。进出四川其实很容易，东南亚、南亚可以成为西方入华的通道，过去不为我们所重视的东南亚国家得到西方的重视，成为了他们的殖民地，很容易便获得了入华的通道，西方国家称之为“西南神话”就是对这样一种战略价值的发现。抗战时期就出现了一个非常有趣的悖论。国民政府迁都重庆以后，很快发现日军从东南亚可以找到新的入口，战略后院突然成为了战略前线。正因为这样的变化，西南战略地位提升，成都成为西南军事的大本营，聚合的西南军事作家群成为四川文学的重要来源。但现在形势发生了变化，在军区改革中以往的成都军区合并入西部战区，相应的机关裁撤导致《西南军事文学》撤销，创作人员各寻前程，以往的西南军旅作家群能不能继续支撑下去只能存疑，这对四川文学是一个变局。

三是多民族文学的价值和地位需要深化认识。大西南文学具有山地文明的封闭自足性，边缘文化离心传统下的任性自由与反权威精神成为大西南文学动力机制的核心，生态多样性与文化多样性令大西南文学风格绚丽，也构成了文学爆发的资源优势。古代早有“天下文人皆入蜀”的不惭大言，正是西南神奇和绚丽的多样性支撑了他们的眼界大开和潜能爆发。西南丰富的多样性本就极具浪漫主义的神奇和绚丽，具有自然景观与人文风貌的双重启蒙与激活性。面对传统主流文化想象资源的雷同与衰竭，族群文明多样性下的中间圈文化特征使文学藏彝走廊最具文学爆发的可能性。对此理论可能性与现实推动力，四川文学大有可为。

（作者单位：四川师范大学文学院）

林语堂《美国的智慧》对梭罗的多元阐释论析①

刘略昌　尹鸿涛

《美国的智慧》（*On the Wisdom of America*）是林语堂于1950年在美国约翰·戴出版社（The John Day Company）推出的一部英语文化批评著作，该书在林语堂的笔墨生涯中占据着一个非常独特的位置。“向中国人讲外国文化，而向外国人讲中国文化”② 基本可以涵盖林语堂创作的两个面相，而《美国的智慧》却属于对外讲外，这在林语堂的海量著述中多少显得有些另类。林语堂在学界并不乏人关注，不过就已发表成果的计量可视化分析来看，现有研究多聚焦于其采用的翻译策略或翻译思想，关注的对象也相应地集中在《浮生六记》、《京华烟云》这样的汉译英或对外讲中的英文作品，目前尚未见到有针对《美国的智慧》这样对外讲外作品的专题论述。林语堂之所以能两脚踏东西文化，一心评宇宙文章，很大程度上在于他“与外国文化的关系源远流长、广泛而深厚。但迄今为止，学界较少有人对林语堂与外国文化的复杂关系进行全面和深入的探讨”③。由于篇幅限制，本文仅以《美国的智慧》对梭罗的论述作为案例，剖析林语堂阐释梭罗所持的基本立场，评价他对梭罗所作的多元化阐释，为后续全面深入地考察林语堂与外国文化或外国作家的关系提供一个个案。

一　阐释立场：用现代东方人的眼光审视梭罗

《吾国与吾民》（*My Country and My People*，1935）是林语堂在美国出版且引起巨大

---

① 本文系上海市浦江人才计划项目“新西兰当代文学的发展与社会的多元文化进程”（18PJC072）的阶段性研究成果。

② 林语堂：《八十自叙》，宝文堂书店1991年版，第112-113页。

③ 王兆胜：《林语堂与外国文化（上）》，《沈阳师范大学学报》（社科版）2003年第5期，第28页。

反响的第一部英文著作，它讲述了中国人的道德、精神状态以及中国的社会文化与生活情趣。该书于1935年出版后，林语堂就开始了对美国社会及美国人内心世界的细微观察，有意识地以一个中国知识分子的责任与态度，脚踏中西文化两条船，想写一本有关美国的图书。应赛珍珠之邀，林语堂于1936年离国赴美，在美国生活了10余年时间。有了长时间的“田野调查”之后，有关美国的种种印象在林语堂脑海中终于形成，于是对异域文化有着切身体悟和敏锐思考的林语堂就在“大量参阅美国及西方博学之士文选的基础之上”①，从个人的视角出发绘制了一幅有关美国智慧的全景图。

《美国的智慧》是一部涉及美国社会生活诸多方面的英语非虚构类作品，林语堂在书中借用大量的引文来论证自己的观点。自开篇至结束，整本书总共引用了300余位古今中外思想家的作品，其中“引用文字较多的有：拉尔夫·沃尔多·爱默生、本杰明·富兰克林、戴维·格雷森、奥利弗·温德尔·霍姆兹、托马斯·杰弗逊、亨利·大卫·梭罗”② 等等。由此可见，梭罗是林语堂撰写《美国的智慧》时一个非常重要的参照坐标，这在该书的目录和索引中也有着比较明显的体现。《美国的智慧》的目录部分总共出现了9位美国作家的名字，而梭罗是唯一一位名字出现了两次的人物。就图书索引来看，梭罗在书中所占篇幅和出现频率仅次于爱默生，不过爱默生压根没有出现在目录部分。综合这些指标，可以发现林语堂在一众美国作家中唯独对梭罗青睐有加，这也是本文选题得以成立的根本原因。

论述美国的智慧这样的宏大话题并非易事，即便在美国生活了十几年，林语堂也觉得“不敢冒昧地写一本关于这个国家的书”③，尤其是拟定的读者对象是以英语为母语的人士的时候。经过慎重考虑后，他选择了一批著名的美国哲学家、艺术家、政治家的经典著作，因为他觉得能从中发现有关美国社会和集体的内心和外在的生活：“我们总结一个时代，谈到这一时代的精神，事实上我们只能以几个杰出的作家为例，由这些个人中看出时代的精神。”④ 也就是说，林语堂采取的是以点观面的手法，试图从精心选择的一粒沙子看到一个世界，从一滴水珠发现一片海洋。至于何人可以入书、何人可以代表美国的智慧这样见仁见智的话题，林语堂也清楚地阐明了自己的逻辑进路：“当谈论中国思想和美国思想的时候，我一直觉得自己是一个现代人，分担着现代人的诸多问题……我尽可能保持着自己的东方文化底蕴。”⑤ 以东方人的文化底蕴作为依托，用现代人的眼光

---

① 尧阳：《林语堂解读美国智慧》，《中国图书评论》2009年第11期，第105页。
② 刘启升：《译者序》，林语堂《美国的智慧》，陕西师范大学出版社2007年版，第1页。
③ 林语堂：《前言》，林语堂《美国的智慧》，陕西师范大学出版社2007年版，第1页。
④ 尧阳：《林语堂解读美国智慧》，《中国图书评论》2009年第11期，第105页。
⑤ 林语堂：《前言》，林语堂《美国的智慧》，陕西师范大学出版社2007年版，第4页。

来审视时空不同的美国大地上形成的智慧，这为林语堂对书中包括梭罗在内的美国知识分子群体的比较评价奠定了基调。

林语堂把写作《美国的智慧》比作一次精神之旅，可以自由自在、全心全意地花时间观赏美国精神领域中所有激励人心的景致，其中令他感到无比喜悦的美国景观中就有“梭罗的花岗岩独石柱”①。林语堂坦言，自己以前在短途旅行时非常熟悉这些景观，这很容易使人想起他在接触梭罗仅仅几个月后，就在《生活的艺术》（*The Importance of Living*，1937）中多处援引梭罗作为例证。尽管书写《生活的艺术》时，“出于在异质文化语境下文化传播的考虑，林语堂选择了与中国人的人生理念极其接近的梭罗作为一个有力的佐证”，彼时的“梭罗只是林语堂向西方‘输出’中国的生活艺术时，下的一颗棋子，铺的一座桥梁”②。与在《生活的艺术》中梭罗被纯粹视为传播手段和叙事策略不同，到了撰述《美国的智慧》时，林语堂显然对梭罗其人其作有了更为深入的理解。

《美国的智慧》共由16章构成。除了第4章“生命的旋律”、第13章“爱”、第14章“笑”和第15章“战争与和平”外，林语堂在其余的12章行文中都提到了梭罗，这一点与在《生活的艺术》中梭罗主要出现于作品的前半部分有所不同。在《美国的智慧》中，梭罗的分布虽然比较零散，但还是主要集中在第7章“生活”、第8章“自由”和第11章“自然”这3章中，其中第7章有两节直接采用“梭罗和孔子”、“梭罗的生活价值”作为标题。从梭罗在作品中的分布情况可以看出，林语堂比较看重的还是梭罗的生活观、自然观和政治观。在《美国的智慧》的“人类的快乐属于感觉”一节和《生活的艺术》“这个充满感知的世界”一节中，林语堂对梭罗的评价基本一致，即都是以梭罗为例，认为人类只有借助听觉、视觉等感觉器官，才能享受生命的快乐。而且，林语堂在这两节中援引的文字都基本相同，都是梭罗听到蟋蟀鸣叫而产生快感的那段记录。这说明林语堂对梭罗的认识存在前后相继的一面，但这样直接的“复制粘贴”毕竟属于少数，更多时候林语堂是对梭罗进行多元化、多维度的阐释。

二 阐释定位：存在种种局限的伟大作家

在《美国的智慧》中，林语堂对梭罗并非一味褒扬，而是根据梭罗的创作方式，将其置于时代语境中作了一分为二的评价。“梭罗是一位有着种种局限性的伟大作家”③ 可

① 林语堂：《前言》，林语堂《美国的智慧》，陕西师范大学出版社2007年版，第1页。

② 刘略昌：《林语堂和梭罗——以〈生活的艺术〉为中心的个案考察》，《聊城大学学报》（社科版）2012年第1期，第63-64页。

③ 林语堂：《美国的智慧》，刘启升译，陕西师范大学出版社2007年版，第150页。

谓是林语堂对梭罗进行阐述的提纲挈领的句子，“伟大”和“局限”的悖论式并存是林语堂对梭罗的基本认知定位。虽然不是严谨的学院式批评，也没借助任何的文学理论，但林语堂还是从思想性和艺术性两个维度出发对梭罗予以了较为全面的阐释。

林语堂看到的梭罗的伟大之处在于如下两点：首先，也许可以这样断言，“在美国的作家队伍中，亨利·梭罗是为数不多的‘原始’思想家之一。他用第一手资料思考生活，他对生活的真正价值可能会发表最充分的看法”①。秉承艺术源于生活的理念，梭罗坚持走出家门进行实地考察，来探索人类生存的非凡事实，因而他的作品显然优于仅仅提供二手资料和观点的大多数人。梭罗的伟大还表现在他把自己禁锢在自我的思想樊笼中，脚踏实地，情绪高昂而又纯洁无瑕。其次，在 1845 年至 1855 年美国新英格兰文化繁荣的 10 年时间内，大量在世界文坛具有重要意义的一流作品问世。这些作品的价值相当于 19 世纪后期美国文学作品的总和，它们“标志着一种文化的繁荣，这种繁荣显示了创作的深度、独创性和多元化”，并“推动了新的精神领域的发展”②。在新英格兰文学繁荣期间诞生的不朽作品中，林语堂就提到了梭罗的《康科德和梅里马克河上一周》和《瓦尔登湖》，由此可见梭罗的这两部作品在林语堂心目中的重要地位。

在坚持批判性地审视梭罗的同时，林语堂也看到了梭罗身上的种种局限。在林语堂看来，梭罗的局限大致可分为思想性格的缺陷和艺术创作的不足。梭罗思想性格的缺陷显而易见，无论作为人类精神领袖，还是一名成功的作家，他都存在缺陷，因为梭罗非常敏感且易怒。林语堂崇尚的是儒家的中庸之道，也就是“能把积极的人生观和消极的人生观念适度地配合起来”，“便会产生一种一切文化和教育所欲达到的和谐人格”③。在林语堂看来，中国的中庸之道才是个体能与他人和谐相处的典型特征。以中国文化史上最为和谐的产物——陶渊明作为衡量基准，梭罗显然存在一定的欠缺。“成熟的人类思想总是与生活步调保持一致，可梭罗并非如此。”④

至于艺术创作，林语堂认为梭罗虽然属于真正意义上的知识缔造者，但在文学才能的发挥方面他却不如爱默生那样稳定多产。“梭罗在创作完《瓦尔登湖》后再无建树。”⑤ 对于梭罗的代表作《瓦尔登湖》，林语堂“斗胆”地认为，它被过高评价了，它

---

① 林语堂：《美国的智慧》，刘启升译，陕西师范大学出版社 2007 年版，第 150 页。

② 林语堂：《美国的智慧》，刘启升译，陕西师范大学出版社 2007 年版，第 113 页。

③ 刘略昌：《林语堂和梭罗——以〈生活的艺术〉为中心的个案考察》，《聊城大学学报》（社科版）2012 年第 1 期，第 61 页。

④ 林语堂：《美国的智慧》，刘启升译，陕西师范大学出版社 2007 年版，第 151 页。

⑤ 林语堂：《美国的智慧》，刘启升译，陕西师范大学出版社 2007 年版，第 151–152 页。

太矫揉造作了，“这部代表作并不令人信服，而是让人感到厌烦”①。林语堂在此敏锐地察觉到了《瓦尔登湖》存在过度经典化（overcanonization）的趋势，这与50余年之后罗伯特·塞特梅耶（Robert Sattelmeyer）的见解如出一辙。《瓦尔登湖》初次面世时本是平凡之作，但后来却在多种力量的推动下演变成了文学经典，甚至获得了一种超经典（hypercanonical）的位置。由此造成的结果就是：《瓦尔登湖》有点脱离时间和历史的语境，而被放入了据说是永恒不朽作品之列②。

在艺术技巧上，梭罗的表现也未能让林语堂感到完全满意。梭罗的作品满篇极尽嘲讽之能事，这降低了人们的阅读乐趣。梭罗还经常使用一些充满矛盾的话语，而放弃了那种朴实、有力和明朗的风格。此外，句子大师和段落大师如同鱼和熊掌，往往难以兼得。虽然梭罗是驾驭生动诗行的大师，是那些令人神经紧张而又铿锵有力的句子的写作高手，但梭罗不是段落大师，即使“竭尽全力也往往只能写出段落的一部分”③。梭罗习惯于在笔记本上记录并完善自己的各种思想，然后把这些思想碎片按具体场合需要整合在一起，或者把它们硬塞进某个段落当中，这样形成的句子尽管精彩却不够协调。不仅如此，林语堂还“吹毛求疵”地对梭罗继续发动攻势：尽管梭罗是位有责任心的作家，在写作中绞尽脑汁对句子反复修改，但梭罗的文笔并不顺畅自然。此时的林语堂能够比较辩证地看待梭罗，不是一味褒扬，亦非一味批评。这固然可喜，但从今天的视角来看，林语堂对梭罗所下的部分判定却值得进一步商榷。

三　比较阐释：穿越时空的隧道

由于旨在用现代人的、东方人的眼光审视梭罗，林语堂注定会在《美国的智慧》中穿越不同的时空，对梭罗予以多角度的比较阐释。这样穿越中美、贯通古今的论说路数非常适合林语堂，因为他不但谙熟中国文化，而且深受西方文化，尤其是美国文化的影响，他对中国和美国的文化审视始终是两元的、双向的④。

早在《生活的艺术》中，林语堂就曾提到，“梭罗对于人生的整个观念，在一切的美国作家中，可说最富于中国人的色彩”⑤。此时的林语堂仅仅指出了梭罗与中国文化的

---

① 林语堂：《美国的智慧》，刘启升译，陕西师范大学出版社2007年版，第150页。

② Robert Sattelmeyer. “Walden: Climbing the Canon”, in Sandra Harbert Petrulionis and Laura Dassow Walls ed. *More Day to Thoreau: Thoreau's Walden for the Twenty-first Century*. Amherst: University of Massachussetts, 2007, pp. 25-26.

③ 林语堂：《美国的智慧》，刘启升译，陕西师范大学出版社2007年版，第156页。

④ 朱世达：《林语堂的美国观》，《太平洋学报》1998年第3期，第45页。

⑤ 林语堂：《生活的艺术》，赵裔汉译，陕西师范大学出版社2008年版，第136页。

平行相似，不过到了撰写《美国的智慧》时，他对这一问题的认知却向前推进了一大步。林语堂在《美国的智慧》中认为，梭罗与东方的中国和印度文化之间不只存在平行相似，而且还有着事实上的相互影响和双向交流："爱默生和梭罗在其著述中都曾经随心所欲地引用过孔子和孟子的话语。作为一个中国人，发现东西方之间精神上的雷同现象和相互影响，我无法掩饰自己的欣喜之情。"① 林语堂不但看出梭罗受到我国儒家学说的影响，还声称梭罗从印度文化中汲取了有益的养分："爱默生和梭罗这代人有胆有识、自由奔放，他们的思想四处扩散，传到了德国、英格兰、波斯、印度和中国，旨在追求他们迫切想要探索的崇高真理。"② 林语堂的这一评价不啻是对当时美国关于梭罗与东方文化关系之主流观点的一种反驳。在 20 世纪相当长的一段时间内，阿瑟·克里斯蒂（Arthur Christy）的《美国超验主义中的东方：对爱默生、梭罗和阿尔科特的研究》（*The Orient in American Transcendentalism: A Study of Emerson, Thoreau, and Alcott*, 1932）主导了美国人对梭罗与东方文化关系的看法。克里斯蒂指出，"梭罗的性情中基本上没有称得上是儒家思想的东西"，"梭罗可能如同爱默生一样阅读过大量的儒家经典，不过却以自己的方式对其加以利用"③。林语堂在《美国的智慧》中虽不曾具体论及儒家学说如何影响了梭罗，却在某种程度上站在了克里斯蒂观点的对立面。

梭罗立足美国本土的需求，潜心研究东方文化的精髓，转益多师，博采众长，形成了自己独特的思想。这"宛如海鸟从大洋彼岸衔来的一粒种子，东方的一种思想被带来并安放在另外一个内地的土地里；它们及时地萌发思想的新芽"④。文化的交流往往并非单向进行，在林语堂看来，梭罗形成的新思想之"潜在的生命力没有消退，五十年或一百年后，作为回赠礼物又被带回原来的内地。在我看来，这似乎是由梭罗从中国和印度传输过来再输送回去的思想"⑤。关于梭罗在受到中国古典文化影响的同时，其学说如何在西学中渐的大潮中返回中国，中国又是如何接受他的，可能由于信息不够畅通，林语堂在《美国的智慧》中只字未提。不过，林语堂显然注意到梭罗在印度产生了一定影响："美国很少有人能够领悟并效仿梭罗的极端个人主义思想。然而，除了圣雄甘地之外，梭罗在印度拥有不止一个门徒。"⑥ 至于梭罗的哪些思想启发了甘地并引导甘地形成

---

① 林语堂：《美国的智慧》，刘启升译，陕西师范大学出版社 2007 年版，第 128 页。
② 林语堂：《美国的智慧》，刘启升译，陕西师范大学出版社 2007 年版，第 140 页。
③ Arthur Christy. *The Orient in American Transcendentalism: A Study of Emerson, Thoreau, and Alcott*. New York: Columbia UP, 1932, p. 195.
④ 林语堂：《美国的智慧》，刘启升译，陕西师范大学出版社 2007 年版，第 128 页。
⑤ 林语堂：《美国的智慧》，刘启升译，陕西师范大学出版社 2007 年版，第 128 页。
⑥ Lin Yutang. *On the Wisdom of America*. New York: The John Day Company, 1950, p. 190.

自己的理论主张，林语堂认为有如下几点：“蔑视法律；不流血的‘和平革命’；不仇视法律代言人；作为抗议与修正错误和非正义行为的手段，一个民族集体进入监狱的观点。”①

林语堂在《美国的智慧》中特意提到，如同梭罗一样，自己一直非常推崇孔子及其弟子子路、曾点、颜渊还有子贡座谈的那则故事，孔子和梭罗都与曾点持有相同的看法，而自己也赞成曾点的意见。借助孔子的学说，林语堂和梭罗达成了一致的意见。除了与东方文化进行比较阐释，林语堂还在《美国的智慧》中不时地把梭罗与美国后世或同时代的其他作家并置在一起，在或隐或显的比较中予以论述。

除了单独论述爱默生和梭罗之外，林语堂在《美国的智慧》中多次谈及梭罗时也提到了爱默生。林语堂认为，从现在和过去的年轻人相对普遍的经历判断，爱默生可能极大地鼓舞了年轻时候的梭罗，并肯定了他思想轨迹的正确性。梭罗在思想形成过程中从爱默生那里多有受益是确凿无疑的事情，但梭罗与爱默生并非简单的师生关系。“当两位智者正面交锋，双方都放荡不羁”，“梭罗绝非奴颜婢膝的崇拜者；两人一起散步时，他总是反驳爱默生的观点”②。也就是说，林语堂眼中的梭罗并非对爱默生总是亦步亦趋的追随，他在度过学徒期后即迅速摆脱了爱默生这一影响的焦虑并形成了与之截然不同的思想观念。

《美国的智慧》把比较的重心集中在了梭罗与戴维·格雷森（David Grayson）、唐纳德·皮阿提（Donald Culross Peattie）、奥利弗·霍姆兹（Oliver Wendell Holmes）等美国后世作家身上。林语堂在美国自然文学的发展演进中论及了梭罗对格雷森产生的影响。林语堂认为，格雷森能与大自然水乳交融，是位内心平和宁静的精神领袖，他把伤人脑筋的哲学难题抛在脑后，而设法达到了梭罗所谓的生活“核心”。格雷森的思想并非无源之水，他是在反复研读梭罗、蒙田等前人散文作品的基础上，经过了自己的“消化、吸收、整理、统一和检验；以这些思想为基础，产生了他自己的感想，并一一记录下来，宛如早晨的雏菊新鲜诱人，散发着真实的美国情感的气息”③。格雷森具有一颗充满悟性的和平心，可以清楚地看待这个世界，并从中得到乐趣。相比之下，梭罗虽然曾经闪烁着精神的光芒，也了解幸福的真正内涵，但他身上明显出现了不和谐的音符。

对于更为晚近的自然文学，林语堂声称，现代人要比前人做得更好，因为现代自然文学作家更精确，他们为读者打开的世界也更宽阔，更奇妙。在现代非常出色的自然文

---

① 林语堂：《美国的智慧》，刘启升译，陕西师范大学出版社2007年版，第178页。
② 林语堂：《美国的智慧》，刘启升译，陕西师范大学出版社2007年版，第152-154页。
③ 林语堂：《美国的智慧》，刘启升译，陕西师范大学出版社2007年版，第130页。

学作家中，皮阿提就是其中的一个："皮阿提的《草原丛林》是更优秀的文学作品，优秀之处不仅仅是信息的准确性和更广泛的科学知识，还在于文笔的优美，在于见解与学识的广度，以及以真正的科学想象为后盾的哲学理念。"① 在现代自然文学的烛照下，林语堂认为问世较早的《瓦尔登湖》未免失之于矫揉造作。

《美国的智慧》在美国自然文学的历史嬗变中对梭罗予以阐发，分别从思想和艺术两个维度对梭罗与格雷森以及皮阿提进行了比较。林语堂得出的结论对梭罗未免显得过于苛刻，因为上述作家身处不同的时代，很难对其进行平行阐释。至于与霍姆兹的对照，林语堂又选择了另外一个切入角度，即考察作家与时局等外在环境的关系。林语堂写道，霍姆兹的《早餐桌上的霸主》（*The Autocrat of the Breakfast-Table*）充满了轻松、闲适又很深刻的言论，其作者生活在一个美好的内心世界中，而非生活在因政治斗争和思想反叛而导致的动荡不安的客观世界中。在一些政治见解搅动着梭罗和爱默生时，霍姆兹却能做到不为局势所动②。在林语堂看来，与梭罗等人相比，霍姆兹并不缺乏同情心，只是他的心灵始终生活在别处，他更为关注人类的普通情感。

四　主题阐释：自然、政治和生活熔于一炉

除了对梭罗进行跨越中西和不同时空的论述，林语堂还在《美国的智慧》中对梭罗的自然观、政治观和生活理念等主题思想予以阐释。主题是文艺作品蕴含的基本思想，是作品所有要素的辐射中心和创造虚构的制约点，是文艺家对现实生活的认识和评价的表现。梭罗如今之所以能被人们重新发掘出来，"自然与其作品在当时属于超前的主题思想现在得到了人们的理解，从而为后人的不断言说提供了丰富的解读空间有关"③。

林语堂首先对梭罗的自然观进行了开掘："梭罗同时扮演两种角色，正面的和反面的：一方面宣扬并谴责社会上的欺诈行为和徒劳无益的事情，另一方面又是一位对自然界抱有深厚感情的作家。梭罗的第二种角色无疑是相对优秀的。"④ 从这里可以得知，林语堂更为看重的是梭罗在自然文学书写方面取得的成就及其作品的艺术价值。这与当今学术界对梭罗艺术成就的评价基本一致，即梭罗是一位伟大的自然文学作家，是作为文体形式的自然散文之父，"在书写自然方面，在美国文学史上再也没有其他作家能比梭罗

① 林语堂：《美国的智慧》，刘启升译，陕西师范大学出版社 2007 年版，第 273 页。
② 林语堂：《美国的智慧》，刘启升译，陕西师范大学出版社 2007 年版，第 103 页。
③ 刘略昌：《梭罗与中国：东学西传后的西学中渐》，九州出版社 2018 年版，第 98 页。
④ 林语堂：《美国的智慧》，刘启升译，陕西师范大学出版社 2007 年版，第 156 页。

和卡森写得更加动人深刻”①。林语堂认为，一个人只有在感官被充分唤醒时，才能真正享受自然本身，才能找到自然充满戏剧性的时刻。为此，《美国的智慧》提到梭罗在《日记》中记载的追寻一头迷路的猪的经历，并从《无原则的生活》中援引了一些文字作为说明——通过与自然亲密接触，人们从自然那里获得生活的心意和道德的端正，并且恢复到健康、简单和快乐的生存状态：“在社会中你得不到健康，健康只能在大自然里才能找到……自然从不传授绝望的，精神或政治专制或奴役的信条，而是与你一起分享它的安详。”②

包括梭罗在内的美国超验论者走进自然，是为了同自然共同分享与月亮、星星和大地灵魂的真正交流，是为了清除所有的浅薄，恢复人类真正的领地。梭罗在著述中明显谈到了与自然的神秘结合，他的作品透露出一种与自然的亲密感，许多理性主义者对此无法理解。与其说这是回归自然，还不如说与自然融为一体。梭罗梦想的不只是“从外部观察自然，而是‘成为自然的组成部分’”③。林语堂这样的论述和对自然内在价值的认可颇有一些后世生态整体主义的味道。不过需要指出的是，林语堂对梭罗自然观的评价与生态批评的切入点完全不同。从林语堂之前的大量著述来看，他“常奉晚明小品文学为圭臬，与之品质相同或相近的文学就是优秀的文学，与之相悖的文学当然就是‘陈腐的文学’”④。林语堂在梭罗著作中看到了我国晚明小品那种追求性灵、自然和清新的品质，这才是他对梭罗的自然散文予以高度评价的内在原因。

尽管梭罗远不是一位政论家，与其散文、游记和日记相比，他的社会政治评论作品数量要少得多，然而梭罗的政论文却在世界思想史上产生了重要的影响。林语堂在《美国的智慧》中专设一节来讨论梭罗如何论述“国家和个人”之间的关系，在行文中他还大量引用了《论公民的不服从》中的文字作为例证。开篇伊始，林语堂即如是说道：“在某种很特殊的意义上来说，梭罗是个人的提倡者；当个人利益与国家利益发生冲突的时候，他又是个人的辩护者。”⑤ 梭罗的极端个人主义难以为身边的邻居接受，他们大多认为梭罗行为十分怪异，处在精神错乱的边缘。“对于普通意义上的美国智慧来说，梭罗的思想表现得有点偏激了。”⑥ 爱默生曾经宣称个人与国家平等、与教会平等、与其他任

① Paul Brooks. *Speaking for Nature: How Literary Naturalists from Henry Thoreau to Rachel Garson Shaped America*. San Francisco: Sierra Club Books, 1980, pp. ix, xii.

② 林语堂：《美国的智慧》，刘启升译，陕西师范大学出版社 2007 年版，第 258 页。

③ 林语堂：《美国的智慧》，刘启升译，陕西师范大学出版社 2007 年版，第 284 页。

④ 肖百容：《论林语堂对中国文化传统的阐释》，《中国现代文学研究丛刊》2018 年第 3 期，第 109 页。

⑤ 林语堂：《美国的智慧》，刘启升译，陕西师范大学出版社 2007 年版，第 174 页。

⑥ 林语堂：《美国的智慧》，刘启升译，陕西师范大学出版社 2007 年版，第 175 页。

何人平等。梭罗在此基础之上，把爱默生的主张又往前推进了一步，其对事态的看法可谓高瞻远瞩。“梭罗对于现代人的重要性体现在，他认真、诚恳地提出了一个主张，即个人比国家重要。他的这一主张清晰而又强烈，宛如一阵嘹亮的号角声。”① 梭罗不但在思想上主张个人比国家重要，而且将自己的理论付诸实践。梭罗一向特立独行，其所作所为具有鲜明的个人特征。由于个人秉性与大多数美国人迥然有别，所以美国很少有人能够领悟并效仿他的极端个人主义思想，“但东方人总是比美国人更容易理解梭罗的思想，因为梭罗的思想更接近于东方人的价值标准”②。

《美国的智慧》对梭罗政治观的阐释主要依据《论公民的不服从》。其实综观梭罗的政论文就会发现，他的改革理念毫无疑问地体现了其从消极被动到积极主动的立场变化。沃尔特·哈丁（Walter Harding）就曾指出：“在梭罗的3篇反对奴隶制的主要文章——从《论公民的不服从》到《马萨诸塞的奴隶制》，再到《为约翰·布朗请命》——中，无疑存在一种演进，那就是对州政府作为一种体制的抵抗愈加强烈。”③ 不过，仅就《论公民的不服从》来看，林语堂对梭罗政治理念的点评还是十分到位的。

除了自然观和政治观，梭罗的生活理念也引起了林语堂的注意。梭罗不满于康科德周围邻居们那种充满欺诈和幻觉、日常琐事和流言蜚语的卑躬屈膝、徒劳无益、背信弃义的生活。在林语堂看来，梭罗心目中全部生活的最高目标是寻求人类生活的真正价值标准。通过创作《瓦尔登湖》，梭罗传达了这样的信念：抛弃所谓职责的借口，通过发掘生活中真正的意义，去探索人类的内心世界。在林语堂看来，在梭罗之前没有人评述过生存这一主题，梭罗为此感到惊愕并发出诘难。《美国的智慧》全书关注的唯一重要的哲学问题就是生存智慧，对于智慧的主题和范围，林语堂将其限定为活着的人的生存领域。鉴于“活着的人的问题是一个我们了解甚少的相当广阔的领域”④，所以首开先河地评述生存主题的梭罗受到了林语堂格外的好评。

在搜集了美国历史上众多机敏睿智的思想家的著述之后，林语堂认为，尽管这些著作学识渊博、学理深奥、气势恢宏，但鲜见有人关注人类生活的幸福指数这一话题。梭罗直奔“幸福的主题，而且他几乎就要抓住它了。他前进的方向是正确的，可他走得太远”⑤。在谈到工作的激励作用时，林语堂声称，幸福来自于工作，来自于出色地完成一

---

① 林语堂：《美国的智慧》，刘启升译，陕西师范大学出版社2007年版，第176页。

② 林语堂：《美国的智慧》，刘启升译，陕西师范大学出版社2007年版，第177-178页。

③ Joel Myerson ed. *The Cambridge Companion to Henry David Thoreau*. Shanghai：Shanghai Foreign Language Education Press，2005，p. 196.

④ 林语堂：《美国的智慧》，刘启升译，陕西师范大学出版社2007年版，第5页。

⑤ 林语堂：《美国的智慧》，刘启升译，陕西师范大学出版社2007年版，第195页。

项工作时所产生的那种快乐和安宁的感觉。工作既是体力的消耗，也是脑力的付出。接着，林语堂引用了梭罗在《日记》中记载的自己在进行文学创作时体验到的那种身心愉悦的状态。从东西文化比较的视域出发，林语堂还认为美国人乃至所有西方人都轻蔑、贬损感官，这种行为令人感到失望。而东方人与此不同，东方人重视感官，了解感觉生活。所以作为东方人，热爱美食的林语堂对梭罗那种“担心享用一杯咖啡会使清晨的希望破灭”、“污损一个人的不是填进嘴里的食物，而是品尝食物的胃口”① 的主张不以为然。

五、结语

在林语堂的首部英文作品《吾国与吾民》中，他就宣称：“想要尝试去了解一个异民族及其文化，尤其像中国那样根本与自己不同的文化，此种工作殆非常人所堪胜任。”② 尽管面临重重困难，但有先前大量对中讲外、对外讲中的研究作为积累，林语堂在《美国的智慧》中还是试图剖析一个十分宏大的话题，即去“了解美国人的生活观，美国的一些伟大的思想家如何绞尽脑汁试图回答有关上帝、生命、不朽，以及人生的陷阱、争斗、快乐等诸多问题”③。记录在《美国的智慧》中的文字是林语堂作为一个现代中国人对美国智慧的所看、所爱、所感和所思。当然，在遴选可以进入美国顶尖智者的行列的人选时，林语堂主要是依据东方文化的视野和现代人的见解进行取舍——“诸如作者的个人吸引力；我们的大脑被某些作者所吸引，而对其他作家则予以拒绝”④。最终的结果就是，林语堂在《美国的智慧》中为梭罗留下了大量的篇幅并对其予以了多维度和多元化的阐释。

由于进行内容策划时即已坚定地摒弃了正统哲学，由于丝毫不愿意涉及一个让人非常遗憾的知识分支——形而上学，林语堂在撰写《美国的智慧》时采取了民间的而非正统的立场。不像撰写《生活的艺术》时有着种种顾虑，林语堂在《美国的智慧》中能够“野性”、“自由自在、全心全意”地搞清楚“美国作家作为个人是如何在一般意义上看待生活，看待生活的难题以及生活的艺术”⑤。这种思想和论说自由典型地体现在林语堂对梭罗的多元化和多维度阐释中。在《美国的智慧》中，林语堂对梭罗的阐释不但涉及

① 林语堂：《美国的智慧》，刘启升译，陕西师范大学出版社 2007 年版，第 239 页。
② 林语堂：《吾国与吾民》，宝文堂书店 1988 年版，第 6 页。
③ 林语堂：《前言》，林语堂《美国的智慧》，陕西师范大学出版社 2007 年版，第 1 页。
④ 林语堂：《美国的智慧》，刘启升译，陕西师范大学出版社 2007 年版，第 414 页。
⑤ 林语堂：《美国的智慧》，刘启升译，陕西师范大学出版社 2007 年版，第 414 页。

面广，而且相较于《生活的艺术》，他对梭罗的认识变得更加深刻。从今天的角度观之，《美国的智慧》对梭罗的阐释多是些感悟式的文字，缺乏学术研究应有的严谨逻辑和深度剖析。其实，这样的吹毛求疵也许毫无必要，因为林语堂本来的目的就不是对梭罗进行整饬的学术探究，而且身为作家而非学者的林语堂对梭罗的评点也十分符合作家思维发散的特点。

（作者单位：上海理工大学外语学院、枣庄学院大学英语教学部）

莫言小说中的志怪传奇书写①

魏家文

目前学术界普遍流行的观点是，莫言获得诺贝尔文学奖的原因在于他“将魔幻现实主义与民间故事、历史与当代社会融合在一起”。实际上，莫言笔下的魔幻现实主义更多是一种中国化的魔幻现实主义，它不仅是对拉美魔幻现实主义的借鉴，更多是受中国小说志怪传奇传统的影响。正如美国汉学家王德威所言：“中国传奇志怪的影响，又何尝须臾稍离。”② 在很大程度上，莫言的获奖得益于他对中国小说志怪传奇传统的创造性改造。莫言的获奖不仅向世界彰显了中国传统文化的魅力，而且为中国作家如何将创作之根扎根于民族文化的深厚土壤，创作出既有民族特色又有世界眼光的作品树立了光辉的榜样。

一、文本建构中的志怪传奇世界

中国文学中的志怪传奇传统由来已久。从上古神话《山海经》、《穆天子传》到汉代的《淮南子》、《列仙传》，魏晋时期的《列异传》、《收神记》，从六朝的《搜神记》到唐代的《枕中记》、《南柯太守传》，再到宋代话本《稽神录》，明清的《庚巳编》、《聊斋志异》，“发明神道之不巫”的志怪传奇书写一直绵延不绝，“用传奇法，而以志怪”③是它们常用的叙事模式。传统志怪、传奇小说用文言文语体记载、描述鬼神怪异人事，体现了古人对神怪灵异等超现实存在的关心和向往。虽然自“五四”开始，在西方启蒙

---

① 本文为国家社会科学基金西部项目“莫言与沈从文乡土小说比较研究”（15XZW030）的阶段性成果。

② 王德威：《千言万语，何若莫言——莫言论》，《读书》1999 年第 3 期。

③ 鲁迅：《中国小说史略》，上海古籍出版社 2000 年版，第 147 页。

理性之光的烛照下，传统的志怪与传奇逐渐没落，但在鲁迅的《故事新编》、沈从文的湘西系列小说以及后来的新感觉派小说、左翼文学和解放区文学中，依然可以发现志怪与传奇特征的存在。进入20世纪80年代后，随着对小说艺术技巧研究的日益深入，学术界开始重新认识传奇传统——“它的艺术取向和思维中的怪、新、奇，它的寄托性和虚拟性独特追求，本身就符合‘小说’艺术的思维规律和构形律，或者说，本身就在创制和形成小说的思维和艺术特征，就是小说思维和艺术规律的体现者”①。基于这种认识，部分作家在创作中开始了向传统志怪、传奇复归的转变。

莫言的家乡山东高密深受古代齐文化的熏陶，生长于斯的莫言深受齐人万物有灵的思维方式的影响，并以此为依托建构了一个与世俗社会相对应的人、鬼、精怪混杂交融的奇幻世界。

中国的鬼文化源远流长，经历了数千年的传承演变，已渗透到中国人生产生活和思想情感的方方面面，形成了独具特色的民族文化形态。但到底什么是鬼？《说文》曰：“人所归为鬼，从人，像鬼头；鬼，阴气贼害。”② 在大多数人眼里，“鬼是人类幻想出来的一种与人相对的阴府中的形象，其生活形象大都是人类生活的折射和想象”③。也就是说，鬼被视为人死后的一种特殊的生命形态，是人的生命延续的另一种形式。

莫言笔下的鬼在生活方式和思想情感上与活着的人毫无二致。他们在活着时大多拖着沉重的肉身为生存而苦苦挣扎，死后依然没有放弃对人世间的牵挂。《奇遇》中已经去世的赵三大爷因生前欠“我”爹五元钱，死后仍念念不忘，在“我”回乡途中嘱咐“我”用他的玛瑙烟袋嘴抵债。《我们的七叔》里回家为七叔奔丧的“我”遇见七叔在村口等“我”回家，后来“我”明明看见七叔的尸体被放在一条破席子上，可“我”却看见他在旁边修着车，并时不时与“我”和七婶聊着天。《战友重逢》里在河堤边的柳树上与“我”聊天的郭金库、钱英豪其实都是早已死去的人。虽然人们普遍认为“鬼”是人死后的特殊生命形态，人们出于对死者生前的感情而对鬼不能忘情，即便如此，一般人还是不愿意和鬼有过多的纠缠。

在莫言塑造的众多鬼形象中，《生死疲劳》中的西门闹无疑是其中的代表。小说借助生死轮回的形式，用动物的视角再现了中国农村半个世纪以来的历史风云。小说的独特之处在于用轮回的生命链和血缘延续的生命链，将动物世界、人的世界、死后的世界连接在一起，构成了阴阳并存、人畜混杂的特殊艺术画面。开篇写地主西门闹在土改中被民兵枪杀，带着冤屈与不甘进入冥界，即使在地狱里遭受油锅煎炸的酷刑，西门闹依

---

① 逄增玉：《志怪、传奇传统与中国现代文学》，《齐鲁学刊》2002年第5期。

② 许慎：《说文解字》，上海教育出版社2003年版，第148页。

③ 徐华龙：《中国鬼文化》，上海文艺出版社1991年版，第5页。

然不愿认罪服输。为了让西门闹忘记前世的冤屈，西门闹被强行灌下孟婆汤后相继轮回为驴、牛、猪、狗、猴，最后在新千年转世为大头婴儿蓝千岁。在前5次轮回中，当西门闹以牲畜的身份投胎到人世时，虽然他还保留着人的记忆，作为动物的他有满腹冤屈却无法言说，亲人并不知道他已经投胎重回人世并一直生活在他们身边。不仅如此，转世后的动物之躯在人间也饱受摧残，除了第五世西门狗属于年老体衰自然死亡外，余皆因天灾人祸死于非命。小说讲述了阎王审判、油锅煎炸、孟婆送汤、小鬼送魂投胎等人死后的奇特经历。莫言用夸张怪诞的方式写出了历史荒诞的一面，但作家本人对历史的态度是真诚的，荒诞的故事背后揭示出的是历史的本真面目，表达了作家对那个疯狂年代里个人无法掌握自身命运的同情以及对历史暴力的反思。

精怪是莫言小说志怪传奇书写的又一对象。和鬼一样，精怪是人们幻想出来的产物，“精怪依附于固定的物质形体，大多是动物，少数是植物和无生命物，精怪具有非物质性的神力异能，灵善变化，通常变形为人，也可呈现其他物态”①。如《老枪》中带有不祥宿命的老枪；《金发婴儿》中遍身火红羽毛的大公鸡；《爆炸》中能躲避人追捕的红狐；《草鞋窨子》和《生蹼的祖先们》中多次出现的会说人话的“话皮子”；《辫子》里叫嚣示威的“辫子”；《藏宝图》和《檀香刑》中能看出人本相的通灵虎须；《红耳朵》中会跳舞的“红耳朵”；《酒国》中扰乱世间、让人酒量大增的酒虫；《嗅味族》里快乐的“长鼻人”等。这些精怪行为怪异，却极富人情味，如《嗅味族》中的“长鼻人”不仅让“我”和伙伴进入它们居住的水井里，而且用美味的食物招待饥肠辘辘的我们。不仅如此，当这些精怪附身于人的身体后，那些处于困厄中的人借助精怪的力量马上就拥有了超越常人的神奇力量。《丰乳肥臀》中痛失爱人的三姐设坛成为鸟仙后，就拥有了能为人占卜治病的神奇能力；《红高粱家族》中的二奶奶被日本兵蹂躏致死，在野猫附体后以起尸的方式通过痛骂发泄自己心中的不满。

在莫言的笔下，志怪传奇书写的对象除了鬼、精怪外，还有许多神奇的动物。在莫言创作的故乡题材作品中，其笔下的黄鼠狼、狐狸、狗、猫、骡子、猪等动物不再是靠本能行事的动物，而是秉承了天地意念、与人类有相似情感和智能的某种神灵，成为文本建构与推动故事情节发展的不可缺少的因素。这就意味着，莫言笔下的动物不仅是被叙述的对象，同时也是叙事者。动物界的故事和人世间故事的交替出现、人性与兽性的相互交融与相互映照，不仅使小说文本呈现出一种荒诞神秘色彩，而且在不动声色中寄托了作家对现实与人性的思考与批判。

① 王丹：《母题视野中的精怪故事——以鄂西北伍家沟村故事为例》，《湖北民族学院学报》（社科版）2007年第1期。

莫言笔下的动物最引人注目的地方是其身上所表现出的人类情感。在这些动物的身上，我们不仅可以发现人性善的一面，同时也可以发现人性恶的一面。小说《野种》中父亲的小母驴不仅有人的温顺、善解人意等品质，而且有着与人相似的羞涩、委屈的感情；《木匠与狗》中的狗则表现出人性恶的一面，因为记恨木匠对它的伤害，趁木匠午睡时用高粱秆丈量他的身体，然后设计在木匠的必经之路上挖坑报复他；《一匹倒挂在杏树上的狼》中的狼为了报仇，不惜从相距千里的长白山森林跑到平原找曾经伤害过它的男人报断尾之仇；《红高粱家族》中的狗为了生存与人类斗智斗勇，互相杀戮，其高超的计谋与严密的组织纪律与人类无异。

当然，莫言的小说在凸显动物身上所表现出的人类情感的同时，还借助人/动物生命形态相互转换这类传奇故事，揭示了现代人的生存困境及其反抗的悲剧性。小说《幽默与趣味》里的大学文科教授王三，因为不堪事业和家庭生活的双重压力，突然有一天在遭受妻子的家暴后变成了一只猴子，并且拒绝再变回人；《翱翔》中的姑娘燕燕为了反抗为哥哥换亲嫁给自己不喜欢的男人的命运，像鸟儿一样飞到了树上，但最终被追捕的警察射杀；《丰乳肥臀》中痛失恋人的三姐设坛成为鸟仙，她有人的外形但吃的是鸟食，栖身在树上，成为大家眼中的异类。人可以变成动物，动物也可以幻化成人。《复仇记》中一头成精的母猪常在深夜扶着墙练习像人一样走路，还模仿女人的打扮穿粉色小皮鞋，戴皮手套给同类表演跳舞，最后在其他猪羡慕的目光中变成一个漂亮的女人，从猪圈消失后嫁给了一个有钱人；《马驹横穿沼泽》中的小红马驹不仅救了陷于暗红色淤泥中的男孩，而且后来变作一个有金红色长发的姑娘，与男孩结为夫妇。

亦真亦幻的自然景物是莫言志怪传奇书写的另一个对象。莫言在成为作家前有20多年的农村生活经历，长期与大自然的亲密接触，不仅培养了莫言丰富的想象力，同时也培养了莫言对大自然敏锐的观察力。莫言在写作时常常对自然景物做夸张、变形处理，用万物有灵的眼光来看待脚下的土地万物，其笔下的大自然处处散发着灵性，它们和有生命的动物一道，成为莫言笔下志怪传奇书写的重要组成部分。

首先是庄稼地。庄稼地是农村最普通的场地，在莫言的笔下，庄稼地不再是无生命的自然存在物，而是充满灵性的有生命的存在物。莫言常用的手法是将主人公的感觉融入其中，赋予庄稼地以生命，并让它参与到故事情节的发展之中。在成名作《透明的红萝卜》中，黑孩苦苦追寻的那个金色的红萝卜在作家笔下如同一个有生命的精灵："红萝卜的形状和大小都像一个大个莱阳梨，还拖着一条长尾巴，尾巴上的根根须须像金色的羊毛。红萝卜晶莹透明，玲珑剔透。透明的、金色的外壳上泛出一圈金色的光芒。"①

---

① 莫言：《透明的红萝卜》，《中国作家》1985年第2期。

在金色的红萝卜的映照下，庄稼地显示出神奇与怪异的一面。《红高粱家族》中的高粱地更是一个充满灵性的地方，它不仅是“我爷爷”、“我奶奶”狂野爱情的见证者，同时也是村民们与日军浴血奋战、壮烈牺牲的见证者，更让人惊奇的是高粱地里的高粱有着人的情感，当父亲穿过高粱地时，“被露水打得精湿的高粱在雾洞里忧郁地注视着我父亲，父亲也虔诚地望着他们。父亲恍然大悟，明白了它们都是活生生的灵物。它们扎根黑土，受日月精华，得雨露滋润，上知天文下知地理”①。这些高粱早已经成为高密东北乡的一员，它们与东北乡人一道同呼吸共命运，其喜怒哀乐与人无异。

其次是月亮。在学者眼里，“月亮是中国艺术精神的体现，月亮是中国文化的原始意象”②。与大多数文人墨客笔下的月亮相比，莫言笔下的月亮不仅仅被视为艺术家情感和理想的寄托所在，而且与那些充满灵性的动植物一样，通过自身色彩和大小的变化参与到人间事务之中，表现出与人类相通的情感。比如《枯河》开头对月亮的描写：“一轮巨大的水淋淋的鲜红月亮从村庄东边暮色苍茫的原野上升起来时，村子里弥漫的烟雾愈加厚重，并且似乎都染上了月亮的那种凄艳的红色。”③ 这样的描写一开始就为整个故事情节涂上了神秘和凄惨的底色。当少年小虎为了给书记的女儿折树枝、不小心从树上掉下来砸死了书记的女儿受到书记的毒打时，“月亮颤抖不止，把血水一样的微光淋在他赤裸的背上”；当小虎躺在干涸的河床上的沙窝里无法动弹时，“他求援地盯着孤独的月亮。月亮照着他，月亮脸色苍白”④。月亮不仅是人间悲剧的见证者，同时也是人间悲剧的批判者。如果说月亮在《枯河》中呈现出的是悲悯的一面，那么在讲述留守军嫂追求自由爱情的小说《金发婴儿》中呈现出的则是疯狂怪异的一面。当瞎眼的婆婆察觉到儿媳与他人偷情时，“她看不到月亮，她感觉到了月亮，她觉得一轮红月亮挂在儿媳妇的脸上，又大又圆”⑤。在军人孙天球得知妻子出轨消息后赶回家的那天晚上，“一团桔黄色的云不知从哪儿冒出来，在无边无际的空中追赶着月亮。那团黄云毛茸茸的，形状像只长毛狮子狗。月亮不时被狮子狗吞没，又不时从它肚子里钻出来。这种残酷的游戏一直延续了两个多小时”⑥。月亮疯狂而怪异的行为，实际上是军人孙天球此时内心情感的投射，月亮成了疯狂人性、怪异人生的隐喻。

从总体上看，莫言小说志怪传奇书写的独特之处在于，他将人的生命感觉投射到动植物身上，打破了人与动植物、现实与幻觉之间的界限，让人、动物、植物三者之间的

---

① 莫言：《红高粱家族》，作家出版社 2012 年版，第 9 页。
② 傅道彬：《晚唐钟声》（修订本），北京大学出版社 2007 年版，第 58 页。
③ 莫言：《枯河》，《白狗秋千架》，作家出版社 2012 年版，第 191 页。
④ 莫言：《枯河》，《白狗秋千架》，作家出版社 2012 年版，第 197 页。
⑤ 莫言：《金发婴儿》，《欢乐》，作家出版社 2012 年版，第 178 页。
⑥ 莫言：《金发婴儿》，《欢乐》，作家出版社 2012 年版，第 179 页。

生命感觉相互沟通，相互修辞。这种手法“不仅仅是普通意义上的拟人化，而是生命体系的互相转化，构成一个个斑斓的意象”①。由此，莫言的志怪传奇书写实现了一体化的生命/个体化的生命形态、现实/幻觉之间的对立统一，将传统的志怪传奇书写发展到一个新阶段。这一成就的取得，与莫言创作所凭借的传统文化资源及其创作上不断追求自我超越有关。

二、莫言小说志怪传奇书写的文化资源与创作上的自我超越

考察莫言志怪传奇书写的缘起，民间文化中的神秘文化是莫言志怪传奇书写的重要文化资源。中华民族是一个历史悠久的古老民族，神秘文化的底蕴十分深厚，因果报应、占卜算卦、图腾禁忌、妖魔鬼怪等各种各样的神秘观念深入人心。这些数千年形成的观念广为传播，经过长时间的积淀已经成为民族集体无意识的重要组成部分，成为展示中国文化和国民性的重要载体。因此，“对神秘文化的深入体验和传神表现，是有利于达到对中国人生、中国民族性、中国文化乃至人性奥秘的深层把握的”②。

作为一种世界文化现象，神秘文化源自人类对大自然中神秘事物和现象的敬畏与恐惧，它所昭示的是人类对自身渺小与脆弱的深刻洞察与无能为力。不论是西方宗教神话传说中的造物主、神灵、妖魔，还是中国神话传说中的妖魔鬼怪，它们都以一种超凡的魔力主宰着人的命运。尽管现代科学已经揭开了曾经笼罩在它们身上的神秘面纱，所谓上帝造物、世界末日、因果报应、灵魂转世不过是人类的臆想，但依然无法解除人们内心深处对神秘文化的敬畏与向往。与西方文化相比，中国文化中的神秘成分所占的比重更大，因而中国作家受神秘文化的影响也就更明显。

如何看待神秘文化与文学之间的关系，作家阎连科的观点颇具代表性：“迷信对于科学来说是一种愚昧，但是对于文学来说是一种文化。如何使迷信转化成文化，也是作家的任务。你能让迷信成为一种文化，那你就是一个优秀的作家。”③ 这就意味着，迷信对作家而言不仅是一种宝贵的写作资源，而且是考验作家创造力的重要手段。对一个优秀的作家而言，他的任务不是从科学的角度证明迷信的荒谬性，而是从思维方式和审美的角度去发掘它的价值，并通过自己的创作将之进行创造性转化，凸显其文化价值。

莫言的故乡山东高密曾是古代齐国的属地。与儒家文化相比，齐文化保存了更多远

---

① 张志忠：《莫言论》，北京联合出版公司 2012 年版，第 49 页。

② 樊星：《贾平凹：走向神秘——兼论当代志怪小说》，《文学评论》1992 年第 5 期。

③ 阎连科、梁鸿：《巫婆的红筷子——作家与文学博士对话录》，春风文艺出版社 2002 年版，第 68 页。

古神话的幻想色彩，显得更加富有生机与活力，加上古代齐国三面环海，波澜壮阔的大海、充满梦幻色彩的海市蜃楼等自然景观以及各种各样的神话传说，都使齐国人的情感世界充满了诗意、浪漫的想象。莫言出生在1955年，在1976年应征入伍前几乎没有离开过高密。在莫言早年的乡村记忆中，让莫言记忆深刻的除了饥饿外，就是在冬日的夜晚和同样饥肠辘辘的村民们挤在六叔的家里听村民讲故事，“这些乡村的口头的小说家们你一段我一段地编制着奇闻怪事，有时也议论经济，有时也批判政治，最多的话题则是妖魔鬼怪和村中人的男女情事”①。莫言成了作家后发现，村民们所讲的故事与《聊斋》中的故事大同小异，以至于莫言无法分清到底是村民们先看了《聊斋》后讲故事，还是先有了这些故事而后有《聊斋》。莫言曾多次谈到鬼怪故事对他的影响：“我必须承认少时听过的鬼怪故事对我产生的深刻影响，它培养了我对大自然的敬畏，它影响了我感受世界的方式。”② 莫言自称是一个爱讲故事的“说书人”，这种独特的身份认同，与他早年的农村生活受到神秘文化的熏陶是分不开的。

此外，莫言的志怪传奇书写也是他自觉向古今中外文学大师和民间文化学习的结果。在莫言的早期创作中，马尔克斯与福克纳无疑是莫言的引路人。莫言曾说，在所有西方文学作品中，“对我影响最大的两部著作是加西亚·马尔克斯的《百年孤独》和福克纳的《喧哗和骚动》”③。因此，莫言笔下的“高密东北乡”被众多评论家视为对福克纳笔下“约克纳帕塔法县”的模仿也就不难理解了。莫言的独特之处在于，他将拉美魔幻现实主义进行了中国化改造，变现实为幻觉而不失其真实性，借助奇异的感觉描写来取得魔幻的效果，其笔下的魔幻带有鲜明的民族特色和个性特点。如莫言在《球状闪电》中这样描写闪电：“火光徒然拉成一条垂直的金线，从树梢贴着树干一直到地，五个乒乓球大小的黄色火球沿着金线上下飞动，犹如五个互相追逐着的小动物。几秒钟后，小火球猛然聚合在一起，变成了一个黄中透着绿的大火球，从树上滚下来。火球约有儿童足球那么大，非常轻巧灵活，像实心的又像空心的。一边滚动，一边还发出噼噼啪啪的爆裂声。”④ 在寻常人的记忆中，闪电是司空见惯的自然现象，很少有人像莫言那样调动自己的视觉、听觉、触觉，通过使用那些与自己的生命感觉相通的词汇，将自己的生命体验融入对自然现象的描述中，使得平常的闪电在读者脑海中呈现为一幅色彩明丽而奇异的图画。无独有偶，莫言在描写“红高粱”、“红萝卜”、“大风”、“秋水”、“秋千架”等其他自然生命形态时，也用了相同的手法，从而在读者内心激发出类似神秘与梦幻的心

---

① 莫言：《酒后絮语》，《会唱歌的墙》，作家出版社2012年版，第50页。

② 莫言：《小说的气味》，当代世界出版社2004年版，第375页。

③ 莫言：《两座灼热的高炉——加西亚·马尔克斯和福克纳》，《世界文学》1986年第3期。

④ 莫言：《球状闪电》，《欢乐》，作家出版社2012年版，第56页。

理体验。

莫言在向西方现代派学习的过程中逐渐认识到，“一味学习西方是不行的，一个作家要想成功，还要从民间、从民族文化里吸取营养，创作出有中国气派的作品”①。当莫言把目光转向自己的故乡时突然发现“在我这样作家的乡村经验记忆里，类似于《百年孤独》里很多的细节描写比比皆是，可惜我们知道得太晚……自己为什么早不知道小说可以这样写呢?”② 莫言的故乡高密是一个盛产故事的地方，莫言的祖母、爷爷、大爷爷以及村子里上了点岁数的人，满肚子都是故事，都是讲故事的高手，“在他们的故事里，死人与活人之间没有明确的界限，动物、植物之间也没有明确的界限，甚至许多物品，譬如一把扫地的笤帚，一根头发，一颗脱落的牙齿，都可以借助某种机会成为精灵”③。这里，马尔克斯实际上唤醒、激活了莫言早年的生活经验和心理体验。因此，莫言的志怪传奇书写，“既是拉美魔幻现实主义影响、启迪的结果，也是中国古代文学传统在当代的赓续与延展”④。

莫言曾多次宣称他后期的小说创作主要是受《封神演义》、《水浒传》、《聊斋志异》等中国传统小说的影响，其中，蒲松龄对莫言的影响最大。莫言在《学习蒲松龄》、《超越故乡》、《好谈鬼怪神魔》等文章中，坦承自己的创作之路道：“刚开始是不自觉地走了一条跟蒲松龄先生同样的道路，后来自觉地以蒲松龄先生作为自己的榜样来进行创作。”⑤

莫言和蒲松龄的故乡都在山东境内，两地相隔不过三百来里，这两个地方都是古代齐国的属地，“不仅巫风仙气浓郁，而且妖异故事也广为流传”⑥。受地域文化的影响，莫言和蒲松龄一样受到齐地爱谈鬼神的民间文化的熏陶。细读莫言的作品，读者很容易发现其作品在人物形象设置与故事情节安排上对《聊斋》的借鉴。如长篇小说《四十一炮》是一部关注乡村变革的现实主义题材小说，同时也是一部富有传奇色彩的小说，小说在人物形象设置上与《聊斋》有相似之处。《聊斋志异·五通》里奸淫良家妇女的美男子五通神就是一匹马变的，《四十一炮》中的兰老大作为有超强性能力的“种马”的化身出现在小说中；《生死疲劳》中在阴间遭受油锅煎炸的酷刑仍然不放弃为自己鸣冤叫屈的西门闹，与《席方平》中为了替父申冤雪仇不畏酷刑和利诱而抗争到底的席方平

① 莫言：《与王尧长谈》，《碎语文学》，作家出版社 2012 年版，第 125 页。

② 邓凯：《莫言：我始终在跟马尔克斯搏斗》，《光明日报》2011 年 7 月 31 日。

③ 莫言：《用耳朵阅读》，作家出版社 2012 年版，第 56 页。

④ 曾利君：《新时期小说的“魔幻叙事”与古代文学传统》，《现代中国文化与文学》第 22 辑，巴蜀书社 2017 年版。

⑤ 莫言：《我的文学经验》，《蒲松龄研究》2013 年第 1 期。

⑥ 徐北文：《齐地文学与民俗》，《文史知识》1989 年第 3 期。

类似；西门闹死后轮回为驴、牛、猪、狗、猴，最后在新千年转世为大头婴儿蓝千岁的情节安排，与《三生》里主人公刘孝廉的命运相似，因为生前的恶行，死后的刘孝廉被阎王罚他分别转世为马、狗、蛇，直到他改邪归正后才转世为人。

当然，莫言的志怪传奇书写除了对蒲松龄的借鉴外，还有意识地将自己听过的民间故事融入小说中。如短篇小说《猫事荟萃》中记录了祖母讲的猫能成精、与好吃懒做的主人斗法的故事；《罪过》中穿插了三爷讲的鳖湾鳖精遭枪击、老鳖精经常去北京、鳖精的子孙们出将入相、千里送信鳖精赠金豆芽的故事；《草鞋窨子》中穿插了轱辘子、五叔等人所讲的话皮子、蜘蛛精"采花"、百草疮、屎壳郎疮、阴宅闹鬼、扫帚疙瘩沾血成精等故事；《故乡往事》中穿插了一则故乡流传的关于"成精的老树"的故事；长篇小说《丰乳肥臀》中穿插了关于"起尸鬼"的故事等等。这些民间传说的融入，不仅极大地增强了小说的趣味性，同时也在不动声色中寄寓了作家的文学理想和审美追求。

三、莫言小说志怪传奇书写的思想意蕴与审美追求

作为一位有强烈社会责任感的作家，莫言认为"好的小说家关注的是社会生活的人和人的难以摆脱的欲望，以及人类试图摆脱欲望控制的艰难挣扎"①。莫言常用的手法是将现实虚拟化、荒诞化，借此将自己内心的悲悯情怀隐藏起来，借志怪传奇之手传达自己对人类生存困境的关注与思考。

莫言的独特之处在于，他对人类生存困境的探寻，不是从外部的社会环境，"而是从人的内在欲望的角度来探讨其深层原因"②。在莫言看来，个体的生存困境不仅源自外部的社会环境，更与人性的弱点有关，主要表现为超过自身需求和社会许可的贪欲。长篇小说《生死疲劳》就是一部探寻人类陷于贪欲而不能自拔所导致的悲剧，莫言在该书的扉页上写下了这样的题词："生死疲劳，从贪欲起。少欲无为，身心自在。"按照学者陈思和的解读，"少欲无为，身心自在"是莫言写作的主要动因，其目的在于借助佛的说法来警告现实生活中的贪婪者们，如果他们不控制自己的欲望，他们将和西门闹一样进入轮回的"畜道"受苦受难，直到"少欲无为"。这一解读无疑具有创新性，但由于该主题被隐藏在荒诞故事的背后，很难被普通读者注意到。实际上，从作家对笔下人物的情感态度及其最终命运的安排上，读者不难发现二者之间的契合处。

在整部小说中，不论是亦官亦商、长袖善舞的暴发户西门金龙，位高权重、八面玲

① 莫言：《恐惧与希望：演讲创作集》，深圳海天出版社2007年版，第175页。

② 魏家文：《城乡关系视域下莫言〈四十一炮〉再解读》，《烟台大学学报》（哲社版）2018年第2期。

珑的县委书记庞抗美，大权旁落、郁郁寡欢的党支部书记洪泰岳，为情所困、不惜放弃党籍官印的副县长蓝解放，还是千金散尽、看破红尘、沦落街头卖艺的富二代西门欢和官二代庞凤凰，他们最终都死于非命。这些人的共同之处在于陷入欲望的泥沼中不能自拔。即便是小说中逆潮流而动、坚持单干的蓝脸的人生同样受欲望的控制。蓝脸在死前嘱咐自己的儿子把吃不完的粮食作为自己的陪葬埋到坟墓里，这一怪异的行为表明，土地不仅没有让蓝脸获得自由，反而成为他自我束缚的枷锁，"因此，蓝脸父子的逆潮流而动都出于个人的欲望所驱，就个人的追求而言自有其动天地泣鬼神之伟力，但从一个大的境界而言，也只能看作是孽障未尽心魔犹在的证据"①。

在莫言看来，这些人都不是身心自在的人。小说中唯一身心自在的人物是宝凤的儿子马改革。马改革胸无大志，善良平凡，但就是这样一个几乎没有故事也不被读者注意的人物，却能在急剧变化的时代洪流中保全自己，成了一个真正身心自在的人。小说用"幸福美满"来形容西门宝凤和儿子马改革的人生。这一充满赞美意味的话，实际上代表了莫言本人的人生态度和人生理想。贪欲者与少欲者截然不同的命运结局，印证了莫言所说的"小说中人物所遭受的苦难，并不完全是外部原因导致的，最深重的苦难来自内心，来自本能"②。这一看法在其他富有传奇色彩的小说，如《四十一炮》、《酒国》、《蛙》、《檀香刑》、《丰乳肥臀》等作品中同样存在。

莫言的志怪传奇书写不仅寄寓了自己对人类生存困境的关注与思考，同时也显示出他对中国小说趣味美学传统的认同与自觉追求。"趣味"作为中国古典美学中的一个重要命题有着悠久的历史。魏晋时期，文人开始将"趣"这个词运用到审美范畴中去，刘勰在《文心雕龙》中以"风趣"、"情趣"、"辞趣"、"旨趣"、"自然之趣"等概念品评诗文；唐代，王昌龄在《诗中密旨》中首次将"趣"、"理"、"势"作为诗歌审美的三种特质；明代，汤显祖把戏剧的创作理论归纳为"意趣神色"，把"趣"作为"情"的一个呈现方式，借离奇的"趣"表达丰满的"情"；清代，李渔认为在创作中需要"重机趣"，必须新人耳目，不落窠臼；近代，梁启超则赋予"趣味"以形而上的本体意义，突出"趣味"的非功利性，把"趣味"作为衡量人生价值和意义的基石与标准。虽然不同时代的艺术家对"趣"的阐释各不相同，但都强调"趣"能给人以心理上的愉悦。

受儒家思想的影响，中国文学的主流是"文以载道"，即使是流传在民间的各种精怪故事，大多数都包含劝惩讽刺等现实目的，很少有纯粹为有趣而创作的故事。直到魏晋时期，文人们才开始创作出一些为趣而趣的文学作品。到了宋代，"宋人小说写作的主

---

① 陈思和：《人畜混杂、阴阳并存的叙事结构及其意义》，《当代作家评论》2008 年第 6 期。

② 莫言：《小说与社会生活》，《用耳朵阅读》，作家出版社 2012 年版，第 146 页。

要目的在于为社会提供娱乐和消遣，重点已不在于劝诫；志怪传奇所涉及的宗教或是准宗教色彩的内容已倾向于戏剧化（或曰戏谑），而不尽是为了宣扬宗教而设”①。

显然，莫言的志怪传奇书写继承了中国小说追求趣味的美学传统。与传统小说相比，莫言的志怪传奇书写所追求的更多是一种“奇趣”——一种反常与合道的审美追求，“奇趣”美表现为一种看似不合理却又具有某种程度合理性的审美倾向，读者可以从中获得称之为奇中有趣、奇中有理的独特审美体验，进而增加阅读的兴趣。

这表现在，莫言的志怪传奇书写不是简单重复他人的故事，而是在创作中充分发挥自己的想象力，将自己所听到的民间故事进行二度创作，常以第一人称的叙事方式来讲述故事，给人一种身临其境、亦真亦幻的奇特感觉。《夜渔》讲述了中秋时节“我”和九叔月夜外出捉蟹的故事。在等蟹的时候，九叔像被河里的鳖精鳖怪附体了一般，变成了一个拿着树叶吹的浑身冰冷的男人，对“我”的叫唤毫无反应。“我”也在神秘的月色里见到了一朵奇美的荷花，不知不觉中慢慢走向河中，正在“我”即将溺水时，一个像仙子一样的女人突然出现，及时将“我”救了起来，然后施魔法帮“我”捉了满满的两大口袋螃蟹，还预言25年后“我”和她在东南方向的一个海岛上有一面之缘。当第二天早上“我”在红日初升的时候醒来时才发现，原来“我”独自一人在高粱地里睡了一夜，和“我”一起去捉螃蟹的九叔，实际上在刚进入高粱地后就发现“我”丢了，为此和全家人打着灯笼找了“我”整整一夜，而“我”对此一无所知。让“我”疑惑不解的是，那个一直在“我”身旁吹树叶的男人如果不是九叔又是谁呢？更奇怪的是，“我”后来也的确在25年后新加坡的一家大商场里遇见了那个帮我捉螃蟹的神秘女人，时间、地点与她的预测毫无差错。就内容而言，这个短篇确实没有什么深刻的主题寓意，吸引读者的在于它的趣味性。

由此可见，莫言小说中的志怪书写是“有意而为之”的结果。在莫言看来，好的作品，首先“它的故事要非常精彩”②。也就是说，精彩的故事情节是构成好作品的前提条件，而将那些富有神秘色彩的人物和情节融入其中是最有效的手段。神秘故事不仅能增加作品的艺术感染力，同时也给读者带来新的审美体验，这是因为“神秘作为一个审美范畴，它能给人一种朦胧、含蓄、深邃的美学感受；而它作为一种认识论的范畴，则意味着认识的有限，同时也表达了认识欲望的无限；它能调动读者丰富的想象，产生对彼岸世界的追慕，从而超越了小说狭小的时空界限”③。因此，莫言将那些带有神秘怪异色彩的故事情节和人物引入小说，不仅使小说文本产生了写实叙事所不能达到的效果，而

① 凌郁之：《走向世俗——宋代文言小说的变迁》，中华书局2007年版，第72页。

② 莫言：《我们的荆轲》，作家出版社2012年版，第204页。

③ 张学军：《中国当代小说流派史》，山东大学出版社2000年版，第267页。

且在不自觉中引导读者进入超现实世界，极大地满足了人的好奇天性以及对超现实世界的幻想。

四、结语

莫言早期的志怪传奇书写的确带有模仿马尔克斯、福克纳等外国作家的痕迹，当他意识到曾经给了他无数创作灵感的“两座高炉”有了灼伤自己的危险后，莫言便开始了自我寻找的过程。当莫言把目光转向自己的家乡后，终于在民间文化中找到了创作的灵感。莫言对拉美魔幻现实主义进行了大胆改造，采用对现实进行虚拟化和荒诞化的叙事方式，借助奇异的感觉描写来取得魔幻的效果，这就使其创作突破了拉美魔幻现实主义的固有模式，走出了一条民族化的成功道路，不仅赢得了中国读者的喜爱，同时也得到外国读者的喜爱。莫言的志怪传奇书写在审美趣味上所表现出的对中国小说趣味美学传统的追求及其所取得的成就，充分彰显了中国传统文学的魅力，为当代文学如何践行文化自信，讲好中国故事提供了宝贵的经验。“捕捉这故事，描述这精彩，向世界讲述中国故事，这就是莫言和中国作家展现出的最鲜明的中国特色、中国经验。”①

（作者单位：贵州大学文学与传媒学院）

① 张志忠：《农民本色·残酷叙事·可成长性·中国故事——莫言讲稿四章》，《现代中国文化与文学》2015 年第 1 期。

地方性诗歌文献的文学史意义①

——《崛起的一代》与朦胧诗论争

杨 洋

近年来，学界对文化与文学中心之外的地方性知识经验和边缘文化活力的开掘，为我们挖掘地方性文学史料提供了一条行之有效的阐释路径。如何通过挖掘、重构本土的、边缘的“地方性知识”来回应当下中国社会文化发展的现代化诉求？这往往是被我们所忽略的一条思想脉络。但恰恰是这种来自边缘的地方性知识和经验的存在，彰显了中国本土知识分子关于自身民族文化与文学以及中华民族共同体的自觉思考和深切关怀。

既往学界在谈论20世纪80年代初期中国新诗的崛起这一文学事件时，通常所持的是大家所熟知的“三个崛起”说：一是《在新的崛起面前》（谢冕），二是《新的美学原则在崛起》（孙绍振），三是《崛起的诗群》（徐敬亚）。事实上，当谈到中国新诗在20世纪80年代的发展史，尤其是具有转折性的历史进程时，首先不应遗漏的是早于《今天》杂志、由“贵州诗人群”创办的刊物《启蒙》，还不应忽略的就是“贵州诗人群”所带来的另一种“崛起”，即由“贵州诗人群”与在校大学生在1980年合作创办的刊物《崛起的一代》②。诗人钟鸣谈到他创办《次森林》时曾说：“这样我便认识了贵州的诗人们，他们的《崛起的一代》，1981年前就已闹得满城风雨了。我和他们当中的张嘉谚

---

① 本文系贵州省教育厅人文社科基地贵州师范大学文学·教育与文化传播研究中心项目“20世纪80年代贵州启蒙诗派的文学史意义”（JD2014050）的研究成果；贵州师范学院社会科学研究博士基金项目“‘贵州现象’与‘八十年代’中国文学关系研究”（2019BS016）的阶段性研究成果。

② 由贵州大学中文系学生张嘉谚、吴秋林与诗人黄翔、哑默等人主办的民刊《崛起的一代》于1980年11月创刊，在1980年第2期的“无名诗人谈艾青”专题中刊发了挑战艾青的檄文。随后，《崛起的一代》在1981年出版了第3期后就停刊了。

通过很长一段时间的信。”①《崛起的一代》从创办之日起就走出校园，与社会性文学力量相融合，以前辈诗人的深邃摒弃了象牙塔的单纯，同时又获得了校园的青春活力，避免了社会性文学力量的浮躁。借助于双方的资源，《崛起的一代》获得了精神的制高点，得以凭借极为锋利的笔墨直击中国当代诗歌渐趋羸弱的精神状态，直指当时诗坛及诗歌发展的病穴所在。办刊者们把握着20世纪80年代初期的新诗发展脉搏，认为诗歌作为最贴近人的精神心理的文学表达方式，理应对人的精神追求乃至本质性存在进行更深入、更宽广的探寻，并强调诗人不应仅仅将诗歌视为个人被挤压、扭曲、异化时进行呐喊和控诉的手段，诗歌应该有所超越，那就是带着鲜明的问题意识、批判思维及对爱与美好的责任和渴望向民族、历史、文化的最深处，向个人的精神最深处进发。“贵州诗人群”的这一“崛起”所独具的精神内驱力和思想锋芒在20世纪80年代的中国大陆诗坛引发了不小的震动。时至今日，当我们回顾这一“崛起”时，仍能被其明朗的诗风和生命内动力所震撼。值得欣慰的是，其震撼人心地出现又快速陨落并没有让贵州诗人们望而却步，分别于1986年和1991年推出了《中国诗歌天体星团》和《大骚动》。

一、《崛起的一代》与校园文学的合流

对“十六开阵地”② 的念念不忘，必有回响。“贵州诗人群”继1978年10月至1979年3月的《启蒙》之后，于1980年“幕后教唆”贵州大学中文系张嘉谚、吴秋林等在校学生创办了诗歌刊物《崛起的一代》。带着贵州的山风呼啸而出的《崛起的一代》，不仅让“贵州诗人群”直接介入当时的诗坛论争，而且还使“贵州诗人群”正式开启了与校园文学合流的局面。在这个过程中，从20世纪60年代走来的贵州诗人们激励、陪伴、见证了一代校园文学爱好者的成长，同时，这些校园文学爱好者的加入也为“贵州诗人群”注入了新鲜的青春血液。

在创办《崛起的一代》之前，“贵州诗人群”成员除了创办《启蒙》之外，诗人哑默还独自一人创办过文学性油印刊物《草野》、《野百合》以及《心，在跳动》。北岛在1979年1月7日给哑默的信中提到了哑默自办的《草野》，同时表示他的朋友们都很喜

① 钟鸣：《回顾：南方诗歌的传奇性》，《街道》1994年第10期，第55页。

② “十六开阵地”的说法是指“贵州诗人群”对创办刊物、发表作品的强烈渴望。参见哑默：《十六开的阵地》，《世纪的守灵人·见证》（卷三），四川大学刘福春中国新诗文献馆提供未刊稿，第49页。

欢《草野》上的作品，并设法将这些作品推荐给《争鸣》的朋友以发挥其更大的影响力①。这些刊物在当时打动了不少的大学生。

> 他们纷纷来信询问、走访我的“编辑部”：办刊物的究竟是些什么人？为什么都不具名？文风这样纯正、接近……我苦笑而不答，吹了声口哨，从那幢破败了的大宅院的各个房间里一下子跑来五、六个孩子，大的十几岁，小的五、六岁。我说：“咯，这就是我的编辑部的全部成员，还有位年轻的女助手，今天没来‘上班’。她们帮我油印、检页、折筒筒页、改错、装钉、分送等等。”②

正是哑默自办的这些刊物促成了后来的诗评家、当时还在贵州大学就读的张嘉谚与“贵州诗人群”的合流。1978年刚入学的贵州大学中文系学生张嘉谚在那一年底收到了同一年考进北京大学的钱理群寄来的刊物《今天》，当时还有好几个油印文学刊物借助整个社会思想与文学解冻的气息流入了贵州大学的校园，其中，《野百合》③ 给张嘉谚和他的同学们留下了极为深刻的印象。张嘉谚还给《野百合》编辑部写过一封信，后来也就有了张嘉谚与哑默的结识④。哑默曾回忆道：“那位来访者张嘉谚的眼里闪烁着男性的泪光：‘我们大学中文系的同学，十几个人，吵吵嚷嚷，半个月还出不了本油印刊物！’”⑤ 当这份凝聚着“成年人的情思和梦幻”、“孩子们的指纹和气息”⑥ 的《野百合》遇上了校园里的文学爱好者时，校园诗人们同时也分享了“野百合”的春天。

在创办《崛起的一代》之前，贵州大学在校生张嘉谚和吴秋林已创办过《春泥》、《酸浆草》、《破土》等刊物。尽管当时他们与“贵州诗人群”成员黄翔、哑默等还未结识，但凭着这股真挚的情感、内心的祈求、大山子民的野性以及对文学的赤诚向往、生命内在的驱动力，他们已然相当自觉地站在了抒发自我、表现自我的文学平台上。张嘉

---

① 1978年1月7日北岛致哑默的信，见哑默《世纪的守灵人·文脉潜行》（卷九），四川大学刘福春中国新诗文献馆提供未刊稿，第25页。

② 哑默：《长歌如梦》，《墙里化石》，中国致公出版社1999年版，第6页。

③ 哑默自办的油印刊物《野百合》是其个人作品的结集，包括诗歌、散文、小说、电影剧本等。见哑默：《世纪的守灵人·文脉潜行》（卷九），四川大学刘福春中国新诗文献馆提供未刊稿，第22页。

④ 哑默：《世纪的守灵人·文脉潜行》（卷九），四川大学刘福春中国新诗文献馆提供未刊稿，第272页。

⑤ 哑默：《长歌如梦》，《墙里化石》，中国致公出版社1999年版，第6页。

⑥ 哑默：《长歌如梦》，《墙里化石》，中国致公出版社1999年版，第6–7页。

谚至今还清晰地记得当时他的同学严为礼来找他商量搞文学社时的坚决，没有半点儿犹豫，几个同学一商量便成立了文学社，严为礼任社长，张嘉谚为副社长并主编社刊，文学社的名字敲定为“春泥”，顾名思义——“落花不是无情物，化作春泥更护花”，他们满怀信心地迎接着春天的到来，守护着文学的花季①。在“春泥”文学社正式召开成立大会时，前来参加的除了中文系1978级的文学爱好者之外，还有其他系的学生，最后竟然达到100多人②。社刊《春泥》的创刊号也因此办得有声有色，张嘉谚以“余竹”为笔名发表了《青春的牧歌》，押韵的自由诗体带着清新的“迎春”的气息。当时发表的作品还有严为礼的小说《挑水的老婆子王大妈》，以娴熟的手法、流畅的口语诉说着日常的世俗之事。同时刊发的还有侯楠的小说、龙超云的诗以及廖志强的名为《价值》的连载小说。值得注意的是，创刊号的发刊词还特别引用了鲁迅的两句话：“早就应该有一片崭新的文场，早就应该有几个凶猛的闯将！”③《春泥》果然不负众望，一如其创刊词所强调的从“崭新的文场”中冲出来“凶猛的闯将”那样，光是1979年3月底的创刊号就在大家的兴奋不已中油印了300多份。除了留给作者本人和学校相关老师之外，刊物被寄往各大高校。随后，《春泥》的创办者们陆陆续续收到了其他高校回赠的刊物。在你来我往的刊物交流中，贵州大学的《春泥》成功跻身全国高校中文系自办文学刊物的行列。相关资料表明，能罗列出来的当时各高校中文系自办刊物有《早晨》（北京大学中文系），《大学生》（中国人民大学新闻系），《初航》（北京师范大学中文系），《红豆》（中山大学中文系），《珞珈山》（武汉大学中文系），《耕耘》（南京大学中文系），《南开园》（南开大学中文系），《锦江》（四川大学中文系），《鼓浪》、《星光》（厦门大学中文系），《沃野》（山东大学中文系），《五泉》（兰州大学中文系），《希望》（西北大学中文系），《文学公民》、《扬帆》（诗刊）（杭州大学中文系），《渭水》（陕西师范大学中文系），《闽江》（福建师范大学中文系），《红叶》、《赤子心》（诗刊）、《寸草》（文

① 哑默：《世纪的守灵人·文脉潜行》（卷九），四川大学刘福春中国新诗文献馆提供未刊稿，第272-273页。

② 张嘉谚曾回忆，当时前来参加的中文系学生有“廖志强、龙超云、侯岚、彭纯基、张华、王建远、王枫林、袁欣、吴秋林、谌贻鼎、彭小青、宫建英、瞿巍、黄健勇……哲学系78级有个叫刘晓东的，爱写诗，不好意思直接报名，便找本系老大哥罗布龙推荐参加进来。一时人气兴旺。大会后又找了几个社员‘开小会’，又推选78级最出众、文学创作才华突出的女生龙超云为春泥文学社副社长、《春泥》副主编；谌贻鼎负责社务中的资料保管与收发；社团其他事务的人选（筹办文学讲座、文学培训之类）和办刊事务（纸张采办、钢板刻写、印刷装订等），也一一确定”。见张嘉谚：《歪歪斜斜的脚印》（张嘉谚提供未刊稿）。

③ 张嘉谚等主编：《崛起的一代》1980年第1期。

学评论专刊）（吉林大学中文系），《春泥》（贵州大学中文系），《秋实》（北京广播学院新闻系），《求索》（诗刊）（北京师范学院中文系），《百花》（中央民族学院语文系），《桂子山》（华中师范学院中文系），《我们》（杭州师范学院中文系），《吴钩》（江苏师范学院中文系），《新潮》（徐州师范学院中文系），《春草》（广州师范学院中文系），《枫林》（湖南师范学院中文系），《烛光》（诗刊）（贵阳师范学院中文系），《求索》（南京师范专科学校中文科），《九山湖》（温州师范专科学校中文科），《爱情》（诗刊）（张家口师范专科学校中文科），《新芽》（赣南师范专科学校中文科），《芳草》（湖南师范学院零陵分院中文系）等①。后来，《春泥》又应邀参加与其他12所高校的文学社团合办《这一代》。这13所高校分别是：北京大学、北京师范大学、中国人民大学、南开大学、南京大学、中山大学、武汉大学、杭州大学、西北大学、吉林大学、贵州大学、北京广播学院、杭州师范学院。当时北京大学中文系参与创办《早晨》的陈建功曾谈到武汉大学《珞珈山》的编辑张桦："在张桦的策动下，我们又联合了北师大、中山大学、吉林大学、西北大学等十来所高校。"② 来自边缘落后地区的贵州大学，能活跃在当时大学生文学潮流的前沿，张嘉谚、吴秋林等学生功不可没。据张嘉谚后来回忆，当时他收到许多校园诗人的来信，在建立了联系之后便开始相互交流写作心得，彼此分享对方的"习作"，其中就有诸如武汉大学中文系的高伐林、吉林大学中文系的徐敬亚以及杭州大学文学社的张德强（强弓）等人，后来还有四川大学的钟鸣和唐亚平陆续加入③。尽管彼此交流的是"习作"，但诗文间难掩新鲜、激扬的文学气息，同时还有许多正式出版物所不具有的批判思维、探索精神和前瞻眼光。然而，《春泥》的好景并不长，前后共刊出了4期。事实上，在创办第2期和第3期时，社团内部就已出现裂痕。据张嘉谚后来反思，《春泥》之所以难以为继，最主要还在于缺乏一个具有组织力、号召力的魅力型人物，所以《春泥》最后没能逃脱因人事纠纷而解散的结局④。

1980年5月仲夏的一天，张嘉谚来到贵阳市公园南路53号哑默的住宅拜访。这一次见面，张嘉谚不仅详细了解了哑默创办《野百合》的全部情况，而且还有更大的收获，那就是哑默决定将"贵州诗人群"的其他诗人介绍给张嘉谚认识。1980年5月17日，

---

① 於可训：《潜在的潮流——近年来大学生文艺述评》，《珞珈山》编辑部编《这一代》（创刊号），1978年8月10日，第84页。

② 陈建功：《"这一代"文学与青春同在》，新京报编《追寻80年代》，中信出版社2006年，第36页。

③ 张嘉谚：《歪歪斜斜的脚印》（张嘉谚提供未刊稿）。

④ 张嘉谚：《歪歪斜斜的脚印》（张嘉谚提供未刊稿）。

哑默带着张嘉谚来到诗人黄翔的家中，三人一见如故。当谈论到新诗“崛起论”遭围攻、夹击、批判，而他们想要再次通过办刊来表达自己的观点时，三人一拍即合！第二天，创办新的刊物就被提上了日程。张嘉谚后来回忆道：

> 因为文学爱好的结缘，我读了哑默自办的民刊《野百合》，感动其诗文的纯粹与文学执着。1979年初，我走访了贵阳市公园南路45号哑默居所，哑默很快聊到黄翔，并立即带我前去结识，三人一聚便十分投缘。以后我便利用周末，常去黄翔处走动①。

1980年10月的一个周末，张嘉谚与同学吴秋林来到位于贵阳市瑞金路34号的黄翔的小阁楼中，当时在场的还有哑默和郑思亮等人，张嘉谚送上了刚新鲜出炉的诗刊《破土》，大家一下子就文学与诗歌的发展状况展开了热烈的交流。在哑默等前辈诗人的眼里，《破土》似乎有些小家子气。黄翔、哑默等人突然意识到校园理应拥有一份大气得体的刊物，于是，决定合作办刊。黄翔提议说：“刊名就叫《崛起的一代》！强调一代新人的气势！”② 这一提法一下子激发了在场者的兴奋之情。随即，哑默又附议：“采用十六开的大开本，横翻式，这样展开很大套，又别致。”③《崛起的一代》就在这样的一片激情澎湃中被确定了下来④。

“贵州诗人群”的这次“崛起”与之前诗歌界的“崛起”的不同就在于，这一次“崛起”的主体不再只是文学界的社会人士，而是将在校大学生正式纳入创刊主体。同时，校园文学爱好者也不再是孤独的办刊群体，校外诗人的介入无疑为校园群体带来与之前全然不同的文学生态。就笔者所能查阅到的资料来看，《崛起的一代》是1949年之后中国在校大学生与文学界社会力量合力创办的第一份诗歌刊物，目前学界对此并没有给予足够的关注。

---

① 张嘉谚：《咆哮于崛起诗风的潮头》，《崛起的一代》1980年第1期“代前言”。
② 张嘉谚：《咆哮于崛起诗风的潮头》，《崛起的一代》1980年第1期“代前言”。
③ 张嘉谚：《咆哮于崛起诗风的潮头》，《崛起的一代》1980年第1期“代前言”。
④ 张嘉谚：《咆哮于崛起诗风的潮头》，《崛起的一代》1980年第1期“代前言”。

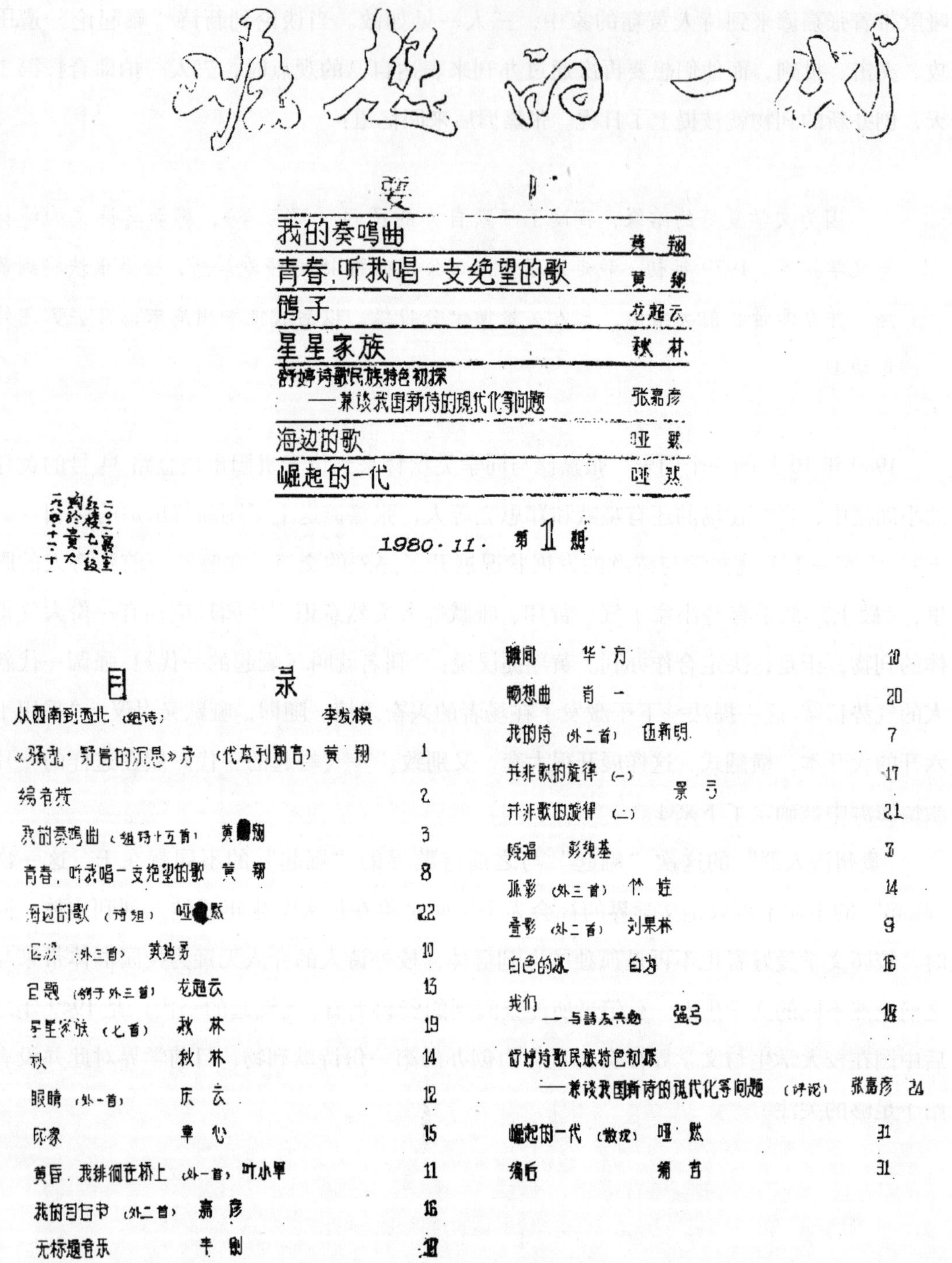
崛起的一代

要目

1980·11· 第1期

目录

《崛起的一代》第1期封面及目录①

---

① 原稿由四川大学刘福春中国新诗文献馆提供。

《崛起的一代》在创办之初就有明确的规定：

第一，坚决站在刚“崛起”的新诗阵营中；第二，由张嘉谚及其同班同学吴秋林主办，之前的“贵州诗人群”成员黄翔、哑默、方家华、莫建刚、梁福庆、郑思亮等社会人士退居幕后；第三，向全国征稿，并将刊物寄往各大专院校①。

事实上，自1980年5月18日敲定创办《崛起的一代》之后，主创人员一直被各种事务缠身，直到1980年10月9日，办刊一事才有所进展。从20世纪80年代初期开始，新诗创作者们发现他们越来越需要以自办刊物作为自己的发言阵地，然而，这一仅存的自留地却常常存活不了多久。有感于当时新诗陷入的各种争议和发展困境，1980年10月19日傍晚，黄翔、哑默、张嘉谚、吴秋林以及郑思亮（田心）等人相聚在“野鸭沙龙”，共同商议办刊事宜，最后决定排除万难，冲破重重阻力，迅速将《崛起的一代》办起来，以声援当时刚“崛起”的新诗阵营。《崛起的一代》于1980年11月刊发了第1期，编者张嘉谚等人力推诗人黄翔，将黄翔在诗文合集《骚乱·野兽的沉思》中的序作为第一期的代前言，又刊登了黄翔的爱情系列长诗《青春，听我唱一支绝望的歌》及组诗《我的奏鸣曲》。在张嘉谚、吴秋林等在校学生看来，以对爱情的呼吁来激发疲软的人性是他们作为诗者责无旁贷的历史重任。除了爱情诗之外，《崛起的一代》还刊载了哑默的思想随笔《崛起的一代》、组诗《海边的歌》，以及张嘉谚的评论文章《舒婷诗歌民族特色初探——兼谈我国新诗的现代化等问题》。可以说，《崛起的一代》第1期汇聚了校园内外的文学力量。在后记中，编者指出：

“人”和“诗”都属于这一代，这一代人不会报废的，一代精神危机产生一代新人，一代诗人带来了一代诗风，一代崭新的诗风正卷上诗坛，引起惊奇，引起骚乱，中华民族精神觉醒的苍鹰在诗坛上扑腾而起②！

第1期算是校园与社会结合之后的热身，紧接着，《崛起的一代》第2期于1980年12月刊发，仅撰稿人就有张嘉谚、黄翔、哑默、方华、吴秋林、梁福庆、邓维、田心、舒婷、顾城、莫刚、魏明伟、孙昌建、黄建勇、华勇等29人。

---

① 哑默：《潮讯》，《世纪的守灵人·文脉潜行》（卷九），四川大学刘福春中国新诗文献馆提供未刊稿。

② 张嘉谚：《咆哮于崛起诗风的潮头》，《崛起的一代》1980年第1期“代前言”。

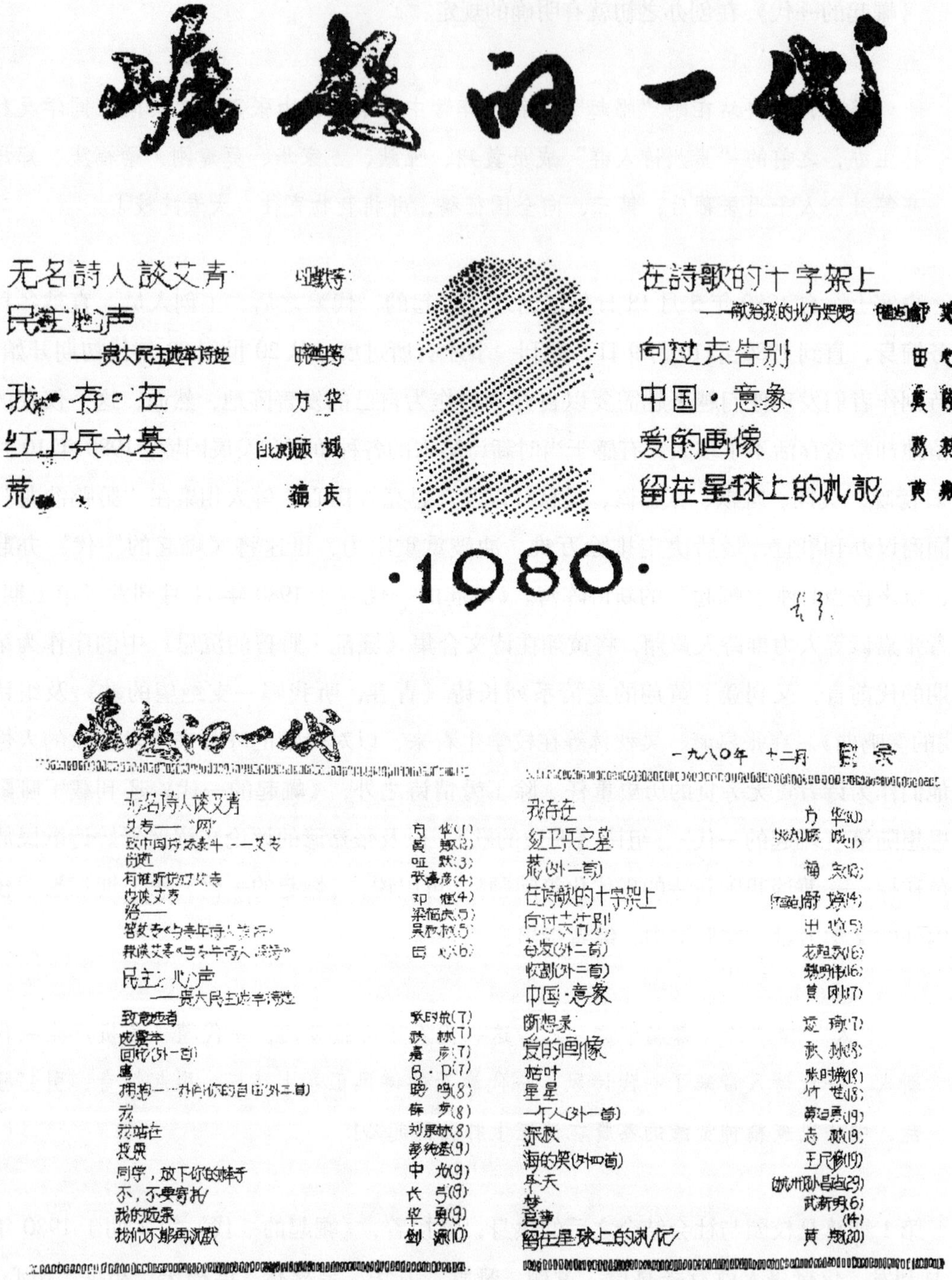

崛起的一代

无名詩人談艾青　哑默等
民主之心声
——贵大民主改革诗选　晓鸣等
我·存·在　方华
红卫兵之墓　(北京)顾城
荒　福庆

2

在詩歌的十字架上
——献给我的北方妈妈　(福建)舒婷
向过去告别　田心
中国·意象　黄翔
爱的画像　秋林
留在星球上的札記　黄翔

·1980·

崛起的一代

一九八〇年　十二月　目录

《崛起的一代》第 2 期封面及目录①

① 原稿由四川大学刘福春中国新诗文献馆提供。

第2期首先刊载了《无名诗人谈艾青》，记录了张嘉谚、哑默、邓维、方华、吴秋林、梁福庆、田心在关于艾青及新诗的座谈会上的发言。此次座谈乃是“贵州诗人群”与当时复出的诗人艾青之间的一次对话。艾青于1980年10月在《诗刊》发表了名为《与青年诗人谈诗》的文章，在当时的青年诗人及读者中产生了较为激烈的反应，其中就有正在筹备《崛起的一代》第2期的贵州诗人们。“本着艺术民主的精神”，为了促进各文学群体的交流和文学艺术的发展，《崛起的一代》召开了诗人和读者的座谈会，并在发刊词中写道：

有人认为这是一种挑战的姿态，是的，我们是在挑战！向自己经历过无数苦难的过去挑战！我们对自己的现实存在充满信心，对自己的将来寄予希望。我们将从这里开始，走向世界①！

最为重要的是，《崛起的一代》第2期全文刊载了黄翔的《致当代中国诗坛泰斗——艾青》一文：

终于，我们站起来对艾青说：/你们的太阳已经过去；/我们的太阳正在升起！你们这一代诗人代表不了一代诗人的我们！/……我们是从精神废墟中活过来的一代。既然所有倾塌的灰土和残砖破瓦都没有压垮和压死我们，我们就站起来了！……我们现在要做的，就是要拆掉你的诗歌的“纪念堂”，把我们的大合唱的队伍开进去；就是要把时代的“牧歌”连同那些不幸地与你联结在一起的风派的“风歌”、歌德派的“孝歌”、现代圣教徒的“圣歌”统统送进火葬场！诗歌不需要偶像，必须把僵尸占据的地盘空出来！落日就是落日，“千万个太阳在涌来的岁月中冒出了头顶”。让所有大大小小的过时了的诗歌“圣灵”在一代新的苦行者的身边纷纷倒下吧。未来抓捏在我们的手中，微笑在我的勇气中，展开在我们的脚下②。

---

① 张嘉谚等主编：《崛起的一代》1980年第2期。
② 张嘉谚等主编：《崛起的一代》1980年第2期。

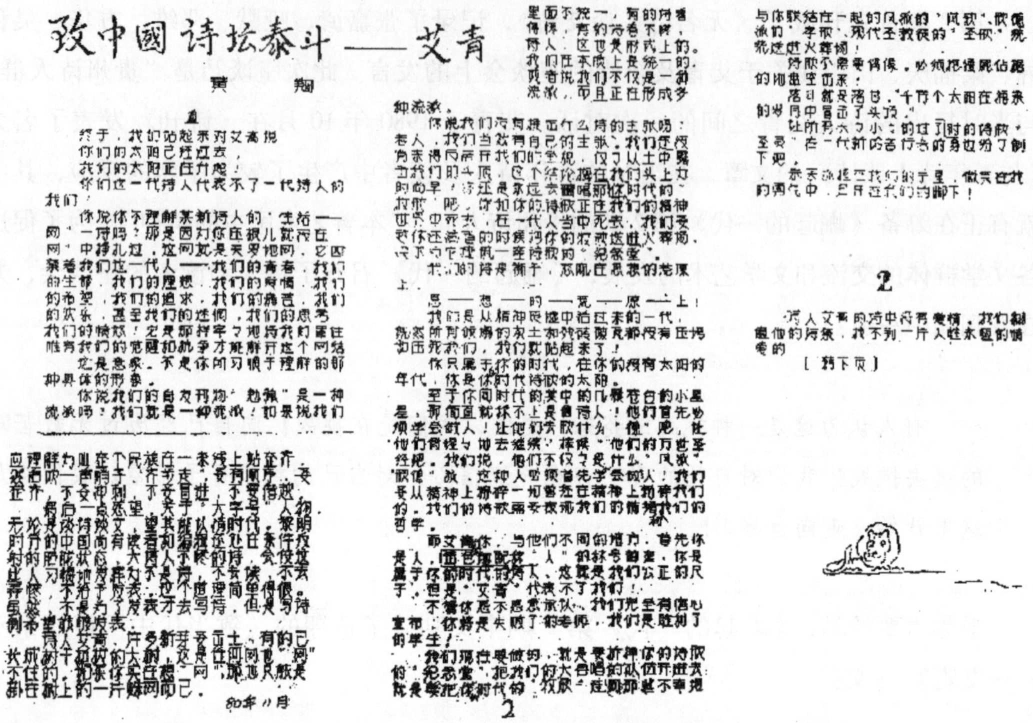

致中國诗坛泰斗——艾青

黄　翔

1

终于，我们站起来对艾青说
你们的太阳已经过去，
我们的太阳正在升起！
你们这一代诗人代表不了一代诗人的我们！

你说你不理解某新诗人的"生活——网"一诗吗？那是因为你压根儿就没在"网"中挣扎过，这网就是天罗地网，它囚禁着我们这一代人——我们的青春，我们的生命，我们的理想，我们的爱情，我们的希望，我们的追求，我们的痛苦，我们的欢乐，甚至我们的迷惘，我们的思考我们的愤怒！它是那样牢牢地将我们罩住唯有我们的觉醒和抗争才能解开这个网结

它是意象，不是你所习惯于理解的那种具体的形象。

你说我们的自发刊物"勉强"是一种流派吗？我们就是一种流派！如果说我们里面不统一，有的诗看得懂，有的诗看不懂，诗人，这也是形式上的。我们在本质上是统一的。或者说我们不仅是一种流派，而且正在形成多种流派。

你说我们没有提出什么诗的主张吗：老人，我们当然有自己的主张，我们还没有来得及展开我们的全貌，仅了从土中露出我们的手脚，这个结论樨在我们头上为时尚早！你还是永远去歌唱那个时代的"牧歌"吧，你和你的诗歌正在我们的精神世界中死去，在一代人当中死去，我们要趁你还活着的时候将你的牧歌送进火葬场，设下它在建筑一座诗歌的"纪念堂"。

我们的诗是浮于，怒吼在思想的荒原上。

思——想——的——荒——原——上！

我们是从精神废墟中站过来的一代，既然所有倾塌的灰土和残砖败瓦都没有压垮和压死我们，我们就站起来了！

你只属于你的时代，在你的没有太阳的年代，你是你时代诗歌的太阳。

至于你同时代的其中的几颗苍白的小星星，那简直就称不上是个诗人！他们首先必须学会做人！让他们去欣什么"偶"吧，让他们慢慢地去继续"捧读"他们的万世圣经吧。我们说，他们不仅仅是什么"风派"、"假派"族，这种人必须首先学会做人！我们要从精神上粉碎一切曾经在精神上粉碎我们的。我们的诗歌需要表现我们的情绪我们的哲学。

而艾青你，与他们不同的地方，首先你是人，而也配称"人"的称号的人，你是属于你的时代的诗人，这就是我们公正的尺子，但是"艾青"代表不了我们！

不管你愿不愿意承认，我们完全有信心宣布：你将是失败了的老师，我们是胜利了的学生！

我们现在要做的，就是要折掉你的诗歌的"纪念堂"，把我们的大合唱的队伍开进去，就是要把你时代的"牧歌"连同那些不幸现与你联结在一起的风派的"风歌"、假儒派的"孝歌"、现代圣教徒的"圣歌"统统送进火葬场！

诗歌不需要偶像，必须把僵死的占据的阵地空出来！

落日就是落日，"千万个太阳在相承的岁月中冒出了头顶。"

让所有大大小小的过了时的诗歌"圣灵"在一代新的吞行者的身边纷纷倒下吧，

未来将握在我们的手里，微笑在我们的勇气中，展开在我们的脚下！

2

2

诗人艾青的诗中没有爱情，我们翻遍他的诗集，找不到一片人性永恒的情爱的

〔转下页〕

应理解为唯在个民族在一条线上站整齐，紧跟着吹一声哨子，齐步走"，要有顺序，要整齐，不要冲刺，不要冒进，不要僭越。

鼓励一点点欲望，关于"大字号"人物无论是谈诗谈文，望其能认清时代，聪明的中国尚有读者和编辑的处在条件反射的肥胖状态，大凡人不懂的诗，会使某些人习惯地发表，不给予发表。这不道理简单得很，诗人不是为了发表才去写诗，但是写诗例希望获得发表。

诗人艾青，许多新芽冒出土，有的已长成树干挺拔的大树，这是任何网也"网"不住的，即像你臭在想"网"，那也只能是挂在树上的一片蛛网而已。

80年11月

黄翔《致当代中国诗坛泰斗——艾青》刊出稿①

总而言之，这场由诗坛泰斗艾青所引发的座谈及相关言说都表明了当时贵州诗人迫切地想要冲决落网的决心和勇气，并希望借此展示自我、肯定自我的心绪。在“贵州诗人群”看来，诗歌既要关注“人在何处”，更要思考“人”应该是怎样的。由此，“贵州诗人群”鲜明地抛出了一个个关于诗歌、关于诗人的议题，没有丝毫的朦胧和模糊，尖锐客观地直指当代中国人的生存现实和社会情状，同时还清晰地呈现出《崛起的一代》的办刊特色和文学精神，呈现出一种强烈的忧患意识、批判姿态和使命感。

二、论争话语的生成

“针对艾青对朦胧诗的批评，贵州民刊《崛起的一代》（黄翔、哑默、张嘉谚等主持）做出激烈的反应。在《代前言》中称，‘人总是会死的，诗也会老的’，并声称要把艾青‘送进火葬场’。《崛起的一代》在 1981 年出第 3 期后，被要求停刊。”② 如果将 1979 年诗人公刘发表的《新的课题》一文作为起点的话，那么“朦胧诗”论争持续了将

① 原稿由四川大学刘福春中国新诗文献馆提供。

② 哑默：《世纪的守灵人 · 见证》（卷三），四川大学刘福春中国新诗文献馆提供未刊稿，第 83–84 页。

近10年的时间，直到1988年。根据1989年出版的《朦胧诗论争集》① 显示，在不完全统计的情况下，涉及“朦胧诗”论争的重要文章就达700多篇，而这些仅是与“朦胧诗”论争有关的大量文章中的一部分。由此可知，这场关涉文学界和理论界，甚至早已溢出文学和理论边沿的诗歌论争，俨然成为了20世纪80年代中国文学发展的重要事件。

实际上，艾青在这场论争中所表现出来的诗学隐忧和警戒已受到一部分学者较为充分的关注，而论争初期艾青与“贵州诗人群”成员之间因误会而产生的分歧作为一段小插曲却并未引起学界的注意。当知道艾青对北岛的一字诗——“网”（《生活》）进行批评，并表达了对当时青年诗人诗歌中的“晦涩”和“朦胧”读“不懂”时，“贵州诗人群”即刻做出了反应，并发出了较为猛烈的声讨。随即，这样的声讨引发了艾青更为尖锐且直接的批评②。事实上，“贵州诗人群”的激烈反应与其说是针对诗人艾青的批评，还不如说是针对青年诗人们的现实处境和诗坛状况的有感而发。最终，这些夹杂着两代人误解的分歧和矛盾在“事情过后，就烟消云散了”③。这件事的不了了之，不仅仅是因为“朦胧诗”论争中充斥着诸多“新颖宏阔的宣言式表述以及背后的意识形态的较量”④，还在于学界往往把艾青与青年诗人的诗学分歧简化为“归来”的老诗人对文坛地位的维护与“崛起”的青年诗人对文学场域的抢占。这样看来，“贵州诗人群”似乎毋庸置疑地站在了刚“崛起”的青年诗人北岛等人一边，他们与艾青的关系直到1986年才有所缓和⑤。然而，有意思的是，钟鸣在《旁观者》中曾说：“一般而言，喜欢‘今天派’，就会喜欢艾青，——当然，是未变质时期的艾青，带法国味的艾青”⑥，但他又特别强调了“贵州诗人群”的不同，“黄翔风格几乎是艾青的翻版，却不欣赏‘今天派’”⑦。尽管这极有可能只是钟鸣就贵州诗人对“今天派”诗人态度的一点质疑和不满，但事实上，钟鸣的这个疑问是很值得我们深入探讨的，因为钟鸣无意间触及了其中看似人事关系的纠葛，实乃诗学主张分歧的关键所在。

以黄翔为代表的“贵州诗人群”成员在诗歌创作的道路上深受艾青的影响。在中国现代诗歌艺术的积极探索者、实践者中，艾青无疑是贵州诗人最喜爱也是影响他们最深的诗人。哑默曾坦言，他和黄翔的“自由诗写作是沿着世纪初的路跋涉过来的，回顾20

---

① 姚家华编：《朦胧诗论争集》，学苑出版社1989年版。

② 艾青：《从“朦胧诗”谈起》，《新华文摘》1981年第8期。

③ 程光炜：《艾青传》，十月文艺出版社1999年版，第520页。

④ 李怡：《艾青的警戒与中国新诗的隐忧——重审艾青在“朦胧诗论争”中的姿态》，《旧世纪文学》，巴蜀书社2014年版，第170页。

⑤ 哑默：《世纪的守灵人·见证》（卷三），四川大学刘福春中国新诗文献馆提供未刊稿，第133页。

⑥ 钟鸣：《旁观者》，海南出版社1998年版，第687页。

⑦ 钟鸣：《旁观者》，海南出版社1998年版，第687页。

世纪前半叶”，他们最欣赏的诗人就是艾青①。在哑默心里，那些从“五四”的历史长夜中艰难跋涉而来的诗人们都曾留下了或深或浅的足迹，而诗人艾青留下的印记是最大、最深且最持久的②。艾青的诗不仅给他们带来了传统诗学的养料，同时还让他们感受到了一种中西融合的诗学精神。1957 年之后，艾青在特殊的时代风云中销声匿迹，贵州诗人们一度认为艾青已不在人世。在整整 20 年之后的 1977 年底，发表在《文汇报》上的《红旗》一诗让诗人艾青复出亮相。尽管哑默等贵州诗人对此诗并不欣赏，却丝毫不影响他们对艾青复出的欣喜之情，他们纷纷致信艾青。后来，在艾青的介绍下，北岛和哑默、黄翔等人相识③。那么，为何如此喜欢艾青的贵州诗人对看似非常接近艾青风格的“今天派”诗人并没有意料中的好感呢？值得进一步追问的是，诸如北岛等“今天派”诗人真的就是所谓“未变质”的艾青诗歌的继承者吗？在艾青、“贵州诗人群”和“今天派”诗人之间到底产生了怎样的诗学主张的分歧和纠葛？而这极有可能涉及 20 世纪 80 年代新诗的诗学建构和“贵州诗人群”诗学理论的养成。要解答上述的问题，就必须重返论争发生的具体历史情境，对艾青与“贵州诗人群”双方的诗学思想，以及后来“贵州诗人群”与北岛等诗人的观念分歧进行详细的爬梳。

1980 年 7 月 23 日，《诗刊》社举办了一场“青年诗作者创作学习会”，艾青在会上发表了谈话④，其中谈到“关于写得难懂的诗”时，艾青特别提到了北岛的一字诗“网”（《生活》⑤），并提出：

> 这样的诗很难理解。网是什么呢？网是张开的吧，也可以说爱情是网，什么都是网，生活是网，为什么是网，这里面要有个使你产生是网而不是别的什么的东西，有一种引起你想到网的媒介，这些东西被作者忽略了，作者没有交代清楚，读者就很难理解⑥。

在艾青看来，这样的诗之所以让人难以理解就在于“他只是写他个人的一个观念，

---

① 哑默曾说：“诗人中我最欣赏的是艾青，他的诗中，除传统外，还有法国维尔哈伦的东西。”见孙文涛：《大地访诗人》，天马图书有限公司 2003 年版，第 3 页。

② 哑默：《泰斗、诗兽》，《世纪的守灵人·昨日不必重现》（卷六），四川大学刘福春中国新诗文献馆提供未刊稿，第 442-443 页。

③ 哑默：《代际传递：贵州诗歌的潜在写作》，《诗探索》（理论卷）2016 年第 2 辑。

④ 艾青：《与青年诗人谈诗——在诗刊社举办的“青年诗作者创作学习会”上的谈话（一九八〇年七月二十三日）》，《诗刊》1980 年第 10 期。

⑤ 北岛当时创作的组诗《太阳城札记》中的一首。

⑥ 艾青：《与青年诗人谈诗——在诗刊社举办的“青年诗作者创作学习会”上的谈话（一九八〇年七月二十三日）》，《诗刊》1980 年第 10 期。

一个感受，一种想法”①，这“最简单的、最狭隘的”个人感觉很难引起大家的共鸣。这样的谈话很快就引起了“贵州诗人群”的激烈反应，“贵州诗人群”成员于1980年11月在自办刊物《崛起的一代》第2期开设了“无名诗人谈艾青”专栏，发表了诗人黄翔的文章——《致中国当代诗坛泰斗——艾青》。

当艾青指出青年诗人的诗歌让人读“不懂”时，学界已公开出现反对新诗潮诗歌的声音。1980年第8期的《诗刊》刊发了章明的《令人气闷的“朦胧”》。文中指出：

> 前些年，……许多标语口号式的、廉价大话式的“诗”充斥报刊，倒了读者的胃口，影响了新诗的声誉。经过拨乱反正，如今诗风大好，出现了不少感情真挚、思想深刻、形象鲜明、语言警策的好诗，受到了广大读者的赞赏和欢迎。但是，也有少数作者大概是受了“矫枉必须过正”和某些外国诗歌的影响，有意无意地把诗写得十分晦涩、怪僻，叫人读了几遍也得不到一个明确的印象，似懂非懂，半懂不懂，甚至完全不懂，百思不得一解。对于这种现象，有的同志认为若是写文章就不应如此，写诗则“倒还要了”②。

显然，章明将当时新诗潮诗歌让人难以读懂的“朦胧”、“晦涩”主要归结为“矫枉必须过正”的创作意图以及外国诗歌艺术技巧对新诗潮诗人的消极影响。后来的评论者则将章明等人的读不懂归结为其诗学品味、鉴赏眼光以及理论素养的落后③，换言之，章明等人读不懂新诗潮的诗歌不能怪青年诗人，只能怪读者自己。由此可知，章明所理解的新诗潮诗歌的“不懂”主要还是聚焦在诗歌写作的艺术技巧和方法这一操作层面上，这也就使得后来的批评者对其诗学品味及眼光的指责显得顺理成章。随后没过多久，《诗刊》就刊发了艾青的《与青年诗人谈诗》一文。随即“贵州诗人群”成员对此做出了强烈反应，“我们现在要做的，就是要拆掉你和所有伪劣诗歌的纪念堂，把我们大合唱的队伍开进去”④。在“贵州诗人群”成员看来，艾青与当时新诗潮的反对者章明等人一样成为了过去时代的“牧歌”的赞同者。那么，“一位20世纪象征主义诗歌的前驱”⑤为何会对当时刚“崛起”的新诗潮诗歌的那种“朦胧”、“晦涩”的艺术取向进行如此严

---

① 艾青：《与青年诗人谈诗——在诗刊社举办的“青年诗作者创作学习会”上的谈话（一九八〇年七月二十三日）》，《诗刊》1980年第10期。

② 章明：《令人气闷的“朦胧”》，《诗刊》1980年第8期。

③ 张嘉谚等主编：《崛起的一代》1980年第1期。

④ 张嘉谚等主编：《崛起的一代》1980年第1期。

⑤ 李怡：《艾青的警戒与中国新诗的隐忧——重审艾青在“朦胧诗论争”中的姿态》，《旧世纪文学》，巴蜀书社2014年版，第170页。

肃的质疑呢？艾青在《从“朦胧诗”谈起》中曾明确指出：

> 现在写朦胧诗的人和提倡写朦胧诗的人，提出的理由是为了突破，为了探索；要求把诗写得深刻一点，写得含蓄一些，写得有意境，写得有形象；反对把诗写得一望无遗，反对把诗写得一目了然，反对把诗写成满篇大白话。这些主张都是正确的①。

其实此处正如学者李怡所言，艾青在这里“有一个特定话语使用问题”②，无论从哪一个角度审视，艾青都没有为僵化浅白的文学进行辩护的理由——“受哺于法国先锋派艺术与西方象征主义的艾青无论怎样，似乎都不可能成为新时期中国新诗艺术探索的反对力量”③。然而，艾青对当时的青年诗人的质疑还是给极其崇敬他的“贵州诗人群”成员带来了非常大的冲击。当然，这也并非哑默或黄翔的临时鼓动所致，而是在20世纪80年代初期的时代之交中，代表了不同诗歌精神的老诗人和青年诗人的对峙局面已然形成，在诗坛还未站稳脚跟的青年诗人们难以控制地冒出较为激进的情绪便在所难免④，因此，“贵州诗人群”成员的激烈反应也在情理之中。值得注意的是，艾青在“青年诗作者创作学习会”上的谈话发表在章明的言论之后⑤，而艾青却并没有使用章明的文章中带有讽刺意味的“朦胧”一词来命名这些让人读“不懂”的诗歌。显然，如前所述，“贵州诗人群”成员将艾青与当时新诗潮的反对者一方放在了同一位置，将其视为“变了质”的艾青。我们在考察艾青的“不懂”时，不能将其与当时诸如章明等人提出的“朦胧”、“晦涩”等词语整体打包下结论。艾青的“不懂”与章明的“朦胧”有何不同？其中又包含了艾青怎样的诗学主张？难道艾青与“贵州诗人群”成员之间真的存在“懂”与“不懂”的诗学分歧吗？这些都是值得我们详加追问的问题。

艾青在《与青年诗人谈诗》一文中首先明确提出诗歌要写的就是自己心里想要讲的话——“一九三二年七月我被捕了，关在监狱里不能画画。但可以写诗。我从一开始就

---

① 艾青：《从“朦胧诗”谈起》，《艾青全集》（第3卷），花山文艺出版社1991年版，第535页。

② 李怡：《艾青的警戒与中国新诗的隐忧——重审艾青在“朦胧诗论争”中的姿态》，《旧世纪文学》，巴蜀书社2014年版，第171页。

③ 李怡：《艾青的警戒与中国新诗的隐忧——重审艾青在“朦胧诗论争”中的姿态》，《旧世纪文学》，巴蜀书社2014年版，第170页。

④ 参见张嘉谚：《咆哮于崛起诗风的潮头》，《崛起的一代》1980年第1期“代前言”。

⑤ 章明的《令人气闷的“朦胧”》写于1980年2月5日，刊发于《诗刊》1980年第8期，而艾青的《与青年诗人谈诗——在诗刊社举办的“青年诗作者创作学习会”上的谈话（一九八〇年七月二十三日）》发生在1980年7月23日，刊发于《诗刊》1980年第10期。

没有把诗当作神，也没有把写诗当作一个英雄的事情，或者说是受了奥林匹斯山的什么神灵的召唤。总而言之，自己有话要讲，就用诗来发表吧！”① 艾青同时还谈到《大堰河——我的保姆》就是自己在监狱中十分想念曾经养育过他的保姆而进行的创作。这些都意味着艾青从不排斥基于个人感受的写诗行为，关键就在于，艾青所说的这种自我感受作为个人内心最真实的存在，它首先要通过生活、经验、想象与社会人生、现实世界建立真实可感的关联。因为个人的“感觉只是认识的钥匙”，如果诗人只“满足于捕捉感觉”，那么，当“感觉被还原为感觉”时，诗歌剩下来的也就只有诗人自己最个人的感觉了②。就比如艾青所质疑的“网”，“网是什么呢？网是张开的吧，也可以说爱情是网，什么都是网，生活是网”③。可见，对于艾青这样一位熟谙象征主义诗艺的巨匠而言，要想把握“网”这一现代意象的阐释路径是轻而易举的。因此，问题就不在于“网”这个意象本身，而在于它孤零零地、突兀地出现在读者面前显得有些莫名其妙且经不起读者的追问。“为什么是网”而不是云、雾、井、笼诸如此类的意象？“这里面要有个使你产生是网而不是别的什么的东西，有一种引起你想到网的媒介”④，因为这些东西的被忽略而造成的难以解读，就不能归因为读者的阅读能力有限，否则这样的诗除了创作者之外就真的只能意会不可言传了，那么诗歌就会陷入一种自我陶醉的尴尬状态。由此可知，艾青所说的读“不懂”，其问题并不仅仅出在写作技巧或表现方法这一操作层面上，更为重要的还是基于诗人个体“感受”的诗歌形态上。那么，在艾青看来，诗人的感受应该是怎样的？或者说什么样的感受形成的诗歌形态才更能引起读者的共鸣？

事实上，艾青关于诗人的感觉和诗歌的形象的思考由来已久。在他看来，无论何时，诗人“都应该把写诗的注意力放在形象思维上”⑤；“诗是由诗人对外界所引起的感觉，注入了思想感情，而凝结为形象，终于被表现出来的一种‘完成’的艺术”⑥；除却“丰富的感觉力”，诗人“必须还有丰富的思考力，概括力，想象力”⑦，因为“有了联想与想象，诗才不致窒死在狭窄的空间与局促的时间里”⑧。当然，“想象是以生活积累

① 艾青：《与青年诗人谈诗——在诗刊社举办的“青年诗作者创作学习会”上的谈话（一九八〇年七月二十三日）》，《诗刊》1980年第10期。

② 艾青：《诗论》，复旦大学出版社2005年版，第10页。

③ 艾青：《与青年诗人谈诗——在诗刊社举办的“青年诗作者创作学习会”上的谈话（一九八〇年七月二十三日）》，《诗刊》1980年第10期。

④ 艾青：《与青年诗人谈诗——在诗刊社举办的“青年诗作者创作学习会”上的谈话（一九八〇年七月二十三日）》，《诗刊》1980年第10期。

⑤ 艾青：《和诗歌爱好者谈诗——在北京劳动人民文化宫》，《人民文学》1980年第5期。

⑥ 艾青：《诗论》，复旦大学出版社2005年版，第10页。

⑦ 艾青：《诗论》，复旦大学出版社2005年版，第10页。

⑧ 艾青：《诗论》，复旦大学出版社2005年版，第26页。

为基础的，生活积累并不限制在一时一事之上。运用想象也不限制在一时一事上”①，因为“生活是艺术所由生长的最肥沃的土壤，思想与情感必须在它的底层蔓延自己的根须”②，同时，“生活实践是诗人在经验世界里的扩展，诗人必须在生活实践里汲取创作的源泉；把每个日子都活动在人世间的悲、喜、苦、乐、憎、爱、忧愁与愤懑里，将全部的情感发酵、酝酿，才能从心的最深处，流出无比芬芳与浓烈的美酒”③。艾青认为，诗歌中的“我”在通常情况下并不是指诗人自己。在大多数的场合，诗人应该借“我”来传达诗人对于一个时代的感情与愿望④。“一首诗不仅使人从那里感触了它所包含的，同时还可以由它而想起一些更深更远的东西。”⑤“诗人创造诗，既是给人类的诸般生活以审视、批判、诱发、警惕、鼓舞、赞扬……”⑥而“人类通过诗人的眼凝望着世界；人类以诗人的眼感受了：美与丑，善与恶，欢乐与悲苦，长生与死灭……诸形象”⑦。所以，“诗，永远是生活的牧歌”⑧。因为诗歌是最贴近人的心灵的。“宁可失败于艺术，却不要失败于思想；宁可服役于一个适合于这时代的善的观念，却不要妥协于艺术。”⑨

仔细考察“贵州诗人群”当时的诗歌主张就不难发现，他们与艾青的诗学主张存在不少暗合之处。《崛起的一代》在刊发了第2期后被迫停刊，失去发言阵地的诗人们于1981年6月以秘密传单的形式再刊发了一期《崛起的一代》，且只刊载了《致中国当代诗坛的公开信——从艾青、周良沛的文章谈起》。该文展现了“崛起的一代”鲜明的诗歌观念，阐明了“时代精神”、诗人“自我”以及“说真话”等观点。首先，强调自己所执着追求的是一种“本质意义上的‘时代精神’”，它包含着诗人所处“时代真实的社会情欲、心理趋势和精神指向”，其中“乐观进取的英雄主义与孤独感和反英雄是同时存在的”，这才是“当代人的精神世界”⑩。在这样的精神世界中，“贵州诗人群”成员认为“自我”是一个“多棱面的‘自我运动体’。它包含了每个人对社会、自然和自身的认识”⑪。尽管诗人“自我”常常被各种矛盾所纠缠，但“贵州诗人群”成员仍然坚持将诗人“自我”视为一个整体，拒绝将其人为、机械地割裂成所谓的“大我”与“小

---

① 艾青：《诗论》，复旦大学出版社2005年版，第26页

② 艾青：《诗论》，复旦大学出版社2005年版，第13页。

③ 艾青：《诗论》，复旦大学出版社2005年版，第13页。

④ 艾青：《诗论》，复旦大学出版社2005年版，第32页。

⑤ 艾青：《诗论》，复旦大学出版社2005年版，第2页。

⑥ 艾青：《诗论》，复旦大学出版社2005年版，第36页。

⑦ 艾青：《诗论》，复旦大学出版社2005年版，第32页。

⑧ 艾青：《诗论》，复旦大学出版社2005年版，第12页。

⑨ 艾青：《诗论》，复旦大学出版社2005年版，第11页。

⑩ 张嘉谚等主编：《崛起的一代》1981年第3期。

⑪ 张嘉谚等主编：《崛起的一代》1981年第3期。

我”。他们要借助于“自我”唤醒人的意识的觉醒以及人的价值的崛起。

事实上，“贵州诗人群”“求真”的诗学精神恰恰是对艾青诗学主张的当代传承。在艾青的诗学观念中，对“贵州诗人群”影响最大的就是“诗人要说真话”的主张。然而，在他们看来，重新归来、“暮年盛名之下的诗人并没有说出真话来的最大勇气。他回避时代巨大的、尖锐的、本质的矛盾。他不敢睁大眼睛，面对现实，用真嗓子唱歌。他的诗歌基本上是‘正统’的、软弱的”①。他们在意的是已不能在艾青的诗集中找到“一片人性的永恒爱情的绿叶”②，同时，他们还认为艾青的诗只有画面，缺乏一种“内在的音乐”，一种灵动的“潜在的乐思”，没有在诗歌中留下属于自己的人生哲学，“在瞬息万变的哲学大门口，他被‘真善美’三位美丽女神的眼睛迷糊住了”③；复出后的艾青创作的诗歌高雅、平和，像一尊安静的雕塑，恰恰缺少一种“血肉之躯的内在强烈的冲动”。甚至在贵州诗人的眼里，艾青后来的愤怒都是平和的，“那脸上几乎见不出血肉的人的表情。到了我们的时代，‘艾青’只是个装饰品”④。“贵州诗人群”的诗人们“反对那种打上引号的、人为地强加于人的所谓‘时代精神’”⑤。这恰如艾青曾经所言：“勇敢、果断、自我牺牲等美德之表现在一个民族或一个集团里的，常常被诗人披上罗曼蒂克的斗篷是可以原谅的——但必须戒备啊！”⑥ 艾青还提醒诗人要“用明确的理性去防止诗陷入纯感情的稚气里”⑦，“不要在脆薄的现象的冰层流滑；须随时提醒着自己在泥泞的生活的道路上，踏着沉重的脚步，前进而不摔跤”⑧。他认为“含蓄是一种饱满的蕴藏，是子弹在枪膛里的沉默”⑨，“不能把混沌与朦胧指为含蓄”⑩；“我们必须讲真话。——在我们生活的时代里，随时用执拗的语言，提醒着：人类过的是怎样的生活”⑪。在艾青诗歌观念的影响下成长起来的“贵州诗人群”，后来明确指出“崛起的一代”不等同于当时的“朦胧诗”，“贵州诗人群”对“时代精神”与“自我”的理解恰恰是以探索人的本质为出发点的，即诗歌不仅要追问“人在哪里”，同时更要思考“人是什么”。正如学者李怡所指出的，20 世纪 80 年代初期“朦胧诗”论争中的“朦胧或者

---

① 黄翔：《致艾青与当代中国诗坛两篇檄文》，张嘉谚等主编《崛起的一代》1980 年第 2 期。
② 黄翔：《致艾青与当代中国诗坛两篇檄文》，张嘉谚等主编《崛起的一代》1980 年第 2 期。
③ 黄翔：《致艾青与当代中国诗坛两篇檄文》，张嘉谚等主编《崛起的一代》1980 年第 2 期。
④ 黄翔：《致艾青与当代中国诗坛两篇檄文》，张嘉谚等主编《崛起的一代》1980 年第 2 期。
⑤ 张嘉谚等主编：《崛起的一代》，1980 年第 2 期。
⑥ 艾青：《诗论》，复旦大学出版社 2005 年版，第 7 页。
⑦ 艾青：《诗论》，复旦大学出版社 2005 年版，第 13 页。
⑧ 艾青：《诗论》，复旦大学出版社 2005 年版，第 13 页。
⑨ 艾青：《诗论》，复旦大学出版社 2005 年版，第 12 页。
⑩ 艾青：《诗论》，复旦大学出版社 2005 年版，第 12 页。
⑪ 艾青：《诗论》，复旦大学出版社 2005 年版，第 33 页。

说晦涩是一个具有特定历史意味的指向，这就是对1949年以后愈演愈烈的政治口号般的明晰的深感厌倦，他们试图通过对外国诗歌艺术尤其是现代主义诗艺的引进完成对这一僵化的明白的反拨，从这个意义上看，朦胧与晦涩甚至具有某种历史的正义性”①。

在探讨上述问题时，学界往往把“贵州诗人群”与其他诗人的话语冲突窄化为一种青年诗人的轻狂和对老诗人的冒犯。当然，可以理解的是，“贵州诗人群”的激烈言辞犹如扔进一潭死水的炸弹，让周围的人难以接受是在所难免的。同时，“朦胧诗论争”在特定时代语境下的某种历史正义性，使得“朦胧”诗人一方在“文学进化史观”的链条上占据着天然的优势，这场论争后来常常被简化为新诗“新旧”势力的对立，而以艾青的挑战者身份出场的贵州诗人自然而然地被归入“朦胧”诗人的行列。最终，这场论争陷入一种“争不必争”的状态，学界不仅误解了老诗人艾青对新诗发展的担忧，也完全忽视了“贵州诗人群”在这场论争中极具远见的诗学思考。

“贵州诗人群”向诗人艾青及艾青们发起挑战这一行为本身，与其说是一种与艾青相对立的创作观念和诗学立场，还不如说是“贵州诗人群”崛起的一种言说策略。值得注意的是，“贵州诗人群”激进的诗歌行动并非哗众取宠的把戏，《启蒙》及贵州诗人对现实社会生活的强势介入、《崛起的一代》及其相关诗人所引发的争执和分歧，无不透露出，“贵州诗人群”的诗歌创作及其诗学实践乃是“五四”新文学强烈的现实关怀和社会实践在当代的回声。

（作者单位：贵州师范学院文学与传媒学院、四川大学文学与新闻学院）

① 李怡：《艾青的警戒与中国新诗的隐忧——重审艾青在“朦胧诗论争”中的姿态》，《旧世纪文学》，巴蜀书社2014年版，第172页。

十七年创作谈的生成逻辑

牛 菡

《我是怎样写×××的》，代表了一种描述作家本人创作经过的文章类型，中华人民共和国成立前依具体内容不同可大致分为三类：一类如周文《我怎样写〈山坡上〉的》，回应争议问题，捍卫作者主权；一类如茅盾《我怎样写〈春蚕〉》，应编辑之邀所写，随创作过程阐发写作经验；一类如谢冰莹《我是怎样写女兵自传的》，多情绪铺陈，关注创作者的内心感受。中华人民共和国成立后以《我是怎样写×××的》为名的创作谈数量激增，写作情境、写作主体和写作内容也发生了一些变化。老作家被纳入体制成为单位人，创作谈由一种私人表达变为公共言说。创作谈的潜在受众“你”不仅接受经验，也生产经验，进而与“我”的写作、言说一起构成十七年文学的螺旋式下沉结构。在这个过程中，“我”既是老作家也是文艺学徒，既是以写作为业的人也是在公开场合宣讲的“语文教师”；“你”既是文艺爱好者也是工农兵群众，既是倾听经验的初学者又是传授经验的写作者。如果将《我是怎样写×××的》视为一种文字表述，创作谈的内容——怎么写——无疑是关键所在；如果将《我是怎样写×××的》视为传播视域中的事件，信息源“我”和接收者“你”的身份转换则成为焦点。谁写的？怎样写？隐在的听众“你”又是谁？具体到《我是怎样写×××的》题目本身，“×××”所代指的作品反而可以被省略。将老舍对《龙须沟》诞生的言说作为此类创作谈的发生学模板，进而探究其作为文本和事件的双重意义，可以窥见十七年创作谈乃至十七年文学内部的生成逻辑。

一、《龙须沟》的诞生

1937年，老舍的创作经验集《老牛破车》由人间书屋出版。集中篇章多以“我怎么写”命名，是老舍对自己创作生涯的一种总结和回顾。中华人民共和国成立后被公认为

"劳模"的老舍在身兼多种职务的同时勤于创作，创作谈的发表也变得频繁。《龙须沟》从1950年9月10日开始在《北京文艺》连载，1950年11月10日载完。剧本交人民艺术剧院上演后影响巨大，老舍因此荣获"人民艺术家"称号。在此期间，老舍有以下涉及《龙须沟》创作过程的"发言"：

1950年8月1日《人民戏剧》	《暑中写剧记》
1951年1月25日《人民日报》	《我热爱新北京》
1951年2月4日《人民日报》、《光明日报》、《北京新民报日刊》	《〈龙须沟〉写作经过》
1951年2月25日《文艺报》	《〈龙须沟〉的人物》
1951年3月1日《人民戏剧》	《〈龙须沟〉写作经过》（转载）
1951年3月25日《新华月报》	《我怎样写两个剧本》
1951年3月26日	在北大演讲《〈龙须沟〉的创作经过》

表格显示的问题如下：一是创作谈的计划性。作品发表前后，老舍对《龙须沟》的创作过程、创作内容都多有谈论，既有"预告"性质，也有总结性质。这种计划与现实政治联系紧密，《龙须沟》的演出预告在《我热爱新北京》中出现即为一例。二是创作谈的对象性。当老舍在北大演讲《〈龙须沟〉的创作经过》时，创作谈的读者就变成了实实在在的听众。三是创作谈的主体性。在对《龙须沟》的创作经过和人物进行阐释时，语言的使用、结构的调整等内容问题均会被涉及，"我"既是文本的写作者，也是经验的讲授者，还是创作过程的感受者，创作谈内容呈现出的是斑驳且复杂的主体。

计划性无疑在《龙须沟》的写作中最为明显。《我热爱新北京》一文中老舍做了这样的概括：

> 去年夏初，人民政府在明沟的旁边给人民修了暗沟，秋天完工；填平了明沟。人民怎样的感戴是可以想象到的。我亲自去看过这条奇臭的"龙须"，和那新的暗沟，并且搜集了那一带人民的生活情形，与他们对政府给他们修沟的反映，写成一出三幕话剧，表示我对政府的感激与钦佩。这话剧或者将在北京解放二周年纪念日演出①。

剧本的现实背景、写作动机、资料收集与演出预告，老舍将这些有机嵌入了一篇表达对新北京热爱之情的散文中。事实是，《龙须沟》的写作与北京政府的龙须沟改建计

① 老舍：《我热爱新北京》，《人民日报》1951年1月25日。

划互为表里，一起构成了老舍创作谈的一部分。

1950 年 2 月 26 日《人民日报》	《北京市二届二次各界人民代表会议上聂市长报告市政府本年度工作计划》：“掏挖和整修南北沟沿、崇文门、朝阳门、安定门、北新华街、棋盘街、大石桥等系统的下水道并改建龙须沟为暗沟。”
1950 年 5 月 28 日（据胡絜青回忆）	“周总理问老舍有什么创作计划，老舍打算写一部以龙须沟的变迁为主题的话剧。通过新旧社会对比，歌颂新政府。”①
1950 年 7 月 29 日《人民日报》	《京津作家艺术家多人即将到工厂和农村去》：“老舍正在搜集建设新北京的材料，计划写一个话剧，剧名为《龙须沟的变迁》。”
1950 年 8 月 9 日《人民日报》	《在北京市第二届第三次各界人民代表会议上聂市长关于执行一九五〇年度工作计划的报告》：“龙须沟改建暗沟工程，共长八千零四十公尺，已于七月下旬竣工。”
1951 年第 3 期《人民文学》	《一九五〇年文学工作者创作计划完成情况调查（一）》：“老舍完成剧本《方珍珠》、《龙须沟》两部，均已在北京公演。另外完成短论、散文、大鼓、相声等若干篇。”

主题为“龙须沟的变迁”，手法为“新旧社会对比”，创作目的为“歌颂新政府”，老舍对《龙须沟》的预告与其后对《龙须沟》创作过程的表述呈现出一种互文关系。作为作协的一分子，老舍参与下乡下厂，与此对应的是《龙须沟》材料的收集。《龙须沟》不仅是一部剧本，还是老舍 1950 年创作计划的一部分，被预告也被宣告完成。在此过程中时序非常重要，老舍的创作明显是在赶北京市政府改建计划的“任务”。创作谈中作为背景介绍的新旧龙须沟面貌对比，不只是写作缘由那么简单。其中包含的恰恰是创作过程中稳定不变的作品内核，之后的实地考察、文本修改都是为了实现它所作的努力。官方给出的授予老舍“人民艺术家”称号的理由是“《龙须沟》生动地表现了市政建设为全体人民、特别是劳动人民服务的方针和对劳动人民实际生活的深刻关系；对教育广大人民和政府干部，有光辉的贡献”②。老舍接受《光明日报》的采访时也表示“没有北京人民当家做主后发挥的建设祖国的热情”，他“写不出《龙须沟》”，这个奖“属于整个北京的劳动人民”③！由人民引发创作冲动、在人民的帮助下修改、将写作成功归于人民的力量，《龙须沟》的写作经过和《〈龙须沟〉写作经过》实现了现实与文本的互渗。这一渗透贯穿着十七年创作谈的首尾，也是其异于中华人民共和国成立前同类型创

① 胡絜青：《周总理对老舍的关怀和教诲》，《人民戏剧》1978 年第 2 期。

② 北京市新闻处：《作家老舍荣获“人民艺术家”荣誉奖状　彭真市长代表北京市人民向老舍致谢》，《人民日报》1951 年 12 月 23 日。

③ 《深入了解北京，写出更多的作品来——访人民艺术家老舍》，《光明日报》1951 年 12 月 26 日。

作谈的关键。

因“任务”而生的十七年创作谈，目标受众又是谁？老舍在酝酿写作《龙须沟》的过程中以“创作经验”为主题做了两次报告。一次是参加北京市大众文艺创作研究会与青年服务部联合主办的“星期文艺讲座”，面向广大市民。另一次是在南开大学演讲《我的创作经验》并回答相关问题。两次报告的主题相同，受众却相异。但无论是工农兵群众还是大学生，他们听报告的目的无疑是吸取成功作家的创作经验，接收经验—写作—分享经验成为一种可能的经验转化模式。辅导青年写作者是十七年时期老作家的一项“义务”劳动，创作谈无疑是“节约”且高效的分享形式，座谈会则让创作谈的读者具象化。老舍曾“抱怨”半个月的时间他“向语文学院的教授与学生、八一农学院的大部分学员、石油管理局的野战队队员、广播电台的文艺干部与石河子的文艺爱好者作了座谈报告，并在屈原纪念会上和乌鲁木齐市的青年写作者见了面”①。创作分享之多之频，读者/听众成分之复杂由此可见一斑。反观《〈龙须沟〉写作经过》、《〈龙须沟〉的人物》，老舍究竟向读者传达了怎样的经验呢？

老舍首先表明了创作《龙须沟》对自己意味着什么——“最大的冒险”②。接着用约四分之一篇幅解释了“冒险”的原因：感激政府改建龙须沟的热诚。具体创作的流程是：阅读资料并亲自考察、围绕中心构想人物、通过人物的语言和动作说明“臭沟”、在虚构和现实之间寻找“戏剧性”、对初稿进行补充修改。最后，老舍感谢了导演和工作人员的努力，并表示“有这样的好政府而我们吝于歌颂，就是放弃了我们的责任”③。写作动机对应“为谁写”，材料、人物、语言、现实和剧本的关系对应“怎么写”，修改除了涉及写作技术，还表明了对集体创作的态度。与老舍在中华人民共和国成立前创作的《老牛破车》相比，他这一时期的创作谈内容明显发生了以下改变：一是“为谁写”的篇幅增大，为人民写作成为唯一的创作目的；二是“怎么写”中几乎不再描述创作者的身体状态和内心感受；三是越来越强调修改对创作的巨大影响，创作的成功应归功于“我们”而不是我。创作谈可以被视为自传的一种，亦可以被视为文学创作指导，性质与《小说法程》相近。个人自传中解释、辩白、将新旧社会进行对比进而反复申明创作目的的“我”在逐渐膨胀，传达私人感受的“我”则逐渐萎缩乃至消失。至于进行创作指导的“我”所讲述的是“文”还是“道”？是技术还是生活？“我”的身份是作家还是语文教师？“你”吸取经验，继而写出作品传达经验，“你”和“我”的写作可以构成十七年创作的闭环吗？由现实环境、服务对象到具体内容，《龙须沟》的诞生揭示了十

① 老舍：《新疆半月记》，《人民文学》1957年第7期。
② 老舍：《〈龙须沟〉写作经过》，《人民日报》1951年2月4日。
③ 老舍：《〈龙须沟〉写作经过》，《人民日报》1951年2月4日。

七年《我是怎样写×××的》类创作谈的生成逻辑。问题至此被简化：我是“怎么写”《×××》的？“我”是怎么写《×××》的？

二、我是“怎么写”《×××》的

《小说作法》类书籍历来屡遭质疑，原因有二：一是程式化易导致概念化；二是脱离生活而单讲技术无疑有悖文学创作的基本法则。它们“也许精辟地说明了何谓结构，什么叫风格”，却不能教会人“认识人生”①。《小说作法》的作者们则这样为自己辩护：“我们所谓小说作法，也决不是如‘八股文章’一样是一个死的模形”，“小说作法告诉我们的，是怎样选择材料，怎样运用我们的笔”②。除此之外，青年们还“能从‘作法’里得了暗示，得了鼓励”③，产生创作的兴趣。创作谈在具备以上优点的同时，和《小说作法》间最大的区别便是多了一个“我”，当作家的亲身经历和技法指导相结合，创作谈的合法性便确立了。但新的问题也随之而来：创作谈中“技术”与生活的占比是多少？什么样的技术指导是读者所需要的？事实是读者不能以阅读作家的创作历程代替对现实生活的感受，十七年创作谈在“技术”与生活的天平上摇摇欲坠。

（一）文学与语文

由于十七年时期对工农兵业余创作的提倡，作家们谈论写作技法时，多关注基础的语言文字问题。由此，作家的身份便与语文教育者发生了重叠。老舍在《和工人同志们谈写作》一文中讲解如何选择词汇，举的例子是“入学”、“上学”，“行”、“走”，“作”、“干”、“搞”，“检查”、“检讨”，每一组词都比较不同，细分使用情境。如此咬文嚼字，似乎与中学语文教师的课堂讲授并无二致。但内容的相似并不能遮盖二者话语方式的差异，其差异具体体现在对以下两个问题的回答上。

问题一：文通字顺就能创作吗？语文教育者对此的回答是：中学语文教育并不培养作家。字词、语法、修辞、写作是中学语文教育的四大板块，最后的写作更多地指能清楚流畅地表达自己的意思，而非写作文艺作品。“只有学会语法、修辞和逻辑，才能使思想成为有条理的和可以理解的东西”④，语文教育的重要性由此凸显。当作家面对这一问题时，提问者的身份多是接受过文化教育、立志从事创作的中学生们。技巧的有待提高、生活经验的匮乏、国家对业余创作的大力提倡使得作家们给出了否定的回答。如果从

---

① 老舍：《老舍全集　第16卷：文论一集》，人民文学出版社1999年版，第408页。

② 詹奇：《小说作法纲要》，神州国光社1931年版，第10–11页。

③ 马仲殊：《中学生小说作法》，中学生书局1931年版，第15页。

④《正确地使用祖国的语言，为语言的纯洁和健康而斗争!》，《人民日报》1951年6月6日。

“文通字顺”发展为痴迷技巧、忽视生活，“技术至上主义”的错误便无可避免。

问题二：不文通字顺就不能创作吗？在1961年发表于《人民教育》上的《反对把语文课教成政治课》一文中，作者回应了“（工农出身的老干部）文化水平不高，却能写出好文章来”① 的问题。作者认为这一现象的产生并不是由于工农兵干部参加革命斗争时间长、政治觉悟高，而是得益于党对工农文化学习的重视和干部们多年的艰苦自修。显然作者并没有触及问题的本质，而是用自修替换了“文化水平不高”这一描述，以此强调语文知识的基础与必要。1966年《人民教育》上刊载了《〈反对把语文教成政治课〉是一株大毒草》一文，作者斩钉截铁地宣称“政治是统帅，是灵魂，是更为重要更为根本的东西”②。当承认了这一点之后，语文成为政治教育的工具，问题的答案由肯定变为了否定。镜头调转到文艺界，这一问题面临的情境更为复杂。因为文学创作除了与语文水平有关外，还和作家生活实践紧密相连。老舍这样表述中华人民共和国成立前后个人创作的区别：“解放前我写过的东西，只能当作语文练习；今后我所写的东西，我希望，能成为学习了毛主席《在延安文艺座谈会上的讲话》以后的习作。”③ 以前的文章只是技巧的操演，根本不能称之为作品，现在写的是注入了《在延安文艺座谈会上的讲话》（以下简称“《讲话》”）精神的习作，许多老作家在创作谈中与老舍选择了同样的话语模式。“修辞、谋篇，都只是从技术方面来帮助思想内容的表达，不足以决定文章的价值”④，文章的好坏由什么决定呢？只能是它的思想内容。作家们在创作谈中讲解文学技巧时，多在最后强调生活对技术的决定作用，以此来求得生活和技巧的平衡。除此之外，将文学术语翻译为工农兵群众熟悉的语言，也是平衡二者的方法。如老舍在讲解快板的创作时，将“格式”、“韵”、“平仄”和创作者的口头习惯联系起来，提醒大家不要被以前就知道的东西吓住。文学技巧除了遣词造句外，还有选择材料、结构故事等多个方面，遣词造句无疑是写作的基本功。所以当问题具体到文通字顺上时，作家们在创作谈中表露的态度又明朗起来：“文学作品既是用文字写成的，我们就必须首先注意文字，而不应不管文字通不通，就算作作品。”⑤ 茅盾在报告中呼吁报刊设立类似《中学生》“文章病院”的栏目，减少手工业式辅导对资源的浪费。老舍则进一步表示拿到处都是错字、白字的文章投稿不符合国家增产节约的倡导，“即使这篇稿子能用，那又得多费多少时间呢?!”“为了节约，请把稿子写清楚!”⑥ 不文通字顺就不能写作吗？作家们的答案是

① 洛寒：《反对把语文课教成政治课》，《人民教育》1961年第8期。

② 黄大健、杜德锡：《〈反对把语文教成政治课〉是一株大毒草》，《人民教育》1966年第6期。

③ 老舍：《毛主席给了我新的文艺生命》，《人民日报》1952年5月21日。

④ 纪纯：《写作方法　从开头到结尾》，中国青年出版社1952年版。

⑤ 老舍：《当作家并无捷径》，《中国青年》1956年第5期。

⑥ 老舍：《文艺作家也要增产节约》，《说说唱唱》1951年第6期。

"是"。但翻阅当时工农兵写作者们的创作谈，事实是没有掌握基本文字知识的创作得到了鼓励。一位农民作者在多次投稿后收到了编辑部的来信：

> （《山西日报》编辑部）你写的白字，我们会认！你写的不成句子的句子，我们会念，希望你今后给我们多来信，多寄稿件①！

"不文通字顺"和"写作"之间的障碍被拔除了。1976 年，殷光兰在《我是怎样创作〈毛主席送我上讲台〉的》的发言中回顾了自己的创作道路，说其个人创作的每一次进步，都是在毛泽东讲话的鼓励和指导下取得的。语文知识学习和技术打磨，在这篇创作分享中全然没了痕迹。十七年作家面临的困境是：既要讲解艺术技巧又要避免技术至上主义，既要鼓励工农兵创作热情又要试图对写作和创作做出区隔，创作谈中对基础语文知识的强调既是对现实的回应也是坚守文学底线的折中之法。60 年代的语文学习系列讲座中，赵树理、老舍、谢冰心等作家与叶圣陶、吕叔湘等学者都在受邀之列。作家与语文教育家的同时"在场"，无疑表征了十七年的某种文学生态。但无论文学怎样逼近作为写作基础的语文知识，一旦面临上述两个问题，作为盾牌的语文知识与文学无疑将会同时面临溃败。"先有了生活，而后进行写作；不是只掌握了文字，没有生活，便要去当作家。"② 这一创作原则没有涉及的情况是：有丰富生活经验的工农兵写作者，应怎样开始创作？为了解决语文知识和文学创作的矛盾，创作谈中"说与写"的逻辑转换开始了。

（二）说与写

将说与写进行类比是十七年时期作家/工农兵写作者创作谈中一种普遍的话语方式。这种话语方式的合法性无疑确立在《讲话》对知识分子和工农兵地位的阐释上。老舍强调"念"在作品修改过程中的重要性，"平白如话"作为一条艺术准则，与作家风格息息相关。而对于工农兵写作者来说，将说话与作文统一意味着一种入门途径的获得，文学从此不再神秘而无从把握。工农大众的话"很具体（形象化），很有力"③，因此"有什么话，写什么话；话怎样说，就怎样写"，无疑"是初学识字和初学作文的好法子"④。1947 出版的《写话教学法》和 1952 年常青写作教学法的推广，正建立在这一认知之上。

---

① 文化部群众文化事业管理局、中共山西省委宣传部合编：《农民作家谈创作经验》，山西人民出版社 1960 年版，第 9 页。

② 老舍：《老舍全集　第 17 卷：文论一集》，人民文学出版社 1999 年版，第 566 页。

③ 平生：《写话教学法》，山东新华书店 1947 年版，第 13 页。

④ 平生：《写话教学法》，山东新华书店 1947 年版，第 1 页。

《写话教学法》中这样描写工农群众对“文章”的原始认识：

> 有人怀疑，以为照话写出来，不能就算文章，或者以为就算文章，也决不是好文章。因此不肯老老实实写话，喜欢掉笔头，喜欢找寻美丽的字句①。

为了纠正学员的错误认知，要对写作方法进行具体说明。“动员”是常青写作教学法中最基础、最重要的一环：

> 一、打破对写作的神秘观点，使每一个学员明白：写作只是用方块字来表达自己的思想感情，就跟我们平常用说话表达自己的思想感情那样，并不神秘。二、根据大家的切身体验，说明不会写作的痛苦，激励大家决心学会写作。三、以高玉宝和其他地方的学员的实例对照本班学员的生活斗争经历，说明大家可写的东西多得很，以前写不出来，是因为没有找到窍门。四、介绍新的方法，以实例说明采用“我写我”的方法，用自己的话写自己的事，就不愁没有什么可写，也不愁写不出来。另外，开展“说文”活动，告诉大家怎么说就怎么写，不要受开头、结尾等等形式的束缚；学会用“跳障碍补窟窿”的方法，就不怕生字难词的阻拦②。

这种做法有利于学员文化水平的提高和写作热情的激发，但书面语言无疑很难被完全还原为口头语言，文学作品尤其如此，“平白如话”是作品被精心修饰后表现出的状态，而不是粗粝现实对文学的直接倾泻和覆盖。《写话教学法》的作者无疑也认识到了这一点，他称“‘写话’到了一定的程度，就是到了要多注意‘写’的技巧的时候，可以把‘写话’改为‘写作’”③。常青写作教学法也涉及很多写作技巧问题，如组织材料的步骤是“找排头”、“报数”、“清查人数”，分段的意义在于“写的清楚，读着方便”④。事实上，说与写的统一除了涉及表层的语言问题外，还象征了一种思维方式，那就是现实可以不经处理便直接进入文学作品。在提倡真人真事写作的十七年时期，这一做法看似无可置疑。但事实真的如此吗？

在此可以将中华人民共和国成立前后创作谈中对真人真事写作的认知做一比较。老

① 平生：《写话教学法》，山东新华书店1947年版，第14页。

② 中国人民解放军华北军区训练委员会：《介绍常青的写作教学法》，《人民日报》1952年12月6日。

③ 平生：《写话教学法》，山东新华书店1947年版，第2页。

④ 中国人民解放军华北军区训练委员会：《介绍常青的写作教学法》，《人民日报》1952年12月6日。

舍在《我怎样写短篇小说》中谈到有人指出《牺牲》的缺点，“我与一般人一样的拿这句话反抗：‘这是真事呀！’及至我再去细细看它，我明白了：它确是不好”①。老舍最后得出了结论：“真事原来靠不住，因为事实本身不就是小说，得看你怎么写。太信任材料就容易忽略了艺术。”② 杨六郎在《我怎样写侦探小说》中引用了老舍这段话，意在说明“述实”与“艺术”间平衡的难以把握。

中华人民共和国成立后开始写作的工农兵作者大都会遇到如何处理真实与虚构间关系的问题。荒草《我怎样帮助高玉宝同志修改小说》一文点出了两类工农兵作者对真实的“误解”。一是对现实和小说关系认识的不明朗。为了增强文本的教育意义，荒草建议高玉宝将许多其他人的事迹集中到自传体小说主人公“我”身上，但这可能会“影响到高玉宝同志个人历史的真实性”，高玉宝“怕那些了解他的历史的同志和乡亲们说他编造自己的历史”③。最终高玉宝打通了思想，同意了修改意见。魏连珍《我怎样写〈不是蝉〉的》也描述了他在写作中遇到的这类问题：积极分子需要有落后分子对比才能凸显，但“落后分子写谁呢？恐怕写谁谁也不乐意”④。他找到白师傅跟他谈，为了促进生产将落后分子写在他们组里，白师傅同意了，问题也就解决了。小说来源于真人真事，故而写作者需时时反顾现实，担心小说写作对个人形象、对朋友关系产生影响，这是工农兵写作者的第一层“误解”，“误解”源于小说与现实的粘连。

高玉宝的第二层“误解”被荒草拆分为两个部分。一是受诉苦故事的影响，小说中充满了愁云惨雾的氛围和哭哭啼啼的家庭生活，没有意识到“劳动人民的悲惨生活也是必需写的，但劳动人民的斗争精神和党的影响更是必须突出地写出来的”⑤。二是小说中的反面角色虽然外貌凶恶，动辄打人，作者“对敌人的内心世界和他们的必然灭亡的命运却写得很不够”⑥。这两点其实是十七年文学情节为主题服务、人物为思想服务的表征。真人真事只是写作来源，小说需要更高的“真实”。“浮面的真实”、“孤立的真实”⑦ 不是“真实”，“真实”来自理念对现实的概括。“文化大革命”时期反对真人真事的写作，原因就在于此。

将语文知识作为文学写作的基础加以强调、将说与写统一起来促进工农兵写作、消灭现实和小说的壁垒又要求更高的“真实”，十七年创作谈中对“怎么写”的言说看似

① 老舍：《我怎样写短篇小说》，《好文章（上海 1936）》，1936 年创刊号。
② 老舍：《我怎样写短篇小说》，《好文章（上海 1936）》，1936 年创刊号。
③ 荒草：《我怎样帮助高玉宝同志修改小说》，《解放军文艺》1955 年第 3 期。
④ 魏连珍：《我怎样写〈不是蝉〉的》，《人民日报》1950 年 5 月 7 日。
⑤ 荒草：《我怎样帮助高玉宝同志修改小说》，《解放军文艺》1955 年第 3 期。
⑥ 荒草：《我怎样帮助高玉宝同志修改小说》，《解放军文艺》1955 年第 3 期。
⑦ 冯文彬等：《怎样写作》，青年出版社 1950 年版，第 34–35 页。

互相冲突且无法调和。实则矛盾的解决只需要一个发起点，那就是创作者“我”向听众“你”的转换，老作家与工农兵写作者的经验交接。十七年时期工农兵写作的大量《我是怎么写〈×××〉的》，从题目开始就在宣告自己的写作权和解释权。

三、“我”是怎么写《×××》的

十七年时期，“老作家带徒弟”是一种常见的青年作家帮扶模式。但因为人数的严重不对等，这种“手工业”帮扶的对象无疑是有限的。老作家频频参加座谈会，讲述创作历程与经验技巧，便是对辅导青年作者这一作家职能的有机补充。工农兵吸取老作家创作经验后积极写作，发表创作谈来分享学文化、搞创作的个人经验，这一现象在十七年时期十分普遍。一则工农兵才是被肯定的创作主体，二则这种经验分享更容易打破工农兵群体对写作的神秘认知，三则“多不一定质量就坏”①，保量的同时积极保质的观念在十七年时期深入人心，后期发动的大规模群众创作运动便是明证。“我”能写与“我”为何而写成为这类创作谈说明的重点，创作历程的分享与自我书写紧密地联结在了一起。

（一）天才之辩

创作者的资格问题，是创作谈所要解释的首要问题。文学之卓然独立，大抵与“天才”二字相关。民国时期的“小说做法”类书籍这样解释文学家的“天才”：

> 做小说原是作者一种思潮与情感底流露与发挥。这种思潮与情感在作者底心头原是时刻变化不可捉摸的，用不着成法来范围彼等。所以世上尽管有不曾学过小说作法而能做出很优美的小说来的作家……不依赖成法而能作出完美的作品的，这都是指的天才的作家而说的②。
>
> 写作的兴致和冲动，对于人类的同情心，观察力，想象力，创造力等等，都不是后天所能偶然学来的。这是作家天赋的才能，也是作家人格的真正尺度③。

强调作家心灵对外物的创造性转化和才能的天赋，使作家成为神秘的职业。鲁迅强调天才生长于民众间，老舍认为“学问、经验、修养、努力，加上文艺天才，方能产生一个作家”④，他们的言说都建立在承认天才的存在、承认天赋作用的基础上。十七年时

① 《希望有更多好作品出世》，《人民文学》1958年第4期。
② 孙俍工：《小说作法讲义》，中华书局1922年版，第4-5页。
③ 方达文：《创作的技术》，仁山书社出版，第89页。
④ 老舍：《老舍全集　第16卷：文论一集》，人民文学出版社1999年版，第674页。

期，“天才”与“技术”、“自由”、“生活”三个关键词联系紧密，有或者无不成为问题，阶级归属才是问题。

关键词一：技术。天才表征在文艺创作中，便是对写作技术的灵活掌握和打磨。但使用技术和崇尚技术之间无疑隔着一条红线，反对夸大技术的作用，反对认为技术对内容、对作品价值有决定性影响的观点，是避免所谓“天才”主导文艺创作的关键。

关键词二：自由。社会主义制度的建立给了作家极大的写作自由，作家可以自由地歌颂党和人民。作为“个人主义者”的天才索要的是“绝对自由，抗拒的是领导”①，而绝对自由根本不存在，写作需要党的领导。这种领导会“使大家（包括作家）一心一意地走向社会主义，越走越光明，越自由”②。

关键词三：生活。工农作者们“写出了专家们写不出的诗歌，画出了专家们不敢想象的绘画”，“这些技巧的泉源不是专家们所夸耀的形式主义，而是劳动人民自己的生活”③。文艺天才是坚持学习、深入生活的结果，灵感则是“有了写作的丰富的材料和长期的准备的结果”④，劳动是产生天才的土壤和催化剂。工农兵写作者的生活经验和阶级情感会使他们掌握写作这一武器，天才的文艺作家只能在劳动创造中出现。

高玉宝的出现回应了十七年文学对“天才”的看法和定义。在学习高玉宝写作精神的过程中，知识分子和农民、战士都在自我检讨。知识分子检讨的内容是没有办法写出“这样高度艺术水平与思想水平的作品”⑤，自己因为文化水平高而沾沾自喜是十分错误的行为。解放军战士检讨的是自己之前对写作抱着错误的看法，即认为文学家能写小说的原因有两种，一是家境好有学上，二是有生来的好脑筋，苦出身的农民是没有办法写小说的。高玉宝的经验证明了工农也能写长篇小说，这一切靠的不是天才，而是决心：“我想写一本书，把我所受的苦和党指给我的方向都记下来，带在身旁，看了它，就不能忘掉我们工农在旧社会受的苦；看了它，就有了前进的目标。”⑥ 但在高玉宝的自传体长篇小说《高玉宝》中，周老先生让小玉宝去学校念书是看中了孩子有天资。农民对知识抱持的“神秘”看法，依旧根深蒂固地存在。尽管如此，工农兵创作谈的背景部分——“我”能写——在打破天才论的基础上完成了。

---

① 老舍：《老舍全集　第 17 卷：文论一集》，人民文学出版社 1999 年版，第 486 页。

② 老舍：《老舍全集　第 17 卷：文论一集》，人民文学出版社 1999 年版，第 487 页。

③ 茅盾：《短篇小说的丰收和创作上的几个问题》，冯牧主编《中国新文学大系 1949—1976 文学理论卷 1》，上海文艺出版社 1997 年版，第 688 页。

④ 孙犁：《孙犁全集》（第 3 卷），人民文学出版社 2016 年版，第 115 页。

⑤ 田家：《向英雄的文艺战士高玉宝学习》，《艺术生活》1951 年第 7 期。

⑥ 高玉宝：《我学文化的经验》，《解放军文艺》1952 年第 5 期。

（二）“困难”叙事

创作总是充满苦乐。天气、纸张、家庭环境、书写习惯都会影响作家的写作。以“热”为关键词对老舍建国前的创作谈进行检索，可以发现如下表述：

那个热天实在是最可喜的。能写入了迷是一种幸福，即使所写的一点也不高明①。

那年简直热得出奇……小孩拒绝吃奶，专门哭号；大人不肯吃饭，立志喝水！……我得赶文章，昏昏忽忽，半睡半醒，左手挥扇与打苍蝇，右手握笔疾写，汗顺着指背流到纸上②。

天气奇暑，又多病痛，非极勉强的把自己机械化了，便没法写下去③。

老舍对写作历程的回顾，包含了当时的环境、身体状况和私人心情。这些在他中华人民共和国成立后的创作经验分享中都消失了。生活在新时代的骄傲、为人民写作的责任感和没有及时反映时代风云的负疚感在创作谈中混合，成为重要的写作动机。新时代给了作家写作的自由，他们与个人的过去斩断联系，融入集体。外界环境不再对写作产生影响，创作心情是始终如一的热情澎湃。工农兵作者则与之相反，他们可以在创作谈中言说“困难”。言说“困难”也即言说历史，言说身体，言说自我。写作是攻坚克难的过程，《钢铁是怎样炼成的》作者奥斯特洛夫斯基和高玉宝都在经验谈中表明了自己战胜困难的决心。农民作家李希文夜里在床上琢磨写诗，注意力集中到被子被火烧穿也不知道。这样的励志故事，在这一时期的工农兵创作经验介绍中十分普遍。他们克服困难、坚持写作的心理动机是什么呢？看到的“风景”表征了不同类型作者迥异的创作心理：

（看到黄昏时的风景产生创造冲动）但这种冲动，常常是被自己压抑下去了。原因由于自己早就有个明确的意识：我并不是光写风景的。因此这些风景，只好由它忘记……等到有一天，写一个农民傍晚走在路上，或一个工人下班回到乡下，它就会以最美丽的姿态出现了④。

夜，是如此地宁静，我望着窗外飞舞着的雪花，茫茫的林海、皑皑的雪原，杨

① 老舍：《老舍全集　第16卷：文论一集》，人民文学出版社1999年版，第190页。
② 老舍：《老舍全集　第16卷：文论一集》，人民文学出版社1999年版，第199页。
③ 老舍：《老舍全集　第16卷：文论一集》，人民文学出版社1999年版，第223页。
④ 文艺学习编辑部辑：《答习作者》，中国青年出版社1955年版，第20页。

子荣、高波、陈振仪、栾超家、孙大德、刘蕴苍、刘清泉、李恒玉等同志的英雄形象与事迹，又一一在我的脑海浮现。写！突破一切困难！"为人民事业生死不怕，对付敌人一定神通广大。"战友不怕流血歼灭敌人，我岂能怕流汗突破文字关，这是我应有的责任，这是我对党的文字战线上应尽的义务①。

傍晚，我看巨大的太阳沉入海底。早晨，我看巨大的太阳从海底钻出来。一夜一夜，我不能入睡；我有话要说，我要大声喊叫，我要控诉……起身后，我在海滩上奔跑，呼吸新鲜的空气。我的脚踏着贝壳，叭叭地响。我于是又投入了幸福的生活中②。

艾芜放弃了写作目下的风景，因为工农才是作品应该关注的主角，脱离生活实践的风景描写是小资产阶级情调的表现；曲波试写了三章小说，感到困难就把它们撕毁了，却在雪夜里重拾了写作信心，因为肃穆的风景和已逝战友形象的叠加让他意识到自己克服困难写作的责任；胡万春去北戴河学习，被优美的风景迷住了，想写北戴河游记，却在学习了马克思剩余价值学说之后明白了什么是剥削，转换写作内容后，身边的大海不再仅是美丽风景，还是与过去产生强烈对比的、美好生活的象征。知识分子、军人、工人，身份的不同让他们看到了不同的风景。为何而写作？为责任写作。肩负为人民写作的责任，困难成为写作中必须克服的关卡。

（三）"标准化"写作

奥斯特洛夫斯基在《我怎样写"钢铁是怎样炼成的"》中表示了对当下创作谈的失望："在那些帮助青年作家的杂志里，大作家们不写自己的实际的打草稿的工作（哪怕只写一本书的布局或章节的结构等等也好），他们认为这是不必要的小事，而用很多篇幅来谈一般的理论。开始写作的人也需要知道写作的技巧和学会制定工作计划。"③ 工农兵作者需要的是简明扼要的技巧和可以模仿的写作流程。

《我怎样写〈不是蝉〉的》一文展示了十七年创作谈的"标准"写作流程。作者首先表示自己不能接受"《不是蝉》作者魏连珍同志"的称呼，因为创作靠的是集体而非个人的力量。接着，作者简要记述了自己的身份背景和生活历程："（我）只不过念过四五年书。在旧社会里，我是一个最受压迫的穷工人，时常被人瞧不起。自从石家庄解放

① 曲波：《关于〈林海雪原〉》，山西省社会科学研究所文学研究室编辑《当代三十部文学名著是怎样写成的》，山西省社会科学研究所文学研究室 1980 年版，第 192 页。

② 胡万春：《土壤和种子——谈我写的"骨肉"》，《文艺月报》1958 年第 6 期。

③ ［苏］奥斯特洛夫斯基：《奥斯特洛夫斯基两卷集》，中国青年出版社 1956 年版，第 737 页。

后，在共产党的领导下，我的政治觉悟才逐渐的提高了。"① 为了达到促进生产的目的，作者决定以"改造落后分子为主题"写一篇作品。他首先找到了落后的原因，打算设置一个积极分子与落后分子进行对比，积极的原因与落后的原因相反。确定主题和手法后，他为自己找了白师傅这个积极分子做模特，将曹师傅的事写在白师傅身上，又把许多落后分子的材料集中起来提炼典型。他的创作和生活实际的结合程度很高，因为怕女演员文化程度低记不住词，作品的词很少，这样就能最大限度地节能增"产"。这样的创作谈让人想起茅盾《〈子夜〉是怎样写成的》、《我怎样写〈春蚕〉》，同样是主题先行，分析问题的社会历史原因，但二者无疑有着质的不同。一是《我怎样写〈不是蝉〉的》增加了"诉苦"和新生的环节。二是《我怎样写〈不是蝉〉的》所展示的技巧较茅盾创作谈单薄得多，人物对比、选取典型都是固定乃至标准的"套路"。《从写〈汽锤座〉等摸索出来的〉》一文的作者在《中南工人报》上看到一篇小说《香甜的苹果》，领悟到"要这样写才行"②，于是模仿了对方的分段方法，这样未经转换的技巧启发环节在当时的工农兵创作谈中也很常见。三是《我怎样写〈不是蝉〉的》反复表示对创作者身份的拒绝，所有荣誉应归功于党的领导和集体的帮助。除此之外，这一时期的工农兵创作谈还有一个明显的特点，那就是技术背景介绍在其中占了一定比重。因为作者的第一职业并不是文艺工作者，而是工人、农民甚至医务工作者，《我怎样写血崩的》、《我怎样写〈先进砌砖法〉》、《我是怎样学写"钢铁巨龙"的》等篇都具有这一特点，创作谈成为技术/知识普及、展现社会主义建设成果的一个窗口。

如果将这一时期工农兵作者《我是怎样写×××的》类型的创作谈当自传看，可以发现它们的结构和《怎样写自传》一类书对自传写作经验的总结十分相似。"生活和思想"、"转变过程"、"自我检讨"是自传的三大部分，具体写作要先拟"一个大纲，把自己历史上的关节写下来，并写出当时的思想状况"，对"我为什么会产生那种思想情况，我的主观愿望是怎样的，仔细地深入地加以分析"，接着"站在工人阶级的立场上，来深刻地批判主观愿望及实际的结果"，最后写"自己对于中国共产党及人民政府的真实的认识"③。从集体中来，成果归于集体，十七年创作谈就这样丧失了私人言说的性质。

谢冰心 1965 年在语文学习讲座上做过一次经验分享，她先表示"我不是来讲课，我是来答辩"，目的是尽"自己的所能"，"回答老师们提出的问题"④。这些预设的问题包

---

① 魏连珍：《我怎样写〈不是蝉〉的》，《人民日报》1950 年 5 月 7 日。

② 武汉市文学艺术界联合会辑：《武汉市工人文艺创作经验》，中南人民出版社 1951 年版，第 8 页。

③ 沙霖：《怎样写自传》，上海普文出版社 1953 年版，第 75 页。

④ 谢冰心：《写作经验琐谈》，张玫非主编：《大师教语文　下》，广西师范大学出版社 2015 年版，第 998 页。

括如何确定题目、如何确定中心意思、如何取舍材料、如何结构文本、如何将文章写得简明生动、如何修改、如何练写作基本功等等。谢冰心通过讲述她创作具体文章的过程对这些问题进行了解答。但问题是，这些技术问题可以被完全还原到一段创作经历中吗？没有破碎、反复与不确定，十七年创作谈给出的答案是简洁明了的。

四、结语

抛开特定的历史语境，创作谈是什么？如果将之视为公共事件，作者和读者的相互吸引意味着一种需求和认知的不平衡。“这种不对称交往的后果就是，接收者——在没有经过说话者/作者同意的情况下——对别人言辞的理解只由他自己一个人负责。”① 说话者言说方法、技巧、写作的过程，接收者们感知到的是：成规可以被传授，圈子可以被进入。“您是工人，您能掌握那么复杂的机器”，“只要您肯用心，肯下功夫，您会创作”②！这是十七年的“确信”。匿名作家计划和《鲤·写作课》，是21世纪文学青年的“相信”。雷蒙·威廉斯在《漫长的革命》中为艺术祛魅，认为“灵感”、“更高的真实”概念使艺术的创造性得到认可，但事实是“评价的高下之分不能用来证明构思及创作上的根本差异”③，艺术的神秘是人们想象的结果。在创作谈里，作家讲述他的创作动机、脑内的构思活动、外界的天气、偶然因素导致的文本改动，关于写作的一切话题都可以被展开，这无疑是为艺术祛魅的理想模式。十七年创作谈中技术被生活吞噬，私人言说被公共宣讲吞噬，但它打开了一个文学的缺口，让无数的人涌进来。与此同时，《我是怎样写×××的》中的《×××》，在历史的风沙中渐渐变得模糊不清。

（作者单位：南京大学中国新文学研究中心）

---

① ［荷兰］D. 佛克马、E. 蚁布思：《文学研究与文化参与》，北京大学出版社1996年版，第21页。

② 老舍：《老舍全集　第16卷：文论一集》，人民文学出版社1999年版，第272页。

③ ［英］雷蒙德·威廉斯：《漫长的革命》，上海人民出版社2013年版，第39页。

副文本视角下余光中诗文合集《春来半岛》研究

吴敬玲

《春来半岛》是余光中以香港生活为主题的诗文合集，也是余光中出版生涯中的一个“例外”。集子收入1974至1985年间余光中新诗24首，散文10篇，是黄维梁主编的《沙田文丛》第一辑第一本，1985年由香江出版有限公司出版发行。《春来半岛》精选了余光中香港时期最经典的诗文篇章，在某种程度上可以代表他香港时期的诗文成就，其作品中对沙田文学史的诗意建构是研究沙田文学群落创作特色、形成原因和成就价值的重要资料。《春来半岛》虽然只有167页，但除了正文文本外，此本诗文合集还附带了大量的副文本，包括出版缘起、自序、题辞（自题题辞和引语题辞）、标题（含副标题）、文末落款、附记、书评等等。这些副文本伴随在文本之后、文本边缘，有的分布在文本之外，是文本周围的旁注和补充资料，为文本提供了一种氛围和解释场域，和文本一起参与意义的构成，是理解文本意义和作者意图不可忽视的重要因素。本文将从副文本的视角介入，重点分析《春来半岛》中的标题和题辞、落款和附记、出版缘起和书评，既不主张文本中心论，也不排除和忽视副文本的价值和意义，试图客观呈现20世纪七八十年代香港时期余光中的创作特色及以他为首的沙田文学群落的原始创作形态，作品中既有作者对香港历史和文化变迁的真实记录，还包含他对沙田文学史的诗意建构和对永恒意义的终极思考，从而挖掘其作品中的史料价值、文学价值和历史意义。

一、副文本理论缘起与发展

副文本一词最早由法国批评家热拉尔·热奈特于1979年在《广义文本之导论》中提出，后又不断完善。他在1982年出版的《隐迹稿本》中对副文本的种类和作用进一步做了说明：“副文本如标题、副标题、互联性标题；前言、跋、告读者、前边的话等；插图；请予刊登类插页、磁带、护封以及其他许多附属标志，包括作者亲笔留下的还是他人留下的标志，他们为文本提供了一种（变化的）氛围，有时甚至提供了一种官方或半官方的评论，最单纯的、对外围知识最不感兴趣的读者难以像他想象的或宣称的那样总是轻而易举地占有上述材料。”① 副文本理论在我国符号学及文艺理论研究及传播领域也产生了广泛影响。国内符号学专家赵毅衡教授认为“副文本是一种典型的伴随文本，是伴随着符号文本一道发送给接收者的附加因素。在相当程度上，伴随文本决定了文本的解释方式。这些成分伴随着符号文本，隐藏于文本之后、文本之外，或文本边缘，却积极参与文本意义的构成，严重地影响意义解释”。他还进一步论述了副文本的概念及类型，“副文本，就是完全‘显露’在文本表现层上的伴随因素，他们甚至比文本更加醒目。可以把副文本称做文本的‘框架因素’：书籍的标题、题词、序言、插图、出版文本；美术的裱装，印鉴；装置的容器；电影的片头片尾；唱片的装潢；商品的价格标签等等”②。武汉大学的版本学研究专家金宏宇教授在国内外理论的基础上把副文本引入到中国的现代文学研究框架之内，形成了一套完整的研究体系。在《文本周边——中国现代文学副文本研究》一书中，他把副文本的概念具体细化到文学的范围之内，从热奈特关注的叙事性作品文类扩展至抒情性的诗歌和散文。在此书中，金教授不仅把副文本范围从书籍扩大到单篇作品和文学期刊，对种类的划分更丰富细致，还结合现代文学史上的具体作品中的几种典型副文本如序跋、标题、题辞、图像、注释、广告、笔名、版权页等进行了详细论述③，研究其史料价值和文学史意义，进一步说明了中国现代文学中副文本现象的普遍性和理论的可行性、有效性。副文本作为一种新的研究视角，为中国现当代文学的研究开拓了更宽阔的视野，提供了更大的阅读和阐释文本的可能性。

二、余光中《春来半岛》中的副文本类型及简析

（一）标题和题辞

标题和题辞是现当代文学作品中比较常见的副文本种类。标题及其附带的副标题是一部（篇）作品中最重要的语句，是对文本内涵高度浓缩的概括，是作者对读者阅读文本前所做的最直接的引导和提示。书名《春来半岛》也是集子中的一篇散文的标题，为

① ［法］热拉尔·热奈特：《热奈特文集》，史忠义译，百花文艺出版社 2001 年版，第 72 页。

② 赵毅衡：《符号学原理与推演》，南京大学出版社 2011 年版，第 141–143 页。

③ 参见金宏宇：《文本周边——中国现代文学副文本研究》，武汉大学出版社 2014 年版，第 4 页。

了更好地让读者了解其内容，编者还加了副标题“香港十年诗文选”，从时间、空间和文类三个角度对此集子的内容和范围做了细致的限定和说明。“新文学作品的标题与其正文一样具有时代性、区域性、流派性等特点。”① 如果说《春来半岛》的标题和副标题都已经把空间限定在香港，那么文中单篇作品的标题则把这种地域性特点更具体地呈现出来，标题中出现了多个与香港有关的地理名词，其中尤以“沙田”为最，多达5处，有《沙田之秋》、《沙田秋望》、《沙田暑意》、《沙田山居》和《沙田七友记》，其他的还有《船湾堤上望中大》、《过狮子山隧道》、《九广路上》、《飞鹅山顶》、《别香港》等。读者只从标题就感受到了浓浓的香港味道，沙田、中大、飞鹅山、狮子山、九广路、香港等地理名词在读者阅读文本之前已深情地向喜欢香港并希望了解香港的隐含读者招手。

题辞，也叫“题词”，是作者在扉页上或书籍的正文前刻意题写或引用的文字，多短小精炼。题辞和标题一样，对读者有重要的引领和启示作用。“献给香港的众多朋友，沙田的山精海灵”是余光中在此书扉页上的自题题辞。自题题辞也称献辞，表明了作者与呈献对象之间的复杂关系，饱含了作者对呈现对象的喜爱及重视之情。“香港”和“沙田”二词进一步把作品集的区域性特点彰显无遗。正文之前的引语题辞则引用了诗文合集中《十年看山》一诗中的诗句“每当有人问起了行期/青青山色便哽塞在喉际/他日在对海，只怕这一片苍青/更将历历入我的梦来”。短短的四行诗，不但提供了作者将要离港的现实境况，还把对献呈对象的情感深化，除了喜爱和重视，更增加了不舍和怀念。作者引用自己的诗句，是“借自己酒杯，浇自己胸中块垒”，深刻揭示了作者当时的情感和心理，也奠定了整个作品集子的情感基调。因题辞所处的位置显眼，是读者进入正文阅读之前的必经之路，所以从读者的接受维度来讲，阅读题辞这种作者刻意为之的副文本还会让读者产生强烈的阅读期待视野，更有利于作品的接受和传播。

（二）落款和附记

和标题与题辞不同，副文本中的落款和附记一般会附在文本正文的后面。现当代文学作品中的落款一般是作者明确作品创作于何时何地，是对当时创作情况的客观记录，相当于尾注或最简明的后记。除了创作日期和地点的客观呈现外，有时作者还试图提供文本中未能提供的其他信息给读者，会在落款的后面加上附记，有的也称之为附注。作品后的附记既有对历史背景的解释和说明，如对作者触动较大的历史事件和历史场景的交代，也有对作品创作缘由、创作动机、写作过程等等的叙述。随着作品版本的变迁和潜在阅读对象的变化，作者也会不断丰富自己的附注，会继续增加再记，补充一些新的

① 金宏宇：《文本周边——中国现代文学副文本研究》，武汉大学出版社2014年版，第325页。

信息。“合观之，副文本是作品版本和文本的有机构成；分观之，副文本与正文本也形成重要的跨文本关系，是正文本的最显见最具在场感的互文本。如果再具体地考察各种副文本因素，我们还会发现它们与正文本之间的有机构成程度及它们与正文本的互文深度还是不一样的。”① 《春来半岛》中具体文本后的落款和附记不仅仅是一些具体的时间、地点、事件的陈列，它们恰恰是“作品版本和文本的有机构成”，也是“正文本的最显见最具在场感的互文本”，而且与正文本的互文程度极深，是阅读理解正文本不可忽视的重要因素之一。同一篇作品，在不同的版本中，有的有落款和附记，有的没有；同一篇作品在前后期的版本中也会呈现不同的落款内容。这些差异和变化都将为我们从侧面了解作者不同作品集的编选意图和对“隐含读者”的期待提供参考信息，也为读者进入正文本打开了另一个门槛。

《春来半岛》中共收录24首诗歌和10篇散文，目录中的前13首诗歌选自诗集《与永恒拔河》，中间的《山中传奇》和《竞渡》两首选自诗集《隔水观音》，剩下的9首后来编入诗集《紫荆赋》中。10篇散文中的前两篇《沙田山居》和《思台北，念台北》选自散文集《青青边愁》，初版本1977年由纯文学出版社出版，剩下的8篇全部选自散文集《记忆像铁轨一样长》，1987年由洪范书店出版。《春来半岛》中的每一篇文末均有具体写作日期的落款，除了7篇散文具体到年月外，其他的27篇诗文全部具体到年月日，有的还会在具体日期后特别标注中国的传统节日如中秋、端午、清明等。《老火车站钟楼下》和《蔡元培墓前》两首诗后面都加了附注，既提供了原始的历史信息，还原了当时的历史现场感，也是作者对创作缘由和历史场景的交代。其中，《蔡元培墓前》不但附记的内容丰富异常，字数远远超过正文本数倍，还增加了“再记”，对历史事件和信息进行了跟进和更新，给后续的读者更清晰的交代。此处的附记和再记不但是最客观真实的史料，更是“最显见最具在场感”的叙述文本，和正文本一起构成互文本。《春来半岛》中某些篇目的落款和附记与其他版本相比较②，有了一些增删的变化：第一，具体日期和传统节日落款的增加。选自诗集《与永恒拔河》中的13首诗歌后面均增加了具体日期的落款，无论是在1979年洪范书店发行的初版本还是在2003年内地百花文艺出版社的《余光中集》里都是缺失的；《紫荆赋》一诗的日期落款后增加了“端午”二字，在后来的各个版本的诗集中都未保留。第二，具体创作地点“沙田”二字的增加。散文中的《沙田七友记》、《送思果》、《春来半岛》、《记忆和铁轨一样长》、《飞鹅山顶》

① 金宏宇：《文本周边——中国现代文学副文本研究》，武汉大学出版社2014年版，第358页。

② 与《春来半岛》中作品的落款附记相比较的版本主要选择在港台出版发行的初版本和2003年由内地百花文艺出版社首次出版发行的余光中作品全集《余光中集》。

5 篇作品的日期落款后均增加了“于沙田”三字，这 5 篇作品于 1987 年编入散文集《记忆像铁轨一样长》时又把“于沙田”三字从落款中去除，在内地版的《余光中集》中也未保留。作者在具体日期后刻意加上“于沙田”三字，在强调时间的同时更强调“沙田”这一地理空间的重要性，使作品在历史的长河里达到时空的统一。作者这样对“沙田”做过详细的注解：“至于专咏香港或与香港地理有涉的诗中，常提到沙田一名，则需要略加解释。沙田是新界的一个小镇，也是九广铁路中途的一站，南距九广路起点的红磡，约为北距广东边界之半。中文大学即在其北五英里的马料水山上，面对湛湛一碧的吐露港海湾，而八仙岭蔽其北，马鞍山屏其东，山围水绕，日起日落，自成一个天地，我的一千六百多个日子便俯仰在其中。”① 余光中在沙田工作、生活、创作 10 余年，环境优美，工作称心，收入丰厚，交游愉快，心境平和。沙田已不仅仅是一个普通的物理空间概念，而是作者心目中香港的代名词，因饱含作者的深情而成为永恒的记忆。

总之，作为副文本的落款和附注有的只是日期和地点的客观记录，有的是对作品做详细的说明和解释，有的表明了作者的创作缘由和动机，有的是历史事件的还原，但最后都将参与文本的意义阐释，有助于正文本的意义增值和深度理解。

（三）出版缘起和书评

出版缘起和书评都属于副文本中的外副文本，依然参与文本的意义解释。《〈沙田文丛〉出版缘起》在诗文合集《春来半岛》的题辞和目录之间，也是很重要的副文本。热奈特将副文本比喻为进入文本的“门槛”，副文本由各种门槛构成。若标题题辞、落款题辞属于作者的门槛，那么《〈沙田文丛〉出版缘起》则属于编者的门槛了。编者黄维梁详细介绍了此套丛书的出版缘由、名字的由来、编选理念等，其中对“沙田”地域的强调，不但使这套丛书具有很强的地域文学特点，也具有强烈的流派意识，为后来沙田文学群落的建构奠定了基础。

书评，既属于外副文本，也是一种后副文本，是作者之外的他人留下的文本的附属标志之一，也为文本提供了丰富的生态环境和解释场域。后副文本《欣赏香港的山水——推介余光中〈春来半岛〉》②，是作者向香港市民推荐好书的活动成果，文中最精彩之处是肯定了此书对香港山水的描摹，并建议游人旅行时作为导游资料携带，“《春来半岛》写香港诸山，如狮子山、飞鹅山、鹿山、大帽山，无不曲尽其妙。香港人喜欢攀山

① 余光中：《与永恒拔河・后记》，《余光中集》（第二卷），百花文艺出版社 2003 年版，第 446 页。

② 参见黄维梁：《壮丽：余光中论》，香港文思出版社 2014 年版，第 273 页。原文写于 1986 年 11 月，原名为《从山水欣赏到道德教育——介绍余光中〈春来半岛〉和陈耀南〈学术与心情〉》，收入《香港文学再探》，第 244 页。

涉水的，不在少数。如果旅行时，一册导游书之外，加上一卷《春来半岛》，就更能领略香港山水可爱之处了”①。黄维梁在香港教育署中国语文教学研究中心 1988 年编的《向中学生介绍好书》中推荐了余光中的《春来半岛》，不仅肯定了其艺术价值，还宣传和推动了其对中学生语文教学的参考指导意义和具体实用价值。

三、副文本视角下《春来半岛》研究的意义和价值

副文本无论是从作者的创作还是读者的接受维度，无论从文本的生产还是传播领域都参与文本意义的生成，是文本意义阐释中的重要因素，有时还是关键因素之一，不管副文本以何种类型在何种位置显现，都不可能不对符号文本的接收产生影响。《春来半岛》中大量的副文本因素，小到对文本的解读，大到对香港现当代文学的研究，均具有多重意义和价值。下文试着从以下三个角度进行分析：

（一）香港历史和文化变迁的真实记录，蕴含丰富的史料价值

史料是人文社科领域研究很重要的一环，传统意义上的日记、传记、年谱、书信等在史料研究中都发挥了重大的作用，但关于副文本隐含的史料价值还未得到足够的重视。副文本是偏于历史性的文本，远离想象和虚构，比文本更客观、更真实，在文本之外提供了更加翔实的史料信息。在浩如烟海的史料中如何挖掘到更有价值的信息也是文学研究者需要下一番苦功的。梁启超在《史料之搜集与鉴别》一文中概述了鉴别史料的基本原则：“论原则，自当以最先最近者为最可信。先者以时代言，谓距史迹发生时愈近者，其所制成传留之史料愈可信也。近者以地方言，亦以人的关系言，谓距史迹发生地愈近，且其记述之人与本史迹关系愈深者，则其所言愈可信也。……如司马迁之《自序》，王充之《自纪》，法显、玄奘、义净等之游记或自传，此考证各本人之事迹思想或其所游地当时状态之第一等史料也。”②

根据梁任公鉴别史料的原则，余光中在香港生活 10 余年，把自己的所见所闻所思所感化成文字，这些文字自是符合“最先最近为最可信”的史料原则，其所写的序言、题辞、落款附记等也应属于“第一等史料”了。余光中曾说：“我向来不记日记，一来因为已经太忙，二来因为作品便是最真实的记录了。”③ 仔细研读沙田文友作品中的副文

① 黄维梁：《壮丽：余光中论》，香港文思出版社 2014 年版，第 274 页，

② 梁启超：《中国历史研究法》，东方出版社 1996 年版，第 92-93 页。

③ 余光中：《白玉苦瓜·后记》，《余光中集》（第二卷），百花文艺出版社 2003 年版，第 346 页。

本，我们即可感受他们对20世纪七八十年代的香港历史和文化变迁的最真实的记录。黄维梁的散文《读“中运”建议杂感》和黄国彬的诗歌《给某些中文报纸的编辑，叫他们沉默——中越战事爆发后读报有感》，读者仅从副文本中的题目中即可感知文本内容是对香港70年代爆发的中文运动和中越战争的记录和反思。余光中是沙田作家中最善于运用副文本的作家。以他的诗歌为例，《老火车站钟楼下》后的附注具体讲述了九广铁路的历史变迁：“九广铁路的起站原在九龙半岛之南端尖沙咀，现已移往其东之红磡，只留下一座古钟楼任人凭吊。”① 建筑物的变迁痕迹背后呈现的是香港历史文化的变迁、城市的发展及现代化建设轨迹。尖沙咀火车站兴建于20世纪初，1911年九广铁路通车之时，旅客可以在尖沙咀乘火车回到欧洲，成为当时欧亚铁路的东方终点站。火车站的古钟楼是典型的维多利亚建筑，和火车总站一起成为香港地标性的建筑物。随着香港的现代城市规划，九广铁路的起点迁往红磡，尖沙咀火车总站于70年代末期被拆卸，只保留了大钟楼。“霞光里，红砖的钟楼仰着孤高/寂寞的短针和长针/那推动过昨日的双臂依旧/轮回在计时，但港上的风云千桅/已不听你指挥。”② 结合附注中的介绍，再去品读诗歌文本，才能更深刻地理解作者面对城市的规划和建筑物的变迁所生发的浓厚的缅怀和叹息，惋惜一个具有历史和文化意义的建筑物的消逝，哀叹大钟楼孤独地耸立在“风云千桅”的“港上”。

《蔡元培墓前》一诗后更是附注了3倍于诗歌正文字数的后记，详述“五四”元老蔡元培先生抗战期间来港养病，3年后逝世，葬于香港仔华人永远坟场，作者多方打听寻找蔡墓无果，几经周折才得到一点眉目，于1977年6月25日与周策纵、黄国彬等友人前去凭吊祭奠。“蔡墓格局既隘，营造亦陋，一方碑石高不及人，除了‘蔡孑民先生之墓’七个红字以外，别无建墓何年立碑何人的字样，比起四周碑铭赫赫亭柱俨然的气派，显得十分萧条。扫墓人千千万万，知蔡元培者恐已日寡，知孑民何人者当就更少了。……戊午清明追记于沙田。”《蔡元培墓前》一诗作于1978年4月4日，清明前一天。从凭吊蔡墓到诗歌成行，中间历经9个月之久的感情积淀，在追思祭奠先贤的清明时节不可遏制地全然爆发出来。诗人对曾经提出过“思想自由、兼容并包”的教育思想的原北大校长、“五四”元老死后的孤寂悲凉处境，痛惜不已，全诗悲怆之情溢于言表。文学来源于社会生活，亦可影响并反作用于社会现实。诗人于1979年3月再次补叙了在“余公”、“周公”、“黄郎”的诗文感召下，“北大旅台港校友曾在香港仔原址为蔡故校长扩

---

① 余光中：《老火车站钟楼下》，《余光中集》（第二卷），百花文艺出版社2003年版，第365页。

② 余光中：《老火车站钟楼下》，《余光中集》（第二卷），百花文艺出版社2003年版，第365页。

建新墓落成，并于五四之日盛大公祭。今日游人所见蔡墓，不复旧日残景”①。五四运动结束后的60年之后，曾经的“五四”元老在五四之日终于得到了后人的深情追思和祭奠，并有了一个真正的归宿，其灵魂应该可以安息了吧。这样的一个“再记”后面也暗喻着作者对五四运动思想文化成果的希冀和期盼，希望在地处边缘的南方半岛上可以延续同一种文化思想脉络。

（二）沙田文学史的诗意建构

余光中在散文集《记忆像铁轨一样长》的自序中提到《春来半岛》一文表达的是正盛方酣的沙田心情。作者最终用此标题作为诗文选集的书名；集中5处文末落款特意在具体日期的后面增加“沙田”地名；有5篇标题含“沙田”二字的作品入选；题辞中有“献给沙田的山精海灵”；《沙田文丛》出版缘起等各种副文本都特意强调了“沙田”一词。“无论是否包含了所有出版文本周围的文字创作，我们都清楚副文本能够激发读者的一种期待。所以对于作家而言，它则形成了一方能够引导阅读的战略性空间。”② 无论是作者的内副文本还是编者的外副文本，其意图清晰的阅读引导策略将读者轻易地导向了“沙田”这一地理和文学的双重空间，副文本和正文文本中大量篇幅的沙田人文风景及沙田群友创作生活的描述一起参与了沙田文学史的建构。

沙田文学一词最早是在余光中编选的《文学的沙田》一书的序言《山水有清音》中提及的：“马料水的山上并无仙踪，吐露港的波里也无龙鳞，但是这一带的山风海气里，有这么几个多情的人，这几个人的手里，有这么几支多情的笔，几番挥洒，便把沙田的名字，写上了中国文学的地图。”③“经过十年间多情多彩的健笔挥洒耕耘之后，沙田已不仅是沿河海开垦出来的一块土地——香港的一个卫星城市；它是崇山峻岭怀抱之中，回响着韩潮苏海之声的一块良田。”④ 沙田已变成了一块文学的良田，《春来半岛》就是这块良田结出的丰硕果实之一。余光中在香港10余年，亲自参与并见证了沙田文学的发生、发展、高潮和余波。《沙田文丛》主编黄维梁在送别梁锡华的文章中回忆沙田文学的历史道：“如果要为沙田的新文学写一册小小的历史，则1974年余光中、黄国彬初来中大至1976年这一段，为初唐；1976年至1981年为盛唐，这期间先后‘加盟’中大的有梁佳罗（梁锡华）、蔡思果、陈之藩、郑树森等先生；1981年蔡先生离港赴美，1982年黄国彬兄离开中大到港大，此后郑、陈诸位亦相继去美，盛唐的气象不再；到了今年

---

① 余光中：《蔡元培墓前》，《余光中集》（第二卷），百花文艺出版社2003年版，第368页。

② ［法］弗兰克·埃夫拉尔：《杂闻与文学》，谈佳译，天津人民出版社2003年版，第51页。

③ 余光中编：《山水有清音——序〈文学的沙田〉》，《文学的沙田》，香港洪范书店1982年版，第1页。

④ 黄维梁：《〈沙田文丛〉出版缘起》，黄维梁主编《春来半岛》，香江出版有限公司1985年版。

（1985年）9月，余光中和梁佳罗二先生离开中大，沙田新文学的一个重要时代眼看就要结束了。”① 1981年是沙田文学由盛转衰的关键一年，余光中在《送思果》一文中也表达了沙田文友四处飘零的无奈叹息：“这是我在沙田的第八个，也是思果在沙田的第五个，中秋之夜。团员之夜，沙田的文友却飘零在四方。黄维梁和朱立去了美国，落不完枫叶回旋的乡思。宋淇已经下了山，市隐在九龙的滚滚红尘里。黄国彬从但丁之城回来后，也早已告别了中国文化研究所的那座四合院子。山灵水秀的沙田，虽已上了文学的地图，但小小的沙田文学，恐怕已成了中秋的满月，清辉要夜夜减色了，只因为思果，沙田雅聚不可缺少的关键人物，现在要下山远去。”②

余光中和沙田文友虽聚焦沙田，但远怀华山夏水精神，承接中国古典文学和新文学传统，创作的沙田文学是承接汨罗江屈原一脉而发散出的一股清流，是香港文学的一支，香港文学又是中国文学的一支，最后都将汇入中华文化的滚滚洪流之中。沙田文人身在香港，心眷神州。“香港之于大陆是一例外，我山居所托的沙田，于香港又是一例外。……虽然身处例外之例外，居心却不是如此。在这多风的半岛上，‘地偏心不偏’，我时时北望而东顾。”③ 北望故乡，可望而不可即，只能用文学的方式不断地咏叹，才有端午之夜沙田文友相聚朗诵《离骚》的风雅之举：

> 去年端午之夜④，他（思果）来我家过节，饭后我们挂起三间大夫佩剑行吟的拓像，和黄维梁、黄国彬四人诵起《离骚》来，思果用湘音缓吟，别有情韵⑤。

才有中秋之夜沙田赏月的盛会：

> 低头步月，举头见故乡
> 月明星稀，阿瞒的情怀依稀
> 海客满座尽是南飞的乌鹊
> 无枝可依依了三十个中秋

① 黄维梁：《一望八仙忆九年——送别梁佳罗》，《迎接华年》，香港文思出版社2011年版，第108页。

② 余光中：《送思果》，黄维梁主编《春来半岛》，香江出版有限公司1985年版，第124页。

③ 余光中：《与永恒拔河·后记》，《余光中集》（第二卷），百花文艺出版社2003年版，第444-445页。

④ 注：本文创作于1978年12月14日，“去年”指1977年。

⑤ 余光中：《沙田七友记》，黄维梁主编《春来半岛》，香江出版有限公司1985年版，第82、85页。

举觞吧，沙田为杯，月光为酒

诗后有附记如下：

戊午中秋（1978年），沙田赏月，吐露港上，郁郁苍苍，山色如环，北向的八仙岭后，连绵不绝迤逦无尽的，正是李白和苏轼的，也是我们的故乡。座中海客当然不止四人，除了来中文大学演讲的文月和来港采访的允芃之外，尚有思果，国松，洪娴，佳萝，和维梁伉俪，飞觞醉月，一时盛会。中秋之夕，地下提灯，天上放灯，是粤省民俗，行于香港，诗末异象，记实而已①。

才有清明时节对新文化运动的先贤的祭奠追思：

只留下孤儿三代来拜坟
黑头黄郎和白头周公
和斑头华发中间的一代
香火冷落来天南的孤岛
高阶千级仰瞻的孺慕②

《北望——每依北斗望京华》一诗中羁旅香港的“浪子”在“黯了千灯的”香港深夜，站在新界沙田中大宿舍的阳台上，遥望故国，文思神远，“寂然凝虑，思接千载；悄焉动容，视通万里。吟咏之间，吐纳珠玉之声；眉睫之前，卷舒风云之色”③。北望的是“咫尺大陆的烟云”，是湘云楚烟，思之念之的是“五千载”历史文化和“八万万”大陆同胞。“镜中河山隐隐，每到秋后/霜风紧，缥烟一拭更分明/……二十五年一裂的创伤/何日重圆，八万万人共婵娟？/仰青天，问一面破镜。”④ 诗人来香港后的第二个中秋之夜，用破镜重圆的典故隐喻海峡两岸的同胞不能团聚。诗人流沙河如此解析此诗：“月既是镜，照映中国，‘镜中河山’当然是长江黄河三山五岳。‘河山隐隐’可望而不可即，想避又避不开。炯炯清光，探人愁肠。”⑤ 流沙河先生也算是余光中的隔海知音了。

---

① 余光中：《中秋夜》，《余光中集》（第二卷），百花文艺出版社2003年版，第372-373页。
② 余光中：《蔡元培墓前》，黄维梁主编《春来半岛》，香江出版有限公司1985年版，第26页。
③ 刘勰著，范文澜注：《文心雕龙注》，人民文学出版社1962年版，第493页。
④ 余光中：《中秋月》，黄维梁主编《春来半岛》，香江出版有限公司1985年版，第9-10页。
⑤ 流沙河编：《余光中一百首》，四川文艺出版社1988年版，第114页。

无论是在标题、自题题辞、末尾落款中，还是在出版缘起里，“沙田”都作为一个高频词汇不断出现在文本的边缘，结合作者在文本正文中对10余年沙田山居及沙田文友风流雅趣的诗意描述，沙田由一地理空间而上升为文学空间，地理的沙田变成文学的沙田，最终建构成沙田文学群落。“一个平凡的地理名词，一旦受了历史和文学的祝福，就会发出永恒的光芒，在时间里不再晦暗。”① 余光中和沙田文友数年努力经营，不但早已把“沙田的名字写上了中国文学的地图”，而且正如余光中所预言，香港沙田文学群落的诗歌、学者散文、评论、翻译等文类已经汇入中国现代文学的主流。

（三）永恒意义的终极追求

余光中在香港度过了人生中最重要的11年，香港已经成为他生命中的一部分，11年之后他完全认同了此地，“姑且的家”变成了当然的家。10余年岁月的磨砺，不但让作者在创作、思想、交友等方面都有了大的收获，还让作者更加感叹岁月的无情和生命的有限，也更多地去思考生和死、有限和永恒的哲学问题。人还没有真正地离开香港，就迫不及待地想回沙田做客了：“等着某年某月某日，我回来做客/回到我今日为家的沙田/千丝万缕难断的因缘/回到这山长水久的故居/来做匆匆过境的新客/——却忘了一生，唉，能有几个十年/生死之间也无非过客。”② 人生十年甚至百年匆匆犹如过客，只有文章为“经国之大业，不朽之盛事”。黄维梁先生回忆，余光中对自己作品的出版十分严谨、重视：“他一定要修饰文稿，分辑归类，前附序言或后附跋语，作品的写作或发表日期也要一一注明，这才算打点停当，好像母亲体体面面地把女儿嫁将出去。”③《春来半岛》就是作者非常体面地嫁出去的一个女儿，结合集子中的副文本因素和香港时期的其他作品，就能感受到作者对永恒意义的终极思考是香港作品中一个很重要的主题。

余光中刚到香港不久追记自己游伦敦的西敏古寺的散文《不朽，是一堆顽石?》，不朽的思考已沉淀在字里行间。作者游走在欧洲的大诗人碑石之间，浮想联翩，永恒而坚定的信念在某个瞬间喷薄而出：“但此刻，他感到无比宁静。坚信一首诗的沉默比所有的扩音器加起来更清晰，比机枪的口才野炮的雄辩更持久。坚信文字的冰库能冷藏最烫的激情最新鲜的想象。时间，你带得走歌者带不走歌。”④ 1978年6月，斯义桂应香港总督

---

① 黄国彬：《长江中游》，《三峡·蜀道·峨嵋》，香港学津书店1982年版，第12页。

② 余光中：《老来无情》，黄维梁主编《春来半岛》，香江出版有限公司1985年版，第57-58页。

③ 黄维梁：《记余光中的一天》，《文化英雄拜会记》，香港中文大学出版社2018年版，第187页。

④ 余光中：《不朽，是一堆顽石?》，《余光中集》（第五卷），百花文艺出版社2003年版，第393页。

麦理浩爵士邀请，到香港参加第四届亚洲艺术节，他与香港中乐团、香港管弦乐团合作，担纲两个节目，以此作为告别演出。时隔20年，当作者看到满头白发的斯义桂登台演唱当年的老歌《红豆词》、《满江红》、《红彩妹妹》时，同样的思考和感慨化为了诗句，赠给这位歌唱家并留在了文学的史册上："唱不尽的老歌，永远年轻/只白了少年头老了歌者。"① 白了少年头老了歌者，既是对斯义桂也是对自己年华已逝的无奈叹息，所幸的是"唱不尽的老歌，永远年轻"，所幸的是时间带得走歌者带不走歌。

余光中先生的每一本集子出版时都附有自序或后记，很少请别人写序。他深信，最有资格对自己的作品做解读、最能指引读者的还是本人。"序跋中还会涉及作品正文文本的写作经过、意图、内涵本义乃至出版、传播等内容，是我们理解正文本的一种直接依据。"② 作者在1979年5月26日的端午之日探索中国历史文化并怀念杜甫所创作的诗歌《湘逝——杜甫殁前舟中独白》结尾写道："空载着满头白发，一身风瘫和肺气/汉水已无份，此生恐难见黄河/唯有诗句，纵经胡马的乱蹋/乘风，乘浪，乘络绎归客的背囊/有一天，会抵达西北的那片云雨下/梦里少年的长安。"③ 时隔3年，在《隔水观音》后记中再回头分析自己当年的作品，他感慨颇深："例如《湘逝》最后的五六句，写的虽然是杜甫，其中却也有自己的心愿，而且暗寓了艺术比政局耐久的信念。"④ 若没有作者后记中的导读，大多数读者对《湘逝》的理解可能达不到这样的一个高度，也无法真正理解作者暗寓的"艺术比政局耐久"的永恒信念。在《高楼对海》一诗中，古稀之年的余光中连用"黄昏"、"落日"、"晚霞"和"孤灯"来隐喻自己生命的衰老和创作生涯的孤苦，短短的一首诗中连发三问"一生苍茫还留下什么呢"，并在结尾自问自答，给出了思考一生关于死亡和永恒的答案，也是让作者满意的答案："还留下什么呢，一生苍茫？/至于这一盏孤灯，寂寞的见证/亲爱的读者啊，就留给你们。"⑤ 艺术价值的最终评判还需要一代一代的读者来完成，作品的归宿留给读者也是其对艺术永恒信念的另样坚守。

"副文本的'功能性'作为最基本特征，其美学意图不是要让文本周围显得美观，而是要保证文本命运和作者的宗旨一致。换言之，作者设计副文本是为了获得理想读者，

① 余光中：《赠斯义桂》，《余光中集》（第二卷），百花文艺出版社2003年版，第476页。

② 彭祥林、金宏宇：《作为副文本的新文学序跋》，《江汉论坛》2009年第10期。

③ 余光中：《湘逝——杜甫殁前舟中独白》，《余光中集》（第二卷），百花文艺出版社2003年版，第454页。

④ 余光中：《隔水观音·后记》，《余光中集》（第二卷），百花文艺出版社2003年版，第547页。

⑤ 余光中：《高楼对海》，《余光中集》（第三卷），百花文艺出版社2003年版，第514–515页。

让他们根据提示最大限度地接近文本意义和艺术意图。”①《春来半岛》中无论是自序中作者对香港10余年创作和生活的回顾和评价、自题题辞的呈献对象和引语题辞的精心选择，还是具体日期和地点的落款、附记和再记中的资料补充等，作者无非是想让自己的文字和作品更加完满，想让当世及后世的读者都能成为自己作品的最佳的潜在读者，能最大限度地理解自己的文字。这也是作者一直以来对生命、死亡、艺术、永恒等主题思考的结果，即通过副文本的能指和所指，把所有的文字最终都指向了对艺术的永恒追求：肉身易衰，思想不朽；生命易逝，文字永存；时代政局变幻莫测，艺术作品经久不衰。在《春来半岛》自序的结尾处，作者如是对自己的香港时期做了一个总结：“他已经失去了乐园，但也并未完全失去，因为最美好的记忆，最真切的感觉，千丝万缕，已经全留在这些作品里面，任谁也夺不走了，就连岁月。”② 余光中先生今已作古，但他对人生的思考、对文化的追求，都化为文字留在他的作品里，留在读者的心里，直到永远。

四、结语

副文本作为典型的伴随文本，直接参与符号文本的意义解释。有的副文本本身就是珍贵的史料，隐含丰富的信息，对阐释文本本身和作者意图有着不可替代的作用。但副文本毕竟只是文本的边缘现象，只是作为文本的辅助因素参与意义本身。“文本中心论”固然不可取，但过度关注副文本又是另一种评论倾斜，在具体的文学研究和文本批评中应把握好一个度，既要给予副文本适当的关注，又不可夸大副文本的作用，本末倒置，破坏文本自身的生态圈，以免对文本本身的理解造成阻碍。余光中的诗文合集《春来半岛》是研究余光中香港时期文学成就和沙田文学群落生态的重要资料，集中大量的副文本因素因其所处的边缘位置长期被研究者忽视，但这些副文本与集中的具体文本一起给作品的阐释和意义解读提供了另外一个视角。频繁出现在标题、自题题辞、末尾落款和出版缘起中的“沙田”二字，对余光中诗意建构沙田文学史提供了辅助证明和资料参考。这些副文本与文本正文中对10余年沙田山居及沙田文友风流雅趣的诗意描述一起，把沙田由一地理空间上升为文学空间，地理的沙田变成文学的沙田，最终建构成为沙田文学群落。副文本是文本的边缘，却与正文文本一起组成完整的符号文本；香港文学是中国文学的边缘，却与中国台湾、澳门及内地一起组成完整的大中华文学版图，并参与

① 朱桃香：《副文本对阐释复杂文本的叙事诗学价值》，《江西社会科学》2009年第4期。

② 余光中：《回望迷楼——〈春来半岛〉自序》，黄维梁主编《春来半岛》，香江出版有限公司1985年版。

20 世纪中国文学史的建构。本文从副文本视角研究余光中 20 世纪 80 年代出版的诗文合集《春来半岛》的标题和题辞、落款和附记、出版缘起和书评等，为研究余光中及其沙田文友的其他作品和作品集提供了参考方向和借鉴思路，也为研究香港文学和整个中国文学史拓宽了一个新的思路，具有方法论的意义。

（作者单位：四川大学文学与新闻学院）

论台湾文学史分期对迁台女作家研究的影响

程彩霞

文学史书写不可回避甚至是有些棘手的一个问题是文学史的分期问题。台湾文学史的书写始终伴随着文学史分期的讨论和质疑，重写台湾文学史势必要对台湾文学史的分期问题进行更深入的研讨，以期寻找更合理的分期方式。而迁台女作家的研究颇受台湾文学史分期问题的影响，也是亟须厘清和探讨的问题。

一、台湾文学史分期问题的讨论

关于台湾文学史分期问题的讨论早在20世纪90年代初就已经开始，最早关注这一问题的是大陆学者，这是伴随着大陆书写台湾文学史的热潮而衍生出的问题，当时甚至围绕着台湾文学史分期问题而产生了一场争论。黄重添在1990年初发表《对台湾新文学分期的思考》① 一文，开启了对这一问题的讨论。文章指出，台湾1949年之后的文学史分期大都遵循一种“竹节式”的分期法，即每10年为一阶段，50年代为“反共文学”或“战斗文学”时期，60年代为现代主义文学时期，70年代为乡土文学时期，80年代为多元化文学时期。这种“竹节式”分期法的始作俑者是谁，至今已经无从考证。他认为“竹节式”分期法的有利之处是“强调50年代‘反共文学’的泛滥和突出现代文学派与乡土文学派在台湾新文学史上的地位与作用”②，但同时其缺陷更为突出。这种分期法以持续时间比较短暂的文学思潮作为标准，将文学史的分期切割得过于零碎，也很难涵盖各种文体创作中出现的文学现象；忽视现代派和乡土派文学之外的文学创作，如言

① 黄重添:《对台湾新文学分期的思考》,《台湾研究集刊》1990年第1期。
② 黄重添:《对台湾新文学分期的思考》,《台湾研究集刊》1990年第1期。

情小说等通俗文学；称50年代为“反共文学时期”，也存在如何界定“反共文学”、“反共文学”是否只出现在50年代、50年代是不是只有“反共文学”等问题。黄重添运用马克思的唯物史观将台湾新文学史分成4个时期——日据时期（20年代至1945年）、台湾光复至50年代末、社会转型时期（60年代初至1977年）、产业升级时期（1977年至今），并对每一个时期的特点进行归纳总结。汪景寿和杨正犁在同一年对黄重添的文章做出回应，发表《台湾文学历史分期刍议》① 一文。他们回顾了大陆学者撰写的台湾文学史的分期方式，总结出这些分期方式基本遵循一个公式——日据时期+“竹节式”，并且认为“竹节式”分期方式存在划分标准不一、分期过于细碎、有悖文学现实等弊端。他们强调文学史的分期应当以文学自身的发展过程为主要依据，以此为标准将台湾文学划分为4个时期：传统文学时期（明清以降到台湾新文学运动发轫之前）、新文学奠基时期（1920年到1945年）、新文学转型时期（1945年到70年代末）、新文学发展时期（80年代以来）。这种以文学自身为标准的分期方式与上述黄重添以社会历史为标准的分期方式不同，也是他们与黄重添的商榷之处。刘登翰随后又撰文与汪景寿等人进行商榷②。他批评汪景寿的台湾文学史分期法过于粗疏实际上等于没有划分、“多元化”的转型时期的概括不恰当、发展时期的划分有点着急和缺乏事实依据。同时，他认为汪景寿所说的台湾文学的转型“就是全方位开放基础上的本土化”这一论断不正确，并对台湾“本土化”问题进行辨析，指出80年代以来“本土化”口号背后的“台独”倾向。刘登翰也提出了台湾当代文学史分期的一种思路，将1949年后的台湾文学史分为三个阶段：（一）“文学的极端政治化和非政治化倾向对它的抵制时期”；（二）“从50年代中后期到整个六七十年代，是传统思潮与现代思潮、民族文化与外来文化冲突对峙、转化和互补的时期”；（三）“进入80年代以后……台湾文学呈现出多元并存的繁复结构”③。刘登翰强调台湾文学史的分期问题是由编写台湾文学史派生出来的“一个提前到来又不能不面对的问题”，“一个虽然明知还不成熟，但必须立即做出判断的问题”④。

台湾学者也差不多在同一时间开始关注台湾文学史的分期问题。单德兴在1991年发表的文章《洞见与不见——浅谈书写台湾文学史》中谈论到台湾文学史的分期问题：

---

① 汪景寿、杨正犁：《台湾文学历史分期刍议》，《台湾研究集刊》1990年第4期。此文收入汪景寿：《台湾文学的民族传统：汪景寿选集》，计璧瑞选编，花城出版社2012年版，第34-46页。

② 参见刘登翰：《也谈台湾文学的历史分期——兼与汪景寿等同志商榷》，《台湾研究集刊》1991年第1期。

③ 刘登翰：《也谈台湾文学的历史分期——兼与汪景寿等同志商榷》，《台湾研究集刊》1991年第1期。

④ 刘登翰：《也谈台湾文学的历史分期——兼与汪景寿等同志商榷》，《台湾研究集刊》1991年第1期。

> 文学史上典范的递嬗、流派的更迭，原本就不像政治上的改朝换代那样有明确的分野……因此，文学史上的分期与断代，固然有其方便及必要，但如果借用“抽刀断水水更流”这句诗来形容，则有“抽刀断水”的果敢与武断，却又有“水更流”的尴尬与无奈。台湾文学史的分期，如旧文学中以朝代年号来划分，新文学中以若干年为一期，固然有其特定的见解，也能凸显文学史家在史观映照下某个时期的特殊文风，但仍难免于权宜之讥，或予人牵强之感。为了凸显某个时代的特色，而牺牲了当时其他的文学类型，是件令人惋惜的事，也与其多元化的诉求相违①。

他也指出这种“竹节式”的分期方式没有办法显示各个时期文学的丰富性，只是此文论述得比较简略。许俊雅对台湾文学史的分期问题进行了更细致深入的探讨，发表了《台湾新文学史的分期与检讨》② 一文。她认为台湾新文学史的分期问题涉及台湾文学解释权的角力，台湾文学史观存在一个从自由中国史观到本土化的台湾文学史观的转化过程。她的文章分成日据时期和战后两个部分进行论述，将中国台湾和日本各学者对台湾文学史的分期进行了系统的介绍、细致的辨析。她也对 1949 年之后十年为期的“竹节式”分期法进行了检讨：“以十年为一阶段，作家之创作生命难免被切割，尤其对跨越世代、长期创作不辍、文学典范不断更迭的作家来说，不论放在哪一阶段来书写，都将使焦点模糊”；“这种文学史观以‘主流的文学思潮’为主，边缘文学受到排斥忽视”，如“通俗文学、女性文学，或文类上的散文、戏剧等”就受到忽视③。她主张从文学“内在动因，诸如文本、作家社团、读者反应、文学规范等文学机制的整体运作”④ 对文学发展的影响方面来探讨文学史书写和文学史的分期问题。

上述学者对台湾文学史分期的探讨，大都将焦点集中在 1949 年之后十年断代的“竹节式”分期方式上，并对这种分期方式的缺陷进行批评。这种“竹节式”的分期方式主要存在两个缺陷：一是十年为一个时期太过短暂，割裂了作家长时间的文学生命；二是每一个时期以主要的文学思潮来概括，忽视了同时期存在的其他文学潮流。他们不否认

---

① 单德兴：《洞见与不见——浅谈书写台湾文学史》，《自立早报》1991 年 5 月 4 日。又见张锦忠、黄锦树编：《重写台湾文学史》，台湾麦田出版、城邦文化事业股份有限公司 2007 年版，第 401–402 页。

② 许俊雅：《台湾新文学史的分期与检讨》，《复旦学报》（社会科学版）2001 年第 5 期。后又根据梅家玲的评论意见作了若干修订，收入成功大学台湾文学系主编《台湾文学史书写国际学术研讨会论文集》（第一集），台湾春晖出版社 2008 年版，第 193–226 页。

③ 参见许俊雅：《台湾新文学史的分期与检讨》，成功大学台湾文学系主编《台湾文学史书写国际学术研讨会论文集》（第一集），台湾春晖出版社 2008 年版，第 220–221 页。

④ 许俊雅：《台湾新文学史的分期与检讨》，成功大学台湾文学系主编《台湾文学史书写国际学术研讨会论文集》（第一集），台湾春晖出版社 2008 年版，第 225 页。

文学史的分期离不开社会历史因素的影响，但大都主张以文学自身的发展规律来作为台湾文学史分期的标准。

二、十年断代的“竹节式”分期法对迁台女作家研究的影响

1949年前后的迁台女作家于50年代登上台湾文学的舞台，对她们的评价正好是以这种十年断代的“竹节式”分期方式进行的。这样的分期方式对迁台女作家的研究产生了重要影响，笔者认为其影响主要表现在割裂了迁台女作家长时间的文学创作生命、忽视了迁台女作家的文学创作、对迁台女作家是否保守和是否现代形成矛盾的看法三个方面。

（一）对迁台女作家文学生命的割裂

十年断代的“竹节式”分期法切割了迁台女作家长时间的文学创作生命，不利于对她们整体的文学创作进行探讨。

1949年前后的迁台女作家，开始进行文学创作的时间很早。有的在来台之前就开始了文学创作，如苏雪林在“五四”时期就已经成名；16岁开始文学创作的张秀亚早在20世纪30年代就赢得“北方最年轻的作家”的美誉。大部分迁台女作家甫一来台，就开始了她们的文学生涯，像林海音，一回到陌生的故乡台湾，就迫不及待地开始了解自己的家乡，在报刊上发表了很多关于台湾民俗的文章，这也可以说是她文学生涯的正式开端。琦君1949年5月在《中央日报》副刊发表散文《金盒子》，以此文开始了她的文学生涯，也因这篇文章与李唐基缔结良缘。郭良蕙来到台湾，最初居住在台湾南部，因困于狭隘的生活环境，开始了小说创作，第一部短篇小说集《银梦》于1952年出版时年仅26岁。而且这些迁台女作家大都有一个特点，那就是她们的文学生命很长，基本上伴随着她们走到生命的终点，也就是说，20世纪末甚至21世纪初她们还在进行文学创作。张秀亚于1984年出版散文集《海棠树下小窗前》①，2000年12月去世前不久还在《联合报》副刊发表散文②。琦君迟至1998年还出版了散文集《永是有情人》③。郭良蕙在2002年出版散文集《人生就是这样》④。只有林海音的创作时间稍微短一些，主要集中在20世纪五六十年代，后期将主要精力放在文学出版事业上。

---

① 张秀亚：《海棠树下小窗前》，台湾星岛出版社1984年版。见《张秀亚全集（8）·散文卷7》，台湾文学馆2005年版，第309-473页。

② 张秀亚于2000年12月4日在《联合报·联合副刊》发表散文《缤纷小品》。见《张秀亚全集（9）·散文卷8》，台湾文学馆2005年版，第501-502页。

③ 琦君：《永是有情人》，台湾九歌出版社有限公司1998年版。

④ 郭良蕙：《人生就是这样》，台湾新事业有限公司2014年版。本书原创于2002年。

运用十年为一段的“竹节式”分期法，这些作家的文学生命将被切割成好几段，不利于对她们的作品进行整体性的把握和研究。如刘登翰在《台湾文学史》中将张秀亚看作50年代作家①，将琦君看作60年代作家②，这样的论述其实是有待商榷的。张秀亚艺术的3个高峰分别是1962年出版的《北窗下》、1973年出版的《水仙辞》、1979年出版的《湖水·秋灯》③，将她归结为50年代作家是不准确的，她的主要文学成就都不能涵盖在50年代中，只能说她在50年代出版散文集《三色堇》后即已驰名台湾文坛。琦君质量最佳的散文集有1963年出版的《烟愁》、1975年出版的《三更有梦书当枕》、1976年出版的《桂花雨》、1980年出版的《留予他年说梦痕》、1991年出版的《一袭青衫万缕情：我的中学生活回忆》④。1991年，琦君还出版了小说集《橘子红了》。2001年，根据小说《橘子红了》改编的电视剧热播，使她再次受到广泛的关注。可以说，琦君是在60年代成名的台湾女作家，但她的文学成就绝不仅仅止步于60年代。因此，刘登翰所指的张秀亚是50年代作家、琦君是60年代作家，应该是指她们在台湾成名的年代，而50、60年代不能涵盖她们一生的文学成就。周芬伶在讨论琦君的写作年代时认为：

> 她从1940年代出发，1950年代崛起，1960年代成名，说她是1940、1950、1960年代皆不恰当。……陈芳明定位她为1950年代，张瑞芬定位她为1960年代作家皆有失准，确切来说琦君是战后初期作家，或第一代来台女作家，而且是跑在许多作家前面⑤。

可见，这些迁台女作家是无法放置在哪个十年中进行断代的。笔者认同周芬伶的观点，将这些女作家定义为第一代迁台女作家，这样的称谓可以涵盖她们一生所有的创作，不必强行将她们分割成50年代或60年代作家。当然，因为她们是迁台第一代作家，承担着承前启后的责任，所以她们的文学影响力在五六十年代是最大的，在对她们的研究中五六十年代是重点关注的年代。

---

① 参见刘登翰、庄明萱、黄重添、林承璜主编：《台湾文学史》（下卷），海峡文艺出版社1993年版，第439–445页。

② 参见刘登翰、庄明萱、黄重添、林承璜主编：《台湾文学史》（下卷），海峡文艺出版社1993年版，第445–453页。

③ 参见张瑞芬：《台湾当代女性散文史论》，台湾麦田出版、城邦文化事业股份有限公司2007年版，第224–233页。

④ 参见张瑞芬：《台湾当代女性散文史论》，台湾麦田出版、城邦文化事业股份有限公司2007年版，第179–195页。

⑤ 周芬伶：《打开记忆的金盒子——琦君研究的典律化迷思》，周芬伶编选《台湾现当代作家研究资料汇编12　琦君》，台湾文学馆2011年版，第90–91页。

(二) 对迁台女作家文学创作的忽视

十年断代的“竹节式”分期法强调50年代是“反共文学”时期，60年代是现代主义文学时期，忽视了同时期并存的其他文学潮流、文类风格及文学事件，其中迁台女作家的创作更是无处安放，在台湾文学史中成为空白的一页。

1. 与迁台女作家有关的文学潮流、文类风格、文学事件受到忽视

关于文学潮流方面，50年代在“反共文学”的主流形态之下，还存在着自由主义与现代主义文学、本土文学、女性文学、通俗文学等伏流，而以“反共文学”来概括50年代的文学形态，这些文学的伏流就隐没不彰了。同样，将60年代定义为现代主义文学时期，70年代定义为乡土文学时期，也会遮盖同时期的其他文学潮流。可见，这种十年断代的“竹节式”分期法还是一种实性思考，无法关照到每一个时期文坛所存在的动态关系。

关于文类风格方面，50年代“反共文学”、60现代主义文学的划分标准主要是以小说为参照，诗歌、散文等文类并不适合这样的分期，特别是女性作家创作的诗歌和散文，更是没有明显的意识形态倾向与现代主义倾向，所以难以划归为50年代或60年代。李元贞就发现，无论是战后台湾文学史分期中的50年代“反共文学”、60年代现代主义文学等等，还是台湾现代诗划分为50年代的乡愁情结、60年代的欧风美雨等等，“均无法将台湾现代女诗人的作品风格对号入座”，“正统的文学史分期难以安置女诗人”①。张瑞芬在对台湾女性散文的研究中发现，“散文这种文类……比新诗更不彰显社会历史的脉络，反而着重个人的境遇与性情。其写作涵盖时间，普遍较诗、小说作家更长，也是分期的困难之一”②。因此，她主张将50年代与60年代的女性散文合而论之：

> 无论文类设定为何，五〇、六〇年代女作家事实上是同一批人，在散文这一项文类上，由于书写主题与风格的一致，更有必须合论的理由。……将五〇、六〇年代女性散文分别而论（或分为1945—1959、1960—1975两段），不能呈现同一时代氛围与性格的一致性，且极可能切割重要作家的作品完整度，甚至容易遗漏重要作品的讨论。……且无法完整讨论同一世代的美学意义与作品价值③。

---

① 参见李元贞：《台湾现代女诗人的诗坛显影》，淡江大学中国文学系主编《中国女性书写——国际学术研讨会论文集》，台湾学生书局1999年版，第50页。

② 张瑞芬：《台湾当代女性散文史论》，台湾麦田出版、城邦文化事业股份有限公司2007年版，第41–42页。

③ 张瑞芬：《台湾当代女性散文史论》，台湾麦田出版、城邦文化事业股份有限公司2007年版，第93页。

文学事件不能入文学史的经典案例要属“《心锁》事件”了。郭良蕙在1962年出版长篇小说《心锁》①，却因其中的“情欲”和“乱伦”描写被苏雪林和谢冰莹等文坛前辈痛批，此书最终被查禁达20年之久，郭良蕙也被“台湾省妇女写作协会”与“中国文艺协会”开除会籍。围绕着《心锁》是否应被查禁的问题，当时还引发了一场论战，后由余之良编辑成《心锁之论战》一书出版。“《心锁》事件”是60年代比较重要的一个文学事件，而考察各版文学史，大都对此事件没有记载。原因何在？应凤凰认为这和文学史的“叙事模式”有关：“各版台湾文学史多以作家作品为中心，先归纳出一个‘文学时期’，再以此特征加以演绎叙述。此一书写模式形成‘心锁事件’或其他非主流作品都难有呈现的空间。”②《心锁》既不具有“反共”的内容，又没运用现代主义的手法，自然很难归入50年代或60年代，应凤凰显然是在质疑这种十年为一段的文学史分期的合理性。她还认为以往的文学史叙事中常出现“时间差”的问题，郭良蕙被归入50年代作家，而“《心锁》事件”发生在60年代；《城南旧事》被认为是“反共怀乡”作品，其实出版于60年代；1960年去世的钟理和，常被归入70年代“乡土文学”作家之中；王文兴被纳入60年代现代派作家的行列，实际上他最著名的《家变》于1973年才出版③。可见十年为一段的文学史分期常常造成这种矛盾甚至尴尬的论述。

2. 迁台女作家不入史的原因

上述文学潮流中的女性通俗文学、文学类型中的女性诗歌和散文以及与女作家密切相关的文学事件，在这种十年断代的“竹节式”分期法中都无处安放。可见，这样不合理的文学史分期方式是迁台女作家在文学史中受到忽视的一个重要因素。这里延伸出的一个问题是，迁台女作家在台湾文学史中受到忽视的原因到底有哪些？对此，有学者进行了细致的探讨。

邱贵芬主要考察台湾本土学者书写的台湾文学史。她的文章《台湾（女性）小说史学方法初探》以女性小说为论述对象，虽不是专论1949年前后的迁台女作家，但迁台女作家无疑是包含在其中的。她指出台湾女性小说不入史有两个原因。首先，她认为“作品是否能被安置在某一套文学传统脉络里来阅读”④ 是作品能否入文学史的关键，女性

① 郭良蕙：《心锁》，台湾大业书局1962年版。

② 应凤凰：《文学史叙事与文学生态：戒严时期台湾作家的文学史位置》，台湾前卫出版社2012年版，第21页。此书第一章“从郭良蕙‘《心锁》事件’探讨文学史叙事模式”又刊载于大陆，参见应凤凰：《郭良蕙“〈心锁〉事件”与台湾文学史》，《现代中文学刊》2013年第6期。

③ 参见应凤凰：《文学史叙事与文学生态：戒严时期台湾作家的文学史位置》，台湾前卫出版社2012年版，第29-30页。

④ 邱贵芬：《台湾（女性）小说史学方法初探》，《后殖民及其外》，台湾麦田出版2003年版，第23页。

小说不入史的原因，“恐怕都和台湾的被殖民经验有或多或少的关系”①。她考察叶石涛和彭瑞金的文学史书写，认为他们关注的都是文学与台湾政治环境的互动：

> 由于台湾文学史的建构与政治反对运动密切结合，与此基调看似无甚关联（如多数被归类为“闺秀文学”的作品），甚或大唱反调（如许多战后初期由大陆来台的女性作家作品）的台湾女性作品无法放入这个文学传统的叙述脉络，便极容易在史料筛选过程中被淘汰②。

邱贵芬认为台湾女性小说不入史的第二个重要原因是“女性小说在战后与主流媒体的密切关系”③，因为“站在反对运动立场的台湾文学史家对主流媒体所推销的作品向来深怀戒心”④；还有“台湾女性小说的畅销性”⑤，作品的畅销性往往被认为与艺术性相冲突，即台湾文学史撰写者认为这些女性小说比较畅销，所以其艺术性可能不高。

周海琳的文章《1950 年代大陆赴台女作家入史问题》则主要以大陆书写的台湾文学史为考察对象来探讨迁台女作家不入史的原因。她认为这些台湾文学史书写存在 4 个方面的误区：一是忽视了文学史的特殊本质，重政治等现实层面而忽视文学的审美层面；二是意识形态偏见干扰了撰史者对作家的评价；三是性别偏见影响了对文学作品的公正评价；四是文学内部的偏见限制了好作品的出现，较少关注“在地化”的琐碎生活书写，不重视散文⑥。在这些认识误区的影响之下，大陆迁台女作家的作品难以受到文学史撰写者的青睐。

由此可见，台湾本土学者的台湾文学史书写是以殖民抗争来架构其历史叙述的基调，大陆的台湾文学史书写也充满了政治意味和意识形态色彩。上述周海琳所谈到的 4 个误区其实都可以归结为政治因素。而十年断代的“竹节式”分期法在一定程度上也是以政

---

① 邱贵芬：《台湾（女性）小说史学方法初探》，《后殖民及其外》，台湾麦田出版 2003 年版，第 23 页。

② 邱贵芬：《台湾（女性）小说史学方法初探》，《后殖民及其外》，台湾麦田出版 2003 年版，第 26 页。

③ 邱贵芬：《台湾（女性）小说史学方法初探》，《后殖民及其外》，台湾麦田出版 2003 年版，第 27 页。

④ 邱贵芬：《台湾（女性）小说史学方法初探》，《后殖民及其外》，台湾麦田出版 2003 年版，第 28 页。

⑤ 邱贵芬：《台湾（女性）小说史学方法初探》，《后殖民及其外》，台湾麦田出版 2003 年版，第 29 页。

⑥ 周海琳：《1950 年代大陆赴台女作家入史问题》，《福建论坛》（人文社会科学版）2014 年第 4 期。

治因素为考量的标准，50年代的“反共文学”时期自不必说，就是60年代现代主义文学时期和70年代乡土文学时期，看似以文学思潮作为划分标准，其内里还是隐含着西化倾向与本土崛起等政治因素，至于解严后本土化倾向的日益严重，其政治意味更是不言而喻。由此分析可知，迁台女作家不入台湾文学史的根本原因还是在于台湾文学史书写的政治考量压倒了文学本身。

（三）对迁台女作家是否保守和是否现代的矛盾看法

十年断代的“竹节式”分期法对迁台女作家研究的影响还表现在学者对迁台女作家是否保守和是否现代产生了矛盾的看法。

有一种流行的说法出自杨照，他认为在50年代与60年代的“反共文学”、“现代文学”的大标题底下，“其实有一个既不反共，也不怎么现代的伏流，那就是以散文为大宗的女性作家作品”①。而石晓枫则对此持相反的认识。她举张秀亚为例，认为张秀亚与50年代的“反共文学”是趋同的，并且与60年代的现代主义文学亦遥相唱和②。这里引发的问题是，迁台女作家到底是独立于时代之外的，还是与时代密切相关的？进一步需要问的问题是，为什么各位学者会纠结于迁台女作家是否“反共”、是否现代这样的问题？这实际上是由十年断代的“竹节式”分期法衍生出的问题。十年断代的分期法将50年代定义为“反共文学”时期、60年代定义为现代主义文学时期，“反共”、“现代”分别被看作是50、60年代的时代主潮，而迁台女作家却无法放入这样的框架中，因此便被看成“既不反共，也不怎么现代的伏流”，但女作家多少都会受到她所生活的时代之影响，因此，亦能读出她们多少具有一些“反共”和现代的因素，所以也可以论证她们不是自外于时代的。究其根本，学者对迁台女作家是否“反共”、是否现代这样的问题的关注肇因于十年断代的文学史分期法。

1. 关于迁台女作家是否保守的问题

对于迁台女作家是否“反共”的问题，进一步的逻辑推衍是，迁台女作家是认同主导文化的还是对主导文化具有颠覆性的，即可归结为迁台女作家是保守还是前卫的问题。对于这个问题具有代表性看法的两方是张诵圣和范铭如。张诵圣运用“场域”理论进行分析，认为迁台女作家“依附”于主导文化。她将50年代的创作看作是在一种正面的、保守的、尊崇传统道德的教化性“主导文化”的支配下进行的，迁台女作家的创作便具

① 杨照：《文学的神话·神话的文学——论五〇、六〇年代的台湾文学》，《文学·社会与历史想像：战后文学史散论》，台湾联合文学出版社1995年版，第121页。

② 参见石晓枫：《作家的“隐性宣言”——张秀亚散文创作理论及其实践》，封德屏主编《永不凋谢的三色堇：张秀亚文学研讨会论文集》，台湾文学馆2005年版，第234–240页。

有“主导文化”的特质，体现了一种“保守自限的世故妥协心态”①。而范铭如则从“空间”理论着手探讨，认为迁台女作家“颠覆”了主导文化。她认为迁台女作家的作品呈现出两股背离五六十年代政府文化政策的“离心力”，一股为郭良蕙的《心锁》所呈现出的女性在身份地理的游移中不断寻觅女性主体性的位置，一股为徐薏蓝、康芸薇、王令娴的小说文本中所呈现的“性别战斗文艺”②。针对这两位学者的矛盾看法，邱贵芬的态度是：“我无意反驳张诵圣或范铭如的看法，反而要大小通吃，主张作品的意义其实并不稳定，往往展现出保守与前卫并存的矛盾”③，“作品在展现‘反共怀乡’情怀时，与政治场域的主导文化唱和，并且在当时整个政治气氛里扮演相当保守反动的角色，但是同时也在性别议题上打开台湾女性文学创作前所未有的空间”④。

笔者在阅读林海音、张秀亚、琦君的作品时，也能明显地感受到她们这种保守妥协的心态。林海音的作品如《烛》、《殉》、《金鲤鱼的百裥裙》等虽含有女性的抗议精神，可写的都是母亲那一代的故事，仿佛现在已是一个光明通途，暗含着“昨非今是”的保守心态。张秀亚的政治态度和女性意识都是保守的，这从她所写的“反共文学”作品以及对失败婚姻的持守等方面可以看出来。琦君继承了中国传统的审美价值，并将其输送到台湾，温柔敦厚的风格与国民党以中国传统文化的正统自居的态度暗合，她亦写过《蒋公童年》这种具有政治性的传记文章。但并非所有作家都如此，郭良蕙就是一个比较明显的特例。她的作品没有保守妥协的特点，反而更具批判、反抗的特色。但也正因为如此，她的作品才会被禁，她才会被两个文艺协会开除会籍。郭良蕙的例子正好印证了张诵圣的观点，五六十年代是一个保守的年代，大部分作家屈就于官方的主导文化，甚至自觉地维护主导文化，打压异己。

而范铭如却提出了与张诵圣不同的观点，认为迁台女作家深具颠覆主导文化的能力。这两位学者为什么会对迁台女作家这个群体有如此矛盾的看法？笔者认为主要有以下三

---

① 参见［美］张诵圣：《台湾女作家与当代主导文化》，淡江大学中国文学系主编《中国女性书写——国际学术研讨会论文集》，台湾学生书局1999年版，第381-399页。

② 参见范铭如：《“我”行我素——六〇年代台湾文学的“小”女声》，梅家玲编《性别论述与台湾小说》，台湾麦田出版2000年版，第67-92页。另外，梅家玲分析五〇年代的女性小说，认为女作家以“琐屑化”、“私情化”的叙事反转了原先僵化的具有父权性质的性别关系，凸显了女性主体，可以说应和了范铭如的观点。参见梅家玲：《五〇年代台湾小说中的性别与家国——以〈文艺创作〉与文奖会得奖小说为例》，《性别，还是家国?：五〇与八、九〇年代台湾小说论》，台湾麦田出版2004年版，第63-126页。

③ 邱贵芬：《〈日据以来台湾女作家小说选读〉导论》，《后殖民及其外》，台湾麦田出版2003年版，第230页。

④ 邱贵芬：《〈日据以来台湾女作家小说选读〉导论》，《后殖民及其外》，台湾麦田出版2003年版，第233页。

方面的原因。首先，范铭如关注的文本比张诵圣广泛，所以她能读出更多异质的声音，发现女作家在性别议题上的颠覆性和前卫性。张诵圣所考察的女作家主要是琦君、林海音和潘人木，她们是被文学典律认可的作家。与主导文化的契合、在文学场域中的优势位置本身就是被典律化的重要条件，所以，张诵圣所考察的作家更具有依附主导文化、保守妥协的特征。范铭如放宽了考察的范围，以不受典律重视的郭良蕙为考察对象，甚至延展到徐薏蓝、康芸薇、王令娴这些在文学史上不见踪迹的女作家，遂能读出与张诵圣不一样的体验，体会到这些女作家对主导文化的颠覆性。这些女作家不与主导文化趋同的书写，正是导致她们不被典律化的原因之一。而范铭如也因为“放宽选材标准讨论女性小说，引来不少质疑的眼光”①。可以说，所选取的作家典律化程度的不同，是导致张诵圣和范铭如对迁台女作家有不同看法的原因之一。其次，小说具有虚构性，因而作家更容易在小说中表达批判性立场，而散文的写实性则使作家相对比较保守。范铭如所考察的都是女作家的小说作品，而张诵圣所考察的作品除了小说之外，还有散文，如她所解读的琦君的作品《髻》就属于散文，并且琦君、林海音都以擅写散文著称，思想自然相对保守，不像郭良蕙、徐薏蓝等专攻小说，习惯性地善于展现批判立场。可以说，张诵圣和范铭如对文学体裁的不同选取是她们对迁台女作家得出不同看法的又一原因。第三，张诵圣运用布迪厄的“场域”理论和雷蒙·威廉斯的文化形构理论，强调的是整个文学场域的权力结构，迁台女作家就被笼统地归结到保守的主导文化的行列中了，成为现代主义文学和乡土文学的对立面，没有办法再细分迁台女作家在主导文化行列中存在着女性意识的异质性骚动；而范铭如所运用的“空间”理论正好弥补了这一盲点，因为“空间”理论强调的就是文化的异质性、变动性和矛盾冲突，也就是说，主导文化的内部也不是铁板一块的，它充满着女性对身份位置的追寻和两性之间的对立冲突。可以说，张诵圣和范铭如所使用的理论工具不同也是造成她们对迁台女作家不同解读的原因之一。

笔者赞同邱贵芬的观点，认为张诵圣和范铭如各自阐发了迁台女作家的一个面向，两者结合起来才能对迁台女作家有一个全面的认识。迁台女作家在政治意识上是趋同于主导文化的，具有保守性；而在女性意识上则一定程度地体现出对主导文化的颠覆能力，具有前卫性。这种女性意识来自于“五四”传统，但不如“五四”女性书写那么激烈，它嵌入主导文化的论述框架内，显得温和内敛多了，但她们仍是将“五四”的女性意识传入台湾的功臣，这些女性意识的种子在台湾以后的文学发展中开出了灿烂的花朵。

---

① 参见张瑞芬：《台湾当代女性散文史论》，台湾麦田出版、城邦文化事业股份有限公司2007年版，第202–203页。

2. 关于迁台女作家是否现代的问题

对于迁台女作家是否现代的问题依然有两派不同的观点。认为迁台女作家具有现代主义特征的学者大都着眼于她们的语言与文体的实验，其中艾雯、张秀亚、郭良蕙是较受关注的具有现代主义特征的女作家的代表。张瑞芬认为“艾雯可能是最早摆脱朴素写实的忆旧，采抽离、升华的手法做寓言象征的前行者”①，其最早的散文集《青春篇》中的《青春篇》、《夏夜恋歌》、《海角灯影》、《它》、《墙》、《寻求》、《在片刻的黑暗中》等篇章就运用了意识流等现代主义技巧。陈芳明认为艾雯与台湾的现代主义有些许的关联，“至少在现代主义运动臻于蓬勃状态之前，艾雯的书写协助完成文学史的一个锻接”②，认为艾雯书信体和独白体的书写方式、内在情绪的恣意流动、“陌生化”的追求都有现代主义的意味。对于张秀亚，张瑞芬认为她在60年代中后期，“最值得注意的，除散文理论的完备外，就是她现代主义的实验”③，其中《杏黄月》、《独行，在黄昏》、《十叶树》是具有现代主义特征的代表性篇章。陈芳明也认为张秀亚的书写方式虽然“不必然与现代主义思维契合”，但是，“她哲理式的沉思，透过内心意识的活动而浮现出来，颇多与现代主义美学不谋而合”④。至于郭良蕙，陈映瑾认为她的作品超越了战后台湾的保守文化，具有现代性的文学特征，其在《文学杂志》上发表的《晚宴》、《劫数》等作品，“利用时空变化的意识流与人类底层心理面的描写，已经表现出现代主义的一些手法”⑤。

而相反的观点来自张诵圣。她认为：

> 像朱西宁这一类的作家，或是五十年代的女作家如林海音、张秀亚等显然不能草率地归类成反共作家，然而他们所体现的一些主导文化价值正好构成受自由主义启发的另类文化视野的对立面，这与他们是否也尝试用纯属技巧性的“现代主义写法”并没有一定的关联⑥。

---

① 张瑞芬：《台湾当代女性散文史论》，台湾麦田出版、城邦文化事业股份有限公司2007年版，第251页。

② 陈芳明：《艾雯和战后台湾散文长流》，《艾雯全集1》，台湾文讯杂志社2012年版，第7页。

③ 张瑞芬：《台湾当代女性散文史论》，台湾麦田出版、城邦文化事业股份有限公司2007年版，第230页。

④ 陈芳明：《台湾新文学史》，台湾联经出版事业股份有限公司2011年版，第465页。

⑤ 陈映瑾：《超越战后台湾的保守文化——郭良蕙的文学现代性与作家定位》，成功大学台湾文学研究所2012年硕士论文，第11页。

⑥ ［美］张诵圣：《台湾女作家与当代主导文化》，淡江大学中国文学系主编《中国女性书写——国际学术研讨会论文集》，台湾学生书局1999年版，第387页。

张诵圣认为判断一个作家是否是现代主义作家，不能仅仅看他是否运用了现代主义的技巧，诸如意识流等等，更要看他的美学观是否是现代主义的。在她的这一认知原则下，张秀亚等人都不能算是现代主义作家。这与上述张瑞芬、陈芳明等人的说法矛盾。任何一种观点都有一定的“前见”，张诵圣是王文兴的学生，她对现代主义、对王文兴的创作非常推崇。在这样的前提下，她对50年代女作家的书写就不那么欣赏了，认为她们的作品具有一种庸俗的中产品味，而现代主义文学就是不满足于这种品味而追求一种“高层文化”。她对50年代的创作否定多于肯定，她是站在现代主义的立场上来批评50年代的创作的，并且先天地假设现代主义文学高于50年代的作品。

虽然笔者不敢苟同张诵圣将现代主义放在一个较高的文学位阶，将不同的文学流派区分出高低不同的档次的做法，但笔者认同她不将张秀亚等迁台女作家看作现代主义作家的观点。判断一个作家是否具有现代主义的特征，主要还是看他是否表现了现代人虚无、孤独、扭曲的内心世界，并非仅凭运用了一点象征、想象、意识流的技巧就断定他是现代主义作家。可以说，迁台女作家多少受到台湾现代主义潮流的影响，在作品中使用了一些现代主义的技巧，但不能因此就判定她们是具有现代主义特征的，总体而言，她们的书写还是以现实主义为主。所以，笔者认为张瑞芬、陈芳明的观点还是有些牵强。

三、余论：以女性文学为中心的新分期法的探索尝试

由上述分析可知，十年断代的“竹节式”分期法对迁台女作家的研究产生了重要影响，它将女作家长期的文学创作生命切割得过于零碎，由于突出“反共文学”和现代主义文学而使迁台女作家在文学史中无处安放，还对迁台女作家是否保守和是否现代形成了矛盾的看法。从迁台女作家的角度来看，这样的分期法是不合理的。邱贵芬也认为“以性别观点来检视台湾文学史的断代，更能彰显目前台湾文学史习而不察的断代分期法如何限制了史家的视野，无法对台湾多元的各类文学创作做适当的关照”①。

现有的台湾文学史分期法存在着很大的缺陷，那怎样的文学史分期法才更为合理呢？邱贵芬对此进行了多方面的探索。她尝试采用一种以女性文学为中心的新的分期法：日据时期（1985年—1945年）、战后初期（1945年—1960年初期）、现代主义乡土文学时期（1960年初期—1970年中期）、闺秀文学时期（1970年中期—1987年）、解严后时期

① 邱贵芬：《从战后初期女作家的创作谈台湾文学史的叙述》，《后殖民及其外》，台湾麦田出版2003年版，第69页。

(1987-)①。此分期法运用福柯的“知识考古学”理论，强调历史的“不连贯”、“断裂”，避免线性发展的叙述，但还是不得不用时间轴做参考坐标。此分期法虽然突出了女性文学的地位，但还是很难说尽善尽美。可见，一种更合理的、尽可能包容文学发展各个面向的台湾文学史分期法还在探索的过程中，有待于台湾文学研究者的不懈努力。

（作者单位：南京大学中国新文学研究中心）

① 参见邱贵芬：《〈日据以来台湾女作家小说选读〉导论》，《后殖民及其外》，台湾麦田出版2003年版，第209-257页。

“区域间”的抗战文学①

——抗战时期国共辖区间文学互动的三个维度

周维东　郭鹏程

郭鹏程（后简称“郭”）：周教授您好！2020年是抗战胜利75周年，关于“抗战”，我们在官方纪念活动中能强烈感受到它的伟大意义，但在大众文化中又感受到当代创作者对抗战史实认知的薄弱。对于从事中国现代文学研究的学者而言，抗战文学研究是传播抗战历史文化的重要方式。我注意到，近年来您一直在进行抗战时期国共辖区间的文学互动研究，这种探索对于抗战文学研究的意义何在？

周维东（后简称“周”）：长期以来，学界把抗战时期的文学划分为解放区文学、国统区文学、沦陷区文学3个部分，这种划分方式具有合理性，但也暴露出一些局限。战时中国被不同政治力量分割成了若干区域，因此有了不同区域的文学，学界假定各个区域的文学相对独立，可以忽略彼此之间的联系，其实是一种误解。抗战时期的区域分野是战争力量导致的分割，并非分裂，彼此之间在国家和文化认同方面都保持了高度的一致性，这成为彼此之间联系的基础。正是不同区域之间有着较为紧密的文学联系，抗战时期的文学才能达到今天看到的高度，才会在战前文学的基础上有发展、有深化，否则文学史就是“断裂”的文学史。而就每一个区域而言，如果没有注意到区域间联系的因素，对文学语境的把握就存在残缺，所得出的结论也难免偏颇。我过去研究延安文学，很强烈地感受到这并不是民国文学的一块“飞地”，它与当时的国统区存在着紧密不可分割的联系，把它作为一个独立的文学史分期的学理依据并不充分，也与真实的历史现场相去甚远。

① 本文系国家社会科学基金一般项目“抗战时期国共辖区间的文学互动研究”（15BZW153）的阶段性研究成果。

郭：为什么把研究重点放在国共辖区之间的互动？

周：刚才说到研究中的缺陷，它很早就已经体现出来了。抗战文学是新中国文学的前身，如何认识和评价抗战文学，直接关涉新中国文学发展的方向。在新中国第一次“文代会”上，解放区文学作为新文学的正统，被认为代表了新的人民文艺的发展方向；其次才是国统区中暴露国民党反动统治的文学作品，至于其他的则是更为落后的文学。这种文学史认知窄化了本应更为开阔的研究视野。随着研究深入，沦陷区文学越来越得到重视，抗战文学版图呈现出“三分天下”的局面，这是学界加深抗战时期文学研究取得的成果。但仅仅这样还是不够的，区域互动在于揭示抗战文学在“分”的背后，还有更为强大的“合”的一面。从理论上来说，这一问题应该同时关注 3 个区域：国共辖区之间有密切的文学互动，国共辖区与沦陷区之间也有紧密的互动，这些互动有的是主动的，譬如文人流动、作品发表和理论交流，有的是被动的，如彼此间的摩擦和冲突造成的互动，但无论哪种，都是一方对另一方文学形态的塑造，都构成了抗战时期的文学场域，是抗战文学研究不可不关注的问题。当然，同时关注 3 个区域之间的文学互动是个庞大的课题，它们内在的联系千头万绪。基于研究的步骤，我们将国共辖区间的文学互动作为首先研究的问题。这样的选择也基于一定学理：首先，国共辖区之间的文学互动更为频繁和密切。两个区域在抗战时期属于同一阵营，这为文学互动提供了政治基础，因此互动深度和广度都超越其他区域之间，值得首先梳理。其次，国共辖区间的文学互动涉及抗战时期民族国家认同的问题，通过这一问题的深入，可以消弭国共之间的很多历史误解，也有助于改变对于抗战文学的整体认识。

郭：这样看来，研究国共辖区的文学互动确实更为紧迫。鉴于文学互动是一个比较笼统的概念，在具体操作过程如何具体处理呢？

周：区域间的文学互动包括传播、影响和反馈等一系列过程，可以是观念上，也可以是实体上，但总体而言都不外乎 3 个方面：人员流动、作品传播和理论交流。

一、流散文人的精神史诗

郭：抗战时期，局势动荡，区域之间的文人流动非常频繁。就国共辖区之间而言，知识分子“奔向延安”在抗战前后是一个突出的现象，类似的研究也比较多，如对丁玲、何其芳等知识分子精神转变的研究，已经是非常“热门”的话题。从区域互动的角度，这些问题还能产生哪些新发现呢？

周：国共辖区之间的文人互动，第一种就如你刚才所说的丁玲和何其芳，他们较好地融入了边区的生活和工作中，转变成了我们通常所说的“延安文人”。在这些作家到达边区（之前称为“苏区”）以前，边区没有太多专门从事文化工作的作家、艺术家和理论家，也缺乏比较成熟的创作经验，是这些国统区文人为边区带来了新的文学特质。当然，外来文人到来后也有自我调整的过程，这也是新的文学特质融入延安文艺的过程。正是有了这些文人带来的文学资源、经验和创作，为之后的延安文艺繁荣奠定了基础，从中我们也可以看到延安文艺多重的文学给养。首先，延安文艺与“五四”新文艺有紧密的联系，因为外来文艺工作者都是在“五四”新文学运动之后成长起来的，他们到延安之后的文艺活动不可能脱离这个传统。其次，延安文艺与外国文艺（不仅是苏联文艺）有紧密的联系。很多外来文艺工作者都受过外国文艺的影响，在创作、教育和交流过程中，外国文艺的影响也进入边区。当然还有中国传统文艺、民间文艺的滋养，我们就不一一列举了。通过文人流动，我们可以将延安文艺的基础资源问题厘清，通过一个个文人及其文学活动，这种梳理可以做得非常实。当然，文人的精神史更是一个迷人的话题。

郭：严文井到延安后写作的长篇小说《刘明的苦闷》，描写了知识分子尝试加入革命却最终废然而返的“灰色”生活。种种迹象显示，严文井笔下人物的精神困境与其本人的心理状况高度贴合，尽管他写作的小知识分子生活源于在国统区的经验，但对知识分子无法融入革命队伍的敏锐把握却源于他到达延安后的经历。这种现象的出现正是文学区域互动的产物，它不单独属于国统区或延安地区，不结合作家的跨区域流动就无法很好地还原流散文人突然进入新环境以后的复杂心境，我把这种情况形容为“闯入者”遭遇“延安氛围”。

周：“延安氛围”是一种文人流动后出现的现象。可以想象一下，当这些充满理想的知识青年从“亭子间”来到“山顶上”，方方面面都与他们过去的生活存在差异，延安人的日常生活在外来文人中形成一种氛围。他们要住在窑洞里，过集体生活，目睹延安频繁的集会和竞赛，既受到革命圣地的精神感召，又苦于无从融入新的生活，作品中出现知识分子不适应延安生活的情节是非常正常的。

有一部分作家的精神历程我们过去研究得比较少，如卞之琳、沙汀等，他们到延安一段时间后又离开了。他们为什么会离开呢？离开之后，在延安的经历又给他们留下怎样的烙印？这些都没有充分研究。这里面有很多具体的因素，比如有些人本来就没有准备长期留在延安，有些人离开是组织的安排，还有一些有私人的原因，但也有作家是因为不适应延安生活而主动选择离开。离开之后，这些作家的创作发生了怎样的变化，其实可以从作品中去把握。卞之琳去延安之前被文学史定位为典型的现代派诗人，到延安以后，《慰劳信集》被认为是他转向现实主义的标志。他的思想转变有没有这么简单直接，从延安回来以后就成为了现实主义诗人？这在以往没有充分讨论。实际上，1949 年卞之琳的《天安门四重奏》等诗歌仍然被批评为晦涩难懂。这些史实在文学史论述中被淡化了。如果说卞之琳并没有发生变化，那么延安的生活经验、情感经验和文学经验在他身上还有没有残留，或者说有没有更深刻的思想发展呢？

郭：我们对这些奔赴延安又选择离开的作家研究得还很不充分，对他们离开的原因常常语焉不详。还有，他们的边区经历给国统区带去了什么？像沙汀在延安短暂停留后就随贺龙去往抗日前线，后来就写作了《随军散记》。该书真实刻画出八路军高级将领贺龙的形象，向全国展示了共产党和抗日革命根据地的积极面貌，这就把沙汀在边区与国统区前后两个时期联系起来了。但是，沙汀并没有停留于边区时期，回到国统区以后又开始了新的文学探索，至于这期间又经历了怎样的精神流变就需要继续进行研究。

李泽厚在20世纪80年代提出了救亡压倒启蒙的说法。这种说法看似极具阐释力，却把历史的丰富性简单化了。通过研究沙汀、卞之琳这样从边区回到国统区的作家，至少可以让我们意识到他们思想中个性化的部分没有完全被边区的革命事业同化，这就进一步引起了我们对救亡压倒启蒙论的重新思考。我们看到，当时不仅有抗战救国对思想启蒙的压抑，也有很多人始终坚持个性启蒙、思想解放的道路。

周：类似赵超构、斯诺、爱泼斯坦等记者的延安经历也是值得关注的现象。他们对延安形象的塑造与传播起到了很大作用，但对其文化活动的考察需要超越文艺的范围。记者到延安来，带有一定的目的和先见，并且与这里保持了一定的距离，这使得他们在延安的感受更具有说服力。这与那些为了理想到延安的知识分子的感受有所不同。而且，多数记者的背后都有媒体，有较为固定的读者群，他们其实是一个群体的代表，呈现出延安更多方面的特征。斯诺的《西行漫记》对延安国际形象的塑造起到重大作用。通过这本书，很多青年知识分子走上奔赴延安的道路。《西行漫记》是在英国出版的，能够翻译成中文并在国内出版要归功于胡愈之等上海的地下党员。当时上海已成“孤岛”，译成以后很难出版，他们就自己秘密出版，书籍出版以后很快就在全国范围内畅销。这就是出于政治宣传需要出现的跨区域文学出版。

二、何处是延安文学？

郭：赵超构、斯诺这些到延安进行采访的作家一方面是一种人员上的互动，另一方面，记者到延安收集了资料以后写成通讯报道，像《延安一月》、《西行漫记》这些作品反过来又在延安得到传播，也就是说，在人员互动的过程中其实也包括了作品的互动。不仅是这些来访者把延安见闻写成文字向全国甚至全世界传播，丁玲、吴奚如、周立波、陈荒煤、艾青、刘白羽、严文井等一大批延安作家的文学作品也以不同形式与国统区发生着互动，这些作品既反映边区的革命斗争，又关注抗战救国的时代主题。

周：这里就存在一个问题——何处是延安文学？艾布拉姆斯提出了世界、作者、作品、读者的文艺四要素，我们可以发现所谓的“延安文学”在任何一个要素上都不一定完全属于延安，除了人员流动造成的作家身份上的不确切。另外，很多边区文学作品都在国统区进行了出版（发表）和传播，甚至有些只在国统区传播。在文学活动中，传播是重要的环节，它决定了作品的“潜在读者”，因此也会对作者产生影响。一些边区作家，因为知道自己的作品最终在国统区发表，不可避免地在题材处理、风格选择等方面，考虑到国统区的种种因素。这个时候，边区作家创作的作品，究竟是边区文学还是国统区文学呢？之所以会出现这样的困惑，关键在于我们对抗战文学的划分太过泾渭分明。实际上，我们对抗战文学的认知是先有了整体想象，再将相关作品纳入其中，如果从具体的作品入手，就可以发现这种宏大叙事并不可靠。

郭：我在界定“延安文学”外延的时候总觉得困难，不知道该以写作地点、作家身份还是作品传播的地区为依据，看来我面临的困境不是个别现象。通过对文学传播层面的关注，可以看到我们习以为常的文学史框架仍然存在不合理的地方，除了您刚才的疑问外，是不是也可以发出“何处是国统区文学”的疑问？从我搜集到的史料来看，国统区的文学作品跨区域流动到边区的也不在少数。

周：国共辖区间文学作品的跨区域传播是双向的，除了作品发表和出版，有些传播处于“潜在”的状态。第一个是国统区经典文学作品在作家头脑中形成的“文学储备”。由于苏区文学的基础还相对薄弱，早期延安文艺创作必须以国统区“抗战文学”作为基础，不管是个体创作还是文学运动，都是与国统区文学进行对话，甚至可以说，延安文艺自身特色的形成是在与国统区文学的对话中形成的。在这个过程中，延安外来作家的“文学储备”，实际参与进延安文学的建设当中。像丁玲、周立波初到延安的创作，其过去的创作经验依旧是重要资源。再如罗烽那篇《还是杂文的时代》以及同时期的一批文章，接续了鲁迅的文学传统。无疑鲁迅及其形成的文学传统已经在延安文艺建设中发生了作用。

第二个方面是文学教育。早期延安文艺活动中的一些聚会，如“文艺月会”，探讨的作品和文艺现象很多都来自国统区，鲁迅的创作是其参考和学习的重要素材。“鲁艺”文艺课堂讲授的文学作品，除了很多外国作品外，新文学史上的经典作品也占据了很大部分，这些作品不能严格算是抗战时期的“国统区文学”，但的确来自国统区。延安文学教育活动还有一种形式是讲座。1940 年 12 月 25 日，边区文协文艺顾问委员会约请了一些作家为文艺俱乐部做报告，计划中就包括丁玲的《漫谈〈子夜〉》和周文的《谈〈阿 Q 正传〉》，也是以新文学创作上的经典为例。延安出版条件贫乏，图书出版和流通都十分受限，很多文学传播活动可能还依靠口头传播的形式，具体传播了多少国统区文学的最新创作，文学史很难统计。

郭：这一部分也包括他们从国统区带过去的文学研究资料，如文学史著作、文学理论等。茅盾在延安讲授市民文学专题就参考了郑振铎写的文学史。

周：就文学作品的跨区域传播来说，戏剧是一个重要的板块。边区演出的戏剧，有很多剧目都来自国统区来。延安兴起“演大戏”风潮的时候，演了很多曹禺的戏剧，其中《日出》、《蜕变》和《北京人》都算是“国统区戏剧”。《日出》的公演在延安引起轰动，有上万的观众观看演出。“演大戏”在延安文艺的发展脉络中属于“提高”的范畴，国统区戏剧的引入可以带来无穷想象，那便是在延安文艺的艺术探索上，并没有所谓区域划分。这从一个侧面说明了“抗战文艺”的整体性。尽管因为区域分割，每个地区的文艺有了不同的特征，但在艺术追求和探索上，整体看待30年新文艺发展依然有迹可循。

从出版需要的物质条件来说，边区的出版资源如印刷机、油墨、纸张等比较稀缺，今天可以看到的许多重要文献，很多都印在质量较差的马兰纸上；今天在各地图书馆里珍藏的《解放日报》、《新中华报》，纸张都非常脆弱了。相对而言，文学出版并不是最重要的出版任务，有限的出版资源首先必须满足理论学习、干部培养和文件发行，为了文艺工作的需要，跨区域传播和发行是不得不采取的一种措施。

郭：谢觉哉写过一首诗“马兰纸虽粗，印出马列篇，清凉万佛洞，印刷很安全”，形容的就是延安在恶劣的印刷条件下优先保障理论书籍出版的状况。

周：更值得考察的，是从边区到国统区出版发行的文学作品和文学期刊。虽然是战时，但国统区的一些中心城市，如重庆和桂林等地区，还保留了比较完整的出版发行体系。在边区，真正能做到在本地稳定出版发行的就是党报，一些作品到国统区出版也是客观条件决定的。比如《文艺战线》，就是在延安编辑，再邮寄到国统区出版印刷的。

郭：但是，战时的邮寄渠道并没有那么畅通，《文艺战线》往往不能按期出版，总共出了6期就停刊了

周：这里面存在一个值得思考的现象，就是出版发行和来回传播的过程是存在延迟的。《文艺战线》这样的刊物在延安的接受是滞后于国统区的，国统区的《文艺战线》都出版到第5期了，主编周扬在延安只能看到第1、2期，生活书店定期向延安邮寄的刊物是很难被接收到的。如果邮寄的过程中间再出现一点意外，那可能国统区的读者也看不到了。事实上，这份刊物在出版过程中的确也经常脱期。举这个例子就是为了说明那个时候的文学生态，不像今天存在着写作、编辑、出版、发行、传播这样完整的链条，而是处于一种十分破碎的状态。作家在延安完成的作品，国统区的读者看不到或者不愿

意看，出版后在国统区的影响如何作家也不知道，作者、文本、读者之间没有形成很稳定的交互关系。

郭：这种情况有点像今天的海外华文文学。这些作品在海外没有很确定的读者群体，而作家对于作品在国内市场能够产生什么样的反响也没有把握。

周：像《文艺战线》这样的刊物就在很大程度上突破了我们对延安文学的认识，它的创作大部分由延安作家在当地完成，编辑工作是在延安，但刊物的发行却在桂林，在国统区的影响也比在延安大得多，像这样一些作品到底算是延安文学还是国统区文学呢？另外，从《文艺战线》的编辑宗旨来看，编辑者并不满足于地方性的文学刊物，而是有意将视野扩展到全国范围，他们计划要使刊物“成为全国作者们发表作品的地方”。我们进一步思考，延安作家认识到这种作者与读者分离的情况，其创作动机、创作心理也会随之发生变化，出现一种非常特殊的表达机制，一些作家在创作的时候设定的读者群体就是国统区的读者，就像你研究过的严文井就表示过他的读者在桂林、重庆。他的目光不局限在延安，还直接面向国统区的文学市场。

郭：建立在国共辖区文学互动的大量史实之上，您想要达到的最终效果是不是彻底解构“延安文学”或者说“解放区文学”这种说法呢？

周：并不完全是这样。解放区文学的提法既有其自身内涵上的稳定性，又有着学界的基本认知，战时国共辖区的分隔也是客观存在的，研究区域间文学互动更多是要对固化研究范式进行补充，纠正对各个区域文学的单一化理解，更好地还原文学发生的历史现场。这一视角可以给我们打开更加广阔的研究空间。从文学作品的跨区域互动来看就有很多新问题值得思考，比如边区文艺作品传播到国统区的过程、动机和影响就是值得考察的现象。作品发表在《新华日报》比较好理解它的动机，它本身就是党在国统区的宣传窗口。但《新华日报》所发表的延安文学作品传达出了什么样的讯号，发表的作品有没有经过选择，选择的标准是什么，也不是那么简单的问题。还有一些立场相对中立的报刊，比如《大公报》发表了很多边区文学作品，它们选择作品的标准是什么？此外，胡风主编的《七月》也发表了不少边区的文学作品。这些作品对国统区的创作产生了怎样的影响，又反过来怎样影响到边区作家，都是值得考察的问题。可以肯定的是，通过这些方式，国统区的文学趣味、倾向，实际上对延安已经产生了或大或小的影响。

三、超越区域的思想共鸣

郭：您之前写过关于新民主主义的，还有民族形式论争的文章，这也是一种文学互动，不过不是作家和文本层面上的，是发生在思想层面的，这一维度的文学互动又有什么特点呢？

周：这些属于理论交流引发的文学互动，也是在国共辖区之间相互发生影响。一个方向就是国统区对延安的影响。特别在国共合作早期，这个阶段在国统区比较主流的一些思想，比如三民主义思潮、民族主义思潮，它们在延安的影响都需要被正视。延安就曾经出现三民主义的文艺运动，晋察冀边区也出现了三民主义现实主义的这个提法。

郭：我注意到，抗战之初共产党就公开表示拥护三民主义，这种拥护并不只是一种宣传策略，当时有一些人把三民主义作为政治上的指导思想。主编边区机关报《抗敌报》的邓拓1939年在晋察冀边区文化界召开的创作座谈会上就提出了“三民主义现实主义”创作方法，还进一步做出了三民主义共和国的设想。像邓拓这样的共产党员为什么会把国民党的施政纲领作为行动指南呢？

周：在毛泽东提出新民主主义论之前，共产党在思想上还没有统一，提倡三民主义是有历史和现实考虑的。这里面有两个原因。一是国共合作的时候发表的《中国共产党为公布国共合作宣言》里面就明确表示了共产党愿意为了三民主义的实现而奋斗，三民主义对民族主义的提倡也可以为共产党转向民族主义提供理论支持；二是共产党在第一次国共合作的时候也有着接受三民主义的历史。其实“三民主义”的概念比较宽泛，中共在边区也可以进行阐发，关注点不同，可以有不同的解释，实际上就是代表了不同的理想。三民主义没有形成一个严格的理论体系，其中包含的民族、民权、民生都是一些比较笼统的范畴，但是它在实践中牵涉到的是具体每一个层次上的问题。当然对延安来说，要面对的最大问题还是民族主义。马克思主义理论强调国际主义观点，共产主义者该怎么面对战争中的民族问题？对此共产国际也有所探索，就是共产主义运动过程当中不可避免地要面对民族化问题。这与第二次世界大战有很大的关系。如果没有第二次世界大战中的侵略，这就不会成为首当其冲的问题。在战争的背景下就必须要解决民族的问题，因为反侵略本来就是一个民族主义的话题，如果不解决好民族的问题，那么所谓的侵略就无从谈起。像全世界无产阶级联合起来这种说法，只有阶级的问题，没有民族的问题，所以民族主义后来被解释为共产主义的一个阶段。

郭：虽然我们今天对国民党的“民族主义文艺”评价比较低，但不可否认的是，民族主义是一个国共两党都绕不开的话题，要区分民族主义思潮与国民党的“民族主义文艺运动”。倡导民族主义是战争时期广泛凝聚全国抗战力量的一种必然选择。国民党奉行三民主义，其中就包括民族这一项。作为执政党，强调民族主义是题中应有之义；而共产党出于挽救民族危亡和自身革命需要，也进行了马克思主义中国化的理论创造，毛泽东《论新阶段》就指出共产党领导的革命与三民主义在根本上是一致的，这都表明了共产党对民族主义的重视。

周：在延安，毛泽东正是以三民主义为基础提出了新民主主义。比较三民主义和新民主主义的观点可以发现，新民主主义实际上就是对于三民主义的再阐发。抗战之初，中共方面对三民主义表现出高度的支持与拥护，但这一导向后来被国统区一些人利用来作为取消共产主义的依据，中共方面就采取了以“真三民主义”反对“假三民主义”的策略，通过提出“新民主主义”弥合了三民主义与共产主义理论间的隔阂，从而在三民主义的框架内证明了中共理论的合法性与进步性。这就是国统区思潮对延安的影响。在另一面，新民主主义传播到国统区以后也引起了反响，很快就遭到了文化宣传部门的查禁，要求凡是与该名词相关的文章一律予以检扣。举这个例子，一是为了说明抗战时期国统区的思潮对延安是有影响的，二是证明区域互动的视角对于全面理解这一时期各种思潮的有效性。

郭：看来，新民主主义这一理论范畴在提出与传播的过程中就包含了很多国共辖区之间的互动。我还注意到，您在文章中也从文学互动的视角来探讨“民族形式”论争的问题。

周：这一互动过程是这样的。1938 年《论新阶段》发表以后，文艺界随之掀起了文学的民族形式问题论争，这一话题先是在延安引起了艾思奇与陈伯达两位中共理论家撰文讨论。有意思的是，刊发二人文章的《文艺战线》当时是在延安组稿编辑再转到桂林出版印刷的，也就是说，话题讨论从很早开始就直接面向了国统区。到了 1939 年底，香港举行了一个关于“民族形式”问题的座谈会，随即引起了全国范围的讨论，直到我们熟知的向林冰与葛一虹围绕“中心源泉”进行了激烈的论争，问题的探讨进入高潮。论争双方的观点又传播回了延安，反过来引起延安的关注。

这里可以看到从延安到国统区再回到延安的文学思潮流向。我们以往对“民族形式”论争的研究往往把问题局限在国统区这一段，比较关注的是向林冰、葛一虹以及胡风的观点，结果发现越来越解释不清楚，各方的观点似乎都有可取之处，但又都有失偏颇。实际上还是要把两个区域联系起来，从毛泽东的文章来看，提出“民族形式”的一个重要原因就是要扭转延安的新文学对“旧形式”的压抑，为这种更能密切联系工农群众的文学形式提供理论空间。这里面就包含着国统区文学对延安的影响。回到国统区一边，从参与者们的表述来看，这次论争也不纯然是文学上的，延安那种文学“民族形式”服务于抗战建国的观点在国统区也不乏支持者。当然，问题的讨论在国统区进入高潮以后也发生了变化，从一个政治宣传上的策略越来越演化成学术上的论争，这也体现出一种思潮在跨区域过程中遭遇不同语境而发生的变异。

另外，无论是在边区还是国统区，文论家们讨论“民族形式”时共同关注到了一个问题，即新文学与人民大众存在隔阂。国统区与边区的文艺家都自觉地把文学的民族形式和30年代的文艺大众化讨论连在一起。抗战的时候，大家发现“五四”发展起来的新文学普通老百姓根本接受不了。认识到新文学的不足，国统区知识分子并没有把文学的“民族形式”单纯看作对新文学的否定，而是把它作为新文学的又一次发展。在延安，何其芳、沙汀还有短暂居留的茅盾等也都注意到新文学存在脱离大众的问题，他们基本上都是站在维护新文学立场上的，反对把旧形式估计得过高，这种看法是脱离延安当时的政治导向的，那它是从哪里来的呢？这些作家都是来自国统区的，思想中也都继承着“五四”新文学的传统。这又是国统区文学对延安的影响。可以看到，通过“民族形式”讨论，这种文学思潮的跨区域传播就把边区和国统区紧密联系起来了。

郭：最后，我觉得还需要思考一个问题，探讨抗战时期国共辖区的文学互动，对于抗战文学研究来说，其意义是什么？它是对抗战文学研究的补充，还是能够对抗战文学研究范式产生影响？

周：我觉得两个层面的意义都存在。区域互动首先是对抗战文学研究的补充，它让我们的视野从单一区域进入“区域间”的话题。边区（后称解放区）、国统区和沦陷区的文学互动是抗战文学生态的重要组成部分。“区域”和“区域间”构成抗战文学完整的场域，仅仅关注一个区域或若干区域，都不能构成抗战文学的完整版图。其次，区域互动也是某个区域文学研究的必要视野，研究延安文艺、国统区文艺或沦陷区文艺，如果不关注相互之间的影响，也不能概括出区域内部文学生产的全部特征。更有甚者，就像我们之前提出的问题一样，何处是“延安文艺”、“国统区文艺”、“沦陷区文艺”？这种以政治力量划分的文学区域，是否符合文学生产的场域特征？通过文学生产自身的规律，抗战文学的区域性或许还有很多“潜在特征”。之所以说“潜在”，是因为我们必须承认政治和战争对抗战文学的强烈影响，但在这个影响之下，文学出版、发行和交流机制同样会影响文学，会形成次级的文学场。对抗战文学这个层次特征的把握，可能使我们进一步深化抗战文学研究的新方向和新空间。

（作者单位：四川大学文学与新闻学院）

中国文学文化自信的理论阐证与实践检视

——“中国文学的文化自信国际视频研讨会”学术论析

耿国锋

在抗疫情势下探索新型的国际学术交流模式，是澳门大学南国人文研究中心和中国历史文化中心主办的“中国文学的文化自信国际学术研讨会暨第七届南国人文论坛”的重要使命和鲜明亮点。250多位来自中国、美国、加拿大及欧洲、澳洲、东南亚、东亚等20多个国家和地区的著名专家、华文作家和文学研究者“网聚”研讨，被认为是近年来杰出学者和作家聚集最多的文学界首创的大型国际视频研讨会。

澳门大学校长宋永华院士梳理了“文化自信”命题与澳门大学的渊薮：习近平总书记第一次对外提出“文化自信”命题是在澳门大学。澳门基金会主席吴志良肯定澳大召开的远距视频国际学术会议是一项创举。会议由澳门大学南国人文研究中心主任朱寿桐教授主持，成中英、汪应果、陈晓明、张福贵、郜元宝、李怡、朱栋霖、蒋述卓、李继凯、丁亚平等60多位来自中国社会科学院和中国艺术研究院等科研机构以及北京大学、复旦大学、南京大学、浙江大学、四川大学、中山大学、武汉大学等高校的学者，还有港澳和海内外学界名家、著名作家做了报告、点评。围绕“文化自信”这一核心概念，以文史（按：多指现当代中国文学史）哲乃至思想、文化、语言等为透视窗口，涵容了地方、国家、世界等不同层面的阐释向度，从理论内涵、构建、传承与发展、问题检视等不同方面展开了广泛而深入的研讨，提出了许多深刻的见解和新的观点。

一、哲学、理论层面：文学文化自信的检视与反思

文化既是具有一定本位性的概念，也具有一定的政治性。主流意识形态观照下的文

化自信，具有“真善美”的内涵。文化还有另一面，即文化面临的分歧甚至分裂，以及文化的多元性。文化是复杂、多变的，具有一定的辩证性。

文化的“真善美”内涵。“第三代新儒学”代表人物之一，美国夏威夷大学哲学系终身教授成中英先生从形而上的角度对文化进行了溯源，认为中国古典文学是我们文化自信的底源。在注重文（按：文学、文学史）统，侧重对自身文化认知的基础上，以“自我了解—别人受惠，帮助人类—和谐社会，人的生命深处更好的力量”诠释了文化的力量与价值，从“认知传统—把握当下时代—促进并创造未来生活—其他族群交流—共建一个人类共同生活、共同发扬、共同繁荣的真诚”探寻文化自信的来源路径，并指出文学植根于“人性的原善”，有“道德”的含义。旅居澳大利亚的中国现代文史学家、作家汪应果教授不仅以自创小说《海殇》、《远方的白桦树》诠释了一个有家国情怀的知识分子应有的敏锐和担当、洞察和思考，还在发言中强调，与同样具有交换性的商品相比，文化的特质在于真诚，文化真诚是文化自信的根基。张福贵教授则将“文化自信”与“人类命运共同体”联系起来，强调文化自信的关键是现代性的价值观，既有对传统的批判性反思，又有对社会文化进程的高度介入，弘扬伦理的正义和人性的善；在逻辑上，认为文化自信始于自信，还要获得他信、取得互信、达成共信，从而实现人类命运共同体；指出“中国文学的文化自信”是价值判断、立场判断，而不仅是审美判断、艺术判断。朱崇科教授论述了文化的类型、建构及文化自信的提升，明确指出文化建构的具体内容具有求真性、向善性、审美性。

文化分裂、分歧的相关阐述。加拿大学者张子夜深入阐述了“文化分裂”是因外在政治或社会事件介入而非文化本位内部形成分歧的动因机制，指出文化分裂具有解构性和对立性，与具有一定建构意义的文化多元化有本质的不同。澳门科技大学孙建荣教授从语言、经济、社交距离等方面反思在分歧与融合两种模式间如何展示出中华民族特有（合成）文化的吸引力和影响力。黄健教授透视各个国家不同抗疫方式背后所折射出的不同文化价值理念，以及所引发的中西文化碰撞与文明冲突，并沙盘推演了后疫情时代对抗、调和的两种态势。

文化复杂性、辩证性相关论述。郜元宝教授从文理上论述了中国文学的复数世界性，概括了中国现当代文学的建构与“世界性”嬗变，既反思了中国文学世界性“化”的问题，也提醒防止中国文学的民粹思想。真正的文学世界性，通过交互，一方面做到世界的中国化、本土化，另一方面是本土的、中国的世界化，形成一个世界性和本土性的良性架构，其本质是文化自信。马相武教授则指出文化是一个复杂的系统，中国文学的文化自信是嬗变、动态存在的；文化是多元的，在不断地取最大公约数。涂险峰教授提出文学的文化自信悖论问题，并从 4 个方面做了深刻的解答，强调强劲的文化自信是包含自我批判精神的自信，是以开放精神将悖论变成一个具有建构性力量的辩证过程，充满了思考的深度和新意。

二、文学、文学史层面：文学文化自信的检视与反思

从文学、文学史层面检视、反思“文化自信”，内容上，有乡土母题的关注；视域上，形成地方、国家、世界不同层次的立体结构；方法上，“论世”“知人”，见解深刻。

（一）历史文学观与乡土母题的关注

陈晓明教授从历史维度梳理、概括了中国当代小说“社会主义文学方向—回归文学本身—乡土中国叙事”70年的艰辛探索和艺术自觉，并重点分析了中国文学90年代以来“乡土中国叙事融合的多样性和艺术经验”，指出中国文学因汲取民族风格和民间艺术的养料要素而形成显著的中国特色和中国气派。丁亚平所长基于国家理性的乡村振兴，深入分析了影视艺术中的乡村影像美学，进而梳理了中国影像民族志的发展，反思当下山乡巨变故事的讲述方式和应有的叙事走向，以期为乡村影像介入国家战略——乡村振兴提供助力。蒋述卓教授敏锐地注意到莫言对乡土生活的关注，其小说创作最早接受的艺术熏陶来自民间戏曲。蒋教授主要从文化自信反观文学学科本体研究，梳理出一条中国当代文学现实主义叙事传统的发展脉线：由革命现实主义转向乡土史诗叙事、城市史诗叙事、历史文化现实主义、幻觉现实主义四路并在的现实主义，精细地分析了中国当代文学现实主义的多侧面内涵，显示出对现实主义的深度认知，彰显出中国文学学科建构的自信。“现实主义”成为中国文学文化自信的一个理论基点。

（二）不同视域下的“中国文学的文化自信”建构

区域文学、地方文化的建构。李怡教授盘点90年代中期中国文学与区域文化的互动历史，强调从中国内部探索中国近代社会变化的途径，以及在走向世界的背景下地方经验的重要性。从成都、巴蜀文化到成都作家李劼人作品的特殊地方趣味，他以特色地方路径打开了新文学研究的丰富性，激发出更多研究的可能性，指出深入挖掘地方的独特性可以对世界有一个更为清晰、内在的认知。白浩教授立足传统文化考察西部文学中的藏元素，坚持藏地叙事，展示文学藏地的独特价值，通过藏地文学的文化信仰建构来寻找多民族文学的多元互动，致力于文学的多民族“一体化”，实践“文化中国”的建构。姜建研究员则以江苏为例，从江苏文化整合楚汉文化、金陵文化、吴文化、淮安文化的命名困境入手，主张应从文化本质把握江苏文化。即对内，利用楚汉文化的向心力调整好地域文化与江苏文化的关系；向外，在“全球化”背景下做好江苏文化的开放和坚

守，站在地方文化的立场，把握好二者之间的“度”。

文化中国层面的建构。李继凯教授在当代“一带一路”的政治文化语境中提出建构丝路学的构想。他指出丝路既是一个实体的空间，又是一个具有延展性的文化符号，认为丝路沿途的文学创作必然会被打上丝路文化的历史烙印并成为其重要组成部分，丝路学的建构正当其时。他秉承具有文化自信、文化交流象征意义的丝路文化精神，成就“古今中外，化成现代”的中国文化“磨合力”。贾福林教授指出礼乐文化是中华文化之本、文化自信之根，要做好中华礼乐文化的传承和创造性重建，更好地弘扬礼乐文化。葛红兵教授对于文化创意基因进行了词源上的分析，在国家理性层面提出创意国家建设。他指出中国式文化创意基因具有“老树新花”、存在集体主义、平衡和谐思维主导的特点，并深入阐释现代性知识产权的理念，反思如何理解创意国家建设。杨剑龙教授以莫言获得诺贝尔文学奖、中国文学走向世界为契机，提议设立中国人的世界文学奖，从中国人的角度去评价世界文学，并从现实性、可能性、举措、可能遇到的问题等6个方面系统论证了这一建设性的动议。他认为在促进世界文学走向中国的同时，要推进中国文学进一步走向世界。

在更广阔的文化政治空间审视文化自信。傅天虹教授以《当代诗坛》杂志为例分析了该刊不同发展阶段的卷首语：“民族诗运”的使命承担、“大中华新诗”概念的提出、“汉语新诗”的明确化。他清晰地勾画出在港澳殖民文化主导、多种文化（尤指中西文化）并汇、中国文化主体认知的嬗变下诗刊自觉的定位调整和视野构建脉线，彰显了诗刊当下的中国文化自信。林祁教授在近代以来的中日文学关系框架下讨论中国文学的文化自信问题，历时选取了新时期文学的5个典型切面，透视中国文学在碰撞与痛苦中不断建立“文化自信”的历史；鉴于政治因素的不利影响，强调两国间的交流对话可提升彼此文化自信的重要性。

（三）“论世”“知人”，见解深刻

“知人论世”源出《孟子·万章下》。作为一种方法论，将相关文学史、文学或“论世”或“知人”地进行审视，则多有灼见。

朱栋霖教授肯定了新文学革命的重要意义，在“五四”文学与“五四”新文学的命名斟酌中提出文学与政治关系的问题。他精选了3个历史时段：1949年后代表新文学创作的国统区文学作家们面临改造与重生；十七年文学中体现新文学要义的人文主义精神和启蒙主义成了资产阶级人道主义；80年代后在政治文学、商业与经济等挤压下新文学面临生存困境甚至边界的位移。在坚守新文学价值、呼唤文学自主性的基础上，他鲜明指出中国文学的文化自信在于有文化自信精神。栾梅健教授客观地检视了夏志清的《中国现代小说史》，肯定它刻意规避政治色彩，学理上具独特性，以及充分阐述与现实斗争疏离、以艺术见长的边缘作家所带来的启发性，同时指出该书明显带有缺乏时代感的冷漠，是没有温度的文学史，由此传达出文学、文学史对社会、时代甚至政治应具有一种温度，一种关怀。结合两位教授观点，合理把握文学、文学史与政治、社会、时代的距离具有现实意义，如何处理文学、文学史在艺术、审美上的独立性与社会、时代、政治介入的平衡是作家、研究者不倦的话题。

汪卫东教授通过鲁迅的5篇文言文溯源其文学动机和特征。从鲁迅自日本回国后隐没10年的苦闷去探求鲁迅弃医从文的诉求。其作品借由文学展现个体性“痛苦”，触发读者内在的痛感，形成情感上的沟通。在本质上，鲁迅文学是召唤主体的文学，是一种痛感的文学想象。姜异新编辑针对新文学史将“弃医从文”作为鲁迅的文学起点并构成一个“从来如此便对”的阐释特权，在追蹑文学阅读这样一种纯粹精神踪迹的过程中，让鲁迅文学回归到脱离历史境遇的语言传承层面，释放出被遮蔽的视域，以更切合人性的角度诠释了“从周树人到鲁迅”的线性发展过程，以非常个人化的“文之觉”解构了鲁迅“弃医从文”的阐释特权。汪教授、姜编辑的研究可互相参照，给予研究者不同的想象和思考。

三、思想、文化、语言层面：文化自信的检视和反思

此一层面围绕文化自信的思考，就香港启蒙问题、启蒙思潮、后疫情时代文化自信问题、语言等展开。

香港启蒙问题。赵稀方研究员以鲁迅在香港批判中国旧文学、提倡新文学的演讲为对象，审视中国香港文化的启蒙问题。他虽称道了鲁迅对于港英殖民当局倡导中国旧文化意在利用的揭露批判，但更为深刻地指出中国古典文学在彼时香港文化语境中担当着塑造中国文化认同的重要角色，而同为中国文化的文言白话是同盟关系，香港新文学不能建立的原因并非旧文学力量的强大而是整个中文力量的弱小，匡正了内地香港文学史总以新旧文学对立为架构的盲目性，梳理了香港“殖民话语认同—反共政治认同—本土意识认同”的历时性嬗变。他认为这三种排斥中国内地的“认同”导致了今天的香港问题，强调在香港更需要讲中国文化自信。金进教授则聚焦文化中国与20世纪50—60年代香港电影的关系，认为彼时香港电影通过对中国文学经典的演绎，对社会底层民众命运的人道主义创造，对中国传统文化等方面的再现，翻越了“政治中国”与“自由中国”对立的冷战铁幕，在多方势力博弈的历史语境下，文化中国、文化自信也是当时香港电影不触碰英国殖民政府政治底线的理智选择。

启蒙思潮的反思。沈庆利教授从“五四”新文学中以阿Q精神胜利法为代表的“国

民劣根性”讲到“国民独特性”的转型，乃至化身“国民优越性”的倾向，提出百年文学如何才能与时俱进的启蒙问题，反思中国文学如何才能发挥反思性启蒙的唤醒作用，建构起经得起反思批评的文化自信。王勇教授则将启蒙理论二元化，在自由、民主、科学的理性启蒙外，提出“追求世俗人生乐趣、物质层面”的“世俗化”启蒙。

后疫情时代文化自信问题的反思。加拿大学者张子夜以新冠疫情这一波及全球的公共安全事件为楔子，例析了疫情中由《方方日记》引起的文学讨论、商榷、争鸣进而有社会、政治观点分裂的倾向。他认为疫情直击全球化产业分工的“软肋”，中国推进全球化这一政治正确时需要平衡、统筹自身文化独立性与他者文化的关系，需要微妙的判断和技巧，否则，有形成文化分裂的隐忧。澳门科技大学孙建荣教授则客观分析了全球化背景下后疫情时代的文化认同走向，预设了后疫情时代的分歧与融合的影响因素。黄健教授深入地推演了后疫情时代文化或对抗或调和的两种走向，呼吁应该用一种文化包容式智慧来创造我们新的思维，创造我们世界的新纪元，消除隔阂是中西文化共同的责任和使命担当。

学部委员、澳门大学讲座教授杨义在嘉宾发言时说：“研究文化的自信离不开两点。其一就是文化的载体，即语言文字。”张延成教授从文化自信反观语言学本体的研究，从语言学学派的分立现状反思如何形成“研究融合”的合力，从国外语言学理论的过分依赖到浸润汉语个性的语学创新的梳理，提出建构语言学的设想，并勾画了语言本体研究的几个维度。汪应果教授报告中涉及蝌蚪文、甲骨文、尬聊甚至绕口令似的文字游戏等所带来的文化问题。孙建荣教授报告中从语言学视角组合推导了话语本身与话语含义之间的多义与单义，对应于文化分歧与融合的可能性。林祁教授既表达了日本片假名与汉字力所彰显的文化自信，也从日本文学、文化的“山川异域，风月同天”与国内网上遍布的“武汉加油”比对中，传达了一个对中国文学、文化具有警示意义和象征意味的“镜像”。

此次会议既有学者的理性检视和反思，也有作家的感性坦言；既有报告学者的深度开掘，也有点评人的观点回应、思想碰撞；既有基于文化自信的建构，也有基于问题文化分歧的警示和反思；既有从内部“睁眼看世界”的文化自信，又有从外部“世界看中国”的冷静和客观；既有云端会议的学术深刻，又有“南国人文论坛”微信群里的互动评议和诗歌唱和。澳门大学人文学院代院长徐杰教授作闭幕发言说，本次会议大家云集，盛况空前，奉献了一场文学、语言、文化乃至思想精神的盛宴。会议得到与会者的高度赞扬和肯定。欧洲新移民华文文学协会会长梦娜认为，澳门大学团队开创并引领了一个学术时代；加拿大华人学者、作家桑宜川在会评时指出“澳门论坛已经成为海内外中国人文学术交流的高地与重镇”。应邀出席视频研讨并致辞的海外汉语文学家还有美国的周励、刘俊民、张凤、陈瑞林，加拿大的张翎、马佳，马来西亚的朵拉，日本的藤田梨那，韩国的朴宰雨、王乐，欧洲的丁恩丽、北石，来自中国香港的周洁茹、蔡丽双，来自中国台湾的方明等。

（作者单位：澳门大学人文学院中国语言文学系、商丘师范学院）

“有情”的“距离”①
——评李斌《女神之光——郭沫若传》

胡 娴 姜佳奇

2018年年末，《女神之光——郭沫若传》终于问世。洋洋40余万言的巨著，是青年学者李斌为自己过往的学术研究所作的总结。为郭沫若这位20世纪百科全书式的天才作传，只关注文学是远远不够的。李斌在这本书里汇报了他以郭沫若为中心展开的文学、政治、历史、古文字等学科研究的成果，奉献给读者的是他自己对“短20世纪”全面透彻的理解。但是，《女神之光——郭沫若传》绝不仅胜在一个“全”字，“全”只是这部传记的基本品格。更重要的是，我们看到了李斌用情意感知郭沫若在20世纪中国的特殊存在，却又不放弃史家应有的冷静与自我克制。在今天的中国，如何重新认识革命队伍中的知识分子，怎样继承左翼的思想资源，李斌的研究，或许是某种新范式的展开。广阔的学术眼光，左翼文学的宝贵传统，加之多年严谨的学术训练，共同成就了李斌独特的学术创作方式。这部传记褪去了学术著作的艰深，以温柔平和的面目示人。因此，我们不妨从细微之处着眼，走进这部《女神之光——郭沫若传》。

一、有情：郭沫若生命中的温情时刻

文学研究也好，史学研究也罢，知识的复刻与材料的堆砌只是基本功的展现。情感的注入，才是识别一位研究者生命密码的独特方式。而对于传记的写作来说，深入传主的每一段生命历程，还原传主的每一年、每一天，目的是能与传主发生某种“心灵感

① 本文系四川省教育厅科研重点项目（18SA0113）的阶段性研究成果。

应”，在沉潜于史料的日子里萌生“相知”的情愫，从而为世人更客观地还原传主的面貌。长期以来，郭沫若的形象始终在“革命政客”与“御用文人”这两个点上固定着，要为郭沫若作传，首先就要还原郭沫若作为一个“人”的形象。对于郭沫若这样一位特殊的研究对象来说，“有情”既是一种褒奖，也是一种惩戒。它赋予了研究者全面、透辟地了解这位“球形天才”的机会，也意味着要对80年代以降的种种遮蔽与缠绕进行突围，方能抵达自己的理想之境。对于李斌这样的青年学者来说，能够突破自己学术积累阶段的话语限制，与其说是幸运，不若说是不断努力达成的自觉。

在这部著作中，作者对郭沫若的情，集中体现在他对郭沫若生命中温情时刻的书写上。中华人民共和国成立后，作为中国人民的和平使者，郭沫若活跃在国际舞台上，有“中国的精神原子弹”之称。作者巧用一则马烽的回忆材料，还原了“一个国际共产主义战士的崇高形象”。“当时他已经是年近花甲的老人了，但他和我们年轻人一样，不论早晚，利用敌机空袭的间隙时间，亲自去慰问遭受敌机轰炸的难民，访问在战火纷飞中坚持生产的工厂、农村，参观美军战俘营，出席各界人士召开的座谈会，从早到晚忙个不停。”① 作为共产主义战士，郭沫若恪尽职守。可作为父亲，郭沫若却只留给女儿一个背影。作者用郭庶英的一则回忆，将一代政治家、革命家的忘我与些许的辛酸和盘托出：“父亲很忙，我们常常见不到他，不知道为什么他那样频频出国，有时回来的箱子没动，又随着父亲出行了。”② 他爱孩子，但绝不仅仅是自己的孩子，他挑出一些自己的藏书赠给郭民英的班级，满怀兴趣地参观了班级的墙报，为同学们写下“爱祖国、爱人民、爱劳动、爱科学、爱护公共财物”。1958年，郭沫若担任了中国科技大学的校长。终日忙于行政与研究的郭沫若，没有忘记中科大的贫困学生。作者选取了两则史料，用郭沫若的信与时任中科大党委书记的郁文所言互证，挖掘了一段行将被遗忘的往事。郭沫若笔耕不辍，积攒了一些稿费，他捐赠稿费给工农出身的学员做冬装，为学校修建游泳池，给学校买放映机和影片，还把自己剧本的首演票送给师生们。

面对以往一些郭沫若传记中对风月秘闻的热衷，面对坊间对郭沫若情感方面的诸多指责，作者将郭沫若的个人情感放置于整个20世纪中国的背景之中去审视，再现了波澜壮阔的大历史中，革命文人身不由己的命运沉浮与情感纠葛。

1937年7月，流亡日本的郭沫若再度“投笔请缨”，“别妇抛雏”，归国抗战。他百般不舍，多方联系，安置妻子儿女。“7月25日凌晨四点半，郭沫若起了床。几个孩子

---

① 马烽：《悼郭老》，《悼念郭老》，三联书店1979年版，第135页。转引自李斌：《女神之光——郭沫若传》，作家出版社2018年版，第359页。

② 郭庶英：《我的父亲郭沫若》，辽宁人民出版社2004年版，第119页。转引自李斌：《女神之光——郭沫若传》，作家出版社，2018年版，第368页。

都睡熟了，安娜躺在床上看书。他揭开蚊帐，吻了安娜的额角，安娜不知道这是离别的信号，连头也没有抬。”① 归国后的郭沫若，在繁忙且危险的抗战工作中与同是书法家的于立群相知，两人携手度过了后半生。与于立群相遇，“抗战烽火中的郭沫若暂时拥有了宁静的心境”②。但是，郭沫若并没有忘记安娜和孩子们，在他后来创作的历史剧《蔡文姬》中可见一斑。作者也交代了，郭沫若在港期间，安娜找到了郭沫若，郭沫若在一段时间内陷入家庭风波。生活终究要归于平静，1949 年，经组织安排，安娜和孩子们在大连定居，得到了妥善的照顾，孩子们也都成为各自领域的佼佼者。1975 年，安娜和女儿郭淑瑀到北京看望病中的郭沫若。安娜将她拍摄的日本旧居照片拿给郭沫若，“他俩对着照片，指点着那些树木与花草，哪些是他们亲手栽种的，哪些是他们后人栽种的，他们低声细语，谈得十分认真”③。这是安娜与郭沫若的最后一次见面。

作者在掌握、整理大量史料的基础上，恰当地运用史料，为读者还原了郭沫若之为“人”的形象，严谨的学术性与极富生活气息的趣味性兼而有之，可见一位优秀的青年学者扎实的基本功和可贵的深情。面对种种对郭沫若个人作风、道德品行的指摘，作者用自己不懈的努力，证明了一切。

二、距离：作为史家的学术品格

在这部《女神之光——郭沫若传》中，我们不仅看到了作者的“情”，更能看到他在警惕着某种危险。治史者的克制时时浮现在文字之上，这是作者专业素养的昭彰，也是他对自身的“认识装置”不断进行反思的标志。在“情”与“距离”之间，作者保持着恰当的平衡，使这部传记重情却不乏时刻的清醒，乃至偶发的冷峻。也就是说，这部著作并非一味地赞扬郭沫若，作者也对某些材料中无法解释的复杂内容不予置评，可见其内心反复的自我拷问。作者也收录了一些对郭沫若的不同评价。

对于作者而言，这部传记写作最难之处，或许并非郭沫若的青少年时期，找寻材料、实地探访的困难并不能困扰一位训练有素的学者。相反，中华人民共和国成立后，也就是郭沫若的晚年，是郭沫若身后风波的主要来源，也是写作中最有难度的部分。今日，郭沫若被“妖魔化”，甚至被视为“无耻文人”的代表，多是因为其晚年与政治的关系。说到这里，就不能不提彼时的“政治”与今日人们所理解的政治的区别。当文学研究落入专制/反专制的泥淖，用今日通行的价值判断对全然不同的历史语境中的人、事进行任

① 李斌：《女神之光——郭沫若传》，作家出版社 2018 年版，第 205 页。

② 李斌：《女神之光——郭沫若传》，作家出版社 2018 年版，第 223 页。

③ 李斌：《女神之光——郭沫若传》，作家出版社 2018 年版，第 522 页。

意指摘，便走入了一种困境。作者收录了如下史料：毛泽东在诗词创作方面也十分倚重郭沫若，郭沫若就毛泽东诗词与包括工人、学生、社会团体等展开通讯，回答疑难，成为了毛泽东诗词的阐释专家。在今天许多人看来，这样的行为是对政治权力进行谄媚，失却了“知识分子”的独立人格。已经有学者对“政治权力”这个广泛被使用但语焉不详的词语进行了质疑，并指出，不理解现代政治斗争的关键方式就是争夺“文化领导权”，使得中国当代文学史的研究自相矛盾①。毛泽东和郭沫若首先是革命家，他们渴望并躬行的文化实践，正是“创造新文化”的工农大众的文化实践。毛泽东希望以他的个人长处和在人民心目中的地位，来发动民间的政治参与，开辟一个新的文化空间，郭沫若则是毛泽东的同道者。所以，作为政务院副总理的郭沫若，能亲自就主席诗词给普通社会成员回信，而毛泽东也乐于见到这点。

在《忆昔我曾出嘉州》中，作者将“海棠香国”的故事娓娓道来；在《爱将金玉励坚贞》中，作者对郭沫若在日期间的学术成就进行了自信而笃定的书写。但是，对于郭沫若在中华人民共和国成立之后的史料，作者更多是详尽地按时间顺序来组织，不进行过多评价。从学术研究的层面上说，作者看到了社会主义时期历史的复杂性，几乎包括毛泽东、郭沫若在内的、长期被阐释为“政治强权”代表的个体，在历史进程中发挥的作用或许并没有那样重大。而且，这部传记中，不乏社会主义时期中国的外交书写。这一点无疑是令人惊喜的。书写中国的外交活动，不仅仅因为郭沫若是一位外交家，更因为其时的历史并非人们印象中的孤立的存在，而是与世界局势有着千丝万缕的联系。所以，作者已经拥有广阔、自觉的史家眼光。这部传记的最后一章《彩练横空舞夕阳》中的第六部分，主要是毛泽东对郭沫若《十批判书》的批评。每一自然段的第一句话的主语，以及它们发生的场景，都值得思考。比如，毛泽东在中南海住处接见杨振宁，毛泽东在中南海住处会见埃及副总统萨菲，毛泽东接见基辛格。郭沫若几乎很少成为这一部分自然段的主语。这些人们的命运相互作用、缠绕，谁又能自主沉浮呢？或许作者目前也无法做到全然地理解那段历史，但至少他的冷静和努力值得褒扬。而且，从情感层面来说，对于那段尘封许久的历史，以及在命运沉浮之中两度痛失爱子的郭沫若而言，这样的史料安排大概是最好的尊重，也是对历史的“理解之同情”。

作为郭沫若研究的专业学者，李斌并非以郭沫若的“辩护律师”身份出现。对一些有价值的，但并非是郭沫若正面形象的史料，他也加以收录，比如齐思和对郭沫若学术研究的不同意见。但是，作者在躬行着郭沫若对历史人物进行评价的方法——“我们评

① 韩毓海：《漫长的革命——毛泽东与文化领导权问题（上）》，《文艺理论与批评》2008 年第 1 期。

定一个历史人物，应该以他所处的历史时代为背景，以他对历史发展所起的作用为标准，来加以全面的分析。这样就比较易于正确地看清他在历史上所处的地位”①。郭沫若难免存在种种缺点，但这依然无法抹煞他对革命、政治和学术的贡献。就像郭沫若写在《科学通报》发刊词里的话：“我们的工作今天还是一个新的开端，缺陷是难免的，甚至于错误也是难免的，但我们有决心，有诚意，有信念，希望逐步地把工作做好。”② 这种不断自我反省、规训的决心，体现了一个革命家应有的素质和风度。

如果郭沫若有知，他一定会感到欣慰。因为，在他的身后，有一位青年学者继承了他治学的方式、评价历史人物的方式，并致力于给他以全面、公正的评价。

三、人民立场：永恒的信仰

在今日的中国、今日的世界，重新整理左翼文学、思想资源，是时代的要求。然而，在“告别革命”之后，重返历史语境的可能性极其微弱。将郭沫若视为向强权谄媚的下流文人，这样的看法屡见不鲜，并且已经炮制出了另一种对过往历史不容分辩的强权。实际上，公共舆论屡屡对郭沫若有所质疑，是80年代以来复杂的社会历史语境造成的。时移世易，“郭沫若们”难逃被质疑、被解构的历史命运。可是，无论郭沫若的形象怎样被“妖魔化”，他的一生却是真切地“敷扬文教为人民”。为一位以人民为己任的革命家作传，作者必须将这种“人民性”作为自己的书写立场和价值标准。

已经有学者指出了郭沫若研究中的问题，如利用自身的时间优势对研究对象自身的思想发展进行道德审判，来指责研究对象的虚伪③。但是，作者的研究不仅仅杜绝了“上帝视角”、以己度人之嫌、臆断和先验性的假设，更是以大量的材料为基础，找到了用以阐释郭沫若思想及行为的恒久的方式——人民性，并将人民性作为本书的暗线。这样的阐释方式，对郭沫若研究，乃至对左翼知识分子研究做出了可贵的回应。本书中类似的例子不胜枚举，比如，早在20世纪20年代中期，郭沫若调查江苏战事时，就已经提出，秀才被拉夫并没有什么令人不平的。中华人民共和国成立前，郭沫若在港期间，屡屡阐释“尾巴主义”，要“心安理得地做一条人民大众的尾巴或这尾巴上光荣的尾”④。郭沫若在用革命者特有的自我规训与修辞方式，革除“士大夫阶级不愿做尾巴的

---

① 郭沫若：《关于目前历史研究中的几个问题》，《郭沫若全集·历史编》（第3卷），人民出版社1984年版，第486页。转引自李斌：《女神之光——郭沫若传》，作家出版社2018年版，第421页。

② 李斌：《女神之光——郭沫若传》，作家出版社2018年版，第358页。

③ 李松睿：《时间变形记——读洪子诚的〈材料与注释〉》，《长江文艺评论》2018年第2期。

④ 郭沫若：《尾巴主义发凡》，香港《野草丛刊》月刊第7辑，1948年1月1日。转引自李斌：《女神之光——郭沫若传》，作家出版社2018年版，第330页。

思想”。也就是说，作者用自己独特的史料布局本领，对郭沫若研究中长期存在的问题提出了质疑，并找到了新的解决方法。

21世纪以来，种种“民国大师文库”畅销不衰，其中鲜有郭沫若的名字。在民国文人大行其道的时代，郭沫若和他所属的时代一同被遗忘，尽管他是一个“球形天才”，尽管他在新中国教科文事业上的功勋不朽。对“民国”时代的重拾，背后是另一种话语生产体系，是对人民立场的反拨。显然，自80年代以来的“去遮蔽”已然造成了另一种遮蔽。尽管郭沫若在另一种语境里遭到了背弃与疏离，但我们看到，在这部传记中，作者所奉行的“人民立场”与郭沫若的“人民性”隔空相望。首先就是这部传记的书写方式，它能做到不仅是一部学术著作，不满足于只在学术生产场域内循环，而是在学术性的基础上，做到了“妙趣横生”，可供各个领域人士阅读。

其次，作者对郭沫若家庭的认知。郭沫若与同时代的知识分子一样，生在一个重视教育的地主家庭，母亲甚至可以吟几句诗。作者并没有陶醉于文化传承者的心态，将郭沫若的家庭出身和成就无限地关联，而是把历史的偶然性和必然性结合看待。沙湾富裕，人们重视教育，天资聪慧的郭开贞，靠着眼界和不断的努力成为了时代的佼佼者。郭沫若的父母在乡间备受尊重，是因为他们享誉乡里的孝悌与良善，而并非地位或才学。

作者的立场还体现在对郭沫若于中华人民共和国成立后文学作品的评价上。从“纯文学”的立场来看，郭沫若在10天之内书写的《百花齐放》，质量低劣，或被阐释为媚上的作品，或被阐释为“反右”之后知识分子曲折心态的流露。为此，作者无意辩解，只是详尽介绍了《百花齐放》的创作过程。该组诗的创作，是由郭沫若首倡，在全国熟悉花卉的人们的帮助下共同完成的。《百花齐放》出版后，各地的艺术家和工人又加入这本书的再创造中。《百花齐放》组诗已经不是郭沫若个人的文学创作，而是一个阔大的党与人民的对话场域。作者还引用了郭沫若在《文化繁荣的高潮必然到来》中所说的“特别是为了实现‘百花齐放’，作家陆续下乡下厂，和人民生活打成一片，这就如工人进炭坑，必然会挖掘了出大量的煤炭来”①。既然“百花齐放”与人民生活密切相关，那么《百花齐放》就是写给人民的诗歌。工农普遍没有受过高等教育，自然只能看懂直白浅易的诗歌。正像郭沫若在历史剧《屈原》中借屈原之口表白的，“我在尽量地学老百姓，学小孩子，当然会俗。我在尽量地打破那种‘雅颂之音’，当然会放肆”②。

郭沫若曾经为《新牛马经》、《养猪印谱》等题写书名或撰写序言。几乎是与这些工

① 郭沫若：《文化繁荣的高潮必然到来》，《郭沫若全集·文学编》（第17卷），人民文学出版社1989年版，第137页。转引自李斌：《女神之光——郭沫若传》，作家出版社2018年版，第402页。

② 郭沫若：《屈原》，《郭沫若全集·文学编》（第6卷），人民文学出版社1986年版，第296页。

作同时，郭沫若花费两年的光阴完成了《管子集校》。在郭沫若心中，人民的生产生活与学术研究没有高下之分。正如作者特别强调的，“他领导的中国科学院，特别重视科学研究与工、农业生产及国家建设相结合”①。

如果说这部《女神之光——郭沫若传》有其高潮所在，应当是郭沫若参加周恩来的追悼会、为毛泽东守灵之时。曾经的革命战友、象征着一个时代的同志们都故去了，面对着天命所限，郭沫若除了写下深情的追悼诗词，便只能加紧工作，为人民做出更多的贡献。1978 年 6 月 12 日下午 4 点，郭沫若与世长辞。在他弥留之际，他拉着于立群的手说“要相信党，相信真正的党”，“时间是最宝贵的”。

“环境和时代向人提出问题，如果此人是一个创造者，就会回答它们。”② 在今天的中国，重新回顾左翼文学的思想资源十分必要。为此，左翼文学的研究也正期待某种新的范式。这种新范式意味着还革命者以本来面貌，意味着重新走进一代人的光荣、激情、梦想甚至困惑，呼吁着回归“典型”的书写方式，又要注意对研究对象作丰富、多侧面的考量，使研究具有现代性的品格。

李斌的研究，拒绝屈从于必然会消失的假象，对 80 年代以来“非郭沫若”认识装置进行了深刻的反思。他抛却了对左翼文学的顾虑和隐忧，从而成为左翼研究“完全的实践者”。郭沫若是李斌研究中的“典型环境中的典型人物”，李斌的研究以郭沫若为圆心，辐射多个学科，拥有了“全”的品格，并对郭沫若的成就做出坚定的价值判断。他通过对郭沫若命运的透视，完成了对“短 20 世纪”国内政治、国际政治的深刻阐释。相信李斌的研究会不断地为左翼文学研究注入新鲜血液——他必将成为“在未来的大门前吹响号角的人”。

（作者单位：四川财经职业学院、南京师范大学文学院）

---

① 李斌：《女神之光——郭沫若传》，作家出版社 2018 年版，第 380 页。

② ［法］罗杰·加洛蒂：《无边的现实主义》，吴岳添译，百花文艺出版社 1998 年版，第 2 页。原文为“环境和时代对于一部作品的产生同样起着某种主要的作用，然而并非作品的成分。它们向人提出问题，如果此人是一个创造者，就会回答他们”。

编后语

姜　飞

文学史的叙述，必然是删繁就简的，然而，当隐藏在“繁”中的许多真实经验和历史细节被目为枝叶而一删了事之后，斧头或电锯制造的历史主干显得如此光洁而可疑。删繁就简的历史叙述，有时候也是地理描述。如果一部文学史的地理限定词是“中国”，那么贵州、四川或者台湾的某些特殊性、地方性文学现象可能就不会获得充分的和尊敬的叙述，或者，不会获得叙述。同时，说文学史的叙述是地理描述，还在于一段以“中国”为定语的文学史，可能只是将某些“重要”地域的文学表现视为“中国”的文学表现，而“重要”地域的文学，既是地方的也是“中国”的，正如在西方中心论者的眼中，欧美的经验和观念既是欧美的也是“世界”的，既是欧美的也是“人类”的——当然，一切都是简单粗暴而可疑的。

简单粗暴并非学术，于是当代学者愈加尊重地方经验，地方经验的觉醒起因于在总体性和笼罩性叙述中经常性甚至必然性存在的削足适履和大而无当。在本辑中，关于“科幻文学的成都书写”、“四川文学70年中短篇小说发展”，以及贵州“地方性诗歌文献”等地方性话题的讨论，给我们提供了丰富的地方经验，它们当然不是出于相对主义的病态固执，也不能被简单地视为“地方性知识”的增量发掘动作。在这里，许多地方经验的叙述其实是对总体性叙述或者某些通常论点的修正。总体性叙述源于地方经验而又常常脱离地方经验，源于某些地方经验而又常常忽略另一些地方经验。总体性叙述照亮地方经验而又常常遮蔽地方经验。不论总体性叙述是否虚妄，地方经验的研讨总是意味着鲜明、蓬勃而激动的革命性，只要不走向反面，学术的进步可期。

文学研究与意识形态纠缠不清，然而既往许多研究，在对文学现象做意识形态阐释的时候，常常流于思想性而缺乏技术性。对文学现象做思想的类型化解释是一种惰性的诱惑，而对意识形态的规制赖以实现的技术环节的考察，似更值得努力，也更值得信任。在本辑中，学者在探讨“国家话语与穆旦诗歌经典化建构”之时，无疑是在做技术性的考察，认为“国家话语往往依托权力机构，运用政治手段与行政手段，通过政治审查、出版控制、文学政策的制定、奖励表彰、入史与入教、直接评论等途径，规范文化场域，对作家作品做出资格认证与等级评估”——对文学家及其作品，忽略、贬抑或者经典化，当然是系统性的技术行为。至于对所谓“柳青模式”的探讨，自然也离不开技术性的思维，因为“柳青模式”本质上即是一种技术安排，“技进乎道”——最终实现意识形态的战略性规划。晚近有不少学者，已经抛弃了理论话语的一般性征用和浮泛表述，而呈现为技术性的脚踏实地和追寻究竟。

也许我们可以把“地方性”和“技术性”视为本辑的关键词，然而如果真的这样“视为”，我们就成了我们的“革命对象”，竟然也在这里“简洁而可疑”地从事“删繁就简”的勾当了。在“地方性”和“技术性”很难概括的地方，到处都有明媚的文章，譬如本辑的“中韩现代跨界叙事研究专题”。